NEW TEPS
서울대 텝스관리위원회
공식기출문제집

4회분

시원스쿨 LAB

NEW TEPS
서울대 텝스관리위원회
공식 기출문제집

초판 1쇄 발행 2021년 7월 22일
초판 7쇄 발행 2024년 9월 2일

지은이 서울대 텝스관리위원회 기출문제 제공
        시원스쿨어학연구소 편집·해설
펴낸곳 (주)에스제이더블유인터내셔널
펴낸이 양홍걸 이시원

홈페이지 www.siwonschool.com
주소 서울시 영등포구 영신로 166 시원스쿨
교재 구입 문의 02)2014-8151
고객센터 02)6409-0878

ISBN 979-11-6150-496-4 13740
Number 1-110201-02020400-06

뉴텝스를 준비하는 가장 확실한 방법!
NEW TEPS 서울대 공식 기출문제집

2018년 5월 12일 정기시험부터 기존 텝스에 비해 각 영역의 문항 수와 시험 시간이 축소된 NEW TEPS가 시행되고 있습니다. 지난 3년간 뉴텝스에 응시한 수험생들의 반응을 들어보면, '시험이 가벼워지면서 피로도가 낮아져 끝까지 집중력을 유지하며 문제를 풀 수 있게 되어 좋다', '재미있다', '빨리 끝나서 좋다' 등 긍정적 의견이 대다수였습니다. 하지만, 그 외에도 '문제 풀 시간이 모자란다', '결코 쉽지 않다,' 등의 의견과 함께, 특히 '해 볼 만할 것 같아 효율적으로 대비하고 싶은데 믿을 만한 뉴텝스 정보가 적다'는 의견이 눈에 띄었습니다.

오늘부로, 그 '믿을 만한' 뉴텝스 정보에 대한 텝스 수험생들의 갈증이 시원하게 해소됩니다.

시원스쿨어학연구소에서 서울대 TEPS관리위원회 제공 NEW TEPS 공식 기출문제집을 독점 출간하였기 때문입니다. 본 도서는 텝스 시험의 공식 출제 기관인 서울대 TEPS관리위원회가 제공한 뉴텝스 기출문제 4회분을 수록하고 있으며, 특히 모든 문제에 대한 친절하고 명쾌한 문제풀이 해설까지 포함되어 있는 것이 특징입니다.

시험 준비의 기본은 기출문제 분석부터 시작하는 것입니다. NEW TEPS 출제 원리와 경향을 파악하는 방법으로 기출문제를 풀어보는 것만큼 확실한 것은 없습니다. 이제는 유사 문제가 아니라 NEW TEPS 시행 이후 최초이자 유일한 공식 기출문제로 NEW TEPS를 완벽히 준비하시기 바랍니다.

시원스쿨어학연구소에서는 수험생 여러분이 편안하고 자신 있게 텝스 공부에 집중할 수 있도록 교재를 구성하였습니다.

▷ 실제 텝스 시험 성우가 녹음한 음원을 교재 내 QR코드로 편리하게 청취할 수 있습니다.
▷ 해설서가 포함되어 있어 별도로 구매하실 필요가 없습니다.
▷ 정답으로 가는 명쾌하고 직관적인 해설과, 사전을 찾을 필요가 없을 정도로 상세한 어구 해설을 제공합니다.
▷ 텝스 전용 오답노트, 테스트별 단어시험지, 받아쓰기 노트 등 무료로 제공되는 부가자료를 활용하여 완벽하게 복습할 수 있습니다.

시원스쿨랩 텝스 스타 강사진의 프리미엄 해설강의도 함께 만나 보시기 바랍니다. 막강한 텝스 스펙을 자랑하는 텝스 전문가들이 공식 기출문제를 통해 뉴텝스 출제 원리를 낱낱이 해부해 드립니다.

NEW TEPS 서울대 공식 기출문제집을 파트너 삼아 최단시간 안에 목표 점수를 달성하고, 여러분의 오랜 꿈을 성취하시기를 진심으로 기원합니다.

시원스쿨어학연구소

서울대 TEPS관리위원회, 새로운 텝스 환산표 발표

토익 700점 = 텝스 340점 토익 700점 = 텝스 265점

텝스가 토익(TOEIC)에 비해 어렵고 점수 따기 어려운 시험이라는 인식으로 텝스 공부를 망설였던 수험생들에게 희소식이 있습니다. 서울대학교 TEPS관리위원회가 새로운 점수 환산표를 발표한 것입니다. 이전까지 공무원 시험 합격 기준인 토익 700점은 텝스 340점으로 환산되었지만, **새 환산표에 따르면 토익 700점이 텝스 265점으로 환산**되어 무려 75점이 낮아집니다.

새 환산표는 이르면 **2021년 2학기 서울대 내에서부터 적용**될 것으로 보입니다. 먼저 학부 수료·졸업이나 대학원 입학·논문자격시험을 앞두고 제출하는 영어시험 성적 기준이 바뀌게 될 것입니다. 서울대 외 다른 대학교나 공공기관, 공기업, 민간기업 등은 자체 기준을 정하지만, 대부분 TEPS관리위원회 환산표를 따르기 때문에 자연히 함께 바뀔 것으로 예상됩니다.

다만 5·7급 공무원, 외무공무원, 외교관후보자 선발시험 응시자는 공무원임용시험령에 합격 기준 점수가 정해져 있어 법령 개정이 필요합니다. 서울대학교 TEPS관리위원회 측에서는 점수 체계가 공정하게 개정될 수 있도록 적극적으로 관계 부처와 논의하겠다고 밝혀, 머지않아 공무원 임용시험에서도 좋은 소식이 생길 것으로 기대됩니다. 공무원임용시험령 상의 텝스 합격 기준 점수가 이번 환산연구 결과를 반영하여 개정된다면, 공무원 공개 채용 절차에 지원하는 텝스 수험자들이 보다 공정한 평가를 받을 수 있게 될 것입니다. 그리고, 토익 700점에 상응하는 텝스 265점이라면, 여유와 자신감을 갖고 도전해 볼 만한 점수입니다.

새로 바뀐 TOEIC vs. NEW TEPS 점수 환산 기준을 살펴볼까요? 보다 상세한 점수 환산 비교표는 서울대 텝스관리위원회 홈페이지(teps.or.kr)에서 확인하실 수 있습니다.

TOEIC vs. New TEPS

TOEIC	NEW TEPS	TOEIC	NEW TEPS	TOEIC	NEW TEPS
990	558 - 600	930	400 - 405	870	348 - 351
985	526 - 557	925	394 - 399	865	345 - 347
980	504 - 525	920	389 - 393	860	342 - 344
975	486 - 503	915	384 - 388	855	339 - 341
970	471 - 485	910	379 - 383	850	336 - 338
965	458 - 470	905	375 - 378	845	333 - 335
960	446 - 457	900	370 - 374	840	330 - 332
955	437 - 445	895	366 - 369	835	327 - 329
950	428 - 436	890	362 - 365	830	324 - 326
945	420 - 427	885	359 - 361	825	322 - 323
940	412 - 419	880	355 - 358	820	319 - 321
935	406 - 411	875	352 - 354	815	316 - 318

TOEIC	NEW TEPS	TOEIC	NEW TEPS	TOEIC	NEW TEPS
810	314 – 315	640	241 – 242	470	187
805	311 – 313	635	239 – 240	465	185 – 186
800	309 – 310	630	237 – 238	460	184
795	306 – 308	625	236	455	183
790	304 – 305	620	234 – 235	450	181 – 182
785	301 – 303	615	232 – 233	445	180
780	299 – 300	610	230 – 231	440	178 – 179
775	297 – 298	605	229	435	177
770	294 – 296	600	227 – 228	430	176
765	292 – 293	595	225 – 226	425	174 – 175
760	290 – 291	590	224	420	173
755	288 – 289	585	222 – 223	415	171 – 172
750	285 – 287	580	220 – 221	410	170
745	283 – 284	575	219	405	169
740	281 – 282	570	217 – 218	400	167 – 168
735	279 – 280	565	215 – 216	395	166
730	277 – 278	560	214	390	164 – 165
725	274 – 276	555	212 – 213	385	163
720	272 – 273	550	211	380	161 – 162
715	270 – 271	545	209 – 210	375	160
710	268 – 269	540	208	370	158 – 159
705	266 – 267	535	206 – 207	365	157
700	264 – 265	530	204 – 205	360	156
695	262 – 263	525	203	355	154 – 155
690	260 – 261	520	201 – 202	350	153
685	258 – 259	515	200	345	151 – 152
680	256 – 257	510	198 – 199	340	150
675	254 – 255	505	197	335	148 – 149
670	252 – 253	500	195 – 196	330	146 – 147
665	250 – 251	495	194	325	145
660	248 – 249	490	193	320	143 – 144
655	247	485	191 – 192		
650	245 – 246	480	190		
645	243 – 244	475	188 – 189		

목차

- -

정답 및 해설 [별책]

- -

온라인 부가자료 [lab.siwonschool.com]

청해 음원 MP3

ANSWER SHEET

TEPS 오답노트

TEST별 필수 암기 어휘 리스트

TEST별 필수 암기 어휘 단어시험지

청해 받아쓰기 노트

이 책의 구성과 특징

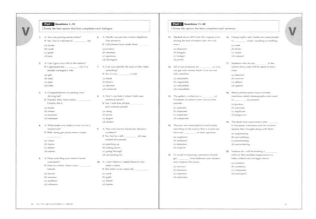

NEW TEPS 최초 공식 기출문제

뉴텝스 시행 이후 최초로 공개되는 기출문제! 서울대학교 TEPS관리위원회가 공개한 기출문제 4회분을 실제 TEPS 시험과 똑같은 페이지 구성으로 제공합니다. 공식 기출문제를 풀어보는 것은 뉴텝스를 준비하는 필수 단계이자, 가장 확실한 방법입니다.

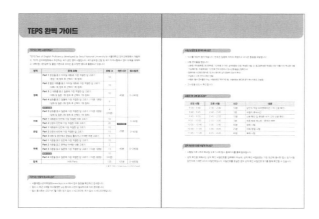

TEPS 완벽 가이드

NEW TEPS를 처음 접하는 수험자들을 위해 TEPS의 영역별 파트별 문제 구성 및 배점과 함께, 시험 접수하는 방법부터 시험 당일 챙겨야 할 일, 시험 후 성적 확인까지 텝스 시험에 대한 모든 것을 친절히 안내합니다.

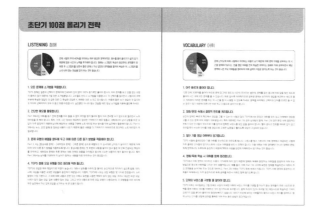

초단기 100점 올리기 전략

무작정 문제를 푸는 것과 TEPS의 속성을 이해하고 전략적으로 접근해 문제를 푸는 것에는 큰 차이가 있습니다. 미리 알고 대비하면 초단기에 100점까지 끌어올릴 수 있는 전략과 비법을 소개합니다.

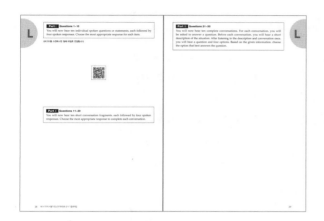

실제 TEPS 시험 음원,
MP3 QR코드로 편리하게 청취

실제 TEPS 시험 고사장에서 들려주었던 청해 MP3 음원을 무료로 제공합니다. 교재 내 QR코드를 통해 모바일로 편리하게 청취할 수 있으며, TEST 전체 음원과 복습용 문항별 분할 파일을 모두 제공합니다. 시원스쿨랩 홈페이지 (lab.siwonshool.com)에서 음원 전체를 다운로드할 수도 있습니다.

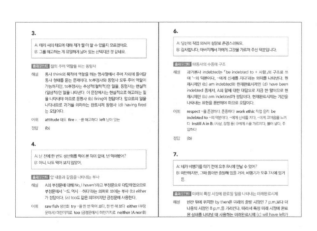

정답으로 직행하는 명쾌한 해설

텝스는 목표 점수를 얻어야 하는 시험이므로 차근차근 원리를 깨닫는 재미를 추구할 것이 아니라, 주어진 시간에 정석과 변칙을 가리지 않고 최대한 빠르게, 많은 정답을 맞혀야 합니다. 따라서 본서 해설서에서는 최대한 빠르고 정확하게 정답을 선택할 수 있는 직관력을 기를 수 있도록 명쾌하게 해설해 드립니다.

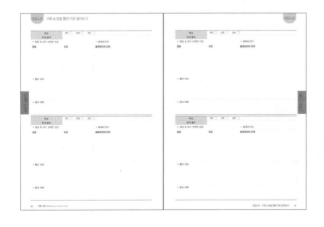

완벽한 복습을 위한 부가 학습 자료

시중의 유일한 뉴텝스 공식 기출문제집이기 때문에 본 교재에 실린 모든 문제는 한 번 풀고나서 끝낼 것이 아니라 한 문제 한 문제 철저히 복습하여 뉴텝스의 출제 포인트와 주요 어휘를 완벽하게 익혀야 합니다. 이를 위해 텝스 전용 오답노트와, 몇 번이고 다시 실전처럼 풀어볼 수 있도록 실제 시험과 똑같은 디자인의 ANSWER SHEET, 테스트별 필수 암기 어휘 리스트 및 단어 시험지, 받아쓰기 노트를 모두 무료로 제공합니다. 시원스쿨랩 홈페이지 lab. siwonschool.com에서 다운로드할 수 있습니다.

TEPS 완벽 가이드

TEPS는 어떤 시험이에요?

TEPS(Test of English Proficiency developed by Seoul National University)는 서울대학교 언어교육원에서 개발하고, TEPS 관리위원회에서 주관하는 국가 공인 영어 시험입니다. 국가공무원 선발 및 국가 자격시험에서 영어 과목을 대체하고, 대학(원) (편)입학 및 졸업 기준으로 쓰이는 등 다양한 용도로 활용되고 있습니다.

영역	문제 유형	문항 수	제한시간	점수범위
청해	**Part 1** 문장을 듣고 이어질 대화로 가장 적절한 답 고르기 (문장 1회 청취 후 선택지 1회 청취)	10	40분	0~240점
	Part 2 짧은 대화를 듣고 이어질 대화로 가장 적절한 답 고르기 (대화 1회 청취 후 선택지 1회 청취)	10		
	Part 3 긴 대화를 듣고 질문에 가장 적절한 답 고르기 (대화 및 질문 1회 청취 후 선택지 1회 청취)	10		
	Part 4 담화를 듣고 질문에 가장 적절한 답 고르기 (1지문 1문항) (담화 및 질문 2회 청취 후 선택지 1회 청취)	6		
	NEW 신유형 **Part 5** 담화를 듣고 질문에 가장 적절한 답 고르기 (1지문 2문항) (담화 및 질문 2회 청취 후 선택지 1회 청취)	4 (2지문)		
어휘	**Part 1** 대화문의 빈칸에 가장 적절한 어휘 고르기	10	NEW 통합 25분	0~60점
	Part 2 단문의 빈칸에 가장 적절한 어휘 고르기	20		
문법	**Part 1** 대화문의 빈칸에 가장 적절한 답 고르기	10		0~60점
	Part 2 단문의 빈칸에 가장 적절한 답 고르기	15		
	Part 3 대화 및 문단에서 문법상 틀리거나 어색한 부분 고르기	5		
독해	**Part 1** 지문을 읽고 빈칸에 가장 적절한 답 고르기	10	40분	0~240점
	Part 2 지문을 읽고 문맥상 어색한 내용 고르기	2		
	Part 3 지문을 읽고 질문에 가장 적절한 답 고르기 (1지문 1문항)	13		
	NEW 신유형 **Part 4** 지문을 읽고 질문에 가장 적절한 답 고르기 (1지문 2문항)	10 (5지문)		
합계	14개 Parts	135	105분	0~600점

▸ 출처: https://www.teps.or.kr/Info/Teps#

TEPS는 어떻게 접수하나요?

▹ 서울대텝스관리위원회(www.teps.or.kr)에서 접수 일정을 확인하고 접수합니다.
▹ 접수 시 최근 6개월 이내 촬영한 jpg 형식의 사진이 필요하므로 미리 준비합니다.
▹ 텝스 응시료는 (2024년 8월 기준) 정기 접수 시 46,000원, 추가 접수 시 49,000원입니다.

시험 당일엔 뭘 챙겨야 하나요?

▹ 식사를 적당히 챙겨 먹습니다. 빈속은 집중력 저하의 주범이고 과식은 졸음을 유발합니다.

▹ 시험 준비물을 챙깁니다.
  – 신분증 (주민등록증, 운전면허증, 기간만료 전 여권, 공무원증만 인정. 학생증 안됨. 단, 중고등학생은 학생증 인정–이름/사진/학교명 식별
    가능해야 함.) 초등학생은 기간만료 전의 여권이나 청소년증(발급신청확인서)
  – 컴퓨터용 사인펜과 화이트 (잉크나 화이트 심이 충분히 있는지 확인)
  – 아날로그 시계 (전자시계는 안됨)
  – 수험표 (필수 준비물은 아님. 수험번호만 적어가면 됨. 수험번호는 핸드폰 문자 메시지로도 전송됨.)

▹ 고사장을 반드시 확인합니다.

시험은 몇 시에 끝나나요?

오전 시험	오후 시험	시간	내용
9:30 – 9:40	2:30 – 2:40	10분	답안지 작성 오리엔테이션 (1차 신분 확인)
9:40 – 9:45	2:40 – 2:45	5분	수험자 휴식시간
9:45 – 9:55	2:45 – 2:55	10분	신분 확인 및 휴대폰 수거 (2차 신분 확인)
9:55 – 10:00	2:55 – 3:00	5분	최종 방송 테스트 / 문제지 배부
10:00 – 10:40	3:00 – 3:40	40분	청해 시험
10:40 – 11:05	3:40 – 4:05	25분	어휘/문법 시험
11:05 – 11:45	4:05 – 4:45	40분	독해 시험

성적 확인은 언제 어떻게 하나요?

▹ 시험일 이후 2주차 화요일 오후 5시에 텝스 홈페이지를 통해 발표됩니다.

▹ 성적 확인을 위해서는 성적 확인 비밀번호를 입력해야 하는데, 성적 확인 비밀번호는 가장 최근에 응시한 텝스 정기시험
  답안지에 기재한 4자리 비밀번호입니다. 비밀번호를 분실한 경우 성적 확인 비밀번호 찾기를 통해 확인할 수 있습니다.

TEPS 영역별 문제 엿보기

LISTENING 청해

Part 1

▸ 총 10문항[1번-10번]으로, 문제지에 인쇄되어 나오는 내용 없이 100% 듣기로만 풀어야 합니다.

▸ 생활 영어 표현으로 구성되어 있으며, 다양한 주제나 상황에 대해 나옵니다.

▸ 음원 속도가 상당히 빠르고, 딱 한 번만 들려줍니다.

문제 번호는 남자 성우가 Number one과 같이 읽는다.

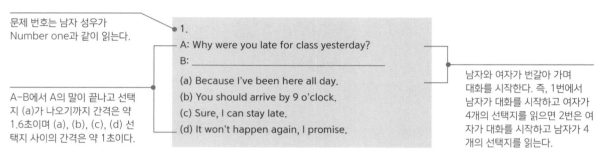

1.
A: Why were you late for class yesterday?
B: _____
(a) Because I've been here all day.
(b) You should arrive by 9 o'clock.
(c) Sure, I can stay late.
(d) It won't happen again, I promise.

A-B에서 A의 말이 끝나고 선택지 (a)가 나오기까지 간격은 약 1.6초이며 (a), (b), (c), (d) 선택지 사이의 간격은 약 1초이다.

남자와 여자가 번갈아 가며 대화를 시작한다. 즉, 1번에서 남자가 대화를 시작하고 여자가 4개의 선택지를 읽으면 2번은 여자가 대화를 시작하고 남자가 4개의 선택지를 읽는다.

정답 1. (d)

Part 2

▸ Part 1과 마찬가지로 총 10문항[11번-20번]에, 100% 듣기 평가이며, 일상 생활에서 일어나는 대화가 나옵니다.

▸ 마지막 화자의 말만 듣고 정답을 고르면 십중팔구 실패하도록 교묘한 오답을 배치하기 때문에 첫 문장부터 맥락과 논리를 제대로 따라가야 합니다.

문제 번호는 남자 성우가 Number eleven과 같이 읽는다.

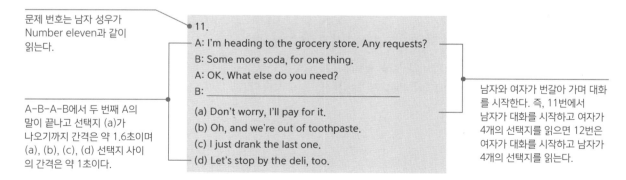

11.
A: I'm heading to the grocery store. Any requests?
B: Some more soda, for one thing.
A: OK. What else do you need?
B: _____
(a) Don't worry, I'll pay for it.
(b) Oh, and we're out of toothpaste.
(c) I just drank the last one.
(d) Let's stop by the deli, too.

A-B-A-B에서 두 번째 A의 말이 끝나고 선택지 (a)가 나오기까지 간격은 약 1.6초이며 (a), (b), (c), (d) 선택지 사이의 간격은 약 1초이다.

남자와 여자가 번갈아 가며 대화를 시작한다. 즉, 11번에서 남자가 대화를 시작하고 여자가 4개의 선택지를 읽으면 12번은 여자가 대화를 시작하고 남자가 4개의 선택지를 읽는다.

정답 11. (b)

Part 3

▸ 남녀가 주고받는 대화를 듣고 질문에 적절한 답을 찾는 형식이며, 역시 100% 듣기로만 진행됩니다.

▸ [주제 문제 3문항 - 세부사항 문제 5문항 - 추론문제 2문항]의 순서로 총 10문항[21번-30번]이 출제됩니다. 이를 미리 숙지하고 있으면 각 문제 유형에 맞는 전략을 적용해 대화를 들을 수 있어 유리합니다.

▸ 일상생활에서 만날 수 있는 다양한 주제에 대한 대화가 나오며, 녹음 속도가 매우 빠르지만 딱 한 번만 들려주기 때문에 집중력을 발휘해야 합니다.

문제 번호는 남자 성우가
Number twenty one과 같이
읽는다.

남녀가 번갈아가며 대화한다.

[Question + 선택지]는 번호
별로 남녀가 번갈아 가며
읽는다. 즉, 홀수 번호에서는
Question과 선택지를 남자가
다 읽고, 짝수 번호에서는 여자
가 다 읽는 식이다.

어떤 대화 상황인지를 말해준다.

남녀 대화에서 질문까지 간격은
약 2초, 질문에서 선택지 (a)가
나오기까지 간격은 약 1.6초이
며 선택지와 선택지 간격은 약
1초, 다음 문제까지의 간격은
약 3초이다.

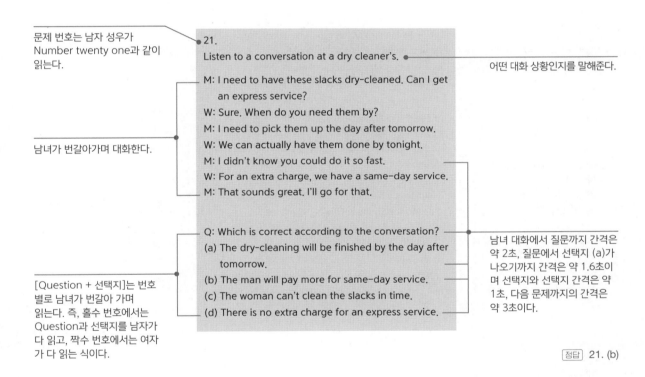

21.

Listen to a conversation at a dry cleaner's.

M: I need to have these slacks dry-cleaned. Can I get an express service?
W: Sure. When do you need them by?
M: I need to pick them up the day after tomorrow.
W: We can actually have them done by tonight.
M: I didn't know you could do it so fast.
W: For an extra charge, we have a same-day service.
M: That sounds great. I'll go for that.

Q: Which is correct according to the conversation?
(a) The dry-cleaning will be finished by the day after tomorrow.
(b) The man will pay more for same-day service.
(c) The woman can't clean the slacks in time.
(d) There is no extra charge for an express service.

정답 21. (b)

13

TEPS 영역별 문제 엿보기

Part 4

‣ 4~6 문장 정도 길이의 담화를 듣고 질문에 적절한 답을 찾는 형식으로 담화와 질문은 두 번, 선택지는 한 번만 들려줍니다.

‣ [주제 문제 2문항 - 세부사항 문제 3문항 - 추론문제 1문항]의 순서로 총 6문항[31번-36번]이 출제됩니다.

‣ 주제는 역사, 문화, 건강, 의학, 유래, 언어, 환경, 과학, 사회, 경제, 문학, 예술, 교육 등 전 분야에 걸쳐 골고루 출제되고 있으며, 일부 담화들은 상당히 어려운 수준입니다.

문제 번호는 남자 성우가 Number thirty four와 같이 읽는다.

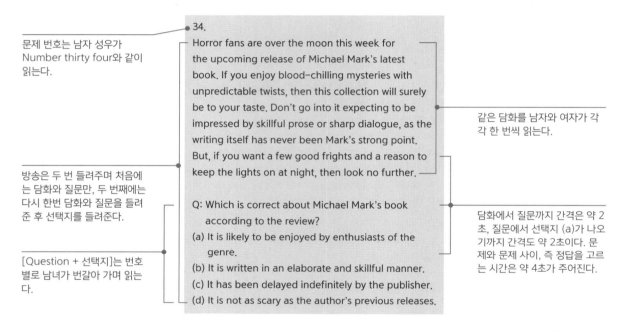

34.

Horror fans are over the moon this week for the upcoming release of Michael Mark's latest book. If you enjoy blood-chilling mysteries with unpredictable twists, then this collection will surely be to your taste. Don't go into it expecting to be impressed by skillful prose or sharp dialogue, as the writing itself has never been Mark's strong point. But, if you want a few good frights and a reason to keep the lights on at night, then look no further.

Q: Which is correct about Michael Mark's book according to the review?
(a) It is likely to be enjoyed by enthusiasts of the genre.
(b) It is written in an elaborate and skillful manner.
(c) It has been delayed indefinitely by the publisher.
(d) It is not as scary as the author's previous releases.

같은 담화를 남자와 여자가 각각 한 번씩 읽는다.

방송은 두 번 들려주며 처음에는 담화와 질문만, 두 번째에는 다시 한번 담화와 질문을 들려준 후 선택지를 들려준다.

[Question + 선택지]는 번호별로 남녀가 번갈아 가며 읽는다.

담화에서 질문까지 간격은 약 2초, 질문에서 선택지 (a)가 나오기까지 간격도 약 2초이다. 문제와 문제 사이, 즉 정답을 고르는 시간은 약 4초가 주어진다.

정답 34. (a)

▷ Part 4보다 1.8배 정도 길어진 담화가 2개 나오며, 담화 1개당 2문항씩 총 4문항[37번- 40번]이 출제됩니다.

▷ 담화 두 개 중 하나는 학술 강연, 다른 하나는 기타 실용 담화(주로 공지)가 나옵니다.

▷ 문제는 [주제 문제], [세부사항 문제], [추론 문제] 세 개의 카테고리 중에서 2문제씩 조합되어 나옵니다.

남자 성우가 Numbers thirty seven and thirty eight이라고 읽는다.

37-38

As part of our modern American literature conference, the English Department will be hosting Professor Robert DeMott, a leading scholar in the field. His keynote lecture will be next Thursday evening at 7 p.m. in the Walter Rotunda. In his talk, Professor DeMott will discuss Ernest Hemingway's idealistic depiction of Spain and its culture. Even if you're not familiar with Hemingway's novels set in the country, the topic is fascinating. Professor DeMott will speak at length about the Spanish Civil War and the writer's involvement in it, and he'll also examine the cultural symbolism of bullfighting and how it differs today from how Hemingway wrote about it. I highly encourage you all to attend. You can also bring your friend. Walter Rotunda has a maximum capacity of 300, but additional standing room will be available.

방송은 두 번 들려주는데, 처음에는 담화와 37, 38번의 질문만, 두 번째에는 다시 한번 담화를 들려주고 나서 37, 38번의 질문과 선택지들을 들려준다.

같은 담화를 남자와 여자가 각각 한 번씩 읽는다.

37. What is mainly being announced about Professor DeMott?
(a) He will teach a new class on American literature.
(b) He will be giving a lecture that anyone may attend.
(c) His latest book on Modernism is available for purchase.
(d) He was recently promoted to the head of the English Department.

Question과 선택지는 번호별로 남녀가 번갈아 가며 읽는다. 즉, 홀수 번호에서는 Question과 선택지를 남자가 다 읽고, 짝수 번호에서는 여자가 다 읽는 식이다.

38. What will be the central focus of Professor DeMott's lecture?
(a) Hemingway's travels in Europe
(b) The lasting effects of the Spanish Civil War
(c) The influence of bullfighting in literature
(d) Hemingway's ideas about Spain

담화에서 질문까지 간격은 약 2초, 질문에서 선택지 (a)가 나오기까지 간격도 약 2초이다. 문제와 문제 사이, 즉 정답을 고르는 시간은 약 4초가 주어진다.

정답 37. (b) 38. (d)

TEPS 영역별 문제 엿보기

VOCABULARY 어휘

> **Part 1**
>
> ‣ 일상생활에서 많이 쓰이는 구어체 대화문을 읽고 빈칸에 가장 적절한 어휘를 선택하는 유형으로, 일상생활과 관련된 주제들이 등장합니다. [1번-10번] 문제가 이 유형에 속합니다.
> ‣ 기본 동사를 묻는 문제의 비중이 가장 높고, 이어서 명사, 형용사, 부사 등의 순서로 출제되고 있습니다.

1. A: My father is not at all happy about my choice of friends.
   B: Well, I think he's a little worried about the people you _____ with.

   (a) accord
   (b) reconcile
   (c) associate
   (d) entertain

   정답 1. (c)

> **Part 2**
>
> ‣ 다양한 주제의 문어체 단문이 제시되며, 빈칸에 적절한 어휘를 고르는 문제 유형입니다. [11번-30번] 문제가 이 유형에 속합니다.
> ‣ Part 1, 2의 30문제를 모두 12분 안에 풀어야 하기 때문에 광범위한 분야의 어휘 실력이 있어야 합니다.
> ‣ 시사잡지나 뉴스, 학술논문 등에서 사용되는 최고난도 어휘까지 모두 다루는 등, 출제되는 어휘의 난이도 폭이 매우 넓습니다.

11. By mixing cement with water and allowing it to harden, it can _____ sand into a solid substance.

    (a) compound
    (b) bind
    (c) resolve
    (d) unite

    정답 11. (b)

GRAMMAR 문법

1. A: I heard Alex has two new housemates. Are they getting on well?

   B: I'm sure they are. He's used to _____ with other people.

   (a) live

   (b) living

   (c) being lived

   (d) be lived

   정답 1. (b)

11. St. Joseph Cathedral _____ by tourists to be the most impressive site in the city.

    (a) has always been considered

    (b) has been always considering

    (c) always has been considering

    (d) has been considered always

    정답 11. (a)

TEPS 영역별 문제 엿보기

26. (a) A: Mike! When is the deadline for finishing the project?
    (b) B: We've only got couple of weeks.
    (c) A: Really? We have very little time left.
    (d) B: Yeah, we have to get the job done as soon as possible.

정답 26. (b)

28. (a) Tinnitus is a symptom of various conditions and refers to the perception of a ringing or buzzing sound that others cannot hear. (b) Approximately one in five people will suffer from tinnitus during their lifetime, and no effective cure is known. (c) Many sufferers who do not seek treatment are driven to depression by the constantly and annoying noise. (d) Fortunately, some medications exist that can provide temporary relief from the symptoms.

정답 28. (c)

READING 독해

Part 1

▸ 단일 지문을 읽고 빈칸에 들어갈 적절한 선택지를 고르는 문제입니다.

▸ [1번-10번] 문제가 이 유형에 속합니다. 이 중에 2문항(9번-10번)은 문장과 문장 사이를 이어주는 연결어를 찾는 문제입니다.

▸ 글의 대의를 파악하면서 빈칸이 있는 부분까지 빨리 읽고, 빈칸이 들어 있는 문장과 앞뒤 문장을 정확히 읽어서 전체의 대의 안에서 부분의 논리를 완성하는 방법으로 접근하는 것이 좋습니다.

---

1. Rotheram City Council is pleased to inform local residents that Walton Road will undergo major improvements next month! Serving as a busy commuter route through the city center, the 2-lane road is used by thousands of motorists every day. Many residents feared frequent traffic jams on the road once the new National History Museum opens early next year, so we decided to take action to alleviate such concerns. Plans are underway to widen the road to accommodate four lanes of vehicles. We hope that this pleases local residents who _____.

   (a) were concerned about increased traffic congestion
   (b) were upset about the lack of parking space
   (c) wanted the council to attract more tourists to the city
   (d) felt that the condition of the road surface had worsened

   정답 1. (a)

TEPS 영역별 문제 엿보기

11. A recent decision by the Indonesian government could potentially have negative consequences on indigenous animals in the region of Western Java. (a) Last week, government officials announced that it would open up the entire Ujung Kulon National Park to visitors for the first time. (b) The park, most of which was previously inaccessible, is the last known refuge for several species such as the Javan rhinoceros. (c) Efforts to boost tourism in the region have largely focused on the area's picturesque coastal beaches and mountains. (d) Environmentalists are concerned that the inevitable increase in visitors will have a catastrophic impact on many endangered species in the park.

정답 11. (c)

13. When my son was nearing the end of high school, he began to express doubts and confusion about his future career. So, I decided to buy tickets for both of us for a seminar hosted by director Steven Spielberg, thinking it might provide motivation for him. Mr. Spielberg spoke about his own doubts as a student, and described the importance of pursuing a career in a subject that makes you feel truly happy. Attending the talk turned out to be a really eye-opening experience, not only for my son, but also for me.

Q: What can be inferred about the writer from the passage?
(a) His son did not find Mr. Spielberg's advice very useful.
(b) His son encouraged him to sign up for a seminar.
(c) He hoped that attending a talk would be inspirational.
(d) He had attended a lot of seminars while he was a student.

정답 13. (c)

▸ 2단락 이상으로 구성된 160~200단어 내외의 단일 지문을 읽고 빈칸에 들어갈 적절한 선택지를 고르는 문제가 2개씩 출제되는 1지문 2문항 유형으로, [26번-35번] 문제가 이 유형에 속합니다.

▸ 질문을 먼저 읽고 질문의 유형에 따라 지문에 접근하는 전략을 사용해야 합니다.

▸ 주제 문제는 나중에 푸는 것이 효과적입니다. 세부내용 파악 및 추론 문제를 먼저 풀면서 선택지와 지문의 내용을 확인하는 과정에서 지문의 내용이 자연스럽게 파악되기 때문입니다.

Questions 26-27

Liam Boyle – August 16

Dear Councilmen,

I was happy that you highlighted the issue of people letting their dogs run freely around Maple Park at all hours of the day at the council meeting. This practice is becoming increasingly common, even though there are signs at each park entrance clearly stipulating the off-leash hours. Dog owners are permitted to let their dogs off the leash from 5 a.m. to 9 a.m., and from 9 p.m. until the park closes at midnight. However, it is common to see unleashed dogs in the park in the middle of the day.

This poses many dangers to other people who enjoy the park throughout the day. First and foremost, dogs should not be running around the children's play areas, where they could easily knock children over and injure them. Secondly, many people enjoy jogging, roller skating, biking, and skateboarding on the paths that run through the park. Dogs can easily cause these people to fall down. Lastly, I have also noticed an increase in dog excrement in the park, making it a generally less pleasant place to visit. I truly hope the city council takes more steps to enforce its policies more firmly within the park.

26. Q: Which of the following is correct according to the letter?
    (a) People have been ignoring the park's off-leash hours.
    (b) Maple Park has opened a designated area for dogs.
    (c) Dog owners have complained about park facilities.
    (d) Maple Park is open to visitors 24 hours a day.

27. Q: What is the main purpose of the letter?
    (a) To suggest penalties for those who disobey park rules
    (b) To applaud the council's efforts to improve the park
    (c) To urge the council to take care of potential risks of unaccompanied dogs
    (d) To call for improvements to children's play areas

정답 26. (a) 27. (c)

초단기 100점 올리기 전략

LISTENING 청해

전체 시험의 무려 40%를 차지하는 매우 중요한 영역이지만, 점수를 빨리 올리기가 쉽지 않기 때문에 많은 시간과 노력을 투자해야 합니다. 청해는 스크립트 복습이 중요한데, 문제풀이 및 채점 후 스크립트를 보면서 틀린 문제나 자신 없었던 문제들을 철저히 복습한 뒤, 스크립트를 소리 내어 읽는 연습을 많이 하는 것이 좋습니다.

1. 모든 문제에 소거법을 적용합니다.

TEPS 청해는 질문과 선택지가 문제지에 인쇄되어 있지 않아 100% 듣기로만 풀어야 합니다. 미리 문제를 보고 감을 잡는 요령이 통하지 않기 때문에 기댈 것은 소거법뿐입니다. 고수들도 반드시 소거법을 이용합니다. 각 선택지를 들으면서 시험지의 여백 부분에 확실한 정답인 것 같은 것은 O, 확실한 오답은 X, 애매한 것은 △ 라고 표시합니다. 처음에 들은 (a)가 정답인 것 같더라도 마지막 선택지까지 모두 다 듣고 최종 마킹합니다. 실전뿐만 아니라 평소 연습할 때도 항상 소거법을 적용해 풀도록 하세요.

2. 간단한 메모를 활용합니다.

Part 3에서는 대화를 듣기 전에 문제를 미리 들을 수 없어 무엇을 챙겨 들어야 할지 미리 준비할 수가 없으므로 들으면서 노트 테이킹을 꼭 해야 합니다. 특히, 가격, 시간 정보는 메모하지 않으면 기억하기가 매우 힘들고, 대화에서의 남녀 상황을 바꾼 오답이 자주 등장하기 때문에 남녀에 해당하는 내용을 구분해 노트 테이킹 하는 방식을 익혀 실전에서 활용해야 합니다. Part 4, 5에서는 뉴스, 강연 발췌 등 정보성 내용이 나오기 때문에 들은 내용을 다 기억하기가 어려우므로 효과적인 노트 테이킹이 꼭 필요합니다.

3. 문제 유형의 배열을 염두에 두고 이에 따른 다른 듣기 방법을 적용해야 합니다.

Part 3, 4는 [중심내용 문제] - [세부정보 문제] - [추론 문제] 순으로 배열되고 이 순서대로 난이도가 높아지기 때문에 이에 따라 각각 다른 듣기 방법을 적용하도록 합니다. 중심내용 문제는 첫 부분의 내용을 놓치지 않고 들은 뒤 반복 언급되는 핵심어를 파악하고, 세부정보 문제와 추론 문제는 대화 전체의 흐름을 파악함과 동시에 사소한 내용까지 챙겨 들어야 합니다. 특히 Part 3에서는 남녀를 구분하여 각 남녀가 말하는 내용을 따로 파악하는 것이 중요합니다.

4. TEPS 청해 오답 유형을 미리 정리해 익혀 둡니다.

TEPS의 오답은 매우 헷갈리기로 악명이 높습니다. 대화나 담화를 아무리 잘 들어도 순간적으로 착각하기 쉽도록 발음, 의미, 시제, 대상을 이용한 교묘한 오답들이 등장하기 때문입니다. 다행히, TEPS에 나오는 오답 유형은 몇 가지로 한정됩니다. 소리 함정이 가장 기본이고, 그 외에 대화 내용과 관련 있는 어휘나 표현을 사용한 맥락이 맞지 않는 오답, 주어나 대상만 바꾼 오답, 시제가 맞지 않는 오답, 일부 내용만 맞는 오답, 그리고 반대 내용으로 만든 오답 유형이 사용되는데, 이 유형들을 미리 숙지해 두면 실전에서 자신 있게 오답을 소거하는 데 큰 도움이 됩니다.

VOCABULARY 어휘

독해 40%
청해 40%
문법 10%
어휘 10%

문제 난이도에 비해 시험에서 차지하는 비중이 낮기 때문에 어휘 영역 자체를 공부하는 데 시간을 할애하기보다는, 빈출 정답 어휘를 먼저 학습한 후부터는 청해와 독해 공부하면서 해당 영역에 나온 주요 어휘들을 정리하여 어휘 실력이 저절로 쌓이도록 하는 것이 좋습니다.

1. 아주 빠르게 풀어야 합니다.

12분 안에 30문제를 풀어야 하므로 문제당 24초 정도의 시간이 주어지는 셈인데, 문제를 읽는 동시에 바로 답을 찾는 속도로 풀어야 시간 내에 모든 문제를 풀 수 있습니다. 뒤로 갈수록 어려워지므로 앞부분 문제는 보자마자 정답을 체크하는 속도로 풀고, 뒷부분의 어려운 문제를 푸는 데 시간을 좀 더 사용할 수 있도록 하세요. 문맥을 파악해도 선택지의 단어를 모르면 풀 수 없는 경우가 많기 때문에 모른다면 바로 찍고 다음으로 넘어가야 합니다.

2. 대화/문장 속에서 결정적 힌트를 캐치합니다.

빈칸의 앞뒤만 빠르게 확인해서 정답을 고를 수 있는 타 시험과 달리 TEPS에서는 문장과 대화를 모두 읽고 이해해야 정답을 고를 수 있는 문맥 파악 유형이 대부분입니다. 특히 대화체인 Part 1의 경우 상대방의 말에, Part 2의 경우 문장 내에 결정적인 힌트가 되는 단서들이 있으므로 이를 잡아내 정확한 뉘앙스를 갖는 답을 골라야 합니다. 빨리 푼다고 힌트를 제대로 잡지 않고 우리말 뜻이 비슷한 단어를 대충 정답으로 고르면 십중팔구 틀리도록 오답이 구성되어 있습니다.

3. 일단 기출 정답 어휘부터 암기합니다.

TEPS 시험에 출제되었던 기출 어휘를 우선적으로 외우도록 합니다. 시원스쿨 텝스 기본서의 어휘 영역에서 제공되는 시험에 자주 출제된 단어들의 암기리스트에 나오는 어휘들을 반드시 외워야 합니다. 이들 어휘는 어휘 영역뿐만 아니라 청해와 문법, 독해 영역에서도 두루두루 등장하기 때문에 맥락과 쓰임을 완전히 이해하면서 암기하는 것이 좋습니다.

4. 청해/독해 학습 시 어휘를 함께 정리합니다.

TEPS에서 어휘 영역이 차지하는 비중이 10%밖에 되지 않기 때문에 청해와 독해에 등장하는 어휘들을 꼼꼼하게 익혀 두는 방법으로 평소에 어휘력을 다지는 것이 효율적입니다. 예를 들어, 어휘 Part 1의 구어체 표현은 청해를 학습하면서 대화의 주요 표현들을 눈여겨봐 두는 것으로 대비하고, Part 2의 어휘는 TEPS 독해 속에서 익힙니다. TEPS 어휘 영역에 등장하는 어휘들이 독해에서도 자주 등장하므로 독해 공부를 하면서 어휘도 함께 챙기도록 합니다.

5. 단어의 뉘앙스를 구분할 줄 알아야 합니다.

TEPS 어휘는 우리말로는 그럴 듯해도 쓰임이 어색한 어휘의 뉘앙스 차이를 구분할 줄 아는지 묻는 문제들이 주로 나오므로 문맥을 통해 어휘의 의미를 이해하는 것이 장기적으로 유리합니다. 흔히 하듯이 [단어-우리말 뜻] 매칭식으로 학습하면 기억이 오래가지 않을 뿐더러 출제자의 함정에 빠지기 쉽습니다. 의미가 비슷해 보이는 어휘들끼리 묶어서 뉘앙스 차이를 정리하고, 함께 쓰이는 단어를 포함해 표현을 통째로 익혀 두는 등의 방법이 효과적입니다.

초단기 100점 올리기 전략

GRAMMAR 문법

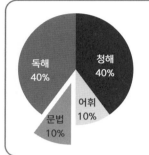

전체 시험에서 차지하는 비중이 10% 뿐이지만, 출제 범위가 방대하기 때문에 시간 투입 대비 가장 효과적인 방법을 노려야 합니다. 기출문제를 들여다보면 문장의 구조와 동사 활용에 관한 문제가 많이 출제되므로, 이와 관련한 동사의 수와 시제 일치, 가정법, 부정사, 동명사, 분사를 우선 정리합니다. 다음으로 한국인에게 취약한 관계대명사, 관사, 비교급, 도치 등을 공부하는 것이 좋습니다.

1. 무작정 해석부터 하면 시간 손해입니다.

약 13분 내에 30문제를 풀고 답안 작성까지 마쳐야 하는데, Part 3 문제를 푸는 데 시간이 꽤 걸리므로 Part 1, 2에서는 문제당 20초 안에 풀어야 합니다. 때문에 실전에서는 일일이 해석할 틈이 없습니다. 다행히도, 전체 문장의 이해 없이도 빈칸 앞뒤에 제시되는 단어의 품사나 가정법 등의 문장 구조를 파악해서 정답을 쉽게 찾을 수 있는 문제들이 꽤 있으므로 처음에는 구조로 접근하고 필요하다면 부분 해석을 하는 방식으로 가야 문제 풀이 시간을 줄일 수 있습니다.

2. 선택지를 먼저 보고 출제 포인트를 파악합니다.

문제에 제시되는 네 개의 선택지를 보면 이 문제가 어떤 문법사항을 묻고 있는지 파악할 수 있습니다. 이것으로 출제자의 문제 출제의도를 알 수 있으므로 문제를 풀기 전에 선택지를 먼저 확인하는 것이 좋습니다.

3. 출제 포인트를 정리해서 학습합니다.

문법 공부를 하면서 눈으로만 대충 학습하면 당시에는 이해한 것 같지만 한 chapter를 끝냈을 때에도 시험에서 요구하는 포인트가 무엇인지 명확히 기억하지 못하는 경우가 많습니다. 문법은 반드시 출제 포인트를 직접 정리해가면서 학습해야 합니다. 시원스쿨 텝스 기본서에 최신 텝스 기출 문법 출제 포인트가 잘 정리되어 있으니 문제풀이 전후에 공부하면 큰 도움이 될 수 있습니다.
예시) 분사의 출제 포인트: 1. 현재분사 & 과거분사 구별 2. 감정분사 구별 3. 굳어진 형태의 분사 구별

4. Part 3 빈출 포인트를 미리 정리해 둡니다.

많은 수험생들이 Part 3를 어려워하는데, 문장이 길다고 주눅 들지 말고 자신 있게 읽어 내려가며 다음 포인트들만 체크하면 어렵지 않게 정답을 찾아낼 수 있습니다.

* 주어-동사의 수 일치, 대명사의 일치가 제대로 되었는가
* 주어가 동사의 행위를 하느냐 당하느냐에 따라 능동·수동 표현이 제대로 되었는가
* 시제가 문장 전체의 흐름과 일치하는가
* 분사구문의 (의미상) 주어가 주절의 주어와 일치하는가
* 관사 사용이 정확한가
* 형용사 자리에 부사가 오거나 부사 자리에 형용사 와 있진 않은가
* and / or / but의 병렬구조가 제대로 되었는가
* 간접의문문(의문사 + 주어 + 동사)의 어순이 제대로 되었는가

READING 독해

독해 40%
청해 40%
문법 10%
어휘 10%

텝스 시험에서 독해 영역이 차지하는 비중이 40%나 되고, 공부하면 비교적 빨리 성적을 낼 수 있기 때문에 가장 먼저, 그리고 가장 많은 시간을 투자해 공부하는 것이 좋습니다. 기본적으로 한 지문당 한 문제씩만 출제되어 읽어야 할 양이 많고 시간이 턱없이 부족하므로 속독 전략과 문제 유형에 따라 다른 독해 전략을 활용해야 합니다.

1. 속독속해! 1분에 한 문제씩 처리합니다.

주어진 40분 내에 35문항을 풀고 마킹까지 마치려면 1분에 한 문제씩 풀어야 합니다. 지문 하나하나 꼼꼼히 정독하면 주어진 시간 내에 모든 문제를 풀 수 없으므로 속도감 있게 문제를 풀도록 하세요. 빨리 풀기 위해서는 주요 부분만 읽는 훑어읽기 요령(skimming)이 필요합니다. 대개 지문은 main idea와 그것을 뒷받침하는 보충 설명으로 이루어져 있는데, 중요한 부분은 꼼꼼하게, 보충 설명은 빠르게 읽고 넘어갑니다. 30초 내에 내용이 파악되지 않는 지문은 과감히 넘깁니다. 쉬운 문제를 풀 시간까지 놓치게 되기 때문입니다.

2. Part 1 빈칸 문제에서 중요한 것은 논리 흐름 파악입니다.

빈칸 문제에서는 글의 논리 흐름을 파악하는 것이 관건이므로, 빈칸 앞뒤만 선별하여 해석하거나, 글의 내용 흐름을 고려하지 않고 한 문장씩 해석하는 방식의 독해를 해선 안 됩니다. 글의 대의를 파악하면서 빈칸이 있는 부분까지 빨리 읽고, 빈칸이 들어 있는 문장과 앞뒤 문장을 정확히 읽어서 전체의 대의 안에서 부분의 논리를 완성하는 방법으로 접근하세요. 특히, 빈칸 앞뒤 문장에 내용의 반전을 나타내는 역접 또는 대조의 접속어구 – 가령, but, whereas, while, although, however, in contrast, on the contrary 등 – 다음에 중요한 단서가 제시되므로 이 접속어구가 있는지 살피는 습관도 정답률을 높이는 요령입니다.

3. Part 3, 4는 문제를 먼저 읽고 그 유형에 따라 다르게 접근합니다.

질문을 먼저 읽고 질문의 유형에 따라 지문에 접근하는 전략이 효과적입니다. 글의 요지나 중심 소재를 파악하는 문제는 부분에 집착하지 말고 전체적인 흐름을 이해할 수 있도록 해야 하며, 구체적인 사항을 물어보는 문제일 경우에는 전체를 다 읽지 말고 문제에서 요구하는 부분을 빠르게 찾아내어 읽어야 시간을 절약할 수 있습니다. 글 전체에 대한 추론 또는 사실확인 유형은 지문을 처음부터 읽는 것이 효과적입니다.

4. 독해에서는 Paraphrase가 가장 중요합니다.

정답은 지문에 있는 표현을 그대로 쓰지 않고 다른 표현으로 돌려서 제시되는데 이것을 Paraphrase라고 합니다. 때로는 질문의 단서가 지문에서 Paraphrase될 수도 있습니다. 그러므로 평소에 동의어 또는 유사 표현들을 다양하게 익혀 두어야 합니다. 문제를 풀 때마다 지문의 단서가 문제에서 어떻게 Paraphrase되어 나왔는지 정리해두는 습관이 필요합니다.

NEW TEPS
서울대 공식 기출문제집

TEST 1

CHECK LIST

☐ ANSWER SHEET, 컴퓨터용 사인펜, 수정테이프, 아날로그 시계를 준비하세요.

☐ 휴대폰 전원을 끄십시오.

☐ 테스트 시작 및 종료 시간을 설정해 아래에 적으세요.
반드시 제한 시간을 지켜야 합니다.

LISTENING COMPREHENSION (40분)

시작 _____시 _____분　　**종료** _____시 _____분

VOCABULARY & GRAMMAR (25분)

시작 _____시 _____분　　**종료** _____시 _____분

READING COMPREHENSION (40분)

시작 _____시 _____분　　**종료** _____시 _____분

LISTENING
COMPREHENSION

DIRECTIONS

1. In the Listening Comprehension section, all content will be presented orally rather than in written form.

2. This section contains five parts. For each part, you will receive separate instructions. Listen to the instructions carefully, and choose the best answer from the options for each item.

L

Part I Questions 1~10

You will now hear ten individual spoken questions or statements, each followed by four spoken responses. Choose the most appropriate response for each item.

QR코드를 스캔하시면 청해 파일로 연결됩니다.

Part II Questions 11~20

You will now hear ten short conversation fragments, each followed by four spoken responses. Choose the most appropriate response to complete each conversation.

You will now hear ten complete conversations. For each conversation, you will be asked to answer a question. Before each conversation, you will hear a short description of the situation. After listening to the description and conversation once, you will hear a question and four options. Based on the given information, choose the option that best answers the question.

Part IV Questions 31~36

You will now hear six short talks. After each talk, you will be asked to answer a question. Each talk and its corresponding question will be read twice. Then you will hear four options which will be read only once. Based on the given information, choose the option that best answers the question.

Part V **Questions 37~40**

You will now hear two longer talks. After each talk, you will be asked to answer two questions. Each talk and its corresponding questions will be read twice. However, the four options for each question will be read only once. Based on the given information, choose the option that best answers each question.

VOCABULARY & GRAMMAR

Choose the option that best completes each dialogue.

1. A: Are you playing tennis today?
    B: Yes. You're welcome to _____ me.

    (a) invite
    (b) unite
    (c) greet
    (d) join

2. A: Can I give you a lift to the station?
    B: I appreciate the _____, but I've already arranged a ride.

    (a) gift
    (b) deal
    (c) plan
    (d) offer

3. A: Congratulations on passing your driving test!
    B: Thanks! After three failed _____, I finally did it.

    (a) faults
    (b) losses
    (c) pursuits
    (d) attempts

4. A: What made you trade in your car for a motorcycle?
    B: Well, rising gas prices were a major _____.

    (a) value
    (b) factor
    (c) defect
    (d) stance

5. A: Does your blog ever receive harsh comments?
    B: Once in a while, there's a(n) _____ remark.

    (a) sturdy
    (b) anxious
    (c) stubborn
    (d) offensive

6. A: Hardly anyone has a home telephone line anymore.
    B: Cell phones have made them _____.

    (a) evasive
    (b) obsolete
    (c) spurious
    (d) divergent

7. A: Can you identify the man in this video recording?
    B: No, it's too _____ to tell.

    (a) bleak
    (b) blurry
    (c) aborted
    (d) cluttered

8. A: Don't you hate it when Todd uses technical terms?
    B: Yes, I told him all that _____ just confuses people.

    (a) slang
    (b) prose
    (c) jargon
    (d) dialect

9. A: Has your lawyer found any decisive evidence?
    B: No, but he's still _____ all case-related documents.

    (a) patching up
    (b) jotting down
    (c) going through
    (d) accounting for

10. A: I can't believe I called Diana by her sister's name.
    B: She didn't even notice the _____.

    (a) snub
    (b) gaffe
    (c) rebuff
    (d) banter

Choose the option that best completes each sentence.

11. Marked down 60% from the original price during the end-of-season sale, the coat was a _____.

    (a) discount
    (b) bargain
    (c) budget
    (d) profit

12. All of our products are _____, so you can get your money back if you are not fully satisfied.

    (a) adjustable
    (b) negotiable
    (c) refundable
    (d) extendable

13. The gallery's collection is _____ of European art pieces from various time periods.

    (a) assorted
    (b) disposed
    (c) inspected
    (d) composed

14. The jury was instructed to avoid media reporting on the trial so that it would not have any _____ on their opinions.

    (a) suspicion
    (b) influence
    (c) detection
    (d) imprint

15. To avoid overpaying, customers should get _____ from different auto dealers and compare the prices.

    (a) surveys
    (b) balances
    (c) expenses
    (d) estimates

16. Eating highly salty foods can cause people to _____ water, resulting in swelling.

    (a) soak
    (b) drain
    (c) retain
    (d) expand

17. Students who do not _____ to the school dress code will be asked to leave class.

    (a) descend
    (b) convert
    (c) adhere
    (d) appeal

18. Before photocopiers were invented, machines called mimeographs were used to _____ documents.

    (a) portray
    (b) simulate
    (c) duplicate
    (d) plagiarize

19. The dodo bird went extinct after _____ to European colonizers and the invasive species they brought along with them.

    (a) acquiescing
    (b) succumbing
    (c) plummeting
    (d) surrendering

20. Ventura Inc. will be forming a _____ with six like-minded organizations to lobby collectively for legal reform.

    (a) coalition
    (b) synthesis
    (c) composite
    (d) monopoly

21. There was a manual recount of all ballots to _____ the problem caused by the electronic voting system.

    (a) rectify
    (b) equate
    (c) demote
    (d) summon

22. The north pole of one magnet is _____ by the north pole of another magnet but attracted to its south pole.

    (a) evaded
    (b) repelled
    (c) shunned
    (d) repressed

23. Luckily for the driver, footage from the car's black box _____ his story of the accident.

    (a) postulated
    (b) exculpated
    (c) enumerated
    (d) corroborated

24. Vocal cords irritated from overuse can cause your voice to sound _____.

    (a) hoarse
    (b) feeble
    (c) frigid
    (d) aloof

25. Although the two words have similar meanings, "stingy" has a negative _____ while "thrifty" has a positive one.

    (a) deduction
    (b) derivation
    (c) conviction
    (d) connotation

26. When confronted about her past scandal, the actress _____ the question by quickly changing the subject.

    (a) circulated
    (b) abdicated
    (c) regressed
    (d) deflected

27. After 20 years of _____ salaries, the workers were granted long-overdue pay increases.

    (a) stagnant
    (b) indolent
    (c) dubious
    (d) staunch

28. Despite initially seeming _____, Steve turned out to be extroverted and outspoken.

    (a) ornery
    (b) prosaic
    (c) languid
    (d) reticent

29. The candidate tried to trick the electorate with false promises, but voters saw through his _____.

    (a) derision
    (b) sacrilege
    (c) adulation
    (d) chicanery

30. The Vatican City, a tiny _____ within the capital of Italy, is classified as the world's smallest country.

    (a) crevice
    (b) enclave
    (c) sediment
    (d) modicum

You have finished the Vocabulary questions. Please continue on to the Grammar questions.

Part I Questions 1~10

Choose the option that best completes each dialogue.

1. A: Do you like the winter coat I bought for you?
   B: Definitely. It's exactly _____ I was hoping for.

   (a) that
   (b) what
   (c) which
   (d) whom

2. A: Jake's decision to drop out of college was a huge mistake.
   B: I agree. He _____ have done so without at least consulting us first.

   (a) shouldn't
   (b) wouldn't
   (c) couldn't
   (d) mustn't

3. A: I don't know what more I can do about Terry's attitude.
   B: I think _____ him is the only option left.

   (a) fire
   (b) firing
   (c) to fire
   (d) having fired

4. A: I've never had raw fish before. Have you?
   B: No. I haven't tried it, _____.

   (a) too
   (b) either
   (c) neither
   (d) otherwise

5. A: This is the first time I've seen you wear earrings.
   B: That's because I got my ears _____ just last weekend.

   (a) pierce
   (b) pierced
   (c) piercing
   (d) to pierce

6. A: I really respect your work ethic.
   B: Thanks, I _____ to my father for instilling it in me.

   (a) indebt
   (b) am indebted
   (c) have indebted
   (d) have been indebted

7. A: Can we meet at 8 p.m. before your flight?
   B: Sorry, I _____ by then. My flight's at 7 p.m.

   (a) leave
   (b) am leaving
   (c) will have left
   (d) will be leaving

8. A: Will Susan be playing in tonight's game?
   B: _____ only recently from her injury, she's opting to rest.

   (a) Recovered
   (b) Recovering
   (c) Having recovered
   (d) To have recovered

9. A: What should I do if Ted comes in before you return to the office?
   B: Just tell him I'll be back soon and suggest that he _____ a seat.

   (a) has
   (b) had
   (c) have
   (d) has had

10. A: Johnny just stormed out of the meeting.
    B: I don't even know _____ so upset.

    (a) what that got him was
    (b) that what got him was
    (c) what it was that got him
    (d) that what was it got him

11. The coach told the players to focus on the match rather than arguing among _____.

    (a) him
    (b) them
    (c) himself
    (d) themselves

12. _____ her athletic career got off to a rough start, Sarah Parker ended up becoming a world-famous marathoner.

    (a) Until
    (b) Once
    (c) Before
    (d) Although

13. ZMotors has focused on hybrid vehicles, which are forecast _____ up a large portion of the eco-friendly car market.

    (a) to make
    (b) making
    (c) makes
    (d) made

14. No sooner had John begun his media interview than his hands _____ to shake with nervousness.

    (a) start
    (b) started
    (c) had started
    (d) have started

15. If Peter had followed his teacher's advice, he _____ his final exam.

    (a) would have passed
    (b) will have passed
    (c) had passed
    (d) passed

16. Thanks to shortened work hours, parents can spend more time with their children than they _____.

    (a) used
    (b) used to
    (c) used to be
    (d) used to spend with

17. Unsweetened applesauce can be used as a healthier alternative _____ butter in many baking recipes.

    (a) to
    (b) of
    (c) on
    (d) from

18. Her mom's creamy garlic mashed potatoes _____ what Jen missed most while living abroad a few years ago.

    (a) was
    (b) were
    (c) has been
    (d) have been

19. Not wanting to face _____ of incurring more student debt, Jonas decided not to attend graduate school.

    (a) prospect
    (b) the prospect
    (c) each prospect
    (d) some prospect

20. Research papers _____ references to sources used will be deemed in violation of the Research Code of Conduct.

    (a) lack
    (b) lacked
    (c) to lack
    (d) lacking

21. Sandra decided to step down _____ _____ the workers who were laid off because of the company merger.

(a) to show in solidarity with
(b) in a show of solidarity with
(c) in showing with solidarity of
(d) with solidarity in a showing of

22. According to the news report, millions of viewers watched the drama even after it _____ off the air last year.

(a) took
(b) has taken
(c) was taken
(d) has been taken

23. Young people often look to their older siblings for _____ when it comes to problems in their personal lives.

(a) guidance
(b) guidances
(c) a guidance
(d) many guidances

24. For weeks, workers have been reconstructing the storm-damaged houses, _____ not a single one of the former inhabitants has yet returned.

(a) that
(b) which
(c) to that
(d) to which

25. The steam engine _____ a new means of traveling: the railroad.

(a) made possible
(b) possible made
(c) made it possible
(d) it made possible

Read each dialogue or passage carefully and identify the option that contains a grammatical error.

26. (a) A: Avocados always spoil so quickly during the summer.
(b) B: I tend to store mine in the fridge when it's this hot.
(c) A: But they don't ripen properly when keeping in the fridge.
(d) B: That's why I refrigerate them only once they're fully ripe.

27. (a) A: I doubt that the legitimacy of Anna Stein's claims of misconduct at Bramwell Tech.
(b) B: Even though another former worker recently substantiated some of those claims?
(c) A: Yeah. They may just be trying to damage Bramwell's reputation out of spite.
(d) B: Well, colluding to damage a company seems a pretty risky ploy to attempt.

28. (a) Most countries measure distances and weight using a system known as the metric system. (b) In the US, it is customarily to use an older system known as the imperial system. (c) But even there, the metric system is used for calculations in scientific fields. (d) This is because standard scientific formulas are based on the more universal of the two systems.

29. (a) In 1867, King William I of Prussia held a luxurious banquet at the Café Anglais, which he frequented. (b) Two other emperors were guests at the dinner, and William spared no expense in its execution. (c) The dinner, spanning a total of eight hours, was consisting of sixteen courses accompanied by eight wines. (d) The approximate expense per person was the equivalent of 9,000 euros today when adjusted for inflation.

30. (a) Studies suggest that the percentage of the population that is left-handed has remained consistent over time. (b) In fact, evidence from cave paintings show that 10% of people were left-handed even in prehistoric times. (c) Scientists believe that left-handedness is determined by genetics as the trait runs in families. (d) But as no single gene has been linked to it, it is thought to result from a cluster of genes.

You have reached the end of the Vocabulary & Grammar sections. Do NOT move on to the Reading Comprehension section until instructed to do so. You are NOT allowed to turn to any other section of the test.

READING
COMPREHENSION

DIRECTIONS

This section tests your ability to comprehend reading passages. You will have 40 minutes to complete 35 questions. Be sure to follow the directions given by the proctor.

Part I **Questions 1~10**

Read the passage and choose the option that best completes the passage.

1. As a hiring manager, I've interviewed a lot of young college graduates looking for their first real job. Many of these students highlight their academic achievements. This is understandable, since good grades demonstrate a sense of responsibility and an ability to learn. But I'm more impressed by students who also have some sort of relevant work experience. These candidates are more likely to adjust quickly and smoothly to the workplace. That's why I recommend that college students _____.

   (a) find opportunities to work while studying
   (b) emphasize their educational backgrounds
   (c) prioritize work above school assignments
   (d) not make excuses for poor school grades

2. Ocean Gourmet Buffet takes pride in allowing our customers to enjoy as much quality seafood as they wish. At the same time, we want to stay environmentally friendly by reducing the amount of food waste our restaurant produces. We know our customers do too, which is why we're introducing a new policy. From May 1, a 10% surcharge will be added to the bills of customers who _____.

   (a) leave uneaten food on their plates
   (b) stay past the maximum time limit
   (c) are caught taking food with them
   (d) break dishes or damage utensils

3. When a snake charmer plays an instrument called the pungi, the snake that rises out of the basket seems to be hypnotized by the music. However, snakes lack outer ears and cannot hear the music being played. In reality, the animal is responding to the motions of the pungi and the charmer. Its wary behavior is precisely the kind that it would exhibit in front of a predator. In other words, the snake's emergence from the basket is _____ _____.

   (a) dependent on the skill of the charmer
   (b) representative of its predatory instincts
   (c) due to its irritation at the pungi's sound
   (d) evidence of its readiness to defend itself

4.

Dear Staff,

As you know, renovations to our office building began last week and are expected to take one month. Many of you have expressed concern about our temporary office-sharing plan, and we understand that things are crowded right now. We're also aware that parking spaces blocked off by the construction have left many with nowhere to park their vehicles. That's why we've decided that until the work is completed, all non-management personnel can work from home up to two days per week. We hope this will help _____.

Melanie O'Reilly

(a) speed up the office renovation process
(b) us adjust to our newly renovated office
(c) reduce these temporary inconveniences
(d) accommodate everyone's work schedules

5. Various studies illustrate the complexities of pain management. In a study on chronic back pain, patients were given a placebo along with their regular medicine. Despite knowing that they were taking a placebo, they reported a greater decrease in discomfort than patients who only took their regular medication. Researchers theorized that receiving the placebo positively influenced patients' feelings on recovery, encouraging them to engage in physical activity that accelerated recovery. The study demonstrates that for patients with chronic pain, _____ _____.

(a) psychological factors can affect recovery
(b) reduction in physical activity is key to relief
(c) the severity of their condition is exaggerated
(d) medications have less of an impact than believed

6. Monday's city council meeting ended abruptly after bickering broke out over the mayor's
    _____. Previously, the council passed a resolution that allows the
    mayor to vote only when the votes of other council members result in a tie. However, Mayor
    Frank Winters claims this policy violates the city charter, which does not specifically address
    the mayor's voting rights. After being told by lawyers that he, as a council member himself,
    has the right to vote on all council issues, Mayor Winters has been doing just that. Heated
    discussion over this issue at the meeting led several council members to walk out.

    (a) vote to revise the city charter
    (b) right to vote on council issues
    (c) veto power over council votes
    (d) tie-breaking vote on a proposal

7. A growing number of start-ups in the funeral industry are _____
    _____. Although traditional burials remain popular, cremation has
    been on the rise, with recent evidence suggesting human ashes are less environmentally
    damaging than decomposing bodies. Taking this a step further, some companies have created
    biodegradable urns to allow for ashes to be disposed of in a more ecologically sound manner.
    Meanwhile, certain cemeteries eschew cremation due to the emissions it is associated with,
    offering green, or natural, burials without coffins.

    (a) helping to popularize ecologically friendly coffins
    (b) challenging the supposed benefits of green burials
    (c) minimizing people's ecological footprints after death
    (d) rethinking the environmental cost of human cremation

8. Research has revealed that myriad factors can modulate blood pressure, including time of day,
    age, gender, and emotional state. Among them is "white coat hypertension," a phenomenon
    which causes spikes in blood pressure readings specifically when patients are tested in a
    hospital environment, where they often feel tense. Because readings can rise as a result,
    doctors must keep this element in mind to avoid false diagnoses. Doctors should therefore
    take multiple measurements or ask for home measurements to account for the fact that
    _____.

    (a) many patients deeply distrust medical professionals
    (b) instruments for measuring blood pressure are imperfect
    (c) medical professionals often take measurements incorrectly
    (d) anxiety related to medical settings can elevate blood pressure

9. In 1953, a British expeditionary team set out to be the first explorers to reach the summit of Mount Everest. The first pair of climbers in the group that attempted the climb were Tom Bourdillon and Charles Evans. After coming within 100 meters of the summit, Bourdillon and Evans were forced to turn around due to oxygen tank problems. _____, the opportunity fell to the second climbing pair, Edmund Hillary and Tenzing Norgay, who successfully summited the mountain.

(a) Regardless
(b) Conversely
(c) Additionally
(d) Consequently

10. The rise of artificial intelligence (AI) will likely bring significant changes to the workplace, including the displacement of human workers from certain jobs. However, not all jobs will be vulnerable. No matter how intelligent computers may become, their ability to carry out tasks that require creativity is likely to remain limited. Therefore, our chief concern should not be that AI will one day replace all human workers. _____, we should be thinking about how to best utilize AI to complement human creativity.

(a) Instead
(b) Moreover
(c) For all that
(d) For instance

Part Ⅱ **Questions 11~12**

Read the passage and identify the option that does NOT belong.

11. There are several ways our body lets us know that we are consuming too much sugar. (a) Perhaps most noticeably, sugar-heavy diets can have a significant impact on the way we feel. (b) In particular, such diets can lead to lower energy levels overall and make us more prone to fatigue. (c) Consuming sugary foods is thus often a convenient way to give ourselves a quick boost of energy. (d) Sugary foods can also affect our physical appearance by causing acne and other skin conditions.

12. In the short term, a direct link can often be drawn between labor market conditions and inflation. (a) When the labor market is tight because of low unemployment, companies tend to offer higher wages to recruit and retain staff. (b) These higher wages boost workers' disposable incomes, which increases aggregate demand for goods and services. (c) Because of this higher demand, companies are able to raise their prices, which creates inflationary pressures in the economy. (d) Thus, both unemployment and inflation can result from shocks to commodity supplies, which negatively affect the economy.

Part III **Questions 13~25**

Read the passage, question and options. Then, based on the given information, choose the option that best answers each question.

13.

Exhibition: *Sculptures of the Modern*

The Pottsville Gallery's latest and most popular
exhibition to date, Sculptures of the Modern,
will soon be coming to an end.

Don't miss the chance to see this wonderful collection of pieces on
loan from galleries across the country!
The exhibition is scheduled to run for just one more weekend until
October 9.

Tickets are $9 for adults and $5 for
students and seniors.

Q: What is mainly being announced?

(a) The termination of a gallery's art loan program
(b) The return of a modern sculpture exhibition
(c) The upcoming closure of an art exhibition
(d) The extension of a sculpture exhibition

14. In its early days, Yellowstone National Park was governed by a corrupt and inept civilian administration. Disconcerted by the rampant poaching and vandalism that was occurring inside of the park, US authorities delegated control of the park to the military in 1886. The US Cavalry went to work guarding the park's geysers, arresting poachers, and preventing would-be settlers from encroaching on federal lands. This saved the park from ruin, while simultaneously laying the groundwork for future effective management by the National Park Service, which was founded in 1916.

Q: What is the main topic of the passage?

(a) Why civilian park management failed at Yellowstone
(b) What actions the Park Service took to save Yellowstone
(c) How the National Park Service turned to military control
(d) How military intervention led to effective park management

15. Several US politicians have been calling for the elimination of tuition at public colleges. They claim that doing so would increase low-income and minority students' access to quality college education. But without the proper regulation and safeguards, the opposite may actually be the case. Students coming from middle- or upper-class families who might have attended private colleges may begin opting for free tuition at selective public institutions. This would result in increased competition for the limited number of available slots in these colleges.

Q: What is the author's main point about the elimination of tuition at public colleges?

(a) It could lead to a surge in higher education enrollment.
(b) It could limit opportunities for less privileged students.
(c) It would negatively affect the stability of private schools.
(d) It would lower the quality of education at these institutions.

16. Author J. R. R. Tolkien considered himself an academic first and a writer of fiction second. So when his papers on Old Norse and Germanic history drew acclaim in Germany, one would think that he would have been elated. In actuality, Tolkien was disgusted that his work had found favor with the then-ruling Nazi party. When a German publisher offered him a publishing deal on the condition that he prove he was not of Jewish descent, he responded with a harsh letter.

Q: What is the passage mainly saying about Tolkien?

(a) He disliked that the Nazis embraced his work.
(b) His writings were unworthy of the Nazis' acclaim.
(c) His intent to provoke the Nazis with his work backfired.
(d) He was upset at German favoritism toward academic works.

17. **Gazette Daily**

NATIONAL>POLITICS

Pay Increase for Prison Officers

Brett Rogers

Justice Minister Lisa Hawkins has announced changes to prison officer payment. Starting next year, staff will see their annual salaries rise an average of $5,000, with the precise increase depending on staffing needs. This plan is rooted in a severe staffing shortage in the prison system, accompanied by a surge in incidents of violence behind bars. New staff will also see starting salaries increase to $32,000 annually, a $4,000 increase over current levels.

Q: Which of the following is correct according to the news report?

(a) The pay raise will take effect next year.
(b) The prison system is currently overstaffed.
(c) The rate of violent incidents has fallen.
(d) The current starting salary is $32,000.

18. Consumers often have trouble choosing between the three most common varieties of pain relievers: aspirin, ibuprofen, and acetaminophen. Aspirin and ibuprofen's anti-inflammatory properties make them well suited to treating things like tooth pain and menstrual cramps. Ibuprofen is a little stronger and therefore more effective at a lower dose than aspirin. Acetaminophen can be used for pain but is relatively ineffective against pain caused by inflammation. However, it is less likely to cause stomach irritation than either of the alternatives.

Q: Which of the following is correct according to the passage?

(a) Aspirin is not considered useful for treating toothaches.
(b) Ibuprofen and aspirin are equally powerful at the same dosage.
(c) Acetaminophen is the least effective for reducing inflammation.
(d) Ibuprofen poses less risk of stomach irritation than acetaminophen.

19. A twin birth is more likely in older mothers. This is due to the level of follicle stimulating hormone (FSH) released by the body. Eggs are contained within follicles. Typically, during a menstrual cycle, only one of these follicles matures to release an egg. In older women, however, higher levels of FSH are produced to counteract the lower number of follicles with viable eggs, resulting in multiple follicular development. This often causes two eggs to be released. Should both eggs be fertilized, the mother would conceive fraternal twins.

Q: Why do older mothers have a higher rate of twin births?

(a) Single follicles mistakenly release more than one egg.
(b) FSH causes a single fertilized egg to split into two eggs.
(c) Older mothers produce a greater number of viable eggs.
(d) FSH levels increase to overcompensate for fewer follicles.

20.

The Observer

Trouble for FizzPop

By Lisa Kellert

Soda company FizzPop is being sued by the nonprofit organization Health Project. The lawsuit centers on objections to FizzPop's recent advertising campaign, which allegedly uses deceitful techniques to downplay the detrimental health effects of their beverages. Though FizzPop has released a statement calling the lawsuit baseless, Health Project maintains that the campaign whitewashes the links between sugary drinks and obesity. Law experts have expressed that the nonprofit has a good chance of prevailing in court.

Q: Why is FizzPop being sued?

(a) For advertising its beverages as healthy
(b) For using inaccurate nutrition facts labels
(c) For obscuring the health risks of its drinks
(d) For lying about the ingredients in its drinks

21. Cultivating genetically modified crops can produce indirect side effects. Over three-quarters of the cotton grown worldwide has been genetically modified to contain Bt toxin, which is poisonous to the caterpillars that devastate cotton plants. Although this reduces reliance on chemical pesticides, it allows pests unaffected by Bt toxin, such as aphids, to thrive. When caterpillars eat cotton plants, it normally causes the plants to produce terpenoid, a chemical that is toxic to aphids. But in genetically modified Bt cotton plants, this defense system lies dormant.

Q: Which of the following is correct according to the passage?

(a) A minority of cotton crops worldwide contain Bt toxin.
(b) Bt toxin is totally ineffective against caterpillars.
(c) Aphids flourish in genetically modified cotton fields.
(d) Terpenoid suppresses cotton's defense mechanisms against aphids.

22. The smallest star ever discovered is called EBLM J0555-57Ab. Though known for being a low-mass star, its mass is still far greater than any non-solar object in our solar system. This is despite being only slightly larger than Saturn, our system's second largest non-solar object. Were the star any smaller, it would be unable to sustain the hydrogen fusion that makes it a star and would be classified as a brown dwarf. Small stars are numerous in the universe but easily overlooked; in fact, scientists may never have discovered EBLM J0555-57Ab had it not been orbiting a larger star in a binary system.

Q: Which of the following is correct about EBLM J0555-57Ab?

(a) It is the second smallest star ever to be identified.
(b) It has a mass that is slightly greater than Saturn's.
(c) It is classified as a star due to its ability to fuse hydrogen.
(d) It is considered a brown dwarf because of its small size.

23. When I was 31, one of my best friends, Paul, admitted he'd been in love with me for years. In my shock, I turned to Emily, a mutual friend. She knew how I felt about him and that I'd kept my feelings hidden for fear of ruining my friendship with him. After consulting with her, I decided to give Paul a shot. Things were awkward at first, but in the end, it was the best decision of my life.

Q: What can be inferred about the writer?

(a) She had had romantic feelings for Paul.
(b) Emily advised her to avoid the relationship.
(c) She had suspected Paul's true feelings for her.
(d) The romance damaged her relationship with Paul.

24. The white pine tree was the backbone of the 19th-century US timber industry. So much of this timber was harvested, in fact, that the industry turned to Europe for seedlings to restock its nurseries. However, imported seedlings occasionally carried a fungus called blister rust. Although the trees could not pass the fungus to each other directly, they could contract it via the black currant plant. Swift action was taken to eradicate this plant, saving the timber industry, but that caused the black currant's edible berries to all but disappear from the American consciousness.

Q: What can be inferred from the passage?

(a) White pines were not indigenous to the United States.
(b) Black currants were valued less than white pines in the US.
(c) The fungus outbreak brought seedling importation to an end.
(d) America's black currant plants were wiped out by the fungus.

25.

To the Editor,

Your article "Veteran Housing on the Rise" lauded the Bureau of Veterans' Benefits for its recent success in helping homeless veterans find homes. But this feat was only accomplished by no longer requiring veterans with drug abuse problems to undergo treatment in order to become eligible for housing.

I do agree that decreasing homelessness among veterans is a priority, but recovery is also very important. Unfortunately, the bureau has now lost a key way of motivating it to the detriment of all.

– Peter Ambrose

Q: Which statement would the writer most likely agree with?

(a) Forcing veterans to undergo drug treatment is discrimination.
(b) The Bureau of Veterans' Benefits should stop housing veterans.
(c) Drug screening for veterans' housing eligibility should be restored.
(d) The article failed to give the Bureau of Veterans' Benefits enough credit.

Part IV Questions 26~35

Read the passage, questions, and options. Then, based on the given information, choose the option that best answers each question.

Questions 26-27

Beachside Resort
3 Nights with Airfare Starting at $899*

Only 5 days left to book at this rate!

Searching for the perfect place for your tropical island getaway?
Then book a stay at Beachside Resort!

Our resort is all-inclusive. Features include:
- **Complimentary shuttle bus service** from/to the airport or private transportation for a surcharge
- **Unlimited food and drinks** at 10 different restaurants — 6 at Beachside and 4 at our sister resort, Acqualina
- **$100 Resort Credit** for discounts toward excursions, spa treatments, rental car, and more
- **Outdoor activities** including tennis, bicycling, windsurfing, kayaking, and snorkeling at no extra charge

* Travel dates between 12/1–2/28. Prices are per person based on double occupancy in our standard, garden-view rooms and may vary based on departure city. Guests may upgrade to suites or ocean-view rooms for an additional fee.

26. **Q:** Which of the following is correct according to the advertisement?

(a) A minimum stay of five days is required.
(b) The deal ends in the next five days.
(c) Beachside Resort offers ten restaurants.
(d) The deal is not valid for garden-view rooms.

27. **Q:** Which of the following requires additional fees?

(a) Spa treatments
(b) Water activities
(c) Airport shuttle bus
(d) Dining at Acqualina

New software vendor for Jexco   ✉ ↩ 🗑 🖨

From: Amy Miller [miller.a@jexco.com]

Date: Tuesday, August 28

To: William Johnson [johnson.w@jexco.com]

Hey William,

I just forwarded you an ad that I got from ICU Solutions this morning. This software vendor looks a lot more economical than Compucore. Theoretically, we could shave 15% off costs.

I'll check with Compucore to see if they're willing to meet these prices. I'd hate to end a good relationship, but it might be better for our bottom line to do so. Compucore knows they have to remain competitive if they want to keep our business, so I'm hopeful.

In the meantime, see what you can find out about ICU Solutions. While their financial package looks attractive, we need to make sure that they're dependable and that we'd actually realize all those savings. They seem to be a fast-growing company, but it's hard to tell whether their growth is really due to the quality of their products. Anyway, I think it'd be in our best interest to contact some of their past clients like SystemsPLUS to get more insight. Let's do our research before committing to anything.

Amy

---

28. Q: Which vendor does Amy and William's company currently use?

   (a) Jexco
   (b) Compucore
   (c) SystemsPLUS
   (d) ICU Solutions

29. Q: What is Amy mainly asking William to do?

   (a) Negotiate with their current vendor
   (b) Contact ICU Solutions for a meeting
   (c) Research the top software companies
   (d) Check a prospective vendor's reliability

The Link Between Metabolism and Osteoarthritis

Osteoarthritis is a common medical condition characterized by joint inflammation, which impedes movement and causes pain. The symptoms of the condition can range from mild to debilitating. Currently, there is no known effective treatment or cure for osteoarthritis, so it is primarily addressed through the use of painkillers.

For years, the condition was simply assumed to be a natural part of the aging process to which some people were more susceptible due to genetics or hormones. Recent research, however, has identified a link between osteoarthritis and metabolism.

This link centers on metabolic changes that result from poor diet and a sedentary lifestyle. The process leading to osteoarthritis begins with regular cellular energy production becoming inhibited by these metabolic changes. The affected cells compensate by producing an excessive amount of glucose, the surplus of which then transforms into lactic acid. Because the latter cannot be easily flushed out, it starts to build up in the body's joints. Should this buildup become excessive, it leads to the inflammation which characterizes osteoarthritis.

30. Q: What is the direct cause of the inflammation associated with osteoarthritis?

(a) Excess cellular energy
(b) Overuse of painkillers
(c) Low glucose production
(d) High levels of lactic acid

31. Q: What can be inferred about osteoarthritis from the passage?

(a) Scientists are close to finding a cure for it.
(b) It can be reliably predicted by genetic screening.
(c) Hormones have a greater effect on it than genetics.
(d) It may be preventable through healthy lifestyle choices.

Questions 32-33

The Doolittle Raid

In April of 1942, amidst heavy American losses during World War II, an air raid on Japanese cities including Tokyo was executed by James Doolittle of the US Air Force. Doolittle commanded a group of soldiers on the raid, who had volunteered without being informed of the specifics of their risky mission. Their task was to take off in B-25 bombers from the aircraft carrier USS Hornet, which was too small to accommodate their return. They would then bomb Japanese cities before landing at Allied airfields in China.

Unfortunately, the mission did not go as planned. After a Japanese boat sighted the carrier on its way to Japan, the planes launched a day early to maintain the element of surprise. After the bombing raid, the raiders crash-landed or bailed out near the Chinese coast because they ran out of gas. Doolittle considered the raid a failure, but the reaction back home was positive because the raiders had successfully infiltrated Japanese defenses. Despite doing little material damage, the mission boosted US morale and the Allied war effort.

32. Q: What is the passage mainly about?

(a) The abandonment of a raid due to complications
(b) A dangerous operation resulting in support for the war
(c) Unnecessary risks taken by Doolittle's raiders over Japan
(d) Mixed reactions in the United States to a reckless mission

33. Q: Which of the following is correct according to the passage?

(a) The soldiers volunteered unaware of the details of their mission.
(b) The USS Hornet was built to receive B-25s that were landing.
(c) The fleet launched from Allied airfields on China's coast.
(d) The raiders ultimately inflicted heavy damage to Japan.

Questions 34-35

| The Bloomfield Times ✕ | New Tab ✕ |

☰ MENU [🔍]

THE BLOOMFIELD TIMES

Kane Angers Expats

Prime Minister Sarah Kane's call for an early election has drawn the ire of citizens residing overseas. The call comes just six months after she took over following her predecessor Harry Heanes's abrupt resignation. In her brief tenure, Kane has been a steadying influence on the Conservative Party, and with the major opposition parties in disarray, an early election is seen as a chance for Kane to secure a full term while her reputation remains untarnished. However, expatriates claim that by bringing the election forward she is reneging on her pledges.

Currently, citizens who have been living abroad for over a decade are not entitled to vote, while those still eligible must fill in inordinate amounts of paperwork along with their ballots. After becoming prime minister, Kane assured constituents that she would both re-enfranchise overseas voters and simplify the existing process of voting from abroad before the next election. Such changes would be impossible on the timeline Kane's call has now created. This comes at a particularly important time for expatriates, as the new government will oversee the renegotiation of visa agreements with many of their host countries.

---

34. Q: Why are overseas residents mainly angry at the prime minister?

(a) Her proposed legislation will affect their visa status.
(b) She broke her promise to ensure their voting rights.
(c) She burdened them with additional paperwork.
(d) Her election pledge would raise their taxes.

35. Q: What can be inferred about Sarah Kane?

(a) She was reluctant to announce the upcoming election.
(b) She made intentionally misleading campaign pledges.
(c) She ran for prime minister during the previous election.
(d) She has not experienced any significant drop in approval.

You have reached the end of the Reading Comprehension section. Please remain seated until you are dismissed by the proctor. You are NOT allowed to turn to any other section of the test.

NEW TEPS
서울대 공식 기출문제집

TEST 2

CHECK LIST

☐ ANSWER SHEET, 컴퓨터용 사인펜, 수정테이프, 아날로그 시계
  를 준비하세요.

☐ 휴대폰 전원을 끄십시오.

☐ 테스트 시작 및 종료 시간을 설정해 아래에 적으세요.
  반드시 제한 시간을 지켜야 합니다.

LISTENING COMPREHENSION (40분)

시작 _____시 _____분   **종료** _____시 _____분

VOCABULARY & GRAMMAR (25분)

시작 _____시 _____분   **종료** _____시 _____분

READING COMPREHENSION (40분)

시작 _____시 _____분   **종료** _____시 _____분

LISTENING
COMPREHENSION

Part I   Questions 1~10

You will now hear ten individual spoken questions or statements, each followed by four spoken responses. Choose the most appropriate response for each item.

QR코드를 스캔하시면 청해 파일로 연결됩니다.

Part II   Questions 11~20

You will now hear ten short conversation fragments, each followed by four spoken responses. Choose the most appropriate response to complete each conversation.

You will now hear ten complete conversations. For each conversation, you will be asked to answer a question. Before each conversation, you will hear a short description of the situation. After listening to the description and conversation once, you will hear a question and four options. Based on the given information, choose the option that best answers the question.

L

Part IV **Questions 31~36**

You will now hear six short talks. After each talk, you will be asked to answer a question. Each talk and its corresponding question will be read twice. Then you will hear four options which will be read only once. Based on the given information, choose the option that best answers the question.

Part V **Questions 37~40**

You will now hear two longer talks. After each talk, you will be asked to answer two questions. Each talk and its corresponding questions will be read twice. However, the four options for each question will be read only once. Based on the given information, choose the option that best answers each question.

VOCABULARY & GRAMMAR

1. A: The boss said my report was full of errors and typos.
    B: Just _____ it and hand it back in.

    (a) edit
    (b) heal
    (c) solve
    (d) repair

2. A: How can I pay for this product online?
    B: There are two _____: credit card or money transfer.

    (a) options
    (b) decisions
    (c) strategies
    (d) selections

3. A: How long have you been trying to become an actor?
    B: I've been _____ this dream for 10 years.

    (a) training
    (b) obeying
    (c) pursuing
    (d) searching

4. A: Did you stay home sick from school?
    B: Yeah, I didn't want to _____ anyone with my germs.

    (a) infect
    (b) pollute
    (c) corrupt
    (d) transmit

5. A: I'm impressed at how _____ John is.
    B: Yeah, he donates lots of time and money to the poor.

    (a) adequate
    (b) beneficial
    (c) profitable
    (d) charitable

6. A: Can we meet at 3 p.m. to discuss this year's budget?
    B: Sure, but let's keep the plan _____ in case something else comes up.

    (a) obscure
    (b) hesitant
    (c) tentative
    (d) indecisive

7. A: The client didn't seem interested in our proposal.
    B: I know. Her response was _____, to say the least.

    (a) arbitrary
    (b) lukewarm
    (c) submissive
    (d) monotonous

8. A: Jason had three helpings at dinner!
    B: He's always been a(n) _____ eater.

    (a) voracious
    (b) delectable
    (c) auspicious
    (d) exhaustive

9. A: I was stunned when my brother revealed his bankruptcy.
    B: It must've been quite a _____.

    (a) bombshell
    (b) stalemate
    (c) backdrop
    (d) loophole

10. A: Why haven't you been at the recent book club meetings?
    B: I've been _____ with extra work at the office.

    (a) churned out
    (b) drummed up
    (c) bogged down
    (d) hammered out

Choose the option that best completes each sentence.

11. People with sensitive skin should always wear sunscreen as their skin can _____ badly to sunlight.

    (a) fade
    (b) heat
    (c) treat
    (d) react

12. When your computer runs slowly, you may need to _____ unused programs from it.

    (a) exit
    (b) undo
    (c) delete
    (d) cancel

13. All of our hotel rooms are _____ with an air conditioner, a large-screen TV, and a mini-fridge.

    (a) qualified
    (b) equipped
    (c) packaged
    (d) assembled

14. Major credit rating agencies have _____ KD Media's rating after its CEO was arrested for fraud last month.

    (a) eliminated
    (b) minimized
    (c) downgraded
    (d) undervalued

15. When a volcano erupts, it usually _____ lava and gases.

    (a) bursts
    (b) flashes
    (c) scatters
    (d) releases

16. Modern transportation has improved the _____ of the public, giving them more freedom to travel.

    (a) mobility
    (b) formation
    (c) maneuver
    (d) progression

17. Sandpaper has a(n) _____ surface that smooths down rough textures.

    (a) vulgar
    (b) abrasive
    (c) irregular
    (d) corrosive

18. Temperatures will _____ this week, ranging from extremely cold to pleasantly mild.

    (a) flicker
    (b) conform
    (c) fluctuate
    (d) contradict

19. Patients experiencing side effects from medication may need to have their dosage _____ by their doctor.

    (a) dimmed
    (b) adjusted
    (c) balanced
    (d) countered

20. People with borderline personality disorder tend to be _____, showing sudden changes of mood.

    (a) tedious
    (b) apathetic
    (c) irresolute
    (d) capricious

21. Technology giant MassTech acted quickly to _____ rumors of a buyout, calling them completely absurd.

    (a) evict
    (b) dispel
    (c) amend
    (d) deploy

22. As a teenager, Tom was often _____ for talking back rudely to his father.

    (a) dispatched
    (b) exasperated
    (c) antagonized
    (d) reprimanded

23. The extinction of the Wyoming toad might be _____, with about 200 existing in captivity and none in the wild.

    (a) imminent
    (b) paramount
    (c) inadvertent
    (d) compulsory

24. Military camouflage uniforms are designed to make the wearer _____ to others.

    (a) imprudent
    (b) impertinent
    (c) incongruous
    (d) inconspicuous

25. The _____ of former US President Franklin Roosevelt's paralysis was likely Guillain-Barré syndrome.

    (a) dose
    (b) cure
    (c) root
    (d) gist

26. It is not uncommon to encounter local vendors _____ souvenirs on streets near tourist attractions.

    (a) haggling
    (b) peddling
    (c) grappling
    (d) squabbling

27. Jane's essay needed to be _____ because it exceeded the page limit.

    (a) depleted
    (b) impeded
    (c) truncated
    (d) hampered

28. The building had grown so _____ with age that it was completely beyond repair.

    (a) atrophied
    (b) inundated
    (c) pulverized
    (d) dilapidated

29. Skilled tennis players can put so much spin on the ball that their opponents become confused by its _____.

    (a) trajectory
    (b) proclivity
    (c) aberration
    (d) divergence

30. The actor's career had many ups and downs, but she was never discouraged by these _____ of life.

    (a) jubilations
    (b) vicissitudes
    (c) prerogatives
    (d) contingencies

You have finished the Vocabulary questions. Please continue on to the Grammar questions.

1. A: My car has been making a strange noise.
   B: I know a good shop _____ you can have it inspected.

   (a) that
   (b) what
   (c) which
   (d) where

2. A: You didn't need to buy milk. I already got some yesterday.
   B: Oh, I _____ have checked before buying it.

   (a) must
   (b) might
   (c) would
   (d) should

3. A: So Frank really wrote this essay all by himself?
   B: Apparently. He denied _____ any help on it.

   (a) to have received
   (b) to receive
   (c) receiving
   (d) receive

4. A: How did your wife like your haircut?
   B: She seemed _____ with it.

   (a) please
   (b) pleased
   (c) pleasing
   (d) to please

5. A: Why didn't you come to the seminar yesterday?
   B: I _____ if I had known about it beforehand.

   (a) had attended
   (b) would attend
   (c) would be attending
   (d) would have attended

6. A: Wasn't it great running into Jim earlier?
   B: Yeah. We see him so _____ these days.

   (a) rare
   (b) rarer
   (c) rarest
   (d) rarely

7. A: The football player's suspension seems overly harsh.
   B: Well, his past indiscretions _____ into account, too.

   (a) took
   (b) will take
   (c) were taken
   (d) will be taken

8. A: Is your daughter still in Europe?
   B: Yes. Next week, she _____ there for a month.

   (a) will be
   (b) is being
   (c) has been
   (d) will have been

9. A: These barbecue ribs are delicious.
   B: I know! _____ in this sauce, they're irresistible.

   (a) Cover
   (b) Covered
   (c) To cover
   (d) Covering

10. A: Can we reach the airport on time if we take the 8 a.m. bus?
    B: I think _____ an earlier one.

    (a) it might be better for catching
    (b) catching it might be better for
    (c) we might be better off catching
    (d) to catch it we might be better off

Part II Questions 11~25

Choose the option that best completes each sentence.

11. Philip wanted to visit a Korean restaurant but could not find _____ in his town.

    (a) few
    (b) any
    (c) none
    (d) either

12. Many employees opposed the company's decision _____ a performance-based salary system.

    (a) adopted
    (b) to adopt
    (c) adopting
    (d) having adopted

13. Elizabeth apologized to her date for arriving at the theater after the movie _____.

    (a) had started
    (b) would start
    (c) was starting
    (d) had been starting

14. James was eligible to play for the national team, but it remained unclear whether he _____.

    (a) would
    (b) would play it
    (c) would play for
    (d) would be doing

15. Father-son athletes Dick and Rick Hoyt established the Hoyt Foundation, through _____ they raised money to help disabled people.

    (a) who
    (b) what
    (c) where
    (d) which

16. _____ symptoms of the flu may go away without treatment, taking medication can help manage them earlier.

    (a) If
    (b) After
    (c) When
    (d) Although

17. The professor recommended that the student _____ his presentation before coming to class.

    (a) practice
    (b) practices
    (c) practiced
    (d) would practice

18. Successfully blocking opponents in the open field _____ crucial to winning in the game of football today.

    (a) is
    (b) are
    (c) has been
    (d) have been

19. Though he had tasted good apple cobbler pies before, George thought none _____ _____.

    (a) his mother's came close to
    (b) came close to his mother's
    (c) close to his mother's came
    (d) to his mother's came close

20. Because of concerns about _____ product's possible side effects, consumer groups are asking for an FDA investigation of it.

    (a) all
    (b) the
    (c) few
    (d) any

21. Many young people _____ marriage cited economic instability as the main reason.

    (a) delaying
    (b) to delay
    (c) delayed
    (d) delay

22. Asking not to _____, the employee exposed her company's secrets to the news reporter.

    (a) name
    (b) be named
    (c) have named
    (d) have been named

23. The majority of the committee members voted against _____ to forbid them from accepting gifts.

    (a) motion
    (b) motions
    (c) a motion
    (d) every motions

24. The Heartland Mall, closed for remodeling since October, will be reopened _____ March 1.

    (a) at
    (b) via
    (c) as of
    (d) due to

25. Some companies emphasize their fun work culture to make _____ to recent graduates.

    (a) their appealing better
    (b) a better appeal of them
    (c) appeal themselves better
    (d) themselves better appeal

Part III Questions 26~30

Read each dialogue or passage carefully and identify the option that contains a grammatical error.

26. (a) A: I feel like our suitcase is not spaciously enough for our trip.
    (b) B: Really? I think we'll be able to fit all our clothes and toiletries in it.
    (c) A: But we didn't consider all the stuff we'll be bringing back from the trip.
    (d) B: Well, we could always buy an extra bag there if there isn't enough space for everything.

27. (a) A: I really wish you had stood up for me against Keith earlier.
    (b) B: Sorry, I got distracted and didn't pay attention to what was he saying.
    (c) A: He had the nerve to blame me for the firm's bad relationship with the client.
    (d) B: I'll talk to him and ask him to think twice before speaking like that again.

28. (a) The dodo was a flightless bird, unique to the island of Mauritius, that went extinct in the 17th century. (b) To have evolved in isolation, the dodo never developed an instinctual fear of humans. (c) As such, when sailors discovered Mauritius and began to settle there, the dodo became incredibly easy prey. (d) Some scholars attribute the dodo's extinction partially to the bird's lack of defenses against these hunters.

29. (a) Fishermen wading through the Martino reservoir last week were happening upon an unlikely sight. (b) What they discovered was a species of fish thought to be native to waters thousands of miles away. (c) It will take another month or so to determine whether the fish is without a doubt an invasive species. (d) Still, local scientists are confident of the fish's identity and are already investigating how it arrived.

30. (a) In 2008, Delft University of Technology made headlines when a fire broke out in its Faculty of Architecture building. (b) Within hours, several upper floors of the 13-story building was completely engulfed in flames. (c) By the time the fire was finally extinguished, the building was damaged to the point of collapse. (d) Fortunately, though, its historic architectural collections dating back to the 1600s were saved.

You have reached the end of the Vocabulary & Grammar sections. Do NOT move on to the Reading Comprehension section until instructed to do so. You are NOT allowed to turn to any other section of the test.

READING
COMPREHENSION

DIRECTIONS

This section tests your ability to comprehend reading passages. You will have 40 minutes to complete 35 questions. Be sure to follow the directions given by the proctor.

Part I **Questions 1~10**

Read the passage and choose the option that best completes the passage.

R

1.

Dear Valued Customers,

We are happy to announce that this summer we will be _____.
Many of you have been enjoying low-priced tropical drinks on our outdoor terrace
these past weeks, and have expressed a desire to stay later than usual. We've taken your
request to heart! From next week until September 1, we will be closing at 11 p.m., two
hours later than usual. Hope to see you soon!

Serenity Café Management

(a) extending our opening hours
(b) serving some seasonal drinks
(c) holding events on our terrace
(d) offering some great discounts

2. Sky Airways is excited to introduce a new type of economy class. Currently, one personal
item and one full-sized carry-on bag are allowed for each economy passenger. But we've
realized that this could be somewhat unfair to passengers traveling with only a small handbag
or a briefcase. So we created Simple Economy class. Tickets cost $25 less, and the carry-on
allowance is limited to one small personal item. We believe that our new Simple Economy
class will benefit those _____.

(a) who travel frequently with us
(b) with more than one checked bag
(c) traveling with only carry-on luggage
(d) looking to avoid built-in baggage fees

3. Scheduling leisure activities may have an unintended side effect. Once an activity is
preplanned, it begins to take on the appearance of a responsibility, resembling work more
than leisure. In contrast, when people leave their free time largely unstructured or make loose
plans, they tend to enjoy what they do more. For the most part, then, people are likely to get
more from their leisure time if they _____.

(a) resist the urge to overplan it
(b) fill it with exciting new activities
(c) forget about their work obligations
(d) take care of their responsibilities first

4. My job managing the local branch of a multinational corporation changed dramatically after the advent of web conferencing services. Before these services became available, most of our business was conducted via email, with occasional trips for face-to-face meetings. These days, however, technology has made it possible to have meetings much more regularly. This is great in theory, but it means I often have to bend to the work schedule of our headquarters overseas. So for me, the more direct communication afforded by web conferencing has _____ _____.

(a) simplified the scheduling of meetings
(b) resulted in less verbal interaction at work
(c) come at the cost of normal working hours
(d) greatly boosted my workplace productivity

5.

Attention Boaters:

Recently, a boat docked in Lagomeer Lake was found to be contaminated by zebra mussels. Zebra mussels are a rapidly reproducing invasive species. They consume the lake's plankton, which deprives native species of their food source. Because zebra mussel infestations are easily transmitted, the Natural Resources Management Office is instituting regulations stipulating that all boats must be dry-docked and pass examination for zebra mussels prior to being permitted into the lake's waters. This measure is being implemented to _____.

Natural Resources Management Office

(a) keep the lake free from plankton
(b) protect the habitat of zebra mussels
(c) deter the further spread of the species
(d) encourage more boaters to use the lake

6. Tasked with finding ways to encourage the transition to electric cars, Newland researchers have _____. Their recent report reveals that fossil fuel cars give rise to $30 billion worth of health-related costs each year. Factored into this calculation are hundreds of thousands of asthma-related sick days. Even those without asthma suffer in other ways, with the report estimating that each tank of fuel adds nearly $20 to public health costs—an expense that everyone shares through tax payments. These costs would drop if more electric cars replaced conventional ones.

(a) estimated how tax breaks could incentivize buyers
(b) quantified the hidden costs of fuel-burning vehicles
(c) calculated the cost of subsidizing consumer purchases
(d) investigated options for making them more affordable

7. The phenomenon of seeing faces in inanimate objects is known as facial pareidolia. Often, people reporting such sightings are dismissed or ridiculed. However, neuroscientists have recently discovered that the fusiform face area, an area of the brain physiologically primed to be activated when exposed to facial stimuli, responds to even the most subtle suggestions of facial features. Such suggestions, it seems, can appear in food, building facades, the clouds, or anything else. Therefore, rather than being so quick to classify reports of facial pareidolia as spurious, we might instead _____.

(a) continue to recognize them as psychological delusions
(b) attribute them to physiological variation between humans
(c) consider them possible symptoms of neurological disorder
(d) regard them as a natural consequence of our brain's wiring

8. Ecological research these days tends to focus on issues such as CO_2 emissions and habitat destruction. However, another significant driver of environmental change has attracted a comparatively low level of attention: chemical compounds. Despite the staggering number of new synthetic chemicals produced each year, we have yet to see a commensurate rise in articles investigating the environmental effects of these chemicals. Several factors account for this shortfall, including funding cuts and the logistical difficulties of research in and outside of the lab. Even so, the issue remains pressing. Ideally, research on chemical compounds would _____.

(a) focus on ways to limit related emissions
(b) make allowances for laboratory conditions
(c) increase in accordance with their proliferation
(d) take precedence over other environmental issues

9. In 1968, a massive explosion ripped through a coal mine in Farmington, West Virginia. The following year, the US government passed the Federal Coal Mine Health and Safety Act of 1969, a comprehensive piece of legislation that mandated a wide range of safety measures, some of which aimed to combat fine dust inhalation. _____, the work of coal miners became much safer, as evidenced by the fall of black lung cases to an all-time low by the 1990s.

(a) Similarly
(b) As a result
(c) Particularly
(d) In conclusion

10. Female elk in western Canada appear to adapt their behavior on a seasonal basis to avoid human hunters. During the rifle hunting season, the elk avoid roads used by hunters and keep to the dense forest when passing near such areas. _____, during the bow hunting season, when hunters need to get up close to their prey, the elk seek more open areas, making it difficult for hunters to sneak up and attack them.

(a) Conversely
(b) Specifically
(c) Accordingly
(d) Consequently

Part II Questions 11~12

Read the passage and identify the option that does NOT belong.

11. Having a cup of orange juice may not be as beneficial as many people believe. (a) Most orange juices contain little of oranges' natural fiber and are made up mostly of sugar and water. (b) Admittedly, large volumes of water may help to flush harmful chemicals out of people's bodies. (c) Unlike fiber, sugar and water are processed quickly and thus do not prevent hunger for long. (d) All in all, orange juice's nutritional profile comes closer to a candy bar than to a healthy drink.

12. The availability of personal data on the Internet has led to an unsavory practice known as "doxing." (a) The term refers to the practice of obtaining and revealing a person's personal information over the Internet. (b) Frequently, this information is gleaned from publicly available databases, such as social media sites or Internet forums. (c) In other cases, though, perpetrators resort to less savory means of gathering information, such as phishing or hacking. (d) Hackers will at times use such information in order to take over an online account rather than reveal it to the public.

Read the passage, question and options. Then, based on the given information, choose the option that best answers each question.

R

13.

Screen Printing Class

Join instructors Matt and Kyler for a fun and interactive workshop where you can make your own custom T-shirt.

Simply bring an image with you to use. This could be an original piece of artwork, a photo, or any other image you want. Or email an electronic version of the image to us ahead of the class.

The class fee is $45, which includes the cost of the T-shirt that you will print your design onto.

Q: What will students mainly do in the class?

(a) Decorate T-shirts using new techniques
(b) Learn to use photo editing software
(c) Print an image onto a T-shirt
(d) Create designs for T-shirts

14. In 16th-century Mecca, which was ruled by Khair Beg, coffee drinking developed an increasingly social dimension. Coffee houses had begun opening up throughout the city, and men were using them as places to discuss politics and philosophy. Mecca's young ruler saw the possibility that these discussions might lead to plots against his rule. Hence, Beg ordered the closure of these establishments, though this ban was not to last long.

Q: What is the writer mainly saying about Khair Beg?

(a) He placed burdensome restrictions on coffee houses.
(b) He feared coffee houses could endanger his authority.
(c) He blamed coffee houses for having caused rebellions.
(d) He sensed that coffee house owners were too powerful.

15. In medieval times, books had to be copied out by hand, so they were extremely rare and valuable. Fearing that these treasures could be stolen, scribes included terrible curses at the beginning or ending of many books. These threatened would-be thieves with all manner of physical and supernatural punishments. Perhaps the most feared of these was excommunication from the church and eternal damnation.

Q: What is the main topic of the passage?

(a) The use of threats to scare medieval scribes
(b) Ancient curses feared by medieval book thieves
(c) The punishments imposed on medieval book thieves
(d) Measures to prevent medieval books from being stolen

16.

≡ MENU   Q SEARCH

Books and Literature

Dick Jones's Next Installment

After five long years, the wait for the next installment of Dick Jones's *Marching Time* book series may soon be over. Although the infamously slow author has still not given a definitive release date, he recently hinted at the prospect of publishing not just one but two novels simultaneously in the coming year. Currently, the television narrative based on Jones's series has already progressed beyond the events of the most recent book. However, if what Jones suggests really comes true, the storyline would move ahead of the TV show.

Q: What is the main point of the article?

(a) The *Marching Time* TV series will be released earlier than expected.
(b) Jones's slow writing pace has caused delays to a TV series.
(c) Two *Marching Time* books might be released together.
(d) Jones is taking so long to write the next installment.

17.

From: subscriptions@flexvideo.com

To: bill.johnson@email.com

Date: Sept. 15, 2018

Subject: FlexVideo Subscription

Dear Mr. Johnson,

Your annual FlexVideo subscription is set to renew on October 1. At that time, we will charge the credit card connected to your account for the premium subscription price of $100. If you wish not to renew your subscription, please respond to this email prior to your renewal date. Otherwise, no action on your part is required. Any questions may be directed to our customer service team at 1-800-GetFlex.

Sincerely,

FlexVideo Subscription Services

Q: What does Mr. Johnson need to do to renew his annual subscription?

(a) Nothing at all
(b) Reply to the email
(c) Authorize payment
(d) Call customer service

18. Contrary to popular belief, white tigers are actually a variant of the endangered Bengal tiger, rather than their own subspecies of tigers. The white coloring of their coat results from a lack of a pigment called pheomelanin, which typically causes orange coloring in tiger fur. According to experts, all captive white tigers originated from a single ancestor with a rare genetic mutation. Because both parents must carry this recessive gene for a white tiger to be born, breeders mate captive white tigers with one another. Unfortunately, such inbreeding has resulted in many white tigers being born with genetic problems.

Q: Which of the following is correct about white tigers?

(a) They are not considered Bengals because of their color.
(b) They are white due to the presence of pheomelanin.
(c) They occur when parents share the same rare gene.
(d) They have not been successfully raised in captivity.

19.

Mount Greystone Skiing Lessons

With the season opening of our ski slopes here at Mount Greystone just a month away, now is the perfect time to think about skiing lessons.

Book online before the opening day to enjoy these benefits:
• 15% off on 1:1 lesson packages
• 20% off on packages for groups of five or more

And remember all lesson packages come with extra benefits including:
• A wait-free fast track to the front of lift lines
• A 50% discount on other activities, such as our special night hikes

Sign up today!

Q: Which of the following is correct according to the advertisement?

(a) Mount Greystone is now officially open for skiing.
(b) Lessons are only offered for groups of five or more.
(c) Online booking for individual lessons is not open.
(d) Ski lessons include a discount on night hikes.

20. There are competing theories on the origin of Earth's surface water. One suggests that it originated from melted ice crystals from comets that impacted the planet. However, new evidence gives more weight to the other theory: that water always existed in Earth's mantle as hydroxyl, trapped in minerals such as ringwoodite. As volcanic activity continually melted mantle rocks into magma, the hydroxyl crystallized. These crystals then dissolved at Earth's surface when they were emitted from volcanoes as vapor, eventually coming to cover the planet in the vast oceans and lakes that exist today.

Q: According to the passage, how did Earth's surface water most likely accumulate?

(a) It resulted from gases due to pressure in the mantle.
(b) It came from ice crystals melted by volcanic magma.
(c) It was dissolved from water crystals found in comets.
(d) It was released from minerals through volcanic activity.

21.

The New Times

Trouble at Legoma

By CHARLES CRAVEN

Amidst the ongoing wave of tax scandals, the reputation of yet another big business took a hit yesterday following the arrest of Legoma Inc. chairperson Terry Randall. Randall is charged with siphoning off millions of dollars from the company's coffers in order to balance his own finances. This comes five years after his conviction for concealing huge losses at his former company Sommixe. Although Randall complied with the terms of probation during his subsequent two-year suspended sentence, his latest indiscretion has many people wondering why his initial punishment was not harsher.

Q: What is Terry Randall suspected of doing?

(a) Bribing government officials
(b) Falsifying business records
(c) Stealing company funds
(d) Violating his probation

22. In a recent placebo-controlled study, researchers investigated the effects of caffeine on a proofreading task. It found that participants who were administered caffeine were better than those on placebos at identifying complex global errors—errors that interfere with comprehension of the text—but they had no advantage when it came to finding local errors such as misspellings. The effects were moderated, however, by the participants' habitual caffeine intake. Non-habitual consumers only required 200 mg of caffeine, while at least 400 mg was required in habitual consumers for the same effect. When the study was run again under identical conditions, the results were the same.

Q: Which of the following is correct according to the passage?

(a) All of the research participants were administered caffeine.
(b) Caffeine helped the participants detect both global and local errors.
(c) Caffeine had the same effect regardless of participants' usual intake.
(d) The study was repeated with the environment held constant.

R

23. I've been a professional video game reviewer for the past 20 years, and things are changing. Years ago, game companies would send us a copy of a game in advance of its release date. I'd play for a few days and then write up a review. But now, companies refuse to distribute games to reviewers early because they fear content will be pirated. Moreover, online forums where gamers themselves share information have become popular hubs for gamers to get opinions they trust.

Q: Which statement about professional video game reviewers would the writer most likely agree with?

(a) They remain the best source for unbiased reviews.
(b) Game companies no longer respect their opinions.
(c) They have less influence than they used to.
(d) Most of them fail to give any real insight.

24. Around the turn of the 20th century, Brazil was overtaken as the world's leading rubber producer. Brazil previously had a monopoly on rubber because the country was the only one to which rubber trees were native. However, they proved difficult to cultivate. Planting them too near to one another allowed parasites to spread and destroy the trees. Believing that the trees would be more successful outside of their native region, an English agent exported seeds to British colonies in Asia. Eventually, huge plantations sprang up in Ceylon and Malaya— now Sri Lanka and West Malaysia, respectively—leading to a British stranglehold on the world rubber market.

Q: What can be inferred from the passage?

(a) Pests were introduced to Ceylon with rubber tree seeds.
(b) British plantations reduced Brazil's rubber market share.
(c) Brazil's climate was not friendly to rubber tree cultivation.
(d) Brazilian rubber was of higher quality than Ceylon rubber.

25. The Milgram experiment, a classic experiment in social psychology, was designed by psychologist Stanley Milgram to investigate whether people would follow unethical orders from authority figures. A researcher in a white lab coat asked study participants to administer increasingly strong electric shocks to another person for answering questions incorrectly. In reality, the person "being shocked" was merely an actor, pretending for the experiment's sake. Milgram later conducted a variation of this study wherein the researcher was replaced with a person wearing everyday clothes, which helped strengthen his conclusion that people are much more likely to follow orders from authority figures.

Q: What can be inferred from the passage?

(a) Milgram's later experiment saw far fewer obedient participants.
(b) Participants of the study were told that the shocks were not painful.
(c) Milgram's experiment is no longer considered to be scientifically valid.
(d) Participants were randomly chosen to either ask or answer the questions.

Part IV **Questions 26~35**

Read the passage, questions, and options. Then, based on the given information, choose the option that best answers each question.

Questions 26-27

Student Progress Report

Student Name: Ted Oliver
Subject: Algebra

Homework
☐ Outstanding ☐ Satisfactory ☑ Needs Improvement ☐ N/A

Attendance
☐ Outstanding ☐ Satisfactory ☑ Needs Improvement ☐ N/A

In-class quizzes
☐ Outstanding ☑ Satisfactory ☐ Needs Improvement ☐ N/A

Final Exam
☐ Outstanding ☐ Satisfactory ☐ Needs Improvement ☑ N/A

Comments: Despite his obvious natural aptitude, Ted is dangerously close to failing this course. When present in class, Ted displays the ability to grasp new concepts quickly and the self-discipline to remain focused on his work. Nevertheless, outside distractions may be preventing him from reaching his true potential, as evidenced by his tendency to skip class and miss homework assignments. Currently, Ted's overall score in the course is 65%, well below our school's passing threshold of 75%. However, because the final exam is worth 40% of the overall course grade, he can still receive a passing score if he achieves a mark of 90% or better on the final exam. This may seem like a lofty goal, but it is certainly attainable given that Ted's average quiz score is just over 80%.

26. **Q:** What is the teacher's main concern about Ted Oliver?

(a) His low-quality homework
(b) His weak grasp of algebra
(c) His poor attendance
(d) His attitude in class

27. **Q:** What score does Ted need to achieve on the final exam to pass the course?

(a) 65%
(b) 75%
(c) 80%
(d) 90%

Questions 28-29

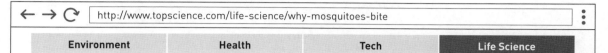

http://www.topscience.com/life-science/why-mosquitoes-bite

| Environment | Health | Tech | Life Science |

Are You a Mosquito Magnet?

It is estimated that around 20% of humans get bitten more consistently than the other 80%. The properties of our blood can help to explain this phenomenon. Mosquitoes bite us to get our blood's protein, and there are certain blood types that mosquitoes are more attracted to. Studies show that in controlled conditions, people with type O blood are twice as likely to get bitten as people with type A blood, with those with type B blood falling somewhere in between.

In addition, as determined by their genes, 85% of people unwittingly give out their blood type information to mosquitoes by secreting chemical signals through their skin. The other 15% of the population do not secrete this chemical signal. Interestingly, mosquitoes find the blood of secretors more appetizing than that of non-secretors, regardless of which blood type it is.

28. **Q:** What is the main topic of the passage?

(a) Why mosquitoes like certain blood types
(b) How mosquitoes detect the presence of blood
(c) Why some people are more prone to mosquito bites
(d) How people's genes affect mosquitoes' chemical signals

29. **Q:** Which of the following is correct according to the passage?

(a) Blood type B carriers are less likely to be bitten than type A carriers.
(b) Chemical secretions can reveal blood type to mosquitoes.
(c) Mosquitoes prefer the blood of non-secretors to secretors.
(d) The chemical signals are unaffected by one's genetic makeup.

Questions 30-31

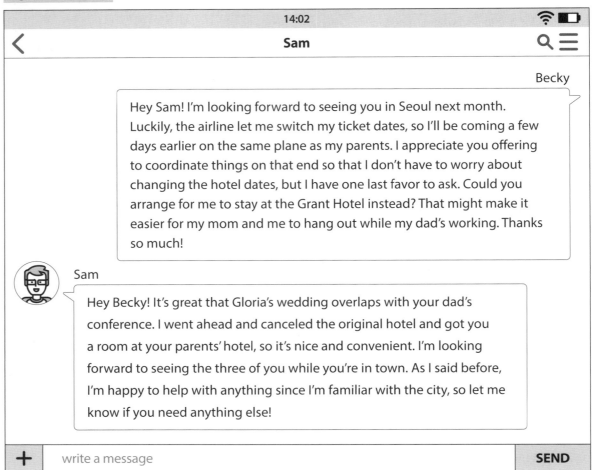

14:02

Sam

Becky

Hey Sam! I'm looking forward to seeing you in Seoul next month. Luckily, the airline let me switch my ticket dates, so I'll be coming a few days earlier on the same plane as my parents. I appreciate you offering to coordinate things on that end so that I don't have to worry about changing the hotel dates, but I have one last favor to ask. Could you arrange for me to stay at the Grant Hotel instead? That might make it easier for my mom and me to hang out while my dad's working. Thanks so much!

Sam

Hey Becky! It's great that Gloria's wedding overlaps with your dad's conference. I went ahead and canceled the original hotel and got you a room at your parents' hotel, so it's nice and convenient. I'm looking forward to seeing the three of you while you're in town. As I said before, I'm happy to help with anything since I'm familiar with the city, so let me know if you need anything else!

write a message   SEND

---

30. Q: What is the main purpose of Becky's message?

(a) To see if Sam is willing to host her parents
(b) To ask Sam to change her hotel reservation
(c) To inform Sam of her parents' visit to Seoul
(d) To invite Sam to Gloria's wedding ceremony

31. Q: What can be inferred from the messages?

(a) Becky's mother will be attending a wedding in Seoul.
(b) Becky changed her flight itinerary to attend a wedding.
(c) Becky's purpose for the trip was to travel with her parents.
(d) Becky scheduled her trip before knowing about the conference.

R

The Doukhobors

In the 18th century, a sect of Christians called the Doukhobors emerged in the Tambov region of Russia. Believing that God is present in all people, the Doukhobors rejected the idea that worship should focus around a well-defined epicenter of influence. They therefore eschewed the prevailing religious establishment, along with its priests and traditional meeting places.

Naturally, these beliefs set the Doukhobors at odds with the Russian Orthodox Church. Indeed, it was an Orthodox archbishop who first labeled the sect Doukhobors — a term that translates as "spirit wrestlers." Although the name was used pejoratively by the archbishop, the Doukhobors came to embrace it, cleaving to their beliefs unperturbed.

Because the Doukhobors were unwilling to pay taxes, they also aroused the ire of the state, and in the 1840s, thousands were exiled to the fringes of the Russian Empire, where they established their heartland in Gorelovka. As pacifists, they also opposed the Tsarist military draft, and in 1895, they burned their village wagons in protest. Although punished by the state for this act, the Doukhobors attracted the sympathy of novelist Leo Tolstoy, who went on to donate the proceeds of his final novel to the cause of preserving their culture.

32.   **Q:** How did the Doukhobors alienate themselves from Russian Orthodoxy?

   (a) They lobbied to remove tax exemptions for Russian priests.
   (b) They showed support for views advocated by Leo Tolstoy.
   (c) They refused to anchor their worship to a church setting.
   (d) They misinterpreted the words of a Russian archbishop.

33.   **Q:** Which of the following is correct about the Doukhobors?

   (a) They rejected the belief that God is omnipresent.
   (b) Their name was originally used to insult them.
   (c) They were uprooted from their native Gorelovka.
   (d) Their anti-pacifist views led them to burn wagons.

The Daily Observer   **NATIONAL>POLITICS**

Defection Details Leaked

Former Nationalist Party member Roger Brady made headlines yesterday after an excerpt from his upcoming autobiography was leaked to the press. In it, Brady — who had previously been tight-lipped about why he defected to the Liberal Party — reveals that he decided to leave the party after a meeting in which the then-vice president Jessica McCann made a callous remark about public housing.

During the private meeting, Brady had been trying to convince other Nationalists to lobby for the construction of more low-rent public housing. Brady says that McCann's response — that public housing simply creates more Liberal voters — left him incensed, all the more so because it drew no rebuke from the meeting's chairperson, Alan Ronalds.

Ronalds claims that Brady's comments are nothing more than a publicity stunt for his book. Meanwhile, Brady maintains that he is baffled as to how the excerpt made it into the papers and has vowed to seek out whoever leaked the story.

34. **Q:** What can be inferred from the news article?

(a) McCann is a member of the Liberal Party.
(b) The excerpt was published without Brady's consent.
(c) Brady had no intention of revealing the meeting's details.
(d) The Nationalist Party publicly criticized McCann's comments.

35. **Q:** According to Brady, on what grounds did McCann reject the housing proposal?

(a) It would result in fewer votes for the Nationalists.
(b) It would lead to defections among party leadership.
(c) It would lower the incentive for poor citizens to work.
(d) It would place excessive financial burdens on the state.

You have reached the end of the Reading Comprehension section. Please remain seated until you are dismissed by the proctor. You are NOT allowed to turn to any other section of the test.

NEW TEPS
서울대 공식 기출문제집

TEST 3

CHECK LIST

□ ANSWER SHEET, 컴퓨터용 사인펜, 수정테이프, 아날로그 시계
　를 준비하세요.

□ 휴대폰 전원을 끄십시오.

□ 테스트 시작 및 종료 시간을 설정해 아래에 적으세요.
　반드시 제한 시간을 지켜야 합니다.

LISTENING COMPREHENSION (40분)

시작 ＿＿＿＿시 ＿＿＿＿분　　**종료** ＿＿＿＿시 ＿＿＿＿분

VOCABULARY & GRAMMAR (25분)

시작 ＿＿＿＿시 ＿＿＿＿분　　**종료** ＿＿＿＿시 ＿＿＿＿분

READING COMPREHENSION (40분)

시작 ＿＿＿＿시 ＿＿＿＿분　　**종료** ＿＿＿＿시 ＿＿＿＿분

LISTENING
COMPREHENSION

Part I   Questions 1~10

You will now hear ten individual spoken questions or statements, each followed by four spoken responses. Choose the most appropriate response for each item.

QR코드를 스캔하시면 청해 파일로 연결됩니다.

Part II   Questions 11~20

You will now hear ten short conversation fragments, each followed by four spoken responses. Choose the most appropriate response to complete each conversation.

Part III Questions 21~30

You will now hear ten complete conversations. For each conversation, you will be asked to answer a question. Before each conversation, you will hear a short description of the situation. After listening to the description and conversation once, you will hear a question and four options. Based on the given information, choose the option that best answers the question.

L

You will now hear six short talks. After each talk, you will be asked to answer a question. Each talk and its corresponding question will be read twice. Then you will hear four options which will be read only once. Based on the given information, choose the option that best answers the question.

Part V **Questions 37~40**

You will now hear two longer talks. After each talk, you will be asked to answer two questions. Each talk and its corresponding questions will be read twice. However, the four options for each question will be read only once. Based on the given information, choose the option that best answers each question.

VOCABULARY & GRAMMAR

DIRECTIONS

These two sections test your vocabulary and grammar knowledge. You will have 25 minutes to complete a total of 60 questions: 30 from the Vocabulary section and 30 from the Grammar section. Be sure to follow the directions given by the proctor.

Part I **Questions 1~10**

Choose the option that best completes each dialogue.

1. A: You changed your hair style! It looks great.
    B: How kind of you to _____.

    (a) assist
    (b) prefer
    (c) notice
    (d) repeat

2. A: Are you getting up early tomorrow?
    B: Yes, I already _____ my alarm for 6:30.

    (a) set
    (b) put
    (c) kept
    (d) held

3. A: Washing dishes is so boring!
    B: If you find it that _____, buy a dishwasher.

    (a) furious
    (b) tedious
    (c) rigorous
    (d) grievous

4. A: Can this camera be repaired free of charge if it breaks?
    B: Yes, it comes with a two-year _____.

    (a) warranty
    (b) provision
    (c) settlement
    (d) acceptance

5. A: Don't worry about the job interview. I'm sure you'll do well!
    B: Thanks for the _____.

    (a) assurance
    (b) advantage
    (c) suggestion
    (d) explanation

6. A: Is Mandy coming to the party?
    B: I doubt it. She tends to _____ big social gatherings.

    (a) halt
    (b) clog
    (c) shun
    (d) wean

7. A: How do you punish your kids for misbehaving?
    B: I usually _____ their TV privileges.

    (a) disband
    (b) revoke
    (c) thwart
    (d) expel

8. A: Do you believe Paul's reason for the financial losses?
    B: Yes. I have no doubt as to the _____ of his story.

    (a) acuity
    (b) affinity
    (c) veracity
    (d) dexterity

9. A: Jill keeps going off topic in meetings.
    B: Yeah. She should stick to issues _____ to our discussions.

    (a) germane
    (b) peripheral
    (c) extraneous
    (d) convergent

10. A: Our new manager is simply the best.
    B: It's too early to be _____ like that.

    (a) taking her word for it
    (b) driving her up the wall
    (c) putting her on a pedestal
    (d) giving her the green light

Choose the option that best completes each sentence.

11. When writing your résumé, be sure to highlight major _____, such as big projects you have completed.

   (a) compliments
   (b) engagements
   (c) requirements
   (d) achievements

12. Sunset Hotel is within walking distance of Gold Beach, one of the most popular holiday _____ for tourists.

   (a) positions
   (b) situations
   (c) temptations
   (d) destinations

13. Although Sally booked late, she managed to _____ two seats on the flight.

   (a) earn
   (b) reach
   (c) obtain
   (d) contact

14. Edmund Hillary and Tenzing Norgay became the first people to reach the _____ of Mount Everest in 1953.

   (a) climax
   (b) crevice
   (c) summit
   (d) primacy

15. Lawmakers proposed several stimulus measures to help _____ the nation's slow economic recovery.

   (a) spare
   (b) boost
   (c) thrust
   (d) impede

16. Gradually increasing the length and intensity of your workouts will help you build strength and _____.

   (a) retention
   (b) endurance
   (c) magnitude
   (d) abundance

17. Doctors are continually developing new surgical _____ to treat various types of cancers.

   (a) initiations
   (b) disclosures
   (c) procedures
   (d) admissions

18. Every year, millions around the world fall ill due to _____ of the flu virus.

   (a) inflows
   (b) turnouts
   (c) roundups
   (d) outbreaks

19. Microbes in the human gut have a crucial role in _____ physical processes such as digestion and metabolism.

   (a) regulating
   (b) monitoring
   (c) supervising
   (d) administering

20. Due to a chemical spill, the freeway will be closed for 24 hours to give the fumes time to _____.

   (a) mitigate
   (b) emanate
   (c) evacuate
   (d) dissipate

21. The discovery of gold in California in 1848 _____ a wave of migration to the region.

(a) sparked
(b) indulged
(c) imparted
(d) surpassed

22. The mother tried to _____ her crying child by singing him a lullaby.

(a) tame
(b) pacify
(c) chastise
(d) condone

23. TV stations rely on advertising to generate enough _____ to cover the costs of programming.

(a) portion
(b) revenue
(c) expenditure
(d) consumption

24. The unseasonably cold weather this year has _____ significant damage to citrus crops.

(a) inflicted
(b) depleted
(c) sustained
(d) enhanced

25. Diplomats played a key role in _____ international agreement on steps to fight climate change.

(a) securing
(b) grasping
(c) confining
(d) capturing

26. The CEO refused to _____ his statements, though he expressed regret at the uproar they had caused.

(a) rebuff
(b) repeal
(c) retract
(d) recoup

27. Most meteors burn up in the atmosphere as they _____ towards Earth's surface.

(a) vault
(b) lunge
(c) hurtle
(d) topple

28. After Paul helped Nancy find a job, she treated him to a _____ meal at a high-end restaurant to repay him.

(a) tenacious
(b) vehement
(c) bombastic
(d) sumptuous

29. The nomination of a highly divisive presidential candidate created a _____ among Liberal Party members.

(a) heresy
(b) schism
(c) gambit
(d) fraction

30. Police doubted the victim until two witnesses came forward to _____ his story.

(a) enunciate
(b) corroborate
(c) promulgate
(d) amalgamate

You have finished the Vocabulary questions. Please continue on to the Grammar questions.

Part I **Questions 1~10**

Choose the option that best completes each dialogue.

1. A: How was the seminar?
    B: A waste of time. I _____ never have attended.

    (a) should
    (b) would
    (c) could
    (d) must

2. A: Can we submit our report next week?
    B: No, the director was _____ that he needs it tomorrow.

    (a) clear
    (b) clearly
    (c) clearer
    (d) clearest

3. A: Do you plan to keep stocking souvenirs at your store?
    B: Yes. At the moment, selling knick-knacks _____ quite profitable.

    (a) is
    (b) are
    (c) has been
    (d) have been

4. A: Our new apartment is filthy!
    B: I'm shocked! The landlord said it _____ after the previous tenant left.

    (a) will clean
    (b) would clean
    (c) will be cleaned
    (d) would be cleaned

5. A: How's the new cook at the diner?
    B: Amazing. He can make anything, _____ it a simple snack or a fancy meal.

    (a) is
    (b) be
    (c) was
    (d) were

6. A: Have you hired a new sales clerk?
    B: No, the one candidate _____ the job declined.

    (a) offered
    (b) offering
    (c) was offered
    (d) having offered

7. A: Did you have much experience before becoming a tennis coach?
    B: Yeah, I _____ the sport for years before I took up coaching.

    (a) have played
    (b) will have played
    (c) had been playing
    (d) have been playing

8. A: Are you excited about going to Bali?
    B: No. _____ the island many times, I'm tired of it.

    (a) Visited
    (b) Visiting
    (c) Having visited
    (d) To have visited

9. A: Why is that buffet place so pricy?
    B: Well, it does offer a wide variety _____.

    (a) to choose which of dishes
    (b) to choose from which dishes
    (c) of which dishes to choose from
    (d) of dishes from which to choose

10. A: Did you find out why your car was out of gas?
    B: Yeah. My son admitted to _____ it without telling me.

    (a) use
    (b) be using
    (c) having used
    (d) have been using

Part II **Questions 11~25**

Choose the option that best completes each sentence.

11. Best-selling novelist Marsha Smith _____ for a book signing tomorrow at 2 p.m.

    (a) appeared
    (b) would appear
    (c) will be appearing
    (d) will have appeared

12. Falcon Airways has decided _____ the free baggage allowance on all of its international flights.

    (a) increases
    (b) increased
    (c) increasing
    (d) to increase

13. Studies show that crime rates downtown are higher than _____ in most other areas of the city.

    (a) this
    (b) that
    (c) these
    (d) those

14. _____ Tim was struggling to write his essay, he refused to ask for help because he was embarrassed.

    (a) Although
    (b) Unless
    (c) Before
    (d) Since

15. Because of her outstanding performance, Sue had _____ reason to believe that she would be promoted.

    (a) any
    (b) each
    (c) every
    (d) either

16. The gift that Brian's wife bought him for Christmas was just _____ he had been hoping for.

    (a) that
    (b) what
    (c) when
    (d) which

17. Upset by their team's lack of success, fans demanded that the coach _____ replaced immediately.

    (a) is
    (b) be
    (c) will be
    (d) would be

18. The recently passed legislation is unlikely to deter migrants _____ seeking jobs in the United States.

    (a) by
    (b) into
    (c) with
    (d) from

19. Last to testify before the Senate Finance Committee _____ respected figures from the business community.

    (a) was
    (b) were
    (c) has been
    (d) have been

20. Banners containing slogans _____ the government's new healthcare law abounded at the protest on Saturday.

    (a) condemned
    (b) condemning
    (c) have condemned
    (d) were condemning

21. Thanks to the Internet, _____ people can access information that was previously available only to specialists.

    (a) a number of ever growing
    (b) ever a growing number of
    (c) an ever growing number of
    (d) growing of an ever number

22. Jane has been _____ with Howard since they met in middle school.

    (a) friend
    (b) friends
    (c) a friend
    (d) the friends

23. It is strongly recommended that all applicants send in their résumés _____ before the deadline.

    (a) well
    (b) very
    (c) such
    (d) quite

24. Many roads _____ blocked by the snowstorm, the mayor closed all public schools for the day.

    (a) were
    (b) being
    (c) had been
    (d) have been

25. Caffeine can aid in concentration, but overuse of it has many drawbacks, _____.

    (a) chief among which is anxiety
    (b) chief is which among anxiety
    (c) which anxiety is among chief
    (d) which is anxiety among chief

Read each dialogue or passage carefully and identify the option that contains a grammatical error.

26. (a) A: Are you interested in checking out the Lynne Holmes exhibition?
    (b) B: Her name sounds familiar, but I can't recall what she's known for.
    (c) A: She paints portraits which subjects are always staring intensely.
    (d) B: That doesn't sound that appealing to me, but thanks all the same.

27. (a) A: Hello, I was wondering whether you have any one-bedroom apartments on Brook Street.
    (b) B: I'm afraid there's nothing available there right now, but we can keep an eye out for you.
    (c) A: That would be great. I've had my heart set on moving there for a number of years now.
    (d) B: Certainly. Leave your details, and we'll let you know the moment something opened up.

28. (a) The world's first science fiction book about space battles was written around AD 175 by Lucian of Samosata. (b) The work follows a group of sailors whose ship has blown to the moon by an extremely powerful wind. (c) These sailors learn that the moon's strange inhabitants are embroiled in a war with the denizens of the sun. (d) Although the story appears fantastical, it is simply a satire of historians and philosophers in Lucian's era.

29. (a) Although Malaysia is a relatively small country, it is ethnically diverse. (b) It has a population of roughly 31 million people, about half of whom are ethnic Malays. (c) About 23% are ethnic Chinese, while another 7% are Indian descent. (d) The country also has thousands of people from indigenous tribes in Borneo.

30. (a) If standing up too quickly often leaves you lightheaded, you may have low blood pressure. (b) When you stand up, the sudden downward force of gravity can momentary slow blood circulation. (c) As increased inertia pulls blood away from your brain, you may feel faint until your next heartbeat. (d) If this happens to you frequently, especially when exercising, it could mean that your heart pumps weakly.

You have reached the end of the Vocabulary & Grammar sections. Do NOT move on to the Reading Comprehension section until instructed to do so. You are NOT allowed to turn to any other section of the test.

READING COMPREHENSION

Part I **Questions 1~10**

Read the passage and choose the option that best completes the passage.

1. Pineridge College is pleased to announce that it will be _____. Thanks to a generous donation from the Stuart Brown Foundation, we will be providing financial support for three new students entering the Arts Department each year. The scholarship will include tuition for four years and funds for housing and study materials. Recipients will be chosen based on a combination of academic performance and financial need. For details, visit pineridgecollege.edu/awards.

    (a) establishing a new scholarship
    (b) providing low-cost study materials
    (c) lowering tuition rates for arts students
    (d) donating to a fund for low-income students

2.

Dear Mr. Willis,

I'm writing again to ask you to _____. As you know, I've been a tenant here for six months and have consistently paid my rent on time. I'm sure you're also aware that the upkeep needed for the apartment's old heating system is not my responsibility. I'd like you to send someone to begin fixing this problem as soon as possible. I've requested this three times already without receiving an adequate response.

Sincerely,
Marshall Denton

    (a) provide me with an estimate for repair costs
    (b) reimburse me for the cost of recent repair work
    (c) update me on the progress of the ongoing repairs
    (d) perform necessary maintenance on your property

3. It certainly seems as though social media is ruining the restaurant industry. Countless restaurants these days concentrate on creating menu items that inspire customers to take photos. Unfortunately, many of these offerings simply look better than they taste. Meanwhile, restaurants hesitate to offer certain foods such as casseroles. Although these foods are delicious, they don't look particularly appetizing, so they don't garner as much publicity online. Personally, I'm sick of this situation. I wish restaurants would stop _____ _____.

(a) using social media as a marketing tool
(b) giving food bloggers exclusive deals
(c) sharing misleading photos of dishes
(d) prioritizing aesthetics over flavor

4. An established architectural firm, Morrison & Burroughs is urgently seeking _____ _____. The position is a full-time internship in the Customer Relations Department, involving various duties under the supervision of senior staff. This is an ideal opportunity for those pursuing a degree in marketing or public relations. This eight-week position comes with a basic salary and the chance to gain real work experience this summer. Apply today!

(a) recent college graduates to work at the firm
(b) young architects for an unpaid internship
(c) energetic students for a summer position
(d) staff to supervise an internship program

5. The case of Phineas Gage, an American railroad construction foreman, captivated the scientific world in the mid-19th century. In an accident, a metal bar was propelled through his skull, damaging his brain. The damage caused radical personality changes in Gage, who went from a mild-mannered man to an impetuous and foul-mouthed one. Scientists were fascinated by this direct evidence that specific brain structures influence personality. Luckily, however, the changes to Gage's character were likely relatively short-lived, and he seems to have at least partly returned to normal. Subsequently, he became a long-distance stagecoach driver in Chile, a position requiring a steady temperament and mental sharpness. Taken as a whole, Gage's story therefore illustrates the _____.

(a) tendency for personality to change over time
(b) unexpected long-term effects of brain injuries
(c) capacity of the brain to recover from severe injuries
(d) role of serious injuries in advancing new treatments

TEST 3 111

6. Given the acrimonious nature of the Reform Party's leadership contest, many people have been surprised by Prime Minister Steve Walker's recent actions. After winning the general election, Walker extended his hand to some of his fiercest rivals from within the Reform Party. Many who had criticized him during the party leadership contest, such as former education minister Tom Ridge, responded positively to Mr. Walker's overtures and are set to fill key cabinet positions. These developments have given party members hope that Mr. Walker can _____.

(a) vanquish his rivals in the leadership race
(b) restore unity by setting aside past disputes
(c) overcome opposition from cabinet members
(d) solidify his power by taking a hardline stance

7. By examining the bones of prehistoric predators found in California's La Brea Tar Pits, scientists have uncovered clues about these animals' _____. Two examples are the dire wolf and the saber-toothed cat. Dire wolf remains show that the large canines tended to sustain neck and back injuries. Such injuries indicate that dire wolves were pack hunters similar to modern wolves, which subdue prey by running it down before latching onto it with their jaws. Saber-toothed cat remains, meanwhile, show that these predators suffered injuries similar to those found in solitary hunters. These types of predators are usually hurt in their shoulders and backs while wrestling victims to the ground.

(a) fatal injuries
(b) struggles over food
(c) preferred food sources
(d) methods of subduing prey

8. In economics, the term "monopsony" refers to a situation wherein a powerful purchaser of a certain good or service uses its market dominance to force sellers to undercut one another. Monopsony is generally thought of as occurring in markets where a single company predominates, but it can also arise in industries with several major players. For example, similar-sized companies may seek to curb competition for certain goods by agreeing to impose simultaneous caps on their payment rates. This action would force their suppliers to offer steep discounts or risk being cut off by major customers. Such examples show that monopsony sometimes results from _____.

(a) collusion between seeming rivals
(b) illegal manipulation of consumers
(c) excessive competition among buyers
(d) unethical undercutting among sellers

9. Greenville's current $500 million waterfront redevelopment is the most expensive project our local government has ever undertaken. The city will clear away multiple abandoned buildings along a huge stretch of Lakeshore Boulevard. It will then construct a wooden walkway for pedestrians and a paved path for cyclists. _____, it will create public sports and fitness facilities, including basketball courts and an outdoor gym. The project is scheduled for completion by next year.

(a) Instead
(b) Regardless
(c) Furthermore
(d) Consequently

10. Until relatively recently, the black-footed ferret was thought to be extinct. So when a small population of these animals was discovered, zoos eagerly began breeding them and reintroducing them into the wild. However, the newly released ferrets face a recurring threat. Their main food source is prairie dogs, which are susceptible to a plague carried by fleas. When the plague spreads, large numbers of these prairie dogs can be wiped out. _____, ferret populations may plummet due to the scarcity of prey.

(a) In turn
(b) By contrast
(c) For instance
(d) In particular

Part II Questions 11~12

Read the passage and identify the option that does NOT belong.

11. Geological features on the seafloor of the Bermuda Triangle may help explain the mysterious disappearance of ships in the area. (a) Scanning the seabed with advanced radar technology, scientists have found several large craters. (b) These craters could have been formed by massive explosions caused by underwater methane gas leaks. (c) Explosions of this magnitude could have easily triggered disturbances large enough to sink passing ships. (d) Moreover, some argue that the area's unusual magnetic patterns may have caused the unusual disappearances.

12. Sweden is known for having some of the world's most generous parental leave policies. (a) After the birth of a child, parents are granted paid leave for 480 days. (b) Swedish parents can also access all government-funded childcare centers. (c) Mothers and fathers can split the available leave largely as they please. (d) Days off can be used at any time until children reach eight years old.

Part III Questions 13~25

Read the passage, question and options. Then, based on the given information, choose the option that best answers each question.

R

13.

To: John S. <johnsmyth@starmail.com>

From: Me <gina.edwards@topmailbox.com>

Date: March 13

Subject: A favor to ask

Hi, John!

Thanks for visiting my new restaurant last week. I'm glad you enjoyed the meal. I'm trying to promote the business online at the moment, and I've listed it on the popular site TravelFoodAdvisor.com. It'd be helpful if I got some reviews there to encourage tourists to give us a try. If you could share some thoughts about your experience, I'd be grateful.

Looking forward to seeing you again soon!

Gina

Q: What is the main purpose of the email?

(a) To ask for a restaurant review on a website
(b) To seek feedback about a restaurant website
(c) To thank John for a positive restaurant review
(d) To recommend a website for restaurant reviews

14. The vast majority of "wasabi" sold around the world is actually an imitation made of horse radish, mustard, and green dye. Real wasabi is too expensive for many restaurants, costing up to $160 per kilogram at wholesale. Because its distinct taste fades very rapidly, real wasabi is also difficult for restaurants to store long term. Wasabi freshly ground from the stem of the plant begins losing its flavor after just 15 minutes.

Q: What is the main topic of the passage?

(a) How to identify imitation wasabi
(b) Why genuine wasabi is expensive
(c) What is needed to make true wasabi
(d) Why imitation wasabi is widely used

15. Members of criminal gangs are often covered in tattoos. These tattoos allow gang members to prove their loyalty but come at a steep price. Once members have been tattooed, it can be difficult for them to find other types of employment or shift allegiances to rival gangs. As a result, they often find themselves permanently in the grip of their respective gangs, which can exploit them financially and in other ways.

Q: What is the writer's main point about tattoos?

(a) They help identify members of allied gangs.
(b) They give gang members a sense of belonging.
(c) They are used to intimidate enemy gang members.
(d) They can become a means of controlling gang members.

16. The great popularizer of science Carl Sagan was fond of publicly musing about the existence of alien civilizations. This might come as a surprise to those more familiar with Sagan's scientific accomplishments as a doctoral student and academic. These discoveries included evidence that the greenhouse effect had heated Venus's surface to extreme temperatures. Sagan also helped show that changes to the surface of Mars were caused not by shifting patterns of vegetation but by nonorganic planetary processes. All these scientific discoveries highlighted the universe's inhospitable nature.

Q: What is the writer mainly saying about Carl Sagan?

(a) He sought to disprove the existence of alien life.
(b) His belief in alien life faded after his doctoral studies.
(c) He disputed the scientific consensus regarding alien life.
(d) His scientific findings showed the unlikeliness of alien life.

17.

Cyber University

New Course: Data-Driven Decision Making for Business

Starting next month, we will be offering an all-new course: Data-Driven Decision Making for Business. The course consists of four consecutive units, each requiring six weeks to complete, followed by a final project. No prior data analytics courses are required, but students should have a basic grasp of business-related concepts. Business majors will be given priority registration. Students who prepay for the entire program will receive a 20% discount on the $1,200 course fee. Otherwise, payments can be made through four installments of $300 each.

Q: Which of the following is correct about the course?

(a) It will take a total of six weeks to complete.
(b) It is open to students without data analytics experience.
(c) It is being offered exclusively to business majors.
(d) It will be available at the discounted price of $1,200.

18. Parasitic fig wasps in India lay their eggs inside unripe fig fruits. To penetrate a fig, they pierce it with a long appendage known as an ovipositor, which is thinner than a human hair and covered in zinc-fortified teeth. Females check figs for the larvae of other pollinating insects and lay their own eggs in fruits already occupied by larvae. When the fig wasp's eggs hatch, the offspring can safely feed on both the fig and the other larvae until reaching maturity.

Q: Which of the following is correct about fig wasps?

(a) They look for the ripest figs to lay eggs in.
(b) They pierce figs with a thin hair on their heads.
(c) They lay eggs in figs containing other larvae.
(d) They feed exclusively on the flesh of figs.

19.

Dear Mr. Johnson,

Enclosed with this letter is a new debit card for your checking account ending in 4281. While your current card is not set to expire, we are replacing all customers' cards with ones containing the new SafetyChek microchip. This chip goes much further in preventing unauthorized activity. Please dial 1-800-725-BANK to activate your new card. Doing so will deactivate your current debit card for the same account. Please contact us directly if you lose your card or observe any suspicious account activity.

Sincerely,
Apex Bank

Q: Why is Mr. Johnson receiving a new debit card?

(a) His current debit card has nearly expired.
(b) He requested a replacement for a lost card.
(c) He recently opened a new checking account.
(d) His bank is issuing cards with better security.

20. In 1919, Lieutenant Colonel Dwight Eisenhower, future four-star general and US president, participated in an extensive road trip. In a convoy of 80 vehicles, he drove from Washington, DC, to San Francisco via the Lincoln Highway. The trip was meant to both demonstrate military capabilities and bring attention to the country's infrastructure problems. The travelers faced abysmal conditions, including quicksand and damaged bridges, arriving six days behind schedule after a grueling 62-day journey. In response to their stories, Congress established the Federal Highway Commission (FHC). Later, as president, Eisenhower made infrastructure a priority.

Q: Which of the following is correct about Dwight Eisenhower?

(a) He was made a four-star general before the journey.
(b) His trip was meant to assess military infrastructure.
(c) He arrived at his destination later than anticipated.
(d) His trip was undertaken at the request of the FHC.

21. Bacteria become dangerous only when they work with other bacteria of the same species to attack their host. This happens through a phenomenon called quorum sensing, which allows bacteria to determine the local concentration of their species. When bacteria sense that they are with enough of their own kind, they coordinate the secretion of their toxins. Researchers hope to engineer drugs that can deactivate quorum sensors, which would render bacteria harmless. Such drugs could also replace antibiotics, making antibiotic resistance a non-issue.

Q: Which of the following is correct according to the passage?

(a) Bacteria only become harmful when mixed with other bacteria species.
(b) Bacteria release toxins upon sensing enough of their own species.
(c) Neutralizing the quorum sensing ability effectively destroys bacteria.
(d) Blocking quorum sensing causes bacteria to become resistant to drugs.

22.

Financial Spectator

Financial Executive Banned

By Leslie Hardy

Former Empire Bank executive David Towers has received a lifetime ban from working in the financial services industry. As head of a wealth management division, he received an independent consultant's report last year alleging that the division's culture promoted excessive risk-taking. Upon receiving the report, Mr. Towers ordered staff to conceal it from Empire's senior leadership. After a whistle-blower revealed Mr. Towers's actions, he was investigated by the Financial Conduct Authority, which has now banned him for his gross lack of professional integrity.

Q: Why did David Towers receive the lifetime ban?

(a) He encouraged a number of disastrous high-risk trades.
(b) He failed to notify the bank before making risky trades.
(c) He refused to allow a consultant to do an investigation.
(d) He suppressed a report critical of his division's culture.

R

23. As the long-time owner of a small landscaping business, I've had to deal with more than a few dissatisfied customers. Most of these people are so caught up in their own outrage that they don't realize that business owners are always looking for feedback. I want to monitor and improve the service my employees provide, so any information, when delivered clearly and politely, is more than welcome. When it comes time to settle the bill, I even reward people who give me honest feedback about mistakes.

Q: What can be inferred about the writer from the passage?

(a) He offers discounts to customers giving feedback politely.
(b) He finds handling complaints the hardest part of his job.
(c) He receives more polite complaints than angry ones.
(d) He deems most customer complaints unreasonable.

24. Merchant mariners were civilian seamen tasked with transporting supplies to support the US war effort during World War II. Despite their bravery in the face of German U-boats, however, they were not held in the same regard as navy men. Because of loose recruiting standards, they got the reputation as good-for-nothing scoundrels. The public also begrudged them their wages, which were higher than those of some navy men. The public did not understand that they paid income tax, had no government benefits, and received wages only while at sea. Although they were widely disparaged by the public, President Franklin D. Roosevelt praised their sacrifices and contributions.

Q: What can be inferred about merchant mariners from the passage?

(a) Their ranks were composed mostly of ex-navy men.
(b) They were known to be disloyal to the United States.
(c) President Roosevelt granted them government benefits.
(d) The public saw them as overpaid compared with navy men.

25. Cultural anthropologists have studied the expression of emotions around the world. When people from the United States, Argentina, Japan, and Papua New Guinea viewed photographs of each other making facial expressions of happiness, anger, sadness, disgust, fear, and surprise, they had little difficulty in identifying the emotion that each expression conveyed. Even members of remote groups that had had virtually no contact with Western cultures, like the Dani and Fore people of Papua New Guinea, were able to correctly identify the facial expressions of Westerners. Likewise, American college students who viewed videotapes of emotions expressed by Dani natives accurately pinpointed the emotions they saw.

Q: What can be inferred from the passage?

(a) Westerners are more emotionally expressive than most other people are.
(b) Emotional self-awareness increases people's ability to read others' emotions.
(c) Facial expressions have widely different meanings among New Guinea tribes.
(d) Cultural differences have little impact on the ability to grasp others' emotions.

Part IV Questions 26~35

Read the passage, questions, and options. Then, based on the given information, choose the option that best answers each question.

Questions 26-27

The 24th Annual
Taste of Newtown Food Festival

Taste of Newtown is back again starting this Friday! The festival, which became a three-day event last year, is Newtown's biggest celebration of food and food culture.

Food and Events:

• 25 different three-day food booths, 16 food trucks, and 15 special one-day "pop-up" restaurants.

• Demonstrations from renowned chefs.

• More non-food events than ever before, including puppet shows, concerts, and dance performances.

Directions:

• Limited parking is available nearby, but the subway is the easiest way to access the festival. Take the Brown Line to Park Station or the Red Line to Newberry Station. Both are conveniently located.

Admission:

• Admission to the park and non-food events is free — no tickets required.

• Buy food tickets with cash or credit card from designated counters, as these tickets are the only way to pay for food.

26. **Q:** Which of the following is correct about the festival?

   (a) It was a three-day event prior to last year.
   (b) It is holding fewer events than before.
   (c) It is located close to two subway stations.
   (d) It requires visitors to buy a ticket for entry.

27. **Q:** What form(s) of payment will food vendors accept?

   (a) Cash
   (b) Food tickets
   (c) Credit cards
   (d) All of the above

| Greentech | Supervisor Evaluation Form | Save | Submit |

This anonymous evaluation form will assist management in improving job performance by giving employees the opportunity to share feedback.

Supervisor name (department): Jane Wilson (Customer Service)

Rate your supervisor	Poor	Fair	Good	Excellent
▪ Communicates expectations and instructions	○	○	◉	○
▪ Provides adequate feedback on performance	○	◉	○	○
▪ Is available to address work-related issues	○	○	○	◉
▪ Fosters a collegial work environment	○	○	○	◉

Comments

In her relatively short time in our department, Jane has already made a very positive contribution. Her years in the HR department have helped her solve many of the issues here, and her willingness to familiarize herself with the daily tasks of her team members has allowed her to develop a sound grasp of the fundamentals of customer service. As a manager, Jane's chief asset, in my view, is her ability to quickly establish a good rapport with employees. It is reassuring to know that her door is always open, that she welcomes discussion, and that she can handle disagreements tactfully. While she has outstanding communication skills, I wish she would be more direct in evaluating employees. As a newer employee, I feel that frank feedback would help me grow.

28. **Q:** What is highlighted as Jane Wilson's greatest strength as a supervisor?

   (a) Her tough leadership style
   (b) Her openness to disagreement
   (c) Her strong interpersonal skills
   (d) Her years of relevant experience

29. **Q:** What can be inferred about Jane Wilson from the evaluation form?

   (a) The evaluator finds it difficult to approach her.
   (b) She moved to customer service after a promotion.
   (c) She lacks professional customer service experience.
   (d) The evaluator worked with her in the HR department.

The Rise of Richard III

Fifteenth-century English monarch King Edward IV placed great trust in his younger brother Richard, Duke of Gloucester. After all, Richard had supported Edward when their brother George had conspired with enemies to reinstate the former king, Henry VI. Richard was rewarded for his loyalty with positions of great influence when Edward IV regained the crown.

So trusted was Richard that upon the king's unexpected demise in 1483, Richard was named lord protector of the king's young son, Edward V, in accordance with the deceased king's wishes. This made Richard the acting monarch, a position that he was supposed to hold only until his nephew reached the age of majority.

After ascending to this position, however, Richard became unwilling to relinquish power. When plans were made to crown Edward V early, Richard had the boy spirited away to the Tower of London, after which he was never seen again. Richard denounced Edward as an illegitimate child and declared himself the rightful monarch, becoming Richard III. Rumors that Richard had his nephew killed have never been confirmed, but the court of public opinion long ago convicted Richard of repaying his elder brother's trust with treachery.

30. **Q:** What is the main topic of the passage?

(a) Richard's rise to the throne through betrayal
(b) Richard's plot with Edward IV to regain power
(c) Richard's conflict with Edward IV over the throne
(d) Richard's failed plot to steal power from his elder brother

31. **Q:** Why did Edward IV come to have faith in Richard?

(a) Richard was dependable in his role as lord protector.
(b) Richard had shown loyalty to Edward IV's predecessor.
(c) Richard used his influence to have Edward IV crowned.
(d) Richard sided with Edward IV during a struggle over the crown.

R

Quicksilver Gazette

Hoax at Ventron

James Hill

Ventron Industries is taking action in the wake of an email hoax that duped company CEO Jim Barnes.

The hoax was committed by a disgruntled former employee, who created a fake email address to pose as Ventron chairperson Mary Walsh. After unsuccessfully attempting to elicit statements implicating Mr. Barnes in unfair management practices, the scammer revealed screenshots of the online conversation in an angry blog post.

Following an internal investigation, Ventron has made changes to ensure that similar incidents do not happen again. Its internal email system will now warn users before they reply to an external email address. Such warnings were previously sent to users of the desktop but not mobile version of Ventron's email system. It will also reveal the sender's full email even if it was originally masked.

Mr. Barnes has assured shareholders that no sensitive information was revealed during the email exchange.

32. **Q:** What is the main topic of the third paragraph of the news report?

(a) Ventron's efforts to track down a scammer
(b) A scammer's attempt to humiliate Ventron's CEO
(c) The loss of Ventron's confidential information in a hoax
(d) Ventron's efforts to strengthen security in response to a hoax

33. **Q:** What can be inferred from the news report?

(a) The investigation has yet to identify the scammer.
(b) Mr. Barnes has admitted to the alleged unfair practices.
(c) The hoax email was not sent from Ventron's internal system.
(d) Ventron's chairperson and its CEO were both fooled by the hoax.

Questions 34-35

Scientific Discoveries

Home ▼   Nature ▼   Space ▼   **Health ▼**   Mind ▼

Epigenetic Marks

Epigenetics is the study of changes to DNA function not caused by changes to the underlying DNA sequence. For the most part, epigenetic changes, or marks, affect specific DNA molecules called chromosomes. These marks control the activity of DNA in certain ways, such as by switching genes on or off, which then produces different physical traits.

Epigenetic changes have long been known to stem from environmental and lifestyle influences such as diet, disease, and stress. For some time, this "epigenetic memory" was thought to have no impact on the next generation, as epigenetic marks were shown to be erased during the fertilization process.

However, scientists have since proven that some, though not all, epigenetic marks can be transferred across generational lines. This finding has crucial implications for human health, as it means that parents' lifestyle decisions might influence the health of their children.

34. Q: What is the main idea of the passage?

(a) Epigenetic marks can be passed on to children.
(b) Research into epigenetics will lead to healthier children.
(c) Epigenetic changes accumulate from childhood to adulthood.
(d) Children acquire changes to their DNA sequence from parents.

35. Q: Which of the following is correct according to the passage?

(a) Epigenetic marks cause changes to the basic DNA sequence.
(b) Physical characteristics are not modified by epigenetic changes.
(c) Epigenetic marks usually arise independently of environmental factors.
(d) Certain epigenetic marks are eliminated during the fertilization process.

You have reached the end of the Reading Comprehension section. Please remain seated until you are dismissed by the proctor. You are NOT allowed to turn to any other section of the test.

NEW TEPS
서울대 공식 기출문제집

TEST 4

CHECK LIST

☐ ANSWER SHEET, 컴퓨터용 사인펜, 수정테이프, 아날로그 시계를 준비하세요.

☐ 휴대폰 전원을 끄십시오.

☐ 테스트 시작 및 종료 시간을 설정해 아래에 적으세요.
반드시 제한 시간을 지켜야 합니다.

LISTENING COMPREHENSION (40분)

시작 _____시 _____분   **종료** _____시 _____분

VOCABULARY & GRAMMAR (25분)

시작 _____시 _____분   **종료** _____시 _____분

READING COMPREHENSION (40분)

시작 _____시 _____분   **종료** _____시 _____분

LISTENING COMPREHENSION

Part I | Questions 1~10

You will now hear ten individual spoken questions or statements, each followed by four spoken responses. Choose the most appropriate response for each item.

QR코드를 스캔하시면 청해 파일로 연결됩니다.

Part II | Questions 11~20

You will now hear ten short conversation fragments, each followed by four spoken responses. Choose the most appropriate response to complete each conversation.

You will now hear ten complete conversations. For each conversation, you will be asked to answer a question. Before each conversation, you will hear a short description of the situation. After listening to the description and conversation once, you will hear a question and four options. Based on the given information, choose the option that best answers the question.

L

Part IV **Questions 31~36**

You will now hear six short talks. After each talk, you will be asked to answer a question. Each talk and its corresponding question will be read twice. Then you will hear four options which will be read only once. Based on the given information, choose the option that best answers the question.

Part V **Questions 37~40**

You will now hear two longer talks. After each talk, you will be asked to answer two questions. Each talk and its corresponding questions will be read twice. However, the four options for each question will be read only once. Based on the given information, choose the option that best answers each question.

VOCABULARY & GRAMMAR

DIRECTIONS

These two sections test your vocabulary and grammar knowledge. You will have 25 minutes to complete a total of 60 questions: 30 from the Vocabulary section and 30 from the Grammar section. Be sure to follow the directions given by the proctor.

1. A: I'd like to invite Sam to our party.
   B: He might have to _____ since he works nights.

   (a) refuse
   (b) forbid
   (c) attend
   (d) depart

2. A: Do you take gift cards here?
   B: Sorry, we only _____ cash.

   (a) carry
   (b) obtain
   (c) accept
   (d) refund

3. A: I love the color of your scarf.
   B: Thanks! I got it because it _____ my favorite coat.

   (a) adapts
   (b) follows
   (c) matches
   (d) imitates

4. A: Did I include enough references in my essay?
   B: You could have _____ a few more studies.

   (a) cited
   (b) fixed
   (c) polled
   (d) hinted

5. A: I can't believe I fell for that insurance scam.
   B: It's not your fault. Anyone could have been _____.

   (a) exposed
   (b) deceived
   (c) abducted
   (d) contrived

6. A: The mayor might resign over the scandal.
   B: Yeah, he's under a lot of pressure to _____.

   (a) kick off
   (b) back up
   (c) stand out
   (d) step down

7. A: Eve asks so many personal questions.
   B: Yeah, she can be a bit too _____ at times.

   (a) discreet
   (b) judicious
   (c) observant
   (d) inquisitive

8. A: Are you still washing that glass?
   B: I can't get out the _____ of wine at the bottom.

   (a) parcel
   (b) bundle
   (c) surplus
   (d) residue

9. A: Let's keep working through lunch to finish this project.
   B: I can't _____ the energy. I need a break.

   (a) reap
   (b) cache
   (c) broach
   (d) muster

10. A: Matt seems eager to start his new job.
    B: Yeah. He's _____ with enthusiasm.

    (a) brimming
    (b) tampering
    (c) undulating
    (d) flourishing

Choose the option that best completes each sentence.

11. Guests at the reception will be served a
_____ of beverages including wine
and soft drinks.

    (a) position
    (b) decision
    (c) selection
    (d) variation

12. The printer comes with a 25-page manual
with _____ for set-up and use.

    (a) judgments
    (b) commands
    (c) instructions
    (d) associations

13. The heightened alertness that _____
caffeine consumption is one reason for
coffee's popularity.

    (a) illustrates
    (b) actualizes
    (c) implements
    (d) accompanies

14. The management reserves the right to
evict _____ from their apartments if
they fail to pay rent.

    (a) tenants
    (b) citizens
    (c) sponsors
    (d) applicants

15. Lisa Waters was elected to a three-year
_____ as president of the Librarians'
Society beginning January 2021.

    (a) term
    (b) period
    (c) interval
    (d) duration

16. The instructor will excuse absences only
under certain _____, such as serious
illness.

    (a) coincidences
    (b) qualifications
    (c) arrangements
    (d) circumstances

17. The dodo is an extinct bird which once
_____ the island of Mauritius.

    (a) retained
    (b) inhabited
    (c) possessed
    (d) restrained

18. The unpredictable weather this week can
be _____ to tropical storms in the
southern hemisphere.

    (a) launched
    (b) subjected
    (c) conveyed
    (d) attributed

19. The study's findings are promising but
_____, so further research is needed.

    (a) disposable
    (b) aggressive
    (c) incredulous
    (d) inconclusive

20. As the truck was speeding when it crashed
this morning, the driver is being accused
of _____.

    (a) indignation
    (b) desperation
    (c) abusiveness
    (d) recklessness

21. Tom's toothache worsened until it caused him such _____ that he felt like screaming.

(a) turmoil
(b) anguish
(c) penance
(d) nuisance

22. The _____ of social media revolutionized the way people communicate with each other.

(a) advent
(b) affinity
(c) initiation
(d) threshold

23. Aromatherapy seems to be a good _____ for stress, depression, and anxiety.

(a) antidote
(b) ambiance
(c) custodian
(d) semblance

24. Sometimes, while living in a foreign country, one _____ foods from back home.

(a) urges
(b) yields
(c) craves
(d) entices

25. Collecting samples from the watershed will allow scientists to _____ the impact of fertilizers on groundwater.

(a) gauge
(b) dodge
(c) ordain
(d) invoke

26. Military life is typically very _____, with activities from eating to sleeping subject to strict schedules.

(a) contingent
(b) scrupulous
(c) regimented
(d) interspersed

27. China _____ Japan to become the world's second largest economy after the US in 2010.

(a) scoured
(b) overtook
(c) withheld
(d) trespassed

28. Many nations _____ landmines as these weapons threaten civilians long after conflicts stop.

(a) secede
(b) ostracize
(c) extradite
(d) condemn

29. After predicting the market crash a month in advance, the analyst was praised for his _____.

(a) posterity
(b) reticence
(c) solidarity
(d) prescience

30. Singer Demi Lovato had a falling out with her father in 2010 and remained _____ from him for the rest of his life.

(a) ruptured
(b) estranged
(c) partitioned
(d) demarcated

You have finished the Vocabulary questions. Please continue on to the Grammar questions.

1. A: Have you washed the dishes?
   B: Oh, I was just about _____.

   (a) start
   (b) started
   (c) to start
   (d) starting

2. A: Let me know the instant you get to
      Atlanta, OK?
   B: Sure thing. I'll call you as soon as I
      _____ tomorrow morning.

   (a) will have arrived
   (b) will arrive
   (c) arrived
   (d) arrive

3. A: What happened to your hand?
   B: I accidentally burned it _____ a pizza
      out of the oven.

   (a) pull
   (b) pulled
   (c) to pull
   (d) pulling

4. A: I wasn't aware of the new company
      policies.
   B: Really? An email _____ to all staff last
      week.

   (a) sent
   (b) has sent
   (c) was sent
   (d) has been sent

5. A: What are you ordering for dinner?
   B: I think I'll get _____ you had last time.
      It looked good.

   (a) that
   (b) who
   (c) what
   (d) which

6. A: I can't find you in this old picture.
   B: I'm the girl _____ on that tree to the left.

   (a) leans
   (b) leaned
   (c) to lean
   (d) leaning

7. A: Do you need help moving the sofa?
   B: Yeah, I _____ really use a hand.

   (a) will
   (b) could
   (c) might
   (d) would

8. A: What did the doctor say about your
      son's condition?
   B: She recommended that he _____ in bed
      for a week.

   (a) stay
   (b) stays
   (c) stayed
   (d) will stay

9. A: Do you still want me to review your
      thesis?
   B: Yes, please. I'd love to get _____
      on it.

   (a) feedback
   (b) feedbacks
   (c) a feedback
   (d) the feedbacks

10. A: Why don't you invest in Vizon Corp.?
    B: I think the risks _____.

    (a) far outweigh payoffs the potential
    (b) far outweigh the potential payoffs
    (c) outweigh far by the payoffs potential
    (d) outweigh the potential by far payoffs

11. The workers were disappointed to hear that _____ progress had been made in the contract negotiation.

    (a) any
    (b) few
    (c) little
    (d) most

12. _____ decades ago, the Watson Bridge is constantly in need of repairs.

    (a) Built
    (b) Build
    (c) Building
    (d) Having built

13. Throughout history, competition for natural resources, such as water or minerals, _____ countless conflicts.

    (a) has caused
    (b) was causing
    (c) have caused
    (d) were causing

14. Many employees, even _____ in the marketing department, opposed the plan.

    (a) they
    (b) them
    (c) these
    (d) those

15. The manager _____ more customers to the sale last week if he had put greater effort into marketing.

    (a) attracted
    (b) had attracted
    (c) would attract
    (d) would have attracted

16. The debater made such a strong point that she left her opponent even _____ than he already was.

    (a) speechless
    (b) speechlessly
    (c) more speechless
    (d) more speechlessly

17. _____ you have completed your voter registration form, you should sign and mail it immediately.

    (a) Once
    (b) Until
    (c) In case
    (d) Even if

18. On Monday, the soccer team reached an agreement with sponsors _____ will give it much-needed revenue.

    (a) that
    (b) what
    (c) when
    (d) where

19. The reporters waited patiently because they did not expect a verdict in the case to _____ any time soon.

    (a) reach
    (b) be reached
    (c) have reached
    (d) have been reached

20. Due to social and cultural differences, tourists often give offense without actually _____.

    (a) intending to
    (b) intending to do
    (c) intending doing
    (d) intending to doing

21. Although Teddy was trying to watch his weight, he could _____ a piece of cake for dessert.

   (a) help in not indulging
   (b) indulge in not helping
   (c) not help but indulge in
   (d) not but help in indulging

22. Stone tablets _____ with mysterious patterns were found by the archaeologist.

   (a) inscribed
   (b) inscribing
   (c) to inscribe
   (d) being inscribed

23. Gina declined the invitation to the party next Saturday because she _____ a friend from out of town that night.

   (a) has met
   (b) is meeting
   (c) will have met
   (d) has been meeting

24. Police are _____ the hunt for two men suspected of robbing a bank yesterday evening.

   (a) at
   (b) on
   (c) after
   (d) under

25. _____ recognized for her contributions to modern painting.

   (a) Erin ever was wanted all to be
   (b) Erin was ever wanted all to be
   (c) All Erin wanted ever to be was
   (d) All Erin ever wanted was to be

Part III **Questions 26~30**

Read each dialogue or passage carefully and identify the option that contains a grammatical error.

26. (a) A: Did you know that Robert broke up with his girlfriend?
    (b) B: Yes, but I haven't thought he would go and tell everyone.
    (c) A: Well, it's not something that's easy to hide from people.
    (d) B: That's true. Sooner or later, it would have come out.

27. (a) A: How did your presentation go with the board members?
    (b) B: They seemed to like it, but they also pointed out several flaws.
    (c) A: Does that mean you'll need to do a lot more work to win them over?
    (d) B: No. They still disagree on some details, but I think they're close to approve my proposal.

28. (a) Economists note that wages do not typically rise consistent throughout people's careers. (b) On average, people receive relatively large wage increases in the early years of their careers. (c) These raises are a consequence of the skills and knowledge that young workers acquire. (d) Later on, wage increases gradually level off and eventually decline as people near retirement.

29. (a) One part of Cuban leader Fidel Castro's legacy is an exceptional healthcare system. (b) Cuba provides everything from preventative care to advanced surgeries free of charge. (c) The benefits of Cuba's focus on its citizens' health is clear from national statistics. (d) Cuba's infant mortality and life expectancy figures are comparable to the United Kingdom's.

30. (a) Around the year 2030, the world will witness an unprecedented demographic reversal. (b) For the first time in history, people over 65 age will outnumber children younger than 5. (c) For some time, the countries with the oldest populations will mostly be Western European ones. (d) However, the proportion of elderly people in developing countries is growing at a staggering pace.

You have reached the end of the Vocabulary & Grammar sections. Do NOT move on to the Reading Comprehension section until instructed to do so. You are NOT allowed to turn to any other section of the test.

READING COMPREHENSION

Part I **Questions 1~10**

Read the passage and choose the option that best completes the passage.

1.

> Attention Staff:
>
> After carefully considering employees' suggestions, management has decided to _____
> _____. Starting next month, all staff members will be
> allowed to complete their 8 hours of daily work at any time between 6 a.m. and 10 p.m.
> Employees should check in and out daily using the office communication system. We
> hope that this change pleases our staff, especially those who have been asking for a less
> rigid work schedule.
>
> Tremblay Advertising

(a) push back the required starting time
(b) reduce the number of working hours
(c) change the office hours for some staff
(d) grant employees flexible working hours

2. When it comes to raising successful children, many parents make the same mistake. They praise their children for successes but ignore the hard work required for such outcomes. As children will inevitably fail from time to time, it is their effort that truly deserves praise. By shifting the focus of praise, adults can reward children for the dedication that will set them up for more consistent and lasting future successes. In short, parents should always try to _____
_____.

(a) highlight even minor accomplishments
(b) recognize effort more than achievement
(c) reserve praise for truly exceptional work
(d) express joy about their children's success

3. After the recent election, there was an unusual show of unity between Liberals and Conservatives on the issue of infrastructure. Leaders from both parties called for concerted action to repair crumbling roads, bridges, and dams. However, progress on an infrastructure spending bill has been delayed by a major issue. Conservatives want to incentivize private sector investment in infrastructure projects by offering tax credits and entering into public-private partnerships. Meanwhile, Liberals are insisting that the government cover the cost of projects by raising tax revenues or increasing deficit spending. Some fear that work may never actually start because of _____.

(a) serious conflicts within both parties
(b) disagreement over funding methods
(c) unexpected damage to infrastructure
(d) disputes about which projects to fund

4.

To Mega Burgers:

We applaud your decision announced six months ago to eventually cease using beef from producers that feed cattle antibiotics. However, you did not provide a deadline by which you would meet this commitment and have made no publicly visible progress toward your goal. We believe that a clearer agenda would reassure customers who feel strongly about this issue. We are therefore asking that you ____ _____.

Dianne Silverman
Policy Director, Friends of Our Planet

(a) provide a complete list of products containing antibiotics
(b) define your stance on using antibiotics in beef production
(c) release a precise timeline for moving to antibiotic-free beef
(d) reverse your policy on the use of meat containing antibiotics

5. Evidence shows that the dinosaurs went extinct after a massive asteroid slammed into Earth approximately 66 million years ago. Recently, some scientists have hypothesized that the impact was exceptionally devastating in part because of the _____ _____. They note that the area around the crater in present-day Mexico is rich in hydrocarbons and sulfurous materials. When the asteroid hit, the hydrocarbons blasted into the atmosphere would have blocked sunlight and disrupted the photosynthesis necessary for plants to thrive. At the same time, the sulfurous materials would have triggered acid rains, upsetting marine ecosystems. According to this analysis, the effects of the impact might have been far less destructive had the asteroid struck elsewhere.

(a) composition of the ground at the crash site
(b) atmospheric conditions near the collision site
(c) tremendous speed of the asteroid upon impact
(d) types of materials contained within the asteroid

R

6. For years, doctors' first impulse when treating patients with lower back pain was to reach for the prescription pad. Recently, however, the American College of Physicians released updated guidelines recommending that doctors explore various treatment options before prescribing medications. The guidelines even advise doctors to encourage patients to avoid taking over-the-counter painkillers, muscle relaxants, and anti-inflammatory medications until they have tried treatments such as acupuncture and physiotherapy. In this sense, these recently released guidelines represent a _____.

(a) shift toward medicines not requiring a prescription
(b) renewed attempt to provide advanced medical care
(c) retreat from medications as the first line of treatment
(d) growing reliance on physicians for back pain therapies

7. Wembly Airlines is currently in discussions with the manufacturer of our fleet of aircraft to _____. Three of our recently purchased jumbo jets have been grounded for repairs because of faulty batteries. As a result, we have had to cancel many flights, which has forced us to rebook customers on other airlines or offer them full refunds. This resulted in significant expenditures that we believe are the responsibility of the plane maker. While an agreement has not yet been reached, ongoing talks have so far been productive.

(a) negotiate the price to replace faulty batteries
(b) determine the cause of a battery malfunction
(c) recoup costs incurred due to defective batteries
(d) provide stranded passengers with compensation

8. Many of the world's super-rich people park a large chunk of their assets in offshore tax havens, which are jurisdictions that allow people to pay little or no taxes. Because the wealthy are often able to conceal ownership of their assets in these places, it can be difficult to estimate their actual net worth. Without this information, economists cannot easily assess the true size of the gulf between the haves and have-nots both within and between countries. This is why it can be said that offshore tax havens _____.

(a) compel wealthy people to relocate overseas
(b) expose the unfair advantages of rich people
(c) mask the true extent of economic inequality
(d) use international tax policies to attract wealth

9. Certain groups of chimpanzees have been observed in the wild using tools in unique ways. For instance, chimpanzees in the Congo are known to travel with sticks of two different lengths to collect ants. _____, chimps in Gabon have been shown to prepare up to five different tools in advance to collect honey. These findings call into question the belief that humans are the only species capable of complex, pre-planned tool use.

    (a) Similarly
    (b) Generally
    (c) Specifically
    (d) Alternatively

10. Psychological studies have shown that people make false statements with surprising frequency. In many cases, they are not even aware of their falsehoods until reviewing recordings of their conversations. While men and women make a roughly equal number of false statements, they do so for distinct reasons. Women tend to do so to make their conversation partner more comfortable. _____, men often do so to enhance their personal image in the eyes of their conversation partner.

    (a) Likewise
    (b) Conversely
    (c) Accordingly
    (d) Furthermore

11. Several factors contributed to making the 1666 Great Fire of London incredibly destructive. (a) The fire could have caused greater damage had the Thames River not prevented it from moving southward. (b) At that time, buildings in the city were made of wood and were covered in highly flammable pitch. (c) Additionally, most buildings were tightly packed together, which allowed the blaze to spread easily. (d) A strong wind also facilitated the fire's rapid spread by pushing its flames and cinders westward.

12. The American author William S. Burroughs popularized an innovative method of composing novels. (a) He took several manuscripts that he had previously written using more typical novelistic techniques. (b) Then he sliced these up into sections and reorganized them in a manner similar to creating a collage. (c) He was often dogged by accusations of obscenity, however, due to the contents of many of his works. (d) He believed that this random juxtaposition of narrative elements revealed new depths in literature.

Read the passage, question and options. Then, based on the given information, choose the option that best answers each question.

R

13.

> To Westside Deli Customers:
>
> As the year comes to an end, we'd like to thank our customers, suppliers, and neighbors for their support. After five wonderful years, we're saddened to say that Westside Deli is going out of business. Our last day in business will be April 1. It was a privilege to serve our home-cooked meals to this community. We'll be having a final send-off soon. Stay tuned.
>
> Jim Harris
> Proprietor, Westside Deli

Q: What is mainly being announced about Westside Deli?

(a) It is closing.
(b) It is relocating.
(c) It is reopening.
(d) It is having a party.

14. Many people say that it's important to separate personal time from work time to maintain work-life balance. To me, this claim has always been hard to understand. Am I going to ignore an urgent text message from a friend just because I'm at the office? No. At the same time, I often have my best ideas for work while jogging in the evening. These two worlds can't be kept totally separate—and trying to keep them apart isn't a path to happiness.

Q: What is the writer mainly saying?

(a) He is trying to achieve greater work-life balance.
(b) His success is due to sacrifices in his personal life.
(c) His work frequently interferes with his personal life.
(d) He is inclined to let his work and personal life overlap.

15. **Summerville Inquirer**

Local News

___

Treasure Trove of Artworks Found

Charlie Morgan

Members of the cash-strapped Summerville School Board were delighted this week when a collection of 19th-century paintings was discovered in a school storage room. The artworks include landscapes by Tammy Jameson and portraits by Oliver Wright. Paintings by these celebrated local artists have fetched large sums at auction before. The school board's superintendent, Julia Fowles, has ruled out putting the paintings up for sale, but she is looking at other ways of using the collection to generate income for the school board. These include displaying the artworks and reproducing them on calendars and posters.

Q: What is mainly being reported about the Summerville School Board?

(a) It has solved its financial problems by auctioning artworks.
(b) It has decided against marketing newly discovered paintings.
(c) It is attempting to assess the value of artworks in its possession.
(d) It is considering ways of profiting from recently found artworks.

16. The tsunami that struck Japan with tragic consequences in 2011 could have unexpected impacts in the coming years. The tsunami's massive waves carried debris from ruined structures thousands of kilometers away to North America. Many of these structures were encrusted with marine species such as mollusks that were foreign to the continent. At least in some cases, these species are starting to establish themselves in their new homes, a process whose final outcome is currently unknown.

Q: What is the main topic of the passage?

(a) The effect of a tsunami on conservation efforts
(b) The unexpected survival of species after a tsunami
(c) The adaptation of species to tsunami-damaged areas
(d) The spread of species to new environments by a tsunami

17.

Executive Summary: Report on Student Debt in Ellington

The high cost of post-secondary education in Ellington is causing students to take on large amounts of debt.

- While undergraduates receive about half of tuition costs from parents, post-graduates receive almost no parental assistance.
- For post-graduates, about 15% of tuition is covered through grants and scholarships, a quarter through personal earnings, and the remainder mostly through loans.
- Post-graduates can expect an annual salary increase of $20,000 compared with undergraduates, which compares favorably with the average annual post-graduate tuition of about $24,000.

Q: Which of the following is correct according to the report?

(a) Undergraduates get more parental support than post-graduates.
(b) Parents pay over half of tuition costs for post-graduate students.
(c) Financial awards cover about half of post-graduate tuition costs.
(d) Post-graduate degree holders earn about $24,000 more per year.

18. Scientists are investigating a possible connection between the hormone ghrelin and cognitive function. Whenever the stomach is empty for a few hours, specific cells in the stomach lining respond to hunger signals by releasing ghrelin. This hormone has a variety of effects, a surprising one being that it contributes to the growth of new brain cells. Because of this effect, ghrelin is believed by some to improve memory and boost learning capabilities. These findings have led to speculation that fasting could actually enhance overall cognitive functioning.

Q: Which of the following is correct about ghrelin?

(a) It is produced in the brain in response to hunger.
(b) Its levels decrease after a few hours of hunger.
(c) It is involved in the development of brain cells.
(d) Its production inhibits cognitive functioning.

R

19. The tomb of the ancient Egyptian king Tutankhamun was discovered in 1922, during an expedition conducted by archaeologist Howard Carter. Although the tomb had been raided on at least two occasions in antiquity, it remained largely intact. Tutankhamun's sarcophagus—the stone box containing his remains—housed three nested coffins whose materials attested to the king's exalted status, the inner one being fashioned from solid gold and the outer two being gold-coated. The king's mummified body, which sits at its discovery site in Luxor today, was temporarily removed from its sarcophagus and displayed in a temperature-regulating glass box in 2007.

Q: Which of the following is correct about Tutankhamun?

(a) His tomb had been mostly destroyed by robbers.
(b) His tomb had been robbed prior to its 1922 discovery.
(c) His status was reflected by his solid gold sarcophagus.
(d) His body was transferred from its initial site to Luxor.

20.

Financial Insider　　　　　　　　　　　　　　　　　March 30
Business

Steve Barry's Return

Disgraced hedge fund manager Steve Barry is returning to the industry.

Barry received a yearlong ban from managing other people's money in the wake of an insider trading probe. Although he was not implicated directly, he was reprimanded for failing to oversee employees, several of whom received prison sentences.

With the ban lifted, Barry is now raising capital for a new fund called Insight Capital.

Q: Why did Steve Barry receive a ban on capital management?

(a) He attempted to conceal his employees' crimes.
(b) He failed to properly supervise law-breaking staff.
(c) He participated in an illegal scheme to raise capital.
(d) He conspired with staff to engage in insider trading.

21. The Dancing Forest in Russia is known for its unusual trees, whose trunks are deformed into bizarre spirals. Exactly why these trees have such abnormal shapes remains a source of debate. Many scientists argue that human intervention or extreme winds may be to blame, while others maintain that the instability of the area's sandy soil resulted in the irregularities. However, the prevailing theory is that the young trees were ravaged by an invasion of moth caterpillars. According to this theory, the harm inflicted by these creatures caused the trees to grow at strange angles, though they later resumed their natural growth upwards toward the sun.

Q: What is the most widely held theory about the cause of the trees' deformities?

(a) Instability of sandy soil
(b) Exposure to harsh weather
(c) Lack of exposure to sunlight
(d) Damage due to insect attacks

22. Australian Aboriginals have cultural taboos regarding interactions between certain clan members. For example, brothers and sisters can interact freely as children but are obliged to maintain their distance once they pass a certain age. A more extreme case involves relations between men and their mothers-in-law. To show respect, a son-in-law will avoid speaking to his mother-in-law or looking at her directly, and if communication is necessary, an intermediary is used. If he is in the same room as his mother-in-law, the two face different directions.

Q: Which of the following is correct about Australian Aboriginal men?

(a) They cannot interact with their sisters as children.
(b) They avoid their mothers-in-law to show courtesy.
(c) They must face their mothers-in-law during conversation.
(d) They cannot occupy the same room as their mothers-in-law.

TEST 4   153

23. When I was young, my father always pushed me to pursue a well-paid career. I listened to him and went to law school, but I always wondered what life would have been like had I pursued my passion for music. After I became a father myself, though, all my doubts vanished. Suddenly, I realized that what mattered to me most was simply my ability to provide for my family.

Q: What can be inferred about the writer from the passage?

(a) He is grateful for his father's advice.
(b) He is planning to change his career.
(c) He values music more than money.
(d) He has a well-paid musical career.

24.

> ## Newtown Dispatch
>
> ### Stanford to Take Charge of Kings
>
> By Sarah Stevens
>
> Retired basketball legend Pete Lee isn't buying into speculation that rising star John Stanford of the Weston Kings will flounder after the departure of his teammate Al Watson. Lee recalled the retirement of his own star teammate, Johnny Webber, midway through Lee's career. After his better-known teammate's departure, Lee embraced his new role as the focus of his team's offense and had the most productive year of his career. In this upcoming season, Lee sees a similar fate for the up-and-coming Stanford.

Q: What can be inferred from the article?

(a) Stanford is a lesser-known player than Watson.
(b) Lee attempted to persuade Webber not to retire.
(c) Stanford is a better basketball player than Lee was.
(d) Watson's basketball career has ended due to injury.

25. The French painter François Boucher was a celebrated proponent of the 18th-century Rococo art movement. He pioneered the use of gouache paint to give a soft glow to his sensual depictions of mythological scenes. His pictures were beloved by the royal court, especially Boucher's chief patron, Madame de Pompadour, who was the mistress of King Louis XV. In fact, Boucher's choice of sensual scenes over more traditional epic subjects reflected the nature of the monarchy prior to the French Revolution and its preoccupation with frivolous matters.

Q: What can be inferred about François Boucher from the passage?

(a) He enjoyed the financial support of the royal court.
(b) He is best known for his portraits of the royal mistress.
(c) He popularized the depiction of epic subjects in France.
(d) He found his technique for using gouache paint by accident.

Part IV Questions 26~35

Read the passage, questions, and options. Then, based on the given information, choose the option that best answers each question.

Questions 26-27

Revolution Beauty Club

Revolutionize your look with the Revolution Beauty Club — your gateway to great deals and promotions from Revolution Beauty products.
It's free to join, and you'll get exclusive benefits and earn points
that can be redeemed at any time for fabulous products!

Beauty Club Status Levels:

- **Basic Member**
  ▷ No minimum annual purchase required
  ▷ 5% off all regular-priced in-store purchases
- **Prestige Member**
  ▷ $399 annual purchase required to maintain status
  ▷ 10% off all in-store purchases, 5% off all online purchases
  ▷ Free shipping for all online purchases
- **Elite Member**
  ▷ $999 annual purchase required to maintain status
  ▷ 15% off all in-store purchases, 10% off all online purchases
  ▷ Free shipping for all online purchases
  ▷ Private hotline, plus invitations to exclusive events

All members will receive free beauty classes and annual birthday gifts.
And best of all, your points will never expire!

For more information, visit www.revolutionbeautyclub.com.

26. **Q:** What is mainly being announced?

(a) Changes to Revolution Beauty Club status levels
(b) Options for using Revolution Beauty Club points
(c) Requirements for joining the Revolution Beauty Club
(d) Conditions and benefits of the Revolution Beauty Club

27. **Q:** Which of the following is correct about the Revolution Beauty Club?

(a) Customers can become Basic Members for no charge.
(b) Basic Members get free shipping on all online purchases.
(c) Prestige Members receive 10% off all online purchases.
(d) Exclusive events are open to both Prestige and Elite levels.

City of
Morrisville

Alternatives to the Fast Food Ban

Based on the assumption that high fast food consumption contributes to poor public health in low-income areas, Morrisville City Council has proposed banning the construction of additional stand-alone fast food outlets in the city.

However, surveys of city residents and analyses of relevant literature show that:
- Fast food consumption is most prevalent among middle-income earners and only slightly less frequent among high-income earners than low- or very low-income earners
- Similar bans in other cities were actually followed by an increase in obesity rates

We therefore conclude that the proposal is unlikely to have the intended outcome of improving public health and propose the following alternatives:
- Mandate that fast food restaurants be transparent about ingredients and nutritional values, which can encourage consumers to make healthier choices
- Expedite approval for fast food restaurant alternatives that use fresh, healthy ingredients, such as street food stands selling low-cost, healthy meals

28. **Q:** According to the report, which group consumes fast food the most?

(a) High-income earners
(b) Middle-income earners
(c) Low-income earners
(d) Very low-income earners

29. **Q:** Which of the following is recommended to improve public health?

(a) Revoke approval for unhealthy street food stands
(b) Force fast food restaurants to use healthier ingredients
(c) Prohibit construction of new stand-alone fast food shops
(d) Require fast food restaurants to provide nutritional details

Questions 30-31

Infiltrating Auschwitz

Witold Pilecki was a Polish intelligence officer who went undercover into the Auschwitz concentration camp during World War II. Pilecki chose to infiltrate the camp in an attempt to gather information, since little was known about the camp's inner workings.

Once inside, Pilecki faced a great challenge in actually getting information to authorities on the outside. To try to solve this problem, he created an underground resistance organization, ZOW, which eventually merged with smaller underground organizations already operating within the camp.

ZOW managed to establish links with the outside world so that its members could report on the camp to Polish underground forces in Warsaw. ZOW also smuggled goods into the camp, which enabled the group to construct a radio transmitter over a seven-month period. With the radio in hand, Pilecki could finally send information directly to the Polish government, which was in exile in England. This information, which included reports of the atrocities at Auschwitz, was then forwarded to other Allied nations.

30. **Q:** What is the main topic of the passage?

(a) Pilecki's revelations about conditions in Auschwitz
(b) Pilecki's appeals to authorities to liberate Auschwitz
(c) Pilecki's efforts to transmit information out of Auschwitz
(d) Pilecki's secret communications with prisoners in Auschwitz

31. **Q:** Which of the following is correct according to the passage?

(a) Pilecki was recruited from within Auschwitz by Polish intelligence.
(b) Pilecki's organization was not the first of its kind in Auschwitz.
(c) ZOW had no contacts outside the camp until the creation of the radio.
(d) ZOW used the radio to send information directly to the British.

≡ *The Daily News*   🔍 | Subscribe |

National | **Local** | Business | Sports | Arts | Lifestyle | Classifieds

Hip Roasters Raises Prices

💬 Readers' Comments | **Top** Latest

Ⓡ **Rob Julius** | 1 hour ago
Your article about luxury coffee chain Hip Roasters drew an interesting response from readers. Most chose to denounce the chain for raising its already exorbitant prices. "How could it ever justify charging $14 for a latte?" they asked. But these commenters largely overlooked the chain's diehard fans, who regularly shell out for its high-priced drinks.

To my mind, the real question isn't how Hip Roasters can justify raising its prices but how anyone can justify paying so much for a drink. Since the chain's flagship store is across from my office, I pass it almost daily, and I noticed that it was bustling after the recent price hike. Why? I suppose Hip Roasters devotees simply don't care about the price. In fact, I suspect many of them welcome the price hike for offering greater cachet. Can you really blame the chain for jacking up its prices when there are people out there with this mindset?

For my part, I'll stick to my local mom-and-pop coffee shop. I've just never gotten a rush from flaunting my ability to throw money away.

32. **Q:** What is the writer's main point about Hip Roasters?

(a) Its customers are being massively overcharged.
(b) Its price increase will negatively affect its business.
(c) The vanity of its loyal customers allows it to raise prices.
(d) The quality of its coffee justifies its extremely high prices.

33. **Q:** What can be inferred from the reader comment?

(a) Hip Roasters is being imitated by many of its competitors.
(b) Hip Roasters is switching to a premium type of coffee bean.
(c) Rob Julius finds getting coffee from Hip Roasters inconvenient.
(d) Rob Julius avoided Hip Roasters even before the price increase.

Questions 34-35

When Did Humans Reach the Arctic?

When the partial remains of a woolly mammoth dating to 45,000 years ago were found in Siberia, scientists were intrigued to find distinctive marks on the creature's bones. These proved consistent with marks known to have been made by human hunting tools. Some scientists did raise the possibility that the hunters were not humans but rather Neanderthals. But others disputed this assertion on the grounds that Neanderthals lived in mountainous terrain. They also noted that Neanderthal remains have never been unearthed above 48 degrees north, far short of the 70 degrees north of this hunting site.

If the marks were indeed made by human hunters, it would show that our ancestors reached Arctic areas at least 10,000 years earlier than prior estimates. This could mean that our ancestors ventured out of Africa much earlier than previously thought, as they would have needed time to adapt to colder temperatures. Or it could mean that the Arctic area was warmer than it is now; records indicate that Earth underwent a warming period 45,000 years ago, which could have allowed the hunters to advance northward before adapting to freezing environments.

34. **Q:** Which of the following is correct according to the passage?

(a) Neanderthals are known to have avoided mountainous areas.
(b) Evidence of Neanderthal activity has yet to be found in the far north.
(c) The location of the woolly mammoth site was 48 degrees north.
(d) The Arctic is known to have become increasingly colder 45,000 years ago.

35. **Q:** What can be inferred from the passage?

(a) Woolly mammoths were driven into the Arctic by cold weather.
(b) Neanderthals and early humans used very different hunting tools.
(c) The mammoth bones were not found in a mountainous environment.
(d) The evidence points to competition between humans and Neanderthals.

You have reached the end of the Reading Comprehension section. Please remain seated until you are dismissed by the proctor. You are NOT allowed to turn to any other section of the test.

ANSWER KEYS

TEST 1

LISTENING COMPREHENSION

1. (b) **2.** (a) **3.** (a) **4.** (c) **5.** (d) **6.** (a) **7.** (d) **8.** (a) **9.** (b) **10.** (b) **11.** (a) **12.** (b) **13.** (c) **14.** (d) **15.** (d) **16.** (a) **17.** (a) **18.** (d) **19.** (b) **20.** (a) **21.** (d) **22.** (b) **23.** (d) **24.** (a) **25.** (c) **26.** (d) **27.** (b) **28.** (c) **29.** (a) **30.** (c) **31.** (d) **32.** (b) **33.** (d) **34.** (b) **35.** (d) **36.** (c) **37.** (c) **38.** (b) **39.** (b) **40.** (d)

VOCABULARY

1. (d) **2.** (d) **3.** (d) **4.** (b) **5.** (d) **6.** (b) **7.** (b) **8.** (c) **9.** (c) **10.** (b) **11.** (b) **12.** (c) **13.** (d) **14.** (b) **15.** (d) **16.** (c) **17.** (c) **18.** (c) **19.** (b) **20.** (a) **21.** (a) **22.** (b) **23.** (d) **24.** (a) **25.** (d) **26.** (d) **27.** (a) **28.** (d) **29.** (d) **30.** (b)

GRAMMAR

1. (b) **2.** (a) **3.** (b) **4.** (b) **5.** (b) **6.** (b) **7.** (c) **8.** (c) **9.** (c) **10.** (c) **11.** (d) **12.** (d) **13.** (a) **14.** (b) **15.** (a) **16.** (b) **17.** (a) **18.** (a) **19.** (b) **20.** (d) **21.** (b) **22.** (c) **23.** (a) **24.** (d) **25.** (a) **26.** (c) **27.** (a) **28.** (b) **29.** (c) **30.** (b)

READING COMPREHENSION

1. (a) **2.** (a) **3.** (d) **4.** (c) **5.** (a) **6.** (b) **7.** (c) **8.** (d) **9.** (d) **10.** (a) **11.** (c) **12.** (d) **13.** (c) **14.** (d) **15.** (b) **16.** (a) **17.** (a) **18.** (c) **19.** (d) **20.** (c) **21.** (c) **22.** (c) **23.** (a) **24.** (b) **25.** (c) **26.** (b) **27.** (a) **28.** (b) **29.** (d) **30.** (d) **31.** (d) **32.** (b) **33.** (a) **34.** (b) **35.** (d)

TEST 2

LISTENING COMPREHENSION

1. (d) **2.** (a) **3.** (d) **4.** (b) **5.** (a) **6.** (a) **7.** (c) **8.** (b) **9.** (c) **10.** (c) **11.** (d) **12.** (a) **13.** (c) **14.** (a) **15.** (c) **16.** (d) **17.** (b) **18.** (c) **19.** (a) **20.** (d) **21.** (d) **22.** (a) **23.** (c) **24.** (d) **25.** (a) **26.** (b) **27.** (b) **28.** (c) **29.** (b) **30.** (a) **31.** (d) **32.** (a) **33.** (a) **34.** (b) **35.** (b) **36.** (c) **37.** (a) **38.** (c) **39.** (b) **40.** (c)

VOCABULARY

1. (a) **2.** (a) **3.** (c) **4.** (a) **5.** (d) **6.** (c) **7.** (b) **8.** (a) **9.** (a) **10.** (c) **11.** (d) **12.** (c) **13.** (b) **14.** (c) **15.** (d) **16.** (a) **17.** (b) **18.** (c) **19.** (b) **20.** (d) **21.** (b) **22.** (d) **23.** (a) **24.** (d) **25.** (c) **26.** (b) **27.** (c) **28.** (d) **29.** (a) **30.** (b)

GRAMMAR

1. (d) **2.** (d) **3.** (c) **4.** (b) **5.** (d) **6.** (d) **7.** (c) **8.** (d) **9.** (b) **10.** (c) **11.** (b) **12.** (b) **13.** (a) **14.** (a) **15.** (d) **16.** (d) **17.** (a) **18.** (a) **19.** (b) **20.** (b) **21.** (a) **22.** (b) **23.** (c) **24.** (c) **25.** (d) **26.** (a) **27.** (b) **28.** (b) **29.** (a) **30.** (b)

READING COMPREHENSION

1. (a) **2.** (d) **3.** (a) **4.** (c) **5.** (c) **6.** (b) **7.** (d) **8.** (c) **9.** (b) **10.** (a) **11.** (b) **12.** (d) **13.** (c) **14.** (b) **15.** (d) **16.** (c) **17.** (a) **18.** (c) **19.** (d) **20.** (d) **21.** (c) **22.** (d) **23.** (c) **24.** (b) **25.** (a) **26.** (c) **27.** (d) **28.** (c) **29.** (b) **30.** (b) **31.** (d) **32.** (c) **33.** (b) **34.** (b) **35.** (a)

TEST 3

LISTENING COMPREHENSION

1. (c) 2. (a) 3. (b) 4. (a) 5. (d) 6. (a) 7. (c) 8. (c) 9. (a) 10. (d) 11. (a) 12. (b) 13. (d) 14. (c) 15. (a) 16. (b) 17. (d) 18. (a) 19. (b) 20. (c) 21. (b) 22. (d) 23. (a) 24. (c) 25. (d) 26. (a) 27. (d) 28. (b) 29. (c) 30. (b) 31. (b) 32. (d) 33. (c) 34. (b) 35. (b) 36. (c) 37. (b) 38. (b) 39. (a) 40. (c)

VOCABULARY

1. (c) 2. (a) 3. (b) 4. (a) 5. (a) 6. (c) 7. (b) 8. (c) 9. (a) 10. (c) 11. (d) 12. (d) 13. (c) 14. (c) 15. (b) 16. (b) 17. (c) 18. (d) 19. (a) 20. (d) 21. (a) 22. (b) 23. (b) 24. (a) 25. (a) 26. (c) 27. (c) 28. (d) 29. (b) 30. (b)

GRAMMAR

1. (a) 2. (a) 3. (a) 4. (d) 5. (b) 6. (a) 7. (c) 8. (c) 9. (d) 10. (c) 11. (c) 12. (d) 13. (d) 14. (a) 15. (c) 16. (b) 17. (b) 18. (d) 19. (b) 20. (b) 21. (c) 22. (b) 23. (a) 24. (b) 25. (a) 26. (c) 27. (d) 28. (b) 29. (c) 30. (b)

READING COMPREHENSION

1. (a) 2. (d) 3. (d) 4. (c) 5. (c) 6. (b) 7. (d) 8. (a) 9. (c) 10. (a) 11. (d) 12. (b) 13. (a) 14. (d) 15. (d) 16. (d) 17. (b) 18. (c) 19. (d) 20. (c) 21. (b) 22. (d) 23. (a) 24. (d) 25. (d) 26. (c) 27. (b) 28. (c) 29. (c) 30. (a) 31. (d) 32. (d) 33. (c) 34. (a) 35. (d)

TEST 4

LISTENING COMPREHENSION

1. (a) 2. (c) 3. (d) 4. (a) 5. (b) 6. (a) 7. (b) 8. (d) 9. (a) 10. (b) 11. (c) 12. (b) 13. (a) 14. (a) 15. (a) 16. (a) 17. (d) 18. (c) 19. (b) 20. (a) 21. (c) 22. (d) 23. (b) 24. (d) 25. (a) 26. (c) 27. (c) 28. (a) 29. (a) 30. (b) 31. (d) 32. (c) 33. (d) 34. (d) 35. (a) 36. (c) 37. (c) 38. (c) 39. (c) 40. (a)

VOCABULARY

1. (a) 2. (c) 3. (c) 4. (a) 5. (b) 6. (d) 7. (d) 8. (d) 9. (d) 10. (a) 11. (c) 12. (c) 13. (d) 14. (a) 15. (a) 16. (d) 17. (b) 18. (d) 19. (d) 20. (d) 21. (b) 22. (a) 23. (a) 24. (c) 25. (a) 26. (c) 27. (b) 28. (d) 29. (d) 30. (b)

GRAMMAR

1. (c) 2. (d) 3. (d) 4. (c) 5. (c) 6. (d) 7. (b) 8. (a) 9. (a) 10. (b) 11. (c) 12. (a) 13. (a) 14. (d) 15. (d) 16. (c) 17. (a) 18. (a) 19. (b) 20. (a) 21. (c) 22. (a) 23. (b) 24. (b) 25. (d) 26. (b) 27. (d) 28. (a) 29. (c) 30. (b)

READING COMPREHENSION

1. (d) 2. (b) 3. (b) 4. (c) 5. (a) 6. (c) 7. (c) 8. (c) 9. (a) 10. (b) 11. (a) 12. (c) 13. (a) 14. (d) 15. (d) 16. (d) 17. (a) 18. (c) 19. (b) 20. (b) 21. (d) 22. (b) 23. (a) 24. (a) 25. (a) 26. (d) 27. (a) 28. (b) 29. (d) 30. (c) 31. (b) 32. (c) 33. (d) 34. (b) 35. (c)

ANSWER

SHEET

모의고사 답안지입니다.
절취하여 실제 시험처럼
마킹하면서 풀어보세요.

답안지가 더 필요할 경우
시원스쿨랩(lab.siwonschool.com) 홈페이지의
교재 자료실에서 다운로드해 사용하세요.

TEPS

Test of English Proficiency
developed by
Seoul National University

응시일자 :   년   월   일

청해 Listening Comprehension

1	ⓐ ⓑ ⓒ ⓓ	21	ⓐ ⓑ ⓒ ⓓ
2	ⓐ ⓑ ⓒ ⓓ	22	ⓐ ⓑ ⓒ ⓓ
3	ⓐ ⓑ ⓒ ⓓ	23	ⓐ ⓑ ⓒ ⓓ
4	ⓐ ⓑ ⓒ ⓓ	24	ⓐ ⓑ ⓒ ⓓ
5	ⓐ ⓑ ⓒ ⓓ	25	ⓐ ⓑ ⓒ ⓓ
6	ⓐ ⓑ ⓒ ⓓ	26	ⓐ ⓑ ⓒ ⓓ
7	ⓐ ⓑ ⓒ ⓓ	27	ⓐ ⓑ ⓒ ⓓ
8	ⓐ ⓑ ⓒ ⓓ	28	ⓐ ⓑ ⓒ ⓓ
9	ⓐ ⓑ ⓒ ⓓ	29	ⓐ ⓑ ⓒ ⓓ
10	ⓐ ⓑ ⓒ ⓓ	30	ⓐ ⓑ ⓒ ⓓ
11	ⓐ ⓑ ⓒ ⓓ	31	ⓐ ⓑ ⓒ ⓓ
12	ⓐ ⓑ ⓒ ⓓ	32	ⓐ ⓑ ⓒ ⓓ
13	ⓐ ⓑ ⓒ ⓓ	33	ⓐ ⓑ ⓒ ⓓ
14	ⓐ ⓑ ⓒ ⓓ	34	ⓐ ⓑ ⓒ ⓓ
15	ⓐ ⓑ ⓒ ⓓ	35	ⓐ ⓑ ⓒ ⓓ
16	ⓐ ⓑ ⓒ ⓓ	36	ⓐ ⓑ ⓒ ⓓ
17	ⓐ ⓑ ⓒ ⓓ	37	ⓐ ⓑ ⓒ ⓓ
18	ⓐ ⓑ ⓒ ⓓ	38	ⓐ ⓑ ⓒ ⓓ
19	ⓐ ⓑ ⓒ ⓓ	39	ⓐ ⓑ ⓒ ⓓ
20	ⓐ ⓑ ⓒ ⓓ	40	ⓐ ⓑ ⓒ ⓓ

어휘 & 문법 Vocabulary & Grammar

어휘 Vocabulary

1	ⓐ ⓑ ⓒ ⓓ	21	ⓐ ⓑ ⓒ ⓓ
2	ⓐ ⓑ ⓒ ⓓ	22	ⓐ ⓑ ⓒ ⓓ
3	ⓐ ⓑ ⓒ ⓓ	23	ⓐ ⓑ ⓒ ⓓ
4	ⓐ ⓑ ⓒ ⓓ	24	ⓐ ⓑ ⓒ ⓓ
5	ⓐ ⓑ ⓒ ⓓ	25	ⓐ ⓑ ⓒ ⓓ
6	ⓐ ⓑ ⓒ ⓓ	26	ⓐ ⓑ ⓒ ⓓ
7	ⓐ ⓑ ⓒ ⓓ	27	ⓐ ⓑ ⓒ ⓓ
8	ⓐ ⓑ ⓒ ⓓ	28	ⓐ ⓑ ⓒ ⓓ
9	ⓐ ⓑ ⓒ ⓓ	29	ⓐ ⓑ ⓒ ⓓ
10	ⓐ ⓑ ⓒ ⓓ	30	ⓐ ⓑ ⓒ ⓓ
11	ⓐ ⓑ ⓒ ⓓ		
12	ⓐ ⓑ ⓒ ⓓ		
13	ⓐ ⓑ ⓒ ⓓ		
14	ⓐ ⓑ ⓒ ⓓ		
15	ⓐ ⓑ ⓒ ⓓ		
16	ⓐ ⓑ ⓒ ⓓ		
17	ⓐ ⓑ ⓒ ⓓ		
18	ⓐ ⓑ ⓒ ⓓ		
19	ⓐ ⓑ ⓒ ⓓ		
20	ⓐ ⓑ ⓒ ⓓ		

문법 Grammar

1	ⓐ ⓑ ⓒ ⓓ	21	ⓐ ⓑ ⓒ ⓓ
2	ⓐ ⓑ ⓒ ⓓ	22	ⓐ ⓑ ⓒ ⓓ
3	ⓐ ⓑ ⓒ ⓓ	23	ⓐ ⓑ ⓒ ⓓ
4	ⓐ ⓑ ⓒ ⓓ	24	ⓐ ⓑ ⓒ ⓓ
5	ⓐ ⓑ ⓒ ⓓ	25	ⓐ ⓑ ⓒ ⓓ
6	ⓐ ⓑ ⓒ ⓓ	26	ⓐ ⓑ ⓒ ⓓ
7	ⓐ ⓑ ⓒ ⓓ	27	ⓐ ⓑ ⓒ ⓓ
8	ⓐ ⓑ ⓒ ⓓ	28	ⓐ ⓑ ⓒ ⓓ
9	ⓐ ⓑ ⓒ ⓓ	29	ⓐ ⓑ ⓒ ⓓ
10	ⓐ ⓑ ⓒ ⓓ	30	ⓐ ⓑ ⓒ ⓓ
11	ⓐ ⓑ ⓒ ⓓ		
12	ⓐ ⓑ ⓒ ⓓ		
13	ⓐ ⓑ ⓒ ⓓ		
14	ⓐ ⓑ ⓒ ⓓ		
15	ⓐ ⓑ ⓒ ⓓ		
16	ⓐ ⓑ ⓒ ⓓ		
17	ⓐ ⓑ ⓒ ⓓ		
18	ⓐ ⓑ ⓒ ⓓ		
19	ⓐ ⓑ ⓒ ⓓ		
20	ⓐ ⓑ ⓒ ⓓ		

독해 Reading Comprehension

1	ⓐ ⓑ ⓒ ⓓ	21	ⓐ ⓑ ⓒ ⓓ
2	ⓐ ⓑ ⓒ ⓓ	22	ⓐ ⓑ ⓒ ⓓ
3	ⓐ ⓑ ⓒ ⓓ	23	ⓐ ⓑ ⓒ ⓓ
4	ⓐ ⓑ ⓒ ⓓ	24	ⓐ ⓑ ⓒ ⓓ
5	ⓐ ⓑ ⓒ ⓓ	25	ⓐ ⓑ ⓒ ⓓ
6	ⓐ ⓑ ⓒ ⓓ	26	ⓐ ⓑ ⓒ ⓓ
7	ⓐ ⓑ ⓒ ⓓ	27	ⓐ ⓑ ⓒ ⓓ
8	ⓐ ⓑ ⓒ ⓓ	28	ⓐ ⓑ ⓒ ⓓ
9	ⓐ ⓑ ⓒ ⓓ	29	ⓐ ⓑ ⓒ ⓓ
10	ⓐ ⓑ ⓒ ⓓ	30	ⓐ ⓑ ⓒ ⓓ
11	ⓐ ⓑ ⓒ ⓓ	31	ⓐ ⓑ ⓒ ⓓ
12	ⓐ ⓑ ⓒ ⓓ	32	ⓐ ⓑ ⓒ ⓓ
13	ⓐ ⓑ ⓒ ⓓ	33	ⓐ ⓑ ⓒ ⓓ
14	ⓐ ⓑ ⓒ ⓓ	34	ⓐ ⓑ ⓒ ⓓ
15	ⓐ ⓑ ⓒ ⓓ	35	ⓐ ⓑ ⓒ ⓓ
16	ⓐ ⓑ ⓒ ⓓ		
17	ⓐ ⓑ ⓒ ⓓ		
18	ⓐ ⓑ ⓒ ⓓ		
19	ⓐ ⓑ ⓒ ⓓ		
20	ⓐ ⓑ ⓒ ⓓ		

수험번호 Registration No.
생년월일 Date of Birth
성명 Name

문제지 번호 Test Booklet No.
감독관확인란

고사실란 Room No.
⓪ ① ② ③ ④ ⑤ ⑥ ⑦ ⑧ ⑨

성별 Gender
남 Male / 여 Female

내국인 외국인 Dom./For.
Domestic Foreigner

좌석번호 Seat No.
⓪ ① ② ③ ④ ⑤ ⑥ ⑦
Ⓐ Ⓑ Ⓒ Ⓓ Ⓔ

수험번호 Registration No.
⓪ ① ② ③ ④ ⑤ ⑥ ⑦ ⑧ ⑨

비밀번호 Password
⓪ ① ② ③ ④ ⑤ ⑥ ⑦ ⑧ ⑨

생년월일 Date of Birth
⓪ ① ② ③ ④ ⑤ ⑥ ⑦ ⑧ ⑨

서 약

본인은 답안 작성 시 유의사항을 준수하고 인적사항 및 답안 기재 오류, 답안지 훼손 시 그 결과에 책임지며 TEPS 관리위원회의 부정행위 및 규정위반 처리규정을 준수할 것을 서약합니다.

답안 작성시 유의사항

1. 답안작성은 반드시 컴퓨터용 싸인펜을 사용해야 하며, 아래의 'Good'과 같이 올바르게 마킹해야 합니다.
   Good ● Bad ① ◐ Ⓧ ✓
2. 답안지는 중도에 수정이 필요한 경우 반드시 수정테이프를 사용해야 합니다.(수정액 불가)
3. 올바른 필기구를 사용하지 않거나 본인의 부주의로 인한 잘못 마킹한 경우 성적 처리가 되지 않을 수 있으며 성적상의 TEPS관리위원회의 OMR 판독기의 판독결과에 따릅니다.
4. 성명, 성별, 생년월일, 수험번호, 내외국인 등의 인적정보나 성적처리를 위해 반드시 필요하므로 정확하게 기재해야하며, 미기재 또는 기재오류로 인해 인적정보가 올바르지 않는 경우 성적처리가 되지 않을 수 있으며 그 결과는 응시자가 책임집니다.
5. 시험이 종료된 후 답안 및 인적사항의 수정이나 추가기입등으로 신중하게 답안을 작성하시기 바랍니다.
6. 답안지 상단의 타이밍마크 (▮▮▮)를 찢거나 낙서 등으로 인해 답안지를 훼손하는 경우 성적처리가 되지 않을 수 있습니다.

TEPS

Test of English Proficiency
developed by
Seoul National University

수험번호 Registration No.

성명 Name — 영문 / 한자

※아래 설문 내용은 품질 및 서비스 개선 연구자료로 사용됩니다.

성명(성, 이름순으로 기재) Name

차별

소속
- 초등학생
- 중학생
- 고등학생
- 전문대학생
- 대학생
- 대학원생
- 일반

직업
- 학생
- 전문직
- 경영/사무
- 서비스/영업/판매직
- 생산/기술직
- 공무원
- 교사/강사
- 전업주부
- 농/임/어업
- 기타
- 무직

최종학력
- 초등학교졸업
- 중학교졸업
- 고등학교졸업
- 전문대학졸업
- 대학교졸업
- 대학원졸업
- 기타

전공
- 경제/경영
- 공학
- 교육
- 법학
- 사회과학
- 예체능
- 의학계열
- 인문학
- 자연과학
- 기타

현재 고사장의 만족도
- 매우만족
- 만족
- 보통
- 불만
- 매우불만

질 문 란

1. 가장 중점적으로 학습하는 영어는?
ⓐ 듣기 ⓑ 어휘 ⓒ 문법
ⓓ 읽기 ⓔ 말하기 ⓕ 쓰기

2. 실질적으로 가장 많이 사용하는 영어 능력은?
ⓐ 듣기 ⓑ 읽기 ⓒ 말하기 ⓓ 쓰기

3. 업무 및 일상생활에서 영어를 사용하는 빈도는?
ⓐ 전혀 없음 ⓑ 가끔 있음 ⓒ 자주 있음 ⓓ 매우 자주 있음

4. 스스로 생각하는 영역별 영어능력 수준은?
매우높음 / 높음 / 보통 / 낮음 / 매우낮음
- 청해
- 어휘
- 문법
- 독해

5. 선호하는 영어학습 방법은?
ⓐ 저술 ⓑ 어학원 또는 개인교습
ⓒ 온라인강의 ⓓ 인터넷 커뮤니티 및 스터디
ⓔ 사내교육 및 연수

6. 정규 교육과정을 포함하여 영어를 학습한 기간은?
ⓐ 3년미만 ⓑ 3년이상 6년미만 ⓒ 6년이상 9년미만
ⓓ 9년이상 12년미만 ⓔ 12년이상

7-1. 영어권 국가에서 체류한 경험은?
ⓐ 없다 ⓑ 6개월 미만 ⓒ 6개월 이상 1년 미만
ⓓ 1년이상 2년미만 ⓔ 2년 이상

7-2. 영어권 국가에 체류한 경험이 있다면 체류 목적은?
ⓐ 유학 ⓑ 어학연수 ⓒ 이민 ⓓ 여행 ⓔ 업무 ⓕ 기타

8. TEPS를 치르는 목적은?
ⓐ 취업 ⓑ 승진/해외파견 ⓒ 영학/편입학
ⓓ 개인실력 측정 ⓔ 졸업자격 및 인증
ⓕ 병역지원(KATUSA/어학병/병역특례등)
ⓖ 기타

9. 진학이나 공무원 선발을 위해 TEPS를 치르는 경우 다음 중 해당되는 것은?
ⓐ 학부양학(편입) ⓑ 일반대학원 ⓒ 전문대학원
ⓓ 국가직(5급) ⓔ 국가직(7급) ⓕ 기타

<부정 행위 및 규정위반 처리규정>

1. 모든 부정행위 및 규정위반 적발 시 이에 대한 조치는 TEPS관리위원회의 처리규정에 따라 이루어집니다.

2. 부정행위 및 규정위반 행위는 현장 적발 뿐만 아니라 사후에도 적발될 수 있으며 모두 동일한 조치가 취해집니다.

3. 부정행위 적발 시 이전화차 및 당해 성적은 무효화되며 사안에 따라 최대 5단계까지 TEPS관리위원회에서 주관하는 모든 시험의 응시자격이 제한됩니다.

4. 문제지 이외에 메모를 하는 행위와 시험 문제의 일부 또는 전부를 유출하거나 공개하는 경우 부정행위로 처리됩니다.

5. 각 파트별 시간을 준수하지 않거나, 시험 종료 후 답안 작성을 계속할 경우 규정위반으로 처리됩니다.

답안지(Side 1)

TEPS
Test of English Proficiency
developed by
Seoul National University

응시일자 :   년   월   일

청해 Listening Comprehension

문항	a	b	c	d	문항	a	b	c	d
1	ⓐ	ⓑ	ⓒ	ⓓ	21	ⓐ	ⓑ	ⓒ	ⓓ
2	ⓐ	ⓑ	ⓒ	ⓓ	22	ⓐ	ⓑ	ⓒ	ⓓ
3	ⓐ	ⓑ	ⓒ	ⓓ	23	ⓐ	ⓑ	ⓒ	ⓓ
4	ⓐ	ⓑ	ⓒ	ⓓ	24	ⓐ	ⓑ	ⓒ	ⓓ
5	ⓐ	ⓑ	ⓒ	ⓓ	25	ⓐ	ⓑ	ⓒ	ⓓ
6	ⓐ	ⓑ	ⓒ	ⓓ	26	ⓐ	ⓑ	ⓒ	ⓓ
7	ⓐ	ⓑ	ⓒ	ⓓ	27	ⓐ	ⓑ	ⓒ	ⓓ
8	ⓐ	ⓑ	ⓒ	ⓓ	28	ⓐ	ⓑ	ⓒ	ⓓ
9	ⓐ	ⓑ	ⓒ	ⓓ	29	ⓐ	ⓑ	ⓒ	ⓓ
10	ⓐ	ⓑ	ⓒ	ⓓ	30	ⓐ	ⓑ	ⓒ	ⓓ
11	ⓐ	ⓑ	ⓒ	ⓓ	31	ⓐ	ⓑ	ⓒ	ⓓ
12	ⓐ	ⓑ	ⓒ	ⓓ	32	ⓐ	ⓑ	ⓒ	ⓓ
13	ⓐ	ⓑ	ⓒ	ⓓ	33	ⓐ	ⓑ	ⓒ	ⓓ
14	ⓐ	ⓑ	ⓒ	ⓓ	34	ⓐ	ⓑ	ⓒ	ⓓ
15	ⓐ	ⓑ	ⓒ	ⓓ	35	ⓐ	ⓑ	ⓒ	ⓓ
16	ⓐ	ⓑ	ⓒ	ⓓ	36	ⓐ	ⓑ	ⓒ	ⓓ
17	ⓐ	ⓑ	ⓒ	ⓓ	37	ⓐ	ⓑ	ⓒ	ⓓ
18	ⓐ	ⓑ	ⓒ	ⓓ	38	ⓐ	ⓑ	ⓒ	ⓓ
19	ⓐ	ⓑ	ⓒ	ⓓ	39	ⓐ	ⓑ	ⓒ	ⓓ
20	ⓐ	ⓑ	ⓒ	ⓓ	40	ⓐ	ⓑ	ⓒ	ⓓ

어휘 & 문법 Vocabulary & Grammar

어휘 Vocabulary

문항	a	b	c	d
1	ⓐ	ⓑ	ⓒ	ⓓ
2	ⓐ	ⓑ	ⓒ	ⓓ
3	ⓐ	ⓑ	ⓒ	ⓓ
4	ⓐ	ⓑ	ⓒ	ⓓ
5	ⓐ	ⓑ	ⓒ	ⓓ
6	ⓐ	ⓑ	ⓒ	ⓓ
7	ⓐ	ⓑ	ⓒ	ⓓ
8	ⓐ	ⓑ	ⓒ	ⓓ
9	ⓐ	ⓑ	ⓒ	ⓓ
10	ⓐ	ⓑ	ⓒ	ⓓ
11	ⓐ	ⓑ	ⓒ	ⓓ
12	ⓐ	ⓑ	ⓒ	ⓓ
13	ⓐ	ⓑ	ⓒ	ⓓ
14	ⓐ	ⓑ	ⓒ	ⓓ
15	ⓐ	ⓑ	ⓒ	ⓓ
16	ⓐ	ⓑ	ⓒ	ⓓ
17	ⓐ	ⓑ	ⓒ	ⓓ
18	ⓐ	ⓑ	ⓒ	ⓓ
19	ⓐ	ⓑ	ⓒ	ⓓ
20	ⓐ	ⓑ	ⓒ	ⓓ
21	ⓐ	ⓑ	ⓒ	ⓓ
22	ⓐ	ⓑ	ⓒ	ⓓ
23	ⓐ	ⓑ	ⓒ	ⓓ
24	ⓐ	ⓑ	ⓒ	ⓓ
25	ⓐ	ⓑ	ⓒ	ⓓ
26	ⓐ	ⓑ	ⓒ	ⓓ
27	ⓐ	ⓑ	ⓒ	ⓓ
28	ⓐ	ⓑ	ⓒ	ⓓ
29	ⓐ	ⓑ	ⓒ	ⓓ
30	ⓐ	ⓑ	ⓒ	ⓓ

문법 Grammar

문항	a	b	c	d
1	ⓐ	ⓑ	ⓒ	ⓓ
2	ⓐ	ⓑ	ⓒ	ⓓ
3	ⓐ	ⓑ	ⓒ	ⓓ
4	ⓐ	ⓑ	ⓒ	ⓓ
5	ⓐ	ⓑ	ⓒ	ⓓ
6	ⓐ	ⓑ	ⓒ	ⓓ
7	ⓐ	ⓑ	ⓒ	ⓓ
8	ⓐ	ⓑ	ⓒ	ⓓ
9	ⓐ	ⓑ	ⓒ	ⓓ
10	ⓐ	ⓑ	ⓒ	ⓓ
11	ⓐ	ⓑ	ⓒ	ⓓ
12	ⓐ	ⓑ	ⓒ	ⓓ
13	ⓐ	ⓑ	ⓒ	ⓓ
14	ⓐ	ⓑ	ⓒ	ⓓ
15	ⓐ	ⓑ	ⓒ	ⓓ
16	ⓐ	ⓑ	ⓒ	ⓓ
17	ⓐ	ⓑ	ⓒ	ⓓ
18	ⓐ	ⓑ	ⓒ	ⓓ
19	ⓐ	ⓑ	ⓒ	ⓓ
20	ⓐ	ⓑ	ⓒ	ⓓ
21	ⓐ	ⓑ	ⓒ	ⓓ
22	ⓐ	ⓑ	ⓒ	ⓓ
23	ⓐ	ⓑ	ⓒ	ⓓ
24	ⓐ	ⓑ	ⓒ	ⓓ
25	ⓐ	ⓑ	ⓒ	ⓓ
26	ⓐ	ⓑ	ⓒ	ⓓ
27	ⓐ	ⓑ	ⓒ	ⓓ
28	ⓐ	ⓑ	ⓒ	ⓓ
29	ⓐ	ⓑ	ⓒ	ⓓ
30	ⓐ	ⓑ	ⓒ	ⓓ

독해 Reading Comprehension

문항	a	b	c	d	문항	a	b	c	d
1	ⓐ	ⓑ	ⓒ	ⓓ	21	ⓐ	ⓑ	ⓒ	ⓓ
2	ⓐ	ⓑ	ⓒ	ⓓ	22	ⓐ	ⓑ	ⓒ	ⓓ
3	ⓐ	ⓑ	ⓒ	ⓓ	23	ⓐ	ⓑ	ⓒ	ⓓ
4	ⓐ	ⓑ	ⓒ	ⓓ	24	ⓐ	ⓑ	ⓒ	ⓓ
5	ⓐ	ⓑ	ⓒ	ⓓ	25	ⓐ	ⓑ	ⓒ	ⓓ
6	ⓐ	ⓑ	ⓒ	ⓓ	26	ⓐ	ⓑ	ⓒ	ⓓ
7	ⓐ	ⓑ	ⓒ	ⓓ	27	ⓐ	ⓑ	ⓒ	ⓓ
8	ⓐ	ⓑ	ⓒ	ⓓ	28	ⓐ	ⓑ	ⓒ	ⓓ
9	ⓐ	ⓑ	ⓒ	ⓓ	29	ⓐ	ⓑ	ⓒ	ⓓ
10	ⓐ	ⓑ	ⓒ	ⓓ	30	ⓐ	ⓑ	ⓒ	ⓓ
11	ⓐ	ⓑ	ⓒ	ⓓ	31	ⓐ	ⓑ	ⓒ	ⓓ
12	ⓐ	ⓑ	ⓒ	ⓓ	32	ⓐ	ⓑ	ⓒ	ⓓ
13	ⓐ	ⓑ	ⓒ	ⓓ	33	ⓐ	ⓑ	ⓒ	ⓓ
14	ⓐ	ⓑ	ⓒ	ⓓ	34	ⓐ	ⓑ	ⓒ	ⓓ
15	ⓐ	ⓑ	ⓒ	ⓓ	35	ⓐ	ⓑ	ⓒ	ⓓ
16	ⓐ	ⓑ	ⓒ	ⓓ					
17	ⓐ	ⓑ	ⓒ	ⓓ					
18	ⓐ	ⓑ	ⓒ	ⓓ					
19	ⓐ	ⓑ	ⓒ	ⓓ					
20	ⓐ	ⓑ	ⓒ	ⓓ					

수험번호 Registration No.
성명 Name
생년월일 Date of Birth
문제지 번호 Test Booklet No.
감독관확인란

고사실반 Room No.
⓪ ① ② ③ ④ ⑤ ⑥ ⑦ ⑧ ⑨

비밀번호 Password
⓪ ① ② ③ ④ ⑤ ⑥ ⑦ ⑧ ⑨

성별 Gender
남 Male / 여 Female

내국인 외국인 Dom./For.
내국인 Domestic / 외국인 Foreigner

좌석번호 Seat No.
① ② ③ ④ ⑤ ⑥ ⑦ Ⓐ Ⓑ Ⓒ Ⓓ Ⓔ

생년월일 Date of Birth
⓪ ① ② ③ ④ ⑤ ⑥ ⑦ ⑧ ⑨

수험번호 Registration No.
⓪ ① ② ③ ④ ⑤ ⑥ ⑦ ⑧ ⑨

TEPS

Test of English Proficiency
developed by
Seoul National University

수험번호 Registration No.

성명 Name 영문 / 한자

※아래 설문 내용은 품질 및 서비스 개선 연구자료로 사용됩니다.

최종학력

- ○ 초등학교졸업
- ○ 중학교졸업
- ○ 고등학교졸업
- ○ 전문대학졸업
- ○ 대학교졸업
- ○ 대학원졸업
- ○ 기타

직업

- ○ 공무원
- ○ 교사/강사
- ○ 전업주부
- ○ 농/임/어업
- ○ 기타
- ○ 무직

현재 고사장의 만족도

- ○ 매우만족
- ○ 만족
- ○ 보통
- ○ 불만
- ○ 매우불만

소속

- ○ 초등학생
- ○ 중학생
- ○ 고등학생
- ○ 전문대학생
- ○ 대학생
- ○ 대학원생
- ○ 일반

전공

- ○ 경제/경영
- ○ 공학
- ○ 교육
- ○ 법
- ○ 사회과학
- ○ 예체능
- ○ 의학계열
- ○ 인문학
- ○ 자연과학
- ○ 기타

성명(성, 이름순으로 기재) Name

차필

질 문 란

1. 가장 중점적으로 학습하는 영역은?
ⓐ 듣기 ⓑ 어휘 ⓒ 문법
ⓓ 읽기 ⓔ 말하기 ⓕ 쓰기

2. 실질적으로 가장 많이 사용하는 영어 능력은?
ⓐ 듣기 ⓑ 읽기 ⓒ 말하기 ⓓ 쓰기

3. 업무 및 일상생활에서 영어를 사용하는 빈도는?
ⓐ 전혀 없음 ⓑ 가끔 있음 ⓒ 자주 있음 ⓓ 매우 자주 있음

4. 스스로 생각하는 영역별 영어능력 수준은?
(매우높음 / 높음 / 보통 / 낮음 / 매우낮음)
청해
어휘
문법
독해

5. 선호하는 영어학습 방법은?
ⓐ 자습 ⓑ 어학원 또는 개인교습
ⓒ 온라인강의 ⓓ 인터넷 커뮤니티 및 스터디
ⓔ 새벽교육 및 연수

6. 정규 교육과정을 포함하여 영어를 학습한 기간은?
ⓐ 3년 미만 ⓑ 3년 이상 6년 미만 ⓒ 6년 이상 9년 미만
ⓓ 9년 이상 12년 미만 ⓔ 12년 이상

7-1. 영어권 국가에서 체류한 경험은?
ⓐ 없다 ⓑ 6개월 미만 ⓒ 6개월 이상 1년 미만
ⓓ 1년 이상 2년 미만 ⓔ 2년 이상

7-2. 영어권 국가에 체류한 경험이 있다면 체류 목적은?
ⓐ 유학 ⓑ 언어연수 ⓒ 여행 ⓓ 업무 ⓔ 기타

8. TEPS를 치르는 목적은?
ⓐ 취업 ⓑ 승진/해외파견 ⓒ 업학/편입학
ⓓ 개인실력 측정 ⓔ 졸업자격 및 인증
ⓕ 병역지원(KATUSA/어학병/병역특례 등)
ⓖ 기타

9. 진학이나 공무원 선발을 위해 TEPS를 치르는 경우 다음 중 해당되는 것은?
ⓐ 학부(학/편입) ⓑ 일반대학원 ⓒ 전문대학원
ⓓ 국가직(5급) ⓔ 국가직(7급) ⓕ 기타

<부정 행위 및 규정위반 처리규정>

1. 모든 부정행위 및 규정위반 적발 시 이에 대한 조치는 TEPS관리위원회의 처리규정에 따라 이루어집니다.

2. 부정행위 및 규정위반 하는 현장 적발 뿐만 아니라 사후에도 적발될 수 있으며 모두 동일한 조치가 취해집니다.

3. 부정행위 적발 시 이전성적 및 당해 성적은 무효화되며 사안에 따라 최대 5년까지 TEPS관리위원회에서 주관하는 모든 시험의 응시자격이 제한됩니다.

4. 문제지 이외에 메모를 하는 행위와 시험 문제의 일부 또는 전부를 유출 하거나 공개하는 경우 부정행위로 처리됩니다.

5. 각 파트별 시간을 준수하지 않거나, 시험 종료 후 답안 작성을 계속할 경우 규정위반으로 처리됩니다.

TEPS

Test of English Proficiency
developed by
Seoul National University

청 해
Listening Comprehension

	a	b	c	d
1	ⓐ	ⓑ	ⓒ	ⓓ
2	ⓐ	ⓑ	ⓒ	ⓓ
3	ⓐ	ⓑ	ⓒ	ⓓ
4	ⓐ	ⓑ	ⓒ	ⓓ
5	ⓐ	ⓑ	ⓒ	ⓓ
6	ⓐ	ⓑ	ⓒ	ⓓ
7	ⓐ	ⓑ	ⓒ	ⓓ
8	ⓐ	ⓑ	ⓒ	ⓓ
9	ⓐ	ⓑ	ⓒ	ⓓ
10	ⓐ	ⓑ	ⓒ	ⓓ
11	ⓐ	ⓑ	ⓒ	ⓓ
12	ⓐ	ⓑ	ⓒ	ⓓ
13	ⓐ	ⓑ	ⓒ	ⓓ
14	ⓐ	ⓑ	ⓒ	ⓓ
15	ⓐ	ⓑ	ⓒ	ⓓ
16	ⓐ	ⓑ	ⓒ	ⓓ
17	ⓐ	ⓑ	ⓒ	ⓓ
18	ⓐ	ⓑ	ⓒ	ⓓ
19	ⓐ	ⓑ	ⓒ	ⓓ
20	ⓐ	ⓑ	ⓒ	ⓓ
21	ⓐ	ⓑ	ⓒ	ⓓ
22	ⓐ	ⓑ	ⓒ	ⓓ
23	ⓐ	ⓑ	ⓒ	ⓓ
24	ⓐ	ⓑ	ⓒ	ⓓ
25	ⓐ	ⓑ	ⓒ	ⓓ
26	ⓐ	ⓑ	ⓒ	ⓓ
27	ⓐ	ⓑ	ⓒ	ⓓ
28	ⓐ	ⓑ	ⓒ	ⓓ
29	ⓐ	ⓑ	ⓒ	ⓓ
30	ⓐ	ⓑ	ⓒ	ⓓ
31	ⓐ	ⓑ	ⓒ	ⓓ
32	ⓐ	ⓑ	ⓒ	ⓓ
33	ⓐ	ⓑ	ⓒ	ⓓ
34	ⓐ	ⓑ	ⓒ	ⓓ
35	ⓐ	ⓑ	ⓒ	ⓓ
36	ⓐ	ⓑ	ⓒ	ⓓ
37	ⓐ	ⓑ	ⓒ	ⓓ
38	ⓐ	ⓑ	ⓒ	ⓓ
39	ⓐ	ⓑ	ⓒ	ⓓ
40	ⓐ	ⓑ	ⓒ	ⓓ

어휘 & 문법
Vocabulary & Grammar

어 휘 Vocabulary

	a	b	c	d
1	ⓐ	ⓑ	ⓒ	ⓓ
2	ⓐ	ⓑ	ⓒ	ⓓ
3	ⓐ	ⓑ	ⓒ	ⓓ
4	ⓐ	ⓑ	ⓒ	ⓓ
5	ⓐ	ⓑ	ⓒ	ⓓ
6	ⓐ	ⓑ	ⓒ	ⓓ
7	ⓐ	ⓑ	ⓒ	ⓓ
8	ⓐ	ⓑ	ⓒ	ⓓ
9	ⓐ	ⓑ	ⓒ	ⓓ
10	ⓐ	ⓑ	ⓒ	ⓓ
11	ⓐ	ⓑ	ⓒ	ⓓ
12	ⓐ	ⓑ	ⓒ	ⓓ
13	ⓐ	ⓑ	ⓒ	ⓓ
14	ⓐ	ⓑ	ⓒ	ⓓ
15	ⓐ	ⓑ	ⓒ	ⓓ
16	ⓐ	ⓑ	ⓒ	ⓓ
17	ⓐ	ⓑ	ⓒ	ⓓ
18	ⓐ	ⓑ	ⓒ	ⓓ
19	ⓐ	ⓑ	ⓒ	ⓓ
20	ⓐ	ⓑ	ⓒ	ⓓ
21	ⓐ	ⓑ	ⓒ	ⓓ
22	ⓐ	ⓑ	ⓒ	ⓓ
23	ⓐ	ⓑ	ⓒ	ⓓ
24	ⓐ	ⓑ	ⓒ	ⓓ
25	ⓐ	ⓑ	ⓒ	ⓓ
26	ⓐ	ⓑ	ⓒ	ⓓ
27	ⓐ	ⓑ	ⓒ	ⓓ
28	ⓐ	ⓑ	ⓒ	ⓓ
29	ⓐ	ⓑ	ⓒ	ⓓ
30	ⓐ	ⓑ	ⓒ	ⓓ

문 법 Grammar

	a	b	c	d
1	ⓐ	ⓑ	ⓒ	ⓓ
2	ⓐ	ⓑ	ⓒ	ⓓ
3	ⓐ	ⓑ	ⓒ	ⓓ
4	ⓐ	ⓑ	ⓒ	ⓓ
5	ⓐ	ⓑ	ⓒ	ⓓ
6	ⓐ	ⓑ	ⓒ	ⓓ
7	ⓐ	ⓑ	ⓒ	ⓓ
8	ⓐ	ⓑ	ⓒ	ⓓ
9	ⓐ	ⓑ	ⓒ	ⓓ
10	ⓐ	ⓑ	ⓒ	ⓓ
11	ⓐ	ⓑ	ⓒ	ⓓ
12	ⓐ	ⓑ	ⓒ	ⓓ
13	ⓐ	ⓑ	ⓒ	ⓓ
14	ⓐ	ⓑ	ⓒ	ⓓ
15	ⓐ	ⓑ	ⓒ	ⓓ
16	ⓐ	ⓑ	ⓒ	ⓓ
17	ⓐ	ⓑ	ⓒ	ⓓ
18	ⓐ	ⓑ	ⓒ	ⓓ
19	ⓐ	ⓑ	ⓒ	ⓓ
20	ⓐ	ⓑ	ⓒ	ⓓ
21	ⓐ	ⓑ	ⓒ	ⓓ
22	ⓐ	ⓑ	ⓒ	ⓓ
23	ⓐ	ⓑ	ⓒ	ⓓ
24	ⓐ	ⓑ	ⓒ	ⓓ
25	ⓐ	ⓑ	ⓒ	ⓓ
26	ⓐ	ⓑ	ⓒ	ⓓ
27	ⓐ	ⓑ	ⓒ	ⓓ
28	ⓐ	ⓑ	ⓒ	ⓓ
29	ⓐ	ⓑ	ⓒ	ⓓ
30	ⓐ	ⓑ	ⓒ	ⓓ

독 해
Reading Comprehension

	a	b	c	d
1	ⓐ	ⓑ	ⓒ	ⓓ
2	ⓐ	ⓑ	ⓒ	ⓓ
3	ⓐ	ⓑ	ⓒ	ⓓ
4	ⓐ	ⓑ	ⓒ	ⓓ
5	ⓐ	ⓑ	ⓒ	ⓓ
6	ⓐ	ⓑ	ⓒ	ⓓ
7	ⓐ	ⓑ	ⓒ	ⓓ
8	ⓐ	ⓑ	ⓒ	ⓓ
9	ⓐ	ⓑ	ⓒ	ⓓ
10	ⓐ	ⓑ	ⓒ	ⓓ
11	ⓐ	ⓑ	ⓒ	ⓓ
12	ⓐ	ⓑ	ⓒ	ⓓ
13	ⓐ	ⓑ	ⓒ	ⓓ
14	ⓐ	ⓑ	ⓒ	ⓓ
15	ⓐ	ⓑ	ⓒ	ⓓ
16	ⓐ	ⓑ	ⓒ	ⓓ
17	ⓐ	ⓑ	ⓒ	ⓓ
18	ⓐ	ⓑ	ⓒ	ⓓ
19	ⓐ	ⓑ	ⓒ	ⓓ
20	ⓐ	ⓑ	ⓒ	ⓓ
21	ⓐ	ⓑ	ⓒ	ⓓ
22	ⓐ	ⓑ	ⓒ	ⓓ
23	ⓐ	ⓑ	ⓒ	ⓓ
24	ⓐ	ⓑ	ⓒ	ⓓ
25	ⓐ	ⓑ	ⓒ	ⓓ
26	ⓐ	ⓑ	ⓒ	ⓓ
27	ⓐ	ⓑ	ⓒ	ⓓ
28	ⓐ	ⓑ	ⓒ	ⓓ
29	ⓐ	ⓑ	ⓒ	ⓓ
30	ⓐ	ⓑ	ⓒ	ⓓ
31	ⓐ	ⓑ	ⓒ	ⓓ
32	ⓐ	ⓑ	ⓒ	ⓓ
33	ⓐ	ⓑ	ⓒ	ⓓ
34	ⓐ	ⓑ	ⓒ	ⓓ
35	ⓐ	ⓑ	ⓒ	ⓓ

수험번호 Registration No.
성명 Name
생년월일 Date of Birth

문제지번호 Test Booklet No.
감독관확인란

고사실란 Room No.

0	0
1	1
2	2
3	3
4	4
5	5
	6
	7
	8
	9

성별 Gender
남 Male ○
여 Female ○

내국인 외국인 Dom./For.
내국인 외국인 Domestic Foreigner ○ ○

생년월일 Date of Birth

비밀번호 Password

0	0	0	0
1	1	1	1
2	2	2	2
3	3	3	3
4	4	4	4
5	5	5	5
6	6	6	6
7	7	7	7
8	8	8	8
9	9	9	9

좌석번호 Seat No.

| 0 |
| 1 |
| 2 |
| 3 |
| 4 |
| 5 |
| 6 |
| 7 |
| A |
| B |
| C |
| D |
| E |

수험번호 Registration No.

서 약

본인은 답안 작성 시 유의사항을 준수하고 인적사항 및 답안 기재 오류, 답안지 훼손 시 그 결과에 책임을 지며
TEPS관리위원회의 부정행위 및 규정위반 처리규정을 준수할 것을 서약합니다.

서 약

답안 작성시 유의사항

1. 답안작성은 반드시 컴퓨터용 싸인펜을 사용해야 하며, 아래의 'Good'과 같이 올바르게 마킹해야 합니다.
   Good ● Bad ⊙ ⊗ ○ ◐
2. 답안지는 도중 수정이 필요한 경우 반드시 수정테이프를 사용해야 합니다. (수정액 불가)
3. 올바른 필기구를 사용하지 않거나 본인의 부주의로 인한 책임은 TEPS관리위원회의 OMR 판독기의 판독결과에 따릅니다.

4. 성명, 성별, 생년월일, 수험번호, 내외국인 등의 인적정보는 성적처리를 위해 반드시 필요함으로 정확하게 기재
   해야하며, 미기재 또는 기재오류 등으로 인해 인적정보가 올바르지 않는 경우 성적처리가 되지 않을 수 있으며
   그 결과는 응시자가 책임집니다.
5. 시험이 종료된 후 답안 및 인적사항의 수정이 불가능하므로 신중하게 답안을 작성하기 바랍니다.
6. 답안지 상단의 타이밍마크 (▐▐▐)를 찢거나 낙서 등으로 인해 답안지를 훼손하는 경우 성적처리가 되지 않을 수
   있습니다.

TEPS

Test of English Proficiency
developed by
Seoul National University

수험번호
Registration No.

성명 Name | 영문
| 한자

성명(성, 이름순으로 기재)
Name

차 필

※아래 설문 내용은 품질 및 서비스 개선 연구자료로 사용됩니다.

소 속	직 업	최종학력
초 등 학 생 ○	공 무 원 ○	초등학교졸업 ○
중 학 생 ○	교 사 / 강 사 ○	중학교졸업 ○
고 등 학 생 ○	전 문 직 ○	고등학교졸업 ○
전문대학생 ○	농/임/어업 ○	전문대학졸업 ○
대 학 생 ○	기 타 ○	대학교졸업 ○
대 학 원 생 ○	직 무 ○	대학원졸업 ○
일 반 ○		기 타 ○

전 공	현재 고사장의 만족도
경 제 / 경 영 ○	매 우 만 족 ○
공 학 ○	만 족 ○
교 육 ○	보 통 ○
법 학 ○	불 만 ○
사 회 과 학 ○	매 우 불 만 ○

〈부정행위 및 규정위반 처리규정〉

1. 모든 부정행위 및 규정위반 적발
   시 이에 대한 조치는 TEPS관리위원회의
   처리규정에 따라 이루어집니다.

2. 부정행위 및 규정위반 행위는 현장
   적발 뿐만 아니라 사후에도 적발될
   수 있으며 모두 동일한 조치가 취해
   집니다.

3. 부정행위 적발 시 이전성적 및 당해
   성적은 무효화되며 사안에 따라 최대
   5년까지 TEPS관리위원회에서 주관하는
   모든 시험의 응시자격이 제한됩니다.

4. 문제지 이외에 메모를 하는 행위와
   시험 문제의 일부 또는 전부를 유출
   하거나 공개하는 경우 부정행위로
   처리됩니다.

5. 각 파트별 시간을 준수하지 않거나,
   시험 종료 후 답안 작성을 계속할
   경우 규정위반으로 처리됩니다.

질 문 란

1. 가장 중점적으로 학습하는 영역은?
   a) 듣기 b) 어휘 c) 문법
   d) 읽기 e) 말하기 f) 쓰기

2. 실질적으로 가장 많이 사용하는 영어 능력은?
   a) 듣기 b) 읽기 c) 말하기
   d) 읽기 e) 말하기 f) 쓰기

3. 업무 및 일상생활에서 영어를 사용하는 빈도는?
   a) 전혀 없음 b) 가끔 있음 c) 자주 있음 d) 매우 자주 있음

4. 스스로 생각하는 영역별 영어능력 수준은?

	매우높음	높음	보통	낮음	매우낮음
청해	○	○	○	○	○
어휘	○	○	○	○	○
문법	○	○	○	○	○
독해	○	○	○	○	○

5. 선호하는 영어학습 방법은?
   a) 자습 b) 어학원 또는 개인교습
   c) 온라인강의 d) 인터넷 커뮤니티 및 스터디
   e) 사내교육 및 연수

6. 정규 교육과정을 포함하여 영어를 학습한 기간은?
   a) 3년 미만 b) 3년 이상 6년 미만 c) 6년 이상 9년 미만
   d) 9년 이상 12년 미만 e) 12년 이상

7-1. 영어권 국가에서 체류한 경험은?
   a) 없다 b) 6개월 미만 c) 6개월 이상 1년 미만
   d) 1년 이상 2년 미만 e) 2년 이상

7-2. 영어권 국가에 체류한 경험이 있다면 체류 목적은?
   a) 유학 b) 어학연수 c) 이민 d) 여행 e) 업무 f) 기타

8. TEPS를 치르는 목적은?
   a) 취업 b) 승진/해외파견 c) 입학/편입학
   d) 개인실력측정 e) 졸업자격 및 인증
   f) 병역지원(KATUSA/어학병/병역특례 등)
   g) 기타

9. 진학이나 공무원 선발을 위해 TEPS를 치르는 경우 다음 중
   해당되는 것은?
   a) 학부영학/편입 b) 일반대학원 c) 전문대학원
   d) 국가직(5급) e) 국가직(7급) f) 기타

TEPS

Test of English Proficiency
developed by
Seoul National University

응시일자 :　　년　　월　　일

답안면(Side 1)

청해 / Listening Comprehension

	a	b	c	d		a	b	c	d
1	ⓐ	ⓑ	ⓒ	ⓓ	21	ⓐ	ⓑ	ⓒ	ⓓ
2	ⓐ	ⓑ	ⓒ	ⓓ	22	ⓐ	ⓑ	ⓒ	ⓓ
3	ⓐ	ⓑ	ⓒ	ⓓ	23	ⓐ	ⓑ	ⓒ	ⓓ
4	ⓐ	ⓑ	ⓒ	ⓓ	24	ⓐ	ⓑ	ⓒ	ⓓ
5	ⓐ	ⓑ	ⓒ	ⓓ	25	ⓐ	ⓑ	ⓒ	ⓓ
6	ⓐ	ⓑ	ⓒ	ⓓ	26	ⓐ	ⓑ	ⓒ	ⓓ
7	ⓐ	ⓑ	ⓒ	ⓓ	27	ⓐ	ⓑ	ⓒ	ⓓ
8	ⓐ	ⓑ	ⓒ	ⓓ	28	ⓐ	ⓑ	ⓒ	ⓓ
9	ⓐ	ⓑ	ⓒ	ⓓ	29	ⓐ	ⓑ	ⓒ	ⓓ
10	ⓐ	ⓑ	ⓒ	ⓓ	30	ⓐ	ⓑ	ⓒ	ⓓ
11	ⓐ	ⓑ	ⓒ	ⓓ	31	ⓐ	ⓑ	ⓒ	ⓓ
12	ⓐ	ⓑ	ⓒ	ⓓ	32	ⓐ	ⓑ	ⓒ	ⓓ
13	ⓐ	ⓑ	ⓒ	ⓓ	33	ⓐ	ⓑ	ⓒ	ⓓ
14	ⓐ	ⓑ	ⓒ	ⓓ	34	ⓐ	ⓑ	ⓒ	ⓓ
15	ⓐ	ⓑ	ⓒ	ⓓ	35	ⓐ	ⓑ	ⓒ	ⓓ
16	ⓐ	ⓑ	ⓒ	ⓓ	36	ⓐ	ⓑ	ⓒ	ⓓ
17	ⓐ	ⓑ	ⓒ	ⓓ	37	ⓐ	ⓑ	ⓒ	ⓓ
18	ⓐ	ⓑ	ⓒ	ⓓ	38	ⓐ	ⓑ	ⓒ	ⓓ
19	ⓐ	ⓑ	ⓒ	ⓓ	39	ⓐ	ⓑ	ⓒ	ⓓ
20	ⓐ	ⓑ	ⓒ	ⓓ	40	ⓐ	ⓑ	ⓒ	ⓓ

어휘 & 문법 / Vocabulary & Grammar

어휘 / Vocabulary

	a	b	c	d		a	b	c	d
1	ⓐ	ⓑ	ⓒ	ⓓ	21	ⓐ	ⓑ	ⓒ	ⓓ
2	ⓐ	ⓑ	ⓒ	ⓓ	22	ⓐ	ⓑ	ⓒ	ⓓ
3	ⓐ	ⓑ	ⓒ	ⓓ	23	ⓐ	ⓑ	ⓒ	ⓓ
4	ⓐ	ⓑ	ⓒ	ⓓ	24	ⓐ	ⓑ	ⓒ	ⓓ
5	ⓐ	ⓑ	ⓒ	ⓓ	25	ⓐ	ⓑ	ⓒ	ⓓ
6	ⓐ	ⓑ	ⓒ	ⓓ	26	ⓐ	ⓑ	ⓒ	ⓓ
7	ⓐ	ⓑ	ⓒ	ⓓ	27	ⓐ	ⓑ	ⓒ	ⓓ
8	ⓐ	ⓑ	ⓒ	ⓓ	28	ⓐ	ⓑ	ⓒ	ⓓ
9	ⓐ	ⓑ	ⓒ	ⓓ	29	ⓐ	ⓑ	ⓒ	ⓓ
10	ⓐ	ⓑ	ⓒ	ⓓ	30	ⓐ	ⓑ	ⓒ	ⓓ
11	ⓐ	ⓑ	ⓒ	ⓓ					
12	ⓐ	ⓑ	ⓒ	ⓓ					
13	ⓐ	ⓑ	ⓒ	ⓓ					
14	ⓐ	ⓑ	ⓒ	ⓓ					
15	ⓐ	ⓑ	ⓒ	ⓓ					
16	ⓐ	ⓑ	ⓒ	ⓓ					
17	ⓐ	ⓑ	ⓒ	ⓓ					
18	ⓐ	ⓑ	ⓒ	ⓓ					
19	ⓐ	ⓑ	ⓒ	ⓓ					
20	ⓐ	ⓑ	ⓒ	ⓓ					

문법 / Grammar

	a	b	c	d		a	b	c	d
1	ⓐ	ⓑ	ⓒ	ⓓ	21	ⓐ	ⓑ	ⓒ	ⓓ
2	ⓐ	ⓑ	ⓒ	ⓓ	22	ⓐ	ⓑ	ⓒ	ⓓ
3	ⓐ	ⓑ	ⓒ	ⓓ	23	ⓐ	ⓑ	ⓒ	ⓓ
4	ⓐ	ⓑ	ⓒ	ⓓ	24	ⓐ	ⓑ	ⓒ	ⓓ
5	ⓐ	ⓑ	ⓒ	ⓓ	25	ⓐ	ⓑ	ⓒ	ⓓ
6	ⓐ	ⓑ	ⓒ	ⓓ	26	ⓐ	ⓑ	ⓒ	ⓓ
7	ⓐ	ⓑ	ⓒ	ⓓ	27	ⓐ	ⓑ	ⓒ	ⓓ
8	ⓐ	ⓑ	ⓒ	ⓓ	28	ⓐ	ⓑ	ⓒ	ⓓ
9	ⓐ	ⓑ	ⓒ	ⓓ	29	ⓐ	ⓑ	ⓒ	ⓓ
10	ⓐ	ⓑ	ⓒ	ⓓ	30	ⓐ	ⓑ	ⓒ	ⓓ
11	ⓐ	ⓑ	ⓒ	ⓓ					
12	ⓐ	ⓑ	ⓒ	ⓓ					
13	ⓐ	ⓑ	ⓒ	ⓓ					
14	ⓐ	ⓑ	ⓒ	ⓓ					
15	ⓐ	ⓑ	ⓒ	ⓓ					
16	ⓐ	ⓑ	ⓒ	ⓓ					
17	ⓐ	ⓑ	ⓒ	ⓓ					
18	ⓐ	ⓑ	ⓒ	ⓓ					
19	ⓐ	ⓑ	ⓒ	ⓓ					
20	ⓐ	ⓑ	ⓒ	ⓓ					

독해 / Reading Comprehension

	a	b	c	d		a	b	c	d
1	ⓐ	ⓑ	ⓒ	ⓓ	21	ⓐ	ⓑ	ⓒ	ⓓ
2	ⓐ	ⓑ	ⓒ	ⓓ	22	ⓐ	ⓑ	ⓒ	ⓓ
3	ⓐ	ⓑ	ⓒ	ⓓ	23	ⓐ	ⓑ	ⓒ	ⓓ
4	ⓐ	ⓑ	ⓒ	ⓓ	24	ⓐ	ⓑ	ⓒ	ⓓ
5	ⓐ	ⓑ	ⓒ	ⓓ	25	ⓐ	ⓑ	ⓒ	ⓓ
6	ⓐ	ⓑ	ⓒ	ⓓ	26	ⓐ	ⓑ	ⓒ	ⓓ
7	ⓐ	ⓑ	ⓒ	ⓓ	27	ⓐ	ⓑ	ⓒ	ⓓ
8	ⓐ	ⓑ	ⓒ	ⓓ	28	ⓐ	ⓑ	ⓒ	ⓓ
9	ⓐ	ⓑ	ⓒ	ⓓ	29	ⓐ	ⓑ	ⓒ	ⓓ
10	ⓐ	ⓑ	ⓒ	ⓓ	30	ⓐ	ⓑ	ⓒ	ⓓ
11	ⓐ	ⓑ	ⓒ	ⓓ	31	ⓐ	ⓑ	ⓒ	ⓓ
12	ⓐ	ⓑ	ⓒ	ⓓ	32	ⓐ	ⓑ	ⓒ	ⓓ
13	ⓐ	ⓑ	ⓒ	ⓓ	33	ⓐ	ⓑ	ⓒ	ⓓ
14	ⓐ	ⓑ	ⓒ	ⓓ	34	ⓐ	ⓑ	ⓒ	ⓓ
15	ⓐ	ⓑ	ⓒ	ⓓ	35	ⓐ	ⓑ	ⓒ	ⓓ
16	ⓐ	ⓑ	ⓒ	ⓓ					
17	ⓐ	ⓑ	ⓒ	ⓓ					
18	ⓐ	ⓑ	ⓒ	ⓓ					
19	ⓐ	ⓑ	ⓒ	ⓓ					
20	ⓐ	ⓑ	ⓒ	ⓓ					

수험번호 Registration No.
성명 Name
생년월일 Date of Birth

문제지번호 Test Booklet No.

감독관확인란

고사실란 Room No.

성별 Gender
남 Male
여 Female

내외국인 Dom./For.
내국인 Domestic
외국인 Foreigner

비밀번호 Password

좌석번호 Seat No.

수험번호 Registration No.

생년월일 Date of Birth

서 약

본인은 답안 작성 시 유의사항을 준수하고 인적사항 및 답안 기재 오류, 답안지 훼손 시 그 결과에 책임지며 TEPS 관리위원회의 부정행위 및 규정위반 처리규정을 준수할 것을 서약합니다.

서 약

답안 작성시 유의사항

1. 답안작성은 반드시 컴퓨터용 싸인펜을 사용해야 하며, 아래의 'Good'과 같이 올바르게 마킹해야 합니다.
   Good ● Bad ⊙ ⊖ ◐ ⊘
2. 답안지의 도중 수정이 필요한 경우 반드시 수정테이프를 사용해야 합니다. (수정액 불가)
3. 올바른 필기구와 수정도구를 사용하지 않거나 본인의 부주의로 잘못 마킹한 경우 성적 처리가 되지 않을 수 있으며 성적산출은 TEPS관리위원회의 OMR 판독기의 판독결과에 따릅니다.

4. 성명, 성별, 생년월일, 수험번호, 내외국인 등의 인적정보를 정확하게 기재해야하며, 미기재 또는 기재오류 등으로 인해 인적정보가 올바르지 않는 경우 성적처리가 되지 않을 수 있습니다.
5. 시험이 종료된 후 답안 및 인적사항의 수정이나 추가기재하는 경우 답안을 작성하시기 바랍니다.
6. 답안지 상단의 타이밍마크 (∣∣∣)를 찢거나 낙서 등으로 인해 답안지를 훼손하는 경우 성적처리가 되지 않을 수 있습니다.

TEPS

Test of English Proficiency
developed by
Seoul National University

수험번호 Registration No.

성 명 Name — 영문 / 한자

성명(성, 이름순으로 기재) Name

차 필

※아래 설문 내용은 품질 및 서비스 개선 연구자료로 사용됩니다.

소속
- 초 등 학 생
- 중 학 생
- 고 등 학 생
- 전문대학재생
- 대 학 생
- 대 학 원 생
- 일 반

직 업
- 학 생
- 전 문 직
- 경 영 주
- 사 무 직
- 서비스/영업/판매직
- 생산/기술직
- 공 무 원
- 교 사 / 강 사
- 전 업 주 부
- 농/임/어업
- 기 타
- 무 직

최종학력
- 초등학교졸업
- 중학교졸업
- 고등학교졸업
- 전문대학졸업
- 대 학 교 졸 업
- 대 학 원 졸 업
- 기 타

전공
- 경제 / 경영
- 공 학
- 교 육
- 법 학
- 사 회 과 학
- 예 체 능
- 의 학 계 열
- 인 문 학
- 자 연 과 학
- 기 타

현재 교사장의 만족도
- 매 우 만 족
- 만 족
- 보 통
- 불 만
- 매 우 불 만

질 문 란

1. 가장 중점적으로 학습하는 영역은?
   ⓐ 듣기 ⓑ 어휘 ⓒ 말하기 ⓓ 문법 ⓔ 읽기 ⓕ 쓰기

2. 실질적으로 가장 많이 사용하는 영어 능력은?
   ⓐ 듣기 ⓑ 어휘 ⓒ 말하기 ⓓ 문법 ⓔ 읽기 ⓕ 쓰기

3. 업무 및 일상생활에서 영어를 사용하는 빈도는?
   ⓐ 전혀 없음 ⓑ 가끔 쓰임 ⓒ 자주 쓰임 ⓓ 매우 자주 쓰임

4. 스스로 생각하는 영역별 영어능력 수준은?
	매우높음	높음	보통	낮음	매우낮음
청해	○	○	○	○	○
어휘	○	○	○	○	○
문법	○	○	○	○	○
독해	○	○	○	○	○

5. 선호하는 영어학습 방법은?
   ⓐ 과외 ⓑ 어학원 또는 개인교습 ⓒ 온라인강의 ⓓ 인터넷 커뮤니티 및 스터디 ⓔ 사내교육 및 연수

6. 정규 교육과정을 포함하여 영어를 학습한 기간은?
   ⓐ 3년미만 ⓑ 3년이상 6년미만 ⓒ 6년이상 9년미만 ⓓ 9년이상 12년미만 ⓔ 12년 이상

7-1. 영어권 국가에서 체류한 경험은?
   ⓐ 없다 ⓑ 6개월 미만 ⓒ 6개월 이상 1년 미만 ⓓ 1년 이상 2년 미만 ⓔ 2년 이상

7-2. 영어권 국가에 체류한 경험이 있다면 체류 목적은?
   ⓐ 유학 ⓑ 1년연수 ⓒ 이민 ⓓ 여행 ⓔ 업무 ⓕ 기타

8. TEPS를 치르는 목적은?
   ⓐ 취업 ⓑ 승진/해외파견 ⓒ 영어실력 측정 ⓓ 입학/편입학
   ⓔ 병역지정인(KATUSA/어학병 병역특례등) ⓕ 졸업자격 및 인증
   ⓖ 기타

9. 진학이나 공무원 선발을 위해 TEPS를 치르는 경우 다음 중 해당되는 것은?
   ⓐ 학부입학 ⓑ 일반대학원 ⓒ 전문대학원
   ⓓ 국가직(5급) ⓔ 국가직(7급) ⓕ 기타

〈부정 행위 및 규정위반 처리규정〉

1. 모든 부정행위 및 규정위반 적발 시 이에 대한 조치는 TEPS관리위원회의 처리규정에 따라 이루어집니다.

2. 부정행위 및 규정위반 행위는 현장 적발 뿐만 아니라 사후에도 적발될 수 있으며 모두 동일한 조치가 취해집니다.

3. 부정행위 및 규정위반 적발 시 이전회차 및 당해 성적은 무효화되며 사안에 따라 최대 5년까지 TEPS관리위원회에서 주관하는 모든 시험의 응시자격이 제한됩니다.

4. 문제지 이외에 메모를 하는 행위와 시험 문제의 일부 또는 전부를 유출하거나 공개하는 경우 부정행위로 처리됩니다.

5. 각 파트별 시간을 준수하지 않거나, 시험 종료 후 답안 작성을 계속할 경우 규정위반으로 처리됩니다.

답안(Side 1)

TEPS
Test of English Proficiency
developed by
Seoul National University

응시일자 :   년   월   일

청해 Listening Comprehension

(문항 1–40, 선택지 ⓐ ⓑ ⓒ ⓓ)

어휘 & 문법 Vocabulary & Grammar

어휘 Vocabulary (문항 1–30)

문법 Grammar (문항 1–30)

독해 Reading Comprehension

(문항 1–35)

수험번호 Registration No.

성명 Name

생년월일 Date of Birth

문제지 번호 Test Booklet No.

감독관확인란

고사실란 Room No.

성별 Gender 남 Male 여 Female

내국인 외국인 Dom./For. Domestic Foreigner

비밀번호 Password

좌석번호 Seat No.

수험번호 Registration No.

생년월일 Date of Birth

서약

본인은 답안 작성 시 유의사항을 준수하고 인적사항 및 답안 기재 오류, 답안지 훼손 시 그 결과에 책임지며 TEPS 관리위원회의 부정행위 및 규정위반 처리규정을 준수할 것을 서약합니다.

답안 작성시 유의 사항

1. 답안작성은 반드시 컴퓨터용 싸인펜을 사용해야 하며, 아래의 'Good'과 같이 올바르게 마킹해야 합니다.
   Good ● Bad ⊙ ◐ Ⓧ ∅

2. 답안작성 도중 수정글구를 사용하지 않거나 반드시 수정테이프를 사용해야 합니다.(수정액 불가)

3. 올바른 필기구를 사용하지 않거나 본인의 부주의로 잘못 마킹한 경우 성적처리가 되지 않을 수 있으며 성적상으로 TEPS관리위원회의 OMR 판독기의 판독결과에 따릅니다.

4. 성명, 성별, 생년월일, 수험번호, 내외국인 등의 인적사항은 성적처리를 위해 반드시 필요하므로 정확하게 기재해야하며, 미기재 또는 기재오류 등으로 인해 인정점부가 올바르지 않는 경우 성적처리가 됩니다. 그 결과는 응시자가 책임집니다.

5. 시험이 종료된 후 답안 및 인적사항의 수정이 불가능하므로 신중하게 답안을 작성하시기 바랍니다.

6. 답안지 상단의 타이밍마크 (▮▮▮)를 찢거나 낙서 등으로 인해 답안지를 훼손하는 경우 성적처리가 되지 않을 수 있습니다.

TEPS
Test of English Proficiency
developed by
Seoul National University

수험번호 Registration No.
성명 Name
영문
한자

성명(성, 이름순으로 기재) Name

자필

※아래 설문 내용은 품질 및 서비스 개선 연구자료로 사용됩니다.

소속
초등학생 ○ / 중학생 ○ / 고등학생 ○ / 전문대학생 ○ / 대학생 ○ / 대학원생 ○ / 일반 ○

전공
경제/경영 ○ / 공학 ○ / 교육 ○ / 법학 ○ / 사회과학 ○ / 예체능 ○ / 의학계열 ○ / 인문학 ○ / 자연과학 ○ / 기타 ○

직업
공무원 ○ / 교사/강사 ○ / 전업주부 ○ / 농/임/어업 ○ / 기타 ○ / 무직 ○
학생 ○ / 전문경영직 ○ / 경영직 ○ / 사무직 ○ / 서비스/영업/판매직 ○ / 생산/기술직 ○ / 기타 ○

현재 교사장의 만족도
매우 만족 ○ / 만족 ○ / 보통 ○ / 불만 ○ / 매우 불만 ○

최종학력
초등학교졸업 ○ / 중학교졸업 ○ / 고등학교졸업 ○ / 전문대학졸업 ○ / 대학교졸업 ○ / 대학원졸업 ○ / 기타 ○

질 문 란

〈부정행위 및 규정위반 처리규정〉

1. 모든 부정행위 및 규정위반 적발 시 이에 대한 조치는 TEPS관리위원회의 처리규정에 따라 이루어집니다.

2. 부정행위 및 규정위반 행위는 현장 적발 뿐만 아니라 사후에도 적발될 수 있으며 모두 동일한 조치가 취해집니다.

3. 부정행위 적발 시 이전회차 및 당해 성적은 무효화되며 사안에 따라 최대 5단계까지 TEPS관리위원회에서 주관하는 모든 시험의 응시자격이 제한됩니다.

4. 문제지 이외에 메모를 하는 행위와 시험 문제의 일부 또는 전부를 유출하거나 공개하는 경우 부정행위로 처리됩니다.

5. 각 파트별 시간을 준수하지 않거나, 시험 종료 후 답안 작성을 계속함 경우 규정위반으로 처리됩니다.

1. 가장 중점적으로 학습하는 영역은?
ⓐ 듣기 ⓑ 어휘 ⓒ 문법
ⓓ 읽기 ⓔ 말하기 ⓕ 쓰기

2. 실질적으로 가장 많이 사용하는 영어 능력은?
ⓐ 듣기 ⓑ 읽기 ⓒ 말하기 ⓓ 쓰기

3. 업무 및 일상생활에서 영어를 사용하는 빈도는?
ⓐ 전혀 없음 ⓑ 가끔 쓰임 ⓒ 자주 쓰임 ⓓ 매우 자주 쓰임

4. 스스로 생각하는 영역별 영어능력 수준은?
매우높음 / 높음 / 보통 / 낮음 / 매우낮음
청해 / 어휘 / 문법 / 독해

5. 선호하는 영어학습 방법은?
ⓐ 자습 ⓑ 어학원 또는 개인교습
ⓒ 온라인강의 ⓓ 인터넷 커뮤니티 및 스터디
ⓔ 사내교육 및 연수

6. 정규 교육과정을 포함하여 영어를 학습한 기간은?
ⓐ 3년만 ⓑ 3년이상 6년미만 ⓒ 6년이상 9년미만
ⓓ 9년이상 12년미만 ⓔ 12년이상

7-1. 영어권 국가에서 체류한 경험은?
ⓐ 없다 ⓑ 6개월 미만 ⓒ 6개월 이상 1년 미만
ⓓ 1년 이상 2년 미만 ⓔ 2년 이상

7-2. 영어권 국가에 체류한 경험이 있다면 체류 목적은?
ⓐ 유학 ⓑ 연수 ⓒ 여행 ⓓ 업무 ⓔ 기타

8. TEPS를 치르는 목적은?
ⓐ 취업 ⓑ 승진/해외파견 ⓒ 영어/편입학
ⓓ 개인실력 측정 ⓔ 졸업자격 및 인증
ⓕ 병역지원(KATUSA/어학병 병역특례등) ⓖ 기타

9. 진학이나 공무원 선발을 위해 TEPS를 치르는 경우 다음 중 해당되는 것은?
ⓐ 학부대학원 ⓑ 일반대학원 ⓒ 전문대학원
ⓓ 국가직(5급) ⓔ 국가직(7급) ⓕ 기타

TEPS

Test of English Proficiency
developed by
Seoul National University

응시일자 : 년 월 일

청해 Listening Comprehension

어휘 & 문법 Vocabulary & Grammar

어휘 Vocabulary

문법 Grammar

독해 Reading Comprehension

수험번호 Registration No.
생년월일 Date of Birth
성명 Name

문제지번호 Test Booklet No.

감독관확인란

고사실란 Room No.

성별 Gender
남 Male
여 Female

내국인 외국인 Dom./For.
내국인 외국인 Domestic Foreigner

비밀번호 Password

좌석번호 Seat No.

수험번호 Registration No.

생년월일 Date of Birth

서약

답안은 답안 작성 시 유의사항을 준수하고 인적사항 및 답안 기재 오류, 답안지 훼손 시 그 결과에 책임지며
TEPS 관리위원회의 부정행위 및 규정위반 처리규정을 준수할 것을 서약합니다.

유 의 사 항

답안 작성시

1. 답안작성은 반드시 컴퓨터용 싸인펜을 사용해야 하며, 아래의 'Good'과 같이 올바르게 마킹해야합니다.

Good ● Bad ◐ ○ Ⓧ ⊘

2. 답안작성 도중 수정이 필요한 경우 반드시 수정테이프를 사용해야 합니다.(수정액 불가)

3. 올바른 필기구를 사용하지 않거나 본인의 부주의로 잘못 마킹한 경우 성적 처리가 되지 않을 수 있으며 성적상의 TEPS관리위원회의 OMR 판독기의 판독결과에 따릅니다.

4. 성명, 성별, 생년월일, 수험번호, 내외국인 등의 인적정보는 성적처리를 위해 반드시 필요한 것이므로 해야하며, 마기재 또는 기재오류 등으로 인해 인적정보가 올바르지 않는 경우 성적처리가 되지 않을 수 그 결과는 응시자가 책임집니다.

5. 시험이 종료된 후 답안 및 인적사항의 수정이 불가능하므로 신중하게 답안을 작성하시기 바랍니다.

6. 답안지 상단의 타이밍마크 (▐▐▐)를 찢거나 낙서 등으로 인해 답안지를 훼손하는 경우 성적처리가 되지 않을 수 있습니다.

뒷면(Side 2)

TEPS
Test of English Proficiency
developed by
Seoul National University

수험번호 Registration No.
성명 Name
영문
한자

※아래 설문 내용은 품질 및 서비스 개선 연구자료로 사용됩니다.

최종학력
초등학교졸업 ○ 중학교졸업 ○ 고등학교졸업 ○ 전문대학졸업 ○ 대학교졸업 ○ 대학원졸업 ○ 기타 ○

직업
학생 ○ 전문직 ○ 사무 ○ 서비스/영업/판매직 ○ 생산/기술직 ○ 공무원 ○ 교사/강사 ○ 전업주부 ○ 농/임/어업 ○ 기 ○ 무 ○ 직 ○ 타 ○

현재 고사장의 만족도
매우만족 ○ 만족 ○ 보통 ○ 불만 ○ 매우불만 ○

소속
초등학생 ○ 중학생 ○ 고등학생 ○ 전문대학생 ○ 대학생 ○ 대학원생 ○ 일반 ○

전공
경제/경영 ○ 공학 ○ 교육 ○ 법학 ○ 사회과학 ○ 예체능 ○ 의학계열 ○ 인문학 ○ 자연과학 ○ 기타 ○

성명(성, 이름순으로 기재)
Name

차 필

질 문 란

1. 가장 중점적으로 학습하는 영역은?
   ⓐ 듣기 ⓑ 어휘 ⓒ 문법
   ⓓ 읽기 ⓔ 말하기 ⓕ 쓰기

2. 실질적으로 가장 많이 사용하는 영어 능력은?
   ⓐ 듣기 ⓑ 읽기 ⓒ 말하기 ⓓ 쓰기

3. 업무 및 일상생활에서 영어를 사용하는 빈도는?
   ⓐ 전혀 없음 ⓑ 가끔 쓰임 ⓒ 자주 쓰임 ⓓ 매우 자주 쓰임

4. 스스로 생각하는 영역별 영어능력 수준은?
   매우높음 높음 보통 낮음 매우낮음
   청해
   어휘
   문법
   독해

5. 선호하는 영어학습 방법은?
   ⓐ 과외 ⓑ 학원 또는 개인교습
   ⓒ 온라인강의 ⓓ 인터넷 커뮤니티 및 스터디
   ⓔ 사내교육 및 연수

6. 정규 교육과정을 포함하여 영어를 학습한 기간은?
   ⓐ 3년 미만 ⓑ 3년 이상 6년 미만 ⓒ 6년 이상 9년 미만
   ⓓ 9년 이상 12년 미만 ⓔ 12년 이상

7-1. 영어권 국가에서 체류한 경험은?
   ⓐ 없다 ⓑ 6개월 미만 ⓒ 6개월 이상 1년 미만
   ⓓ 1년 이상 2년 미만 ⓔ 2년 이상

7-2. 영어권 국가에 체류한 경험이 있다면 체류 목적은?
   ⓐ 유학 ⓑ 어학연수 ⓒ 여행 ⓓ 업무 ⓔ 기타

8. TEPS를 치르는 목적은?
   ⓐ 취업 ⓑ 승진/해외파견 ⓒ 입학/편입학
   ⓓ 개인실력 측정 ⓔ 졸업인증 및 인증
   ⓕ 병역지원(KATUSA/어학병/병역특례 등)
   ⓖ 기타

9. 진학이나 공무원 선발을 위해 TEPS를 치르는 경우 다음 중 해당되는 것은?
   ⓐ 학부입학/편입 ⓑ 국가직(7급) ⓒ 일반대학원 ⓓ 전문대학원
   ⓔ 하부학/편입 ⓕ 국가직(5급) ⓖ 기타

<부정행위 및 규정위반 처리규정>

1. 모든 부정행위 및 규정위반 적발 시 이에 대한 조치는 TEPS관리위원회의 처리규정에 따라 이루어집니다.

2. 부정행위 및 규정위반 행위는 현장 적발 뿐만 아니라 사후에도 적발될 수 있으며 모두 동일한 조치가 취해집니다.

3. 부정행위 적발 시 이전회차 및 당해 성적은 무효화되며 사안에 따라 최대 5년까지 TEPS관리위원회에서 주관하는 모든 시험의 응시자격이 제한됩니다.

4. 문제지 이외에 메모를 하는 행위와 시험 문제의 일부 또는 전부를 유출하거나 공개하는 경우 부정행위로 처리됩니다.

5. 각 파트별 시간을 준수하지 않거나, 시험 종료 후 답안 작성을 계속할 경우 규정위반으로 처리됩니다.

NEW TEPS
서울대 텝스관리위원회
공식기출문제집

정답 및 해설

시원스쿨 LAB

NEW TEPS

서울대

텝스관리위원회

공식기출문제집

4회분

정답 및 해설

TEST 1 정답 및 해설

LISTENING COMPREHENSION

1. (b) **2.** (a) **3.** (a) **4.** (c) **5.** (d) **6.** (a) **7.** (d) **8.** (a) **9.** (b)
10. (b) **11.** (a) **12.** (b) **13.** (c) **14.** (d) **15.** (d) **16.** (a) **17.**
(a) **18.** (d) **19.** (b) **20.** (a) **21.** (d) **22.** (b) **23.** (d) **24.** (a)
25. (c) **26.** (d) **27.** (b) **28.** (c) **29.** (a) **30.** (c) **31.** (d) **32.**
(b) **33.** (d) **34.** (b) **35.** (d) **36.** (c) **37.** (c) **38.** (b) **39.** (b)
40. (d)

VOCABULARY

1. (d) **2.** (d) **3.** (d) **4.** (b) **5.** (d) **6.** (b) **7.** (b) **8.** (c) **9.** (c)
10. (b) **11.** (b) **12.** (c) **13.** (d) **14.** (b) **15.** (d) **16.** (c)
17. (c) **18.** (c) **19.** (b) **20.** (a) **21.** (a) **22.** (b) **23.** (d) **24.**
(a) **25.** (d) **26.** (d) **27.** (a) **28.** (d) **29.** (d) **30.** (b)

GRAMMAR

1. (b) **2.** (a) **3.** (b) **4.** (b) **5.** (b) **6.** (b) **7.** (c) **8.** (c) **9.** (c)
10. (c) **11.** (d) **12.** (d) **13.** (a) **14.** (b) **15.** (a) **16.** (b)
17. (a) **18.** (a) **19.** (b) **20.** (d) **21.** (b) **22.** (c) **23.** (a) **24.**
(d) **25.** (a) **26.** (c) **27.** (a) **28.** (b) **29.** (c) **30.** (b)

READING COMPREHENSION

1. (a) **2.** (a) **3.** (d) **4.** (c) **5.** (a) **6.** (b) **7.** (c) **8.** (d) **9.** (d)
10. (a) **11.** (c) **12.** (d) **13.** (c) **14.** (d) **15.** (b) **16.** (a) **17.**
(a) **18.** (c) **19.** (d) **20.** (c) **21.** (c) **22.** (c) **23.** (a) **24.** (b)
25. (c) **26.** (b) **27.** (a) **28.** (b) **29.** (d) **30.** (d) **31.** (d)
32. (b) **33.** (a) **34.** (b) **35.** (d)

LISTENING COMPREHENSION

Part I

1.

M: Excuse me. Are these your gloves?
W: _____
(a) Actually, I haven't seen any.
(b) Thanks, I must've dropped them.
(c) Yes, I've got mine.
(d) No, I must be mistaken.

남: 실례합니다. 이거 당신 장갑인가요?
여: _____

(a) 사실, 저는 아무것도 보지 못했어요.
(b) 감사합니다, 제가 떨어뜨린 게 틀림없어요.
(c) 네, 제 것은 있어요.
(d) 아뇨, 제가 오해하고 있는 게 틀림없어요.

해설 상대방의 장갑인지 묻는 질문이므로 gloves를 them으로 지칭해 자신이 떨어뜨린 것이 분명하다는 말로 자신의 물건임을 확인해 주는 (b)가 정답이다. 확인을 위한 질문에 대해 (c)나 (d)처럼 Yes/No로 답변이 시작되는 경우, 뒤에 이어지는 말이 질문과 관련된 것인지 명확히 파악해야 한다.

어휘 actually 사실, 실은 must have p.p. ~한 것이 틀림없다 drop ~을 떨어뜨리다 mistaken 오해한, 잘못 알고 있는

정답 (b)

2.

W: How long will your business trip be?
M: _____
(a) The same as last time.
(b) Take as long as you need.
(c) Not for another two months.
(d) Let me know when it's decided.

여: 당신 출장이 얼마나 오래 걸릴까요?
남: _____
(a) 지난번과 동일해요.
(b) 필요하신 만큼 시간을 가지세요.
(c) 두 달은 더 지나야 해요.
(d) 결정되면 저에게 알려 주세요.

해설 출장이 얼마나 오래 걸릴지 묻고 있으므로 지난번과 동일하다는 말로 두 사람이 알고 있는 기간으로 답하는 (a)가 정답이다. (c)는 대략적인 시점을 나타내므로 지속 기간을 묻는 질문에 대한 답변으로 맞지 않는다.

어휘 the same as ~와 동일함 take as long as ~만큼 시간을 갖다 not for another + 기간: ~는 더 지나야 하다 let A know: A에게 알리다 decide ~을 결정하다

정답 (a)

3.

M: Tina, do you mind answering the phone?
W: _____
(a) Sorry, I'm in the middle of something.
(b) Not at all. I'll get it later.
(c) Oh, I didn't know you called.
(d) Sure, I'll just call back.

남: 티나, 전화 좀 받아 줄래요?
여: _____
(a) 미안하지만, 지금 뭐 좀 하는 중이에요.
(b) 물론이죠. 나중에 받을게요.
(c) 아, 전화하신 줄 몰랐어요.

(d) 좋아요, 제가 다시 전화 드릴게요.

해설 전화를 받아 달라고 요청하는 질문에 대해 지금 뭔가 하고 있다는 말로 받을 수 없다는 뜻을 나타낸 (a)가 정답이다. (b)와 (d)에 각각 제시되는 Not at all이나 Sure는 Yes/No의 또 다른 표현이므로 뒤에 이어지는 말이 질문과 관련된 것인지 명확히 파악해야 한다.

어휘 Do you mind -ing? ~해 주시겠어요? in the middle of ~하는 중인, ~하는 도중에 Not at all (mind로 묻는 질문에 대한 허락/동의의 답변으로) 물론이죠, 그럼요, 괜찮아요 call back 다시 전화하다

정답 (a)

4.

W: We forgot to mail Bill our wedding invitation.
M: _____

(a) Maybe we shouldn't attend, then.
(b) It probably slipped his mind.
(c) It's OK. I told him in person.
(d) He could send us one instead.

여: 우리가 빌에게 청첩장을 우편으로 보내는 걸 잊었어요.
남: _____

(a) 그럼 아마 우린 참석하면 안 될 거예요.
(b) 아마 그가 깜빡 잊었나 봐요.
(c) 괜찮아요. 제가 직접 만나서 얘기했어요.
(d) 그가 대신 우리에게 하나 보내줄 수 있을 거예요.

해설 빌에게 청첩장 보내는 것을 깜빡했다고 말한 것에 대해 이미 직접 만나서 얘기했다는 말로 청첩장을 보낼 필요가 없음을 의미하는 (c)가 정답이다. (b)나 (d)처럼 대상이나 행위 주체를 바꾼 말로 혼동을 유발하는 선택지에 유의해야 한다.

어휘 forget to do ~하는 것을 잊다 mail A B: A에게 B를 우편으로 보내다 attend 참석하다 then 그럼, 그렇다면, 그때, 그런 다음 slip one's mind ~가 깜빡 잊다 in person 직접 만나서, 직접 가서 instead 대신

정답 (c)

5.

M: I felt the latest book in the *Big Dark* series was a letdown.
W: _____

(a) I know. I couldn't put it down.
(b) The critics could be wrong, though.
(c) Right, I hear the later installments are better.
(d) Yeah, it doesn't measure up to its predecessors.

남: <빅 다크> 시리즈의 최신작으로 나온 책이 실망스러웠어.
여: _____

(a) 내 말이. 손에서 내려놓을 수 없었어.
(b) 하지만 평론가들이 틀릴 수도 있어.

(c) 맞아, 듣기로는 후속편들이 더 낫다던데.
(d) 응, 이전 작들에 미치지 못해.

해설 <빅 다크> 시리즈의 최신작이 실망스러웠다는 남자의 의견에 대해 동의하며(Yeah) 이전에 나온 것들을 predecessors로 표현해 최신작이 이전 작들에 미치지 못한다는 의견을 말한 (d)가 정답이다.

어휘 latest 최신의, 최근의 letdown 실망(시키는 것) I know (동의의 뜻으로) 내 말이, 그러니까, 맞아 put A down: A를 내려놓다 critic 평론가 though (문장 끝이나 중간에서) 하지만 installment (시리즈에 속하는) 한 권, 한 편 measure up to (수준 등이) ~에 미치다, ~에 필적하다 predecessor (사물) 이전의 것, (사람) 전임자

정답 (d)

6.

W: Wow! This bakery charges a premium for its goods.
M: _____

(a) Well, it caters to a high-end customer base.
(b) I know. No wonder it sells out every day.
(c) That's how it keeps prices affordable.
(d) Really? I thought it was overrated.

여: 와우! 이 제과점은 제품에 추가 요금을 붙이네요.
남: _____

(a) 그게, 고급품을 찾는 고객 층의 취향에 맞춘 곳이거든요.
(b) 제 말이요. 매일 품절되는 게 당연한 것 같아요.
(c) 그게 바로 이곳이 가격을 알맞게 유지하는 방법이에요.
(d) 그래요? 저는 이곳이 과대평가되었다고 생각했어요.

해설 제품에 추가 요금이 붙는다는 사실에 놀라는 여자에게 고급품을 찾는 고객들의 취향에 맞춘 곳이라는 말로 그 이유를 알려주는 (a)가 정답이다. (b)의 sells나 (c)의 prices처럼 제품 판매 상황과 연관성 있게 들리는 단어들을 활용한 오답 선택지에 유의하면서 들어야 한다.

어휘 charge ~을 청구하다, 부과하다 premium 추가 요금, 추가 수수료, 할증료 goods 제품, 상품 cater to (필요, 기호 등) ~을 충족하다, ~에 맞추다 high-end 고급의 customer base 고객 층 I know (동의의 뜻으로) 내 말이, 그러니까, 맞아 No wonder 주어 + 동사: ~가 …하는 게 당연하다 sell out 품절되다, 매진되다 keep A 형용사: A를 ~한 상태로 유지하다 affordable (가격이) 알맞은 overrate ~을 과대평가하다

정답 (a)

7.

M: The way your basketball team came back for the upset win was impressive.
W: _____

(a) Well, we had the lead from the start.
(b) At least we made it a close contest.
(c) It'll take us a while to recover from the loss.
(d) It's all thanks to our teamwork.

(d) You should file a claim for damages.

남: 너희 농구팀이 되살아나서 역전승을 거둔 방식이 인상적이었어.

여: _____

(a) 음, 우린 처음부터 앞서기 시작했어.

(b) 적어도 우린 그 경기에서 접전을 벌였어.

(c) 우리가 그 패배에서 회복하려면 시간이 좀 걸릴 거야.

(d) 그게 다 우리의 팀워크 덕분이야.

남: 거리에 저렇게 움푹 패인 곳 때문에 내 차가 망가질 뻔했어!

여: _____

(a) 응, 도로의 잔해는 정말 위험해.

(b) 네가 길 옆으로 방향을 확 틀어서 다행이야.

(c) 네 자동차 수리에 돈이 많이 든 게 틀림없어.

(d) 손해 배상을 청구해 봐.

해설 | 상대방 팀이 역전승을 거둔 방식이 인상적이었다는 의견에 대해 역전승을 거둔 사실을 It으로 지칭하면서 그 이유로 팀워크를 언급한 (d)가 정답이다.

어휘 | the way 주어 + 동사: ~가 …하는 방식 come back 되살아나다 upset win 역전승 impressive 인상적인 have the lead 앞서다 at least 적어도, 최소한 close contest (경기, 경쟁 등의) 접전 take A + 시간 to do: A가 ~하는 데 …의 시간이 걸리다 recover from ~에서 회복하다 loss 패배, 손실, 분실 thanks to ~ 덕분인, ~ 때문인

정답 | (d)

해설 | 거리에 움푹 패인 곳 때문에 차가 망가질 뻔했다는 말에, 사고가 나지 않도록 신속하게 대처한 것을 언급하며 다행이라고 말하는 (b)가 자연스럽다. street이나 my car 같은 단어와 관련해, (a)의 road나 (c) Your car repairs와 같이 연관성 있게 들리는 말로 혼동을 유발하는 선택지에 유의해 들어야 한다.

어휘 | pothole (길의) 움푹 패인 곳 could have p.p. ~했을 수도 있다 wreck ~을 망가뜨리다, 망치다 debris 잔해, 쓰레기 Good thing 주어 + 동사: ~가 …해서 다행이다 swerve (갑자기) 방향을 확 틀다 repair 수리 must have p.p. ~한 것이 틀림없다 cost v. ~만큼의 돈이 들다 file a claim for damages 손해 배상을 청구하다

정답 | (b)

8.

W: I would've never guessed you and Jim were twins!

M: _____

(a) Yeah, we get that a lot.

(b) I know. We're identical!

(c) We both take after our dad.

(d) Right, hence the resemblance.

여: 너랑 짐이 쌍둥이일 거라고 전혀 짐작조차 못했을 거야!

남: _____

(a) 응, 그런 말 많이 들어.

(b) 내 말이, 우린 일란성이거든!

(c) 우린 둘 다 아버지를 닮았어.

(d) 맞아, 그런 이유로 닮은 거야.

해설 | 상대방과 짐이 쌍둥이일 거라고 짐작도 하지 못했을 것이라는 말에 대해 그런 말을 많이 듣는다는 답변으로 흔히 있는 일이라는 뜻을 나타낸 (a)가 정답이다. 의견을 말하는 평서문에 대해, (b)의 I know나 (d)의 Right처럼 동의를 나타내는 말 뒤에 이어지는 내용에 유의해 들어야 한다.

어휘 | would have p.p. ~했을 것이다 get that a lot (앞서 언급된 말에 대해) 그런 말을 많이 듣다 I know (동의의 뜻으로) 내 말이, 그러니까, 맞아 identical 일란성의, 똑같은 take after ~을 닮다 hence 그런 이유로, 그래서 resemblance 닮음, 비슷함

정답 | (a)

9.

M: That pothole in the street could've wrecked my car!

W: _____

(a) Yeah, road debris is really dangerous.

(b) Good thing you swerved out of the way.

(c) Your car repairs must've cost a lot.

10.

W: It's a shame our contract with the new client fell through.

M: _____

(a) Make sure to read it before signing.

(b) Well, let's consider this a learning experience.

(c) I almost thought it wouldn't work out.

(d) Nonsense. You deserve all the credit.

여: 신규 고객과의 계약이 불발로 끝나서 아쉽네요.

남: _____

(a) 서명하기 전에 반드시 읽어 보십시오.

(b) 음, 이번 일을 뭔가 배울 수 있었던 경험으로 여깁시다.

(c) 그 일이 잘 풀리지 않을 줄 알았어요.

(d) 말도 안 돼요. 당신은 모든 공을 인정 받을 만해요.

해설 | 신규 고객과의 계약이 불발로 끝난 사실에 대해 아쉬움을 표현하고 있으므로 그러한 상황을 this로 지칭해 교훈이 되는 경험으로 여기자고 말하는 (b)가 정답이다.

어휘 | It's a shame (that) 주어 + 동사: ~가 …해서 아쉽다, 안됐다 contract 계약(서) fall through 불발로 끝나다, 실패로 끝나다 make sure to do 반드시 ~하다 consider A B: A를 B로 여기다 work out (일이) 잘 풀리다 nonsense (생각, 행동 등) 말도 안 되는 것 deserve ~을 받을 만하다, ~에 대한 자격이 있다 credit 공, 공로

정답 | (b)

Part II

11.

M: Did you enjoy the weekend?
W: Yeah. I went skiing.
M: I thought you were visiting your parents.
W: _____
(a) I saw them on the way back.
(b) I decided to stay at home.
(c) They couldn't find time to visit.
(d) They ended up going skiing without me.

....

남: 주말에 즐거운 시간 보냈어?
여: 응. 스키 타러 갔거든.
남: 부모님을 뵈러 간 줄 알았는데.
여: _____
(a) 돌아오는 길에 뵈었어.
(b) 집에 있기로 결정했어.
(c) 부모님께서 방문하실 시간을 내실 수 없었어.
(d) 부모님께서 결국 나만 빼고 스키 타러 가셨어.

해설 여자가 주말에 스키를 타러 갔다고 말하자, 남자가 부모님을 뵈러 간 줄 알았다고 언급한 상황이므로 parents를 them으로 지칭해 돌아오는 길에 뵈었다고 말한 (a)가 정답이다. (c)와 (d)는 visit, skiing과 같은 단어를 반복해 혼동을 유발할 뿐, 여자가 주말에 한 일과 관련 없는 내용이므로 오답이다.

어휘 on the way back 돌아오는 길에, 돌아가는 길에 decide to do ~하기로 결정하다 find time to do ~할 시간을 내다 end up -ing 결국 ~하게 되다

정답 (a)

12.

W: Can I see Dr. Burke today?
M: I'm afraid his schedule is full.
W: It's an emergency.
M: _____
(a) But Dr. Burke isn't in today.
(b) Perhaps someone else on our staff can see you.
(c) OK. I'll cancel your appointment.
(d) Let me know if anything opens up.

....

여: 오늘 버크 선생님을 뵐 수 있나요?
남: 일정이 꽉 차 있으신 것 같아요.
여: 응급 상황이에요.
남: _____
(a) 하지만 버크 선생님께서 오늘 나오시지 않았어요.
(b) 아마 저희 의료진 중 다른 분께서 봐 주실 수 있을 겁니다.
(c) 알겠습니다. 예약을 취소해 드리겠습니다.
(d) 어느 시간대든 이용 가능해지면 저에게 알려 주세요.

해설 버크 의사 선생님의 일정이 꽉 차 있는 상태에서 응급 상황임을 밝히고 있으므로 그에 대한 조치로 의료진 중 다른 사람이 봐 줄 수 있음을 알리는 (b)가 정답이다. (c)의 경우, OK 뒤에 이어지는 말

이 응급 상황에 대한 조치로 맞지 않으므로 흐름상 어울리지 않는 오답이다.

어휘 I'm afraid (that) (부정적인 일에 대해) ~인 것 같다, 유감이지만 ~이다 emergency 응급 상황, 비상 사태 be in (사무실 등에) 나와 있다, 출근해 있다 appointment 예약, 약속 let A know if: ~인지 A에게 알리다 open up (예약 시간대 등이) 이용 가능해지다, 빈 자리가 나다

정답 (b)

13.

M: I'm disappointed that I failed my audition for the musical.
W: There'll be other opportunities.
M: But I really wanted this role.
W: _____
(a) You could still try out for it.
(b) At least you got the part.
(c) Sometimes you just have to let things go.
(d) Don't doubt yourself during the audition.

....

남: 내가 그 뮤지컬 오디션에서 탈락해서 실망스러워.
여: 다른 기회들도 있을 거야.
남: 하지만 이 역할을 정말 원했단 말이야.
여: _____
(a) 여전히 시도해 볼 수 있을 거야.
(b) 적어도 그 배역은 따냈잖아.
(c) 때로는 그냥 마음을 내려놓는 것도 필요해.
(d) 오디션 중에 스스로에 대해 의구심을 갖진 마.

해설 남자가 오디션에서 탈락한 사실과 해당 역할을 꼭 원했던 점을 말하는 상황이므로 그에 대한 대처 방법으로 마음을 내려놓도록 권하는 (c)가 자연스럽다. (d)는 audition을 언급하여 혼동을 유발하는 선택지로, 남자가 이미 오디션에서 탈락한 상태이므로 대화 흐름에 어울리지 않는 오답이다.

어휘 be disappointed that ~해서 실망하다 fail ~에서 탈락하다, 실패하다 opportunity 기회 try out for ~을 시도해 보다 at least 적어도, 최소한 part 배역, 역할 let things go 마음을 내려놓다, 그냥 내버려 두다 doubt ~을 의심하다, 믿지 않다

정답 (c)

14.

W: Did you tell Julie that I'm pregnant?
M: Yeah. Was I not supposed to?
W: I wanted to tell her myself.
M: _____
(a) Well, she didn't hear it from me.
(b) That's why I kept it a secret.
(c) I didn't mean to be so direct.
(d) Oh, sorry for sharing your news.

....

여: 줄리에게 내가 임신했다고 말했어?
남: 응. 그러면 안 되는 거였어?

여: 내가 직접 말하고 싶었거든.

남: _____

(a) 음, 걔가 날 통해서 듣진 않았어.

(b) 그게 바로 내가 비밀로 한 이유야.

(c) 그렇게 단도직입적일 생각은 아니었어.

(d) 아, 네 소식을 말해서 미안해.

해설 줄리에게 임신 사실을 직접 말하고 싶었다고 알리는 여자에게 그 소식을 알린 것에 대해 사과하는 (d)가 정답이다.

어휘 tell A that: A에게 ~라고 말하다 pregnant 임신한 be supposed to do ~해야 하다, ~하기로 되어 있다, ~할 예정이다 oneself (부사처럼 쓰여) 직접, 스스로 keep A a secret: A를 비밀로 하다 didn't mean to do ~할 생각이 아니었다 direct 단도직입적인, 노골적인 share ~을 남에게 말하다, 공유하다

정답 (d)

15.

M: Stephanie seems cold and standoffish.

W: I thought so too, but she's actually really nice and funny.

M: I never would've guessed.

W: _____

(a) Me neither. She's not easy to get along with.

(b) It seems you and I viewed her differently at first.

(c) We gave her the benefit of the doubt.

(d) You just need to get to know her.

남: 스테파니는 차갑고 쌀쌀맞은 것 같아.

여: 나도 그렇게 생각했는데, 실은 정말로 다정하고 재미있어.

남: 전혀 짐작조차 하지 못했을 거야.

여: _____

(a) 나도 하지 못했어. 걔는 함께 어울리기 쉽지 않아.

(b) 너랑 난 처음에 걔를 다르게 봤던 것 같아.

(c) 우린 걔가 하는 말을 믿어 줬잖아.

(d) 넌 그저 걔를 알게 될 필요가 있어.

해설 여자가 스테파니의 성격이 실제로는 다정하고 재미있다고 언급하자, 남자가 전혀 짐작도 하지 못했다고 말한 상황이므로 스테파니를 알게 될 필요가 있다, 즉 알고 보면 다르다고 말하는 (d)가 정답이다.

어휘 seem + 형용사: ~한 것 같다, ~하게 보이다 standoffish 쌀쌀맞은 actually 실은, 사실은 would have p.p. ~했을 것이다 neither (부정문에 대해) ~도 get along with ~와 어울리다 It seems (that) ~인 것 같다 view ~을 보다, 여기다 at first 처음에 give A the benefit of the doubt: A의 말을 믿어 주다 get to do ~하게 되다

정답 (d)

16.

W: Is the new office messenger system running yet?

M: The computer department said it'd be done by next week.

W: Wasn't it finalized at the end of last month?

M: _____

(a) Apparently, some last-minute issue came up.

(b) Right, but they overestimated the time it'd take.

(c) Yeah, it took more than a month to complete, though.

(d) I'll ask them when it'll be done.

여: 새로운 사무실 메신저 시스템이 운영되고 있죠?

남: 컴퓨터 관리부에서 다음 주까지 될 거라고 했어요.

여: 지난달 말에 마무리된 것 아니었나요?

남: _____

(a) 보아 하니, 마지막 순간에 어떤 문제가 생긴 것 같아요.

(b) 맞아요, 하지만 소요되는 시간을 지나치게 많이 잡았어요.

(c) 네, 하지만 완료하는 데 한 달 넘게 걸렸어요.

(d) 언제 완료되는 건지 물어볼게요.

해설 메신저 시스템이 다음 주에나 된다고 하는 남자의 말에 여자가 이미 마무리된 일이 아닌지 묻고 있으므로, 마지막 순간에 문제가 생겼다는 말로 아직 운영되고 있지 않은 이유를 말하는 (a)가 정답이다.

어휘 run 운영되다, 진행되다 yet (의문문에서) 혹시, 이제, 이미 finalize ~을 마무리 짓다, 완결하다 apparently 보아 하니, 듣자 하니, 분명히 last-minute 마지막 순간의 issue 문제, 사안 come up 나타나다, 생기다 overestimate ~을 지나치게 많이 잡다, 과대평가하다 complete 완료하다 though (문장 중간이나 끝에서) 하지만

정답 (a)

17.

M: Thanks for covering my shifts last week.

W: Don't mention it. I know how sick you were.

M: I can take a few of your shifts whenever you need.

W: _____

(a) Great. I'll keep that in mind.

(b) Thanks. I'll return the favor any time.

(c) No need to respond right away.

(d) Make sure to give me prior notice next time.

남: 지난주에 제 교대 근무를 대신해 주셔서 감사합니다.

여: 별말씀을요. 몸이 얼마나 좋지 않으셨는지 알아요.

남: 언제든 필요하실 때 제가 교대 근무를 몇 번 대신해 드릴게요.

여: _____

(a) 좋아요. 그 말씀 기억해 둘게요.

(b) 고마워요. 언제든 호의에 보답해 드릴게요.

(c) 당장 대답하실 필요는 없어요.

(d) 다음 번엔 반드시 저에게 미리 알려 주세요.

해설 남자가 상대방에 언제든 필요할 때 교대 근무를 대신해 주겠다고 말하고 있으므로 긍정을 뜻하는 Great과 함께 그러한 사실을 that으로 지칭해 기억해 두겠다고 말하는 (a)가 정답이다.

어휘 cover ~을 대신하다 shift 교대 근무(조) Don't mention it (감사 인사에 대해) 별말씀을요, 천만에요 whenever 언제든 ~할 때, ~할 때마다 keep A in mind: A를 기억해 두다, 명심하다 return the favor 보답하다, 은혜를 갚다 **any time** 언제든 **respond** 대답하다, 반응하다 **right away** 당장, 즉시 **make sure to do** 반드시 ~하다 **give A prior notice**: A에게 미리 알리다, 사전 통보하다

정답   (a)

18.

W: Did you hear Jacob's getting married?
M: Yeah, I was completely shocked.
W: Same here! He always said he wasn't the type to settle down.
M: _____

(a) Well, there's no need to rush him into things.
(b) I had no idea that he really meant it, though.
(c) He'll come around once he meets the right person.
(d) Maybe getting a bit older changed all that.

....

여: 제이콥이 결혼한다는 얘기 들었어?
남: 응, 완전히 충격 받았어.
여: 나도 마찬가지야! 그는 항상 자신이 정착할 타입이 아니라고 말했잖아.
남: _____

(a) 음, 그를 다급하게 보챌 필요는 없어.
(b) 하지만, 그가 정말 그럴 생각인 건지 잘 모르겠어.
(c) 제 짝을 만나기만 하면 정신 차리게 될 거야.
(d) 아마 좀 더 나이가 들면서 그 모든 게 바뀌었나 보지.

해설   제이콥이 과거에 스스로 항상 정착할 타입이 아니라고 말했는데 결혼을 한다는 사실이 놀랍다는 대화 내용이다. 이에 대해 나이가 들어 변한 것이라는 말에 해당되는 (d)가 정답이다. (c)의 경우, meets the right person이라는 말이 앞서 여자가 언급한 getting married와 연관성 있게 들리지만, 결혼이라는 변화를 택한 계기와 관련된 대화 흐름에 맞지 않는 내용이므로 오답이다.

어휘   **get married** 결혼하다 **completely** 완전히, 전적으로 **type** (사람의) 타입, 유형, 종류 **settle down** 정착하다 **rush A into things**: A를 다급하게 보내다 **have no idea that** ~인지 잘 모르겠다 **though** (문장 중간이나 끝에서) 하지만 **come around** 정신 차리다, 제정신으로 돌아오다 **once** ~하기만 하면, ~하는 대로 **get + 형용사**: ~한 상태가 되다 **a bit** 조금, 약간

정답   (d)

19.

M: Jane! Nice to see you here at the class reunion.
W: You too! It's been years since we last met.
M: I know, probably about a decade!
W: _____

(a) Really? I thought we met sooner than that.
(b) Surely it hasn't been that long!
(c) Well, let's try to catch up before then.
(d) I guess we have known each other nearly 10 years.

....

남: 제인! 이렇게 동창회에서 만나다니 반갑다.

여: 나도 반가워! 마지막으로 만난 후로 너무 오랜만이야.
남: 내 말이, 아마 대략 10년은 된 것 같아!
여: _____

(a) 정말? 난 우리가 그것보다 더 빨리 만난 줄 알았는데.
(b) 분명히 그 정도로 오래 되진 않았어!
(c) 음, 그 전에 그동안 못한 얘기 좀 하도록 해 보자.
(d) 우리가 거의 10년 동안 서로 알고 지낸 것 같아.

해설   마지막으로 만난 지 10년은 된 것 같다고 말하는 남자에게 a decade를 that long으로 지칭해 그 정도로 오래 되지는 않았다는 의미를 나타낸 (b)가 정답이다. (a)는 과거의 발생 시점을 나타내는 것이므로 기간을 언급하는 남자의 마지막 말에 대한 반응으로 맞지 않다.

어휘   **class reunion** 동창회 **since** ~한 후로 **about** 약, 대략 **decade** 10년 **that** ad. 그 정도로, 그렇게 **try to do** ~하려 하다 **catch up** 그동안 못한 얘기를 하다 **then** 그때, 그럼, 그렇다면, 그런 다음 **nearly** 거의

정답   (b)

20.

W: You do translation work, right?
M: From time to time. Why?
W: Do you always stick close to the original wording?
M: _____

(a) I just use my best discretion.
(b) It's always better in your native language.
(c) That depends on the translator's preferences.
(d) Only when I don't understand the meaning.

....

여: 번역 일 하고 있는 거 맞지?
남: 이따금씩. 왜?
여: 항상 원래의 말에 가깝게 의미를 유지해?
남: _____

(a) 난 그냥 최대한 내 재량으로 판단하고 있어.
(b) 자국어일 때가 항상 더 나아.
(c) 그건 번역자의 선호도에 달려 있어.
(d) 오직 의미를 이해하지 못하는 경우에만.

해설   번역을 할 때 원래의 말에 가깝게 의미를 유지하는지 묻는 여자에게, 최대한 자신의 재량대로 판단한다는 말로 경우에 따라 다를 수 있음을 뜻하는 (a)가 정답이다. (c)의 경우, 답변자인 남자 자신의 처리 방식을 말하는 내용이 아니라 일반적인 번역가들에 대한 내용이므로 남자의 번역 방식에 대해 묻는 질문의 의도에서 벗어난 오답이다.

어휘   **translation** 번역 **from time to time** 이따금씩, 가끔 **stick to** (바꾸지 않고) ~을 유지하다, 고수하다 **close** ad. 가깝게, 밀접하여 **original** 원래의, 애초의 **wording** 말, 표현, 문구 **use one's discretion** ~의 재량으로 판단하다, 분별력을 발휘하다 **native language** 자국어, 모국어 **depend on** ~에 달려 있다, ~에 따라 다르다 **preference** 선호(도)

정답   (a)

Part III

21.

Listen to a conversation between two friends.

M: Happy belated birthday! How was it?
W: Great! I had dinner with my boyfriend.
M: That's nice. Did you go to a fancy restaurant?
W: Yes, that new French place on Third Avenue.
M: Oh, you mean Bistro Julien?
W: Right. And we followed it up with a late-night movie.

Q: What is the main topic of the conversation?
(a) The woman's plans for her birthday
(b) The woman's boyfriend's birthday
(c) The woman's favorite restaurant
(d) The woman's birthday celebration

남: 늦었지만 생일 축하해! 어떻게 보냈어?
여: 아주 좋았어! 남자친구랑 저녁 식사를 했거든.
남: 좋았겠다. 비싼 레스토랑에 갔어?
여: 응, 3번가에 새로 생긴 프랑스 식당에.
남: 아, 비스트로 줄리앙 말하는 거야?
여: 맞아. 그리고 그 후엔 심야 영화를 보러 갔어.

Q: 대화의 주제는 무엇인가?
(a) 여자의 생일 계획
(b) 여자의 남자친구 생일
(c) 여자가 가장 좋아하는 레스토랑
(d) 여자의 생일 축하 파티

해설 대화를 시작하면서 남자가 여자에게 늦은 생일 축하 인사를 전하며 어떻게 보냈는지 물은 뒤로, 여자가 생일을 기념하기 위해 한 일을 말하는 것으로 대화가 진행되고 있다. 여자의 생일 축하 파티가 주된 내용이므로 (d)가 정답이다.

어휘 belated 뒤늦은 fancy a. 비싼, 고급의 follow A up with B: A의 뒤를 이어 B를 하다 favorite 가장 좋아하는 celebration 축하 행사, 기념 행사

정답 (d)

22.

Listen to a conversation between two friends.

W: I heard you're thinking about buying a car.
M: Yeah. I'm debating between used and new.
W: New cars are rarely worth the cost. They depreciate so quickly.
M: But they have the latest safety features.
W: These days, most pre-owned cars are quite safe and reliable, too.
M: I guess you have a point.

Q: What is the woman mainly trying to convince the man to do?
(a) Compare the benefits of new and used cars
(b) Purchase a used car instead of a new one
(c) Choose a safe and reliable car
(d) Avoid overpaying for extra features

여: 자동차를 한 대 구입할 생각이라고 들었어.
남: 응. 중고차랑 새 차 사이에서 고민 중이야.
여: 새 차는 좀처럼 비용만큼의 가치를 하지 못해. 가치가 아주 빨리 떨어지거든.
남: 하지만 최신 안전 기능들이 있잖아.
여: 요즘은, 대부분의 중고차도 꽤 안전하고 믿을 만해.
남: 네 말도 일리 있는 것 같아.

Q: 여자는 남자에게 주로 무엇을 하도록 설득하려 하는가?
(a) 새 차와 중고차의 이점들을 비교해 보는 일
(b) 새 차 대신 중고차를 구입하는 일
(c) 안전하고 믿을 만한 차를 선택하는 일
(d) 별도의 기능에 과다 지출하는 것을 피하는 일

해설 여자가 새 차의 가치가 빨리 떨어진다는 사실과(New cars are rarely worth the cost. They depreciate so quickly) 중고차도 꽤 안전하고 믿을 만하다는(most pre-owned cars are quite safe and reliable, too) 의견을 제시하고 있다. 이는 중고차를 구입하도록 설득하는 것이므로 (b)가 정답이다.

어휘 debate 곰곰이 생각하다, 숙고하다 between A and B: A와 B 사이에서 used 중고의 rarely 좀처럼 ~ 않다 worth the + 명사: ~의 가치가 있는 depreciate 가치가 떨어지다 latest 최신의 feature 기능, 특징 pre-owned 중고의, 다른 사람이 소유했던 quite 꽤, 상당히 reliable 믿을 만한 have a point 일리가 있다 convince A to do: ~하도록 A를 설득하다 compare ~을 비교하다 benefit 이점, 혜택 instead of ~ 대신 choose ~을 선택하다 avoid -ing ~하는 것을 피하다 overpay 과다 지출하다, 초과 지불하다 extra 별도의, 추가의

정답 (b)

23.

Listen to a conversation between two employees.

M: Why didn't you tell me the meeting was rescheduled?
W: I did. I sent out an email to all office staff yesterday.
M: I checked my inbox three times, but there wasn't anything from you.
W: Oh no! I must've left you off the recipient list.
M: You made me seem so irresponsible.
W: I'm so sorry! I'll tell the boss what happened.

Q: What is the woman mainly apologizing for?
(a) Embarrassing the man in a meeting
(b) Neglecting to reply to the man's email

(c) Sending an email to the man by accident

(d) Failing to inform the man of a schedule change

남: 회의 일정이 재조정되었다는 얘기를 왜 해주지 않으셨나요?

여: 했어요. 어제 사무실 내 모든 직원에게 이메일을 보냈습니다.

남: 제가 수신함을 세 번이나 확인해 봤는데, 보내 주신 게 아무 것도 없었어요.

여: 아, 이런! 제가 수신자 목록에서 빠트린 게 틀림없어요.

남: 저를 아주 무책임한 사람처럼 보이게 만드셨어요.

여: 정말 죄송해요! 부장님께 어떻게 된 일인지 말씀 드릴게요.

Q: 여자는 주로 무엇에 대해 사과하고 있는가?

(a) 회의에서 남자를 난처하게 만든 일

(b) 남자의 이메일에 답변하는 것을 잊은 일

(c) 실수로 남자에게 이메일을 보낸 일

(d) 남자에게 일정 변경을 알리지 못한 일

해설　남자가 회의 일정이 재조정된 얘기를 왜 하지 않았는지(Why didn't you tell me the meeting was rescheduled?) 물은 것과 관련해, 여자가 이메일 수신자 목록에서 빠트렸다고(Oh no! I must've left you off the recipient list) 말하고 있다. 결과적으로 남자에게 일정 변경 사실을 알리지 못한 것이므로 (d)가 정답이다.

어휘　reschedule ~의 일정을 재조정하다 inbox 수신함 must have p.p. ~한 게 틀림없다 leave A off B: A를 B에서 빠트리다, 제외하다 recipient 수신자, 수령인 make A do: A를 ~하게 만들다 seem + 형용사: ~한 것처럼 보이다 irresponsible 무책임한 apologize for ~에 대해 사과하다 embarrass ~을 난처하게 만들다 neglect to do (해야 할 일) 하지 않다, ~해야 하는 것을 잊어버리다 reply to ~에 답변하다 by accident 실수로 fail to do ~하지 못하다 inform A of B: A에게 B를 알리다

정답　(d)

24.

Listen to a conversation between two friends.

W: I regret moving into my apartment downtown.

M: What's wrong? You told me it was a great find.

W: Well, **the neighbors always leave their trash outside their door.**

M: You should get the building manager to talk to them.

W: I have. But they still don't follow the garbage disposal policy.

M: That's annoying.

Q: What does the woman dislike about her new apartment?

(a) The inconsiderate neighbors

(b) The uncooperative building manager

(c) The long distance from downtown

(d) The inconvenient garbage disposal policy

여: 시내에 있는 아파트로 이사한 게 후회돼.

남: 무슨 일 있어? 나한테 아주 대단한 발견이라고 했잖아.

여: 그게, 이웃집 사람들이 항상 자기들 집 문 밖에 쓰레기를 내놔.

남: 건물 관리 책임자에게 그 사람들이랑 얘기해 보라고 해 봐.

여: 그렇게 했지. 근데 사람들이 여전히 쓰레기 처리 방침을 따르지 않고 있어.

남: 짜증나겠다.

Q: 여자는 새 아파트와 관련해 무엇이 마음에 들지 않는가?

(a) 배려심 없는 이웃집 사람들

(b) 비협조적인 건물 관리 책임자

(c) 시내에서 멀리 떨어진 거리

(d) 불편한 쓰레기 처리 방침

해설　대화 중반부에 여자가 이웃집 사람들이 각자의 집 문 밖에 쓰레기를 내놓는다는(the neighbors always leave their trash outside their door) 문제점을 언급하고 있는데, 이는 이웃집 사람들이 다른 이들을 배려하지 않는 행동에 해당되므로 (a)가 정답이다.

어휘　regret -ing ~한 것을 후회하다 find n. 발견(물) leave ~을 놓다, 두다 get A to do: A에게 ~하게 하다 follow ~을 따르다, 준수하다 disposal 처리, 처분 policy 방침, 정책 annoying 짜증나게 하는 inconsiderate 배려심 없는 uncooperative 비협조적인 inconvenient 불편한

정답　(a)

Paraphrase　the neighbors always leave their trash outside their door → The inconsiderate neighbors

25.

Listen to a conversation between a husband and wife.

M: Honey, what time are you getting off work tonight?

W: I have a meeting that should run until about 5:30. Why?

M: Could you pick John up from the airport?

W: Sure. **His flight gets in at 7 o'clock, right?**

M: Actually, **it was delayed half an hour.**

W: So he probably won't clear customs until about 8. I'll be there!

Q: What time is John's flight now scheduled to arrive?

(a) 5:30 p.m.

(b) 7:00 p.m.

(c) 7:30 p.m.

(d) 8:00 p.m.

남: 여보, 오늘 밤에 몇 시에 퇴근해요?

여: 약 5시 30분까지 진행되는 회의가 하나 있어요. 왜요?

남: 공항에서 존을 데려와 줄 수 있어요?

여: 그럼요. 비행기가 7시에 도착하는 게 맞죠?

남: 실은, 30분 지연되었어요.

여: 그럼 아마 대략 8시나 되어야 세관을 통과하겠네요. 내가 거기 가 있을게요!

Q: 현재 존의 비행기는 몇 시에 도착할 예정인가?
(a) 오후 5시 30분
(b) 오후 7시
(c) 오후 7시 30분
(d) 오후 8시

해설 대화 중반부에 여자가 존의 비행기가 7시에 도착하는지(His flight gets in at 7 o'clock, right?) 묻자, 남자가 30분 지연되었다고(it was delayed half an hour) 알리고 있다. 따라서 7시 30분이 도착 시간임을 알 수 있으므로 (c)가 정답이다.

어휘 get off work 퇴근하다 run 진행되다 about 약, 대략 pick up ~을 데려오다, 데리러 가다 get in 도착하다 delayed 지연된, 지체된 not A until B: B나 되어야 A하다 clear customs 세관을 통과하다 be scheduled to do ~할 예정이다

정답 (c)

26.

Listen to a couple discussing their plans.

W: Are we still on for tomorrow?
M: Sure, but can we make it dinner instead of brunch?
W: No problem. Did something come up?
M: It's just that I'll probably get home way past midnight tonight.
W: Are you still working overtime on that project?
M: We actually finished yesterday, so my coworkers and I are celebrating tonight.

Q: Why does the man want to reschedule the date?
(a) He has to work late on a project.
(b) He will be eating dinner with coworkers tomorrow.
(c) He has a work event tomorrow morning.
(d) He will be staying out late the night before.

여: 여전히 내일 만나는 거 맞지?
남: 물론이지, 근데 브런치 대신 저녁 식사로 해도 돼?
여: 괜찮아. 무슨 일이라도 생겼어?
남: 아마 오늘 밤에 자정을 한참 지나서 집에 도착할 것 같아서 그래.
여: 여전히 그 프로젝트 때문에 야근하는 거야?
남: 사실 어제 끝마쳐서, 오늘 밤에 동료 직원들과 기념 파티를 하거든.

Q: 남자는 왜 데이트 일정을 재조정하기를 원하는가?
(a) 프로젝트 때문에 늦게까지 일해야 한다.
(b) 내일 동료 직원들과 저녁 식사를 할 예정이다.
(c) 내일 아침에 일과 관련된 행사가 있다.
(d) 전날 밤에 늦게까지 밖에 있을 예정이다.

해설 데이트 일정을 변경하는 것과 관련해, 대화 중반부에 남자가 오늘 밤에 자정을 한참 지나서 집에 도착할 것 같다고(I'll probably get home way past midnight tonight) 알리고 있다. 이는 늦게까지 밖에 있을 예정임을 말하는 것이므로 (d)가 정답이다. 대화 마지막 부분에 프로젝트 종료 기념 파티를 한다고 했으므로 (a)는 오답이다.

어휘 Are we still on? (약속한 것에 대해) 여전히 만나는 거 맞지?, 여전히 유효하지? make A B: A를 B로 만들다, A를 B가 되게 하다 instead of ~ 대신에 come up 일어나다, 생겨나다 get home 집에 가다다 way (뒤에 오는 전치사구나 부사의 의미를 강조하여) 한참, 아주, 훨씬 past ~을 지나 work overtime 야근하다, 초과 근무하다 coworker 동료 (직원) celebrate 기념하다, 축하하다 reschedule 일정을 재조정하다 stay out late 늦게까지 밖에 있다

정답 (d)

Paraphrase get home way past midnight tonight
→ staying out late the night before

27.

Listen to a couple discussing a potential nanny.

M: I think the last interviewee was the best of all.
W: She seems passionate about working with children, but I still have doubts.
M: Why? She has plenty of relevant experience.
W: But the way she described her previous jobs was off-putting.
M: Changing jobs every few years is common for nannies.
W: Right, but **she kept complaining about the parents that she'd worked for.**

Q: What does the woman dislike about the interviewee?
(a) She has limited experience in the field.
(b) She spoke negatively of her previous employers.
(c) She has a history of switching jobs too frequently.
(d) She showed a lack of enthusiasm for the job.

남: 난 마지막 면접 참가자가 가장 좋았던 것 같아.
여: 그분이 아이들과 함께 하는 일에 대해 열정적인 듯하긴 한데, 난 여전히 의구심이 들어.
남: 왜? 관련 경험도 많은 분인데.
여: 하지만 이전의 일자리들을 설명한 방식이 마음에 들지 않았어.
남: 몇 년마다 한 번씩 일자리를 바꾸는 건 보모들에겐 흔해.
여: 맞아, 하지만 일을 해 준 부모들에 관해 계속 불평을 늘어 놨잖아.

Q: 여자는 해당 면접 대상자에 대해 무엇이 마음에 들지 않는가?
(a) 해당 분야에서 제한된 경험을 지니고 있다.
(b) 이전의 고용주들에 대해 부정적으로 말했다.
(c) 일자리를 너무 자주 바꾼 전력이 있다.
(d) 해당 일자리에 대해 열의 부족 문제를 드러냈다.

해설 대화 마지막에 여자가, 면접자가 과거에 일을 해 준 부모들에 관해 계속 불평했다고(she kept complaining about the parents that she'd worked for) 말하는데, 이는 보모의 입장에서 고용주들에 관해 부정적으로 말한 것에 해당되므로 (b)가 정답이다.

어휘 interviewee 면접 대상자 seem + 형용사: ~한 것 같다 passionate 열정적인 have doubts 의문이 있다, 의구심이 들다 plenty of 많은 relevant 관련된 the way 주어 + 동사: ~가 …하는 방식 describe ~을 설명하다 previous 이전의, 과거의 off-putting 마음에 들지 않는, 정이 가지 않는 common 흔한 nanny 보모 keep -ing 계속 ~하다 complain about ~에 대해 불평하다 limited 제한된 field 분야 negatively 부정적으로 frequently 자주, 빈번히 lack 부족 enthusiasm 열의, 열정

정답 (b)

Paraphrase kept complaining about the parents that she'd worked for → spoke negatively of her previous employers

28.

Listen to a conversation between two colleagues.

W: Have you accepted the job at the new overseas office?
M: I'm holding out for better terms.
W: Have they offered to provide accommodations?
M: Yes, **plus a pair of round-trip flights annually.**
W: So what's the sticking point?
M: I want subsidized education for my children.

Q: Which is correct about the man?
(a) He took the company's offer to work overseas.
(b) He will have to cover his own accommodations.
(c) His benefits include two round-trip flights per year.
(d) He was offered an education allowance for his children.

여: 새 해외 지사 일자리를 받아들이셨어요?
남: 더 나은 조건을 요구하는 중이에요.
여: 회사 측에서 숙소를 제공해 주겠다고 제안했나요?
남: 네, 그리고 해마다 2장의 왕복 항공권도요.
여: 그럼 뭐가 걸림돌인 거죠?
남: 저는 아이들을 위한 교육 보조금 지급을 원해요.

Q: 남자와 관련해 무엇이 옳은 내용인가?
(a) 회사의 해외 근무 제안을 받아들였다.
(b) 자신의 숙소 비용을 충당해야 할 것이다.
(c) 혜택으로 연간 2장의 왕복 항공권이 포함되어 있다.
(d) 아이들을 위한 교육 수당을 제안 받았다.

해설 남자가 새 일자리에 대해 숙소와 함께 해마다 2장의 왕복 항공권도 포함되어 있다는(plus a pair of round-trip flights annually) 사실을 밝히고 있으므로 (c)가 정답이다. 대화 후반부에서 아이들을 위한 교육 보조금 지급을 원한다는 점을 말할 뿐, 그러한 혜택을 제안 받았는지는 알 수 없으므로 (d)는 오답이다.

어휘 accept ~을 수용하다, 받아들이다 overseas a. 해외의 ad. 해외로, 해외에서 hold out for (합의를 지연하면서) ~을 요구하다 term 조

건, 조항 offer (A B) (A에게 B를) 제안하다, 제공하다 provide ~을 제공하다 accommodations 숙소 round-trip 왕복 여행의 annually 해마다, 연례적으로 sticking point 걸림돌, 난제 subsidized education 교육 수당, 교육 보조금 cf. subsidize ~에게 보조금을 지급하다 cover (비용 등) ~을 충당하다, 포함하다 benefit 혜택, 이득 include ~을 포함하다 allowance 수당

정답 (c)

Paraphrase a pair of round-trip flights annually
→ two round-trip flights per year

29.

Listen to a conversation at a bus terminal.

M: Hi, I need a ticket to Boston.
W: OK, that'll be $45, please.
M: I thought the fare was $30.
W: Only during nonpeak times.
M: Then **when are peak hours over?**
W: 7 p.m. There's a bus leaving then, if you'd like to wait.
M: That's too long to wait, I'm afraid.

Q: What will the man most likely do?
(a) Travel during peak hours
(b) Take the 7 p.m. bus
(c) Purchase a ticket for the next day
(d) Cancel his trip to Boston

남: 안녕하세요, 보스턴으로 가는 표 한 장 주세요.
여: 네, 45달러입니다.
남: 요금이 30달러인 줄 알았는데요.
여: 붐비지 않는 시간대에만 그렇습니다.
남: 그럼 언제 혼잡 시간대가 끝나죠?
여: 오후 7시요. 기다리셔도 되면, 그때 출발하는 버스가 한 대 있어요.
남: 기다리기엔 너무 오래 걸리는 것 같네요.

Q: 남자는 무엇을 할 것 같은가?
(a) 혼잡 시간대에 이동하는 일
(b) 오후 7시 버스를 타는 일
(c) 다음 날로 표를 구입하는 일
(d) 보스턴 여행을 취소하는 일

해설 남자가 혼잡 시간대가 끝나는 시점을 묻자(when are peak hours over?), 여자가 7시라고 대답하고, 이에 대해 기다리기엔 너무 오래 걸리는 것 같다고(That's too long to wait) 말한다. 이는 그냥 혼잡 시간대에 속하는 버스를 타겠다는 뜻이므로 (a)가 정답이다.

어휘 fare (교통) 요금 nonpeak 붐비지 않는, 비수기의 peak hours 혼잡 시간대 over 끝난 leave 출발하다, 떠나다 too 형용사 to do ~하기엔 너무 …한 I'm afraid (부정적인 문장 끝에 덧붙여) ~인 것 같아요 travel 이동하다 take (교통편) ~을 타다, 이용하다

정답 (a)

30.

Listen to two people discussing a graffiti artist.

W: Skullbone's been nominated for the Gold Award.
M: Yeah. But he shouldn't accept it if he wins.
W: Right. He's always criticized awards as overly commercialized.
M: Exactly. **Accepting one would contradict his art's message.**
W: And he'd definitely lose respect from his fans.
M: Let's hope he stays true to his anti-establishment roots.

Q: What can be inferred about Skullbone from the conversation?
(a) He is generally considered unworthy of the award.
(b) His art was previously nominated for a Gold Award.
(c) His acceptance of the award would be seen as hypocritical.
(d) He is often criticized for self-promotion in his work.

여: 스컬본이 골드 어워드 후보로 지명되었어.
남: 응. 하지만 상을 탄다 하더라도 받지 말아야 해.
여: 맞아. 그는 항상 모든 상이 지나치게 상업화되었다고 비난해 왔으니까.
남: 그러니까. 상을 받는다면 자신의 예술 작품에 담긴 메시지와 모순될 거야.
여: 그리고 분명 팬들의 존경심도 잃게 될 거고.
남: 그가 자신의 반체제적인 뿌리를 충실히 지키기를 빌어 보자.

Q: 대화에서 스컬본에 관해 무엇을 유추할 수 있는가?
(a) 일반적으로 상을 받을 자격이 없는 것으로 여겨진다.
(b) 그의 예술 작품이 이전에 골드 어워드 한 부문의 후보로 지명되었다.
(c) 그의 수상은 위선적인 일로 여겨지게 될 것이다.
(d) 작품 속의 자기 홍보로 자주 비난 받고 있다.

해설   대화 중반부에서 남자가 스컬본이 상을 받는다면 자신의 예술 작품에 담긴 메시지와 모순될 거라고(Accepting one would contradict his art's message) 말하는 부분이 있는데, 이는 말과 행동이 다른 것, 즉 위선적인 일로 여겨지는 것에 해당되므로 (c)가 정답이다.

어휘   nominate A for B: A를 B에 대한 후보로 지명하다 accept ~을 수용하다, 받아들이다 criticize ~을 비난하다 overly 지나치게, 과도하게 commercialize ~을 상업화하다 contradict ~와 모순되다 definitely 분명히, 확실히 lose respect 존경심을 잃다 stay true to ~을 충실히 지키다 anti-establishment 반체제적인 root 뿌리, 근원, 근본 generally 일반적으로, 보통 be considered + 형용사: ~하다고 여겨지다 unworthy 자격이 없는, 가치가 없는 previously 이전에, 과거에 acceptance 수용, 수락 be seen as ~한 것으로 여겨지다, 보여지다 hypocritical 위선적인 self-promotion 자기 홍보 work 작품, 작업(물)

정답   (c)

Paraphrase contradict his art's message → hypocritical

Part IV
31.

In today's top stories, **nine men were pulled from the Pine River after their racing boat flipped over in choppy waters.** They were found by police patrolling the river near Wesley Airport and brought to shore immediately. **The rowers, who are part of the Riverside Community Rowing Club,** had been practicing for an upcoming regional boat race when their boat suddenly capsized.

Q: What is the report mainly about?
(a) The evacuation of an overturned ship
(b) An accident during a boat race
(c) A boat collision on Pine River
(d) The rescue of rowers from a river

오늘의 주요 뉴스입니다. 물살이 거칠게 일렁이는 강물에서 경주 보트가 전복된 사고 끝에 아홉 명의 남성이 파인 강에서 구조되었습니다. 이들은 웨슬리 공항 근처에 위치한 이 강을 순찰하던 경찰에 의해 발견되어 즉시 강변으로 끌어 올려졌습니다. 이들은 리버사이드 지역 조정 동호회 소속의 조정 선수들로, 갑자기 보트가 전복되었을 때 그들은 다가오는 지역 보트 경주에 대비해 연습하던 중이었습니다.

Q: 보도는 주로 무엇에 관한 것인가?
(a) 전복된 선박으로부터의 대피
(b) 보트 경주 중에 발생된 사고
(c) 파인 강에서 발생된 보트 충돌
(d) 강에 빠진 조정 선수들에 대한 구조

해설   담화 시작 부분에 경주 보트가 전복된 사고 끝에 아홉 명의 남성이 파인 강에서 구조된 사실을(nine men were pulled from the Pine River after their racing boat flipped over in choppy waters) 알리고 있고, 후반부에는 이들이 조정 선수들이라고(The rowers, who are part of the Riverside Community Rowing Club) 언급하고 있다. 조정 선수들에 대한 구조가 주된 내용이므로 (d)가 정답이다.

어휘   pull ~을 끌어당기다, 잡아당기다 flip over 전복되다, 뒤집히다 choppy 물살이 거칠게 일렁이는 patrol ~을 순찰하다 shore 강변, 해변 immediately 즉시 rower 조정 선수, 노 젓는 사람 practice 연습하다 upcoming 다가오는, 곧 있을 regional 지역의 suddenly 갑자기 capsize (배가) 전복되다 evacuation 대피, 탈출 overturned 전복된 collision 충돌 rescue 구조, 구출

정답   (d)

32.

Class, can you guess why turtles evolved to have shells? For protection, right? Well, not exactly, at least not initially. If you study the fossils of early proto-turtles, you'll notice the broadening and partial fusing of the ribs. This was one of the first major changes toward a shell. But such changes would have compromised the turtles' ability to breathe and move. In other words, they would actually have made turtles more vulnerable to predators.

Q: What is the speaker mainly saying about turtles' shells?

(a) They explain the slow movement of turtles.
(b) **They did not develop as a means of protection.**
(c) They limited the rate at which turtles evolved.
(d) They hinder some of the turtles' basic functions.

학생 여러분, 거북이가 등껍질을 갖도록 진화하게 된 이유가 무엇인지 추측이 되시나요? 자기 방어용일까요? 음, 꼭 그렇진 않은데, 적어도 처음에는 안 그랬습니다. 초기 거북이 조상들의 화석을 연구해 보면, 갈비뼈의 확장 및 부분적인 결합 상태를 알아보게 될 것입니다. 이것이 처음에 등껍질로 바뀌는 주요 변화들 중의 한 가지였습니다. 하지만 이러한 변화들은 거북이의 호흡 및 이동 능력을 떨어뜨렸을 것입니다. 다시 말해서, 실제로는 거북이를 포식자들에게 더 취약한 상태로 만들었을 것입니다.

Q: 화자는 거북이의 등껍질에 관해 주로 무슨 말을 하는가?
(a) 거북이가 느린 움직임을 보이는 이유이다.
(b) **보호 수단으로 발달하지 않았다.**
(c) 거북이가 진화한 속도를 제한했다.
(d) 거북이의 몇몇 기본적인 기능을 저해한다.

해설 거북이가 등껍질을 갖게 된 변화와 관련해, 이 변화가 '보호'를 위한 것이라고 추측하기 쉽지만, 실은 등껍질이 거북이의 호흡 및 이동 능력을 떨어뜨려 포식자들에게 더 취약한 상태로 만들었을 것이라고(such changes would have compromised the turtles' ability to breathe and move. ~ have made turtles more vulnerable to predators) 언급하고 있다. 이는 등껍질이 보호 수단으로 발달된 것이 아니라는 뜻이므로 (b)가 정답이다.

어휘 evolve 진화하다, 발전하다 shell 껍질 protection 보호 not exactly 꼭 그런 것은 아닌 at least 적어도, 최소한 initially 처음에 fossil 화석 proto 조상의, 원형의, 최초의 notice ~을 알아차리다, 인식하다 broadening 확장, 확대 partial 부분적인 fusing 결합, 융합 would have p.p. ~했을 것이다 compromise (능력, 가치 등) ~을 떨어뜨리다, 위태롭게 하다 ability to do ~할 수 있는 능력 breathe 호흡하다 in other words 다시 말해서 actually 실제로는, 사실은 make A 형용사: A를 ~한 상태로 만들다 vulnerable to ~에 취약한 predator 포식자 explain ~에 대한 이유가 되다, ~을 설명하다 develop 발달하다 means n. 수단 limit ~을 제한하다 rate 속도, 비율, 등급, 요금 hinder ~을 저해하다 function 기능, 역할

정답 (b)

33.

Welcome to today's staff meeting. As you all know, our restaurant has seen mixed results over the past year. Our domestic locations generated an overall revenue increase of 10%. However, sales were down an astounding 21% at our international branches. As a result, we shut down two of our five international branches and opened three new domestic locations. Going forward, we'll be directing our investments primarily to this more profitable area and forgoing international expansion.

Q: Which is correct about the restaurant?

(a) Its domestic branches performed worse than its international ones.
(b) Its total revenue dropped 21% last year.
(c) It shut down five international branches.
(d) **It plans to focus more on its domestic market.**

오늘 직원 회의에 오신 것을 환영합니다. 여러분 모두 아시다시피, 우리 레스토랑은 지난 한 해 동안에 걸쳐 여러 뒤섞인 결과물들을 보아왔습니다. 국내 지점들은 10퍼센트의 전체 수익 증가를 발생시켰습니다. 하지만, 해외 지점에서는 매출이 21퍼센트라는 몹시 놀라운 비율로 하락했습니다. 그 결과, 우리는 다섯 곳의 해외 지점들 중 두 곳을 닫았고, 세 곳의 신규 국내 지점을 열었습니다. 앞으로 계속해서, 우리는 주로 이렇게 수익성이 더 높은 부문으로 투자금을 돌리고 해외 확장을 포기할 예정입니다.

Q: 해당 레스토랑에 관해 무엇이 옳은 내용인가?
(a) 국내 지점들이 해외 지점들보다 더 좋지 못한 성과를 냈다.
(b) 총 수익이 작년에 21퍼센트 감소했다.
(c) 다섯 곳의 해외 지점을 닫았다.
(d) **국내 시장에 더 많이 초점을 맞출 계획이다.**

해설 담화 후반부에 다섯 곳의 해외 지점들 중 두 곳을 닫고 세 곳의 신규 국내 지점을 연 사실과 함께 앞으로 수익성이 높은 쪽으로 투자하겠다는(we shut down two of our five international branches and opened three new domestic locations. ~ we'll be directing our investments primarily to this more profitable area ~) 계획을 밝히고 있다. 이는 국내 시장에 집중하겠다는 뜻이므로 (d)가 정답이다.

어휘 mixed 뒤섞인, 엇갈린 result 결과(물) domestic 국내의 location 지점, 위치 generate ~을 발생시키다 overall 전체의, 전반적인 revenue 수익, 수입 increase 증가, 인상 sales 매출, 판매(량) astounding 몹시 놀라운 branch 지점, 지사 as a result 그 결과 shut down ~을 닫다, 폐쇄하다 going forward 앞으로 계속해서 direct A to B: (방향 등) A를 B로 돌리다, 향하게 하다 investment 투자(금) primarily 주로 profitable 수익성이 있는 forgo ~을 포기하다 expansion 확장, 확대 perform 성과를 내다 plan to do ~할 계획이다 focus on ~에 초점을 맞추다, 집중하다

정답 (d)

34.

Now for local news. Starting October 1st, drivers who frequent downtown Mainsburg can expect to pay more for street parking. Rates will go up from $1 an hour to $1.25 an hour. Parking enforcement will also run longer. **Currently, drivers have to pay from 8 a.m. to 6 p.m. Monday to Saturday. With the new changes, however, they will be required to feed the meter from 8 a.m. until 10 p.m.,** but the current two-hour parking limit will not apply after 6 p.m. Metered parking spots will remain free on Sundays and holidays.

Q: What parking meter change can drivers expect starting October 1st?

(a) A two-hour parking limit after 6 p.m.

(b) Charged parking until 10 p.m. Monday through Saturday

(c) Free parking on weekends and holidays

(d) A dollar increase to the previous hourly rate

지역 뉴스입니다. 10월 1일부터, 메인즈버그 시내를 자주 오가는 운전자들은 거리 주차에 더 많은 요금을 지불할 것으로 예상할 수 있습니다. 요금은 시간당 1달러에서 시간당 1.25달러로 인상될 것입니다. 불법 주차 단속 또한 더 오래 운영됩니다. 현재, 운전자들은 월요일부터 토요일, 오전 8시에서 오후 6시까지 요금을 내야 합니다. 그러나, 새로운 변화로 인해, 오전 8시부터 오후 10시까지 미터기에 요금을 지불해야 하지만, 현재의 2시간 주차 제한이 오후 6시 이후에는 적용되지 않을 것입니다. 미터기가 장착된 주차 공간은 매주 일요일과 공휴일에는 무료로 유지될 것입니다.

Q: 운전자들은 10월 1일부터 주차 미터기와 관련해 어떤 변화를 예상할 수 있는가?

(a) 오후 6시 이후의 2시간 주차 제한

(b) 월요일부터 토요일에 오후 10시까지 요금이 부과되는 주차

(c) 매주 주말 및 공휴일 무료 주차 서비스

(d) 기존의 시간당 요금에 대한 1달러 인상

해설 담화 중반부에 현재는 월요일부터 토요일, 오전 8시에서 오후 6시까지 요금을 내야 하지만, 새로운 변화로 인해 오전 8시부터 오후 10시까지 미터기에 요금을 지불해야 한다고(Currently, drivers have to pay from 8 a.m. to 6 p.m. Monday to Saturday. ~ they will be required to feed the meter from 8 a.m. until 10 p.m.) 알리고 있다. 따라서 월요일부터 토요일에 오후 10시까지 요금을 내야 하는 정책을 언급한 (b)가 정답이다.

어휘 local 지역의, 현지의 frequent v. ~을 자주 다니다 expect to do ~할 것으로 예상하다, 기대하다 parking 주차 rate 요금, 비율, 등급, 속도 parking enforcement 주차 단속 시행 cf. enforcement 법의 집행, 시행 run 운영되다, 진행되다 currently 현재 however 그러나 be required to do ~해야 하다, ~할 필요가 있다 feed the meter 미터기에 요금을 지불하다 current 현재의 limit 제한 apply 적용되다 spot 공간, 자리, 장소 remain + 형용사: ~한 상태로 유지되다, 계속 ~한 상태이다 free 무료의 charged 요금이 부과되는 increase 인상, 증가 previous 이전의, 과거의 hourly 시간당의, 한 시간마다의

정답 (b)

35.

Did you know that a trillion plastic shopping bags get used worldwide each year? And because they're made of a resilient plastic called polyethylene, they take decades to break down. This means they accumulate in landfills, placing a huge burden on the environment. But scientists may have found an interesting solution, and it involves a wax worm known to be a pest for beekeepers. Scientists have discovered that **this particular wax worm can digest polyethylene and do so relatively quickly.** If we can figure out the chemical processes involved in the wax worm's digestion, **they could potentially be harnessed to help degrade the plastic waste piling up in landfills.**

Q: What do scientists hope the wax worm will help them do?

(a) Protect beehives from being infested by pests

(b) Increase the recycling rate of plastic products

(c) Develop easily degradable alternatives to plastic

(d) Reduce polyethylene waste in the environment

매년 전 세계적으로 1조 개의 비닐 쇼핑백이 사용되고 있다는 사실을 알고 계셨나요? 그리고 이 쇼핑백들은 폴리에틸렌이라고 불리는 탄성 플라스틱으로 만들어지기 때문에, 분해되는 데 수십 년이 걸립니다. 이 말은 이 쇼핑백들이 쓰레기 매립지에 쌓여 환경에 엄청난 부담을 준다는 뜻입니다. 하지만 과학자들이 흥미로운 해결책을 발견했을 수도 있는데, 이는 양봉업자들에게 해충으로 알려져 있는 벌집 나방과 관련되어 있습니다. 과학자들은 이 특정 벌집 나방이 폴리에틸렌을 소화할 수 있으며 그것도 비교적 빨리 할 수 있다는 사실을 발견했습니다. 우리가 벌집 나방의 소화 방식과 관련된 화학적 과정을 알아낼 수 있다면, 매립지마다 높게 쌓이고 있는 플라스틱 쓰레기를 분해하는 데 잠재적으로 도움이 되도록 활용할 수 있을 것입니다.

Q: 과학자들은 무엇을 하는 데 벌집 나방이 도움을 주기를 바라는가?

(a) 벌집이 해충으로 들끓는 것을 방지하는 일

(b) 플라스틱 제품의 재활용 비율을 높이는 일

(c) 쉽게 분해되는 플라스틱 대체제를 개발하는 일

(d) 환경 속에 존재하는 폴리에틸렌 쓰레기를 줄이는 일

해설 담화 후반부에 벌집 나방이 폴리에틸렌을 빠르게 소화할 수 있다는 사실을 발견한 점과(this particular wax worm can digest polyethylene and do so relatively quickly) 매립지마다 높게 쌓이고 있는 플라스틱 쓰레기를 분해하는 데 잠재적으로 도움이 되도록 활용할 수 있다는 점을(they could potentially be harnessed to help degrade the plastic waste piling up in landfills) 언급하고 있다. 이는 결국 폴리에틸렌 쓰레기를 줄이는 일을 말하는 것이므로 (d)가 정답이다.

어휘 trillion 1조의 get p.p. ~하게 되다 worldwide 전 세계적으로 be made of ~로 만들어지다 resilient 탄성이 있는 decade 10년 break down 분해되다(= degrade) accumulate 쌓이다, 축적

되다 landfill 쓰레기 매립지 place a burden on ~에 부담을 주다 huge 엄청난 solution 해결책 involve ~와 관련되다, ~을 포함하다 wax worm 벌집 나방 known to be A: A인 것으로 알려진 pest 해충 beekeeper 양봉업자 discover that ~임을 발견하다 particular 특정한 digest ~을 소화하다 relatively 비교적, 상대적으로 figure out ~을 알아내다, 파악하다 chemical 화학적인 process 과정 digestion 소화 potentially 잠재적으로 harness ~을 활용하다, 이용하다 help do ~하는 데 도움을 주다 pile up 쌓이다 protect A from -ing: A가 ~하는 것을 방지하다, 막다 infested by ~로 들끓는 rate 비율, 속도, 등급, 요금 develop ~을 개발하다 degradable 분해될 수 있는 alternative to ~을 대체하는 것, ~에 대한 대안 reduce ~을 줄이다, 감소시키다

정답 (d)

Paraphrase wax worm can digest polyethylene / help degrade the plastic waste → Reduce polyethylene waste

36.

Ladies and gentlemen, we need to untangle the issue of lax regulation in the pharmaceutical industry. Studies suggest that many medical reviewers who leave their positions at federal drug regulatory agencies end up working for pharmaceutical companies. **When these reviewers know they could be working for the industry in a few years, are they really going to be tough on these companies?**
It's time we considered putting barriers in front of reviewers seeking to switch sides, to ensure that regulatory bodies can truly act in the public interest.

Q: Which statement would the speaker most likely agree with?
(a) The pharmaceutical industry deserves more autonomy.
(b) Changes in regulations are damaging the pharmaceutical industry.
(c) Medical reviewers may be letting self-interest affect their judgments.
(d) Regulatory bodies should hire more former pharmaceutical workers.

신사 숙녀 여러분, 우리는 제약 업계의 느슨한 규제 문제를 해결해야 합니다. 연구에 따르면 여러 연방 의약품 규제 기관의 일자리를 떠나는 많은 의료 검열 담당자들이 결국 제약회사에서 근무하게 되는 것으로 나타납니다. 이 검열 담당자들이 몇 년 안으로 해당 업계에서 일할 수 있다는 사실을 안다면, 이 회사들에 대해 정말로 엄격하게 할까요? 규제 단체들이 진정으로 공공의 이익을 위해 움직일 수 있도록 보장하기 위해, 소속을 바꾸기를 추구하는 검열 담당자들 앞에 우리가 장벽을 세우는 일을 고려해 봐야 할 때입니다.

Q: 화자는 어느 내용에 동의할 것 같은가?
(a) 제약 업계가 더 많은 자율성을 누릴 자격이 있다.
(b) 규제 변화가 제약 업계에 해를 끼치고 있다.
(c) 의약품 검열 담당자들이 사리사욕으로 인해 판단력에 영향을 받을 수 있다.

(d) 규제 단체들이 전직 제약회사 직원들을 더 많이 고용해야 한다.

해설 의료 검열 담당자들이 규제 기관을 떠나 결국 제약회사에서 근무하게 된다는 사실을 언급하면서 이들이 해당 업계에서 일하게 되는 상황에서 과연 업체들을 엄격하게 검열할 것인지 묻는 것으로 (When these reviewers know they could be working for the industry in a few years, are they really going to be tough on these companies?) 의구심을 나타내고 있다. 이는 검열 담당자들이 나중에 얻게 될 이익을 위해 제대로 검열하지 않을 것이라는 뜻이므로 (c)가 정답이다.

어휘 untangle (문제 등) ~을 풀다, 해결하다 issue 문제, 사안 lax 느슨한, 해이한 regulation 규제, 규정 pharmaceutical 제약의 industry 업계, 산업 reviewer 검열 담당자 leave ~을 떠나다, 그만두다 federal 연방의 regulatory agency 규제 기관, 규제 단체 (= regulatory body) end up -ing 결국 ~하게 되다 tough 엄격한 It's time 주어 + 과거동사: ~가 …할 때이다 barrier 장벽, 장애물 seek to do ~하기를 원하다, 추구하다 switch sides 소속을 바꾸다, 진영을 바꾸다 ensure that ~하도록 보장하다 public interest 공공의 이익 deserve ~에 대한 자격이 있다, ~을 받을 만하다 autonomy 자율(성) damage v. ~에 해를 끼치다 let A do: A가 ~하도록 내버려두다, A에게 ~하게 하다 self-interest 사리사욕 affect ~에 영향을 미치다 judgment 판단(력) hire ~을 고용하다 former 전직 ~의, 이전의

정답 (c)

Part V
37-38.

Good morning, staff. Some of you may have heard rumors that we here at Lifetech are currently discussing a potential merger with Dynacorp. I can confirm that this is true, and I'd like to address some concerns about what it would mean for you if the deal goes through.

First and foremost, I want to say that neither side is considering downsizing their staff. Also, while the merger would most likely mean moving our company under Dynacorp's umbrella, it wouldn't result in any major changes to your benefits or to the terms of your contracts. Of course, 38 **we'll have to adapt as we share tasks and responsibilities with our new partner and do some restructuring. But I'm confident these changes will be for the better.** 37 **I hope this information eases any concerns and that you'll see this as a huge opportunity for mutual growth.**

안녕하세요, 직원 여러분. 여러분 중 일부는 우리 회사인 이곳 라이프테크가 현재 다이나코프와의 잠재적 합병 문제를 논의하고 있다는 소문을 들어 보셨을 수도 있습니다. 저는 이것이 사실임을 확인해 드릴 수 있으며, 이 계약이 성사되는 경우에 여러분에게 어떤 의미가 있을 수 있는지와 관련된 몇몇 우려 사항들을 다뤄 보고자 합니다.

먼저 가장 중요한 것으로, 양측 어느 쪽도 직원 인원 감축을 고려하고 있지 않다는 점을 말씀 드리고 싶습니다. 또한, 이 합병이 우리 회사가 다이

나코프의 영향하에 놓이게 된다는 것을 의미할 가능성이 클 수는 있지만, 여러분의 혜택 또는 계약서상의 조건에 대한 어떤 대대적인 변화도 초래하지는 않을 것입니다. 물론, 우리는 새로운 제휴 업체와 업무 및 책임을 공유하고 일부 구조 개편을 진행함에 따라 적응해야 할 것입니다. 하지만 이러한 변화들이 더 나은 미래를 위한 일이 될 것이라고 확신합니다. 저는 이 정보가 어떤 우려 사항이든 누그러뜨리기를, 그리고 여러분이 이를 상호 발전을 위한 아주 좋은 기회로 여겨주기를 바랍니다.

어휘 may have p.p. ~했을 수도 있다 currently 현재 potential 잠재적인 merger 합병, 통합 confirm that ~임을 확인해 주다 address v. (문제 등) ~을 다루다, 처리하다 concern 우려, 걱정 deal 계약, 거래 go through 성사되다 neither 어느 ~도 아니다 considering ~하는 것을 고려하다 downsize ~을 축소하다, (인원을) 감축하다 most likely ~할 가능성이 큰 under A's umbrella A의 영향력 아래에 있는 result in ~을 초래하다, ~라는 결과를 낳다 benefit 혜택, 이득 term 조건, 조항 contract 계약(서) adapt 적응하다 share ~을 공유하다 task 업무, 일 responsibility 책임, 책무 restructuring 구조 조정, 개편 be confident (that) ~임을 확신하다 ease v. ~을 누그러뜨리다, 완화시키다 opportunity 기회 mutual 상호의, 서로 간의 growth 발전, 성장

37. What is the main purpose of the announcement?

(a) To deny rumors of Lifetech's acquisition of Dynacorp

(b) To address complaints about recent administrative changes

(c) To alleviate employees' fears about a potential merger

(d) To explain the reason for delays in negotiations with Dynacorp

공지의 주된 목적은 무엇인가?

(a) 라이프테크의 다이나코프 인수에 대한 소문을 부인하는 것

(b) 최근 있었던 행정상의 변화와 관련된 불만을 처리하는 것

(c) 잠재적 합병에 대해 직원들이 지니고 있는 두려움을 완화시키는 것

(d) 다이나코프와의 협상 지연에 대한 이유를 설명하는 것

해설 합병 사실을 확인해 줌과 동시에 긍정적인 방향으로의 변화를 언급한 뒤로, 마지막에 가서 어떤 우려 사항이든 누그러뜨리고 상호 발전을 위한 좋은 기회로 여겨 주기를 바란다고(I hope this information eases any concerns and that you'll see this as a huge opportunity for mutual growth) 알리고 있다. 이는 합병에 대한 직원들의 두려움을 완화하고자 하는 것으로 볼 수 있으므로 (c)가 정답이다.

어휘 deny ~을 부인하다 acquisition 인수, 매입 complaint 불만, 불평 recent 최근의 administrative 행정의 alleviate ~을 완화시키다 (= ease) delay in ~의 지연, 지체 negotiation 협상, 협의

정답 (c)

38. What is stated as a likely result of the agreement with Dynacorp?

(a) Limited staff layoffs

(b) Organizational restructuring

(c) Revisions to employment contracts

(d) Cuts to employee benefits

다이나코프와의 합의에 따라 발생 가능한 결과로 무엇이 언급되는가?

(a) 제한적인 직원 해고

(b) 조직 개편

(c) 고용 계약서 수정

(d) 직원 혜택 규모 축소

해설 담화 후반부에 합병 후에 적응해야 하는 일로 업무 및 책임 공유와 일부 구조 개편을 언급하고(we'll have to adapt as we share tasks and responsibilities with our new partner and do some restructuring) 있다. 따라서 이 중 하나에 해당되는 구조 개편을 다른 말로 표현한 (b)가 정답이다.

어휘 likely 가능성 있는 result 결과(물) limited 제한된 layoff 해고 organizational 조직의, 구조적인 revision 수정, 개정, 개편

정답 (b)

39-40.

Today we'll be discussing the impeachment process in the United States. Impeachment serves as the legislative body's check against the judicial and executive branches. Congress, which consists of the Senate and the House of Representatives, has the power to remove officials from their posts in the case of wrongdoing. The president and the vice president are no exceptions.

The initial step begins with the House of Representatives, where 40 the House Judiciary Committee commences the investigation and hearing process. The committee then produces a resolution containing articles of impeachment, which the full House votes on. If the resolution passes by a simple majority, selected House members present the case to the Senate.

The proceedings unfold in the form of a trial. 39 The vice president or the Senate's second-highest-ranking member presides, except in vice presidential or presidential trials. In these exceptional cases, the chief justice of the Supreme Court presides. The accused is convicted if at least two-thirds of the Senate finds him or her guilty.

오늘 우리는 미국의 탄핵 과정에 대해 이야기해 볼 예정입니다. 탄핵은 사법부 및 행정부에 대한 입법부의 견제 역할을 합니다. 상원 및 하원으로 구성되는 의회는 범법 행위 발생 시에 공직자들을 자리에서 끌어내릴 권한을 지니고 있습니다. 대통령 및 부통령도 예외는 아닙니다.

그 첫 단계는 하원에서 시작되며, 하원 법사 위원회가 조사 및 청문회 과정에 착수합니다. 그런 다음, 이 위원회가 탄핵 소추안을 포함하는 결의안을 만들면, 하원 전체가 투표를 합니다. 이 결의안이 단순 다수에 의해 통과되면, 선별된 하원 의원들이 그 사건을 상원에 전달합니다.

법적 절차는 재판의 형태로 펼쳐집니다. 부통령 또는 대통령에 대한 재판을 제외하고는, 부통령 또는 상원에서 두 번째로 고위직에 해당되는 의원이 주재합니다. 이 예외적인 경우에 대해서는, 대법원장이 주재합니다. 상원의 최소 3분의 2가 유죄라고 생각하는 경우에 피고인은 유죄 판결을 받습니다.

어휘　impeachment 탄핵 process 과정 serve as ~의 역할을 하다 legislative body 입법부 check 견제 judicial branch 사법부 executive branch 행정부 congress 의회 consist of ~로 구성되다 the Senate 상원 the House of Representatives 하원 remove A from B: A를 B에서 쫓아내다, 몰아내다 official n. 공직자, 당국자, 관계자 post 자리, 지위 in the case of ~의 경우에 wrongdoing 범법 행위 be no exception(s) 예외가 아니다 initial 처음의 the House Judiciary Committee 하원 법사 위원회 commence ~에 착수하다, ~을 시작하다 investigation 조사 hearing 청문회 resolution 결의안 contain ~을 포함하다, 담고 있다 articles of impeachment 탄핵 소추안 vote 투표하다 pass 통과하다 simple majority 단순 다수 (결정에 필요한 최저한을 넘는 표수) present A to B: A를 B에게 주다, 제시하다, 제공하다 proceeding 법적 절차 unfold 펼쳐지다 in the form of ~의 형태로 trial 재판, 공판 preside 주재하다 except ~을 제외하고 exceptional 예외적인 chief justice of the Supreme Court 대법원장 the accused 피고인 convict ~에게 유죄 판결을 내리다 at least 적어도, 최소한 two-thirds 3분의 2 find A 형용사: A를 ~하다고 생각하다 guilty 유죄인

39. Who presides over the trial for presidential impeachment?

(a) The House Judiciary Committee
(b) The Supreme Court's chief justice
(c) The highest-ranking official of the Senate
(d) The vice president

누가 대통령 탄핵 재판을 주재하는가?

(a) 하원 법사 위원회
(b) 대법원장
(c) 상원 최고위직 공직자
(d) 부통령

해설　부통령 또는 대통령에 대한 재판을 제외하고 부통령 또는 상원에서 두 번째로 고위직에 해당되는 의원이 주재한다는 점과, 이 예외적인 경우에 대해서는 대법원장이 주재한다는(The vice president or the Senate's second-highest-ranking member presides, except in vice presidential or presidential trials. In these exceptional cases, the chief justice of the Supreme Court presides) 사실을 알리고 있다. 대통령 탄핵 재판은 대법원장이 주재한다는 것을 알 수 있으므로 (b)가 정답이다.

정답　(b)

40. What can be inferred from the lecture?

(a) The concept of impeachment originated in the US.
(b) The chief justice is immune to impeachment.
(c) The Senate can also initiate impeachment procedures.
(d) The House plays the role of prosecutor during the trial.

강연에서 무엇을 유추할 수 있는가?

(a) 탄핵이라는 개념이 미국에서 비롯되었다.
(b) 대법원장은 탄핵의 영향을 받지 않는다.
(c) 상원도 탄핵 절차를 시작할 수 있다.
(d) 하원은 재판 중에 검사의 역할을 한다.

해설　탄핵 과정에서 하원이 하는 일이 언급되는 중반부에, 하원 법사 위원회가 조사 및 청문회에 착수하고 결의안을 만들어 하원 전체가 투표한 뒤에 상원에 전달하는(the House Judiciary Committee commences the investigation and hearing process. The committee then produces a resolution ~ the full House votes on. ~ selected House members present the case to the Senate) 방식이 제시되고 있다. 이는 검사가 특정 사건에 대해 법원에 심판을 요구하는 기소 과정에 해당되는 방식이므로 (d)가 정답이다.

어휘　originate 비롯되다, 유래하다 be immune to ~의 영향을 받지 않다 initiate ~을 시작하다, ~에 착수하다 play the role of ~의 역할을 하다 prosecutor 검사, 검찰관

정답　(d)

VOCABULARY

Part I

1.

A: 너 오늘 테니스 칠 거야?
B: 응. 나와 함께 치고 싶다면 환영이야.

해설　You're welcome to는 상대가 행위를 하도록 흔쾌히 허락하는 표현이므로 어떤 행위인지 파악해야 한다. A의 질문 의도가 (오늘 테니스를 칠 거라면) 함께 치자는 것이므로 me를 목적어로 취해 '나와 함께 하다'라는 의미를 구성할 수 있는 (d) join이 정답이다.

어휘　be welcome to do ~하는 것을 환영하다, 얼마든지 ~해도 좋다 invite ~을 초대하다 unite ~을 연합하다, 통합하다 greet ~을 맞이하다 join ~와 함께 하다, 합류하다

정답　(d)

2.

A: 제가 역까지 태워다 드릴까요?
B: 제안은 감사하지만, 이미 차편을 마련해 뒀어요.

해설　빈칸은 동사 appreciate의 목적어 자리로서 감사하는 대상을 나타내는 명사가 필요한데, Can I give you ~?가 제안의 표현이므로 '제안, 제공(되는 것)' 등을 뜻하는 (d) offer가 정답이다.

어휘　give A a lift: A를 차로 태워다 주다 cf. lift 차로 태워다 주기 appreciate ~에 대해 감사하다 arrange ~을 마련하다, 조치하다 ride 탈 것, 태워주기 gift 선물 deal 거래(되는 것), 계약 plan 계획 offer 제안, 제공(되는 것)

정답　(d)

3.

> A: 운전 면허 시험에 합격했다니 축하해!
> B: 고마워! 세 번이나 탈락한 시도 끝에, 마침내 해냈어.

해설 시험 응시를 나타낼 명사가 빈칸에 필요하므로 '시도'를 뜻하는 (d) attempts가 정답이다. attempt는 주로 성공하지 못한 시도를 나타내므로 빈칸 앞의 failed(실패한)가 결정적 단서이다.

어휘 Congratulations on -ing ~하다니 축하해 pass ~을 통과하다, 시험에 합격하다 failed 탈락한, 실패한 finally 마침내, 결국 fault 잘못, 결점, 흠 loss 패배, 분실, 손실 pursuit 추구, 추격 attempt 시도

정답 (d)

4.

> A: 무엇 때문에 네 차를 오토바이로 교체한 거야?
> B: 그게, 유가 상승이 주된 이유였어.

해설 What made you ~?는 이유 또는 연유를 묻는 표현이므로 '요인'을 뜻하는 (b) factor가 정답이다.

어휘 What made you do? 무엇 때문에 ~한 거야? trade in A for B: A를 B로 교체하다, 사고 팔다 rising 상승하는, 오르는 gas prices 유가, 연료비 major 주된, 주요한 value 가치, 값어치 factor 요인 defect 결함, 단점 stance (어떤 일에 대한) 입장, 태도

정답 (b)

5.

> A: 네 블로그에서 한 번이라도 심한 댓글이 달린 적이 있어?
> B: 간혹 불쾌한 글이 올라오기도 해.

해설 빈칸 뒤에 위치한 remark를 수식할 형용사로 A의 질문에 제시된 harsh(가혹한, 혹독한)와 유사한 의미를 나타낼 수 있는 것이 필요하므로 '불쾌한, 공격적인'을 뜻하는 (d) offensive가 정답이다.

어휘 ever 한 번이라도, 이제껏 harsh 가혹한, 혹독한 comment 의견, 댓글 once in a while 간혹, 가끔 remark 언급, 의견 sturdy 견고한, 튼튼한 anxious 불안해 하는, 염려하는 stubborn 고집스러운, 완고한 offensive 불쾌한, 공격적인

정답 (d)

6.

> A: 더 이상 집에 유선 전화를 갖고 있는 사람이 거의 없어.
> B: 휴대 전화 때문에 더 이상 쓸모 없게 되었지.

해설 빈칸은 them(= 유선 전화)의 현재 상태를 나타내는 형용사 자리이다. A가 유선 전화를 갖고 있는 사람이 거의 없다고 말한 것을 볼 때 '더 이상 쓸모 없는, 구식인'을 뜻하는 (b) obsolete이 정답이다.

어휘 Hardly anyone ~: ~하는 사람이 거의 없다 anymore (부정문에서) 더 이상, 이제는 make A 형용사: A를 ~하게 만들다 evasive 얼버무리는, 회피하는 obsolete 더 이상 쓸모 없는, 구식의 spurious 가짜의, 거짓된, 비논리적인 divergent (길 등이) 나뉘는, 갈라지는, (의견 등이) 다른, 일치하지 않는

정답 (b)

7.

> A: 이 녹화 영상 속의 남성을 알아볼 수 있으시겠어요?
> B: 아뇨, 너무 흐릿해서 알아볼 수 없어요.

해설 녹화 영상 속의 남성을 알아볼 수 없는 이유로 화질 상태가 좋지 못하기 때문이라고 생각할 수 있으므로 '흐릿한'이라는 뜻을 가지는 (b) blurry가 정답이다.

어휘 identify ~을 알아보다, 확인하다, 식별하다 too 형용사/부사 to do: 너무 ~해서 …할 수 없는, ~하기엔 너무 ~한 tell 알아보다, 판별하다 bleak 암울한, 음산한 blurry 흐릿한 aborted (도중에) 중지된, 실패한 cluttered 어수선한, 혼란스러운

정답 (b)

8.

> A: 토드 씨가 전문 용어를 사용하는 게 싫지 않으세요?
> B: 싫죠, 그 모든 전문 용어가 단지 사람들을 헷갈리게 할 뿐이라고 얘기했어요.

해설 A가 언급한 technical terms(전문 용어)를 대신할 명사가 필요하므로 '(특정 분야의) 전문 용어'를 의미하는 (c) jargon이 정답이다.

어휘 technical terms 전문 용어, 기술 용어 confuse ~을 헷갈리게 하다, 혼란스럽게 만들다 slang 속어 prose 산문 jargon (특정 분야의) 전문 용어 dialect 방언, 사투리

정답 (c)

9.

> A: 당신 변호사가 어떤 결정적인 증거라도 찾았나요?
> B: 아뇨, 하지만 그는 여전히 사건과 관련된 모든 서류를 살펴보고 있어요.

해설 증거를 찾기 위해 관련 서류를 대상으로 할 수 있는 행위를 나타낼 동사 표현이 필요하므로 '~을 살펴보다, 검토하다' 등을 의미하는 (c) going through가 정답이다.

어휘 lawyer 변호사 decisive 결정적인 evidence 증거(물) case-related 사건과 관련된 patch up ~을 수선하다, ~을 수습하다, ~을 치료하다 jot down ~을 간단히 적다 go through ~을 살펴보다, 검토하다, 거치다, 겪다 account for ~을 설명하다, ~의 이유가 되다, (비율 등) ~을 차지하다

정답 (c)

10.

> A: 내가 다이애나를 그녀의 여동생 이름으로 불렀다는 게 믿기지 않아.
> B: 그 애는 그 실수를 눈치채지도 못했을 거야.

해설 빈칸에 쓰일 명사는 A가 다이애나를 그녀의 여동생 이름으로 잘못 부른 일을 나타내야 하므로 '실수'를 뜻하는 (b) gaffe가 정답이다.

어휘 by one's name ~의 이름으로 even 심지어 ~도 notice ~을 알아
차리다, ~에 주목하다 snub 모욕, 무시 gaffe 실수 rebuff 거절, 거
부, 퇴짜 banter (정감 어린) 농담

정답 (b)

Part II

11.

> 시즌 마감 세일 중에 정가에서 60퍼센트 할인되었기 때문에, 그 코트는
> 거저나 마찬가지였다.

해설 세일 행사 중에 정가의 60퍼센트까지 할인된 제품을 가리킬 명
사가 필요하므로 '아주 싸게 산 물건, 거저먹기'를 뜻하는 (b)
bargain이 정답이다.

어휘 mark down ~의 가격을 내리다 original 원래의, 애초의 end-
of-season sale (철 지난 재고 의류를 싸게 파는) 시즌 마감 세일
bargain 아주 싸게 산 물건, 횡재 budget 예산 profit 수익, 이익

정답 (b)

12.

> 모든 저희 제품은 환불 가능하므로, 완전히 만족하시지 못하시는 경우에 돈
> 을 돌려받으실 수 있습니다.

해설 빈칸 뒤에서 you can get your money back(돈을 돌려받으실 수
있다)고 말한 방침에 해당되는 상품의 성격을 나타내는 형용사가
필요하므로 '환불 가능한'을 뜻하는 (c) refundable이 정답이다.

어휘 get A back: A를 돌려받다 fully 완전히, 모두 satisfied 만족한
adjustable 조절 가능한 negotiable 협상 가능한, 절충 가능한
refundable 환불 가능한 extendable 연장 가능한, 늘일 수 있는

정답 (c)

13.

> 그 미술관의 소장품은 다양한 시대에 제작된 유럽 미술 작품으로 구성되
> 어 있다.

해설 주어 collection이 여러 가지 사물들의 집합을 나타내므로, 그 구
성 요소인 미술품들을 대상으로 하는 동사는 '~로 구성되다'라는
의미를 가지는 것이 가장 알맞다. 그러므로 of와 함께 '~로 구성된'
이라는 의미를 가지는 (d) composed가 정답이다.

어휘 collection 소장(품), 수집(품) piece 작품 assorted 갖가지의, 여러
가지의 dispose (of) (~을) 처리하다, 처분하다 inspect ~을 점검하
다, 검사하다 be composed of ~으로 구성되다 (= be comprised
of, consist of)

정답 (d)

14.

> 배심원단은 각자의 의견에 어떠한 영향도 미치지 않도록 해당 재판에 대
> 한 언론 보도를 피하라는 지시를 받았다.

해설 빈칸이 속한 so that절은 배심원들이 재판에 대한 언론 보도를 피
해야 하는 이유를 나타내는데, 그 이유는 언론 보도의 영향을 받지
않기 위함이다. 따라서 '영향(력)'을 뜻하는 (b) influence가 정답
이다.

어휘 jury 배심원단, 심사위원단 be instructed to do ~하라는 안내를 받
다, 지시를 받다, 설명을 받다 avoid ~을 피하다 trial 재판 so that
(목적) ~하기 위해, (결과) 그래서, 그래야 opinion 의견 suspicion
의심, 혐의 influence (on) (~에 대한) 영향(력) detection 감지, 탐
지 imprint (누르거나 찍은) 자국, 흔적

정답 (b)

15.

> 과도한 지불을 피하기 위해, 고객들께서는 다른 여러 자동차 대리점에서
> 견적서를 받아 가격을 비교해 보셔야 합니다.

해설 물건을 구매하기 전에 가격을 비교하기 위해(compare the
prices) 여러 가게에서 받아 볼 수 있는 자료를 나타낼 명사가 필
요하므로 '견적(서)'를 뜻하는 (d) estimates가 정답이다.

어휘 avoid -ing ~하는 것을 피하다 overpay 초과 지불하다 auto
dealer 자동차 대리점 compare ~을 비교하다 survey 설문 조사
(지) balance 잔액, 균형 expense (지출) 비용, 경비 estimate 견
적(서)

정답 (d)

16.

> 매우 짠 음식을 먹는 것은 신체가 수분을 유지하도록 함으로써 부기를 초
> 래하게 된다.

해설 부기(swelling)가 발생하려면 신체 내부의 수분을 어떻게 해야 할
지 생각하면 쉽게 답을 알 수 있다. 몸 속의 수분이 빠져나가지 않
아야 부기가 생기므로 '~을 유지하다'를 뜻하는 (c) retain이 정답
이다.

어휘 highly 매우, 대단히 salty 짠 cause A to do: A에게 ~하도록 유발
하다 result in ~을 초래하다, ~라는 결과를 낳다 swelling 부기, 팽
창 soak ~을 흠뻑 적시다, 담그다 drain (액체 등) ~을 빼다, 배수하다
retain ~을 유지하다 expand ~을 확대하다, 확장하다

정답 (c)

17.

> 학교의 복장 규정을 준수하지 않는 학생은 퇴실하도록 요구될 것입니다.

해설 빈칸이 속한 who절은 복장 규정과 관련해 퇴실 당할 수 있는 부
정적인 조건을 나타내야 하므로 부정어 not 뒤에 위치한 빈칸에는
to와 함께 '~을 준수하다, 고수하다'를 뜻하는 (c) adhere가 정답
이다.

어휘 dress code 복장 규정 be asked to do ~하도록 요구되다 leave
~에서 나가다, 떠나다 descend 내려오다, 내려가다, 전해지다
convert ~을 전환하다, 개조하다 adhere (to) (~을) 준수하다, 고수
하다 appeal (to) (~의) 마음을 끌다

정답 (c)

18.

복사기가 발명되기 전에는, 등사기라고 불리는 기계가 문서 사본을 만드는 데 이용되었다.

해설 빈칸에 쓰일 동사는 복사기와 동일한 기능을 나타내야 하므로 '~의 사본을 만들다'를 뜻하는 (c) duplicate가 정답이다.

어휘 photocopier 복사기 invent ~을 발명하다 mimeograph 등사기 portray ~을 묘사하다, 그리다 simulate ~에 대한 모의 실험을 하다, ~을 모방하다 duplicate ~의 사본을 만들다 plagiarize ~을 표절하다

정답 (c)

19.

도도새는 유럽의 식민지 개척자들 및 그들이 함께 들어온 외래 유입종에 굴복하여 멸종되었다.

해설 빈칸 앞에 went extinct after(~후에 멸종했다)라고 나와 있으므로 멸종하기 전의 행위를 나타내는 동사가 필요하다. 따라서 to와 함께 '~에 굴복하다, ~에게 져서 목숨을 잃다'라는 의미인 동사 succumb의 동명사인 (b) succumbing이 정답이다. surrender to도 '~에게 지다, 굴복하다'라는 의미가 있지만, succumb to와 달리 살아 남기 위한 행위를 나타내므로 extinct와 어울리지 않는다.

어휘 go extinct 멸종되다 colonizer 식민지 개척자 invasive species 외래 유입종 along with ~와 함께 acquiesce to ~을 따르다, 묵인하다 succumb to ~에 굴복하다, (병·노령 등으로) 쓰러지다, ~때문에 죽다 plummet 곤두박질치다, 급락하다 surrender to ~에 항복하다, (습관, 감정 등에) 빠지다

정답 (b)

20.

벤추라 사는 사법 개혁을 위해 집단적으로 로비활동을 할 수 있는 뜻이 맞는 여섯 개의 단체들과 연합체를 구성할 예정이다.

해설 구성원의 유형이 organizations(조직, 단체)이므로 이들의 구성체를 가리키는 단어로는 세력의 연합체를 나타내는 (a) coalition이 정답이다.

어휘 form v. ~을 구성하다, 형성하다 like-minded 뜻이 맞는, 생각이 같은 organization 단체, 기관 lobby v. 의원에게 압력을 가하다, 로비 활동을 하다 collectively 집단적으로 legal 법률의, 합법적인 reform 개선, 개혁 coalition 연합(체), 동맹 synthesis 합성, 종합 composite 합성물, 복합물 monopoly 독점(권), 전매

정답 (a)

21.

전자 투표 시스템에 의해 야기된 문제를 바로잡기 위해 모든 투표용지에 대한 수작업 재검표 과정이 있었다.

해설 빈칸의 동사는 to부정사 형태이므로 목적을 나타내는데, 목적어가 the problem(문제)이므로 '~을 바로잡다'를 의미하는 (a)

rectify가 정답이다.

어휘 manual 수작업의, 수동의 recount 재검표 ballot 투표(용지) cause ~을 야기하다, 초래하다 voting 투표, 선거 rectify ~을 바로잡다 equate ~을 동일시하다 demote ~을 강등시키다 summon ~을 소집하다, 소환하다

정답 (a)

22.

한 자석의 N극은 다른 자석의 N극에 의해 밀려나지만, S극 쪽으로는 끌어당겨진다.

해설 자석의 같은 극이 서로를 밀어내는 성질을 묘사하므로 '~을 밀어내다'를 뜻하는 repel의 과거분사 (b) repelled가 정답이다.

어휘 north pole (자석의) N극 magnet 자석 attract ~을 끌어당기다 south pole (자석의) S극 evade ~을 피하다, 회피하다 repel ~을 밀어내다, 퇴치하다 shun ~을 피하다, 꺼리다 repress (감정 등) ~을 억누르다, (사람 등) ~을 억압하다

정답 (b)

23.

운전자에게 다행스럽게도, 그 자동차의 블랙박스에서 나온 영상이 사고 경위를 입증해 주었다.

해설 사고 경위와 관련해 자동차 블랙박스의 활용 목적에 해당되는 동사가 필요하므로 '(증거 등으로) ~을 입증하다, 확증하다' 등을 의미하는 (d) corroborated가 정답이다.

어휘 footage 동영상 accident 사고 postulate ~을 가정하다, 요구하다 exculpate ~의 무죄를 밝히다 enumerate ~을 열거하다, 하나하나 세다 corroborate (증거 등으로) ~을 입증하다, 확증하다

정답 (d)

24.

과도한 사용으로 자극을 받은 성대가 목소리에서 쉰 소리가 나게 만들 수 있다.

해설 과다하게 사용되어 자극을 받은 성대에서 나는 목소리의 상태를 나타낼 형용사가 필요하므로 '(목이) 쉰, 잠긴'을 의미하는 (a) hoarse가 정답이다.

어휘 vocal cords 성대 irritate (피부 등) ~을 자극하다 overuse 과다 사용, 남용 cause A to do: A가 ~하도록 초래하다, 유발하다 sound + 형용사: ~한 소리가 나다 hoarse (목이) 쉰, 잠긴 feeble 아주 약한, 미미한 frigid 몹시 추운, 냉담한 aloof 냉담한, 무관심한

정답 (a)

25.

비록 두 단어가 유사한 의미를 지니고 있기는 하지만, "인색한"은 부정적인 어감을 지닌 반면에 "절약하는"은 긍정적인 어감이 있다.

해설 뜻이 비슷한 두 단어가 지니는 어감 차이를 보여주는 문장이므로

'어감, 함축, 내포' 등을 뜻하는 (d) connotation이 정답이다.

어휘   **similar** 유사한, 비슷한 **stingy** 인색한 **negative** 부정적인 **thrifty** 절약하는 **positive** 긍정적인 **deduction** 공제(액), 추론, 연역 **derivation** (단어 등의) 어원 **conviction** 유죄 판결, 확신, 신념 **connotation** 어감, 함축, 내포

정답   (d)

26.

> 자신의 과거 스캔들에 대한 질문에 직면했을 때, 그 여배우는 빠르게 화제를 바꿔 해당 질문을 피했다.

해설   화제를 바꾸는 것은 대답하고 싶지 않은 질문을 피하려는 의도이므로 '(관심, 비판 등) ~을 피하다, ~의 방향을 바꾸다'를 뜻하는 (d) deflected가 정답이다.

어휘   **confront** ~에 직면하다, 맞서다 **subject** 화제, 주제 **circulate** ~을 순환시키다, 유포하다 **abdicate** (권리 등) ~을 포기하다, ~에서 퇴위하다 **regress** 퇴보하다, 퇴행하다 **deflect** (관심, 비판 등) ~을 피하다, ~의 방향을 바꾸다

정답   (d)

27.

> 20년 동안 변화가 없는 연봉을 받아오던 끝에, 직원들은 오랫동안 기다려온 급여 인상을 제공받았다.

해설   빈칸에 쓰일 형용사는 pay increase(급여 인상)를 수식하는 형용사 long-overdue와 의미가 같아야 하므로 '정체된, 침체된'을 뜻하는 (a) stagnant가 정답이다.

어휘   **grant A B:** A에게 B를 주다, 승인하다 **long-overdue** 오랫동안 미루어 온 **pay increase** 급여 인상 **stagnant** 정체된, 향상이 없는 **indolent** 게으른, 나태한 **dubious** 의심스러운, 수상한 **staunch** 견고한, 든든한, 충실한

정답   (a)

28.

> 처음에는 말수가 적어 보였지만, 스티브는 외향적이고 거침없이 말하는 것으로 드러났다.

해설   상반 관계를 나타내는 전치사 Despite를 보고 빈칸에 extroverted (외향적인)나 outspoken(거침없이 말하는)과 대조되는 형용사가 와야 함을 알 수 있다. 그러므로 '말수가 적은, 과묵한' 등을 뜻하는 (d) reticent가 정답이다.

어휘   **despite** ~에도 불구하고 **initially** 처음에 **seem + 형용사:** ~한 것 같다, ~하게 보이다 **turn out to be + 형용사:** ~한 것으로 드러나다, 판명되다 **extroverted** 외향적인 **outspoken** 거침없이 말하는 **ornery** 성질이 고약한, 고집 센 **prosaic** 평범한, 재미없는, 지루한 **languid** 나른한, 활기 없는 **reticent** 말수가 적은, 과묵한

정답   (d)

29.

> 그 후보는 거짓된 공약으로 전체 유권자를 기만하려 했지만, 유권자들은 그의 속임수를 알아차렸다.

해설   동사 trick(속이다) 다음에 상반 관계를 나타내는 접속사 but으로 다음 문장이 이어지는데, 유권자들이 알아차린 것이 그의 행동과 연관된 것이므로 동사 trick과 같은 맥락으로 '(교묘한) 속임수'를 뜻하는 명사 (d) chicanery가 정답이다.

어휘   **candidate** 후보(자) **trick** v. ~을 기만하다, 속이다 **electorate** 전체 유권자 **false** 거짓의 **promise** 약속, 공약 **voter** 유권자 **see through** ~을 알아차리다, 간파하다 **derision** 조롱, 조소 **sacrilege** 신성 모독 **adulation** 과찬, 아첨 **chicanery** (교묘한) 속임수

정답   (d)

30.

> 이탈리아 수도 내의 작은 고립 지역인 바티칸 시티는 전 세계에서 가장 작은 국가로 분류되어 있다.

해설   한 도시(city) 안에 존재하는 나라(country)를 가리키는 명사가 빈칸에 쓰여야 하므로 '한 국가 내에 위치한 다른 나라(민족)'를 뜻하는 (b) enclave가 정답이다.

어휘   **tiny** 아주 작은 **capital** 수도 **be classified as** ~로 분류되다 **crevice** (지면, 바위 등의) 틈, 균열 **enclave** 한 국가 내의 다른 나라 또는 이민족 **sediment** 침전물, 퇴적물 **modicum** 소량, 약간, 조금

정답   (b)

GRAMMAR

Part I

1.

> A: 내가 사 준 겨울 코트 마음에 들어?
> B: 당연하지. 바로 내가 바라고 있던 거였어.

출제포인트 선행사를 포함하는 관계대명사 what

해설   선택지가 모두 관계대명사이므로 수와 격을 확인해 본다. 주어 I 앞에 선행사로 사용된 명사가 없으므로 (b) what이 정답이다. 참고로 (a) that이 명사절 접속사로 사용되는 경우에는 that 뒤에 완전한 절만 올 수 있다.

어휘   **Definitely** (강한 긍정의 뜻으로) 당연하지, 물론이지, 분명해 **exactly** 바로, 정확히 **hope for** ~을 바라다

정답   (b)

2.

> A: 대학을 중퇴하기로 한 제이크의 결정은 엄청난 실수였어.
> B: 동감이야. 적어도 우리와 먼저 상의하지도 않고 그렇게 하지 말았어야 했어.

어휘   get A p.p.: A를 ~되게 하다 get A to do: A에게 ~하게 하다
        pierce ~을 뚫다, 찌르다

정답   (b)

6.

A: 당신의 직업 의식이 정말로 존경스러워요.
B: 감사합니다, 아버지께서 저에게 그것을 가르쳐 주신 덕분입니다.

출제포인트 타동사의 수동태 구조

해설   과거분사 indebted는 「be indebted to + 사람」의 구조로 쓰
        여 '~의 덕분이다, ~에게 신세를 지다'라는 의미를 나타낸다. 현
        재시제인 (b) am indebted와 현재완료시제인 (d) have been
        indebted 중에서, A의 말에 대한 대답으로 지금 한 말이므로 현
        재시제인 (b) am indebted가 정답이다. 현재완료시제는 기간을
        나타내는 표현을 동반해야 하므로 오답이다.

어휘   respect ~을 존경하다, 존중하다 work ethic 직업 윤리 be
        indebted to ~의 덕분이다, ~에게 신세를 지다, ~에게 고마움을 느끼
        다 instill A in B: (사상, 감정 등) B에게 A를 가르치다, 불어 넣다, 주
        입하다

정답   (b)

7.

A: 네가 비행기를 타기 전에 오후 8시에 만날 수 있어?
B: 미안하지만, 그때 쯤이면 출발해 있을 거야. 비행기가 오후 7시에 있거
   든.

출제포인트 미래의 특정 시점에 완료될 일을 나타내는 미래완료시제

해설   빈칸 뒤에 위치한 by then은 미래의 출발 시점인 7 p.m.보다 더
        나중의 시점인 8 p.m.을 가리킨다. 따라서 특정 미래 시점에 완료
        된 상태를 나타낼 때 사용하는 미래완료시제 (c) will have left가
        정답이다.

어휘   leave 출발하다, 떠나다 by then 그때쯤이면 flight 비행편

정답   (c)

8.

A: 수잔이 오늘 저녁 경기에 출전할 예정인가요?
B: 아주 최근에 부상에서 회복했기 때문에, 그녀는 휴식을 택할 겁니다.

출제포인트 분사구문의 시제일치

해설   과거를 나타내는 부사 recently와 어울려 주절의 동사 is opting
        보다 이전의 사실을 나타내야 하므로 완료분사구문인 (c) Having
        recovered가 정답이다.

어휘   recover 회복하다 recently 최근에 injury 부상 opt to do ~하기
        로 택하다, 결정하다 rest 휴식하다, 쉬다

정답   (c)

출제포인트 과거에 대한 후회를 나타내는 should have p.p.

해설   제이크의 대학 중퇴 결정이 mistake(실수)라는 A의 생각에 동의
        하는 B는 후회나 아쉬움 등을 나타내는 입장이므로 have p.p. 동
        사와 함께 '~하지 말았어야 했다'라는 의미를 구성할 때 사용하는
        (a) shouldn't가 정답이다.

어휘   decision to do ~하려는 결정 drop out of ~을 중퇴하다, 중간에
        그만두다 agree 동의하다 should have p.p. ~했어야 했다 (후회)
        at least 적어도, 최소한 consult ~에게 상의하다 would have p.p.
        ~했을 것이다 (추정) could have p.p. ~할 수 있었을 것이다 (가능)
        must have p.p. ~한 것이 틀림없다 (확신)

정답   (a)

3.

A: 테리 씨의 태도에 대해 제가 뭘 더 할 수 있을지 모르겠어요.
B: 그를 해고하는 게 유일하게 남아 있는 선택지인 것 같네요.

출제포인트 절의 주어 역할을 하는 동명사

해설   동사 think의 목적어 역할을 하는 명사절에서 주어 자리에 들어갈
        동사 형태를 묻는 문제이다. to부정사와 동명사 모두 주어 역할이
        가능하지만, to부정사는 추상적(철학적)인 일을, 동명사는 현실적
        (일상적)인 일을 나타낸다. 이 문장에서는 현실적으로 해고하는 일
        을 나타내야 하므로 동명사 (b) firing이 정답이다. 앞으로의 일을
        나타내므로 과거를 의미하는 완료시제 동명사 (d) having fired
        는 오답이다.

어휘   attitude 태도 fire v. ~를 해고하다 left 남아 있는

정답   (b)

4.

A: 난 전에 한 번도 생선회를 먹어 본 적이 없어. 넌 먹어봤어?
B: 아니. 나도 먹어 보지 않았어.

출제포인트 앞 내용과 같음을 나타내는 부사

해설   A의 부정문에 대해 No, I haven't라고 부정문으로 대답하였으므로
        부정문에서 '~도 역시 …하다'라는 의미로 쓰이는 부사 (b) either
        가 정답이다. (a) too도 같은 의미이지만 긍정문에 사용한다.

어휘   raw fish 생선회 try ~을 한 번 먹어 보다, 한 번 해 보다 either (부정
        문에서) 마찬가지로 too (긍정문에서) 마찬가지로 neither (A nor B)
        (A도 B도) 둘 다 아니다 otherwise 그렇지 않으면, 그 외에는, 달리

정답   (b)

5.

A: 네가 귀걸이를 한 걸 본 게 이번이 처음이야.
B: 그 이유는 바로 지난 주말에 귀를 뚫었기 때문이야.

출제포인트 동사 get의 목적보어 형태

해설   「get + 목적어 + 목적보어」에서 목적어와 목적보어로 사용될 동
        사의 관계에 따라, 목적보어로 과거분사, 현재분사, 그리고 to부정
        사가 쓰일 수 있다. 귀(my ears)는 사람에 의해 뚫리는 행위 대상
        이므로 수동의 의미를 나타낼 때 사용하는 과거분사 (b) pierced
        가 정답이다. 능동 관계라면 현재분사, 앞으로 할 일을 나타낸다면

9.

> A: 당신이 사무실로 복귀하기 전에 테드 씨가 오면 제가 어떻게 해야 하죠?
> B: 제가 금방 돌아 올 거라고 말씀 드린 다음, 자리에 앉아 계시도록 권해 드리기만 하면 됩니다.

출제포인트 제안, 권유, 명령을 나타내는 that절의 동사 형태

해설 빈칸은 제안을 나타내는 동사 suggest의 목적어 역할을 하는 that절의 동사 자리인데, 주장/요구/제안/명령 등을 나타내는 동사의 목적어 역할을 하는 that절에서는 주어의 수나 시제에 상관없이 동사원형을 사용하므로 (c) have가 정답이다.

어휘 return to ~로 복귀하다 suggest that ~하도록 권하다, 제안하다 have a seat 자리에 앉다

정답 (c)

10.

> A: 조니 씨가 방금 회의실에서 자리를 박차고 나가셨어요.
> B: 저는 심지어 뭐가 그렇게 화나게 만든 건지도 모르겠어요.

출제포인트 간접의문문을 구성하는 it – that 강조구문의 어순

해설 간접의문문은 「의문사 + 주어 + 동사」의 어순을 취하므로 what이 가장 먼저 나와야 하며, it-that 강조구문에서 주어인 it이 그 뒤에 위치하고 동사 was가 이어진다. 5형식동사 get은 「get + 목적어 + 형용사」 구조를 취하므로 빈칸 뒤에 형용사 upset이 있는 것을 감안하여 빈칸에 들어갈 말은 got him으로 끝나야 한다. 그러므로 (c) what it was that got him이 정답이다.

어휘 storm out of ~에서 자리를 박차고 나가다 get A 형용사: A를 ~한 상태로 만들다 upset 화가 난, 속상한

정답 (c)

Part II

11.

> 코치는 선수들에게 서로 언쟁하는 대신 경기에 집중하라고 말했다.

출제포인트 주어와 동일한 대상을 가리키는 재귀대명사

해설 동사 arguing의 의미상 주어가 the players이며 '~ 사이에서, ~ 중에서'를 뜻하는 전치사 among의 목적어도 the players를 가리킨다. 즉 arguing 행위 대상이 자신들인 경우이므로 재귀대명사인 (d) themselves가 정답이다.

어휘 tell A to do: A에게 ~하라고 말하다 focus on ~에 집중하다, 초점을 맞추다 rather than ~ 대신, ~가 아니라 argue 언쟁하다 among ~ 사이에서, ~ 중에서

정답 (d)

12.

> 비록 운동선수로서의 경력이 힘겹게 시작되기는 했지만, 사라 파커는 결국 세계적으로 유명한 마라톤 선수가 되었다.

출제포인트 상반된 내용을 연결하는 양보 접속사 although

해설 선택지가 모두 접속사이므로 연결 관계를 파악해야 한다. '선수 경력이 힘겹게 시작되었다'와 '결국 세계적으로 유명한 선수가 되었다'는 상반된 연결 관계이므로 양보 접속사인 (d) Although가 정답이다.

어휘 although 비록 ~하지만 athletic 운동의 get off to a rough start 힘겹게 시작되다, 힘겨운 출발을 보이다 end up -ing 결국 ~하게 되다 until ~할 때까지 (지속) once 일단 ~하는 대로, ~하자마자

정답 (d)

13.

> Z모터스는 하이브리드 차량에 집중해 왔는데, 이는 친환경 자동차 시장의 상당 부분을 차지할 것으로 예상된다.

출제포인트 to부정사와 결합하는 수동태

해설 미래의 일을 나타내는 동사들은 수동태로 쓰일 경우 to부정사와 결합하여 앞으로 있을 일을 나타낸다. 동사 forecast도 수동태로 쓰이면 to부정사와 결합해 '~할 것으로 예상되다'라는 의미를 나타내므로 (a) to make가 정답이다.

어휘 focus on ~에 집중하다, 초점을 맞추다 vehicle 차량 be forecast to do ~할 것으로 예상되다 make up ~을 차지하다 portion 부분, 일부, 몫 eco-friendly 친환경의, 환경 친화적인

정답 (a)

14.

> 존이 언론 인터뷰를 시작하자마자, 긴장감으로 인해 그의 손이 떨리기 시작했다.

출제포인트 도치구문 No sooner + 과거완료시제 + than + 과거시제

해설 No sooner가 이끄는 절에 과거완료시제 동사(had begun)가 쓰일 때 than이 이끄는 절의 동사는 과거시제가 되어야 행위가 일어난 순서가 알맞으므로 (b) started가 정답이다.

어휘 No sooner A than B: A하자마자 B하다 nervousness 긴장감, 신경 과민

정답 (b)

15.

> 피터가 선생님의 조언을 따랐다면, 기말고사에 합격했을 것이다.

출제포인트 가정법 과거완료에서 주절의 동사 시제 형태

해설 가정법 문장에서 If절의 동사가 과거완료(had p.p.)일 때 주절의 동사는 would/could/should/might have p.p.의 형태가 문맥에 맞추어 사용되므로 (a) would have passed가 정답이다.

어휘 follow ~을 따르다, 준수하다, 지키다 pass ~을 통과하다, ~에서 합격하다 final exam 기말고사

정답 (a)

16.

단축된 근무 시간 덕분에, 학부모들이 예전에 그러했던 것보다 더 많은 시간을 자녀들과 보낼 수 있다.

출제포인트 등위접속사의 병렬구조

해설 '전에 ~하곤 했다'를 뜻하는 「used to + 동사원형」이 빈칸에 와야 한다. 이때 등위접속사 than 이후의 문장이 앞문장과 병렬구조를 이루므로 앞서 언급된 동일한 부분의 반복을 피하기 위해 동사원형 spend까지 생략한다. 따라서 (b) used to가 정답이다.

어휘 thanks to ~ 덕분에, ~로 인해 shorten ~을 단축하다, 짧게 하다 work hours 근무 시간 spend (시간·돈 등을) 사용하다, 쓰다 used to do 전에 ~하곤 했다

정답 (b)

17.

많은 제과제빵 조리법에서 무가당 사과 소스가 버터보다 건강에 더 좋은 대용품으로 사용될 수 있다.

출제포인트 비교/대안을 나타내는 전치사 to

해설 '대용품, 대안' 등을 뜻하는 명사 alternative는 전치사 to와 어울려 '~에 대한 대용품, 대안'이라는 뜻을 나타내므로 (a) to가 정답이다.

어휘 unsweetened 무가당의 healthy 건강에 좋은 alternative to ~에 대한 대용품, 대안 baking 제과제빵 recipe 조리법

정답 (a)

18.

엄마가 만든 마늘을 넣어 크림처럼 으깬 감자는 몇 년 전에 해외에 거주하는 동안 젠이 가장 그리워했던 것이었다.

출제포인트 명사와 동사의 수/시제 일치

해설 빈칸에 들어갈 be동사는 what절을 보어로 취하므로 단수 취급한다. 또한 what절의 과거시제 동사 missed에 시제를 맞추어야 하므로 (a) was가 정답이다.

어휘 creamy 크림 모양의 garlic 마늘(을 넣은) mashed 으깬 miss ~을 그리워하다 while ~하는 동안 abroad 해외에서, 해외로

정답 (a)

19.

더 많은 학자금 대출을 발생시킬 가능성과 직면하기를 원치 않기 때문에, 조나스는 대학원에 다니지 않기로 결정했다.

출제포인트 수식어구를 동반하는 명사 앞의 한정사 the

해설 빈칸 바로 뒤에 위치한 of 전치사구의 수식을 받아 특정한 상황에 대한 가능성을 의미해야 하므로 정관사 the가 포함된 (b) the prospect가 정답이다.

어휘 face v. ~에 직면하다, ~와 마주하다 prospect 가능성, 가망성, 장래성 incur (비용 등) ~을 발생시키다 student debt 학자금 대출

decide (not) to do ~하기로(하지 않기로) 결정하다 attend ~에 다니다, 출석하다 graduate school 대학원

정답 (b)

20.

활용된 참고 문헌에 대한 출처 표기가 없는 연구 논문은 연구 행동 규약 위반으로 간주될 것입니다.

출제포인트 명사를 후치 수식하는 분사의 형태

해설 문장에 이미 주동사 will be deemed가 있으므로 빈칸은 준동사 형태가 되어야 하며, 타동사 lack 뒤에 목적어 references를 동반하고 있으므로 능동의 현재분사 형태가 되어야 한다. 그러므로 현재분사 형태인 (d) lacking이 정답이다. 참고로, to부정사도 명사를 후치 수식할 수 있지만, 미래의 목적 또는 용도를 나타내므로 현재의 상태를 나타내는 빈칸에 올 수 없다.

어휘 research paper 연구 논문 lack v. ~이 없다, ~이 부족하다 reference 참고 문헌 source 출처 deem A B: A를 B로 간주하다, 여기다 in violation of ~을 위반하여 code of conduct 행동 규범

정답 (d)

21.

산드라는 회사 합병으로 해고된 직원들과의 연대 의식을 보여주기 위해 사임하기로 결정했다.

출제포인트 목적을 나타내는 전치사구의 어순

해설 빈칸에는 step down 행위의 목적을 설명해야 하므로 '~에 대한 표현으로, ~을 보여주기 위해'라는 의미를 나타내는 in a show of로 시작하는 것이 적절하므로 (b) in a show of solidarity with가 정답이다. 목적을 나타내는 to부정사를 사용한 (a)도 정답처럼 보이지만, 타동사 show 뒤에 목적어가 바로 나와야 하므로 오답이다.

어휘 decide to do ~하기로 결정하다 step down 사임하다 in a show of ~에 대한 표현으로, ~을 보여 주기 위해 solidarity 연대, 유대, 결속 lay off (일감이 없어) ~을 해고하다 because of ~때문에 merger 합병, 통합

정답 (b)

22.

뉴스 보도에 따르면, 심지어 작년에 종영된 이후에도 수백만 명의 시청자들이 그 드라마를 시청했다.

출제포인트 동사의 시제 일치

해설 주절의 시제 형태가 과거형인 watched이므로 종속절의 시제는 과거 또는 그 이전이 되어야 한다. 또한 동사 take off의 목적어 it이 주어 자리에 있으므로 수동태가 되어야 하는 것을 알 수 있다. 따라서 과거 시점 표현 last year와 어울리는 과거시제 수동태 (c) was taken이 정답이다.

어휘 according to ~에 따르면 millions of 수백만의 even 심지어 (~도) take A off the air: A의 방송을 끝내다, 종영하다

정답 (c)

23.

> 젊은이들은 사생활 문제에 관한 한, 종종 손위 형제들이 조언을 줄 것이라고 기대한다.

출제포인트 셀 수 없는 명사 guidance

해설　선택지에 제시된 명사 guidance는 advice와 마찬가지로 셀 수 없는 명사이므로 복수형으로 사용하거나 부정관사 a를 앞에 붙일 수 없다. 따라서 (a) guidance가 정답이다.

어휘　look to ~에게 기대다, 의지하다 sibling 형제 guidance 조언, 지도, 안내 when it comes to ~와 관련해서, ~에 관한 한

정답　(a)

24.

> 몇 주 동안 작업자들이 폭풍우로 파손된 주택들을 복구하고 있지만, 거기에 살던 주민들 중 단 한 명도 아직 집으로 돌아가지 못했다.

출제포인트 전치사 + 관계대명사

해설　관계사절의 동사에 전치사가 동반될 경우, 이 전치사는 관계사절 맨 뒤에 위치하거나 관계대명사 앞에 위치한다. 관계사절의 동사 return이 장소를 나타내는 경우 자동사이므로 뒤에 전치사 to가 필요한데 관계사절의 return 뒤에 전치사가 보이지 않는다. 따라서, 관계대명사 앞에 전치사 to가 필요하므로 동사 return과 함께 쓰이는 to가 앞으로 이동해 관계대명사 which와 결합된 형태인 (d) to which가 정답이다.

어휘　reconstruct ~을 복구하다, 재건하다 storm-damaged 폭풍우로 파손된 former 이전의, 과거의 inhabitant 거주민 return to ~로 돌아가다

정답　(d)

25.

> 증기 기관이 새로운 이동 수단인 철도를 가능하게 해주었다.

출제포인트 5형식 문장에서 길이가 긴 목적어의 후치

해설　문장의 동사가 가장 먼저 필요하므로 made로 시작하는 (a)와 (c)가 가능하다. made 다음에 목적어가 나와야 하는데, 목적어 a new means of traveling: the railroad처럼 긴 목적어는 보어 뒤로 보낼 수 있다. 그러므로 (a) made possible이 정답이다. 참고로 (c) made it possible은 to부정사구가 목적어로 쓰일 때 사용되는 표현이다.

어휘　steam engine 증기 기관 means 수단 traveling 이동, 여행 make possible A: A를 가능하게 하다

정답　(a)

Part III

26.

> (a) A: 아보카도는 여름에 항상 너무 빨리 상해.
> (b) B: 난 이렇게 더울 때 보통 냉장고에 보관해.
> **(c) A: 하지만 냉장고에 보관하면 제대로 익지 않잖아.**
> (d) B: 그게 바로 내가 완전히 익자마자 냉장 보관하는 이유야.

출제포인트 분사구문의 태

해설　(c) 문장에서 타동사 keep의 현재분사인 keeping 뒤에 목적어가 없으므로 과거분사 kept가 쓰여야 알맞다. 따라서 (c)가 정답이다.

어휘　spoil (음식 등이) 상하다, 못쓰게 되다 tend to do ~하는 경향이 있다, 보통 ~하다 store v. ~을 보관하다, 저장하다 fridge 냉장고 this ad. 이렇게, 이 정도로 ripen 익다, 숙성되다 properly 제대로, 적절히 refrigerate ~을 냉장 보관하다 once ~하자마자, 일단 ~하는 대로 fully 완전히, 전적으로 ripe 익은

정답　(c) keeping → kept

27.

> (a) A: 저는 브램웰 테크 사의 위법 행위에 대한 애나 스타인 씨 주장의 정당성이 의심스러워요.
> (b) B: 또 다른 전 직원이 최근에 그 주장들 중의 일부를 입증했는데도요?
> (c) A: 네. 그 사람들이 그저 악의적으로 브램웰 사의 명성에 해를 끼치려 하고 있는 것일 수도 있잖아요.
> (d) B: 음, 한 회사에 해를 끼치려고 공모하는 건 시도하기에 꽤 위험한 일인 것 같아요.

출제포인트 타동사의 목적어 형태

해설　(a) 문장에서 동사 doubt that 뒤에 명사구만 있으므로, 접속사인 that이 빠져야 올바른 문장이 된다. 따라서 (a)가 정답이다.

어휘　doubt ~을 의심하다, ~라고 의혹을 품다 legitimacy 타당성, 정당성, 합법성 claim 주장, 요구 misconduct 위법 행위, 부당 행위 even though ~라 하더라도, ~이기는 하지만 former 전에 ~였던, 이전의 recently 최근에 substantiate ~을 입증하다 damage ~에 해를 끼치다, 피해를 입히다 reputation 명성, 평판 out of spite 악의적으로 collude 공모하다, 결탁하다 seem + 형용사: ~한 것 같다 pretty 꽤, 아주 risky 위험한 ploy 계략, 계책 attempt ~을 시도하다

정답　(a) doubt that the → doubt the

28.

> (a) 대부분의 국가들은 미터법이라고 알려진 체계를 사용해 거리와 무게를 측정한다. **(b) 미국에서는 영국식 도량형제도라고 알려진 더 오래된 체계를 사용하는 것이 관례이다.** (c) 하지만, 심지어 그곳에서도 과학 분야의 계산에는 미터법이 사용되고 있다. (d) 그 이유는 표준 과학 공식들이 두 체계 중에서 더 보편적인 것을 바탕으로 하고 있기 때문이다.

출제포인트 보어 자리에 쓰일 형용사

해설　(b) 문장은 「it - to부정사」로 구성된 가주어/진주어 문장이다. 이때 진주어인 to부정사의 보어로, 동사 is 뒤에 올 품사는 형용사이

므로 부사 customarily를 형용사 customary로 바꾸어야 한다. 따라서 (b)가 정답이다.

어휘 measure ~을 측정하다 known as ~라고 알려진 metric system 미터법 customarily 관례적으로, 습관적으로 imperial system 영국식 도량형제도 (무게에는 파운드, 길이에는 인치, 피트, 야드, 마일 등을 사용) calculation 계산 field 분야 standard 표준의, 기준의 formula 공식 be based on ~을 바탕으로 하다 universal 보편적인

정답 (b) customarily → customary

29.

(a) 1867년에 프러시아 국왕 윌리엄 1세는 자신이 자주 드나들던 카페 앙글레에서 호화로운 연회를 열었다. (b) 이 만찬에는 두 명의 다른 황제가 손님으로 초대되었으며, 윌리엄 1세는 행사 진행에 있어 비용을 아끼지 않았다. **(c) 총 8시간 동안 이어진 이 만찬은 여덟 가지 와인을 곁들인 열여섯 가지 코스 요리로 구성되었다.** (d) 대략적인 1인당 비용은 물가 상승률에 맞추어 조정할 때 오늘날의 9,000유로에 상당하는 액수였다.

출제포인트 진행형으로 사용되지 않는 상태 동사

해설 (c) 문장에 쓰인 동사 consist는 상태를 나타내는 동사로서 진행형 형태로 사용하지 않는다. 따라서 was consisting 대신 consisted가 쓰여야 알맞으므로 (c)가 정답이다.

어휘 hold (행사 등) ~을 열다, 개최하다 luxurious 호화로운 banquet 연회 frequent v. ~에 자주 다니다 emperor 황제 spare no expense 비용을 아끼지 않다 execution 실행, 집행 span + 시간/기간: ~에 걸쳐 이어지다 consist of ~로 구성되다 accompanied by ~을 곁들인, 동반한 approximate 대략적인 the equivalent of ~에 상당하는 것 adjust ~을 조정하다 inflation 물가 상승률, 통화 팽창, 인플레이션

정답 (c) was consisting → consisted

30.

(a) 연구에 따르면, 왼손잡이인 사람들의 비율이 시간이 흘러도 한결같은 상태로 유지되고 있다. **(b) 실제로, 동굴 벽화에서 나온 증거에 따르면, 심지어 선사 시대에도 사람들의 10퍼센트가 왼손잡이였다.** (c) 과학자들은 왼손잡이가 유전에 의해 결정되며, 그 특성이 가족 대대로 이어진다고 생각하고 있다. (d) 하지만 왼손잡이에 연계된 특정 유전자가 없으므로, 그것이 유전자들의 집합에 의해 발생되는 것으로 여겨지고 있다.

출제포인트 동사의 수 일치

해설 (b) 문장의 주어인 evidence가 셀 수 없는 명사로서 단수 형태로 제시되었으므로 동사도 단수 형태인 shows가 되어야 한다. 따라서 (b)가 정답이다.

어휘 suggest that ~임을 나타내다, 보여주다 population 사람들, 인구 left-handed 왼손잡이인 remain + 형용사: ~한 상태로 유지되다, 계속 ~한 상태이다 consistent 한결같은, 일관된 over time 시간이 흐를수록 in fact 실제로, 사실은 evidence 증거 cave painting 동굴 벽화 prehistoric times 선사 시대 left-handedness 왼손잡이임 determine ~을 결정하다 genetics 유전(학) trait 특성 run in families 가족 대대로 이어지다, 전해지다 gene 유전자 be linked to ~와 연관되다 it is thought to do ~하는 것으로 여겨지다 result from ~로부터 발생되다, ~이 원인이다 a cluster of 집합적인, 무리를 이룬

정답 (b) show → shows

READING COMPREHENSION

Part I

1.

채용 담당자로서, 저는 최초의 실질적인 직장을 찾는 많은 젊은 대학 졸업생들을 면접해왔습니다. 이 학생들의 다수가 각자의 학업 성적을 강조합니다. 이는 당연한 일인데, 좋은 성적이 책임감과 학업 능력을 증명하기 때문입니다. 하지만 **저는 뭐랄까 업무 관련 경험도 지니고 있는 학생들에게 더 깊은 인상을 받습니다. 이런 지원자들이 직장에 빠르게 그리고 순조롭게 적응할 가능성이 더 큽니다.** 이것이 바로 제가 대학생들이 공부하면서 일할 기회를 찾도록 권하는 이유입니다.

(a) 공부하면서 일할 기회를 찾도록
(b) 각자의 학력을 강조하도록
(c) 학교 과제보다 일을 우선시하도록
(d) 좋지 못한 학교 성적에 대해 변명하지 말도록

해설 빈칸은 글쓴이가 대학생들에게 권하는 일을 나타내는데, 글쓴이의 주장은 대체로 반전을 나타내는 접속사 but 또는 접속부사 however 등으로 제시된다는 것을 생각하면 금방 단서를 찾을 수 있다. 학업 성적의 중요성에 동의한 후에 But으로 흐름을 뒤집어 업무 관련 경험에 대한 자신의 생각을 제시하고 있으므로, 공부하면서 일하는 기회를 찾는다는 내용인 (a)가 정답이다.

어휘 hiring 고용 graduate n. 졸업생 look for ~을 찾다 highlight ~을 강조하다, 집중 조명하다 academic achievements 학업 성적 understandable 당연한, 이해할 수 있는 grade 성적, 점수, 등급 demonstrate ~을 증명하다, 설명하다 a sense of responsibility 책임감 ability to do ~할 수 있는 능력 be impressed by ~에 대해 깊은 인상을 받다 some sort of 일종의, 뭐랄까 relevant 관련된 candidate 지원자, 후보자 be more likely to do ~할 가능성이 더 크다 adjust to ~에 적응하다 smoothly 순조롭게 recommend that ~하도록 권하다, 추천하다 opportunity to do ~할 기회 while ~하면서, ~하는 동안 emphasize ~을 강조하다 prioritize A above B: B보다 A를 우선시하다 assignment 과제, 할당(된 일) make excuses for ~에 대해 변명하다

정답 (a)

2.

저희 오션 고메이 뷔페는 고객들께서 양질의 해산물을 원하시는 만큼 충분히 드시도록 하는 것에 자부심을 느끼고 있습니다. 동시에, **저희는 저희 식당에서 발생하는 음식물 쓰레기의 양을 줄여 환경 친화성을 계속 유지하고자 합니다.** 저희 고객들께서도 그러하시다는 점을 알고 있으며, 그 이유로 저희는 새로운 정책을 도입하고자 합니다. 5월 1일부터, 드시지 않은 음식을 접시에 남기는 고객들의 계산서에 10퍼센트의 할증요금이 추가될 것입니다.

(a) 드시지 않은 음식을 접시에 남기는
(b) 최대 제한 시간을 초과해 남아 계시는

(c) 음식을 가져 가시다가 적발되는
(d) 접시를 깨뜨리거나 식기를 손상시키는

해설 빈칸은 새로운 정책인 10퍼센트의 할증요금 대상자를 나타내야 하는데, 새로운 정책이 도입되는 이유를 나타내는 which is why 앞에 단서가 있다. 이 식당이 음식물 쓰레기를 줄여 환경 친화성을 계속 유지하고자 하므로(we want to stay environmentally friendly by reducing the amount of food waste) 새로운 방침의 내용은 음식물 쓰레기를 줄이는 것과 관련이 있다. 따라서 음식을 다 먹지 않고 남긴다는 의미인 (a)가 정답이다.

어휘 take pride in -ing ~하는 것에 자부심을 갖다, ~함을 자랑스럽게 생각하다 allow A to do: A에게 ~할 수 있게 해 주다 as much A as B: B만큼이나 많은 A quality a. 양질의, 질 좋은 at the same time 동시에 stay + 형용사: ~인 상태를 유지하다 environmentally friendly 환경 친화적인 by -ing (방법) ~함으로써 reduce ~을 줄이다, 감소시키다 amount 양, 수량, 액수 waste 쓰레기, 폐기물 produce ~을 생산하다 customer 고객 introduce ~을 도입하다 policy 방침, 정책 surcharge 할증요금 add A to B: A를 B에 추가하다 bill 계산서, 청구서, 고지서 leave ~을 남기다 uneaten 먹지 않은 plate 접시 past ~을 초과하여 maximum 최대의, 최고의 time limit 시간 제한 be caught -ing ~하다가 적발되다 take food with someone 음식을 가지고 가다 break 깨다 damage ~을 손상시키다 utensils 식기류

정답 (a)

Paraphrase food waste → leave uneaten food

3.

뱀을 부리는 사람이 푼기라는 악기를 연주할 때, 바구니 밖으로 올라 오는 뱀은 음악에 의해 최면에 걸린 것처럼 보인다. 하지만, 뱀은 외부로 돌출된 귀가 없기 때문에 연주되는 음악을 들을 수 없다. 실제로, 이 동물은 푼기와 뱀을 부리는 사람의 움직임에 반응하고 있는 것이다. 그 **조심스러운 행동은**, 정확히 말하자면, 포식자 앞에서 보일 법한 것과 같은 것이다. 달리 말하면, 뱀이 바구니 밖으로 나온 것은 자신을 방어할 준비가 되었다는 증거이다.

(a) 뱀을 부리는 사람의 능력에 달려있다
(b) 포식자의 본능을 나타낸다
(c) 푼기 소리에 대한 과민반응 때문이다
(d) 자신을 방어할 준비가 되었다는 증거이다

해설 빈칸이 포함된 문장의 앞에 있는 In other words는 바로 앞의 내용을 부연 설명하는 표현이므로 바로 앞 문장에 단서가 있다. 조심스러운 행동이 정확히 말하면 포식자 앞에서 보일 법한 것과 같다는(Its wary behavior is precisely the kind that it would exhibit in front of a predator) 문장에서 in front of a predator가 핵심 단서로서, 포식자의 공격에 대비하는 행동인 것으로 이해할 수 있으므로 (d)가 정답이다.

어휘 snake charmer 뱀을 부리는 사람 instrument 악기 called A: A라고 불리는 pungi 푼기 (표주박 모양의 인도 관악기) rise 올라오다 seem to do ~하는 것 같다 hypnotize ~에 최면을 걸다 lack v. ~이 없다, 부족하다 outer 외부의 in reality 실제로 respond to ~에 반응하다 motion 움직임, 동작 wary 조심스러운, 경계하는 behavior 행동 precisely 정확히 exhibit (특성 등) ~을 보이다, 나타내다 in front of ~ 앞에서 predator 포식자 in other words 달리 말하면 (부연 설명 표현) emergence 나타남, 출현 dependent

on ~에 달려있는, ~에 따라 다른 representative of ~을 나타내는, 대표하는 predatory 포식성의 instinct 본능 due to ~로 인해, ~ 때문에 irritation 과민반응, 짜증 evidence 증거 readiness 준비 상태, 태세 defend ~을 방어하다

정답 (d)

Paraphrase Its wary behavior → its readiness to defend itself

4.

직원 여러분,

아시다시피, 우리 사무실 건물에 대한 개조 공사가 지난주에 시작되었으며, 한 달의 시간이 소요될 것으로 예상됩니다. 여러분 중 다수가 우리가 임시로 사무실을 공유하는 계획에 대해 우려를 표시한 바 있으며, 현재 **물건들도 가득한 것**으로 알고 있습니다. 또한 공사로 인해 막혀 있는 주차 공간들 때문에 많은 직원들이 **차량을 주차할 곳이 없어졌다는 점**도 알고 있습니다. 이런 이유로 저희는 공사가 완료될 때까지 관리자 직책을 제외한 전 직원이 일주일에 최대 이틀까지 재택 근무를 할 수 있도록 결정하였습니다. 이 조치가 이 일시적인 불편을 줄이는 데 도움이 되기를 바랍니다.

멜라니 오라일리

(a) 사무실 개조 공사를 신속히 진행하는 데
(b) 우리가 새로 개조된 사무실에 적응하는 데
(c) 이 일시적인 불편을 줄이는 데
(d) 모든 사람의 업무 일정을 소화하는 데

해설 this는 바로 앞 문장에 재택근무를 하는 것(work from home)을 가리키는데, 해당 문장에 That's why를 통해 재택근무로 해결해야 할 문제가 앞에 제시됨을 알 수 있다. 앞에서 사무실 혼잡(crowded)과 주차 공간 부족(nowhere to park)이라는 두 가지 문제를 찾을 수 있는데, 이를 한 단어로 표현하면 불편(inconveniences)이다. 따라서 this의 목적은 이러한 불편을 줄이려는 것이므로 (c)가 정답이다.

어휘 renovation 개조, 보수 be expected to do ~할 것으로 예상되다 take ~의 시간이 걸리다 express (생각, 감정 등) ~을 표현하다 concern 우려, 걱정 temporary 일시적인, 임시의 crowded 복잡한, 붐비는 be aware that ~임을 알고 있다, 인식하고 있다 block off ~을 차단하다, 가로막다 leave A + 전치사구: A를 ~하게 만들다 with nowhere to do ~할 곳이 없는 채로 park ~을 주차하다 vehicle 차량 decide that ~라고 결정하다 complete ~을 완료하다 non-management 관리자 직책에 있지 않은 personnel 직원들, 인원 work from home 재택 근무하다 up to 최대 ~까지 help do ~하는 데 도움이 되다 speed up ~의 속도를 내다 process 과정 adjust to ~에 적응하다 reduce ~을 줄이다, 감소시키다 inconvenience 불편(함) accommodate ~을 수용하다

정답 (c)

Paraphrase things are crowded / nowhere to park their vehicles → these temporary inconveniences

5.

다양한 연구가 통증 관리의 복잡성을 보여주고 있습니다. 만성 요통에 관한 한 연구에서, 환자들은 평소에 먹는 약과 함께 위약을 제공받았습니다. 위약을 복용한다는 사실을 알고 있었음에도 불구하고, 이 환자들은 평소에 먹는 약만 복용한 환자들보다 고통이 더 줄어들었다고 보고했습니다. 연구자들은 위약을 받은 것이 회복에 대한 환자의 감정에 긍정적으로 영향을 미치면서, 회복을 촉진하는 신체 활동을 하도록 자극한 것이라는 가설을 제시했습니다. 이 연구는 만성 통증을 지닌 환자들에게 <u>심리적 요인들이 회복에 영향을 미칠 수 있다</u>는 것을 보여주고 있습니다.

(a) 심리적 요인들이 회복에 영향을 미칠 수 있다
(b) 신체 활동의 감소가 통증 약화의 비결이다
(c) 환자들이 지닌 증상의 심각성이 과장되어 있다
(d) 약물이 생각보다 영향이 덜 하다

해설 연구의 결론이 연구자들의 가설과 일치하므로 빈칸 바로 앞 문장에 단서가 있다. 가설의 키워드들을 살펴보면 placebo가 feelings → physical activity → accelerated recovery의 순으로 긍정적 영향을 준다는 것이다. 그러므로 feelings가 recovery에 영향을 줄 수 있다고 한 (a)가 정답이다.

어휘 various 다양한 illustrate ~을 보여 주다, 설명하다 complexity 복잡성 pain management 통증 관리 chronic 만성의 back pain 요통 patient 환자 placebo 위약, 가짜 약 along with ~와 함께 regular 평소의, 일반적인 despite ~에도 불구하고 take ~을 먹다, 섭취하다 decrease in ~의 감소(= reduction in) discomfort 통증, 불편함 medication 약물 theorize that ~라는 가설을 제시하다 positively 긍정적으로 influence ~에 영향을 미치다 recovery 회복 encourage A to do: A에게 ~하도록 부추기다, 장려하다 engage in ~에 관여하다, 참여하다 physical 신체적인, 물리적인 accelerate ~을 가속하다, 촉진하다 demonstrate that ~임을 보여주다, 입증하다 psychological 심리적인 factor 요인 affect ~에 영향을 미치다 key to ~의 비결, 요소 relief 경감, 안도 severity 심각성 condition 증상, 상태 exaggerate ~을 과장하다 have less of an impact 영향력이 덜 하다 than believed 생각보다

정답 (a)

Paraphrase feelings → psychological factors

6.

월요일에 열렸던 시 의회 회의가 시장의 <u>의안에 대한 투표 권리</u>에 대해 벌어진 논쟁 끝에 갑작스럽게 폐회되었습니다. 전에, 의회는 오직 다른 의원들의 투표 결과가 동률일 경우에 한해서 시장이 투표하도록 허용하는 결의안을 통과시켰습니다. 하지만, 프랭크 윈터스 시장은 이 정책이 시 헌장을 위반하고 있다고 주장하고 있으며, 시 헌장은 시장의 투표 권리를 구체적으로 다루고 있지 않습니다. 변호인들로부터 자신도 시 의회 일원으로 모든 의안에 대해 투표할 권리가 있다는 말을 들은 이후부터 윈터스 시장은 그렇게 하고 있습니다. 회의 중 이 문제를 두고 벌어진 열띤 토론은 여러 의원들이 퇴장하는 사태로 이어졌습니다.

(a) 시 헌장을 개정하려는 투표
(b) 의안에 대한 투표 권리
(c) 의회 표결에 대한 거부권
(d) 발의안의 가부를 결정 짓는 투표

해설 빈칸은 시장과 관련된 논쟁의 주제를(bickering) 나타낸다. 의회

결의안이 시장의 투표권을 가부 동률(a tie)에 대한 특별한 경우로 제한하고 있으며, 이와 대립하는 시장은 일반적인 투표권(the right to vote on all council issues)을 주장하고 있다. 따라서 (b)가 정답이다. (d)는 의회의 입장을 나타내는 오답 함정이다.

어휘 council 의회 abruptly 갑자기 bickering 논쟁, 언쟁 break out 발생하다 over (대상) ~을 두고, ~에 대한 mayor 시장 previously 과거에, 이전에 pass ~을 통과시키다 resolution 결의안 allow A to do: A가 ~하도록 허용하다 vote v. 투표하다 n. 투표 result in ~을 초래하다 tie 동률, 동점 however 하지만 claim (that) (~라고) 주장하다 policy 정책, 방침 violate ~을 위반하다 charter 헌장 specifically 구체적으로, 특별히 address v. (문제 등) ~을 다루다, 처리하다 voting right 투표권 lawyer 변호인 council member 시 의원 the right to do ~할 권리 issue 사안, 문제 heated 열띤, 가열된 discussion 토론, 논의 lead A to do: 결국 A가 ~하게 만들다, A가 ~하는 것으로 이어지다 several 여럿의, 몇몇의 walk out (항의 표시로) 퇴장하다 revise ~을 개정하다, 수정하다 veto power (의회 법안에 대한) 거부권 tie-breaking 승부를 결정 짓는, 균형을 깨는 proposal 발의안, 제안

정답 (b)

7.

장례업계에서 점점 더 많은 신생업체들이 <u>인간 사후 생태학적 흔적을 최소화</u>하고 있습니다. 전통적인 매장이 여전히 대중적이기는 하지만, 최근 인간의 유골이 부패하는 사체보다 **환경적으로 덜 피해를 끼친다는 사실**을 보여주는 증거와 함께, 화장이 증가하고 있습니다. 한 걸음 더 나아가, 일부 업체들은 유골이 생태학적으로 더욱 건전한 방식으로 처리되도록 배려하여 분해성 유골함을 개발했습니다. 한편, 특정 묘지들은 화장과 관련된 매연으로 인해 화장을 피하고 있으며, 관을 사용하지 않는 친환경적인, 즉 자연 매장을 제공하고 있습니다.

(a) 생태 친화적인 관을 대중화하는 데 도움을 주고
(b) 친환경 매장의 이점이라고 주장되는 것들에 이의를 제기하고
(c) 인간 사후 생태학적 흔적을 최소화하고
(d) 인간 화장의 환경적 비용에 대해 재고하고

해설 빈칸은 신생 장례 서비스들의 특징을 나타내야 하는데, 전통 방식과 비교하여 화장, 분해성 유골함, 관이 없는 매장 등 세 가지 새로운 방식들이 소개되고 있다. 이 방식들의 공통점을 설명하는 선택지를 고르면 되는데, 모두 유해를 보존하지 않거나 부패를 촉진하는 목적이므로 (c)가 정답이다.

어휘 a growing number of 점점 더 많은 (수의) start-up 신생업체 funeral industry 장례업계 traditional 전통적인 burial 매장 remain + 형용사: 여전히 ~한 상태이다, ~한 상태로 유지되다 popular 대중적인, 인기 있는 cremation 화장 on the rise 증가하는 recent 최근의 evidence 증거(물) suggest (that) (~임을) 보여주다 ashes 유골 environmentally damaging 환경에 피해를 끼치는 decomposing 부패하는 take A a step further: A를 한층 더 발전시키다 create ~을 만들어내다 biodegradable 생분해성의 urn 유골함 allow for A to do: A가 ~하도록 허용하다, 배려하다 dispose of ~을 처리하다, 처분하다 ecologically 생태학적으로 in a sound manner 건전한 방식으로 meanwhile 한편, 그러는 동안 certain 특정한, 일정한 cemetery 묘지 eschew ~을 피하다, 삼가다 due to ~로 인해 emission 매연, 배출물 be associated with ~와 관련되다 green 친환경의 coffin 관 popularize ~을 대중화하다 challenge v. ~에 이의를 제기하다 supposed ~라고 여겨지는, 이른바 benefit 이점, 혜택 minimize ~을 최소화하다

footprint 발자취, 흔적 rethink ~을 재고하다 cost 비용, 손실, 희생

정답 (c)

Inference human ashes / biodegradable urns / burials without coffins → minimizing people's ecological footprints after death

8.

연구에 따르면, 무수히 많은 요인들이 혈압을 변화시키며, 여기에는 하루 중의 시간, 연령, 성별, 그리고 감정 상태가 포함된다. 그 중에서 "흰 가운 고혈압"이라는 것이 존재하는데, 이는 특히 환자들이 흔히 긴장감을 느끼는 병원 환경에서 검사를 받을 때 혈압치가 치솟게 되는 현상이다. 결과적으로 측정 수치가 상승할 수 있기 때문에, 오진을 피하기 위해 의사들은 반드시 이러한 요소를 염두에 두어야 한다. 따라서, 의사들은 <u>의료 환경과 관련된 불안감이 혈압을 높일 수 있다</u>는 사실을 감안하여 여러 차례 측정을 하거나 자택 측정을 요청해야 한다.

(a) 많은 환자들이 의료 전문가들을 크게 불신하고 있다는
(b) 혈압 측정용 기구들이 불완전하다는
(c) 의료 전문가들이 종종 부정확하게 측정한다는
(d) 의료 환경과 관련된 불안감이 혈압을 높일 수 있다는

해설 이 글의 주제어는 white coat hypertension이며, 이것은 의사들이 여러 차례 혈압을 측정하거나 자택 측정을 요청해야 한다는 결론의 이유이다. 그러므로 white coat hypertension 현상을 설명하는 문장에 제시된 spikes in blood pressure, in a hospital environment, feel tense라는 키워드들이 변형되어 등장하는 선택지인 (d)가 정답이다.

어휘 reveal that (조사 결과) ~라고 드러나다 myriad 무수히 많은 factor 요인 modulate ~을 변화시키다 blood pressure 혈압 including ~을 포함해 emotional state 감정 상태 hypertension 고혈압 phenomenon 현상 cause ~을 야기하다, 초래하다 spike in ~의 급등, 급증 readings 측정치 specifically 특히, 구체적으로 patient 환자 test ~을 검사하다 environment 환경, 분위기 feel tense 긴장하다 rise 상승하다, 오르다 as a result 결과적으로 keep A in mind: A를 염두에 두다 element 요소 avoid ~을 피하다 false 잘못된, 틀린, 거짓의 diagnose 진단 therefore 따라서, 그러므로 take measurements 측정하다 multiple 다수의, 여럿의 ask for ~을 요청하다 account for the fact that ~라는 사실을 고려하다 deeply 크게, 깊게, 몹시 distrust ~을 불신하다 medical 의료의 instrument 기구, 도구 measure ~을 측정하다 imperfect 불완전한 incorrectly 부정확하게 anxiety 불안(감) related to ~와 관련된 setting 환경, 배경 elevate ~을 높이다, 증가시키다

정답 (d)

Paraphrase spikes → elevate
a hospital environment → medical settings
feel tense → anxiety

9.

1953년, 영국의 한 탐험대가 에베레스트산 정상에 오른 최초의 탐험가가 되기 위한 여정을 시작했다. 이 그룹에서 가장 먼저 등정에 도전한 등반조는 톰 버딜런과 찰스 에반스였다. 정상이 채 100미터도 남지 않은 지점까지 올랐지만, 버딜런과 에반스는 산소통 문제로 인해 어쩔 수 없이 발걸음을 돌려야 했다. <u>그 결과</u>, 두 번째 등반조인 에드먼드 힐러리와 텐

징 노르게이에게 기회가 돌아갔으며, 그들은 성공적으로 정상에 올랐다.

(a) 상관없이
(b) 반대로
(c) 추가적으로
(d) 그 결과

해설 접속부사 유형은 앞뒤 문장의 연결 관계를 파악해야 한다. 빈칸 앞은 첫 등반조인 버딜런과 에반스가 산소통 문제로 정상 문턱에서 돌아온 사실이, 빈칸 뒤에는 등정 기회가 에드먼드 힐러리와 텐징 노르게이에게 주어진 사실이 나온다. 두 문장이 원인과 결과의 관계로 연결되므로 결과를 나타낼 때 사용하는 (d) Consequently 가 정답이다.

어휘 expeditionary 탐험의, 탐사의 set out to do ~하는 데 착수하다, 시작하다 explorer 탐험가 reach ~에 도달하다 summit n. 정상, 꼭대기, v. ~의 정상에 도달하다 climber 등반가 attempt ~을 시도하다 climb 등반 within ~ 이내에 be forced to do 어쩔 수 없이 ~하다 turn around 돌아서다, 방향을 바꾸다 due to ~로 인해, ~ 때문에 oxygen tank 산소통 opportunity 기회 fall to (기회, 책임 등) ~에게 돌아가다 successfully 성공적으로 regardless ad. 상관없이 a. 무관심한 conversely 역으로, 반대로 additionally 부가적으로, 추가로 consequently 결과적으로

정답 (d)

10.

인공지능(AI)의 출현은 특정 직종에서 인력의 대체를 포함해 직장에 상당한 변화를 가져올 수도 있다. 하지만, 모든 직업이 취약해지는 것은 아니다. 컴퓨터가 아무리 지능적으로 발달한다 하더라도, 창의성을 필요로 하는 업무를 수행하는 능력은 여전히 제한적일 수 있다. 따라서, **우리의 주된 관심사는 언젠가 인공지능이 모든 인력을 대체할 것이라는 데 머물러서는 안 된다. 대신,** 인간의 창의성을 보완할 수 있도록 인공지능을 최대로 활용하는 방법을 생각해야 한다.

(a) 대신
(b) 더욱이
(c) 그렇다고 해서
(d) 예를 들어

해설 빈칸 앞에는 언젠가 인공지능이 인력을 대체한다고 걱정만 하지 말라는 주장이, 빈칸 뒤에는 인공지능을 인간의 창의성을 보완하는 데 사용할 방법을 찾으라는 주장이 나온다. 앞의 내용을 대체하는 내용이 연결되므로 대안 또는 대체 관계를 나타내는 (a) Instead가 정답이다.

어휘 rise 출현, 등장 artificial intelligence 인공지능 likely 아마도, ~일 수도 있다 significant 상당한, 많은 including ~을 포함해 workplace 직장 displacement 대체, 배제 certain 특정한, 일정한 however 하지만 vulnerable 취약한 No matter how + 형용사/부사: 아무리 ~하더라도 intelligent 지능적인 ability to do ~할 수 있는 능력 carry out ~을 수행하다, 실행하다 task 업무, 일 require ~을 필요로 하다 creativity 창의성 be likely to do ~할 가능성이 있다 remain + 형용사: 여전히 ~한 상태이다 limited 제한된 therefore 따라서, 그러므로 chief 주된, 주요한 concern 관심사, 우려 one day 언젠가 replace ~을 대체하다, 대신하다 how to do ~할 방법 best ad. 최대한 utilize ~을 활용하다 complement ~을 보완하다

정답 (a)

Part II

11.

> 우리가 너무 많은 당을 섭취하고 있다는 사실을 신체가 알려주는 여러 가지 방법이 존재한다. (a) 아마도 가장 주목할 만한 것은, 당 함량이 높은 식사가 우리가 느끼는 방식에 상당한 영향을 미칠 수 있다는 사실이다. (b) 특히, 그러한 식사는 전반적으로 낮은 에너지 수준으로 이어져 우리가 더욱 쉽게 피로를 느끼도록 할 수 있다. (c) 따라서, 종종 당이 풍부한 음식을 소비하는 것이 우리에게 빠른 에너지 증진 효과를 제공하는 편리한 방법이다. (d) 당이 풍부한 음식은 또한 여드름 및 기타 피부 관련 질환을 초래해 외모에도 영향을 미칠 수 있다.

해설 논리적 흐름에 맞지 않는 문장을 고르는 유형에서는 간단한 키워드 분석을 통해 주제문인 첫 문장의 기조와 부합하지 않는 문장을 골라낼 수 있다. 우리가 과도한 당분을 섭취하고 있다는 부정적 주제와 (c)의 긍정적 키워드 convenient(편리한)가 충돌하므로 (c)가 정답이다.

어휘 several 여럿의, 몇몇의 way (that) 주어 + 동사: ~가 …하는 방법 consume ~을 소비하다, 섭취하다 perhaps 아마도 noticeably 주목할 만하게, 두드러지게 sugar-heavy 당 함량이 높은 diet 식사, 식단 have a significant impact on ~에 상당한 영향을 미치다 in particular 특히 such 그와 같은 lead to ~로 이어지다 lower 더 낮은 overall 전반적으로 make A 형용사: A를 ~한 상태로 만들다 prone to ~의 경향이 있는, ~하기 쉬운 fatigue 피로 thus 따라서, 그러므로 often 종종 convenient 편리한 a way to do ~하는 방법 boost 증진, 촉진 affect ~에 영향을 미치다 physical 신체적인, 육체적인 appearance 외모, 등장 by -ing (방법) ~해서, ~함으로써 cause ~을 초래하다, 야기하다 acne 여드름 skin condition 피부병, 피부 질환

정답 (c)

12.

> 단기적 관점에서, 노동 시장의 상황과 인플레이션 사이에서 종종 직접적 연관성을 발견할 수 있다. (a) 노동 시장이 낮은 실업률로 인해 공급이 부족할 때, 기업들은 직원을 모집하고 유지하기 위해 더 높은 임금을 제공하는 경향이 있다. (b) 이렇게 상승한 임금이 직원들의 가처분 소득을 늘리고, 그것이 상품 및 서비스에 대한 종합적인 수요를 증가시킨다. (c) 이러한 수요 증가 때문에, 기업들은 가격을 인상할 수 있게 되고, 경제에서 인플레이션 압박을 만들어낸다. (d) 따라서, 실업률과 인플레이션 둘 모두 상품 공급 부족 사태로부터 야기될 수 있으며, 경제에 부정적으로 영향을 미친다.

해설 노동 시장과 인플레이션의 직접적인 연관성(a direct link)이라는 글의 주제에 주목하며 키워드를 통해 글의 흐름을 살펴봐야 한다. (a)는 공급 부족(tight) → 고임금(higher wages), (b)는 고임금(higher wages) → 수요 증가(increases ~ demand), (c)는 수요 증가(higher demands) → 인플레이션 압력(inflationary pressures) 등 서로 연관되어 영향을 주는 관계를 잘 나타내고 있다. 그런데 (d)에서는 실업률과 인플레이션을 묶어서 상품 공급 부족 사태(shocks to commodity supplies)와 연결하므로 주제의 흐름에서 벗어난다. 따라서 (d)가 정답이다.

어휘 in the short term 단기적으로 direct link 직접적 연관(성) often 종종 draw (결론, 생각 등) ~을 이끌어내다 labor market 노동 시장, 인력 시장 condition 상황, 여건 inflation 인플레이션 (물가의 지속적 상승) tight 공급이 부족한 low unemployment 낮은 실업률 tend to do ~하는 경향이 있다 offer ~을 제공하다 wage 임금

recruit ~을 모집하다 retain ~을 유지하다 boost ~을 증대시키다, 증진하다 disposable income 가처분 소득(개인 소득 중 자유롭게 소비 또는 저축할 수 있는 소득) which 그것이(앞 문장 내용 전체를 선행사로 하는 관계대명사) aggregate 종합적인 demand for ~에 대한 수요 because of ~때문에 be able to do ~할 수 있다 raise ~을 인상하다, 끌어 올리다 create ~을 만들어내다 inflationary pressure 인플레이션 압박 thus 따라서, 그로 인해 result from ~로부터 야기되다, 발생되다 shock 충격, 사태 commodity 상품 supply 공급(량) negatively 부정적으로 affect ~에 영향을 미치다

정답 (d)

Part III

13.

> **전시회: 현대 조각품**
>
> 포츠빌 미술관의 최신 행사이자
> 역대 가장 인기 있는 전시회인 현대 조각전이
> 곧 대단원의 막을 내리게 됩니다.
>
> 전국 각지의 미술관에서 대여해 한 자리에 모은
> 이 훌륭한 작품들을 감상할 기회를 놓치지 마십시오!
> 이 전시회는 10월 9일까지 단 한 차례의
> 주말 전시만을 남겨두고 있습니다.
>
> 입장권은 성인 9달러, 학생 및 노인 5달러입니다.
>
> Q: 무엇이 주로 공지되고 있는가?
> (a) 미술관의 작품 대여 프로그램 종료
> (b) 현대 조각 전시회의 재개장
> **(c) 곧 있을 미술 전시회 종료**
> (d) 조각 전시회의 연장

해설 글의 주제를 묻는 문제의 단서는 대체로 시작 부분에 제시된다. 전시회가 곧 종료한다고(will soon be coming to an end) 알리는 글이므로 coming to an end의 다른 표현인 upcoming closure를 단서로 가지고 있는 (c)가 정답이다. (a)는 art loan program이, (b)는 return이, 그리고 (d)는 extension이 틀린 정보이다. 주제 또는 사실확인 유형에서는 이렇게 한 단어씩 바꾼 오답 함정에 주의해야 한다.

어휘 exhibition 전시(회) sculpture 조각품 latest 최신의 popular 인기 있는 to date 현재까지, 지금까지 soon 곧 come to an end 끝나다 miss ~을 놓치다 chance 기회 collection 모음, 수집(품), 소장(품) piece 작품 on loan 대여한 across the country 전국 각지에서 be scheduled to do ~할 예정이다 run 진행되다, 운영되다 adult 성인 senior 노인 mainly 주로 termination 종료 return 재발, 복귀, 반환 upcoming 곧 있을, 다가오는 closure 종료, 폐쇄 extension 연장

정답 (c)

Paraphrase will soon be coming to an end
→ upcoming closure

14.

국립공원 지정 초기에, 옐로스톤 국립공원은 부패하고 서투른 민간 관리 기관에 의해 운영되었다. 공원 내에서 횡행하던 밀렵과 공공기물 파손 문제로 당혹스러워했던 **미합중국 당국은 1886년 군에 공원 통제권을 위임했다.** 미합중국 기병대가 공원의 간헐천 보호, 밀렵꾼 체포, 그리고 개척민이 되려는 사람들의 연방 토지 침입을 막는 작업에 착수했다. **이러한 활동은 공원의 황폐화를 막았으며, 그와 동시에, 1916년에 설치된 국립공원관리국에 의한 향후 효과적인 관리의 기틀을 마련했다.**

Q: 지문의 주제는 무엇인가?
(a) 왜 옐로스톤 국립공원에서 민간인 공원 관리가 실패했는가
(b) 옐로스톤 국립공원을 살리기 위해 국립공원관리국이 어떤 조치를 취했는가
(c) 어떻게 국립공원관리국이 군을 통한 통제 방식으로 눈을 돌리게 되었는가
(d) 군의 개입이 어떻게 효과적인 공원 관리로 이어졌는가

해설　글에 연도들이 등장한다면 키워드들을 시간의 흐름으로 정리해 보는 것이 요령이다. [국립공원 지정 초기: 부패한 민간 관리단체 → 1886년: 군 기병대 관리 위탁 → 황폐화 저지 → 1916년: 국립공원관리국 설치 → 효율적 관리] 이 뼈대에 선택지의 키워드들을 대입해 보면, (a)와 (d)가 글의 내용과 부합한다. 그런데 주제는 글 전반을 포괄해야 하므로 도입부에 한 번 언급된 민간 관리단체는 주제가 될 수 없다. 그러므로 1886년의 군 기병대 관리 이후 1916년에 국립공원관리국이 설치되고 효율적 관리로 이어진 것을 설명하는 (d)가 정답이다.

어휘　govern ~을 운영하다, 관리하다 corrupt 부패한 inept 서투른 civilian 민간의 administration 관리 기관, 관청 disconcerted 당혹한, 당황한 rampant 횡행하는, 만연한 poaching 밀렵 vandalism 공공 기물 파손 occur 발생하다, 일어나다 inside ~ 안에서 authorities 당국, 정부 delegate A to B: A를 B에게 위임하다 control 통제(권) the military 군대 the US Cavalry 미합중국 기병대 go to work -ing ~하는 작업에 착수하다 guard ~을 보호하다, 지키다 geyser 간헐천 arrest ~을 체포하다 poacher 밀렵꾼 prevent A from -ing: A가 ~하는 것을 방지하다, 막다 would-be 지망하는, 장래의 settler 개척민, 정착민 encroach 침입하다, 침해하다 federal 연방의 save A from B: A를 B로부터 막다, 구하다 ruin 황폐화, 폐허 while ~하는 가운데 simultaneously 동시에 lay the groundwork for ~에 필요한 기틀을 마련하다 effective 효과적인 found (기관, 조직) ~을 설치하다 fail 실패하다 take actions 조치를 취하다 turn to ~로 눈을 돌리다, ~에 의존하다 intervention 개입 lead to ~로 이어지다

정답　(d)

Paraphrase　delegated control of the park to the military → military intervention

15.

미국의 여러 정치인들이 공립대학의 학비 폐지를 요구해 오고 있습니다. **이들은 그렇게 함으로써 저소득층 및 소수 민족 출신 학생들이 질 높은 대학 교육을 받을 기회가 증가할 것이라고 주장합니다.** 하지만, 적절한 규제 및 보호 조치가 없다면, 실제로 그 반대의 상황이 발생할 수도 있습니다. 전에는 사립대학을 다녔을 지도 모르는 중산층 또는 상류층 집안의 학생들이 특수 공교육기관의 무료 학비 혜택을 선택하기 시작할 수 있습니다. 이는 그러한 대학들에서 수가 한정된 자리에 대해 치열한 경쟁을 초래하게 될 것입니다.

Q: 공립대학의 학비 폐지에 대한 글쓴이의 요점은 무엇인가?
(a) 고등교육기관 등록자 수의 급증으로 이어질 수 있다.
(b) 소외 계층 학생들에 대한 기회를 제한할 수 있다.
(c) 사립학교의 안정성에 부정적으로 영향을 미칠 것이다.
(d) 이러한 기관에서 받는 교육의 질을 낮추게 될 것이다.

해설　셋째 문장의 But 이후부터 글쓴이의 입장이 나타나는데, 정치가들의 주장과 반대의 상황이 벌어질 것을 우려하고 있다. 그러므로 그 앞 문장에 나오는 정치가들의 주장을 반대로 표현한 (b)가 정답이다.

어휘　several 여럿의, 몇몇의 politician 정치인 call for ~을 요구하다 elimination 폐지 tuition (특히 대학의) 학비, 등록금 public college 공립대학 claim that ~라고 주장하다 do so (앞서 언급된 것을 가리켜) 그렇게 하다 low-income 저소득층의 minority 소수민족, 소수 집단 access to ~에 대한 이용 (기회) quality a. 질 높은, 양질의 n. 질, 수준 proper 적절한, 제대로 된 regulation 규제, 규정 safeguard 보호 조치 opposite 반대(되는 것) actually 실제로, 사실은 be the case 현실이 되다, 발생하다 upper-class 상류층의 might have p.p. (그렇지 않다면) ~했을 수 있다 attend ~에 다니다, 참석하다 private college 사립대학 opt for ~을 택하다 selective 엄선된, 특별한 institution 기관, 단체 result in ~을 초래하다, ~라는 결과를 낳다 increased 증가한 competition 경쟁 limited 한정된, 제한된 available 이용 가능한 slot 자리 lead to ~로 이어지다 surge in ~의 급등, 급증 higher education 고등교육기관, 대학 enrollment 등록(자의 수) limit ~을 제한하다 opportunity 기회 less privileged 소외된, 혜택 받지 못한 negatively 부정적으로 affect ~에 영향을 미치다 stability 안정(성) lower ~을 낮추다, 내리다

정답　(b)

Paraphrase　low-income and minority → less privileged
access → opportunity

16.

작가 J. R. R. 톨킨은 스스로를 1순위는 학자, 2순위는 소설가라고 여겼다. 그래서 고대 스칸디나비아 및 독일의 역사에 관한 그의 논문들이 독일에서 찬사를 받았을 때, 혹자는 그가 마냥 기뻐했을 것이라고 생각할 수도 있다. 실제로는, **톨킨은 자신의 글이 당시에 집권 중이던 나치당의 호감을 얻었다는 사실을 혐오스러워했다.** 독일의 한 출판사가 그에게 유대인 혈통이 아님을 증명하는 조건으로 출판 계약을 제안했을 때, 그는 거친 내용의 편지로 대응했다.

Q: 지문은 톨킨에 관해 주로 무엇을 말하고 있는가?
(a) 나치가 자신의 글을 인정했다는 사실을 싫어했다.
(b) 그의 글은 나치의 찬사를 받기에 부족했다.
(c) 글로 나치를 도발하려던 그의 의도가 역효과를 낳았다.
(d) 학술적 연구물에 대한 독일의 편애에 화가 났다.

해설　문제에 mainly가 있지만, 주제가 아니라 특정 사실을 확인하는 correct 유형에 가까운 유형이며, 이 경우 선택지의 키워드를 지문에서 찾아 확인하는 것이 빠르다. 선택지에 등장하는 Nazis를 지문에서 찾아보면 Tolkien was disgusted라는 표현이 나온다. 그리고 마지막에서 responded with a harsh letter라고 언급하고 있다. 따라서 (a)가 정답이다.

어휘　author 작가, 저자 consider A B: A를 B로 여기다 academic n. 학자 paper 논문 draw ~을 이끌어 내다 acclaim 찬사 would have p.p. ~했을 것이다 (과거에 대한 추정) **elated** 마냥 기뻐하는 **in actuality** 실제로는 **be disgusted that** ~라는 점을 혐오스러워 하다 **find favor with** ~의 호감을 얻다, 눈에 들다 **then-ruling** 당시에 집권하던 **publisher** 출판사 **offer A B**: A에게 B를 제공하다 **deal** 계약, 거래 **on the condition that** ~라는 조건으로 **prove (that)** (~임을) 증명하다 **descent** 혈통, 후손 **respond** 대응하다, 답변하다 **harsh** 거친, 가혹한 **embrace** ~을 받아들이다, 인정하다 **be unworthy of** ~할 만한 자격이 없다 **intent to do** ~하려는 의도 **provoke** (~을) 도발하다 **backfire** v. 역효과를 낳다 **be upset at** ~에 화가 나다 **favoritism** 편애

정답   (a)

Paraphrase was disgusted → disliked

his work had found favor with → embraced his work

17.

가제트 데일리
국내 > 정치

교도관 급여 인상

글: 브렛 로저스
리사 호킨스 법무장관이 교도관 급여의 변동을 발표했다. **내년부터, 교도관들은 평균 5,000달러가 인상된 연봉을 받게 될 것이며,** 정확한 인상액은 인력 필요성에 따라 달라질 것이다. 이 인상 계획은 수감 시설 내의 폭력 사건 급증과 함께 교정 시스템의 심각한 인력 부족 문제에 기인하고 있다. 초임 교도관들 또한 연간 32,000달러로 초봉이 인상될 것이며, 이는 현재의 급여 수준보다 4,000달러가 높은 것이다.

Q: 뉴스 보도에 따르면, 다음 중 어느 것이 옳은가?
(a) 급여 인상이 내년에 시행될 것이다.
(b) 교도소 시스템이 현재 인력 과잉 상태이다.
(c) 폭력 사건 발생율이 하락했다.
(d) 현재의 초봉이 32,000달러이다.

해설   사실 확인(correct) 유형은 선택지의 키워드와 지문의 내용을 비교하는 것이 빠르다. (a)에서 급여 인상 시기가 next year인지를 확인하려면 지문에서 시점을 나타내는 단어를 찾아야 하는데, 첫째 문장에서 Starting next year가 나오므로 (a)가 정답이다.

어휘   **pay increase** 급여 인상(= pay raise) **prison officer** 교도관 **Justice Minister** 법무장관 **change to** ~에서의 변화 **payment** 급여(액) **starting** ~부터 **staff** 직원들 **see A do**: A가 ~하는 것을 확인하다, 보다 **rise** 인상되다, 상승하다 **an average of** 평균 ~의 **with A -ing**: A가 ~하는 가운데 **precise** 정확한 **depending on** ~에 따라 다른, ~에 달려있는 **staffing** 인력 운용 **be rooted in** ~에 기인하다, ~에 뿌리를 두다 **severe** 심각한, 극심한 **shortage** 부족 **accompanied by** ~을 동반한 **a surge in** ~의 급증, 급등 **incident** 사건 **violence** 폭력 **behind bars** 수감 시설에서 **annually** 연간, 해마다 **over** (비교) ~에 비해 **current** 현재의 **according to** ~에 따르면 **take effect** 시행되다, 발효되다 **currently** 현재 **overstaffed** 인력 과잉의 **rate** 비율, 속도, 등급, 요금 **fall** 하락하다, 떨어지다 **starting salary** 초임, 초봉

정답   (a)

18.

소비자들은 종종 세 가지 가장 일반적인 진통제인 아스피린과 이부프로펜, 그리고 아세트아미노펜 사이에서 선택하는 데 어려움을 겪는다. 아스피린과 이부프로펜의 소염 특성은 치통이나 생리통 같은 통증을 처치하는 데 아주 적합하다. 이부프로펜이 조금 더 강력하며, 그로 인해 아스피린보다 더 적은 복용량으로 더 큰 효과를 볼 수 있다. **아세트아미노펜도 통증에 쓰일 수는 있지만, 염증으로 인해 유발되는 통증에 대해서는 상대적으로 효과가 약하다.** 하지만, 이 약은 다른 두 가지 대체약의 어느 것보다도 위장 자극을 유발할 가능성이 낮다.

Q: 지문에 따르면, 다음 중 어느 것이 옳은 내용인가?
(a) 아스피린은 치통을 처치하는 데 유용하다고 여겨지지 않는다.
(b) 이부프로펜과 아스피린은 같은 복용량일 때 동일하게 강력하다.
(c) 아세트아미노펜은 염증을 줄이는 데 있어 가장 덜 효과적이다.
(d) 이부프로펜은 아세트아미노펜보다 위장 자극 발생 위험이 덜하다.

해설   세 가지 소염 진통제가 제시되므로, 서로 다른 특성을 대조하는 문제라는 것을 직감해야 하며, 키워드 위주로 특성을 파악한다. ① 아스피린 vs 이부프로펜: 이부프로펜이 강력함. ② 아세트아미노펜 vs 나머지 둘: 염증 통증에 대해 아세트아미노펜이 효력이 낮지만 위 손상이 적음. 이 비교를 선택지에서 확인하면 아세트아미노펜의 진통 효력이 가장 낮다고 하는 (c)가 정답이다.

어휘   **consumer** 소비자 **have trouble -ing** ~하는 데 어려움을 겪다 **choose between** ~ 사이에서 선택하다 **variety** (제품 등의) 종류 **pain reliever** 진통제 **anti-inflammatory** 소염성의, 항염증의 **property** 특성 **make A 형용사**: A를 ~한 상태로 만들다 **well suited to** ~에 꽤 적합한 **treat** ~을 처치하다, 치료하다 **menstrual cramp** 생리통 **therefore** 그러므로, 따라서 **effective** 효과적인 **at a lower dose** 더 적은 복용량으로 **relatively** 비교적, 상대적으로 **ineffective** 효과적이지 못한 **against** ~을 상대로 **cause** ~을 유발하다, 야기하다 **inflammation** 염증 **however** 하지만 **be less likely to do** ~할 가능성이 더 적다 **stomach** 위 부분, 복부 **irritation** 자극, 염증 **either** 둘 중 어느 하나 **alternative** n. 대체품, 대안 **be considered + 형용사**: ~하다고 여겨지다 **equally** 동일하게 **at the same dosage** 같은 복용량에서 **the least + 형용사**: 가장 덜 ~한 **reduce** ~을 줄이다, 감소시키다 **pose less risk** 위험을 덜 초래하다, 해를 덜 끼치다

정답   (c)

Paraphrase relatively ineffective against pain caused by inflammation → the least effective for reducing inflammation

19.

쌍둥이 출산은 나이가 더 많은 엄마들 사이에서 발생할 가능성이 더 크다. 이는 신체에 의해 분비되는 난포자극호르몬(FSH)의 수준에 의한 것이다. 난자는 난포 내에 들어 있다. 일반적으로, 생리 주기 중에 이 난포들 중에서 오직 하나만 성숙하여 난자를 배출한다. 하지만 **나이가 더 많은 여성의 경우, 생존 가능한 난자를 지닌 난포의 숫자가 더 적은 것에 대응해 FSH 수준이 더 높게 생성되며, 이것이 다수의 난포 발달을 초래하게 된다.** 이 현상은 종종 두 개의 난자가 배출되는 결과를 낳는다. 만약 두 개의 난자가 모두 수정된다면, 엄마는 이란성 쌍둥이를 임신하게 된다.

Q: 왜 나이가 더 많은 엄마들이 쌍둥이 출산 비율이 더 높은가?
(a) 단일 난포들이 실수로 한 개 이상의 난자를 배출한다.
(b) FSH가 수정된 하나의 난자를 두 개의 난자로 분할되도록 한다.

(c) 나이가 더 많은 엄마들이 수정 가능한 난자를 더 많이 만들어낸다.
(d) FSH 수준이 증가하여 난포가 더 적은 것에 대해 과잉 보상을 한다.

해설　세부사항 유형은 대체로 흐름의 반전을 이끄는 접속사 뒤에 단서가 주어진다. 그러므로 글 중간에 나오는 however 뒤의 내용을 파악하도록 한다. 쌍둥이 출산의 요인인 higher levels of FSH 발생 이유가 to counteract the lower number of follicles with viable eggs라고 설명되어 있으므로 임신 가능 난자의 수가 적은 것에 대응하려고 FSH 수준이 올라간다고 설명한 (d)가 정답이다. overcompensate의 개념은 바로 뒤의 multiple follicular development를 가리킨다고 보면 된다.

어휘　twin birth 쌍둥이 출산 more likely 가능성이 더 큰 due to ~로 인해 follicle stimulating hormone 난포자극호르몬 release ~을 분비하다, 배출하다, 방출하다 egg 난자 contain ~을 담고 있다, 포함하다 follicle 난포 typically 일반적으로 menstrual cycle 생리 주기 mature v. 성숙하다 produce ~을 생성하다, 만들어내다 counteract ~에 대처하다, 대응하다 viable 생존 가능한 result in ~을 초래하다, ~라는 결과를 낳다 multiple 다수의, 다양한 follicular 난포의 development 발달, 성장 cause A to do: A가 ~하도록 초래하다, 유발하다 fertilize ~을 수정시키다 conceive ~을 임신하다 fraternal twins 이란성 쌍둥이 cf. identical twins 일란성 쌍둥이 rate 비율, 속도, 등급 mistakenly 실수로 split into ~로 분할되다, 나뉘다 overcompensate for ~에 대해 과잉 보상을 하다, 더 많이 보상하다

정답　(d)

Paraphrase　to counteract the lower number of follicles
→ to overcompensate for fewer follicles

20.

더 옵저버

곤경에 처한 피즈팝

작성: 리사 켈런트

탄산음료 회사 피즈팝이 비영리 단체인 헬스 프로젝트로부터 소송을 당한 상태이다. 이 소송은 피즈팝의 최신 광고 캠페인에 대한 이의 제기를 중심으로 하고 있으며, 원고의 주장에 따르면, 이 회사의 음료들이 미치는 건강상 유해한 영향을 축소하는 기만적인 수법들을 사용하고 있다. 피즈팝 사가 이 소송이 사실무근이라고 주장하는 성명을 발표하기는 했지만, 헬스 프로젝트는 이 광고 캠페인이 당분 함량이 높은 음료와 비만 사이의 연관성을 호도하고 있다고 주장한다. 법률 전문가들은 이 비영리 단체가 법정에서 승리할 가능성이 높다고 말한다.

Q: 피즈팝은 왜 소송을 당한 상태인가?
(a) 자사의 음료가 건강에 좋다고 광고했기 때문에
(b) 영양 성분 표시가 부정확한 라벨을 사용했기 때문에
(c) 자사 음료의 건강상 위험성을 숨겼기 때문에
(d) 자사 음료에 들어 있는 성분과 관련해 거짓말을 했기 때문에

해설　소송이나 범죄 등의 뉴스에서 그 혐의를 나타낼 때 주로 allegedly (~라는 혐의이다)라는 표현을 사용한다는 것에 착안하면 쉽게 답을 고를 수 있다. allegedly가 포함된 문장을 보면 uses deceitful techniques to downplay the detrimental health effects of their beverages라고 언급되어 있다. 건강에 유해한 영향을 축소했다는 혐의이므로 이것을 다르게 표현한 (c)가 정답이다.

어휘　sue ~에게 소송을 제기하다, 고소하다 nonprofit a. 비영리의, n. 비영리 단체 organization 단체, 기관 lawsuit 소송 center on ~을

중심으로 하다, ~에 초점을 맞추다 objection to ~에 대한 이의 (제기) recent 최신의 advertising 광고 (활동) allegedly (원고로부터) 주장된 바에 의하면 deceitful 기만적인 downplay ~을 축소하다 detrimental 유해한 effect 효과, 영향 beverage 음료 release a statement 성명을 발표하다 call A 형용사: A가 ~하다고 주장하다 baseless 근거 없는, 사실 무근의 maintain that ~라고 주장하다 whitewash ~을 호도하다, 눈가림하다 link between A and B: A와 B 사이의 연관성 sugary 당분이 많은 obesity 비만 law 법률 expert 전문가 express that ~라고 말하다 have a good chance of -ing ~할 가능성이 높다 prevail 승리하다, 우세하다 in court 법정에서 inaccurate 부정확한 nutrition facts label 영양 성분 표시 라벨 obscure v. ~을 가리다, 모호하게 하다 risk 위험(성) ingredient (식품 등의) 성분, 재료

정답　(c)

Paraphrase　downplay → obscuring
detrimental health effects → health risks

21.

유전자 변형 작물을 재배하면 간접적인 부작용을 낳을 수 있다. 전 세계에서 재배되는 목화의 4분의 3 이상이 Bt 독소를 포함하도록 유전적으로 변형되었으며, 이는 목화나무를 완전히 죽이는 애벌레에게 유독한 성분이다. 이것이 화학 살충제에 대한 의존도를 낮춰 주기는 하지만, Bt 독소에 영향 받지 않는 진딧물 같은 해충들이 번성할 수 있게 해 준다. 애벌레가 목화나무 잎을 먹을 때, 일반적으로 목화나무가 진딧물에게 유독한 화학물질인 테르페노이드를 생성하게 만든다. 하지만 유전자 변형 Bt 목화나무에서는, 이러한 방어 체계가 비활성화된다.

Q: 지문에 따르면, 다음 중 어느 것이 옳은가?
(a) 전 세계적으로 소수의 목화 작물만 Bt 독소를 갖고 있다.
(b) Bt 독소는 애벌레에게 전혀 효과가 없다.
(c) 진딧물이 유전자 변형 목화밭에서 번성한다.
(d) 테르페노이드가 진딧물에 대한 목화의 방어 기제를 억제한다.

해설　correct(사실확인) 문제는 선택지의 키워드를 본문에서 찾아 확인하는 것이 가장 빠르고 확실한 방법이다. (a) minority ≠ Over three-quarters. (b) ineffective against caterpillars ≠ poisonous to the caterpillars. (c) Aphids flourish = such as aphids, to thrive. 진딧물이 번성한다는 (c)의 내용을 aphids가 등장하는 문장에서 thrive라는 동의어로 확인할 수 있으므로 (c)가 정답이다.

어휘　cultivate ~을 재배하다 genetically modified crop 유전자 변형 작물 produce ~을 낳다, 초래하다 indirect 간접적인 side effect 부작용 three-quarters 4분의 3 cotton 목화, 면화 contain ~을 포함하다, 담고 있다 Bt toxin: Bt 독소 (해충을 구제하는 생화학 농약) poisonous to ~에게 유독한(= toxic to) caterpillar 애벌레 devastate ~을 완전히 파괴하다, 죽이다 reduce ~을 낮추다, 줄이다 reliance on ~에 대한 의존(도) chemical pesticide 화학 살충제 allow A to do: A가 ~할 수 있게 해 주다 pest 해충 unaffected 영향 받지 않는 aphid 진딧물 thrive 번성하다 normally 보통, 일반적으로 cause A to do: A가 ~하도록 유발하다, 초래하다 chemical n. 화학물질 defense system 방어 체계 lie + 형용사: 계속 ~한 상태이다(= remain) dormant 활동하지 않는, 휴면 상태인 a minority of 소수의 totally 전적으로, 완전히 ineffective 효과적이지 못한 flourish 번성하다 suppress ~을 억제하다 defense mechanism 방어 기제

정답　(c)

22.

지금까지 발견된 가장 작은 항성은 EBLM J0555-57Ab라고 불리는 것이다. 비록 질량이 낮은 항성으로 알려져 있기는 하지만, 그 질량은 여전히 태양계 내 태양 외의 다른 어떤 물체보다 훨씬 더 크다. 이는 우리 태양계에서 태양 외의 물체로서 두 번째로 큰 토성보다 아주 약간 더 큰 크기임에도 그러하다. 만일 이것이 조금이라도 더 작다면, 항성의 요건인 핵융합 과정을 유지할 수 없게 되어, 갈색 왜성으로 분류될 것이다. 작은 항성들이 우주에 셀 수 없이 많지만, 쉽게 간과되고 있다. 실제로, EBLM J0555-57Ab가 쌍성계에 속한 더 큰 항성의 궤도를 공전하고 있지 않다면, 과학자들이 절대로 이 항성을 발견해 내지 못했을 수도 있다.

Q: EBLM J0555-57Ab와 관련해 다음 중 어느 것이 옳은가?
(a) 지금까지 발견된 항성 중 두 번째로 작다.
(b) 토성보다 약간 더 큰 질량을 지니고 있다.
(c) 핵융합 능력으로 인해 항성으로 분류되어 있다.
(d) 작은 크기 때문에 갈색 왜성으로 여겨지고 있다.

해설   correct(사실확인) 문제는 선택지의 키워드를 본문에서 찾아 확인하는 것이 요령인데, 이 지문과 선택지에서는 무게와 크기를 혼동하면 안된다. (a)에서 키워드 the second는 Saturn의 특징이므로(Saturn, our system's second largest) 오답이다. (b)에서 slightly greater than Saturn's는 mass(질량)를 가리키므로 지문에서 크기를 가리키는 only slightly larger than Saturn에 속기 쉬운 오답이다. (c)에서 a star due to its ability to fuse hydrogen은 the hydrogen fusion that makes it a star라고 확인할 수 있으므로 (c)가 정답이다.

어휘   star 항성 (빛을 내며 일정한 위치를 유지하는 천체) discover ~을 발견하다 known for ~로 알려진 low-mass 질량이 낮은 still 여전히 far (비교급 수식) 훨씬 non-solar 태양 외의 object 물체 solar system 태양계 despite ~에도 불구하고 slightly 약간, 조금 Saturn 토성 Were the star ~: 이 별이 ~라면 (비현실을 가정하는 가정법 과거 문장 If the star were ~의 도치) be unable to do ~할 수 없다 sustain ~을 유지하다 hydrogen fusion 핵융합 cf. hydrogen 수소 be classified as ~로 분류되다 dwarf 왜성 numerous 셀 수 없이 많은 universe 우주 overlook ~을 간과하다 in fact 사실상 may have p.p. ~했을 수도 있다 had it not been ~: ~하지 않았다면 (과거 사실을 반대로 가정하는 가정법 과거완료 문장 If it had not been ~의 도치) orbit ~의 궤도를 공전하다 binary system 쌍성계 (두 별이 역학적 관계로 공전하는 체계) due to ~로 인해 be identified (신원이) 확인되다 be classified as ~로 분류되다 ability to do ~할 수 있는 능력 fuse ~을 녹이다, 융합하다 be considered + 명사: ~라고 여겨지다 because of ~때문에

정답   (c)

makes it a star → classified as a star
            the hydrogen fusion → ability to fuse hydrogen

23.

제가 31살이었을 때, 가장 친한 친구들 중 한 명이었던 폴이 오랫동안 저를 사랑해 왔다는 사실을 털어 놓았습니다. 충격을 받은 저는, 우리 모두를 아는 친구 에밀리에게 조언을 구했습니다. 에밀리는 제가 폴에 대해 어떻게 생각하는지를, 그리고 그와의 우정을 망칠까 두려워 제 감정을 계속 숨겨 온 사실을 알고 있었습니다. 에밀리와 상의한 끝에, 저는 폴에게 기회를 주기로 결정했습니다. 처음에는 어색했지만, 결국, 제 인생 최고의 결정이 되었습니다.

Q: 글쓴이와 관련해 무엇을 유추할 수 있는가?
(a) 폴에 대해 이성적인 감정이 있었다.
(b) 에밀리는 그 관계를 피하라는 조언을 했다.
(c) 자신에 대한 폴의 진심을 의심했다.
(d) 그 연애로 인해 폴과의 관계에 해가 되었다.

해설   유추(inferred) 유형은 선택지 내용이 지문에 명시되지 않기 때문에 선택지의 키워드로 접근하기가 어렵고, 대신 지문의 키워드로 빠르게 글의 핵심을 요약하고 선택지와 비교해야 한다. 글의 주요 흐름이 친구인 폴이 사랑 고백 → 나도 감정 있었음 → 우정이 상할까봐 숨김 → 에밀리가 기회를 주자고 조언 → 최고의 결정으로 연결된다. (a)는 글쓴이가 폴을 사랑했다는 내용인데, 셋째 문장에서 폴과의 우정을 망칠까 두려워 감정을 계속 숨겨 왔다는 사실(I'd kept my feelings hidden for fear of ruining my friendship with him)에서 그 감정이 사랑임을 유추할 수 있으므로 (a)가 정답이다.

어휘   admit (that) (~임을) 털어 놓다, 인정하다 be in love with ~를 사랑하다 in one's shock 충격을 받아 turn to ~에게 조언을 구하다 mutual friend 내 친구와 나를 모두 아는 친구 cf. mutual 상호의, 공동의 keep A p.p.: A를 ~상태로 유지하다 hidden 감춰진(hide-hid-hidden) for fear of -ing ~할까 두려워서 ruin ~을 망치다 consult with ~와 상의하다, 상담하다 decide to do ~하기로 결정하다 give A a shot: (운을 믿고) A를 시도하다, A를 믿어보다 awkward 어색한 at first 처음에는 in the end 결국, 결과적으로 decision 결정 romantic feelings for ~에 대한 사랑의 감정 advise A to do: A에게 ~하라고 조언하다 avoid ~을 피하다 relationship 관계 suspect ~을 의심하다 damage v. ~을 해치다

정답   (a)

24.

스트로브 잣나무는 19세기 미국 목재 산업의 근간이었다. 실제로, 이 목재를 너무도 많이 채집하면서 업계는 묘목장을 다시 채울 묘목을 찾아서 유럽으로 눈을 돌렸다. 하지만, 수입된 묘목은 종종 잣나무털녹병이라고 불리는 곰팡이를 옮겼다. 비록 스트로브 잣나무들이 곰팡이를 서로에게 직접 퍼뜨릴 수는 없었지만, 블랙 커런트 나무를 통해 이 균에 감염될 수 있었다. 이 블랙 커런트 나무를 뿌리뽑아 목재 산업을 살리는 신속한 조치가 취해지기는 했지만, 그로 인해 블랙 커런트의 식용 베리 열매가 미국인들의 의식에서 거의 사라지게 되었다.

Q: 지문에서 무엇을 유추할 수 있는가?
(a) 스트로브 잣나무는 미국이 원산지가 아니었다.
(b) 블랙 커런트는 미국에서 스트로브 잣나무보다 가치가 더 낮았다.
(c) 곰팡이 창궐 문제로 묘목 수입을 그만두게 되었다.
(d) 미국의 블랙 커런트 나무들이 곰팡이에 의해 전멸되었다.

해설   선택지가 특정 사물들로 구성되므로 이 키워드를 이용해 지문에서

단서를 이끌어내야 한다. (a)는 스트로브 잣나무가 미국 목재 산업의 backbone(근간)이었다고 하므로 오답이다. (b)는 블랙 커런트 나무가 스트로브 잣나무에 균을 전파했고, 그 때문에 박멸되었다고 나온다. 여기서 블랙 커런트 나무가 스트로브 나무보다 가치가 적었다는 것을 유추할 수 있다. 그러므로 (b)가 정답이다.

어휘　white pine tree 스트로브 잣나무 backbone 근간, 중추 timber 목재 so A that B: 너무도 A하여 B하다 (결과 구문) harvest ~을 채집하다, 수확하다 in fact 실제로, 사실은 turn to ~로 눈을 돌리다 seedling 묘목 restock ~의 재고를 다시 채우다 nursery 묘목장 however 하지만 imported 수입된 occasionally 때때로 carry 옮기다 fungus 곰팡이 blister rust 잣나무털녹병 although 비록 ~이지만 pass A to B: A를 B로 옮기다 directly 직접적으로, 곧장 contract ~에 감염되다 via ~을 통해 swift 신속한 take action 조치를 취하다 eradicate ~을 뿌리뽑다, 근절하다 plant 식물 cause A to do: A가 ~하도록 초래하다, 야기하다 edible 식용의, 먹을 수 있는 all but 거의 disappear 사라지다 consciousness 의식 indigenous to ~가 원산지인, ~ 토종의 valued 가치 있는, 소중한 less than ~보다 적게 outbreak 창궐, 발발 bring A to an end: A를 그만두다, 끝내다 importation 수입 wipe out ~을 전멸시키다

정답　(b)

25.

```
편집자께 보내는 편지

편집자께,
귀사의 기사 "재향군인 제공 주택 증가"는 재향군인 노숙자들이 집을 갖
도록 돕는 데 최근 성공을 거둔 재향군인복지국을 극찬했습니다. 하지만
이러한 공적은 약물 남용 문제가 있는 재향군인들이 주거 혜택을 받기
위해 더 이상 치료를 받지 않아도 되도록 함으로써 달성되었을 뿐입니
다.
재향군인들 사이에서 무주택자들의 감소가 우선과제라는 점에는 분명
동의하지만, 그분들의 재활치료 또한 매우 중요합니다. 안타깝게도, 당
국은 현재 재활치료에 대한 핵심 동기부여 방법을 상실하면서 모두에게
손실을 야기했습니다.

                                          – 피터 앰브로스 드림

Q: 글쓴이는 다음 중 어느 것에 동의할 것 같은가?
(a) 재향군인들에게 강제로 약물 치료를 받도록 하는 것은 차별이다.
(b) 재향군인복지국은 재향군인 주거 제공을 중단해야 한다.
(c) 재향군인들의 주거 혜택 자격에 약물 검사를 다시 포함해야 한다.
(d) 해당 기사가 재향군인복지국의 공로를 충분히 인정하지 못했다.
```

해설　글쓴이의 주관을 담은 글에서는 대체로 반전의 접속사 뒤에 주장의 요지를 전달하는 경우가 일반적이므로, But this feat으로 시작하는 문장을 공략해야 한다. 칭찬 기사를 언급한 후에 But으로 이견을 제시하므로 no longer requiring – drug abuse – treatment – eligible for housing으로 이어지는 관점을 파악하면 글쓴이는 '없어진 약물 치료 규정에 항의'하는 입장임을 알 수 있다. 그러므로 약물 치료에 반대하는 입장(discrimination)인 (a)는 오답이다. 약물 치료 규정의 폐지가 문제이므로 주택 제공을 문제 삼는 (b)도 오답이다. 약물 규정이 없어진 것을 항의하는 입장에서 없어진 규정이 부활해야 한다는 생각을 유추할 수 있으므로 (c)가 정답이다.

어휘　editor 편집자 article (신문 등의) 기사 veteran 재향군인

housing 주택 on the rise 증가하는 laud A for B: B에 대해 A를 칭찬하다 recent 최근의 success in -ing ~하는 것의 성공 help A do: ~하도록 A를 돕다 homeless 무주택의, 노숙하는 feat 업적, 공적 accomplish ~을 달성하다, 성취하다 no longer 더 이상 ~ 않다 require A to do: A에게 ~하도록 요구하다, 요청하다 drug abuse 약물 남용 undergo ~을 거치다, 겪다 treatment 치료, 처치 in order to do ~할 수 있도록, ~하기 위해 eligible for ~에 대한 자격이 있는 agree that ~임에 동의하다 decreasing 감소하는, 줄어드는 homelessness 무주택 상태 among ~ 사이에서 priority 우선사항 recovery 회복, 재활 unfortunately 안타깝게도, 아쉽게도 bureau (관청의) 국, 부 a way of -ing ~하는 방안, 방법 motivate ~을 유도하다, 동기부여하다 to the detriment of (결국) ~에게 손실을 끼치면서 force A to do: A에게 강제로 ~하게 하다 discrimination 차별 credit 공로

정답　(c)

Part IV
26-27.

```
비치사이드 리조트
항공료 포함, 3박에 최저 899달러 *
[26] 이 요금으로 예약 가능한 기간이 단 5일 남았습니다!

열대 섬에서 휴가를 보내기 위한 완벽한 장소를 찾고 계신가요?
그러시면 비치사이드 리조트에서 숙박을 예약하십시오!

저희 리조트는 일체형 서비스를 제공합니다. 주요 서비스들은 다음과 같
습니다.
· 무료 셔틀버스 서비스가 공항을 왕복하며, 추가 요금으로 개별 교통편
  을 이용하실 수도 있습니다.
· 무제한 음식과 음료가 10곳의 다양한 레스토랑에서 제공되며, 6곳은
  비치사이드에, 나머지 4곳은 자매 리조트인 아쿠아리나에 있습니다.
· 100달러 상당의 리조트 포인트로 [27] 당일 여행, 스파 치료, 차량 대
  여를 비롯한 다양한 서비스에 대해 할인 받으실 수 있습니다.
· 야외 활동으로 테니스, 자전거 여행, 윈드서핑, 카약, 그리고 스노클링
  을 추가 요금 없이 즐기실 수 있습니다.

* 이용 기간은 12월 1일부터 2월 28일까지입니다. 가격은 저희 스탠다드
가든뷰 객실의 2인 1실 기준으로 1인당 요금이며, 출발 장소에 따라 달라
질 수 있습니다. 손님들께서는 추가 요금으로 스위트룸 또는 오션뷰 객실
로 업그레이드하실 수 있습니다.
```

어휘　airfare 항공료 starting at ~부터 시작하여 book v. ~을 예약하다 stay 숙박, 체류 rate 요금 search for ~을 찾다 tropical 열대의 getaway 휴가, 휴양지 all-inclusive 비용에 모두 포함된, (호텔·리조트에서 서비스가) 일체형인 feature 주요 요소, 특징 include ~을 포함하다 complimentary 무료의 private 개인의, 개별의 transportation 교통(편) surcharge 추가 요금 unlimited 무제한의 credit (매장 등의) 포인트 discount 할인 excursion (당일) 여행 spa 온천 treatment 치료 rental car 임대 차량 outdoor 실외의 activity 활동 snorkeling 스노클링 at no extra charge 추가 요금 없이 per person 1인당 based on ~에 따라, ~을 기준으로 double occupancy 2인 1실 vary 상이하다, 다르다 departure 출발 upgrade ~을 업그레이드하다 suite 스위트룸, 특실 for an additional fee 추가 요금을 내고

26. 광고에 따르면, 다음 중 어느 것이 옳은가?

(a) 최소 5일 간의 숙박이 필수이다.

(b) 해당 제공 서비스는 앞으로 5일 후에 종료된다.

(c) 비치사이드 리조트는 10곳의 레스토랑을 제공한다.

(d) 해당 제공 서비스는 가든뷰 객실에 대해 유효하지 않다.

해설 지문 상단에 해당 요금으로 예약 가능한 기간이 단 5일 남았다고 (Only 5 days left to book at this rate!) 알리는 문구가 있으므로 이 기간을 다른 말로 표현한 (b)가 정답이다.

어휘 minimum 최소의 required 필수인, 필요한 deal 제공 서비스, 거래 (계약) offer ~을 제공하다 valid 유효한

정답 (b)

Paraphrase Only 5 days left → ends in the next five days

27. 다음 중 어느 것이 추가 요금을 필요로 하는가?

(a) 스파 치료

(b) 물놀이 활동

(c) 공항 셔틀버스

(d) 아쿠아리나에서의 식사

해설 이 리조트 상품의 특징은 899달러에 4가지 서비스가 무료로 제공된다. 그러므로 질문의 additional fees란 899달러 외 비용을 지불해야 하는, 즉 유료 상품을 고르라는 뜻이다. 100달러 리조트 포인트 뒤의 discounts가 결정적 단서인데, discount란 유료상품을 할인 받는 것이기 때문이다. 따라서 당일 여행과 스파 치료, 렌터카 중 하나인 (a) Spa treatments가 정답이다.

어휘 require ~을 필요로 하다 dining 식사

정답 (a)

28-29.

젝스코 사에 적합한 새 소프트웨어 판매업체

발신: 에이미 밀러 [miller.a@jexco.com]

날짜: 8월 28일, 화요일

수신: 윌리엄 존슨 [johnson.w@jexco.com]

안녕하세요, 윌리엄 씨,

제가 오늘 아침에 ICU 솔루션즈에서 받은 광고 하나를 막 전송해 드렸습니다. 이 소프트웨어 판매업체는 컴퓨코어보다 훨씬 더 가격이 저렴한 것으로 보입니다. 이론상, 비용의 15퍼센트를 절감할 수 있을 것 같습니다.

컴퓨코어도 이 가격에 맞출 의향이 있는지 확인해 보겠습니다. **[28]** 좋은 관계를 끊는 게 내키지는 않지만, 우리의 손익을 위해 그렇게 하는 게 좋을 수 있습니다. **[28]** 컴퓨코어도 우리와의 거래를 유지하려면 경쟁력을 유지해야 한다는 점을 알고 있기 때문에, 그런 일은 없을 것 같습니다.

그 동안, **[29]** ICU 솔루션즈에 대해 알아 보시기 바랍니다. 그곳의 가격 정책이 매력적인 것 같기는 하지만, 신뢰할 수 있는 곳인지, 그리고 우리가 실제로 그 모든 할인 혜택을 받을 수 있는 것인지 확실히 해 둘 필요가 있습니다. 거기가 빠르게 성장하는 회사인 것 같지만, 그 성장이 정말로 제품의 품질 덕분인지 알기 어렵습니다. 어쨌든, 더 많은 통찰력을 얻을 수 있도록, 시스템즈플러스 같이 그곳의 고객사였던 몇몇 업체에 연락해 보는 게 우리에게 가장 이로울 것이라고 생각합니다. 어느 것이든 실행에 옮기기 전에 조사를 해보도록 합시다.

에이미

어휘 vendor 판매업체 forward A B: (제3자인) A에게 B를 전송하다, 전달하다 ad 광고 look + 형용사: ~하게 보이다, ~한 것 같다 a lot (비교급 수식) 훨씬 economical 저렴한 theoretically 이론상으로는 shave ~을 깎다 be willing to do ~할 의향이 있다 meet (조건 등) ~을 충족하다 relationship 관계 the bottom line 재무 상태, 손익 상태, 최종 결론 (재무재표 하단의 최종 결과라는 의미) remain + 형용사: ~한 상태를 유지하다, 계속 ~한 상태이다 competitive 경쟁력 있는 hopeful 낙관적인 in the meantime 그 동안, 그 사이에 find out ~을 파악하다, 알아내다 while 한 반면에 financial package 가격 정책 attractive 매력적인 make sure that ~인지 확실히 해 두다 dependable 신뢰할 수 있는 actually 실제로 realize ~을 벌다 savings 할인(액) seem to do ~하는 것 같다 fast-growing 빠르게 성장하는 tell whether ~인지 (아닌지) 알다 growth 성장 due to ~로 인해 quality 질, 품질 anyway 어쨌든 in one's best interest ~에게 가장 이로운, 이득이 되는 contact ~에게 연락하다 client 고객 insight 통찰력 do one's research 조사하다 commit to ~에 전념하다

28. 에이미 씨와 윌리엄 씨가 근무하는 회사는 현재 어느 판매업체를 이용하고 있는가?

(a) 젝스코

(b) 컴퓨코어

(c) 시스템즈플러스

(d) ICU 솔루션즈

해설 컴퓨코어를 언급하는 두 번째 단락에서, 컴퓨코어와의 좋은 관계를 끊는 게 싫다고(I'd hate to end a good relationship ~) 말하고 있고, 우리와의 거래를 유지하려면(if they want to keep our business) 경쟁력을 갖춰야 한다고 언급되어 있으므로 현재 컴퓨코어와 거래 관계에 있음을 알 수 있으므로 (b)가 정답이다.

어휘 currently 현재

정답 (b)

29. 에이미 씨는 윌리엄 씨에게 주로 무엇을 하도록 요청하고 있는가?

(a) 현재 이용 중인 판매업체와 협상하기

(b) 회의를 하기 위해 ICU 솔루션즈에 연락하기

(c) 최고의 소프트웨어 업체들에 대한 조사하기

(d) 잠재적 판매업체의 신뢰도를 확인하기

해설 비즈니스 글에서 요청사항은 대체로 글 마지막에 등장한다. 마지막 단락에 ICU 솔루션즈에 대해 알아보도록 요청하면서, 그 이유로 we need to make sure that they're dependable이라고 말한다. 믿을 수 있는 곳인지 그리고 실제로 이득을 보게 되는 것인지 확실히 해 둘 필요가 있다고 언급하고 있다. 이는 앞으로 거래할 잠재성이 있는 업체의 신뢰도를 확인하려는 것이므로 (d)가 정답이다.

어휘 negotiate with ~와 협상하다 prospective 잠재적인, 장차 ~가 될 reliability 신뢰도

정답 (d)

Paraphrase dependable → reliability

30-31.

헬스 월드			
건강 ▼	기술 ▽	환경 ▽	우주 및 물리학 ▽

신진대사와 골관절염 사이의 연관성

골관절염은 관절의 염증이 특징인 흔한 의학적 질환이며, 움직임을 저해하고 통증을 유발합니다. 이 질환의 증상은 경증에서부터 쇠약성까지 이를 수 있습니다. 현재, 골관절염에 효과적인 것으로 알려진 처치법이나 치유법이 없기 때문에, 주로 진통제를 사용하여 해결하고 있습니다.

오랫동안, 이 질환은 그저 유전 또는 호르몬으로 인해 사람들 일부가 더 취약한 상태가 되는 자연적인 노화 과정의 일부로만 여겨졌습니다. 하지만, 최근의 연구에서 골관절염과 신진대사 사이의 연관성이 밝혀졌습니다.

31 이 연관성은 주로 좋지 못한 식사와 좌식 생활 습관에서 발생하는 신진대사의 변화에 집중되고 있습니다. 골관절염으로 이어지는 과정은 정상적인 세포 에너지 생산 과정이 이러한 신진대사의 변화에 의해 억제되면서 시작됩니다. 영향을 받은 세포들은 과도한 양의 포도당을 생성하여 보충합니다. 그 후에 30 여분의 포도당이 젖산으로 탈바꿈하게 됩니다. 후자의 경우에 쉽게 제거될 수 없기 때문에, 체내 관절에 쌓이기 시작합니다. 이 축적량이 과도한 상태가 되면, 골관절염의 특징인 염증으로 이어집니다.

어휘 link between A and B: A와 B 사이의 연관성 metabolism 신진대사 osteoarthritis 골관절염 common 흔한 medical 의학의 condition 질환, 상태 characterized by ~가 특징인 joint 관절 inflammation 염증 impede ~을 저해하다 cause ~을 유발하다, 초래하다 pain 통증 symptom 증상 range from A to B: A에서 B의 범위에 이르다 mild 경증의, 가벼운 debilitating 몸을 쇠약하게 하는 currently 현재 known 알려진 effective 효과적인 treatment 처치(법), 치료(법) cure 치유(법), 치료약 primarily 주로 address v. (문제 등) ~을 다루다, 처리하다 through ~을 통해 painkiller 진통제 be assumed to do ~하는 것으로 여겨지다 for years 오랫동안 be assume to be ~라고 여겨지다 aging 노화 process 과정 be susceptible to ~에 취약하다(to가 which에 연결됨) due to ~로 인해 genetics 유전(학) hormone 호르몬 recent 최근의 research 연구 however 하지만 identify ~을 밝혀내다, 확인하다 center on ~이 중심이다 metabolic 신진대사의 result from ~로부터 발생되다, ~이 원인이다 diet 식사 sedentary 좌식의, 앉아서 생활하는 lead to ~로 이어지다 with A -ing: A가 ~하면서 regular 정상의, 일반적인 cellular energy production 세포 에너지 생산 inhibit ~을 억제하다 affected 영향을 받은 cell 세포 compensate 보상하다, 메우다 excessive 과도한 amount 양 glucose 포도당 surplus 여분, 잉여, 과잉 then 그리고 나서 transform into ~로 탈바꿈하다, 변모하다 lactic acid 젖산 the latter (앞서 언급된 둘 중) 후자 flush out ~을 제거하다, 쫓아내다 build up 쌓이다, 축적되다 cf. buildup 축적 Should ~ 혹시라도 ~라면(= If it should ~)

30. 골관절염과 관련된 염증의 직접적인 원인은 무엇인가?

(a) 과도한 세포 에너지
(b) 진통제의 남용
(c) 적은 양의 포도당 생성
(d) 높은 수준의 젖산

해설 이 글의 핵심인 골관절염의 원인은 This link로 시작하는 마지막 단락에 단서가 있다. 키워드 연결로 간략히 파악해 보면, 신진대사 변화 → 세포 에너지 생성 억제 → 과도한 포도당 → 젖산 → 후자

가 제거 어려움 → 체내 관절에 축적 → 염증 발생의 순서이다. 그러므로 직접적인 원인은 젖산임을 알 수 있으므로 (d)가 정답이다.

어휘 associated with ~와 관련된 excess a. 과도한, 초과한 overuse 남용

정답 (d)

31. 지문에서 골관절염과 관련해 무엇을 유추할 수 있는가?

(a) 과학자들이 치유법을 찾는 데 가까워진 상태이다.
(b) 유전자 검사를 통해 신뢰할 만한 수준으로 예측할 수 있다.
(c) 호르몬이 유전보다 더 큰 영향을 미친다.
(d) 건강에 좋은 생활 습관 선택을 통해 예방할 수 있다.

해설 유추 유형은 단서가 간접적으로 제시되므로 (a)처럼 반대의 내용이 지문에서 직접 언급된 선택지는 제외하는 것이 요령이다. 그리고 genetics와 hormones 역시 모두 기존에 추정되던 원인으로 언급되었으므로 (b)와 (c)도 정답이 아니다. 마지막 단락에서 좋지 못한 식사와 좌식 생활 습관으로 인해 발생되는 신진대사의 변화가 그 중심이라고(This link centers on metabolic changes that result from poor diet and a sedentary lifestyle) 언급하므로 식사 및 생활 방식을 개선하면 골관절염을 예방할 수 있음을 유추할 수 있다. 그러므로 (d)가 정답이다.

어휘 be close to ~와 가까워지다 reliably 신뢰할 만한 수준으로 predict ~을 예측하다 screening 검사 have a greater effect on ~에 더 큰 영향을 미치다 preventable 예방할 수 있는 choice 선택의 대상

정답 (d)

32-33.

두리틀 공습 작전

제2차 세계대전 중 한창 미국의 막대한 피해가 이어지던 1942년 4월, 도쿄를 포함한 일본의 여러 도시에 대한 공습이 미 공군 소속의 제임스 두리틀 중령에 의해 실행되었다. 33 두리틀은 공습에 참여한 일단의 병사들을 지휘했고, 이들은 자신들이 맡은 위험한 임무의 상세한 정보를 제공받지 못한 채 자원했다. 이들의 임무는 항공모함 USS 호넷호에서 B-25 폭격기를 몰고 이륙하는 것이었는데, 이 항공모함은 귀환하는 항공기들을 수용하기에 너무 작았다. 그래서 이들은 일본의 여러 도시를 폭격한 뒤에 중국의 연합군 비행장에 착륙할 예정이었다.

안타깝게도, 이 임무는 계획대로 진행되지 못했다. 일본의 선박 한 척이 일본 쪽으로 향하던 항공모함을 발견하자, 기습을 위해 비행기들은 하루 일찍 발진했다. 공습 완료 후에, 대원들은 중국 해안 근처에서 불시착하거나 비상 탈출했는데, 연료가 다 떨어졌기 때문이었다. 두리틀은 이 공습을 실패로 여겼지만, 본국에서의 반응은 긍정적이었는데, 대원들이 성공적으로 일본의 방어공을 뚫었기 때문이었다. 32 물질적 피해가 경미했음에도 불구하고, 이 임무는 미군의 사기와 연합군의 전쟁 노력을 촉진시켰다.

어휘 raid 공격, 기습 amidst ~이 한창인, ~하는 가운데 heavy loss 막대한 피해 air raid 공습 including ~을 포함해 execute ~을 실행하다 command ~을 지휘하다 volunteer 자원하다 be informed of ~에 대한 정보를 제공받다 specifics 세부 정보 risky 위험한 mission 임무 task 맡은 일, 과업 take off 이륙하다 bomber 폭격기 aircraft carrier 항공모함 USS 미 전함(= United States Ship) too 형용사/부사 to do: 너무 ~하여 …할 수 없는 accommodate ~을 수용하다 return 귀환, 복귀 bomb ~을 폭격하다 land at ~에

착륙하다 airfield 비행장 unfortunately 안타깝게도, 아쉽게도 as planned 계획대로 sight v. ~을 발견하다 on one's way to ~로 가는 도중에 launch 발진하다, 출발하다 maintain ~을 유지하다 element 요소 surprise 기습 raider 돌격대, 기습대 crash-land 불시착하다 bail out 비상 탈출하다 run out of ~이 다 떨어지다, ~을 다 쓰다 consider A B: A를 B로 여기다 failure 실패 reaction 반응 back home 본국에서, 고국에서 positive 긍정적인 successfully 성공적으로 infiltrate ~에 침투하다 defense 방어(망) despite ~에도 불구하고 do little damage 경미한 피해를 입히다 material 물질적인 boost ~을 촉진하다, 증진하다 morale 사기, 의욕 war effort 전쟁 노력

32. 지문은 주로 무엇에 관한 것인가?

(a) 복합한 문제로 인한 공습 작전의 중지
(b) 전쟁을 지탱하는 성과를 거둔 위험한 작전
(c) 두리틀의 대원들이 일본을 상대로 무릅쓴 불필요한 위험
(d) 무모한 임무에 대한 미국 내의 엇갈린 반응

해설　mainly about 유형은 글의 전체 흐름, 즉 주제를 묻는 질문이다. 그러므로 주제어에 대해 단편적 사실을 제시하는 선택지들을 제거하는 것이 요령이다. 또 다른 요령은 주제와 결론이 상통하므로 마지막의 결론을 먼저 파악하는 것이다. 마지막 문장에서 물질적 피해는 적었지만, 미군의 사기와 연합군의 전쟁 활동을 촉진시켰다(the mission boosted US morale and the Allied war effort)고 이 작전에 대한 평가를 언급하고 있다. 따라서 이 평가를 다르게 표현한 (b)가 정답이다.

어휘　abandonment 포기, 중지 due to ~로 인해 complication 복잡한 문제 dangerous 위험한 operation (군사) 작전 result in ~라는 결과를 낳다, ~을 초래하다 support 지탱, 뒷받침 unnecessary 불필요한 take risks 위험을 무릅쓰다 over (대상) ~을 상대로, ~에 대해 mixed (의견 등이) 엇갈린, 뒤섞인 reckless 무모한

정답　(b)

Paraphrase boosted → resulting in support for

33. 지문에 따르면, 다음 중 어느 것이 옳은가?

(a) 병사들이 임무의 상세한 정보도 받지 못한 채 자원했다.
(b) USS 호넷호는 착륙하는 B-25 비행기들을 받아들이기 위해 만들어졌다.
(c) 이 편대는 중국의 해안에 위치한 연합군 비행장에서 출발했다.
(d) 대원들이 결국 일본에게 막대한 손실을 입혔다.

해설　사실확인 문제이므로 선택지의 키워드를 지문에서 찾아 해당 문장을 확인한다. (a)에서 언급되는 volunteered는 지문의 첫째 단락 세번째 문장에서 확인할 수 있다. 해당 문장에서 병사들이 자신들의 위험한 임무와 관련된 세부 정보도 받지 못한 채 자원했다는(who had volunteered without being informed of the specifics of their risky mission) 내용이 나오므로 이를 다르게 표현한 (a)가 정답이다.

어휘　unaware of ~을 알지 못하는 details 상세 정보, 세부 사항 fleet 편대, 함대 airfield 비행장, 이착륙장 coast 해안 ultimately 결국, 궁극적으로 inflict damage to ~에게 손실을 입히다, 손상을 가하다

정답　(a)

Paraphrase without being informed of → unaware of

34-35.

> **더 블룸필드 타임즈**
>
> **국외 거주자들을 분노케 한 케인 총리**
>
> 새라 케인 총리의 조기 선거 요구가 재외국민들의 분노를 유발했습니다. 이 요구는 해리 힌즈 전임 총리의 돌연한 사임 후 자리를 넘겨받은 지 불과 6개월만에 나온 것입니다. 짧은 재임 기간 중에, 케인 총리는 보수당에 지속적으로 영향력을 행사해 왔으며, 주요 야당들이 혼란스러운 상황에서, **35** 조기 선거는 케인 총리가 자신의 평판이 손상되지 않은 동안에 완전한 임기를 확보할 수 있는 기회로 여겨지고 있습니다. 하지만, **34** 해외 거주자들은 선거를 앞당김으로써 케인 총리가 공약을 어기고 있다고 주장하고 있습니다.
>
> 현재, 10년 넘게 해외에 거주한 국민들은 투표권이 없는 반면, 여전히 자격이 있는 사람들은 투표용지들과 더불어 지나치게 많은 양의 서류를 작성해야 합니다. 총리 선출 이후, 케인 총리는 **34** 해외 유권자들에게 다시 선거권을 주는 것뿐만 아니라 다음 선거 전에 현행 해외 투표 과정까지 간소화하겠다고 유권자들에게 약속했습니다. 이러한 변화들은 현재 케인 총리의 요구가 현재 만들어낸 일정상 불가능할 것입니다. 이는 재외국민들에게 특히 중요한 시기에 발생한 사건인데, 새 정부가 많은 재외국민 거주국가들과 비자 협정 재협상을 진행할 것이기 때문입니다.

어휘　anger v. ~을 분노하게 하다, 화나게 만들다 expat 재외 국민(= expatriate) call for ~에 대한 요구, 요청 early election 조기 선거 draw ~을 유발하다, 이끌어내다 ire 분노 reside 거주하다 overseas ad. 해외에 a. 해외의 take over (직책, 책임 등을) 인수하다 following ~ 후에 predecessor 전임자 abrupt 돌연한, 갑작스러운 resignation 사임 brief 짧은 tenure 임기, 재임 기간(= term) steadying influence 지속적으로 영향력을 행사하는 사람 opposition party 야당 in disarray 혼란스러운, 엉망진창인 be seen as ~로 여겨지다 chance 기회 secure v. ~을 확보하다 full term 완전한 임기, 새로운 임기 while ~하는 가운데 reputation 명성, 평판 remain + 형용사: 계속 ~한 상태이다 untarnished 더럽혀지지 않은, 흠이 없는 claim that ~라고 주장하다 bring A forward: A를 일정보다 앞당기다 renege on ~을 어기다 pledge 공약, 약속 currently 현재 live abroad 해외에 거주하다 decade 10년 be entitled to do ~할 권리가 있다 those who ~한 사람들 eligible 자격이 있는 fill in ~을 작성하다 inordinate 지나친, 과도한 amount 수량 along with ~와 함께 ballot 투표용지 assure A that: A에게 ~라고 장담하다, 확언하다 constituent 유권자, 선거권자 re-enfranchise ~에게 선거권을 돌려주다 simplify ~을 간소화하다 existing 현행의 process 과정 voting from abroad 해외 투표 such 그러한 impossible 불가능한 timeline 진행 일정 create ~을 만들어내다 particularly 특히 oversee ~을 총괄하다, 감독하다 renegotiation 재교섭, 재협상 visa agreement 비자 협정 host country 재외국민 거주국가

34. 해외 거주 국민들이 주로 무엇 때문에 총리에게 화가 나 있는가?

(a) 총리가 제안한 법안이 자신들의 비자 상태에 영향을 미칠 것이다.
(b) 총리가 자신들의 선거권을 보장하겠다는 약속을 어겼다.
(c) 총리가 자신들에게 추가적인 서류 업무에 대한 부담을 떠넘겼다.
(d) 총리의 선거 공약이 자신들의 세금을 높일 것이다.

해설　세부사항 질문의 정답 단서들은 주로 내용의 반전을 이끄는 표현들 뒤에 제시됨에 착안하여, 첫 단락 마지막의 However로 시작

하는 문장을 확인한다. 재외국민들이 케인 총리가 공약을 어기고 있다고(she is reneging on her pledges) 주장하고 있으므로 (b)가 정답이다. 그런데, 만약 공약 내용을 구체적으로 확인하지 못해서 (b)가 정답인 것이 확실하지 않다면, 다음 단락에서 pledges와 같은 맥락으로 쓰인 assured를 확인하고, 그 뒤의 re-enfranchise overseas voters를 통해 ensure their voting rights라는 공약 내용을 확인할 수 있다.

어휘   resident 국민, 주민 proposed 제안한 legislation 법안, 입법 affect ~에 영향을 미치다 status 상태, 지위 break one's promise ~의 약속을 어기다 ensure ~을 보장하다 voting right 선거권 burden A with B: A에게 B에 대한 부담을 지우다 additional 추가적인 raise ~을 높이다, 인상하다

정답   (b)

Paraphrase reneging on her pledges → broke her promise

35. 새라 케인과 관련해 무엇을 유추할 수 있는가?
(a) 다가오는 선거 일정 공표를 주저했다.
(b) 의도적으로 기만적인 선거 공약을 내걸었다.
(c) 이전의 선거에서 총리 직에 출마했다.
(d) 큰 폭의 지지율 하락을 겪은 적이 없다.

해설   유추 유형이지만, 선택지의 키워드들이 세부사항 유형처럼 지문에 등장하므로 선택지의 주요 사물 키워드를 지문에서 찾아 빠르게 확인해야 한다. (a) upcoming election에 대해서는 앞당기자는 입장이므로 오답이다. (b) campaign pledges는 새라 케인 총리가 조기 선거를 주장하면서 이전의 공약과 결과적으로 상충하는 것이며, 처음부터 그녀가 의도한 것은 아니므로 오답이다. (c) previous election에 대해서는 전임자의 사임으로 새라 케인이 선출된 것이므로 오답이다. 그러므로 남은 (d)가 정답이다. approval(찬성, 지지)에 대한 단서는 첫째 단락 후반부에 while her reputation remains untarnished(평판이 손상되지 않은 동안에)라고 제시된 표현에서 확인할 수 있으며, 이를 통해 아직 지지율이 떨어진 적이 없음을 유추할 수 있다.

어휘   be reluctant to do ~하기를 주저하다, 망설이다 upcoming 다가오는, 곧 있을 intentionally 의도적으로 misleading 기만하는, 호도하는 campaign pledge 선거 공약 run for ~에 출마하다, 입후보하다 previous 이전의, 과거의 significant 상당한, 많은, 중대한 drop in ~의 하락, 감소 approval 지지(율), 승인, 찬성

정답   (d)

Paraphrase her reputation remains untarnished → She has not experienced any significant drop in approval

TEST 2 정답 및 해설

LISTENING COMPREHENSION

1. (d) **2.** (a) **3.** (d) **4.** (b) **5.** (a) **6.** (a) **7.** (c) **8.** (b) **9.** (c) **10.** (c) **11.** (d) **12.** (a) **13.** (c) **14.** (a) **15.** (c) **16.** (d) **17.** (b) **18.** (c) **19.** (a) **20.** (d) **21.** (d) **22.** (a) **23.** (c) **24.** (d) **25.** (a) **26.** (b) **27.** (b) **28.** (c) **29.** (b) **30.** (a) **31.** (d) **32.** (a) **33.** (a) **34.** (b) **35.** (b) **36.** (c) **37.** (a) **38.** (c) **39.** (b) **40.** (c)

VOCABULARY

1. (a) **2.** (a) **3.** (c) **4.** (a) **5.** (d) **6.** (c) **7.** (b) **8.** (a) **9.** (a) **10.** (c) **11.** (d) **12.** (c) **13.** (b) **14.** (c) **15.** (d) **16.** (a) **17.** (b) **18.** (c) **19.** (b) **20.** (d) **21.** (b) **22.** (d) **23.** (a) **24.** (d) **25.** (c) **26.** (b) **27.** (c) **28.** (d) **29.** (a) **30.** (b)

GRAMMAR

1. (d) **2.** (d) **3.** (c) **4.** (b) **5.** (d) **6.** (d) **7.** (c) **8.** (d) **9.** (b) **10.** (c) **11.** (b) **12.** (b) **13.** (a) **14.** (a) **15.** (d) **16.** (d) **17.** (a) **18.** (a) **19.** (b) **20.** (b) **21.** (a) **22.** (b) **23.** (c) **24.** (c) **25.** (d) **26.** (a) **27.** (b) **28.** (b) **29.** (a) **30.** (b)

READING COMPREHENSION

1. (a) **2.** (d) **3.** (a) **4.** (c) **5.** (c) **6.** (b) **7.** (d) **8.** (c) **9.** (b) **10.** (a) **11.** (b) **12.** (d) **13.** (c) **14.** (b) **15.** (d) **16.** (c) **17.** (a) **18.** (c) **19.** (d) **20.** (d) **21.** (c) **22.** (d) **23.** (c) **24.** (b) **25.** (a) **26.** (c) **27.** (d) **28.** (c) **29.** (b) **30.** (b) **31.** (d) **32.** (c) **33.** (b) **34.** (b) **35.** (a)

LISTENING COMPREHENSION

Part I

1.

M: That's a lovely sweater you're wearing!
W: _____
(a) I'll try it on, then.
(b) I appreciate the offer.
(c) Oh, it looks great on you.
(d) Thanks, I knitted it myself.

남: 아주 예쁜 스웨터를 입고 계시네요!
여: _____

(a) 그럼 한번 입어 볼게요.
(b) 제안에 감사드립니다.
(c) 아, 당신한테 아주 잘 어울려요.
(d) 고마워요, 제가 직접 뜨개질했어요.

해설   예쁜 스웨터를 입고 있다는 칭찬에 대해 감사의 인사와 함께 그
        스웨터를 갖게 된 계기를 덧붙여 말하는 (d)가 자연스럽다. (a)와
        (c)는 옷을 입는 일과 관련해 혼동을 유발하는 답변으로, 이미 입
        고 있는 옷에 대해 칭찬을 들은 사람이 보일 반응으로 맞지 않다.

어휘   try A on: A를 한번 입어 보다 then 그럼, 그렇다면, 그런 다음, 그때
        appreciate ~에 대해 감사하다 offer 제안, 제공(되는 것)
        look great on ~에게 아주 잘 어울리다 knit ~을 뜨개질하다
        cf. 발음은 [닛트] oneself (부사처럼 쓰여) 직접, 스스로

정답   (d)

2.

W: Hey, Mike. How about grabbing lunch together?
M: _____
(a) I'm free whenever you are.
(b) It was really delicious!
(c) You should've asked me.
(d) I'll wait until lunch.

여: 저기, 마이크. 같이 점심 먹는 것 어때?
남: _____
(a) 언제든 네가 시간될 때 난 괜찮아.
(b) 정말 맛있었어!
(c) 나한테 물어 봤어야지.
(d) 점심 시간까지 기다릴게.

해설   같이 점심 먹자고 제안하는 질문에 대해 언제든 좋다는 말로 수락
        하는 (a)가 정답이다. 미래 시점의 일을 제안하는 질문이므로 (b)
        처럼 과거 시점의 일을 언급하는 선택지에 혼동하지 않도록 한다.

어휘   How about -ing? ~하는 게 어때? grab (급히) ~을 먹다 free 시간
        이 나는 whenever 언제든 ~할 때, ~할 때마다 should have p.p.
        ~했어야 했다

정답   (a)

3.

M: Is your office still hiring staff?
W: _____
(a) No, we have to recruit someone new.
(b) There aren't any layoffs planned.
(c) Yeah, I applied already.
(d) There are a few openings left.

남: 당신 사무실에서 여전히 직원을 채용하고 있나요?
여: _____
(a) 아뇨, 새로운 사람을 모집해야 해요.
(b) 직원 해고는 전혀 계획된 바 없습니다.

(c) 네, 저는 이미 지원했어요.
(d) 남은 공석이 몇 군데 있습니다.

해설   여전히 직원을 채용하고 있는지 묻는 질문이므로 공석이 있다는
        말로 직원을 채용하고 있다는 뜻을 나타낸 (d)가 정답이다. (a)의
        경우, 부정을 뜻하는 No와 뒤에 이어지는 말이 앞뒤가 맞지 않으
        므로 오답이다.

어휘   hire ~을 채용하다, 고용하다 recruit ~을 모집하다 There is[are]
        A p.p.: ~된 A가 있다 layoff 직원 해고 plan ~을 계획하다 apply
        지원하다 opening 공석, 빈 자리 left 남은

정답   (d)

4.

W: I'd like to get these jeans shortened.
M: _____
(a) Really? They don't look short to me.
(b) Sure, I can alter them for you.
(c) Maybe try a larger size, then.
(d) I'm glad they fit better now.

여: 이 청바지를 줄이고 싶어요.
남: _____
(a) 정말요? 제가 보기엔 짧지 않은데요.
(b) 네, 수선해 드릴 수 있습니다.
(c) 그럼 아마 더 큰 사이즈로 입어 보셔야 할 것 같아요.
(d) 지금 더 잘 맞아서 마음에 들어요.

해설   청바지를 줄이고 싶다는 요청에 대해 수락을 뜻하는 Sure와 함께
        these jeans를 them으로 지칭하여 수선해 주겠다고 말하는 (b)
        가 정답이다. (a)나 (c)처럼 발음이 유사한 단어나 연상 단어를 포
        함하고 있지만 핵심에서 벗어난 답변에 주의해야 한다.

어휘   get A p.p.: A를 ~되게 하다 shorten ~을 줄이다, 짧게 하다
        look + 형용사: ~하게 보이다 alter ~을 수선하다, 변경하다
        try ~을 한번 입어 보다, 한번 해 보다 then 그럼, 그렇다면, 그런 다음, 그
        때 fit (크기, 모양 등이) 잘 맞다, 어울리다, 적합하다

정답   (b)

5.

M: It's been unseasonably cold this week.
W: _____
(a) I know. Temperatures hit record lows.
(b) Maybe the cold season's finally over.
(c) Right. It's typical for this time of year.
(d) I guess spring is on the way.

남: 이번 주에 계절에 맞지 않게 계속 추웠어.
여: _____
(a) 그러니까. 기온이 사상 최저 수준을 기록했어.
(b) 아마 추운 계절이 드디어 끝난 것 같아.
(c) 맞아. 연중 이맘때 전형적으로 그래.
(d) 봄이 오고 있는 것 같아.

해설   계절에 맞지 않게 계속 추웠다는 사실을 언급하는 말에 대해 동의하며(I know) 어느 정도로 추웠는지를 덧붙이는 (a)가 정답이다. (c)의 경우, 계절에 맞지 않게 추웠다는 말로 이례적인 상황임을 나타내는 것과 반대로 주기적인 상황임을 말하고 있어 맞지 않는 반응이다.

어휘   unseasonably 계절에 맞지 않게 temperature 기온 hit record lows 사상 최저 수준을 기록하다 over 끝난, 종료된 typical 전형적인 on the way 오고 있는, 가고 있는

정답   (a)

6.

W: Have you asked Michelle out on a date yet?
M: _____
(a) I still haven't mustered the courage to.
(b) Tell me about it. I hardly know her.
(c) If I were you, I wouldn't ask.
(d) You know me. I couldn't say no.

여: 혹시 미셸에게 데이트 신청 해 봤어?
남: _____
(a) 여전히 그럴 용기를 내지 못했어.
(b) 그 얘기 좀 해 봐. 난 걔를 거의 알지 못해.
(c) 내가 너라면, 물어보지 않을 거야.
(d) 날 알잖아. 안 된다고 할 수 없었어.

해설   미셸에게 데이트를 신청했는지 묻는 질문에 대해 그럴 용기가 없었다고 답변하는 (a)가 정답이다. 이 답변 마지막의 to는 to부정사에서 반복되는 부분(ask Michelle out on a date)을 생략한 구조이다.

어휘   ask A out on a date: A에게 데이트를 신청하다 muster v. (용기 등) ~을 내다, 발휘하다 courage 용기 hardly 거의 ~ 않다 If I were you 내가 너라면

정답   (a)

7.

M: Where's Susan? She should've been here an hour ago.
W: _____
(a) She'll be irritated when she finds out.
(b) That's why she's never late.
(c) I'll bet she was held up along the way.
(d) It's never easy to keep up with her.

남: 수잔은 어디 있는 거야? 한 시간 전에 여기로 와 있어야 했는데.
여: _____
(a) 걔가 알게 되면 짜증낼 거야.
(b) 그래서 걔가 절대 늦지 않는 거야.
(c) 오는 길에 차가 막힌 게 틀림없을 거야.
(d) 걔는 연락하고 지내기가 절대 쉽지 않아.

해설   수잔이 한 시간 전에 와 있어야 했지만 여전히 와 있지 않은 것에 대해 어디 있는지 묻는 상황이므로 차가 막힌 게 틀림없다는 말로

아직 오지 않은 이유를 추측하는 (c)가 정답이다.

어휘   should have p.p. ~했어야 했다 irritated 짜증이 난 bet (that) ~인 게 틀림없다, 확실하다 be held up 차가 막히다 along the way 오는 길에, 가는 길에 keep up with ~와 계속 연락하고 지내다

정답   (c)

8.

W: The president deliberates for ages on key foreign policy issues.
M: _____
(a) Right, he should think more before he acts.
(b) That's preferable to making rash decisions.
(c) You can't blame him for rushing when it's urgent.
(d) Yeah, he's quick to meddle in other countries' affairs.

여: 대통령께선 핵심 외교 사안들에 대해 너무 오래 숙고하셔요.
남: _____
(a) 맞아요, 행동을 취하기기 전에 생각을 더 하셔야 해요.
(b) 그게 성급한 결정을 내리시는 것보다 더 낫습니다.
(c) 긴급할 때 서두르시는 것에 대해 비난하시면 안돼요.
(d) 네, 다른 국가들의 문제에 금방 간섭하시죠.

해설   핵심 외교 사안들을 오랫동안 숙고하는 대통령의 업무 스타일을 말하는 여자에게, 그렇게 하는 것이 성급한 결정을 내리는 것보다 낫다고 자신의 의견을 밝히는 (b)가 자연스럽다. (a)의 경우 대통령이 생각을 너무 오래 한다는 여자의 의견에 동의하고 나서 (Right), 행동하기 전에 생각을 더 해야 한다고 말하며 동의한 내용과 반대되는 내용을 덧붙이고 있어 부자연스럽다.

어휘   deliberate 숙고하다 for ages 매우 오랫동안 foreign policy issue 외교 사안 preferable to ~보다 더 나은, 선호되는 make a rash decision 성급한 결정을 내리다 blame A for B: B에 대해 A를 비난하다 rush 서두르다 urgent 긴급한 be quick to do 금방 ~하다, 쉽게 ~하다 meddle in ~에 간섭하다 affair 문제, 일, 사건

정답   (b)

9.

M: Someone made an error inputting the data into the computer system.
W: _____
(a) Really? My computer's working fine.
(b) You'll get used to the system soon.
(c) Good thing you caught it.
(d) I'll walk you through it once again.

남: 누군가 컴퓨터 시스템에 데이터를 입력하면서 실수를 했어요.
여: _____
(a) 그래요? 제 컴퓨터는 잘 작동되고 있어요.
(b) 곧 시스템에 익숙해지실 겁니다.
(c) 그걸 발견하셨다니 다행이에요.
(d) 제가 다시 한 번 조목조목 설명해 드릴게요.

해설 누군가 데이터를 입력하면서 실수를 한 사실을 말하고 있으므로 an error를 it으로 지칭해 그 실수를 발견하게 되어 다행이라고 답변하는 (c)가 정답이다. (a)와 (b)는 각각 computer와 system이 포함되어 있을 뿐, 데이터 입력 실수와 관련된 반응이 아니므로 핵심에서 벗어난 응답이다.

어휘 input ~을 입력하다 work (기계 등이) 작동되다, 기능하다 get used to ~에 익숙해지다 Good thing 주어 + 동사: ~가 …해서 다행이다 catch ~을 발견하다, 목격하다 walk A through B: A에게 B를 조목조목 설명하다, 보여주다

정답 (c)

10.

W: I can't believe you were sold a fake purse!
M: _____
(a) I'm upset you were duped.
(b) I agree. It seems too good to be true.
(c) Same here. I walked right into that one.
(d) I wasn't aware it was fake when I sold it.

여: 네가 가짜 지갑을 사게 되었다니 믿기지 않아!
남: _____
(a) 네가 사기 당했다니 속상해.
(b) 동감이야. 진짜라고 하기엔 너무 좋은 것 같아.
(c) 나도 그래. 그 제품에 너무 쉽게 낚였어.
(d) 내가 판매했을 때 그게 가짜인지 몰랐어.

해설 상대방이 가짜 지갑을 사게 됐다는 사실이 믿기지 않는다는 말에 대해 동감을 뜻하는 Same here와 함께 자신이 너무 쉽게 당했다는 말을 덧붙인 (c)가 정답이다. (b)의 경우, 동감을 나타내는 I agree 뒤에 이어지는 말이 현재 제품의 상태를 의심하는 말에 해당되므로 과거 시점의 일을 언급한 여자의 말과 어울리지 않는 반응이다.

어휘 sell A B: A에게 B를 판매하다 cf. (수동태) A be동사 sold B: A에게 B가 판매되다 fake 가짜의 be upset (that) ~해서 속상하다 dupe ~에게 사기를 치다 agree 동의하다 seem + 형용사: ~하게 보이다, ~한 것 같다 too good to be true 너무 좋아서 믿겨지지 않는[의심스러운] walk into (사기, 장난 등) ~에 쉽게 낚이다, 당하다 be aware (that) ~임을 알다

정답 (c)

Part II
11.

M: Can I get this afternoon off work?
W: May I ask why?
M: My son's school called to say that he's sick.
W: _____
(a) Hope you recover quickly.
(b) OK, just be back by the afternoon.
(c) I wouldn't take him to school, then.
(d) Oh, then by all means, go ahead.

남: 오늘 오후에 휴무를 신청할 수 있을까요?

여: 이유를 여쭤봐도 될까요?
남: 제 아들 학교에서 아들이 아프다고 전화를 했습니다.
여: _____
(a) 빨리 회복하시기를 바랍니다.
(b) 좋아요, 오후까지 돌아오시기만 하세요.
(c) 그럼 저라면 학교로 데려가지 않을 것 같아요.
(d) 아, 그렇다면 되고말고요, 얼른 가보세요.

해설 남자가 휴무를 신청하려는 이유로 아들이 아프다는 연락을 받았다고 알리고 있으므로 휴무 신청을 흔쾌히 허락하는 의미에 해당되는 (d)가 정답이다. 남자의 말을 통해 아들이 이미 학교 가 있는 상황임을 알 수 있으므로 학교로 데려가지 않을 것이라고 가정하는 (c)는 어울리지 않는 반응이다.

어휘 get 시간 off work: ~만큼 휴무하다, 일을 쉬다 recover 회복하다 then 그럼, 그렇다면, 그런 다음, 그때 by all means 아무렴, 좋고 말고

정답 (d)

12.

W: Are you available for dinner next Friday?
M: I'm not sure. I might be busy. Why?
W: I'm throwing a birthday party for Kevin.
M: _____
(a) In that case, I'll try to at least stop by.
(b) Well, don't cancel it because of me.
(c) I didn't realize it was your birthday.
(d) He'll be disappointed if you can't make it.

여: 다음 주 금요일에 저녁 식사할 시간 돼?
남: 잘 모르겠어. 바쁠지도 모르거든. 왜 그러는데?
여: 케빈한테 생일 파티를 열어 주려고 하거든.
남: _____
(a) 그런 거면, 적어도 잠깐 들르도록 해 볼게.
(b) 음, 나 때문에 취소하지 마.
(c) 네 생일이었다는 걸 알아차리지 못했어.
(d) 네가 참석할 수 없다면 걔가 실망할 거야.

해설 금요일에 시간이 나는지 묻는 이유로 케빈에게 생일 파티를 해 주려 한다고 알리고 있으므로 생일 파티를 여는 일을 that case로 지칭해 그곳에 잠깐 들르겠다고 말하는 (a)가 정답이다.

어휘 available (사람이) 시간이 나는 throw a party 파티를 열다 in that case 그런 거라면, 그런 경우에 try to do ~하려 하다 at least 적어도, 최소한 stop by 잠깐 들르다 realize (that) ~임을 알아차리다, 깨닫다 disappointed 실망한 make it 참석하다

정답 (a)

13.

M: What did you think of the latest writers' workshop?
W: I wasn't expecting it to be so lecture-based.
M: What would you have liked?
W: _____
(a) I just wish we had more lectures.

(b) It would've been nice to hear from the instructor.

(c) Interactive activities would've been helpful.

(d) I'll consider your suggestions and get back to you.

남: 최근에 있었던 작가 워크숍이 어떠셨어요?

여: 그렇게 강연 중심일 것이라고 예상하지 못했어요.

남: 뭘 했으면 마음에 드셨을 것 같으세요?

여: _____

(a) 강연이 더 많이 있었으면 좋겠어요.

(b) 강사로부터 전해 들었으면 아주 좋았을 거예요.

(c) 상호 교류형 활동이었으면 유익했을 거예요.

(d) 제안해 주신 것을 고려해 보고 다시 연락 드리겠습니다.

해설　워크숍이 강연을 중심으로 하는 것일 줄 몰랐다고 말한 여자에게 무엇이었으면 좋았을지 묻고 있으므로 강연 위주보다 더 유익할 것으로 생각되는 활동을 언급한 (c)가 정답이다.

어휘　latest 최근의, 최신의　expect A to do: A가 ~할 것으로 예상하다, 기대하다　A-based: A 중심의, A 기반의　would have p.p. ~했을 것이다　interactive 상호 교류의, 쌍방향의　helpful 유익한, 도움이 되는　consider ~을 고려하다　suggestion 제안, 의견　get back to ~에게 다시 연락하다

정답　(c)

14.

W: I heard you fell off a ladder. Are you OK?

M: For the most part. I hurt my ankle, though.

W: Did you get it checked out?

M: _____

(a) I'm planning to this afternoon.

(b) The ladder looks fine to me.

(c) Yes, the ladder was safe to use.

(d) No, the doctor said it was fine.

여: 사다리에서 떨어졌다는 얘기를 들었어. 괜찮은 거야?

남: 대체적으로는. 근데 발목을 다쳤어.

여: 검사는 받아 봤어?

남: _____

(a) 오늘 오후에 그럴 계획이야.

(b) 그 사다리가 나한텐 좋아 보여.

(c) 응, 그 사다리가 이용하기 안전했어.

(d) 아니, 의사가 괜찮다고 했어.

해설　발목을 다쳤다고 말한 남자에게 검사를 받아 봤는지 묻고 있으므로 오늘 오후에 그렇게 할 계획이라고 말하는 (a)가 정답이다. 이 답변의 to는 to부정사에서 반복되는 부분(get it checked out)을 생략한 구조이다. (d)의 경우, No 뒤에 이미 검사를 받은 경우에 해당되는 말이 이어지고 있으므로 어울리지 않는 반응이다.

어휘　fall off ~에서 떨어지다　ladder 사다리　for the most part 대체로, 대부분　ankle 발목　though (문장 끝이나 중간에서) 그런데, 하지만　get A p.p.: A가 ~되게 하다　check out ~을 검사하다, 확인해보다　plan to do ~할 계획이다　look + 형용사: ~하게 보이다, ~인 것 같다

정답　(a)

15.

M: You've been working late a lot recently.

W: My boss assigned me a side project.

M: I hope you're getting paid overtime.

W: _____

(a) I wish, but I'm already over budget.

(b) Don't worry. I'm sure you'll be compensated.

(c) I'm getting some extra vacation days instead.

(d) Actually, he was given a large bonus.

남: 최근에 계속 늦게까지 많이 일하시네요.

여: 부장님께서 저한테 부가적인 프로젝트를 맡기셨거든요.

남: 초과 근무 수당을 받으시길 바랍니다.

여: _____

(a) 저도 바라고 있긴 한데, 제가 이미 예산을 초과한 상태예요.

(b) 걱정하지 마세요. 분명 보상 받으실 거예요.

(c) 대신 추가로 며칠 휴가를 받아요.

(d) 사실, 그분은 보너스를 많이 받았어요.

해설　계속 늦게까지 일하는 것에 대해 추가 수당을 받기를 바란다고 말하는 상황이므로 추가 수당 대신 받게 되는 다른 혜택을 언급하는 (c)가 정답이다.

어휘　recently 최근에　assign A B: A에게 B를 배정하다, 할당하다　get paid overtime 초과 근무 수당을 받다　over ~을 초과해, 넘어서　budget 예산　compensate ~에게 보상해 주다　extra 추가의, 별도의　vacation day 휴가(일)　instead 대신　actually 사실, 실은

정답　(c)

16.

W: Pop concerts are so expensive these days.

M: Sure, but nothing beats a live performance.

W: I just miss the days when shows used to be more affordable.

M: _____

(a) Sure, as long as you can get a ticket.

(b) Maybe, but they're hardly worth the price.

(c) Yeah, I just can't justify spending that much.

(d) I'm still willing to pay for the experience.

여: 팝 콘서트가 요즘 너무 비싸.

남: 응, 근데 라이브 공연만 한 게 없지.

여: 공연들의 가격이 더 합리적이었던 시절이 그리워.

남: _____

(a) 좋아, 네가 입장권을 구입할 수만 있다면.

(b) 어쩌면, 근데 그것들이 가격만큼의 값어치를 거의 하지 못해.

(c) 응, 난 단지 그렇게 많이 소비하는 걸 정당화할 수 없어.

(d) 난 그래도 그 경험을 위해 기꺼이 돈을 지불할 거야.

해설　요즘은 콘서트 입장권 가격이 비싸서 과거에 더 합리적이었던 때가 그립다고 말하는 여자에게, 비싼 가격이라도 지불하고 콘서트를 경험하고 싶다고 말하는 (d)가 잘 어울린다. (c)의 경우, 동의를 나타내는 Yeah 뒤에 이어지는 말이 과거의 합리적인 가격이 그립

다는 여자의 말과 어울리지 않는다.

어휘 　beat ~을 능가하다, ~보다 더 낫다 miss ~을 그리워하다 used to do 전에 ~했다 affordable (가격이) 합리적인, 알맞은 as long as ~하기만 하면, ~하는 한 hardly 거의 ~ 않다 worth + 명사: ~의 값어치[가치]를 하는 justify ~을 정당화하다 still 여전히, 그래도 be willing to do 기꺼이 ~하다, ~할 의향이 있다

정답 　(d)

17.

M: Oops, I completely forgot to buy eggs.
W: But I need them to make brownies.
M: Can't you just swap them out?
W: _____

(a) I wanted to make the brownies from scratch, though.
(b) Well, I guess I could make something work.
(c) OK, I'll just add the eggs now.
(d) Good idea! I'll cut the amount in half.

....

남: 이런, 계란을 구입하는 걸 완전히 깜빡 잊었어.
여: 하지만 브라우니를 만들려면 계란이 필요한데.
남: 다른 걸로 바꿀 순 없어?
여: _____

(a) 하지만, 완전히 처음부터 브라우니를 만들고 싶었단 말이야.
(b) 음, 뭔가 되도록 만들어 볼 수 있을 것 같아.
(c) 알았어, 그냥 지금 계란을 추가할게.
(d) 좋은 생각이야! 분량을 반으로 줄일게.

해설 　계란 대신 다른 것으로 바꿔 브라우니를 만들 수 없는지 묻는 상황이므로 해 볼 수 있다는 뜻을 나타내는 (b)가 정답이다.

어휘 　completely 완전히, 전적으로 forget to do ~하는 것을 깜빡 잊다 swap A out: A를 다른 것으로 바꾸다 from scratch 맨 처음부터 though (문장 끝이나 중간에서) 하지만, 그런데 make A do: A를 ~하게 만들다 work (일 등이) 되어 가다, 작용하다, 결과를 내다 add ~을 추가하다 cut A in half: A를 반으로 줄이다, 나누다

정답 　(b)

18.

W: Know anyone interested in buying a used bike?
M: My wife needs one. How much?
W: I'm asking for $150, down from $250.
M: _____

(a) Make the offer before someone else does.
(b) Wow! It was a real steal.
(c) OK. You've got a deal!
(d) Sorry, I can't go any lower than that.

....

여: 아는 사람 중에 중고 자전거 구입에 관심 있는 사람 있어요?
남: 제 아내가 하나 필요해요. 얼마인가요?
여: 제가 부르는 가격은 150달러인데, 250달러에서 깎은 거예요.
남: _____

(a) 다른 누군가가 하기 전에 제안하세요.
(b) 와우! 완전히 거저였네요.
(c) 좋아요. 그렇게 하시죠!
(d) 죄송하지만, 그보다 조금이라도 더 내릴 수 없어요.

해설 　중고 자전거 판매 가격으로 150달러를 요구하는 여자에게 OK라고 동의하며 거래하자고 말하는 (c)가 정답이다. (b)의 경우, 과거 시점에 저렴하게 구입한 제품에 대해 할 수 있는 말이므로 대화 흐름상 어울리지 않는다.

어휘 　used 중고의 ask for ~을 청하다, 청구하다 make an offer 제안하다 real steal 완전히 거저인 것 You've got a deal (거래 등에서) 그렇게 합시다, 이걸로 결정된 겁니다 go lower (가격 등) 더 내리다

정답 　(c)

19.

M: I played it too safe by trading those stocks.
W: You couldn't have known they'd skyrocket right after.
M: Even so, I'm kicking myself right now.
W: _____

(a) I'm sure your prudence will benefit you in the long run.
(b) Just don't let this windfall go to waste!
(c) At least you've learned not to be so reckless next time.
(d) I wouldn't worry. The stocks didn't fall that much.

....

남: 내가 그 주식들을 거래하면서 너무 신중했어.
여: 그 직후에 가치가 급등할 거라는 걸 알 수 없었을 거야.
남: 그렇다 해도, 지금 내 자신에게 화가 나.
여: _____

(a) 분명 장기적으로는 신중함이 너한테 득이 될 거야.
(b) 이 뜻밖의 횡재를 그냥 낭비되도록 내버려두진 마!
(c) 적어도 다음 번엔 그렇게 무모해지지 않게 뭔가 배웠잖아.
(d) 나라면 걱정하지 않을 거야. 주가가 그렇게 많이 떨어지지 않았어.

해설 　남자가 주식을 거래하면서 너무 신중했던 자신에게 화가 난다고 말하는 상황이므로 그런 신중함이 나중에 미칠 긍정적인 영향을 언급하는 것으로 위로의 말을 하는 (a)가 정답이다. (c)의 경우, 무모함에 대해 말하고 있으므로 너무 신중했던 것을 아쉬워하는 상황에 맞지 않는다.

어휘 　play (it) safe 신중을 기하다, 위험을 피하다 by -ing ~함으로써 trade ~을 거래하다 stock 주식 couldn't have p.p. ~했을 리가 없다 skyrocket 급등하다, 치솟다 right after 직후에 even so 그렇다 하더라도 kick oneself 자신에게 화가 나다, 자책하다 prudence 신중함 benefit v. ~에게 득이 되다 in the long run 장기적으로 let A do: A가 ~하도록 내버려두다 windfall 뜻밖의 횡재 go to waste 낭비시키다 at least 적어도, 최소한 reckless 무모한 that ad. 그렇게, 그만큼

정답 　(a)

20.

W: I heard back about that job! And I told them I'd take it!

M: Congratulations! But didn't you say you didn't get it?

W: I just assumed that, since they were taking so long to contact me.

M: _____

(a) You should've applied sooner.

(b) Be patient. You'll hear back eventually.

(c) Perhaps you should hurry up and accept, then.

(d) Well, luckily your pessimism was misplaced!

....

여: 그 일자리와 관련해 회신 받았어! 그리고 하겠다고 말했어!

남: 축하해! 근데 그 일자리를 구하지 못했다고 하지 않았어?

여: 내가 그냥 그렇게 추측했던 건데, 그쪽에서 나한테 연락하는 데 너무 오래 걸렸거든.

남: _____

(a) 더 빨리 지원했어야지.

(b) 인내심을 가져. 결국 다시 연락 받게 될 거야.

(c) 그럼 아마 서둘러서 수락해야 할 거야.

(d) 음, 다행히도 그 비관적인 생각이 잘못된 거였네!

해설 여자가 자신이 일자리를 구하지 못할 것으로 추측했던 것을 밝히는 상황이므로 이러한 부정적인 생각을 your pessimism으로 지칭해 그 추측이 틀려서 다행이라고 말하는 (d)가 정답이다.

어휘 hear back 다시 연락 받다, 다시 소식을 듣다 assume ~을 추측하다, 추정하다 since ~하기 때문에 take long to do ~하는 데 시간이 오래 걸리다 contact ~에게 연락하다 should have p.p. ~했어야 했다 apply 지원하다, 신청하다 patient 인내하는, 참는 eventually 결국, 마침내 accept ~을 수락하다, 받아들이다 then 그럼, 그렇다면, 그런 다음, 그때 pessimism 비관적인 생각, 비관주의 misplaced (생각의 방향 등이) 잘못된, 부적절한

정답 (d)

Part III

21.

Listen to a conversation between two students.

M: Could you help me out with something this weekend?

W: Sure, what do you need?

M: Someone to look over my history essay.

W: That's not my area of expertise.

M: That's fine. It's just to address spelling and grammar issues.

W: Oh, then I'd be happy to help.

Q: What is the man mainly asking the woman to do?

(a) Review the content of his essay

(b) Help him choose an essay topic

(c) Offer her expertise in history

(d) Proofread his essay for mistakes

....

남: 이번 주말에 나 좀 도와줄 수 있어?

여: 응, 필요한 게 뭐야?

남: 내 역사 에세이를 검토해 줄 사람.

여: 그건 내 전문 분야가 아닌데.

남: 괜찮아. 그냥 철자랑 문법과 관련된 문제들만 봐 주면 돼.

여: 아, 그럼 얼마든지 도와줄 수 있어.

Q: 남자는 여자에게 주로 무엇을 하도록 요청하는가?

(a) 자신의 에세이에 담긴 내용을 검토하는 일

(b) 에세이 주제를 선택하는 데 도움을 주는 일

(c) 역사 분야의 전문 지식을 제공해 주는 일

(d) 자신의 에세이에 실수가 있는지 교정보는 일

해설 남자가 철자 및 문법과 관련된 문제들만 봐 주면 된다고 말하는 것이(It's just to address spelling and grammar issues) 구체적인 요청 사항인데, 이는 교정을 보는 일에 해당되므로 (d)가 정답이다. 역사는 자신의 전문 분야가 아니라며 망설이는 여자에게 철자와 문법만 봐 달라고 하는 상황이므로 (a)는 오답이다.

어휘 help A out with B: B에 대해 A를 돕다 look over ~을 검토하다, 살펴보다(= review) expertise 전문 지식 address v. ~을 다루다, 처리하다 issue 문제, 사안 content 내용(물) help A do: A가 ~하는 데 도움을 주다 choose ~을 선택하다 offer ~을 제공하다 proofread ~을 교정 보다 mistake 실수

정답 (d)

Paraphrase look over my history essay / address spelling and grammar issues → Proofread his essay for mistakes

22.

Listen to a conversation between neighbors.

W: I'm sorry my dog ruined your garden.

M: Don't apologize. It doesn't look that bad.

W: How about I have my gardener come over tomorrow?

M: I'd hate to put you to any trouble.

W: Please, I feel really bad about this.

M: Well, if you insist. Thanks!

Q: What is the woman mainly trying to do?

(a) Make up for the damage to the man's garden

(b) Recommend her gardener to the man

(c) Make excuses for her dog's behavior

(d) Apologize for entering the man's garden

....

여: 저희 개가 정원을 엉망으로 만들어서 죄송해요.

남: 사과하지 않으셔도 돼요. 그렇게 나빠 보이지 않습니다.

여: 제 정원사에게 내일 이쪽으로 오라고 하면 어떨까요?

남: 괜히 당신을 수고롭게 만들고 싶지 않습니다.

여: 부탁이에요, 제가 이 일로 마음이 너무 좋지 않아요.

남: 음, 정 그러시다면요. 감사합니다!

Q: 여자는 주로 무엇을 하려 하는 중인가?
(a) 남자의 정원에 대한 피해를 보상해 주는 일
(b) 자신의 정원사를 남자에게 추천해 주는 일
(c) 자신의 개가 보인 행동에 대해 변명하는 일
(d) 남자의 정원에 들어간 것에 대해 사과하는 일

해설 대화 초반부에 여자가 자신의 개가 정원을 엉망으로 만든 것에 대해 사과한 뒤로 자신의 정원사를 부르면 어떨지(How about I have my gardener come over tomorrow?) 묻고 있다. 이는 피해를 입는 정원에 대해 보상을 해 주기 위한 조치이므로 (a)가 정답이다.

어휘 ruin ~을 엉망으로 만들다, 망치다 apologize (for) (~에 대해) 사과하다 look + 형용사: ~하게 보이다, ~인 것 같다 that ad. 그렇게, 그만큼 How about I do?: 제가 ~하면 어떨까요? have A do: A에게 ~하게 하다 come over (말하는 사람이 있는 쪽으로) 건너오다, 건너가다 put A to trouble: A를 수고롭게 만들다, A에게 폐를 끼치다 if you insist 정 그렇다면 make up for ~을 보상하다 damage to ~에 대한 피해, 손상 make excuses for ~에 대해 변명하다 behavior 행동

정답 (a)

23.

Listen to two hiring managers discuss job candidates.

M: Did any of the candidates for the accounting position stand out to you?
W: Not really. It's probably wise to readvertise the position.
M: You weren't impressed by our last interviewee?
W: She was OK, but a bit unprofessional. We'll find the right person if we're patient.
M: I just don't want the position to go unfilled for much longer.
W: Don't worry. We can afford to hold off for a little while.

Q: What is the woman mainly suggesting?
(a) To reevaluate the current round of job applicants
(b) To consider hiring additional accounting personnel
(c) To delay hiring until a more ideal candidate appears
(d) To choose the candidate with professional experience

남: 회계 담당 직책 지원자들 중에서 눈에 띄는 사람이라도 있었나요?
여: 별로 없었어요. 아마 이 직책을 다시 광고하는 게 현명할 것 같아요.
남: 마지막 면접 참석자도 인상적이지 않았어요?
여: 괜찮긴 했지만, 약간 전문적이지 못했어요. 인내심을 가지면 적합한 사람을 찾을 거예요.
남: 전 그저 이 직책이 훨씬 더 오래 비어 있는 상태로 지속되길 원하지 않아요.
여: 걱정하지 마세요. 잠시 동안은 보류할 수 있는 여유가 있어요.

Q: 여자는 주로 무엇을 제안하고 있는가?
(a) 현재의 면접 단계에 있는 구직 지원자들을 재평가하는 일
(b) 추가 회계 담당 인력 고용을 고려하는 일
(c) 더 이상적인 지원자가 나타날 때까지 고용을 미루는 일
(d) 전문적인 경력을 지닌 지원자를 선택하는 일

해설 대화 중후반부에서 여자는 인내심을 가지면 더 적합한 사람을 찾을 것이라고(We'll find the right person if we're patient) 말하면서 잠시 보류해도 된다고(We can afford to hold off for a little while) 하고 있다. 이는 적합한 사람을 찾을 때까지 기다리자는 뜻이므로 (c)가 정답이다.

어휘 candidate 지원자, 후보자 accounting 회계 position 직책, 일자리 stand out to ~의 눈에 띄다 Not really (앞선 말에 대해) 별로 그렇지 않다, 꼭 그런 건 아니다 readvertise ~을 다시 광고하다 be impressed by ~로부터 깊은 인상을 받다 interviewee 면접 대상자 a bit 약간, 조금 unprofessional 전문적이지 못한 patient 인내하는, 참는 go + 형용사: ~한 상태가 되다 unfilled 비어 있는, 충원되지 못한 for much longer 훨씬 더 오래 can afford to do ~할 여유가 있다 hold off 보류하다, 미루다 for a little while 잠시 동안은 reevaluate ~을 재평가하다 current 현재의 round (과정 등의) 단계 applicant 지원자, 신청자 consider -ing ~하는 것을 고려하다 hire ~을 고용하다 additional 추가적인 personnel 인력, 인사(부) delay ~을 미루다, 지연시키다 ideal 이상적인 appear 나타나다 choose ~을 선택하다

정답 (c)

24.

Listen to a conversation between a tenant and a landlord.

W: Mr. Adams, I need to talk to you about the apartment.
M: What's wrong? Is the boiler acting up again?
W: That's fine now, but the kitchen sink is leaking.
M: OK, I'll take a look. How's the new showerhead by the way?
W: Great! Thanks so much for installing it.
M: No problem. I'll come over right away with my tools.

Q: What does the woman want Mr. Adams to do?
(a) Provide some repair tools
(b) Inspect a faulty boiler
(c) Install a new showerhead
(d) Fix the kitchen sink

여: 애덤스 씨, 아파트와 관련해서 드릴 말씀이 있어요.
남: 무슨 일이신가요? 보일러가 또 말썽인가요?
여: 그건 지금 괜찮은데, 주방 싱크대가 새고 있어요.
남: 네, 한번 확인해 볼게요. 그건 그렇고, 새 샤워기 꼭지는 어떤가요?
여: 아주 좋아요! 설치해 주셔서 감사합니다.
남: 별말씀을요. 곧장 공구를 챙겨서 가겠습니다.

Q: 여자는 애덤스 씨가 무엇을 하기를 원하는가?
(a) 몇몇 수리용 도구를 제공하는 일
(b) 결함이 있는 보일러를 점검하는 일
(c) 새 샤워기 꼭지를 설치하는 일
(d) 주방 싱크대를 고치는 일

해설 대화 중반부에서 여자가 집주인인 애덤스 씨에게 주방 싱크대가 새는 것이(the kitchen sink is leaking) 문제라고 알리고 있고, 마지막 부분에서 애덤스 씨가 공구를 챙겨 바로 가보겠다고 하므로 여자가 원하는 것은 (d)임을 알 수 있다.

어휘 act up (사람, 기계 등이) 말썽을 부리다, 제 기능을 하지 못하다 leak (물, 가스 등이) 새다, 누출되다 take a look 한번 보다 showerhead 샤워기 꼭지 by the way (화제 전환을 위해) 그건 그렇고 install ~을 설치하다 come over (말하는 사람이 있는 쪽으로) 건너오다, 건너가다 right away 곧장, 당장 tool 공구, 도구 want A to do: A가 ~하기를 원하다 provide ~을 제공하다 repair 수리 inspect ~을 점검하다, 검사하다 faulty 결함이 있는, 흠이 있는 fix ~을 고치다, 바로잡다

정답 (d)

25.

Listen to a conversation between two friends.

M: Somebody turned in my missing wallet!
W: Was that the one you got from your wife?
M: No. Another one **containing some old family photos**.
W: How lucky! Did you lose any cash?
M: Yes, although I canceled my credit cards in time. Still, it's just money.
W: Right. Sentimental items are more valuable.
M: Exactly!

Q: Why was the man relieved that his wallet was returned?
(a) It had precious photos inside.
(b) It contained cash.
(c) He had received it as a gift.
(d) He did not have to cancel his credit cards.

....

남: 누군가가 분실한 내 지갑을 돌려줬어!
여: 그게 아내가 사 줬다는 그 지갑이었나?
남: 아니, 다른 건데, 옛날 가족 사진이 몇 장 들어 있었어.
여: 다행이다! 현금은 잃어버렸어?
남: 응, 신용카드들은 제때 취소했지만. 그렇지만, 돈은 그냥 돈일 뿐이고.
여: 맞아. 애착이 있는 물건들이 더 소중하지.
남: 맞아!

Q: 남자는 왜 지갑을 돌려받고 안심했는가?
(a) 귀중한 사진들이 안에 있었다.
(b) 현금이 들어 있었다.
(c) 선물로 받은 것이었다.
(d) 신용카드를 취소할 필요가 없었다.

해설 대화 중반부에서 남자가 옛날 가족 사진들이 들어 있었던 지갑이라고(containing some old family photos) 밝힌 뒤로 돈을 분실한 것보다 더 중요한 부분이라는 점에 서로 동의하고 있으므로 (a)가 정답이다.

어휘 turn in ~을 돌려주다 missing 분실한, 없는, 빠진 contain ~을 담고 있다, 포함하다 although ~이기는 하지만 in time 제때, 때맞춰 still 그렇지만, 그런데도 sentimental 정서적인, 감상적인 valuable 소중한, 가치 있는 relieved 안심한, 안도한 return ~을 돌려주다 precious 귀중한

정답 (a)

26.

Listen to a couple discuss plans to see an exhibit.

W: It looks like we won't be able to see that art exhibit on Wednesday.
M: Really? Did something come up?
W: Well, I just realized it doesn't open until Thursday.
M: Oh, let's try for Friday or Saturday, then.
W: Actually, I was hoping to see it on its opening day.
M: Sure, let's do that.

Q: What day do the man and woman decide to see the exhibit?
(a) Wednesday
(b) Thursday
(c) Friday
(d) Saturday

....

여: 수요일에 그 미술 전시회를 보러 갈 수 없을 것 같아.
남: 정말? 무슨 일이라도 생겼어?
여: 음, 목요일이나 되어야 개막된다는 걸 막 알았어.
남: 아, 그럼 금요일이나 토요일에 가 보자.
여: 사실, 난 개막일에 볼 수 있기를 바라고 있었어.
남: 좋아, 그렇게 하자.

Q: 남자와 여자는 무슨 요일에 전시회를 보기로 결정하는가?
(a) 수요일
(b) 목요일
(c) 금요일
(d) 토요일

해설 대화 중반부에서 여자가 목요일에 전시회가 개막된다고(it doesn't open until Thursday) 말하며 개막일에 보러 가고 싶다는(I was hoping to see it on its opening day) 뜻을 비치자, 남자가 그렇게 하자고(Sure, let's do that) 동의하는 상황이다. 따라서 개막일인 목요일에 전시회를 보러 갈 것임을 알 수 있으므로 (b)가 정답이다.

어휘 It looks like ~인 것 같다 be able to do ~할 수 있다 exhibit 전시(회) come up 생겨나다, 발생되다 realize (that) (~임을) 알게 되다, 깨닫다 not A until B: B나 되어야 A하다 then 그럼, 그런 다음, 그때 actually 사실, 실은 decide to do ~하기로 결정하다

정답 (b)

27.

Listen to two friends discuss a vacation destination.

M: Is Bamber Beach worth visiting in the off-season?

W: That depends. The savings aren't as substantial as you'd expect.

M: As long as it isn't packed with tourists, that's fine.

W: It'll definitely be quiet. Way more humid than here, though.

M: I don't mind. Too bad that famous seafood restaurant will be closed.

W: Yeah, it's only open during peak season.

Q: Why does the man want to visit the beach during the off-season?

(a) To save on travel expenses

(b) To avoid large crowds

(c) To get away from the humidity

(d) To eat at a famous seafood restaurant

....

남: 뱀버 해변이 비수기 중에 방문해 볼 만해?

여: 상황에 따라 다르지. 할인액이 기대하는 만큼 많지 않거든.

남: 관광객들로 꽉 차 있지만 않으면, 그건 괜찮아.

여: 분명 한적할 거야. 근데, 여기보다 훨씬 더 습해.

남: 상관없어. 그 유명한 해산물 레스토랑이 문을 닫는다니 너무 아쉽다.

여: 응, 거긴 성수기 중에만 열어.

Q: 남자는 왜 비수기 중에 해변을 방문하고 싶어하는가?

(a) 여행 경비를 아끼기 위해

(b) 많은 인파를 피하기 위해

(c) 습한 곳에서 벗어나기 위해

(d) 유명 해산물 레스토랑에서 식사하기 위해

해설 비수기에는 할인액이 크지 않다고 말하는 여자에게 관광객들로 꽉 차 있지만 않으면 된다고(As long as it isn't packed with tourists, that's fine) 하므로, 많은 사람들을 피하는 일을 뜻하는 (b)가 정답이다.

어휘 worth -ing ~할 만한 가치가 있는 off-season 비수기
That depends (상황 등에 따라 다를 수 있으므로) 그건 모른다, 그때그때 다르다 savings 할인(액) as 형용사 as A: A만큼 ~한 substantial 많은, 상당한 expect ~을 기대하다, 예상하다 as long as ~하기만 하면, ~하는 한 be packed with ~로 꽉 차 있다 definitely 분명히, 확실히 way (비교급 수식) 훨씬 humid 습한 though (문장 끝이나 중간에서) 하지만, 그런데 don't mind 상관 없다 peak season 성수기 save on ~을 아끼다, 절약하다 expenses 경비, 지출 비용 avoid ~을 피하다 crowd 인파, 군중 get away from ~에서 벗어나다 humidity 습기, 습도

정답 (b)

28.

Listen to two friends discuss a book.

W: I re-read Gianni Nero's novel *Blazing Suns* last week.

M: Which translation? Jack Smith's or Sarah Foster's?

W: I've only read the latter. Her prose is magnificent!

M: True, she's accepted as the better stylist. Smith shows more fidelity to the original, though.

W: You mean you've read the novel in Italian? Wow!

M: Oh, no, I was just referring to the critical consensus.

Q: Which is correct according to the conversation?

(a) The woman just finished reading *Blazing Suns* for the first time.

(b) Foster's prose style is generally considered inferior.

(c) Smith's translation is more faithful to the original.

(d) The man read *Blazing Suns* in the original Italian.

....

여: 지안니 네로의 소설 <블레이징 선즈>를 지난주에 다시 읽어 봤어.

남: 어느 번역판으로? 잭 스미스의 번역판, 아니면 새라 포스터의 번역판?

여: 난 후자만 읽어 봤어. 문체가 대단히 훌륭하거든!

남: 맞아, 두 사람 중 더 나은 문장가로 인정되고 있지. 하지만, 스미스는 원작에 더 충실한 모습을 보여 주고 있어.

여: 그 말은 이탈리아어로 된 이 소설을 읽어 봤다는 거야? 와우!

남: 아, 아냐, 난 그저 평단의 일치된 의견을 언급하고 있었던 것뿐이야.

Q: 대화에 따르면 어느 것이 옳은 내용인가?

(a) 여자가 이제 막 처음으로 <블레이징 선즈>를 다 읽었다.

(b) 포스터의 문체가 일반적으로 더 좋지 못한 것으로 여겨진다.

(c) 스미스의 번역이 원작에 더 충실하다.

(d) 남자는 <블레이징 선즈>를 이탈리아 원서로 읽었다.

해설 남자가 대화 중반부에 스미스가 원작에 더 충실하다고(Smith shows more fidelity to the original, though) 말하고 있으므로 (c)가 정답이다. (a)의 경우, 대화 초반부에 여자가 다시 읽어 봤다고 말하고 있으므로 오답이다.

어휘 translation 번역(본) the latter (앞서 언급된 둘 중) 후자 prose 산문(체) magnificent 대단히 훌륭한, 굉장히 좋은 be accepted as ~로 인정되고 있다 the better (둘 중) 더 나은 stylist 문장가 fidelity to ~에 대한 충실함 original n. 원작, 원본 a. 원작의, 원본의 though (문장 끝이나 중간에서) 하지만, 그러나 refer to ~을 언급 하다 critical 평단의, 비평적인 consensus 의견 일치 be considered A: A한 것으로 여겨지다 generally 일반적으로, 보통 inferior 더 좋지 못한, 열등한 faithful to ~에 충실한

정답 (c)

Paraphrase shows more fidelity to the original → is more faithful to the original

29.

Listen to a conversation at a college campus.

M: Jane, great to see you again! It's been so long.

W: Yeah, I can't believe it's been a year since I left.

M: Well, the faculty certainly miss you.

W: I miss you guys, too - although I don't miss being in front of the classroom just yet!

M: Right. I heard you turned down a position at Weston University.

W: Yes. For now, I'm savoring being away from it all.

Q: What can be inferred about the woman from the conversation?

(a) She was once the man's professor.

(b) She used to be a faculty member.

(c) She left the school to attend Weston.

(d) She deferred graduating from university.

- -

남: 제인 씨, 다시 만나게 되어서 반가워요! 너무 오랜만이네요.

여: 네, 제가 그만둔 뒤로 벌써 1년이 지났다는 게 믿기지 않아요.

남: 음, 확실히 교수진이 당신을 그리워하고 있어요.

여: 저도 다른 분들이 그립긴 하지만, 강단에 서는 게 지금 당장은 그립지 않네요.

남: 그렇군요. 웨스턴 대학의 일자리를 거절하셨다는 얘기를 들었어요.

여: 네. 지금으로선, 그 모든 것에서 벗어나 있는 시간을 즐기고 있어요.

Q: 대화에서 여자와 관련해 무엇을 유추할 수 있는가?

(a) 한때 남자의 교수였다.

(b) 전에 교수진의 일원이었다.

(c) 웨스턴에 다니기 위해 소속 학교를 떠났다.

(d) 대학 졸업을 연기했다.

해설 여자가 그만둔 지 벌써 1년이 된 것이 믿기지 않는다고(I can't believe it's been a year since I left) 말하자 남자가 교수진이 여자를 그리워하고 있다는 것을(the faculty certainly miss you) 언급한다. 이에 여자가 자신도 보고 싶지만 강단에 서는 건 아직 그립지 않다고 말하는 것으로 보아 과거에 남자가 있는 학교의 교수진의 일원이었을 것으로 추측할 수 있으므로 (b)가 정답이다.

어휘 It's been so long 너무 오랜만이네요 since ~한 이후로 leave 그만두다, 떠나다 faculty 교수진 certainly 확실히, 분명히 in front of ~ 앞에 just yet 지금 당장은 turn down ~을 거절하다 position 일자리, 직책 for now 지금으로선 savor ~을 즐기다, 향유하다 be away from ~에서 벗어나 있다 once (과거의) 한때 used to do 전에 ~했다 attend ~에 다니다, 참석하다 defer -ing ~하는 것을 연기하다, 미루다 graduate from ~을 졸업하다

정답 (b)

30.

Listen to a conversation about a movie.

W: Did you see *Orange Flame* yet?

M: Yeah, how disappointing! What was with that cheesy subplot?

W: I know! I thought the movie would be a straight-up remake.

M: Instead, they dumbed everything down for an easy cash grab.

W: Yeah. It's drawn in the crowds, but I hear the original director isn't happy.

M: I'm not surprised. The studio messed with his legacy.

Q: What can be inferred about the new *Orange Flame* movie?

(a) It departs noticeably from the original.

(b) It has not earned much money at the box office.

(c) It had the same director as the original version.

(d) It was made primarily to appeal to movie critics.

- -

여: 혹시 <오렌지 플레임> 봤어?

남: 응, 얼마나 실망스러웠던지! 그 유치한 부차적인 이야기는 대체 뭐야?

여: 내 말이! 난 이 영화가 제대로 만든 리메이크 작품일 줄 알았어.

남: 대신, 손쉽게 수익을 거두려고 모든 걸 지나치게 단순화 해 버렸어.

여: 응. 관람객들을 끌어모으긴 했지만, 원작 감독이 마음에 들어 하지 않는다고 하더라.

남: 놀라운 일도 아니네. 영화사에서 그 감독의 유산에 먹칠을 했어.

Q: 신작 <오렌지 플레임> 영화에 관해 무엇을 유추할 수 있는가?

(a) 원작에서 두드러지게 벗어나 있다.

(b) 흥행에 실패해 많은 돈을 벌어들이지 못했다.

(c) 원작 영화와 동일한 감독이 맡았다.

(d) 주로 영화 평론가들의 마음을 사로잡기 위해 제작되었다.

해설 해당 영화에 대해 제대로 만든 리메이크 작품일 줄 알았다고(I thought the movie would be a straight-up remake) 말하는 부분과 영화를 지나치게 단순화했고(they dumbed everything down) 원작 감독이 마음에 들어 하지 않는다고(I hear the original director isn't happy) 말하는 부분을 통해 원작과 다르다는 점을 알 수 있다. 따라서 이러한 면을 언급한 (a)가 정답이다.

어휘 disappointing 실망시키는 cheesy 유치한, 저급한, 싸구려의 subplot 부차적인 줄거리 straight-up 제대로 된, 정직한 remake (기존의 영화, 노래 등을 새롭게 만든) 리메이크 instead 대신 dumb A down: A를 지나치게 단순화하다 cash grab 그저 수익을 낼 목적으로만 고안된 제품 draw in ~을 끌어모으다 crowds 사람들, 군중 original a. 원작의, 원래의 n. 원작, 원본 director 감독 mess with ~을 엉망으로 만들다, 망치다 legacy 유산 depart from ~에서 벗어나다 noticeably 두드러지게 earn ~을 벌다, 얻다 primarily 주로 appeal to ~의 마음을 끌다 critic 평론가

정답 (a)

Part IV

31.

In today's gardening class, I'll be addressing root rot. Root rot causes plants to wilt and develop yellow leaves. But it doesn't have to spell the end for your plants. If you suspect root rot, remove your plant from the soil and check for black and squishy roots. These must be trimmed. If the rot is significant, you should also prune the plant's leaves to lessen the burden as its roots regrow. Wash the remaining roots with water to get rid of potentially infected soil, and repot your plant with fresh soil.

Q: What is the main topic of the talk?
(a) Why root rot affects plants
(b) Why root rot is hard to detect
(c) How to spot signs of root rot
(d) How to deal with root rot

··

오늘 원예 수업 시간에는, 뿌리가 썩는 병을 다뤄 보겠습니다. 뿌리가 썩는 병은 식물을 시들게 하고 잎이 황색으로 변하도록 초래합니다. 그렇다고 여러분이 기르는 식물에 종말을 고할 필요는 없습니다. 뿌리가 썩는 병이 의심되면, 흙에서 식물을 뽑아 뿌리가 검고 흐물흐물한지 확인해 보십시오. 이 부분은 반드시 손질되어야 합니다. 썩은 부위가 상당히 많을 경우, 뿌리가 다시 자랄 때 부담감을 줄일 수 있도록 식물의 잎도 쳐내야 합니다. 남은 뿌리를 물로 씻어내 잠재적으로 감염되었을 수 있는 흙을 제거하고, 깨끗한 흙으로 식물에 분갈이를 해 주십시오.

Q: 담화의 주제는 무엇인가?
(a) 뿌리가 썩는 병이 식물에 영향을 미치는 이유
(b) 뿌리가 썩는 병이 발견하기 어려운 이유
(c) 뿌리가 썩는 병의 징조를 알아차리는 방법
(d) 뿌리가 썩는 병에 대처하는 방법

해설   담화 시작 부분에 뿌리가 썩는 병을 다루겠다고(I'll be addressing root rot) 언급한 뒤로, 병의 증상을 비롯해 썩은 부분의 손질 방법(These must be trimmed) 등을 설명하고 있다. 이는 뿌리가 썩는 병에 대처하는 방법을 알리는 것이므로 (d)가 정답이다. root rot의 증상이 잠깐 언급되었을 뿐이므로 (c)는 지문 전체를 아우르는 주제가 될 수 없다.

어휘   gardening 원예 address v. (문제 등) ~을 다루다, 처리하다 root rot 뿌리가 썩는 병 cause A to do: A가 ~하도록 초래하다, 야기하다 wilt 시들다 develop (상태 등) ~을 변화시키다, (병 등) ~에 걸리게 하다 spell the end 종말을 고하다 suspect ~을 의심하다 remove A from B: B에서 A를 제거하다, 꺼내다 soil 흙, 토양 check for ~가 있는지 확인하다 squishy 흐물흐물한 trim ~을 손질하다, 다듬다 significant 상당히 많은 prune (가지를) 쳐내다 lessen ~을 줄이다 burden 부담(감) regrow 다시 자라다 get rid of ~을 없애다, 제거하다 potentially 잠재적으로 infected 감염된 repot ~을 분갈이하다 affect ~에 영향을 미치다 detect ~을 발견하다 how to do ~하는 법 spot v. ~을 알아차리다, 찾아내다 sign 징조, 신호 deal with ~에 대처하다, ~을 처리하다

정답   (d)

32.

Do you believe in good luck superstitions? They're often dismissed as silly beliefs, but there's something to be said for routines or objects that people consider lucky. Experiments have demonstrated that these things increase people's faith in their own capabilities. This belief can then lead to improved performance on both physical and mental tasks. So while the objects or rituals themselves aren't lucky, they can often have a positive effect for many people.

Q: What is the talk mainly about?
(a) Why superstitious beliefs may actually work
(b) Why people believe most superstitions
(c) How superstitious behavior originated
(d) How people overcome superstitions

··

여러분은 행운을 가져다주는 미신을 믿으시나요? 이러한 미신은 흔히 어리석은 생각이라고 무시 당하지만, 사람들이 행운이라고 여기는 일상적인 일이나 물건에는 그럴 만한 이유가 있습니다. 여러 실험에 따르면 이런 것들이 사람들의 개인 능력에 대한 신념을 높여 주는 것으로 나타났습니다. 이러한 믿음은 그 후 육체적인 일과 정신적인 일 모두에 대한 수행 능력 향상으로 이어질 수 있습니다. 따라서 그러한 물건 또는 의식 자체에 행운이 있는 것은 아니지만, 흔히 많은 사람들에게 긍정적인 영향을 미칠 수 있습니다.

Q: 담화는 주로 무엇에 관한 것인가?
(a) 왜 미신적인 믿음이 실제로 효과가 있을 수 있는가
(b) 왜 사람들이 대부분의 미신을 믿는가
(c) 어떻게 미신적인 행동이 유래했는가
(d) 어떻게 사람들이 미신을 극복하는가

해설   행운을 가져다주는 미신이 사람들의 개인 능력에 대한 신념을 높여 준다는 점이 실험을 통해 나타났고, 그러한 신념이 수행 능력 향상으로 이어지면서(Experiments have demonstrated that these things increase people's faith in their own capabilities ~) 행운의 미신이 사람들에게 긍정적인 영향을 미친다는 말로 담화를 마무리하고 있다. 이는 그러한 미신이 실제로 효과가 있을 수도 있는 이유를 말하는 것이므로 (a)가 정답이다.

어휘   believe in (존재 등) ~을 믿다 superstition 미신 dismiss ~을 무시하다, 묵살하다 silly 어리석은, 바보 같은 belief 생각, 믿음 there's something to be said for ~에는 그럴 만한 이유가 있다 routine 일상적인 일 object 물건, 물체 consider A 형용사: A를 ~하다고 여기다 experiment 실험 demonstrate that ~인 것으로 나타나다, ~임을 보여 주다 increase ~을 높이다, 증가시키다 faith in ~에 대한 신념, 믿음 capability 능력, 역량 then 그런 다음, 그럼, 그렇다면, 그때 lead to ~로 이어지다 improved 향상된, 개선된 performance 수행 능력, 실력, 성과 physical 육체적인, 신체적인 mental 정신적인 task 일, 업무, 과제 ritual 의식, 의례 have a positive effect 긍정적인 영향을 미치다 actually 실제로, 사실은 work 효과가 있다, 작용하다 behavior 행동 originate 유래하다 overcome ~을 극복하다

정답   (a)

33.

In entertainment news, baseball legend Martin Crenshaw is preparing to sue video game company Omni Games. Crenshaw claims the front cover of the company's recently released game *Big League Baseball* features a digitized baseball player based on his likeness. Crenshaw's lawyer told reporters that it was unacceptable that his client's appearance had been appropriated by the company without permission. Omni Games has yet to respond to the allegations.

Q: Why is Martin Crenshaw taking legal action?
(a) **To combat unauthorized use of his image by Omni Games**
(b) To sue Omni Games for depicting him negatively
(c) To prevent Omni Games from breaking a contract
(d) To stop Omni Games from using his name for advertising

연예 소식입니다, 야구계의 전설 마틴 크렌쇼가 비디오 게임 회사 옴니 게임즈를 고소할 준비를 하고 있습니다. 크렌쇼는 이 회사가 최근 출시한 게임 <빅 리그 베이스볼>의 앞표지가 디지털 기술로 자신과 닮아 보이게 만든 인물을 바탕으로 한 야구 선수를 특징으로 한다고 주장하고 있습니다. 크렌쇼의 변호사가 기자들에게 말하기를, 의뢰인의 외모가 허락 없이 이 회사에 의해 도용된 것은 용납할 수 없는 일이라고 했습니다. 옴니 게임즈는 이러한 혐의에 대해 아직 대응하지 않고 있습니다.

Q: 마틴 크렌쇼는 왜 법적 조치를 취하고 있는가?
(a) 자신의 이미지에 대한 옴니 게임즈의 무단 사용을 방지하기 위해
(b) 자신을 부정적으로 묘사한 것에 대해 옴니 게임즈를 고소하기 위해
(c) 옴니 게임즈가 계약을 파기하는 것을 막기 위해
(d) 옴니 게임즈가 광고에 자신의 이름을 활용하는 것을 막기 위해

해설 크렌쇼의 외모가 허락 없이 도용된 것이 용납할 수 없는 일이라고(it was unacceptable that his client's appearance had been appropriated by the company without permission) 언급하는 부분을 통해 이미지의 무단 사용을 막기 위해 법적 조치를 취한다는 것을 알 수 있으므로 (a)가 정답이다.

어휘 prepare to do ~할 준비를 하다 sue ~을 고소하다 claim (that) ~라고 주장하다 front cover 앞표지 recently 최근에 release ~을 출시하다 feature ~을 특징으로 하다 digitized 디지털로 만든 based on ~을 바탕으로 하는 likeness 유사성, 닮음 unacceptable 용납할 수 없는 client 의뢰인 appearance 외모, 모습 appropriate v. ~을 도용하다 permission 허락 have yet to do 아직 ~하지 않았다 respond to ~에 대응하다, 반응하다 allegation 혐의 combat ~을 방지하다 unauthorized use 무단 사용 depict ~을 묘사하다 negatively 부정적으로 prevent A from -ing: A가 ~하는 것을 막다(= stop A from -ing) break a contract 계약을 파기하다 advertising 광고 (활동)

정답 (a)

Paraphrase his client's appearance had been appropriated by the company without permission → unauthorized use of his image by Omni Games

34.

Now for business news. Clothing retailer FashionChic announced it will close 40 existing stores this year and open only 10 new outlets in other locations throughout the country. This marks the first time in the company's history that the number of its domestic closures exceeds store openings. Some have noted that this turn of events was forecast by the dwindling number of overseas locations in recent years. However, amid falling stocks after the announcement, CEO Jane Stark claimed that the hundreds of remaining domestic stores were on solid footing.

Q: Which is correct about FashionChic?
(a) It will not open any new domestic locations this year.
(b) **Its overseas stores have been declining in number.**
(c) Its recent announcement caused stocks to surge.
(d) It will close more than half of its domestic stores.

다음 순서로 비즈니스 소식 전해 드리겠습니다. 의류 소매업체 패션시크가 올해 기존의 매장 40곳을 닫고 전국 곳곳의 여러 다른 지점에 오직 10곳의 신규 전문 매장만 개장한다고 발표했습니다. 이는 이 회사의 창사 이래 국내 폐업 매장의 수가 개장 매장을 초과하는 첫 사례에 해당됩니다. 일각에서는 이러한 상황 변화가 최근 몇 년 사이에 발생된 해외 지점 수의 감소에 의해 예측된 일이었다는 점에 주목했습니다. 하지만, 이 발표 후 주가가 하락하고 있는 가운데, 제인 스타크 대표이사는 수백 곳의 나머지 국내 매장은 그 기반이 탄탄하게 유지되고 있다고 주장했습니다.

Q: 패션시크와 관련해 어느 것이 옳은 내용인가?
(a) 올해 신규 국내 지점을 전혀 개장하지 않을 것이다.
(b) 해외 매장 수가 계속 감소해오고 있다.
(c) 회사의 최근 발표가 주가 급등을 초래했다.
(d) 절반이 넘는 국내 매장을 닫을 것이다.

해설 담화 후반부에 최근 몇 년 사이에 해외 지점의 수가 감소하고 있는 상황임을(the dwindling number of overseas locations in recent years) 알리는 부분이 있으므로 (b)가 정답이다.

어휘 retailer 소매업체 existing 기존의 outlet 전문 매장, 직판점 location 지점, 장소, 위치 mark v. ~에 해당되다, ~을 나타내다 domestic 국내의 closure 폐업, 폐쇄 exceed ~을 초과하다 note that ~라는 점에 주목하다, ~임을 특별히 언급하다 turn of events 상황 변화, 사태 전환 forecast ~을 예측하다 dwindling 감소하는 overseas 해외의 recent 최근의 amid ~인 가운데 falling 하락하는, 떨어지는 stock 주식 claim that ~라고 주장하다 remaining 나머지의, 남은 on solid footing 기반이 탄탄한 decline in + 명사: ~이 감소하다 cause A to do: A가 ~하도록 초래하다, 야기하다 surge 급등하다, 급증하다 more than ~이 넘는

정답 (b)

Paraphrase dwindling number of overseas locations → overseas stores have been declining in number

35.

Let's discuss the history of artificial eyes. They were used in Egypt as early as the 5th century BC. **Early versions were made of clay or metal**, until 15th-century Venetian artisans began experimenting with glass. As Italy, France, and Germany became, by turns, the primary producers of artificial eyes, the materials used in their production improved. Eventually, **they were made with cryolite glass**. But when German imports, including cryolite, were banned in America during World War II, a different material was required. Plastic has since become the most common material for artificial eyes.

Q: Which is correct about artificial eyes?
(a) They were first created by Venetian artisans.
(b) They were made of metal before being made of glass.
(c) Germany was the center for their manufacturing before France.
(d) Cryolite glass is now the most common material for them.

의안의 역사를 이야기해 보겠습니다. 의안은 일찍이 기원전 5세기부터 이용되었습니다. 초기의 버전은 점토 또는 금속으로 만들어졌으며, 이후 15세기에 이르러 베니스의 장인들이 유리로 실험을 하기 시작했습니다. 이탈리아와 프랑스, 그리고 독일이 차례로 주요 의안 생산국이 되면서, 이 국가들의 생산 과정에 사용된 소재도 개선되었습니다. 마침내, 의안이 빙정석 유리로 만들어지게 되었습니다. 하지만 2차 세계 대전 중에 빙정석을 포함한 독일의 수입이 미국에서 금지되었을 때, 다른 소재가 필요했습니다. 그 이후로 플라스틱이 의안에 쓰이는 가장 일반적인 소재가 되었습니다.

Q: 의안과 관련해 어느 것이 옳은 내용인가?
(a) 베니스의 장인들에 의해 처음 만들어졌다.
(b) 유리로 만들어지기 전에 금속으로 만들어졌다.
(c) 독일이 프랑스보다 앞서 의안 제조의 중심이었다.
(d) 빙정석 유리가 현재 가장 일반적인 의안 소재이다.

해설 　담화 초반부에는 초기에 점토 또는 금속으로 만들어진(Early versions were made of clay or metal) 사실이 언급되고 있고, 중반부에는 이후에 빙정석 유리로 만들어지게 되었다고(they were made with cryolite glass) 알리고 있다. 따라서 이러한 소재의 변화 순서를 언급한 (b)가 정답이다.

어휘 　artificial eyes 의안(인공 눈알) be made of (재료의 성분) ~로 만들어지다 clay 점토 artisan 장인, 숙련공 experiment 실험하다 by turns 차례로 primary 주요한, 주된 material 소재, 재료 improve 개선되다, 향상되다 eventually 마침내, 드디어 be made with (여러 가지 중 하나를 택해) ~로 만들어지다 cryolite 빙정석 import 수입(품) including ~을 포함해 required 필요한, 필수의 since ad. 그 이후로 common 일반적인, 흔한 create ~을 만들어 내다 manufacturing 제조

정답 　(b)

36.

Health food advocates generally advise people to avoid cheap processed foods in favor of organic whole foods. However, **it's important to remember that many people find it difficult to transition away from processed foods to healthier ones.** Some consumers may be turned off by the steep prices of nutritious health foods. Others may simply find them unpalatable. It's fine to espouse the health benefits of certain foods, but health experts should consider whether this alone will motivate people to change their diets.

Q: Which statement about health food advocates would the speaker most likely agree with?
(a) They should target more health-conscious consumers.
(b) They should focus on easy-to-prepare foods.
(c) They overlook practical factors.
(d) They overestimate the benefits of organic foods.

건강 식품 옹호자들은 일반적으로 사람들에게 가공 처리된 저렴한 식품을 피해 유기농 자연 식품을 택할 것을 권합니다. 하지만, 많은 사람들이 가공 처리 식품에서 벗어나 건강에 더 좋은 식품으로 바꾸는 것을 어려워한다는 점을 기억하는 것이 중요합니다. 일부 소비자들은 영양가 높은 건강 식품의 터무니없는 가격으로 인해 흥미를 잃게 될 수도 있습니다. 또 어떤 이들은 단순히 입맛에 맞지 않는다고 생각할지도 모릅니다. 특정 식품이 지닌 건강상의 이점을 옹호하는 것은 괜찮지만, 건강 전문가들은 그러한 옹호 하나만으로 사람들에게 식단을 변경하도록 동기 부여를 할 수 있을지를 고려해 봐야 합니다.

Q: 화자는 건강 식품 옹호자들과 관련해 어느 내용에 동의할 것 같은가?
(a) 건강을 더 많이 의식하는 소비자들을 대상으로 해야 한다.
(b) 간편하게 조리할 수 있는 식품에 초점을 맞춰야 한다.
(c) 현실적인 요인들을 간과하고 있다.
(d) 유기농 식품의 이점을 과대평가하고 있다.

해설 　많은 사람들이 가공 처리 식품에서 벗어나 건강에 더 좋은 식품으로 바꾸는 것을 어려워한다는 사실을(many people find it difficult to transition away from processed foods to healthier ones) 강조하며 건강 식품의 높은 가격과 입맛에 맞지 않는 점 등의 어려움 등을 언급하고 있다. 그러면서 단순히 건강상의 이점을 옹호하는 것만으로 건강 식단으로 바꿀 만한 동기부여가 될지 고려해야 한다고 끝맺고 있는데, 이 말은 건강상의 이점 외에 가격이나 맛과 같은 현실적인 요소들도 고려해야 한다는 의미이므로 (c)가 정답이다.

어휘 　advocate 옹호자, 지지자 generally 일반적으로, 보통 advise A to do: A에게 ~하도록 권하다, 조언하다 avoid ~을 피하다 processed 가공 처리된 in favor of ~을 위해, ~을 지지해 organic 유기농의 whole foods 자연 식품 find it 형용사 to do: ~하는 것을 …하다고 생각하다 transition away from A to B: A에서 벗어나 B로 바꾸다, 전환하다 consumer 소비자 turn A off: A의 흥미를 잃게 하다, 관심을 끊게 만들다 steep (가격 등이) 터무니없는 nutritious 영양가 높은 unpalatable 입맛에 맞지 않는 espouse ~을 옹호하다 benefit 이점, 혜택 certain 특정한, 일정

한 expert 전문가 consider ~을 고려하다 whether ~인지 (아닌지) alone (명사 또는 대명사 뒤에서) ~ 하나만으로 motivate ~에게 동기를 부여하다 target v. ~을 대상으로 하다, 목표로 삼다 A-conscious: A를 의식하는 focus on ~에 초점을 맞추다, 집중하다 easy-to-prepare 간편하게 조리할 수 있는 overlook ~을 간과하다 practical 현실적인 factor 요인 overestimate ~을 과대평가하다

정답 (c)

Part V

37-38.

Staff, you're all aware of the recent computer system issues. I'd like to thank everyone for your patience with the extended downtime from related maintenance work. The IT department has informed me that the repairs they made last week should have resolved all the technical issues. However, 37 we'll need to bear with them for another day as they'll be making some more modifications to the computer system this week. I've been told that these changes will help ensure improved stability. 38 The upgrades to our computer system will happen on Wednesday morning. The work will begin at 8 a.m. and will take about two hours. During that time, you'll still be able to log in to the system but 38 may experience long loading times. Thanks for your understanding.

직원 여러분, 최근에 있었던 컴퓨터 시스템 문제를 모두 알고 계실 겁니다. 저는 관련 유지 보수 작업에 따라 늘어난 작동 중단 시간에 대한 여러분 모두의 인내심에 감사드리고자 합니다. IT 담당 부서에서 제게 알려주기를, 지난주에 직접 실시한 수리 작업이 모든 기술적인 문제들을 해결했을 것이라고 했습니다. 하지만, 우리는 하루 더 이 문제들을 감내해야 하는데, 이 부서에서 이번 주에 컴퓨터 시스템에 일부 추가 조정 작업을 할 예정이기 때문입니다. 저는 이 변경 작업이 안정성 개선을 보장하는 데 도움이 될 것이라고 전달 받았습니다. 우리 컴퓨터 시스템에 대한 이 업그레이드 작업은 수요일 오전에 진행될 것입니다. 오전 8시에 작업이 시작되어 약 2시간 소요될 것입니다. 이 시간 중에, 여전히 시스템에 로그인하실 수는 있겠지만, 긴 로딩 시간을 겪으실 수 있습니다. 여러분의 양해에 감사드립니다.

어휘 be aware of ~을 알고 있다 recent 최근의 issue 문제, 사안 patience 인내(심) extended 늘어난, 연장된 downtime 작동 중단 시간 related 관련된 maintenance 유지 보수, 시설 관리 department 부서 inform A that: A에게 ~라고 알리다 repair 수리 should have p.p. (기대, 가능성 등) ~했을 것이다 resolve ~을 해결하다 bear with ~을 감내하다 make modifications to ~을 조정하다, 수정하다 be told that ~라는 말을 듣다 ensure ~을 보장하다 improved 개선된, 향상된 stability 안정(성) take ~의 시간이 걸리다 be able to do ~할 수 있다 experience v. ~을 겪다, 경험하다

37. What is mainly being announced?

(a) Additional changes to the computer system
(b) Emergency maintenance to resolve technical issues
(c) The temporary unavailability of the IT department
(d) The cause of the recent computer system problem

주로 무엇이 공지되고 있는가?

(a) 컴퓨터 시스템에 대한 추가 변경 작업
(b) 기술적인 문제들을 해결하기 위한 긴급 유지 보수 작업
(c) IT 부서의 일시적인 업무 중단 가능성
(d) 최근에 발생된 컴퓨터 시스템 문제의 원인

해설 지난주에 있었던 기술 문제 보수 작업에 이어 컴퓨터 시스템에 대한 추가 작업으로 인해 하루 더 견뎌야 한다고(we'll need to bear with them for another day as they'll be making some more modifications to the computer system this week) 알리고 있으므로 (a)가 정답이다. 기술 문제 보수 작업은 이미 지난주에 끝났고, 현재 공지되고 있는 작업이 긴급 작업이라는 정황은 나타나 있지 않으므로 (b)는 오답이다.

어휘 additional 추가적인 emergency 긴급, 비상 temporary 일시적인, 임시의 unavailability 시간이 나지 않음, 이용할 수 없음 cause 원인, 이유

정답 (a)

38. According to the announcement, what can staff expect on Wednesday morning?

(a) Downtime for maintenance
(b) Delayed responses from the IT team
(c) Slow loading times
(d) Limited system access

공지에 따르면, 직원들은 수요일 오전에 무엇을 예상할 수 있는가?

(a) 유지 보수를 위한 작동 중단 시간
(b) IT팀의 대응 지연
(c) 느린 로딩 시간
(d) 시스템 접속 제한

해설 담화 후반부에 추가 작업이 수요일 오전에 있을 것이라고(The upgrades to our computer system will happen on Wednesday morning) 알리면서 그에 따른 문제로 긴 로딩 시간을 (may experience long loading times) 언급하고 있으므로 (c)가 정답이다.

어휘 expect ~을 예상하다, 기대하다 delayed 지연된, 지체된 response 대응, 응답 limited 제한된 access 접속, 이용

정답 (c)

Paraphrase long loading times → slow loading times

39-40.

Class, can you name all the continents of the world? Well, now you might have to add Zealandia to the list. 39 After having gathered data for more than two decades, scientists are formally making the case for Zealandia to be recognized as a continent.

So what is Zealandia, and where is it? The name Zealandia was coined by an American geophysicist in 1995. It's a mostly unfragmented landmass two-thirds the size of Australia. 40 About 94% of it is submerged by the Pacific Ocean, with New Zealand and New Caledonia being its only parts above sea level. The proposed continent is thought to have broken away from a larger landmass, which included Australia, millions of years ago.

....

학생 여러분, 전 세계에 있는 모든 대륙의 이름을 말할 수 있나요? 자, 이 제 그 목록에 질랜디아를 추가해야 할지도 모릅니다. 20년 넘게 데이터를 수집해 온 끝에, 과학자들은 공식적으로 질랜디아가 하나의 대륙으로 인 정되어야 한다는 점을 입증하고 있습니다.

그럼 질랜디아는 무엇이고, 어디에 있을까요? 질랜디아라는 이름은 1995년에 미국의 한 지구 물리학자에 의해 만들어졌습니다. 이는 호주 크기의 3분의 2에 해당되는 거의 분할되지 않은 대륙입니다. 이곳의 약 94퍼센트가 태평양에 가라앉아 있으며, 오직 뉴질랜드와 뉴칼레도니아 만 해수면 위로 남아 있는 상태입니다. 대륙으로 제안된 이곳은 수백만 년 전에 호주를 포함했던 더 큰 대륙에서 떨어져 나온 것으로 여겨지고 있습니다.

어휘   name v. ~의 이름을 말하다 continent 대륙 add A to B: A를 B 에 추가하다 gather ~을 모으다 decade 10년 formally 공식적으 로, 정식으로 make a case 주장의 정당성을 입증하다 recognize ~을 인정하다 coin (용어 등) ~을 만들어 내다 geophysicist 지구 물리학자 unfragmented 분할되지 않은 landmass 대륙, 넓은 땅 덩어리 two-thirds 3분의 2 submerge ~을 가라앉히다, 물 속에 넣 다 sea level 해수면 proposed 제안된 be thought to do ~하 는 것으로 여겨지다 break away from ~에서 떨어져 나오다, 갈라져 나오다 include ~을 포함하다

39.   What can be inferred about Zealandia from the talk?

(a) It was first discovered 20 years ago.

(b) It satisfies the criteria to be deemed a continent.

(c) It sheds new light on the formation of New Zealand.

(d) It covers a greater area of ocean than previously thought.

담화에서 질랜디아에 관해 무엇을 유추할 수 있는가?

(a) 20년 전에 처음 발견되었다.

(b) 대륙으로 여겨지는 것의 기준을 충족한다.

(c) 뉴질랜드의 형성을 새롭게 조명하고 있다.

(d) 이전에 생각했던 것보다 더 넓은 해양 지역에 이르고 있다.

해설   담화 초반부에 20년 넘게 데이터를 수집해 온 과학자들이 질랜디 아가 하나의 대륙임을 공식적으로 인정하고 있다고(After having gathered data for more than two decades, scientists are formally making the case for Zealandia to be recognized as a continent) 언급하고 있다. 이는 데이터 수집을 통해 대륙으로서의 요건을 갖추고 있음을 증명한 것으로 볼 수 있으므로 (b)가 정답이다.

어휘   discover ~을 발견하다 satisfy ~을 충족하다 criteria 기준 be deemed + 명사: ~라고 여겨지다 shed new light on ~을 새롭게 조명하다 formation 형성, 편성, 구성 cover (범위 등) ~에 이르다, ~을 포함하다 than previously thought 이전에 생각했던 것보다

정답   (b)

40.   Which is correct about Zealandia?

(a) Most of it is fragmented into various bits.

(b) It is larger than the Australian continent.

(c) The majority of it lies beneath the Pacific Ocean.

(d) It detached from New Zealand millions of years ago.

질랜디아와 관련해 무엇이 옳은 내용인가?

(a) 대부분의 영역이 다양한 조각으로 분할되어 있는 상태이다.

(b) 호주 대륙보다 규모가 더 크다.

(c) 대부분의 영역이 태평양 아래에 놓여 있다.

(d) 수백만 년 전에 뉴질랜드에서 분리되었다.

해설   담화 후반부에 94퍼센트가 태평양에 가라앉아 있고 뉴질랜드 와 뉴칼레도니아만 해수면 위로 남아 있다고(About 94% of it is submerged by the Pacific Ocean, with New Zealand and New Caledonia being its only parts above sea level) 알리고 있 으므로 이러한 상태를 언급한 (c)가 정답이다.

어휘   be fragmented into ~로 분할되다 bit 조각 the majority of 대 부분의, 대다수의 lie (계속) 놓여 있다, 자리잡고 있다 beneath ~ 아 래에, 밑에 detach from ~에서 분리되다

정답   (c)

Paraphrase About 94% of it is submerged by the Pacific Ocean → The majority of it lies beneath the Pacific Ocean

VOCABULARY

Part I

1.

A: 부장님이 제 보고서가 오류와 오타로 가득했다고 말씀하셨어요.
B: 편집해서 다시 제출해 보세요.

해설   오류와 오타가 있는 보고서를 다시 제출하기 전에 할 수 있는 일을 나타낼 동사가 필요하므로 '~을 편집하다'를 뜻하는 (a) edit가 정 답이다. 상급자라면 문장을 해석하지 않고 문서인 report에 대해 할 수 있는 행위 동사인 edit를 선택하는 식으로 접근할 수도 있다.

어휘 be full of ~로 가득하다 typo 오타 hand (back) in ~을 (다시) 제출하다 edit ~을 편집하다 heal (상처, 아픔 등) ~을 치유하다, 낫게 하다 solve ~을 해결하다 repair ~을 수리하다

정답 (a)

2.

> A: 이 제품 비용을 어떻게 온라인으로 지불할 수 있나요?
> B: 신용카드 또는 계좌 이체, 두 가지 선택 사항이 있습니다.

해설 선택하려는 대상을 나타낼 때 사용할 명사가 필요하므로 이러한 의미를 지니는 (a) options가 정답이다. (d) selections는 이미 선택하여 모아 놓은 것들을 가리키므로 빈칸에 맞지 않는다.

어휘 pay for ~에 대한 비용을 지불하다 money transfer 계좌 이체 option 선택 대상 decision 결정 strategy 전략 selection 선택, 선택된 것, 선집

정답 (a)

3.

> A: 배우가 되기 위해 얼마나 노력하고 계시는 건가요?
> B: 10년 동안 이 꿈을 좇고 있습니다.

해설 '이루고자 하는 것'을 뜻하는 명사 dream과 어울리는 동사가 필요하므로 '~을 좇다, 추구하다'를 뜻하는 pursue의 현재분사 (c) pursuing이 정답이다.

어휘 try to do ~하기 위해 노력하다 train 훈련하다, 교육받다 obey ~에 순종하다, ~을 따르다 pursue ~을 좇다, 추구하다 search (for) (~을) 찾다, 검색하다

정답 (c)

4.

> A: 아파서 학교에 가지 않고 집에 있었던 거야?
> B: 응, 내 균으로 누구든 감염시키고 싶지 않았어.

해설 병균(germs)으로 다른 사람에게 영향을 미치는 행위를 나타내는 동사가 필요하므로 '~를 감염시키다'라는 의미인 (a) infect가 정답이다. (d)는 사람이 아니라 germs를 목적어로 가질 수 있는 동사이므로 오답이다.

어휘 stay home sick 아파서 집에 머물다 germ 병균, 세균 infect ~를 감염시키다 pollute ~을 오염시키다 corrupt ~을 타락시키다, 부패하게 만들다 transmit ~을 옮기다, 전염시키다

정답 (a)

5.

> A: 난 존이 정말로 인정이 많은 것에 대해 깊은 인상을 받았어.
> B: 응, 그는 가난한 사람들에게 많은 시간과 돈을 기부하고 있어.

해설 가난한 사람들에게 시간과 돈을 기부하는 일을 설명하는 형용사로 '인정 많은, 자선을 베푸는'을 뜻하는 (d) charitable이 적절하다. '이로운, 혜택을 주는'이라는 의미로 쓰이는 (b) beneficial도 의

미는 비슷하지만, 사물을 꾸며주는 형용사이므로 빈칸에 적절하지 않다.

어휘 be impressed at ~에 깊은 인상을 받다 donate A to B: A를 B에게 기부하다, 기증하다 the poor 가난한 사람들 adequate 충분한, 적절한 beneficial 유익한, 이로운 profitable 수익성이 있는 charitable 인정이 많은, 자선을 베푸는

정답 (d)

6.

> A: 오후 3시에 만나서 올해 예산을 논의할 수 있을까요?
> B: 그럼요, 하지만 뭔가 일이 생길 수도 있으니 그 계획을 일단 보류해 둡시다.

해설 미팅 요청에 B가 Sure라고 승낙했지만, 무언가 발생할 것을 염려하는(in case something else comes up) 것에서 미팅 일정이 변동할 수 있는 것임을 알 수 있다. 그러므로 '임시의, 불확실한'이라는 의미로 변동 가능성을 나타내는 (c) tentative가 정답이다. (a) obscure는 내용이 모호하거나 흐릿해 잘 보이지 않는 경우를 나타내므로 오답이다. (b) hesitant는 사람을 수식하는 형용사이며, (d) indecisive는 사물을 수식할 때 흐릿하다는 의미로 쓰이므로 빈칸에 부적합하다.

어휘 budget 예산 keep A 형용사: A를 ~한 상태로 유지하다 in case (that) ~할 경우에 (대비해) come up 발생하다 obscure (사물) 모호한, 흐릿한 hesitant (사람) 주저하는, 망설이는 tentative (사물) 임시의, 불확실한 indecisive (사물) 불명확한, (사람) 우유부단한

정답 (c)

7.

> A: 고객이 우리 제안에 관심을 가지지 않는 것 같았어요.
> B: 알아요. 그분 반응은 기껏해야 미지근한 정도였어요.

해설 관심을 가지지 않는 사람의 반응을 설명하는 형용사가 필요하므로 '미지근한'을 뜻하는 (b) lukewarm이 정답이다.

어휘 seem + 형용사: ~하게 보이다, ~한 것 같다 proposal 제안(서) response 반응, 응답 to say the least 솔직히, 기껏해야 arbitrary 자의적인, 독단적인 lukewarm 미지근한 submissive 순종적인, 순응하는 monotonous 단조로운

정답 (b)

8.

> A: 제이슨이 저녁 식사에서 세 그릇이나 먹었어!
> B: 걔는 항상 게걸스럽게 먹어.

해설 많이 먹는 사람에게 어울리는 형용사가 필요하므로 '게걸스러운'을 의미하는 (a) voracious가 정답이다. (b) delectable은 음식을 꾸며주는 형용사이다.

어휘 helping (음식의) 한 그릇, 한 번 담는 양 voracious 게걸스러운 delectable 아주 맛있는 auspicious 상서로운, 길조의 exhaustive 철저한, 소모적인

정답 (a)

9.

> A: 우리 형이 자신이 파산했다고 밝혔을 때 깜짝 놀랐어.
> B: 꽤 충격적인 소식이었겠구나.

해설 사람을 깜짝 놀라게(stunned) 만든 소식과 동격인 명사가 필요하므로 '충격적인 것, 폭탄선언' 등을 의미하는 (a) bombshell이 정답이다.

어휘 stunned 깜짝 놀란, 어리벙벙한 reveal (사실, 비밀 등) ~을 밝히다, 폭로하다 bankruptcy 파산 must have been ~였음이 분명하다 quite a 명사: 꽤 ~한 것, 상당히 ~한 것 bombshell 충격적인 것, 폭탄선언 stalemate 교착 상태, 막다른 수 backdrop (사건 등의) 배경 loophole 허점, 틈새, (계약서 등의 허술한) 구멍

정답 (a)

10.

> A: 왜 최근의 독서 동아리 모임에 나오지 않으셨어요?
> B: 초과 근무 때문에 사무실에서 꼼짝 못하고 있어요.

해설 모임에 나오지 못하는 이유에 대해 초과 근무를 언급하고 있으므로 일에 묶여 시간이 나지 않는 상황임을 나타내야 한다. 따라서 '꼼짝 못하는'이라는 의미로 쓰이는 (c) bogged down이 정답이다. 명사 bog가 '늪, 수렁'의 의미인 것을 안다면 쉽게 풀리는 문제이다.

어휘 recent 최근의 extra 추가의, 별도의 churn out ~을 대량으로 생산하다, 쏟아내다 drum up (지지, 성원 등) ~을 요란하게 불러모으다 bog down ~을 꼼짝 못하게 하다 hammer out 머리를 짜서 생각해내다, (토론으로) ~을 타결하다

정답 (c)

Part II

11.

> 민감한 피부를 지닌 사람들은 피부가 햇빛에 나쁘게 반응할 수 있으므로 항상 자외선 차단제를 발라야 합니다.

해설 민감한(sensitive) 피부는 외부 자극에 좋지 않은 반응을 보이므로 외부 자극인 햇빛에 대해 필요한 동사로는 '반응하다'라는 의미인 (d) react가 적절하다. badly 뒤의 전치사 to와 어울리는 동사를 고르는 접근법도 가능한데, 문법을 통해 해석 없이 풀 수 있는 어휘 문제들이 종종 출제된다는 것을 기억해 두자.

어휘 sensitive 민감한 wear sunscreen 자외선 차단제를 바르다 fade 점점 희미해지다, 서서히 사라지다 heat 뜨거워지다, ~을 가열하다 treat ~을 다루다, 대접하다, 치료하다 react (to) (~에) 반응하다

정답 (d)

12.

> 컴퓨터가 느리게 작동할 때, 사용하지 않는 프로그램들을 삭제해야 할 수도 있습니다.

해설 컴퓨터에 문제가 발생할 때 사용하지 않는(unused) 프로그램에 대해 취할 수 있는 조치를 나타낼 동사가 필요하므로 '~을 삭제하다'를 뜻하는 (c) delete가 정답이다. (d) cancel에 속을 수도 있는데, 미사용(unused) 프로그램을 취소한다는 것이 어울리지 않는다.

어휘 run 작동하다, 운영되다 may need to do ~해야 할 수도 있다 unused 사용하지 않는 exit ~에서 나가다, 퇴장하다 undo ~을 원상태로 돌리다 delete ~을 삭제하다

정답 (c)

13.

> 저희 호텔의 모든 객실은 에어컨과 대형 TV, 그리고 소형 냉장고를 갖추고 있습니다.

해설 빈칸 뒤에 제시된 여러 물품들은 호텔 객실 내에 일반적으로 구비되는 기기들이므로 with와 함께 '~을 갖춘'이라는 의미를 나타내는 (b) equipped가 정답이다.

어휘 qualified 자격이 있는, 적격인 equipped (with) (~을) 갖추고 있는 packaged 포장된, 패키지로 판매되는 assembled 조립된, 결집한

정답 (b)

14.

> 대형 신용 등급 평가 업체들은 KD 미디어의 대표이사가 지난달 사기 혐의로 체포된 후에 이 회사의 등급을 하향 조정했다.

해설 대표이사가 사기 혐의로 체포된 업체의 신용이 낮아질 것을 예측할 수 있으므로 '~을 하향 조정하다, 격하하다'를 뜻하는 (c) downgraded가 정답이다. (b) minimized도 의미상으로 가능하다고 생각할 수 있겠지만, minimize는 주로 불특정한 수량 또는 크기를 대상으로 하며 정해진 등급을 대상으로 사용되지는 않는다.

어휘 credit rating agency 신용 등급 평가 업체 rating 등급 arrest ~를 체포하다 fraud 사기 eliminate ~을 없애다, 제거하다 minimize ~을 최소화하다 downgrade ~을 하향 조정하다, 격하하다 undervalue ~을 과소평가하다, 경시하다

정답 (c)

15.

> 화산이 폭발할 때, 일반적으로 용암과 가스를 방출한다.

해설 화산이 폭발하면서(erupts) 그 안에 가두었던 용암과 가스에 대한 행위로는 '방출한다'는 의미가 자연스럽다. 그러므로 (d) release가 정답이다.

어휘 volcano 화산 erupt 폭발하다, 분출하다 usually 일반적으로, 보통 lava 용암 burst 터지다, 파열하다, ~을 터뜨리다 flash ~을 번쩍거리다 scatter ~을 흩뿌리다 release ~을 방출하다, 내보내다

정답 (d)

16.

> 현대의 교통수단이 대중의 이동성을 향상시키면서, 그들에게 더 많은 거주 이전의 자유를 제공해 준다.

해설 　빈칸의 명사가 향상된(has improved) 결과로 거주 이전의 자유
　　　　가 더 많아진(more) 것이므로 빈칸의 단어는 travel과 같은 맥락
　　　　을 지닌다. 그러므로 '이동성, 기동성'을 의미하는 (a) mobility가
　　　　정답이다.

어휘 　transportation 교통(수단) improve ~을 향상하다, 개선하다
　　　　the public 대중 travel 이동하다, 여행하다 mobility 이동성, 기
　　　　동성 formation 형성, 편성, 구성 maneuver 계책, 조치, 조종
　　　　progression 진전, 진보, 연속

정답 　(a)

17.

> 사포는 거친 질감을 부드럽게 다듬어 주는 연마재 표면을 지닌다.

해설 　거친 부분을 부드럽게 다듬어 주는 사포의 특성을 나타내는 형용
　　　　사가 필요하므로 '닳게 하는, 마멸시키는'의 의미인 (b) abrasive
　　　　가 정답이다.

어휘 　sandpaper 사포 surface 표면 smooth down ~을 부드럽게 다
　　　　듬다 rough 거친 texture 질감 vulgar 저속한, 천박한 abrasive
　　　　닳게 하는, 연마재의, 거슬리게 하는 irregular 불규칙한 corrosive
　　　　부식성의, 부식을 일으키는

정답 　(b)

18.

> 이번 주는 기온이 오르내리며 몹시 추운 기온부터 쾌적하게 포근한 기온
> 까지 다양하게 나타나겠습니다.

해설 　몹시 추운 날씨부터 쾌적하게 포근한 날씨에 이르는 변화를 나타
　　　　낼 동사가 필요하므로 '오르내리다'라는 의미인 (c) fluctuate가
　　　　정답이다.

어휘 　temperature 기온 range from A to B: A에서부터 B까지 다양하
　　　　다 extremely 대단히, 매우 pleasantly 쾌적하게, 즐겁게 mild
　　　　온화한, 포근한, 순한 flicker (빛, 희망 등이) 깜박이다, (잎, 깃발 등이)
　　　　나부끼다 conform (규칙, 관습 등) 따르다, 순응하다, 일치시키다
　　　　fluctuate 오르내리다, 요동치다 contradict 모순되다, 반박하다

정답 　(c)

19.

> 약품 부작용을 겪는 환자들은 담당 의사를 통해 복용량을 조절하도록 해
> 야 할 수도 있다.

해설 　약품 부작용이 발생하면 복용을 중단하거나 양을 줄이도록 해야
　　　　한다. 그러므로 '~을 조절하다'라는 의미인 adjust의 과거분사 형
　　　　태인 (b) adjusted가 정답이다.

어휘 　patient 환자 experience ~을 겪다, 경험하다 side effect 부작
　　　　용 medication 약품, 약물 may need to do ~해야 할 수도 있다
　　　　have A p.p.: (남을 통해) A가 ~되도록 하다 dosage 복용량 dim
　　　　~을 어둡게 하다, 흐리게 하다 adjust ~을 조절하다 balance ~의 균
　　　　형을 맞추다 counter ~에 반박하다, 대응하다

정답 　(b)

20.

> 경계선 성격 장애를 지닌 사람들은 갑작스러운 기분 변화를 보이면서 변
> 덕스러워지는 경향이 있다.

해설 　갑작스러운 기분 변화를 보이는 것을 묘사할 수 있는 형용사가 필
　　　　요하므로 '변덕스러운'을 뜻하는 (d) capricious가 정답이다.

어휘 　borderline personality disorder (감정 및 대인 관계 등이 충동적
　　　　인) 경계선 성격 장애 tend to do ~하는 경향이 있다 sudden 갑작
　　　　스러운 mood 기분 tedious 지루한, 싫증나는 apathetic 무관심한
　　　　irresolute 우유부단한, 결단력 없는 capricious 변덕스러운

정답 　(d)

21.

> 기술 분야 대기업인 매스테크는 기업 인수에 대한 소문이 완전히 터무니
> 없는 것이라고 말하면서 그 소문을 없애기 위해 신속히 조치했다.

해설 　터무니없다고 생각하는 것에 대해 신속히 행동을 취할 동사가 필
　　　　요하므로 '(의혹 등) ~을 없애다'라는 의미인 (b) dispel이 정답이
　　　　다. (a) evict에도 없앤다는 의미가 있지만 장소에서 쫓아낸다는
　　　　뜻이므로 오답이다.

어휘 　giant 대기업 act 조치하다, 움직이다 buyout 기업 인수 call A 형
　　　　용사: A가 ~하다고 말하다 absurd 터무니없는 evict ~을 쫓아내
　　　　다 dispel (의혹 등) ~을 해소하다, 없애다 amend ~을 개정하다
　　　　deploy ~을 배치하다, 투입하다

정답 　(b)

22.

> 십대였을 때 톰은 종종 아버지에게 예의 없게 말대꾸한다고 꾸중을 들
> 었다.

해설 　아버지에게 예의 없게 말하는 행동에 대해 겪을 수 있는 일을 나타
　　　　낼 동사가 필요하므로 '~를 꾸짖다'라는 의미인 reprimand의 과
　　　　거분사 (d) reprimanded가 정답이다.

어휘 　talk back 말대꾸하다 rudely 예의 없게, 무례하게 dispatch ~를
　　　　파견하다, 보내다 exasperate ~를 몹시 화나게 하다 antagonize
　　　　~와 대립하다, ~에게 적대감을 불러일으키다 reprimand A for B: B
　　　　에 대해 A를 꾸짖다

정답 　(d)

23.

> 와이오밍 두꺼비의 멸종이 임박한 것일 수도 있는데, 현재 약 200마리가
> 갇힌 채 생존하고 있으며 야생에는 한 마리도 남아있지 않다.

해설 　약 200마리만 생존하고 있다면 멸종이 가까움을 예상할 수 있다.
　　　　따라서 곧 발생할 상황을 나타낼 형용사가 필요하므로 '임박한'을
　　　　뜻하는 (a) imminent가 정답이다.

어휘 　extinction 멸종 toad 두꺼비 with A -ing: A가 ~인 가운데
　　　　about 약, 대략 exist 존재하다 in captivity (우리에) 갇혀서
　　　　imminent 임박한 paramount 최고의, 가장 중요한 inadvertent
　　　　의도하지 않은, 부주의한 compulsory 의무인, 강제인

정답   (a)

24.

군 위장복은 착용자가 남의 눈에 잘 띄지 않게 하기 위해 고안되었다.

해설   위장복의 목적 또는 효과를 설명하는 형용사가 필요하므로 '눈에 잘 띄지 않는'을 의미하는 (d) inconspicuous가 정답이다.

어휘   military 군대(의) camouflage 위장 be designed to do ~하기 위해 고안되다, 만들어지다 make A 형용사: A를 ~ 상태로 만들다 imprudent 경솔한 impertinent 무례한, 버릇 없는 incongruous 어울리지 않은, 부조화인 inconspicuous 눈에 잘 띄지 않는

정답   (d)

25.

프랭클린 루즈벨트 전 미국 대통령이 겪었던 마비의 근원은 아마도 길랭–바레 증후군이었을 것이다.

해설   신체가 마비되는 증상과 특정 증후군 사이의 관계를 나타낼 명사가 필요한데, 해당 증후군이 마비 증상을 일으킨 원인이라고 할 수 있으므로 '근원' 등을 뜻하는 (c) root가 정답이다. (d) gist도 '원인'을 나타낼 수 있지만 법률 소송의 원인을 가리키므로 오답이다.

어휘   former 전직 ~인, ~였던 paralysis 마비 likely ~일 가능성이 있는 Guillain-Barré syndrome 길랭-바레 증후군, 급성 다발성 말초성 신경근염 (감염 등에 의해 항체가 말초신경을 파괴해 마비를 유발하는 병) dose 복용량 cure 치유(법) root 근원, 핵심 gist 요지

정답   (c)

26.

관광 명소 근처의 거리에서 기념품을 판매하는 동네 행상들을 만나는 것은 드문 일은 아니다.

해설   행상(vendors)이 기념품(souvenirs)을 가지고 하는 행위를 나타낼 동사가 필요하므로 '~을 팔고 다니다'라는 의미인 peddle의 현재분사 (b) peddling이 정답이다.

어휘   uncommon 드문, 흔치 않은 encounter ~와 마주치다 local 지역의, 현지의 vendor 행상 souvenir 기념품 near ~ 근처에(서) tourist attraction 관광 명소 haggle (가격 등) ~을 흥정하다 peddle ~을 판매하고 다니다, 길에서 판매하다 grapple ~을 붙잡다, ~와 몸싸움을 하다 squabble 옥신각신하다, 티격태격 싸우다

정답   (b)

27.

제인의 에세이는 길이를 줄여야 했는데, 페이지 제한을 초과했기 때문이었다.

해설   페이지 제한을 초과한 글에 대해 할 수 있는 적절한 행위는 길이를 줄이는 것이므로 '~의 길이를 줄이다'를 뜻하는 truncate의 과거분사 (c) truncated가 정답이다.

어휘   exceed ~을 초과하다 limit 제한, 한계 deplete ~을 고갈시키다, 격감시키다 impede ~을 지연시키다, 방해하다 truncate ~의 길이를 줄이다 hamper ~을 방해하다, 제한하다

정답   (c)

28.

그 건물은 오래된 나머지 너무 황폐하여 전혀 수리할 수 없는 상태였다.

해설   수리할 수 없을(beyond repair) 정도인 건물의 상태를 나타낼 형용사가 필요하므로 '황폐한, 허물어진'을 의미하는 (d) dilapidated가 정답이다.

어휘   grow + 형용사: ~한 상태가 되다 so 형용사/부사 that절: 너무 ~해서 …하다 with age 오래되어, 나이가 들어 completely 완전히, 전적으로 beyond repair 수리할 수 없는 atrophied 위축된, 쇠퇴한 inundated 침수된, 범람한 pulverized 분쇄된 dilapidated 황폐한, 허물어진

정답   (d)

29.

기량이 뛰어난 테니스 선수들은 공에 아주 많은 회전을 걸 수 있어서 상대 선수가 그 궤적에 의해 혼동을 느끼게 된다.

해설   공은 날아가는 물체이므로 상대 선수에게 혼동을 주는 것을 나타내는 명사로 '날아가는 물체가 지나가는 경로'를 의미하는 (a) trajectory가 정답이다.

어휘   skilled 기량이 뛰어난, 숙련된 put spin on ~에 회전을 걸다 so 형용사/부사 that절: 너무 ~해서 … 하다 opponent 상대(방) become + 형용사: ~한 상태가 되다 confused 혼란스러운, 혼동한 trajectory 궤적, 탄도 proclivity 성향 aberration 일탈(적인 행동) divergence 일탈, 차이, 확산

정답   (a)

30.

그 배우는 경력상 많은 우여곡절을 겪었지만, 이러한 인생의 파란만장함에도 결코 좌절하지 않았다.

해설   빈칸 앞의 these(이러한)를 보고 빈칸의 단어가 앞에 언급된 ups and downs(우여곡절)를 가리킨다는 것을 알 수 있다. 그러므로 '파란만장함, 우여곡절'을 뜻하는 (b) vicissitudes가 정답이다.

어휘   ups and downs 우여곡절, 흥망성쇠, 기복 be discouraged by ~로 낙담하다, 좌절하다 jubilation 환희, 환호, 의기양양함 vicissitudes 부침, 파란만장, 우여곡절 prerogative 특혜, 특권 contingency 우발 상황, 돌발 사태

정답   (b)

GRAMMAR

Part I

1.

> A: 내 차에서 계속 이상한 소음이 나.
> B: 차를 점검받아 볼 좋은 정비소를 하나 알고 있어.

출제포인트 완전한 절을 이끄는 관계부사 where

해설 빈칸 이하 부분이 주어와 동사, 목적어, 그리고 목적보어로 구성된 완전한 절이므로 완전한 절을 이끄는 관계부사 (d) where가 정답이다. 관계대명사 (a) that과 (c) which는 불완전한 절을 이끌며, (b) what은 앞에 명사(선행사)를 필요로 하지 않는다.

어휘 make a noise 소음을 내다 have A p.p.: (남을 시켜) A가 ~되게 하다 inspect ~을 점검하다, 검사하다

정답 (d)

2.

> A: 우유는 살 필요가 없었어요. 제가 어제 이미 좀 샀거든요.
> B: 아, 사기 전에 확인했어야 했군요.

출제포인트 후회를 나타내는 조동사 should have p.p.

해설 과거에 할 필요가 없었던 일을 한 것에 대해 후회하는 상황에 적절한 조동사를 골라야 하므로 have p.p. 동사와 함께 '~했어야 했다'라는 의미를 나타낼 때 사용하는 (d) should가 정답이다.

어휘 must have p.p. (확신) ~한 것이 틀림없다 might have p.p. (추측) ~했을 수도 있다 would have p.p. (의지) ~했을 것이다 should have p.p. (후회) ~했어야 했다

정답 (d)

3.

> A: 그래서 프랭크가 정말로 혼자 이 에세이를 전부 썼다는 거야?
> B: 분명해. 그것에 대해 어떤 도움도 받기를 거절했거든.

출제포인트 동명사를 목적어로 취하는 타동사 deny

해설 빈칸 앞에 위치한 동사 deny는 동명사를 목적어로 취해 '~하기를 거부하다'라는 의미를 나타내므로 (c) receiving이 정답이다.

어휘 all ad. 완전히, 전적으로 by oneself 혼자, 스스로 apparently 분명히, 보아하니 deny -ing ~하기를 거부하다

정답 (c)

4.

> A: 아내가 네 머리 모양에 대해 뭐라고 했어?
> B: 만족한 것 같았어.

출제포인트 감정 형용사가 사람을 수식하면 과거분사 형태

해설 빈칸은 동사 seem의 보어로 사용되는 형용사가 올 자리인데, 이론상 과거분사, 현재분사, 그리고 to부정사가 형용사 역할을 할 수

있다. 그런데 감정을 나타내는 동사 please가 사람의 보어로 사용될 때는 수동의 의미인 과거분사 형태를 취하므로 '만족한, 기뻐하는'을 뜻하는 형용사 (b) pleased가 정답이다. 같은 이유로 to부정사가 보어로 사용될 때는 수동태 형태인 to be pleased가 되어야 하므로 (d) to please는 오답이다.

어휘 How did A like B?: A가 B를 어떻게 생각했어? (의견 또는 반응을 묻는 표현) seem + 형용사: ~한 것 같다, ~한 것처럼 보이다 please ~를 만족시키다, 즐겁게 하다 pleased (사람이) 만족한, 즐거운 pleasing 만족시키는, 즐겁게 하는

정답 (b)

5.

> A: 왜 어제 세미나에 오시지 않았나요?
> B: 미리 알았으면 참석했을 거예요.

출제포인트 가정법 과거완료 주절의 동사 형태

해설 if절의 동사 형태가 과거완료시제이므로, 주절의 동사 형태는 「과거형 조동사 + have p.p.」 형태가 되어야 한다. 그러므로 (d) would have attended가 정답이다.

어휘 beforehand 미리, 사전에 would have p.p. (의지) ~했을 것이다 attend 참석하다

정답 (d)

6.

> A: 아까 짐과 우연히 마주쳐서 반갑지 않았어?
> B: 응. 요즘 좀처럼 보지 못하네.

출제포인트 3형식 문장 구조

해설 동사 see는 run into와 같이 '~와 만나다'라는 뜻으로 사용되었으므로 완전타동사이다. 그러므로 목적어 him 뒤에는 부사가 와야 한다. 따라서 부사 형태인 (d) rarely가 정답이다.

어휘 run into ~와 우연히 마주치다 earlier 아까, 일전에, 앞서 rare 드문, 흔치 않은 rarely 드물게, 여간해서는

정답 (d)

7.

> A: 그 축구선수의 출장 정지는 지나치게 가혹한 것 같아.
> B: 음, 그가 과거에 저지른 무분별한 행동들도 고려된 거였어.

출제포인트 수동태와 시제의 복합 유형

해설 동사 take는 「take 목적어 into account」의 구조로 '~을 고려하다'라는 의미로 사용된다. 그런데 고려할 대상인 his past indiscretions가 주어 자리에 있으므로 take는 수동태로 쓰여야 한다. 또한 A의 말에서 출장 정지 조치가 이미 내려진 것을 알 수 있으므로 과거시제 수동태인 (c) were taken이 정답이다.

어휘 suspension 정직, 정학 seem + 형용사: ~한 것 같다, ~한 것처럼 보이다 overly 지나치게 harsh 가혹한 indiscretion 무분별한 행동 take A into account: A를 감안하다

정답 (c)

8.

> A: 따님이 아직도 유럽에 있나요?
> B: 네. 다음 주면 거기에 간 지 한 달이 됩니다.

출제포인트 미래완료 시제

해설 과거나 현재에 시작된 일이 미래의 특정 시점(next week)에도 계속되거나 완료되는 경우에 미래완료 시제가 사용되므로 (d) will have been이 정답이다.

어휘 still 아직도, 여전히 next week 다음 주에

정답 (d)

9.

> A: 이 바비큐 갈비 정말 맛있어.
> B: 그래! 이 소스로 덮여 있으니 정말 거부할 수 없는 맛이야.

출제포인트 분사구문의 태

해설 선택지에 접속사가 없으므로 빈칸은 분사구문의 분사가 들어갈 자리이다. 그런데 타동사 cover가 들어갈 빈칸 뒤에 목적어가 없으므로 수동태를 나타내는 과거분사 형태인 (b) Covered가 정답이다.

어휘 barbecue 통구이, 직화 구이 rib 갈비 delicious 아주 맛있는 irresistible (매력적이라서) 거부할 수 없는, 억제할 수 없는 covered in (모든 면이) ~로 덮여 있는, 싸여 있는

정답 (b)

10.

> A: 우리가 아침 8시 버스를 타면 공항에 제때 도착할 수 있을까?
> B: 더 빨리 출발하는 걸 타는 게 더 나을 수도 있을 거야.

출제포인트 that 명사절의 어순

해설 동사 think 뒤에 명사절 접속사 that과 주어와 동사로 구성된 절이 필요한데, 이때 접속사 that은 생략 가능하므로, 주어로 시작되는 구조를 찾아야 한다. 그러므로 we로 시작하는 (c) we might be better off catching이 정답이다. 참고로, be better off 뒤에 동사가 올 때는 -ing 형태로 연결된다.

어휘 reach ~에 도착하다, 도달하다 on time 제때 be better off -ing ~하는 게 더 낫다 catch (교통편) ~을 타다, 이용하다 earlier 더 이른

정답 (c)

Part II

11.

> 필립은 한식 레스토랑을 방문하고 싶어했지만, 자신이 사는 도시에서 한 곳도 찾을 수 없었다.

출제포인트 부정문에 사용되는 부정대명사 any

해설 앞서 언급된 단수명사 a Korean restaurant을 대신할 대명사가 필요한데, 임의의 식당이므로 부정대명사를 사용해야 하며, 부정문이므로 (b) any가 정답이다.

어휘 few pron. (셀 수 있는 명사를 받아서) 극소수 a. 거의 없는, 극소수의 any (부정문에서) 어느 것도, (조건문, 의문문에서) 어느 ~든 none (긍정문에서) 아무도 없다, 하나도 없다 either 둘 중 하나

정답 (b)

12.

> 많은 직원들이 성과 기반의 급여 체계를 채택하겠다는 회사의 결정에 반대했다.

출제포인트 후치 형용사구로 to부정사를 취하는 명사 decision

해설 빈칸 앞에 위치한 명사 decision은 to부정사와 결합하므로 (b) to adopt가 정답이다.

어휘 oppose ~에 반대하다 decision to do ~하겠다는 결정 performance 성과, 실적, (수행) 능력 A-based: A 기반의, A 중심의 salary 급여 adopt ~을 채택하다

정답 (b)

13.

> 엘리자베스는 영화가 이미 시작된 후에 극장에 도착한 것에 대해 데이트 상대에게 사과했다.

출제포인트 동사의 시제 일치

해설 주절의 시제가 과거일 경우 종속절의 시제는 주절의 시제와 같거나 앞선 시제(= 대과거 = 과거완료)가 되어야 한다. 그런데 접속사 after 앞의 arriving이 과거 시점을 나타내므로 그보다 한 시제 앞선 행위인 after 뒤에서는 단순 과거완료시제인 (a) had started가 정답이다.

어휘 apologize 사과하다 date 데이트 상대 arrive 도착하다

정답 (a)

14.

> 제임스는 국가대표팀 소속으로 시합에 나갈 자격이 있었지만, 그가 그렇게 할지는 여전히 불확실했다.

출제포인트 반복되는 동사구의 생략

해설 앞에 나온 것과 동일한 동사구가 반복되는 경우, 일반동사라면 대동사 do/did를 사용하고, 조동사를 포함하고 있다면 조동사만 남기고 동사 이하는 생략하므로 (a) would가 정답이다.

어휘 be eligible to do ~할 자격이 있다 remain + 형용사: 여전히 ~한 상태이다 unclear 불확실한 whether ~인지 (아닌지)

정답 (a)

15.

> 부자 관계인 운동선수 딕 호이트와 릭 호이트는 호이트 재단을 설립했으며, 이를 통해 장애가 있는 사람들을 돕는 기금을 조성했다.

출제포인트 앞에 전치사를 동반한 관계대명사

해설 전치사 through 바로 앞에 제시된 단체 Hoyt Foundation을 선

행사로 하는 사물 관계대명사가 필요하므로 (d) which가 정답이다. (b) what은 선행사를 동반하지 않으며, (c) where는 이미 전치사 개념을 포함하고 있는 관계부사이므로 오답이다.

어휘 athlete 운동선수 establish ~을 설립하다, 확립하다 through ~을 통해 raise money 자금을 조성하다, 모금하다 disabled 장애가 있는

정답 (d)

16.

> 독감 증상이 치료를 받지 않고 사라지기도 하지만, 약을 먹는 것이 증상을 조기에 치료하는 데 도움이 될 수 있다.

출제포인트 부사절 접속사: 양보 접속사

해설 선택지가 모두 접속사이므로 두 절의 연결 관계를 파악해야 한다. '치료 없이 사라질 수 있다'는 내용과 '약을 먹는 것이 도움이 될 수 있다'라는 상반된 내용이 연결되므로 역접 접속사인 (d) Although가 정답이다.

어휘 symptom 증상 flu 독감 go away 사라지다 treatment 치료, 처치 take medication 약을 먹다 help do ~하는 데 도움이 되다 manage ~을 관리하다, 처리하다 earlier 더 일찍, 조기에 although 비록 ~이지만 (상반된 내용을 양보 관계로 연결)

정답 (d)

17.

> 교수는 그 학생에게 수업에 들어오기 전에 발표 내용을 연습하도록 권했다.

출제포인트 주장/명령/요구/제안/권고 등 당위성을 전달하는 that 목적절의 동사 형태

해설 주장/명령/요구/제안/권고 등 당위성을 전달하는 동사의 that 목적절에서는 주어 또는 시제와 상관없이 동사 자리에 동사원형을 사용한다. 따라서, 권고를 나타내는 동사 recommended의 that 목적절 동사로 동사원형인 (a) practice가 정답이다.

어휘 recommend that ~하도록 권하다 presentation 발표(회) come to class 출석하다 practice 연습하다

정답 (a)

18.

> 빈 공간에서 상대 선수들을 성공적으로 차단하는 것이 요즘 축구 경기에서 승리하는 데 대단히 중요하다.

출제포인트 동명사 주어의 수 및 시제 일치 복합 유형

해설 동명사 주어는 단수 취급하므로 빈칸에는 단수동사가 와야 한다. 또한, 현재를 나타내는 막연한 시간부사 today와 어울려 요즘의 일반적인 경향을 나타내려면 현재시제가 필요하므로 (a) is가 정답이다. 특정 기간이 제시되지 않았으므로 현재완료시제인 (c) has been은 오답이다.

어휘 successfully 성공적으로 block ~을 차단하다, 막다 open field (경기장 내의) 빈 공간 crucial 대단히 중요한, 중대한 today 오늘날, 요즘, 현재

정답 (a)

19.

> 전에 맛있는 사과 코블러 파이를 먹어 본 적이 있기는 했지만, 조지는 그 어느 것도 엄마가 만든 파이에 버금가지 못한다고 생각했다.

출제포인트 절의 주어-동사 어순 파악

해설 동사 thought의 목적절에서 주어 none만 주어져 있으므로 동사로 시작하는 (b) came close to his mother's가 정답이다.

어휘 though ~이기는 하지만 taste ~을 맛보다 cobbler 코블러 (파이의 일종) come close to ~에 버금가다, ~에 근접하다

정답 (b)

20.

> 그 제품의 부작용 발생 가능성에 대한 우려 때문에, 소비자 그룹들이 그것에 대한 FDA 조사를 요청하고 있다.

출제포인트 특정한 대상을 가리키는 정관사 the

해설 문장 마지막에 이 제품을 지칭하는 대명사 it이 사용된 것을 보고 product가 특정한 한 가지 제품임을 알 수 있다. 따라서, 특정 대상을 나타내는 정관사 (b) the가 정답이다. (a) all과 (c) few는 복수명사를 수식하며, (d) any는 불특정 대상을 가리키므로 it과 어울리지 않는다.

어휘 because of ~때문에 concern 우려, 걱정 product 제품 possible 가능한 side effect 부작용 consumer group 소비자 단체 ask for ~을 요청하다 investigation 조사

정답 (b)

21.

> 결혼을 늦추는 많은 젊은이들이 경제적 불안정을 주된 이유로 언급했다.

출제포인트 명사를 후치 수식하는 분사구

해설 빈칸 뒤에 이 문장의 주동사인 cited가 존재하므로 빈칸은 준동사 형태가 되어야 한다. 선택지에 현재분사, 과거분사, to부정사 등 준동사 형태가 모두 나와 있으므로 동사와 명사의 관계를 파악해야 한다. young people이 delay 행위를 하는 주체이므로 능동 관계를 나타내는 현재분사 (a) delaying이 정답이다. 타동사의 to부정사가 명사를 후치 수식하는 경우 이 동사가 앞의 명사를 행위 대상으로 가지므로 (b) to delay는 오답이다.

어휘 cite A as B: (이유 등) A를 B로 언급하다 economic 경제적인 instability 불안정(성) delay ~을 늦추다, 지연시키다

정답 (a)

22.

> 그 직원은 익명을 요구하면서 기자에게 자신의 회사 비밀을 폭로했다.

출제포인트 to부정사 보어의 태와 시제 복합 유형

해설 동사 name은 타동사로 뒤에 목적어가 필요한데, 빈칸 뒤에 목적

정답 (a)

어가 없으므로 수동태 단순시제인 (b) be named와 수동태 완료 시제인 (d) have been named 중에 선택해야 한다. 그런데 이름이 밝혀지는 것이 폭로가 이뤄진 다음에 발생할 일이므로 단순시제인 (b) be named가 정답이다.

어휘 ask not to do ~하지 말라고 요청하다 expose ~을 폭로하다, 노출시키다 name v. ~의 이름을 밝히다

정답 (b)

23.

> 위원회 구성원들의 대다수는 자신들이 선물을 받지 못하도록 하는 제안에 반대하는 투표를 했다.

출제포인트 셀 수 있는 명사의 형태

해설 '동의, 제안' 등을 뜻하는 명사 motion은 셀 수 있는 명사이므로 앞에 부정관사 a가 붙은 (c) a motion이 정답이다. 투표는 각각의 제안에 대해 이뤄지므로 복수형인 (b)는 적절하지 않다.

어휘 the majority of ~의 대부분, 대다수 committee 위원회 vote against ~에 반대하는 투표를 하다 forbid A from -ing: A가 ~하지 못하게 하다 accept ~을 받아들이다 motion 동의, 제안

정답 (c)

24.

> 리모델링 공사 때문에 10월 이후 문을 닫은 하트랜드 쇼핑몰이 3월 1일부터 재개장할 것이다.

출제포인트 시작 시점을 나타내는 전치사구 as of

해설 빈칸 뒤에 날짜 March 1이 있으므로 날짜와 함께 '~부터, ~로'라는 의미로 쓰이는 전치사 (c) as of가 정답이다. (a) at은 시각이나 나이, 또는 특정 시점을 나타내는 명사 등과 함께 사용된다.

어휘 remodeling (개조, 보수 등을 위한) 리모델링 closed 문을 닫은, 폐점한 reopen ~을 재개장하다 via (수단, 경로) ~을 통해 as of (시작 시점) ~부터, ~로 due to (원인) ~로 인해, ~ 때문에

정답 (c)

25.

> 일부 회사들은 갓 졸업한 사람들에게 더 호감을 줄 수 있도록 하기 위해 즐거운 직장 문화를 강조한다.

출제포인트 사역동사 make의 어순 유형

해설 사역동사 make 뒤에는 목적어가 가장 먼저 나와야 하므로 목적어 themselves로 시작하는 (d) themselves better appeal이 정답이다. 그런데 appeal을 명사로 사용한 (b) a better appeal of them도 틀리지는 않은 듯 보이지만 them이 주어인 Some companies를 가리키므로 재귀대명사 themselves로 바뀌어야 한다.

어휘 emphasize ~을 강조하다 fun 즐거운 work culture 직장 문화 make A do: A가 ~하게 만들다 recent 최근의, 갓 ~한 graduate n. 졸업생 appeal to ~에게 호감을 주다, 마음을 사로잡다

정답 (d)

Part III

26.

> (a) A: 우리 여행 가방이 여행에 비해 공간이 충분히 넓지 않은 것 같아요.
> (b) B: 그래요? 모든 옷과 화장품을 그 안에 욱여넣을 수 있을 것 같은데요.
> (c) A: 하지만 여행에서 돌아오면서 가져올 온갖 물건들은 고려하지 않았어요.
> (d) B: 뭐, 다 넣을 공간이 충분하지 않으면 거기서 언제든 여분의 가방을 구입할 수 있을 거예요.

출제포인트 형용사의 형태 오류

해설 (a) 문장에서 is의 보어로 형용사가 와야 하는데 부사 형태로 제시되었으므로 (a)가 정답이다. 부사 spaciously를 형용사 spacious로 변경해야 한다.

어휘 suitcase 여행 가방 spaciously 널찍하게 형용사 + enough for ~에 충분히 …한 be able to do ~할 수 있다 fit A in B: A를 B에 맞춰 넣다 toiletry 화장품 consider ~을 고려하다 stuff 물건, 물품 bring back ~을 갖고 오다 extra 여분의, 별도의

정답 (a) spaciously → spacious

27.

> (a) A: 아까 키스 씨의 반대편에 서서 저를 지지해 주셨으면 정말 좋았을 텐데요.
> (b) B: 미안해요, 제가 산만해져서 그분이 하는 이야기에 주의를 기울이지 못했어요.
> (c) A: 그 고객과 회사의 관계가 좋지 못한 것에 대해 그분이 감히 저를 비난했어요.
> (d) B: 제가 그분께 이야기해서 그런 식으로 말하기 전에 다시 생각해 보도록 요청하겠습니다.

출제포인트 간접의문문의 어순: 의문사 + 주어 + 동사

해설 (b) 문장에서 전치사 to에 이어지는 what 간접의문문의 주어-동사 어순이 잘못되었으므로 (b)가 정답이다. 간접의문문은 주어-동사의 순서가 되어야 하므로 what he was saying의 어순이 되어야 한다.

어휘 stand up for ~을 지지하다, ~의 편을 들다 against ~에 반대하여, 맞서 distracted 주의가 산만해진, (다른 생각으로) 정신이 팔린 pay attention to ~에 주의를 기울이다 have the nerve to do 감히 ~하다 blame A for B: B에 대해 A를 비난하다 firm 회사 relationship with ~와의 관계 client 고객 ask A to do: A에게 ~하도록 요청하다

정답 (b) what was he saying → what he was saying

28.

> (a) 도도새는 날지 못하는 새였으며, 모리셔스 섬의 토착종으로, 17세기에 멸종되었다. (b) 고립된 곳에서 진화했기 때문에, 도도새는 인간에 대한 본능적인 두려움을 전혀 지니고 있지 않았다. (c) 따라서, 선원들이 모리셔스 섬을 발견하고 그곳에 정착하기 시작했을 때, 도도새는 정말로 쉬운 먹이가 되었다. (d) 일부 학자들은 도도새의 멸종이 부분적으로 이 사냥꾼들에 대한 방어 능력 부족에 기인한다고 생각한다.

출제포인트 목적을 나타내는 to부정사구와 이유를 나타내는 분사구문의 구별

해설 (b) 문장의 시작 부분에 위치한 To have evolved in isolation이 목적이 아니라 이유를 나타내야 하므로 to부정사가 아니라 분사구문의 형태가 되어야 한다. 그리고 시제가 과거보다 더 이전에 발생한 대과거이므로 To have evolved를 Having evolved로 변경해야 한다. 따라서 (b)가 정답이다.

어휘 flightless 날지 못하는 unique to ~ 토착의, 고유의 go + 형용사: ~한 상태가 되다 extinct 멸종된 evolve 진화하다, 발전하다 in isolation 고립된 곳에서 develop (능력, 생각, 병 등) ~을 키우다, 발전시키다 instinctual 본능적인 as such 따라서, 그러한 이유로 sailor 선원 discover ~을 발견하다 settle 정착하다 incredibly 정말로, 매우 prey 먹이 scholar 학자 attribute A to B: A가 B에 기인한다고 여기다, A의 원인이 B라고 생각하다 extinction 멸종 partially 부분적으로 lack 부족, 결핍 defense 방어(력) against ~을 상대로, ~에 맞서

정답 (b) To have evolved → Having evolved

29.

(a) 지난주에 마르티노 저수지의 얕은 곳을 걸어서 건너던 어부들이 우연히 희한한 광경을 목격했다. (b) 이들이 발견한 것은 원산지가 수천 마일 떨어져 있는 것으로 여겨지는 한 어종이었다. (c) 이 물고기가 의심의 여지없이 외래 침입종인지 밝혀내는 데 한달 남짓한 시간이 더 소요될 것이다. (d) 그럼에도 불구하고, 지역 과학자들은 이 물고기의 정체를 확신하고 있으며, 이미 이 물고기가 어떻게 이곳에 오게 되었는지를 조사하고 있다.

출제포인트 주어진 시간 부사와 어울리지 않는 진행형

해설 (a) 문장에서 동사로 과거진행시제인 were happening이 사용되었다. 진행형은 특정 시점에 진행중인 것을 나타내는데, 발견 행위가 last week이라는 긴 시간대에 걸쳐 지속됨을 의미하는 것은 어색하다. last week 내에 한 번 발생한 사건을 나타내도록 과거진행시제를 단순 과거시제 형태로 고쳐야 하므로 (a)가 정답이다.

어휘 wade through (얕은 곳을) 걸어서 건너다 reservoir 저수지 happen upon ~을 우연히 만나다, 발견하다 unlikely 희한한, 있을 법하지 않은 sight 광경 discover ~을 발견하다 species (동식물의) 종 thought to do ~하는 것으로 여겨지는 native to ~가 원산지인, 토종인 waters 수역, 해역 or so (수량 표현 뒤에서) ~ 정도, ~쯤 determine ~을 밝혀내다, 결정하다 whether ~인지 (아닌지) without a doubt 의심의 여지 없이 invasive species 외래 침입종 local 지역의, 현지의 be confident of ~을 확신하다 identity 정체, 신분 investigate ~을 조사하다 arrive 도착하다

정답 (a) were happening → happened

30.

(a) 2008년, 델프트 공과대학은 건축학부 건물에서 화재가 발생했을 때 언론에 대서특필되었다. (b) 몇 시간 만에 이 13층짜리 건물 상층부의 몇 개 층이 완전히 불길에 휩싸였다. (c) 마침내 화재가 진압되었을 쯤에, 이 건물은 거의 붕괴에 가까운 손상을 입었다. (d) 하지만 다행스럽게도, 1600년대까지 거슬러 올라가는 역사적인 건축 소장품들은 화를 당하지 않았다.

출제포인트 주어와 동사의 수 일치

해설 (b) 문장에서 복수 형태인 주어 several upper floors와 수를 일치시키려면 단수동사 was를 복수동사 were로 바꿔야 하므로 (b)가 정답이다.

어휘 make headlines 언론에 대서특필되다 break out 발생되다, 발발하다 several 여럿의, 몇몇의 upper floor 위층, 상층 story (건물) 층 completely 완전히 be engulfed in ~에 휩싸이다 flame 불길, 불꽃 by the time ~할 때쯤에 finally 마침내, 드디어 extinguish (화재, 불) ~을 끄다, 진화하다 damaged 손상된, 피해를 입은 to the point of ~할 정도로, ~ 수준으로 fortunately 다행히 though (문장 중간이나 끝에서) 하지만 historic 역사적인, 역사적으로 중요한 architectural 건축학의 collection 소장(품), 수집(품) date back to (기원이) ~로 거슬러 올라가다

정답 (b) was → were

READING COMPREHENSION

Part I

1.

소중한 고객 여러분께,

올 여름에 저희가 영업 시간을 연장할 예정임을 알려 드리게 되어 기쁩니다. 많은 고객들께서 지난 몇 주 동안 저희 옥외 테라스에서 가격이 저렴한 열대 음료를 즐기고 계시며, 평소보다 더 늦은 시간까지 머물고 싶다는 바람을 나타내 주셨습니다. 저희는 여러분의 요청을 마음으로 새겨 들었습니다! 다음 주부터 9월 1일까지, 평소보다 2시간 더 늦은 오후 11시에 문을 닫을 예정입니다. 곧 뵐 수 있기를 바랍니다!

세리니티 카페 경영진

(a) 영업 시간을 연장할
(b) 계절 음료들을 제공할
(c) 저희 테라스에서 행사를 개최할
(d) 엄청난 할인 혜택들을 제공할

해설 빈칸이 속한 문장은 공지의 주요 내용에 해당되며, 공지의 핵심은 대부분 특정 날짜와 함께 제시된다는 것에 착안하여 날짜가 나오는 마지막 문장을 확인한다. 평소보다 2시간 더 늦은 오후 11시에 문을 닫는다(we will be closing at 11 p.m., two hours later than usual)는 것이 공지의 핵심이므로 영업 시간 연장을 뜻하는 (a)가 정답이다.

어휘 valued 소중한, 귀중한 customer 고객, 손님 low-priced 가격이 저렴한 tropical 열대의 terrace (주택, 식당 등의) 테라스 express (생각, 감정 등) ~을 나타내다, 표현하다 desire to do ~하고 싶은 바람, 소망 than usual 평소보다 take A to heart: A를 마음에 새기다 request 요청, 요구 extend (시간, 길이 등) ~을 연장하다 serve (음식 등) ~을 제공하다, 내오다 hold ~을 개최하다 offer ~을 제공하다 discount 할인

정답 (a)

Paraphrase closing at 11 p.m., two hours later than usual
→ extending our opening hours

2.

저희 스카이 항공사는 새로운 유형의 이코노미석을 도입하게 되어 기쁩니다. 현재, 이코노미석 탑승객당 하나의 개인 물품과 하나의 규격 최대 사이즈 기내 수하물이 허용되고 있습니다. 그런데, 저희는 이 방침이 소형 핸드백 또는 서류 가방만 들고 여행하시는 탑승객들께 다소 불공평할 수 있다는 점을 알게 되었습니다. 그래서 저희는 '심플 이코노미석'을 만들었습니다. 탑승권 가격은 25달러 더 저렴하며, 기내 반입 물품 허용량은 소형 개인 물품 하나로 제한됩니다. 저희는 이 새로운 '심플 이코노미석'이 탑승권에 포함된 수하물 요금을 피하고 싶은 분들께 유용할 것으로 생각합니다.

(a) 저희 항공사를 통해 자주 여행하시는
(b) 한 개 이상의 가방을 체크인하신
(c) 오직 기내 휴대용 수하물만 갖고 여행하시는
(d) 탑승권에 포함된 수하물 요금을 피하고 싶은

해설 빈칸이 속한 문장은 '심플 이코노미석'에서 이득을 볼 잠재 고객을 설명하고 있다. 그런데 바로 앞 문장에서 25달러 저렴하고 하나의 개인 물품으로 제한된다(Tickets cost $25 less, and the carry-on allowance is limited to one small personal item)고 하므로 탑승권에서 수하물 요금이 제외된 것을 알 수 있다. 그러므로 (d)가 정답이다.

어휘 introduce ~을 도입하다, 소개하다 currently 현재 item 물품, 물건 full-sized 규격상 최대 크기인 carry-on 기내 휴대용의 allow ~을 허용하다 passenger 탑승객 realize that ~임을 알게 되다, 깨닫다 somewhat 다소 unfair 불공평한, 부당한 briefcase 서류 가방 create ~을 만들어내다 cost ~만큼 비용이 들다 less ad. 더 적게, 더 낮게 a. 더 적은, 더 낮은 allowance 허용(량) be limited to ~로 제한되다 benefit v. ~에게 유용하다, 유익하다, 득이 되다 those who ~하는 사람들 frequently 자주, 빈번히 more than ~이상의 checked 신고된 look to do ~하기를 바라다, ~할 예정이다 avoid ~을 피하다 built-in 붙박이의, 내장된, 포함된

정답 (d)

3.

여가 활동의 일정을 정하는 것이 의도치 않은 부작용을 낳을 수도 있습니다. 어떤 활동이 사전에 계획되고 나면, 여가를 넘어 일을 닮아가면서 책임의 양상을 띠기 시작합니다. 그에 반해서, 사람들이 여가 시간을 대체로 체계적으로 관리하지 않거나 계획을 느슨하게 세울 때에는, 여가 활동을 더욱 즐기는 경향이 있습니다. 그래서 대부분의 경우, 사람들이 과도하게 계획을 짜려는 충동을 참는 경우에 여가 시간으로부터 더 많은 것을 얻을 가능성이 있습니다.

(a) 과도하게 계획을 짜려는 충동을 참는
(b) 신나는 새로운 활동들로 채우는
(c) 일에 대한 책임을 잊는
(d) 책임지고 있는 일들을 먼저 처리하는

해설 부사 then은 앞 문장의 결과를 이끄는 표현이므로 앞 문장을 확인해야 한다. 그러므로 when절의 내용과 일치하는 선택지를 고른다. when절에서 여가 계획을 설명하는 표현인 loose와 같은 맥락의 단어를 선택지에서 찾는다면 resist the urge to overplan이 이에 해당하므로 (a)가 정답이다.

어휘 schedule v. ~의 일정을 잡다 leisure 여가 unintended 의도치 않은 side effect 부작용 once 일단 ~하면 preplan ~을 사전에 계획하다 take on (특성 등) ~을 띠다 appearance 모습, 외관 responsibility 책임 resemble ~을 닮다 more than ~라기보다, ~을 넘어서 in contrast 그에 반해서 leave A p.p.: A를 ~한 상태로 두다, 만들다 largely 대체로, 주로 unstructured 체계적이지 않은, 조직적이지 않은 make a plan 계획을 세우다 loose 느슨한 tend to do ~하는 경향이 있다 enjoy ~을 즐기다 for the most part 대부분의 경우에 be likely to do ~할 가능성이 있다 get more from ~에서 더 많은 것을 얻다 resist ~을 견디다, 참다 urge to do ~하고 싶은 충동, 욕구 overplan ~을 과도하게 계획하다 fill A with B: A를 B로 채우다 exciting 흥미로운 forget about ~을 잊다 obligation 책임 take care of ~을 처리하다, 다루다

정답 (a)

Paraphrase make loose plans → resist the urge to overplan it

4.

한 다국적 기업의 현지 지사를 관리하는 제 일이 화상회의 서비스의 출현으로 급격히 변화하였습니다. 이 서비스들이 이용 가능해지기 전에는, 대부분의 저희 업무가 이메일을 통해 진행되었으며, 일대일 대면 회의를 위해 이따금씩 출장을 떠나는 일도 있었습니다. 하지만, 요즘은, 기술 덕분에 훨씬 더 정기적으로 회의를 하는 것이 가능해졌습니다. 이것이 이론상으로는 아주 좋은 일이지만, 제가 종종 해외에 있는 저희 본사 업무 일정에 맞춰야 한다는 뜻이기도 합니다. 따라서 제 경우에는, 화상회의가 제공하는 보다 직접적인 소통이 정규 업무 시간을 희생시키고 있습니다.

(a) 회의 일정 관리를 간소화하게 되었습니다
(b) 직장에서 언어적인 교류가 줄어드는 결과를 낳았습니다
(c) 정규 업무 시간을 희생시키고 있습니다
(d) 직장 내에서의 제 생산성을 크게 촉진시켜 주었습니다

해설 결과를 나타내는 So for me를 보고 바로 앞 문장에 원인이 제시됨을 알 수 있다. 즉, 종종 본사의 업무 일정에 맞추어야 한다(I often have to bend to the work schedule of our headquarters)고 화상회의의 부작용을 말하는 것에서 화상회의로 인해 자신의 업무 시간을 빼앗긴다는 불만을 확인할 수 있다. 따라서 (c)가 정답이다.

어휘 manage ~을 관리하다, 운영하다 local 현지의, 지역의 branch 지사, 지점 multinational corporation 다국적 기업 dramatically 급격히 advent 출현, 도래 web conferencing 화상회의 become + 형용사: ~한 상태가 되다 available 이용 가능한 conduct ~을 수행하다, 실시하다 via ~을 통해 occasional 이따금씩 있는 face-to-face 일대일 대면의 these days 요즘에는 technology 기술 make it possible to do ~하는 것을 가능하게 만들다 regularly 주기적으로 in theory 이론상으로는 often 종종 bend to ~에 따르다 headquarters 본사 overseas 해외에, 해외로 communication 소통 afford ~을 제공하다 simplify ~을 간소화하다 result in ~라는 결과를 낳다, ~을 초래하다 verbal 언어적인 interaction 교류, 상호 작용 come at the cost of ~을 희생하여 얻어지다 greatly 크게, 대단히 boost ~을 촉진하다, 증진하다 workplace 직장, 작업장 productivity 생산성

정답 (c)

Paraphrase bend to the work schedule of our headquarters → come at the cost of normal working hours

5.

보트를 타는 분들께,

최근, 라고미어 호수에 정박된 보트 한 대가 얼룩말 홍합에 오염된 것으로 밝혀졌습니다. 얼룩말 홍합은 빠르게 번식하는 외래 침입종입니다. 이들은 이 호수의 플랑크톤을 먹어 치우는데, 이로 인해 토착종이 먹이 공급원을 빼앗기고 있습니다. 얼룩말 홍합의 침입은 쉽게 전이되기 때문에, 천연자원관리국에서는 모든 보트를 반드시 건선거에 넣어 보관하고, 호수에 배를 띄우도록 허가 받기 전에 얼룩말 홍합 검사를 통과하도록 하는 규제를 시행합니다. 이 조치는 이 종의 추가 확산을 방지하기 위해 시행되는 것입니다.

천연자원관리국

(a) 이 호수에 플랑크톤이 발생하지 않도록 위해
(b) 얼룩말 홍합의 서식지를 보호하기 위해
(c) 이 종의 추가 확산을 방지하기 위해
(d) 더 많은 보트 운전자들이 이 호수를 이용하도록 장려하기 위해

해설 빈칸 앞의 to를 보고 목적의 to부정사 구문임을 파악한다면, 앞에서 원인을 나타내는 접속사 Because절을 바로 확인해볼 수 있다. easily transmitted(쉽게 전이되는)라는 얼룩말 홍합의 특성 때문에 이 조치를 취하는 것이므로 transmitted와 같은 맥락의 명사 spread(확산)을 사용한 (c)가 정답이다.

어휘 Attention + 대상: ~에게 알립니다 recently 최근에 dock (배 등) ~을 정박시키다 be found to do ~하는 것으로 밝혀지다 contaminate ~을 오염시키다 zebra mussel 얼룩말 홍합 rapidly 빠르게 reproduce 번식하다 invasive species 외래 침입종 consume ~을 먹다 deprive A of B: A에게서 B를 빼앗다 native 토착의, 토종의 food source 먹이 공급원 infestation (해충 등의) 들끓음, 우글거림, 침입 transmit ~을 전이시키다 institute (제도 등) ~을 실시하다, 도입하다 regulation 규제, 규정 stipulate (법률, 계약서 등이) ~을 규정하다 dry-dock v. ~을 건선거에 넣다 n. 건선거 (선박을 넣고 물을 빼는 시설) pass ~을 통과하다, ~에 합격하다 examination 검사 prior to ~ 전에, ~에 앞서 permit ~을 허용하다 measure 조치 implement ~을 시행하다 keep A 형용사: A를 ~한 상태로 유지하다 free from ~이 없는 protect ~을 보호하다 habitat 서식지 deter ~을 방지하다 further 추가적인 spread 확산 encourage A to do: A에게 ~하도록 장려하다, 권장하다

정답 (c)

6.

전기자동차로의 전환을 장려할 방법을 찾는 임무를 맡은 뉴랜드 연구원들이 연료 연소 방식 차량들의 숨은 비용을 수치화했다. 이들의 최근 연구 보고서에 따르면, 화석 연료를 사용하는 자동차들이 매년 300억 달러 상당의 건강 관련 비용을 발생시키고 있다. 이 계산에는 천식과 관련된 수십만 건의 병가가 인수로 포함되어 있다. 심지어, 천식을 앓지 않는 사람들도 다른 방식으로 손해를 보고 있는데, 이 보고서는 모든 사람들이 세금 납부를 통해 분담하는 비용으로 차량 연료 탱크당 거의 20달러를 공공 의료비에 보태고 있다고 추산한다. 더 많은 전기자동차들이 기존의 자동차를 대체하면 이 비용이 더 줄어들 것이다.

(a) 세금 우대 조치가 얼마나 구매자들을 자극할 수 있는지 추산했다
(b) 연료 연소 방식 차량들의 숨은 비용을 수치화했다
(c) 소비자 구매 활동에 보조금을 지급하는 비용을 계산했다
(d) 전기자동차 가격을 더욱 저렴하게 하는 여러 방법들을 조사했다

해설 빈칸 다음 문장을 이끄는 Their recent report reveals that이 증거 자료를 제시하는 표현이므로 그 앞인 빈칸에는 이 증거로 입증하려는 주장이 제시되어야 한다. 따라서, 빈칸에는 화석연료 차량으로 인해 엄청난 비용이 발생한다고 주장하는 맥락이 제시되어야 한다. 따라서 이와 연관된 키워드인 quantified(수량화했다), costs(비용), vehicles(차량) 등으로 구성된 (b)가 정답이다.

어휘 tasked with ~의 임무를 맡은 a way to do ~하는 방법 encourage ~을 장려하다, 권하다 transition to ~로의 전환, 변경 researcher 연구원 recent 최근의 reveal that (조사 결과가) ~임을 나타내다, 보여주다 fossil fuel (가스, 석유, 석탄 등) 화석 연료 give rise to ~을 발생시키다, 야기하다 worth 가치, 값어치 A-related: A와 관련된 factor A into B: A를 B에 대한 인수로 포함하다 calculation 계산 hundreds of thousands of 수십만의 asthma 천식 sick day 병가 those without ~이 없는 사람들, ~에 걸리지 않은 사람들 suffer 고통을 받다 in other ways 다양한 방식으로 with A -ing: A가 ~하면서, A가 ~하는 채로 estimate that ~라고 추산하다 add A to B: A를 B에 보태다, 더하다 public health costs 공공 의료비 expense (지출) 비용 share ~을 분담하다, 공유하다 through ~을 통해 tax payment 세금 납부 drop 하락하다, 떨어지다 replace ~을 대체하다 conventional 기존의, 전통적인 tax break 세금 우대 조치 incentivize ~을 자극하다, 장려하다 quantify ~을 수량화하다 fuel-burning 연료가 연소되는 vehicle 차량 subsidize ~에 보조금을 지급하다 consumer 소비자 purchase 구매(품) investigate ~을 조사하다 make A 형용사: A를 ~하게 만들다 affordable 가격이 알맞은

정답 (b)

7.

무생물에서 사람 얼굴이 보이는 현상은 변상증이라고 알려져 있다. 흔히, 이러한 목격담을 알리는 사람들은 무시당하거나 조롱거리가 된다. 하지만, 신경과학자들이 최근 발견한 바에 따르면, 방추상 얼굴 영역, 즉 표정 자극에 노출될 때 생리학적으로 활성화될 준비가 된 뇌의 한 영역이 심지어 정말로 미묘한 얼굴 특징의 연상에 대해서도 반응한다는 사실을 발견했다. 이러한 연상 요소들은 음식, 건물 외관, 구름, 또는 그 외의 어떤 것에서도 나타날 수 있는 것으로 보인다. 따라서, 변상증에 대한 보고를 그럴듯하게 꾸며낸 것이라고 속단할 게 아니라, 우리 뇌 회로 작용의 자연스러운 결과로 여겨야 할 수도 있다.

(a) 정신적 망상으로 계속 인식해야
(b) 사람들 사이의 생리적 변이에 기인한다고 생각해야
(c) 신경계 질환에서 나타날 수 있는 증상으로 여겨야
(d) 우리 뇌 회로 작용의 자연스러운 결과로 여겨야

해설 빈칸 앞에 대체를 나타내는 부사 instead가 있으므로 바로 앞 부분(rather than being ~)과 상반되는 내용이 들어가는 것이 논리적이다. 앞에서는 변상증에 대한 보고를 spurious(그럴듯하게 꾸며낸)로 여기지 말자고 했으므로 빈칸에는 '당연한, 자연스러운, 실제의' 등의 키워드가 들어가는 것이 자연스럽다. 따라서, 그것을 뇌 회로 활동의 '자연스러운(natural)' 결과로 여기자고 제안하는 (d)가 정답이다.

어휘 phenomenon 현상 inanimate object 무생물 be known as ~라고 알려져 있다 facial pareidolia 변상증 (사물에서 사람의 얼굴을 인지하는 증상) sighting 목격 dismiss ~을 무시하다, 묵살하다 ridicule ~을 조롱하다 neuroscientist 신경과학자 recently 최근에 discover that ~임을 발견하다, 밝혀내다 fusiform face area 방추상 얼굴 영역 (얼굴을 인식하고 상기하는 기능을 담당하는 뇌 영역)

TEST 2 정답 및 해설 65

physiologically 생리학적으로, 생리적으로 primed to do ~할 준비가 된 activate ~을 활성화하다 when exposed to ~에 노출될 때 (분사구문) facial 얼굴의 stimuli pl. 자극들 (단수형은 stimulus) respond to ~에 반응하다 subtle 미묘한 suggestion 연상(시키는 것) feature 특징 it seems ~인 것으로 보이다, ~인 것 같다 appear 나타나다 facade 표면, 외관 therefore 따라서, 그러므로 rather than ~이 아니라, ~ 대신 be quick to do 성급히 ~하다 classify A as B: A를 B로 분류하다 spurious 그럴듯한, 가짜의, 꾸며낸 instead 그 대신 continue to do 계속 ~하다 recognize A as B: A를 B로 인식하다, 인정하다 psychological 정신적인, 심리학적인 delusion 망상 attribute A to B: A가 B에 기인한다고 생각하다, A의 원인이 B라고 여기다 variation 변이 consider A B: A를 B로 여기다(= regard A as B) symptom 증상 neurological disorder 신경계 질환 consequence 결과 brain's wiring 뇌 회로

정답　(d)

8.

요즘 생태계 연구가 이산화탄소 배출과 서식지 파괴 같은 문제에 초점을 맞추는 경향이 있다. 하지만, 환경 변화의 또 다른 주요 요인에 대한 관심은 상대적으로 낮은 수준인데, 그것은 바로 화합물이다. 매년 생산되고 있는 새로운 합성 화합물의 충격적인 숫자에도 불구하고, **우리는 아직 이러한 화합물의 환경적 영향을 조사하는 연구가 상응하는 수준으로 증가하는 것을 보지 못했다.** 여러 요인들이 이러한 연구 부족의 이유가 되고 있는데, 여기에는 자금 삭감을 비롯해 실험실 안팎에 존재하는 물자 보급의 어려움이 포함된다. 그것을 감안하더라도, 이 문제는 여전히 절박하다. 이상적으로는, 합성 화합물에 대한 연구가 <u>그 확산 속도에 맞게 늘어나는 것이다.</u>

(a) 관련 배출물 제한 방법에 초점을 맞추는 것이다
(b) 실험실 환경을 감안하는 것이다
(c) 그 확산 속도에 맞게 늘어나는 것이다
(d) 다른 환경 문제들보다 우위에 있는 것이다

해설　글쓴이가 research에 대해 언급한 부분을 찾아보면, 지문 중반에서 research(연구)의 동의어로 articles investigating(~을 조사하는 논문)을 발견할 수 있다. 여기서 we have yet to see a commensurate rise in articles를 보고 글쓴이가 화합물의 영향에 대한 연구가 늘지 않는 것을 비판하는 입장임을 알 수 있다. 즉 글쓴이는 연구가 증가하기를 바라고 있으므로 increase로 시작하는 (c)가 정답이다.

어휘　ecological 생태계의 research 연구, 조사 tend to do ~하는 경향이 있다 focus on ~에 초점을 맞추다, 집중하다 issue 문제, 사안 such as 예를 들면 emission 배출(물) habitat 서식지 destruction 파괴 however 하지만 significant 중요한 driver 요인 environmental 환경의 attract ~을 끌어 들이다 comparatively 비교적 attention 관심, 주의 chemical compound 화합물 despite ~에도 불구하고 staggering 충격적인 synthetic 합성의 chemical 화학물질 produce ~을 생산하다 have yet to do 아직 ~하지 못하다 commensurate 같은 양의, 비례하는 rise in ~의 증가 article 논문, 논설 investigate ~을 조사하다 effect 영향 factor 요인 account for ~을 설명하다, 해명하다 shortfall 부족 including ~을 포함한 funding cut 자금 삭감 logistical 물자 보급의 lab 실험실, 연구실(= laboratory) even so 그렇다 하더라도 remain + 형용사: 여전히 ~한 상태이다 pressing 긴급한 ideally 이상적으로는 a way to do ~하는 방법 limit ~을 제한하다 related 관련된 make allowances for ~을 감안하다, 참

작다 in accordance with ~에 맞게, ~에 따라 proliferation 확산, 급증 take precedence over ~보다 우위에 있다

정답　(c)

9.

1968년, 웨스트 버지니아의 파밍턴에서 대규모 폭발 사고가 발생해 한 탄광을 초토화시켰다. 이듬해에 미국 정부는 1969 연방탄광보건안전법을 통과시켰는데, 이 법은 아주 다양한 안전조치를 의무화하는 포괄적 법안으로서, 그 중 일부는 미세 먼지 흡입을 방지하는 것이 목적이었다. <u>그 결과,</u> 1990년대까지 진폐증 발생 사례가 역대 최저 수준으로 감소한 것에서 알 수 있듯이, 광부들의 작업이 훨씬 더 안전해졌다.

(a) 유사하게
(b) 그 결과
(c) 특히
(d) 마지막으로

해설　접속부사 유형은 바로 앞 문장과 뒷문장의 연결 관계를 파악해야 한다. 빈칸 앞에는 aimed to combat fine dust inhalation(미세 먼지 흡입 방지가 목적인), 빈칸 뒤에는 the fall of black lung cases(진폐증 발병 사례 하락)라는 내용이 제시된다. 즉 원인과 결과의 연결 관계이므로 결과문을 이끄는 (b) As a result가 정답이다.

어휘　massive 대규모의, 거대한 explosion 폭발 rip through ~을 초토화시키다, 파괴하다 coal mine 탄광 following 다음의 pass ~을 통과시키다 a comprehensive piece of legislation 포괄적 법안 cf. legislation 법, 법안 mandate ~을 의무화하다, 명령하다 a wide range of 아주 다양한 safety 안전 measure 조치 aim to do ~하는 것이 목적이다 combat ~을 방지하다, ~와 싸우다 fine dust 미세 먼지 inhalation 흡입 as evidenced by ~에서 알 수 있듯이 black lung 진폐증 all-time low 역대 최저

정답　(b)

10.

캐나다 서부의 암컷 엘크는 인간 사냥꾼을 피하기 위해 계절 단위로 행동을 조정하는 것으로 보인다. **소총 사냥이 이뤄지는 계절에는 엘크가 사냥꾼이 이용하는 도로를 피해 다니며, 그러한 구역 주변을 지날 때는 울창한 숲에서 벗어나지 않는다. 반대로, 사냥꾼이 사냥감에 가까이 다가가야 하는 활 사냥이 이뤄지는 계절에,** 엘크는 더 넓게 트인 구역을 찾아 다니면서, 사냥꾼이 몰래 다가와 공격하기가 어렵게 만든다.

(a) 반대로
(b) 특히
(c) 따라서
(d) 결과적으로

해설　빈칸 앞에는 소총 사냥이 이뤄지는 계절에 엘크가 다니는 곳(울창한 숲)이, 빈칸 뒤에는 활 사냥이 이뤄지는 계절에 엘크가 다니는 곳(트인 구역)이 대비되고 있다. 따라서, 서로 대조되는 것을 연결하므로 '반대로'라는 의미를 지니는 (a) Conversely가 정답이다.

어휘　elk 엘크 (큰 사슴의 일종) appear to do ~하는 것으로 보이다, ~하는 것 같다 adapt (상황 등에 맞게) ~을 조정하다 behavior 행동 on a seasonal basis 계절별로, 계절 단위로 avoid ~을 피하다 rifle hunting 소총 사냥 keep to ~에서 벗어나지 않다 dense 울

창한, 빽빽한, 밀집된 forest 숲 when -ing ~할 때 pass near ~ 주변을 지나가다 bow hunting 활 사냥 get up close to ~에 가까이 다가서다 prey 사냥감, 먹이 seek ~을 찾다, 추구하다 open 열린, 트인 make it A for B to do: B가 ~하는 것을 A하게 만들다 sneak up 몰래 다가서다 attack ~을 공격하다

정답 (a)

Part II

11.

> 오렌지 주스를 한 잔 마시는 것이 많은 사람들이 생각하는 것만큼 유익하지 않을 수 있다. (a) 대부분의 오렌지 주스는 오렌지의 천연 섬유질을 거의 함유하고 있지 않으며, 대체로 당분과 물로 구성되어 있다. (b) 일반적으로 인정되는 것처럼, 다량의 물은 유해한 화학물질을 신체 밖으로 배출하는 데 도움이 될 수 있다. (c) 섬유질과 달리, 당분과 물은 빠르게 처리되므로, 허기를 오랫동안 막지 못한다. (d) 전반적으로, 오렌지 주스의 영양 성분은 건강 음료라기보다 초코바에 더 가깝다.

해설 논리적 흐름에서 벗어나는 문장을 선택하는 유형에서는, 도입문의 내용과 다른 입장을 골라내도록 출제하는 경우가 많다. 도입문은 not be as beneficial as 즉, 유익하지 않다는 입장인데, (a)와 (c), 그리고 (d)는 그런 부정적인 주장의 근거로 사용될 수 있지만, (b)는 물의 긍정적인 요소를 말하고 있어 흐름상 어울리지 않으므로 (b)가 정답이다.

어휘 beneficial 유익한, 이로운 contain ~을 함유하다, 담고 있다 little of ~의 극소량 fiber 섬유질 be made up of ~로 구성되다 mostly 대부분, 주로 admittedly 일반적으로 인정되듯 large volumes of 많은 양의 flush A out of B: A를 B 밖으로 배출시키다, 씻어내다 harmful 유해한 chemical 화학물질 unlike ~와 달리 process ~을 처리하다 thus 따라서, 그러므로 prevent ~을 막다, 방지하다 hunger 허기, 배고픔 for long 오랫동안 all in all 전반적으로, 대체로 nutritional profile 영양 성분 come close to A than B: B라기보다는 A에 가깝다

정답 (b)

12.

> 인터넷상으로 개인 정보를 구할 수 있다는 점이 "신상 털기"라고 알려진 불미스러운 관행으로 이어져 왔다. (a) 이 용어는 누군가의 개인 정보를 입수하여 인터넷상에 유포하는 관행을 일컫는다. (b) 흔히, 이러한 정보는 소셜 미디어 사이트나 인터넷 포럼 등 공개적으로 이용하는 데이터베이스를 통해 얻는다. (c) 하지만, 다른 경우들을 보면, 가해자들이 피싱 사기나 해킹처럼 덜 바람직한 정보 수집 방법에 의존한다. (d) 해커들은 때때로 그런 정보를 일반 대중에 유포하기보다는 온라인 계정을 탈취하는 수단으로 활용할 것이다.

해설 도입문에서 doxing이라는 용어가 주어졌고 이 용어를 The term으로 받아 설명하는 (a)는 자연스럽게 연결된다. 그리고 (a)에서 타인의 개인 정보를 취득하여 공개하는 행위라고 이 용어의 정의를 확인할 수 있다. 이제 (a)의 정의를 기준으로 볼 때, 정보를 취득하는 두 가지 다른 방법을 비교 설명하는 (b)와 (c)도 흐름이 자연스럽다. 그런데 (d)에서는 rather than reveal it to the public, 즉 취득한 정보를 대중에 공개하지 않는다고 하므로 (a)에서 밝힌 doxing의 정의에 어긋난다. 그러므로 (d)가 정답이다.

어휘 availability 입수 가능성 lead to ~로 이어지다 unsavory 불미스러운, 좋지 못한 practice 관행, 관례 doxing 신상 털기 term 용어

refer to ~을 일컫다, 가리키다 obtain ~을 얻다 reveal ~을 폭로하다, 밝히다 frequently 흔히, 빈번히 glean ~을 얻다 publicly 공개적으로 available 이용 가능한 in other cases 다른 경우에 though (문장 중간이나 끝에서) 하지만 perpetrator 가해자 resort to ~에 의존하다 savory (주로 부정문에서) 좋은 means n. 수단 gather ~을 수집하다, 모으다 such as 예를 들면 phishing 피싱 사기 at times 때때로 in order to do ~하기 위해 take over ~을 탈취하다 account 계좌, 계정 rather than ~하기보다, ~하는 대신 the public 일반 대중

정답 (d)

Part III

13.

> **스크린 인쇄 강좌**
>
> 개인 맞춤 티셔츠를 제작하실 수 있는 즐거운 참여형 워크숍 행사에 오셔서 강사 맷 그리고 카일러와 함께 하시기 바랍니다.
>
> 사용하실 이미지만 가져오십시오. 가져오실 이미지는 독창적인 미술 작품, 사진, 또는 그 외에 원하시는 다른 어떤 이미지도 가능합니다. 또는 강좌에 앞서 저희에게 이메일로 이미지 파일을 보내 주셔도 됩니다.
>
> 강좌 참가비는 45달러이며, **디자인을 인쇄할 티셔츠** 비용도 포함합니다.
>
> Q: 학생들은 강좌에서 주로 무엇을 할 것인가?
> (a) 신기술을 활용해 티셔츠를 꾸미기
> (b) 사진 편집 소프트웨어 사용법을 배우기
> **(c) 티셔츠에 이미지를 인쇄하기**
> (d) 티셔츠에 사용될 디자인을 만들기

해설 글 마지막에 비용을 이야기하면서 디자인을 인쇄할 티셔츠(the T-shirt that you will print your design onto)를 언급하므로 (c)가 정답이다. 지문에 언급된 행위나 사물을 사용하면서 단어 하나씩 바꾸는 텝스식 오답 함정에 익숙하지 않다면 (a)를 선택할 수도 있으니 주의해야 한다.

어휘 join ~와 함께 하다, 가담하다 instructor 강사 fun 재미있는 interactive 참여형의, 대화형의, 상호작용의 workshop 강습회, 워크숍 (실습을 동반한 수업) custom 맞춤 제작의 bring A with you A를 가져오다, 소지하다 original 독창적인, 원본의, 원래의 artwork 미술품 electronic version 전자 파일 ahead of ~에 앞서 fee 요금, 수수료 include ~을 포함하다 cost 비용 print A onto B: A를 B 표면에 인쇄하다 decorate ~을 꾸미다, 장식하다 learn to do ~하는 것을 배우다 photo editing 사진 편집 create ~을 만들어내다

정답 (c)

14.

> 카이르 베그가 통치하던 16세기 메카에서는, 커피를 마시는 것이 점점 더 사회적 차원으로 발전했다. 커피 매장들이 도시 전역에서 문을 열기 시작했고, 남성들은 그곳을 정치와 철학에 대해 토론하는 장소로 활용했다. 메카의 젊은 통치자는 **이러한 토론들이 자신의 통치에 맞서는 음모로 이어질 가능성을 보게 되었다.** 이런 이유로, 베그는 이 시설들의 폐쇄를 명령했지만, 그 금지 조치는 오래 지속되지 않았다.

Q: 글쓴이는 카이르 베그에 관해 주로 무엇을 말하고 있는가?
(a) 커피 매장들에게 부담스러운 제약을 가했다.
(b) 커피 매장들이 자신의 권력을 위태롭게 만들까 두려워했다.
(c) 반란들을 조장한 책임이 커피 매장들에게 있다고 비난했다.
(d) 커피 매장 소유주들의 힘이 아주 막강하다는 것을 느꼈다.

해설   Khair Beg가 Mecca's young ruler로 바뀌어 주어로 나오는 문장에서 커피 매장에서 열리는 토론들이 자신의 통치에 맞서는 음모로 이어질 가능성을 보았다(saw the possibility that these discussions might lead to plots against his rule)는 내용이 나온다. 여기에서 카이르 베그가 커피 매장들이 자신의 권력을 위태롭게 만들 수 있다고 생각했음을 유추할 수 있으므로 (b)가 정답이다.

어휘   rule v. ~을 통치하다 n. 통치 develop ~을 발전시키다 increasingly 점점 더 social dimension 사회적 차원 open up 문을 열다 throughout ~ 전역에서 discuss ~에 대해 토론하다 politics 정치(학) philosophy 철학 ruler 통치자 see the possibility that ~라는 가능성을 보다 lead to ~로 이어지다 plot 음모 against ~에 맞서, 반대해 hence 그런 이유로 order ~을 명령하다 closure 폐쇄, 폐업 establishment (학교, 병원, 식당, 회사, 가게 등의) 시설, 기관 ban 금지 be to do ~하게 되다, ~할 예정이다 last v. 지속되다 place restrictions on ~에게 제약을 가하다 burdensome 부담이 되는 fear (that) (~할까) 두려워하다 endanger ~을 위태롭게 만들다 authority 권력, 권위 blame A for B: B에 대한 책임이 A에게 있다고 비난하다, B에 대해 A를 탓하다 cause ~을 초래하다, 유발하다 rebellion 반란 sense that ~라고 느끼다, 깨닫다 owner 소유주

정답   (b)

15.

중세에는, 책이 손으로 복제되어야 했기 때문에, 대단히 드물고 귀중했다. **이렇게 귀한 물건이 도둑 맞을 것을 우려하여, 필경자들은 많은 책들의 시작과 끝 부분에 끔찍한 악담을 포함시켰다.** 이는 도둑이 될 수도 있는 사람들을 온갖 신체적, 초자연적 처벌 방식으로 위협했다. 그 중에서 아마 가장 무서운 것은 교회로부터의 제명과 영원한 저주였을 것이다.

Q: 지문의 주제는 무엇인가?
(a) 중세의 필경자들을 겁주기 위한 위협 수단의 활용
(b) 중세의 책도둑들이 무서워했던 고대의 악담
(c) 중세의 책도둑들에게 부과된 처벌
(d) 중세의 책들이 도둑 맞는 것을 방지하기 위한 조치

해설   이 글의 흐름을 키워드로 파악하면 [medieval → books → rare and valuable → Fearing → stolen → included terrible curses → These(= curses) → the most feared of these(= punishments)]의 흐름이다. 즉, 중세에는 책 도난을 방지하기 위해 저주(curses)를 써넣었다는 것이므로 curses를 Measures로 바꾸어 표현한 (d)가 정답이다.

어휘   medieval 중세의 copy out ~을 통째로 복제하다 extremely 대단히, 매우 rare 흔치 않은, 드문 valuable 귀중한, 가치 있는 fear that ~할까 두려워하다, 무서워하다 treasure 귀중한 물건, 보물 scribe 필경사 (인쇄술이 발명되기 전에 문서를 필사한 사람) include ~을 포함하다 terrible 끔찍한 curse 악담, 저주 threaten ~을 위협하다 would-be (장차) ~이 될 수 있는 thief 도둑, 절도범 manner 방식 physical 신체적인 supernatural 초자연적인 punishment 처벌 the most feared 가장 무서운 것 excommunication 제명, 파문

eternal 영원한 damnation 저주, 지옥살이 threat 위협(이 되는 것) scare ~을 겁주다 ancient 고대의 impose A on B: B에게 A를 부과하다 measures 조치, 수단 prevent A from -ing: A가 ~하는 것을 방지하다, 막다

정답   (d)

16.

도서와 문학

딕 존스의 차기 작품

5년이라는 긴 시간 끝에, 딕 존스의 연재물 <마칭 타임>의 다음 작품에 대한 기다림이 곧 끝날 수 있다. 악명 높을 정도로 더딘 이 작가가 아직도 확정된 출시 날짜를 알리지는 않았지만, **내년에 한 권이 아니라 두 권이 동시에 출판될 가능성**을 최근 내비쳤다. 현재, 존스의 연재물을 기반으로 하는 TV 연속극이 이미 가장 최근에 출시된 책에 포함된 사건들을 앞지른 시점까지 진행된 상황이다. 하지만, 존스가 암시하는 일이 정말로 벌어진다면, 그 줄거리가 TV 프로그램을 앞지를 것이다.

Q: 기사의 요점은 무엇인가?
(a) <마칭 타임> TV 연재물이 예상보다 더 빨리 공개될 것이다.
(b) 존스의 느린 집필 속도가 TV 연재물에 지연 사태를 초래했다.
(c) 두 권의 <마칭 타임> 도서가 동시에 출판될 수도 있다.
(d) 존스가 연재물의 다음 편을 쓰는 데 너무 오래 걸리고 있다.

해설   기사 글은 대체로 첫 문장에서 목적(= 주제)이 드러나므로, 딕 존스의 연재물 <마칭 타임> 도서가 곧 출간됨을 알리는 것이 이 기사의 목적이다. 그러면서 not just one but two novels simultaneously라는 특별한 소식을 전하므로 이를 언급한 (c)가 정답이다.

어휘   installment (연재물의) 한 편, 한 권 over 끝난, 종료된 although 비록 ~이지만 infamously 악명 높을 정도로 author 작가, 저자 definitive 확정적인 release n. 출시, 공개, 개봉 v. ~을 출시하다, 공개하다, 개봉하다 recently 최근에 hint at ~을 암시하다 prospect 가능성, 가망성 publish ~을 출판하다 novel 소설 simultaneously 동시에 coming 다가오는, 다음의 currently 현재 television narrative 텔레비전 연속극 based on ~을 기반으로 하는, 바탕으로 하는 progress 진행되다, 진척되다 beyond ~을 지나, 넘어서 recent 최근의 suggest ~을 암시하다, 나타내다 come true 실현되다 storyline 줄거리 ahead of ~을 앞서 earlier than expected 예상보다 빨리 pace 속도 cause A to B: B에게 A를 초래하다, 야기하다 delay 지연, 지체 together 함께 take so long to do ~하는 데 너무 오래 걸리다

정답   (c)

Paraphrase publishing not just one but two novels simultaneously
→ Two *Marching Time* books might be released together

17.

발신: subscriptions@flexvideo.com
수신: bill.johnson@email.com
날짜: 2018년 9월 15일
제목: 플렉스비디오 구독

존슨 씨께,

귀하의 플렉스비디오 연간 구독이 10월 1일에 갱신될 예정입니다. 그때, 저희가 귀하의 계정과 연결되어 있는 신용카드로 100달러의 프리미엄 구독 요금을 청구할 것입니다. **서비스 이용을 갱신하지 않으실 의향이라면, 갱신일 이전에 이 이메일로 답장해 주시기 바랍니다. 그렇지 않다면, 귀하께서 어떤 조치도 취하실 필요가 없습니다.** 어떤 문의사항이라도 있으시면 저희 고객서비스 전화번호 1-800-GetFlex로 연락하시기 바랍니다.

안녕히 계십시오.
플렉스비디오 구독 관리부

Q: 존슨 씨가 연간 구독을 갱신하려면 무엇을 해야 하는가?
(a) 아무 것도 할 필요 없음
(b) 해당 이메일로 답장하기
(c) 비용 지불을 승인하기
(d) 고객서비스부로 전화하기

해설 구독을 연장하는(renew) 경우에 하도록 요청받은 일을 묻고 있으므로, 지문에서 요청을 나타내는 표현을 찾아 그 뒤의 내용을 파악해야 한다. 글 중반에 please라는 요청 표현이 있는데, 그 앞의 조건을 보니 renew하지 않는 경우이다. 그러므로 renew를 원할 때 할 일은 앞 내용과 상반된 경우를 나타내는 Otherwise 뒤에 나오는데, no action이라는 단어가 언급되어 있으므로 (a)가 정답이다.

어휘 subscription (정기)구독 be set to do ~할 예정이다 renew 갱신되다, ~을 갱신하다 charge ~에 비용을 청구하다 connected to ~와 연결된, 연계된 account 계정, 계좌 wish (not) to do ~하기를(하지 않기를) 바라다 respond to ~에 답장하다, 반응하다 prior to ~보다 먼저, ~ 전에 renewal date 갱신일 otherwise 그렇지 않다면(= if not) (앞 내용의 반대를 가정) action 조치, 움직임 on one's part ~의 측에서 required 필요한, 필수의 be directed to ~로 전달되다 customer service 고객서비스부 nothing at all 전혀 없다(아니다) reply to ~에 답장하다 authorize ~을 승인하다 payment 지불 call ~로 전화하다

정답 (a)

Paraphrase no action → Nothing at all

18.

일반적인 믿음과는 반대로, 백호는 호랑이의 독립 아종이 아니라, 실제로 멸종 위기에 처한 벵골 호랑이의 변이종입니다. 흰색으로 덮인 털은 페오멜라닌이라고 부르는 색소의 부족으로 인한 것인데, 이 색소는 일반적으로 호랑이 털을 황색으로 만듭니다. 전문가들에 따르면, 사로잡힌 백호는 모두 희귀한 유전적 변이를 일으킨 하나의 동일 조상에서 비롯되었습니다. 부모가 모두 이 열성 유전자를 지니고 있어야만 백호가 태어나기 때문에, 사육자들은 우리에서 사는 백호들끼리 짝짓기를 시킵니다. 안타깝게도, 이 근친 교배는 많은 백호들이 유전자 문제를 지니고 태어나는 결과를 낳고 있습니다.

Q: 백호와 관련해 다음 중 어느 것이 옳은가?
(a) 색 때문에 벵골 호랑이로 여겨지지 않는다.
(b) 페오멜라닌의 존재로 인해 흰색을 띠고 있다.
(c) 부모가 모두 희귀한 동일 유전자를 지닐 때 생겨난다.
(d) 우리에서 성공적으로 사육된 적이 없다.

해설 사실확인(correct) 유형은 선택지의 키워드를 지문에서 찾아 키워드끼리 간략히 대조 확인하는 것이 요령이다. a variant of the endangered Bengal tiger와 반대로(not) 제시된 (a)는 오답이다. a lack of a pigment called pheomelanin에서 lack이 반대인 presence로 제시된 (b)도 오답이다. 그리고 both parents must carry this recessive gene에서 both ~ carry와 유사한 의미인 share the same으로 바뀐 (c)가 정답이다.

어휘 contrary to ~와 반대로 popular 일반적인, 대중적인 belief 믿음 actually 실제로 variant 변이종 endangered 멸종 위기에 처한 rather than ~이 아니라, ~ 대신 their own 고유한, 독립된 subspecies 하위 종 result from ~로부터 생기다, ~이 원인이다 lack 부족 pigment 색소 typically 일반적으로, 보통 cause ~의 원인이 되다, ~을 유발하다 fur 털, 가죽 according to ~에 따르면 expert 전문가 captive 우리에 갇힌(= confined) originate from ~에서 비롯되다, ~로부터 나타나다 ancestor 조상 rare 희귀한, 드문 genetic mutation 유전적 변이 carry ~을 지니다, 보유하다 recessive 열성의, 퇴행하는 gene 유전자 breeder 사육자 mate ~을 교배시키다 with one another 서로 unfortunately 안타깝게도, 아쉽게도 inbreeding 근친 교배 result in ~라는 결과를 낳다, ~을 초래하다 be considered + 명사: ~라고 여겨지다 because of ~때문에 due to ~로 인해 presence 존재 occur 나타나다, 발생하다 share ~을 공유하다 successfully 성공적으로 raise ~을 사육하다, 기르다 in captivity 우리에 갇혀서

정답 (c)

Paraphrase both parents must carry this recessive gene
→ parents share the same rare gene

19.

그레이스톤산 스키 강습

이곳 그레이스톤산에 위치한 저희 스키장의 시즌 개장이 불과 한 달 앞으로 다가온 가운데, 바로 지금이 스키 강습을 고려해야 할 최적의 시점입니다.

개장 전에 온라인으로 예약하시고 다음과 같은 혜택을 누리십시오:
· 1대1 강습 패키지 15% 할인
· 5인 이상 단체 패키지 20% 할인

그리고 모든 강습 패키지에 다음의 추가 혜택이 포함된다는 점도 기억하시기 바랍니다:
· 대기 없이 승강기 줄 앞으로 바로 이동 가능
· **특별 야간 도보여행 등의 기타 활동에 대한 50% 할인**

지금 등록하십시오!

Q: 광고에 따르면, 다음 중 어느 것이 옳은가?
(a) 그레이스톤산이 지금 스키장을 정식 개장했다.
(b) 강습은 5인 이상의 단체만을 대상으로 제공된다.
(c) 개인 강습 온라인 예약 서비스는 아직 열리지 않고 있다.
(d) 스키 강습에 야간 도보여행 할인 서비스가 포함되어 있다.

해설 비즈니스 광고의 사실확인 유형은 대체로 예외사항 또는 특별사항 등이 정답으로 다뤄지는 경우가 많으므로 이런 부분을 먼저 확인하는 것이 요령이다. 광고 후반부 extra benefits 항목에서 A 50% discount ~ special night hikes를 확인할 수 있으므로 (d)가 정답이다.

어휘 with A +기간 + away: A가 ~앞으로 다가온 시점에 ski slopes 스키장 cf. slope 경사지 now is the time to do 바로 지금이 ~할 때이다 book v. 예약하다 benefit 혜택, 이점 opening day 개장일 off 할인되어 or more ~정도 come with ~을 포함하다, ~이 딸려 있다 extra 추가의, 별도의 including ~을 포함해 wait-free 대기할 필요가 없는 fast track to ~로 가는 빠른 길 front 앞 lift 승강기 discount on ~에 대한 할인 activity 활동 such as 예를 들면 hike 도보여행 sign up 등록하다, 가입하다 officially 공식적으로, 정식으로 offer ~을 제공하다 booking 예약 individual 개인의, 개별의 include ~을 포함하다

정답 (d)

20.

> 지구 지표수의 기원과 관련해 서로 대립되는 이론들이 있습니다. 한 가지 이론은 지구와 충돌한 혜성에 있던 얼음 결정들이 녹아서 생긴 것이라고 주장합니다. 하지만, 새로운 증거가 또 다른 이론에 더욱 힘을 실어주고 있습니다. 그 이론은 바로 물이 링우다이트 같은 광물 속에 갇힌 채 수산기의 형태로 지구의 맨틀 속에 항상 존재했다는 것입니다. 화산 활동이 지속적으로 상암층을 녹여 암장을 만들 때, 이 수산기가 결정화되었습니다. 그 다음 이 결정들이 화산에서 증기로 분출될 때 지표면에서 용해되고, 결국 오늘날 존재하는 어마어마한 바다와 호수로 지구를 덮게 된 것입니다.
>
> Q: 지문에 따르면, 지구 지표수는 어떻게 축적되었을 것 같은가?
> (a) 맨틀 속의 압력으로 인한 가스로부터 생겨났다.
> (b) 화산 암장에 의해 용해된 얼음 결정들이 기원이다.
> (c) 여러 혜성에서 발견된 물 결정체들로부터 용해되었다.
> **(d) 화산 활동을 통해 광물로부터 방출되었다.**

해설 이 글은 크게 'one 이론 – the other 이론'의 대립 구조로 나뉘고, 주로 후자인 the other 이론을 설명하고 있다. 그러므로 the other 이론을 키워드로 간략히 정리해본다. [trapped in minerals(광물 속에 존재) → volcanic activity(화산 활동) → crystallized(결정화) → emitted(분출) → dissolved at Earth's surface(지표에서 용해)]. 이 과정을 잘 설명하는 선택지로는 emitted가 released로 바뀐 (d)가 정답이다.

어휘 competing 대립되는, 경쟁하는 theory 이론 origin 기원, 유래 surface water 지표수 one ~ the other …: (둘 가운데) 하나는 ~이고, 다른 하나는 …이다 suggest that ~라고 주장하다 originate from ~로부터 비롯되다 melt ~을 녹이다 ice crystal 얼음 결정 comet 혜성 impact ~와 충돌하다 planet 행성 evidence 증거 give more weight to ~에 더 힘을 실어 주다 exist 존재하다 hydroxyl 수산기 (수소 원자와 산소 원자 한 개씩으로 이뤄진 천연물질) trapped in ~에 갇힌 mineral 광물 ringwoodite 링우다이트 (고온 압력에서 형성된 감람석의 일종) volcanic 화산의 continually 지속적으로 mantle rocks 상암층 crystallize 결정화하다 dissolve 용해되다 emit ~을 분출하다 vapor 증기 eventually 결국, 마침내 come to do ~하게 되다 cover ~을 뒤덮다 vast 어마어마한 ocean 바다, 대양 exist 존재하다 accumulate 축적되다, 쌓이다 result from ~로부터 생겨나다, ~가 원인이다 due to ~로 인해 pressure 압력 come from ~에서

기원하다 release ~을 방출하다, 내보내다 through ~을 통해

정답 (d)

21.

> **더 뉴 타임즈**
>
> **레고마 사의 곤경**
>
> 글: 찰스 크레이븐
>
> 세금 관련 추문들이 연이어 터져 나오는 가운데, 어제 레고마 사의 테리 랜달 회장이 체포되면서 또 다른 대기업 하나가 명성에 타격을 입었습니다. 랜달 회장은 개인의 재무 수지를 맞추기 위해 **회사 자금에서 수백만 달러를 빼돌린 혐의로 기소되었습니다.** 이는 랜달 회장이 전 회사 소믹시에서 엄청난 손실을 은폐한 혐의로 유죄 선고를 받은 지 5년 만의 일입니다. 랜달 회장이 이후 2년간의 형 집행 유예 기간 동안 보호 관찰 조건을 이행하기는 했지만, 최근 그의 무분별한 행동은 많은 사람들이 왜 초기의 처벌이 더 엄격하지 않았는지에 대해 의아해하게 만들고 있습니다.
>
> Q: 테리 랜달은 무엇을 한 혐의를 받고 있는가?
> (a) 정부 관리들에게 뇌물을 줌
> (b) 업무상의 기록을 위조함
> **(c) 회사 자금을 빼돌림**
> (d) 보호 관찰을 위반함

해설 질문의 is suspected of ~한 (혐의를 받다)에 해당하는 표현을 지문에서 찾아보면 지문 중반부에 is charged with(~로 기소되다, 혐의를 받다)라고 나온다. 그 뒤의 siphoning off millions of dollars from the company's coffers(회사 자금에서 수백만 달러를 빼돌린)가 바로 혐의 내용이므로 siphoning을 Stealing으로 바꾸어 표현한 (c)가 정답이다.

어휘 trouble 곤경, 위기 amidst ~인 가운데, ~하면서 ongoing 계속되는 wave of ~의 물결, 연속 reputation 명성, 평판 yet another (지금까지 나온 것에 이은) 또 하나의 take a hit 타격을 입다 following ~ 후에 arrest 체포 chairperson 회장 be charged with ~혐의로 기소되다 siphon off ~을 빼돌리다 coffers 금고 in order to do ~하기 위해 balance v. ~의 수지를 맞추다 finances 자금, 재무 conviction 유죄 선고 conceal ~을 은폐하다, 숨기다 loss 손실 former 이전의 comply with ~을 따르다, 준수하다 term 조건, 조항 probation 보호 관찰 subsequent 그 후의 suspended sentence 형 집행 유예 latest 최근의 indiscretion 무분별한 행동 wonder ~을 의아해 하다, 궁금해 하다 initial 초기의, 처음의 (Sommixe 사에 대한 횡령 사례를 가리킴) punishment 처벌 harsh 엄격한, 가혹한 be suspected of ~에 대한 혐의를 받다 bribe v. ~에게 뇌물을 주다 officials 관리, 당국자 falsify ~을 위조하다 steal ~을 훔치다 funds 자금 violate ~을 위반하다

정답 (c)

`Paraphrase` siphoning off millions of dollars from the company's coffers → Stealing company funds

22.

> 최근의 한 위약 대조 연구에서, 연구가들은 카페인이 교정 업무에 미치는 영향을 조사했다. 이 연구에 따르면, 카페인이 투여된 참가자들은 복잡한 전체적 오류, 즉 글의 이해를 방해하는 오류를 발견하는 데 있어서는 위약에 의존한 사람들보다 더 나았던 것으로 밝혀졌지만, 철자 오류 같은

부분적 오류를 찾는 일에 대해서는 이득이 없었다. 하지만, 그 영향은 참가자들의 습관적인 카페인 섭취로 인해 완화되었다. 습관적이지 않은 카페인 섭취자들은 단 200mg의 카페인만 필요로 했던 반면, 습관적인 카페인 섭취자들은 동일한 효과를 위해 최소 400mg이 필요했다. **이 연구가 동일한 조건 하에 다시 진행되었을 때, 그 결과는 같았다.**

Q: 지문에 따르면, 다음 중 어느 것이 옳은가?
(a) 모든 연구 참가자들에게 카페인이 투여되었다.
(b) 카페인이 전체적 오류와 부분적 오류를 모두 발견하는데 참가자들에게 도움이 되었다.
(c) 카페인이 참가자들의 평소 섭취량과 상관없이 동일한 효과를 냈다.
(d) 해당 연구가 동일하게 유지된 환경에서 반복되었다.

해설   텝스의 사실확인(correct) 유형은 모든 선택지가 그럴듯하기 때문에 감으로 풀기보다는 각 선택지의 대표 키워드를 지문 내용과 빠르게 대조해야 한다. 이 연구가 대상자들을 위약과 카페인 그룹으로 나누었으므로 All 때문에 (a)는 오답이다. 카페인이 had no advantage인 경우도 있었으므로 (b)의 helped ~ both도 사실이 아니다. 그리고 두 그룹이 200mg과 400mg 등 다른 양이 필요했으므로 had the same effect라고 한 (c)도 오답이다. 마지막 문장의 the study was run again under identical conditions에서 (d)의 내용을 확인할 수 있으므로 (d)가 정답이다.

어휘   recent 최근의 placebo-controlled study 위약 대조 연구 (위약이 투여된 대상과 대조하여 효과를 밝히는 연구) investigate ~을 조사하다 effect 영향, 효과 proofreading 교정 task 업무, 일 find that ~임을 밝혀내다, 알아내다 participant 참가자 administer A B: A에게 B를 투여하다 those on ~을 먹은 사람들 identify ~을 발견하다, 확인하다 complex 복잡한 global errors 전체적 오류 interfere with ~에 방해가 되다 comprehension 이해 text 글, 문자 have no advantage 이득이 없다 when it comes to ~와 관련해서는, ~의 측면에 있어 local errors 부분적 오류 misspelling 철자 오류 moderate ~을 완화시키다 habitual 습관적인 intake 섭취 consumer 소비자 require ~을 필요로 하다 while ~인 반면 at least 최소한, 적어도 run ~을 진행하다, 운영하다 under ~ 하에서 identical 동일한 condition 조건, 상태 result 결과(물) help A do: A가 ~하는 것을 돕다 detect ~을 발견하다 both A and B: A와 B 모두 regardless of ~와 상관없이 usual 일상적인, 평소의 repeat ~을 반복하다 with A p.p.: A가 ~된 채로 hold A 형용사: A를 ~한 상태로 유지하다 constant 변함없는, 일정한

정답   (d)

Paraphrase was run again under identical conditions
→ was repeated with the environment held constant

23.

저는 지난 20년 동안 전문 비디오 게임 평론가로 일해왔는데, 이제 상황이 변하고 있습니다. 몇 년 전만 해도, 게임 회사들이 출시일보다 앞서 게임 한 편을 저희에게 보내 주곤 했습니다. 저는 며칠 동안 게임을 한 다음, 평론을 작성했습니다. 하지만 지금은, 회사들이 평론가들에게 사전에 게임을 배포하지 않고 있는데, 내용이 불법 복제될까 두려워하기 때문입니다. 더욱이, 게이머들끼리 직접 정보를 공유하는 온라인 포럼들이 그들이 믿을 만한 의견을 얻는 대중적인 장소가 되었습니다.

Q: 글쓴이는 전문 비디오 게임 평론가와 관련해 어느 내용에 동의할 것 같은가?

(a) 여전히 공정한 평을 구할 수 있는 최고의 출처이다.
(b) 게임 회사들이 더 이상 그들의 의견을 존중하지 않는다.
(c) 과거에 그랬던 것보다 영향력이 줄어들었다.
(d) 그들 대부분이 진정한 통찰력을 전혀 제공하지 못하고 있다.

해설   유추 유형은 지문에 명시된 내용을 참조할 수 없으므로, 키워드 중심으로 지문 흐름을 간략히 요약한 뒤 선택지가 이 흐름과 맞는가를 대조하는 것이 빠른 방법이다. in advance of its release date(출시일 이전에 받음) → But now(하지만 지금은 다름) → fear content will be pirated(불법 복제 우려) → Moreover(더욱이) → online forums(온라인 포럼) → popular hubs(인기 장소) → opinions they trust(믿을 만한 의견) 이런 내용 흐름에 맞추어 무관한 내용을 걸러내면, (a)의 unbiased는 글과 무관한 키워드이며, (b)의 respect their opinions는 상반된 표현이다. 그리고 pirated에서 평론가들이 게임 회사의 신뢰를 잃었고, 온라인 포럼이 게이머들이 신뢰하는 popular hubs라는 것에서 게이머들의 신뢰도 잃었음을 알 수 있으므로 영향력이 예전만 못하다는 내용인 (c)가 정답이다.

어휘   reviewer 평론가, 비평가 copy 사본 in advance of ~보다 앞서, ~ 전에 미리 release 출시, 공개, 개봉 and then 그런 다음 write up ~을 작성하다 review 평론, 후기, 의견 refuse to do ~하기를 거부하다, 거절하다 distribute ~을 나눠 주다, 배포하다 fear (that) (~할까) 두려워하다 content 내용(물), 저작물 pirate ~을 불법 복제하다 moreover 더욱이, 게다가 oneself (부사처럼 쓰여) 직접, 스스로 share ~을 공유하다 popular 인기 있는 hub 중심(지) opinion 의견 trust ~을 신뢰하다 remain the best 여전히 최고이다 source 제공자, 공급원 unbiased 공정한, 편향 없는 no longer 더 이상 ~ 않다 respect ~을 존중하다, 존경하다 have less influence 영향력이 줄어들다 used to do 전에 ~하곤 했다 fail to do ~하지 못하다 insight 통찰력

정답   (c)

24.

20세기로 접어들 무렵, 브라질은 세계 최대의 고무 생산국이라는 지위를 빼앗겼다. 브라질은 그 전에는 고무에 대한 독점권을 갖고 있었는데, 고무나무의 유일한 원산지였기 때문이었다. 하지만, 이 나무는 재배하기가 어려웠다. 서로 너무 가깝게 심으면 기생충이 퍼져 나무를 죽게 만들었다. 이 나무가 원산지 밖에서 더 잘 자랄 것으로 믿은 한 영국 중개상이 아시아에 위치한 여러 영국 식민지로 씨앗을 수출했다. 결국, 각각 현재의 스리랑카와 말레이시아 서부 지역에 해당하는 실론과 말라야에서 대형 농장들이 우후죽순 생겨나면서, 영국이 세계 고무 시장을 지배하는 상황으로 이어지게 되었다.

Q: 지문에서 무엇을 유추할 수 있는가?
(a) 고무나무 씨앗과 함께 해충이 실론에 전해졌다.
(b) 영국 농장들이 브라질의 고무 시장 점유율을 감소시켰다.
(c) 브라질의 기후가 고무나무 재배에 친화적이지 않았다.
(d) 브라질의 고무가 실론의 고무보다 품질이 더 뛰어났다.

해설   선택지에 고유명사들이 등장할 경우에는 이를 지문에서 찾아서 대조하는 것이 효율적이다. (a)의 Ceylon을 찾아보면 그 결과 시장에 대한 British stranglehold(영국의 지배)로 이어졌다고 하므로 (a)의 Pests와 같은 부정적 요인이 없었음을 유추할 수 있다. 같은 위치에서 leading to a British stranglehold를 통해 고무 시장을 독점하던(a monopoly on rubber) 브라질의 시장 몫이 줄어들었을 것을 유추할 수 있으므로 (b)가 정답이다.

정답   (a)

Part IV

26-27.

학업 성취 보고서

학생 성명: 테드 올리버
과목: 대수학

과제
☐ 훌륭함   ☐ 만족스러움   ☑ 개선 필요   ☐ 해당 사항 없음

출석
☐ 훌륭함   ☐ 만족스러움   ☑ 개선 필요   ☐ 해당 사항 없음

수업 중의 쪽지 시험
☐ 훌륭함   ☑ 만족스러움   ☐ 개선 필요   ☐ 해당 사항 없음

기말고사
☐ 훌륭함   ☐ 만족스러움   ☐ 개선 필요   ☑ 해당 사항 없음

의견: 분명 선천적 자질을 지니고 있음에도 불구하고, 테드는 이 과목에서 거의 낙제할 수준에 가깝습니다. 수업 중에 테드는 새로운 개념을 빠르게 이해하는 능력과 학습에 계속 집중하는 자제력을 보여줍니다. 그럼에도 불구하고, 26 수업을 건너뛰고 과제물을 빠뜨리는 경향이 보여주듯이, 외부 방해 요인들이 그가 진정한 잠재력을 발휘하는 것을 막고 있을 수 있습니다. 현재, 이 수업에서 테드의 종합 점수는 65%인데, 저희 학교의 합격 기준인 75%에 한참 못 미칩니다. 하지만, 기말고사가 종합 성적의 40%를 차지하므로 27 기말고사에서 90% 이상의 점수를 달성한다면 여전히 합격 점수를 받을 수 있습니다. 이것이 아주 높은 목표로 보일 수도 있지만, 테드의 쪽지 시험 평균 점수가 80%를 약간 넘는 것을 감안하면, 분명 달성 가능합니다.

final exam 기말고사 seem like ~인 것처럼 보이다, ~인 것 같다
lofty 아주 높은 goal 목표 certainly 분명히, 확실히 attainable
달성할 수 있는, 이룰 수 있는 given that ~임을 감안하면, 고려하면
average 평균의 over ~이상의

26. 테드 올리버에 대한 교사의 주된 우려 사항은 무엇인가?

   (a) 수준이 낮은 과제물

   (b) 대수학에 대한 약한 이해력

   (c) 좋지 못한 출석률

   (d) 수업 중의 태도

해설   세부사항을 묻는 유형에서는 대체로 but, however, nevertheless 등 이전과 반대 내용을 이끄는 접속사 뒤에 중요한 단서가 제시된다. 수업 중(present in class) 장점을 이야기 한 후에 Nevertheless가 나온다면 그 뒤에는 부정적인 내용이 나올 것이 분명한데, tendency to skip class and miss homework assignments 두 가지의 문제들이 제시되었다. 따라서 두 가지 문제들 중의 하나인 (c)가 정답이다.

어휘   concern 우려, 관심사 low-quality 수준이 낮은, 질이 낮은 grasp 이해력 attendance 출석 attitude 태도

정답   (c)

Paraphrase tendency to skip class → poor attendance

27. 테드는 해당 과목을 통과하기 위해 기말고사에서 몇 점을 맞아야 하는가?

   (a) 65%

   (b) 75%

   (c) 80%

   (d) 90%

해설   숫자가 여러 등장해 헷갈릴 수 있지만, final exam이 언급된 문장을 보면 mark of 90% or better라고 나온다. 그러므로 (d)가 정답이다.

정답   (d)

28-29.

http://www.topscience.com/life-science/why-mosquitoes-bite

환경	건강	기술	생명 과학

[28] 모기에 잘 물리시나요?

[29] 사람들의 약 20퍼센트가 **나머지 80퍼센트보다 더 꾸준히 모기에 물리는 것으로 추산됩니다.** 우리 혈액의 특성이 이러한 현상을 설명하는 데 도움이 될 수 있습니다. 모기는 우리 혈액 속의 단백질을 얻기 위해 사람을 무는데, 모기가 더 잘 이끌리는 특정 혈액형이 있습니다. 연구에 따르면, 통제된 조건 하에서 혈액형이 O형인 사람들이 A형인 사람들보다 물릴 가능성이 두 배 더 높으며, B형은 그 중간 정도에 해당합니다.

게다가, 유전자에 의해 결정된 바와 같이, **[29]** 85퍼센트의 사람들은 피부를 통해 화학적 신호 전달 물질을 분비함으로써 자신도 모르게 모기에게 혈액형 정보를 퍼트리고 있습니다. 나머지 15퍼센트의 사람들은 이러한 화학적 신호물질을 분비하지 않습니다. 흥미로운 점은, 모기가 혈액형과 상관없이, 분비자의 혈액을 비분비자의 혈액보다 더 먹음직스럽게 생각한다는 것입니다.

어휘   mosquito magnet 모기에게 잘 물리는 사람 It is estimated

that ~라고 추정되다 around 약, 대략 get bitten 물리다 consistently 지속적으로 property 특성, 속성 explain ~을 설명하다 phenomenon 현상 protein 단백질 certain 특정한, 일정한 be attracted to ~에 이끌리다 controlled 통제된 condition 조건, 상태 twice as ~ as A: A보다 두 배 더 ~한 likely to do ~할 가능성이 있는 those with ~을 가진 사람들 fall ~에 해당되다 somewhere in between 중간 정도에 in addition 게다가, 추가로 as determined by ~에 의해 결정되듯이 gene 유전자 unwittingly 자신도 모르게, 부지불식간에 give out ~을 퍼트리다, 확산시키다 blood type 혈액형 secrete ~을 분비하다 chemical signal 화학적 신호(전달 물질) population 사람들, 인구 interestingly 흥미롭게도 find A 형용사: A를 ~하다고 생각하다 secretor 분비자 appetizing 먹음직스러운, 군침 돌게 하는 regardless of ~와 상관없이

28. 지문의 주제는 무엇인가?

   (a) 왜 모기가 특정 혈액형을 좋아하는가

   (b) 어떻게 모기가 혈액의 존재를 감지하는가

   (c) 왜 일부 사람들이 모기에 더 잘 물리는가

   (d) 어떻게 사람들의 유전자가 모기의 화학적 신호에 영향을 미치는가

해설   글의 제목은 주제의 중요한 단서가 된다. Are You a Mosquito Magnet?이라는 질문은 사람들 중 20%가 바로 Mosquito Magnet라는 논리를 전개하기 위함이다. 그 다음 our blood can help to explain이라고 언급하여 혈액형이 그 원인이라고 주장과 연구 결과를 제시하고 있다. 그러므로 일부(= 20%)가 모기에 잘 물리는 이유라고 한 (c)가 정답이다.

어휘   detect ~을 감지하다, 발견하다 presence 존재 be prone to ~의 대상이 되기 쉽다, ~을 당하기 쉽다 bite 물림, 쏘임 affect ~에 영향을 미치다

정답   (c)

29. 지문에 따르면 다음 중 어느 것이 옳은가?

   (a) B형 혈액형 보유자는 A형 보유자보다 물릴 가능성이 더 적다.

   (b) 화학 물질 분비가 모기에게 혈액형을 공개할 수 있다.

   (c) 모기는 분비자보다 비분비자의 혈액형을 선호한다.

   (d) 화학적 신호는 사람의 유전자 구성에 의해 영향을 받지 않는다.

해설   사실확인(correct) 문제는 선택지의 키워드를 지문에서 찾아 비교하는 것이 빠르다. 모기에게 물릴 가능성과 blood type 관계는 O>B>A 순서이므로 B<A라고 한 (a)는 오답이다. 그리고 (b)의 Chemical secretions를 지문에서 찾아보면 둘째 문단에 by secreting chemical signals가 나온다. 그 앞의 give out their blood type information이 (b)의 reveal blood type과 일치하므로 (b)가 정답이다.

어휘   carrier 보유자, 소지자 be less likely to do ~할 가능성이 더 적다 secretion 분비 reveal ~을 밝히다, 폭로하다 prefer A to B: B보다 A를 선호하다 be unaffected by ~에 의해 영향 받지 않다 genetic 유전자의 makeup 구성

정답   (b)

Paraphrase give out their blood type information to mosquitoes by secreting chemical signals → Chemical secretions can reveal blood type to mosquitoes

30-31.

> **베키:**
>
> 안녕, 샘! 다음 달에 서울에서 널 만나길 고대하고 있어. 다행히, [31] 항공사에서 내 탑승권 날짜를 변경할 수 있게 해 줘서, 부모님과 같은 비행기로 며칠 더 빨리 갈 예정이야. 내가 호텔 예약 변경에 대해 걱정할 필요가 없게 네 쪽에서 일을 처리해 주겠다고 제안해 줘서 고마워. 그런데, 마지막으로 한 가지 부탁이 있어. [30] 혹시 내가 대신에 그랜트 호텔에 머물 수 있게 예약해 줄 수 있어? 그렇게 되면, 우리 아빠가 일하시는 동안 엄마랑 내가 함께 어울릴 시간을 갖기가 더 쉬워질 수 있을 거야. 정말 고마워!
>
> **샘:**
>
> 안녕, 베키! [31] 글로리아의 결혼식이 네 아버지의 컨퍼런스랑 겹친다는 게 너무 잘된 것 같아. 내가 나서서 원래의 호텔을 취소하고 너희 부모님 호텔에 네 객실을 잡아 두었으니까 아주 편할 거야. 너희 가족 셋이 여기에 와 있는 동안 하루 빨리 만나볼 수 있기를 바라. 내가 전에 말했지만, 내가 이 도시를 잘 알고 있어서 무엇이든 도와줄 테니까, 다른 어떤 것이든 필요한 게 있으면 알려 줘!

어휘 look forward to -ing ~하기를 고대하다, 얼른 ~하고싶다 luckily 다행히도 airline 항공사 switch ~을 변경하다 a few days earlier 며칠 일찍 on the same plane as ~와 같은 비행기편으로 appreciate A -ing: ~한 것에 대해 A에게 감사하다 offer to do ~하겠다고 제안하다 coordinate ~을 조정하다 on that end (상대방에게) 그 쪽에서 so that (목적) ~하도록 have a favor to ask 부탁할 것이 있다 arrange for A to do: A가 ~하도록 준비하다, 조치하다 instead 대신 make it 형용사 for A to do: A가 ~하는 것을 …하게 만들다 hang out 어울려 다니다 while ~하는 동안 overlap with ~와 겹치다 conference 회의, 회담 go ahead 진행하다, 추진하다 original 원래의 convenient 편리한 help with ~에 대해 돕다 since ~이므로 be familiar with ~을 잘 알다, ~에 익숙하다 let A know A에게 알리다

30. 베키가 보낸 메시지의 주 목적은 무엇인가?

(a) 샘이 자신의 부모님을 초대할 의향이 있는지 알아보기 위해
(b) 샘에게 자신의 호텔 예약을 변경하도록 부탁하기 위해
(c) 샘에게 자신의 부모님이 서울을 방문한다는 사실을 알리기 위해
(d) 글로리아의 결혼식에 샘을 초대하기 위해

해설 일반적으로 부탁하는 내용은 앞부분에 제시되기보다 후반부나 끝부분에서 제시된다는 것을 고려해야 한다. 베키가 보낸 메시지 후반부에 정중한 요청을 나타내는 표현 Could you 뒤를 보면, Could you arrange for me to stay at the Grant Hotel instead?(대신 그랜트 호텔에 머물 수 있게 예약해 줄 수 있어?)라고 묻고 있는데, 이는 다른 호텔로 변경해 달라는 뜻이므로 (b)가 정답이다.

어휘 see if ~인지 알아보다 be willing to do ~할 의향이 있다 host ~를 초대하다 ask A to do: A에게 ~하도록 부탁하다, 요청하다 reservation 예약 inform A of B: A에게 B를 알리다 invite A to B: A를 B에 초대하다

정답 (b)

31. 이 메시지들을 통해 무엇을 유추할 수 있는가?

(a) 베키의 어머니가 서울에서 열리는 결혼식에 참석할 예정이다.
(b) 베키가 결혼식에 참석하기 위해 항공편 일정을 변경했다.
(c) 베키의 여행 목적은 부모님과 관광하는 것이었다.
(d) 베키는 컨퍼런스에 대해 알기 전에 여행 일정을 잡았다.

해설 유추 유형은 지문 흐름을 빠르게 정리한 후 선택지의 키워드들을 대조하는 것이 빠르다. [① coming a few days earlier on the same plane as my parents → 베키는 부모님과 같은 비행기를 타고 원래 일정보다 일찍 도착한다. ② That might make it easier for my mom and me to hang out → 엄마와 놀려고 호텔 변경. ③ Gloria's wedding overlaps with your dad's conference 베키는 결혼식 참석, 아빠는 회의 참석이 목적]. ①과 ③에 의하면 다른 날 아빠와 동행하는 엄마는 결혼식과 무관하므로 (a)는 오답이다. 그리고 동시에 베키가 먼저 예약할 때 아빠의 회의 일정을 몰랐을 것을 유추할 수 있으므로 (d)가 정답이다. ②에 의하면 (b)도 오답이며, ③에 의하면 (c)도 오답이지만, ①과 ③에 의해 정답이 결정된 후에는 굳이 오답을 확인할 필요가 없다.

어휘 attend ~에 참석하다 flight 항공편 itinerary 일정(표) purpose 목적

정답 (d)

32-33.

> **두호보르파**
>
> 18세기, 두호보르파라고 불리는 기독교 종파가 러시아의 탐보프 지역에 출현했다. 하나님이 모든 사람에게 존재한다는 믿음을 가진 두호보르파는 예배의 초점이 명확한 세력의 중심에 맞춰져야 한다는 생각을 거부했다. 이에 따라, 이들은 [32] 성직자와 전통적인 모임 장소를 비롯한 기성 교회를 피했다.
>
> 당연히, 이러한 믿음으로 인해 두호보르파는 러시아 정교회와 사이가 좋지 않았다. 실제로, 이 종파를 "영혼 싸움꾼"이라고 번역되는 용어인 두호보르라고 처음 부른 사람이 정교회 대주교였다. [33] 이 명칭이 그 대주교에 의해 경멸적으로 사용되기는 했지만, 두호보르파는 이를 받아들였고, 흔들림 없이 자신들의 믿음을 고수했다.
>
> 두호보르파는 세금을 낼 의향이 없었기 때문에, 또한 국가의 분노를 샀으며, 1840년대에 수천 명이 러시아 제국의 변방으로 추방당했고, 그들은 고렐로브카에 터전을 마련했다. 평화주의자인 이들은 제정 러시아의 징병제에도 반대했으며, 1895년에는 항의의 의미로 자신들의 마을에 있는 짐마차들을 불태웠다. 이러한 행동에 대해 국가의 처벌을 받기는 했지만, 두호보르파는 소설가 레오 톨스토이의 동정을 이끌어냈고, 톨스토이는 자신들의 문화를 지키겠다는 이들의 대의에 자신의 마지막 소설로 거둔 수익금을 기부하기에 이르렀다.

어휘 sect 종파 Doukhobors 두호보르파 (교회의 외형적 제도에 반대하고 정신의 내면을 강조) emerge 나타나다, 드러나다 region 지역 present 존재하는 reject ~을 거부하다 worship 예배, 숭배 focus around ~에 초점을 맞추다 well-defined 뚜렷한, 명확한 epicenter 중심(지) influence 세력, 권세, 영향(력) therefore 그에 따라, 그러므로 eschew ~을 피하다 prevailing 일반적인, 지배적인 religious 종교의, 종교적인 establishment 시설 along with ~와 함께 priest 성직자 traditional 전통적인 at odds with ~와 사이가 좋지 않은, 불화하여 naturally 당연히, 자연스럽게 Orthodox Church 정교회 indeed 실제로, 정말로 archbishop 대주교 label A B: A를 B라고 부르다 term 용어 translate as ~로 번역되다 spirit 영혼, 정신 wrestler 싸움꾼, 드잡이 although 비록 ~이지만 pejoratively 경멸적으로 come to do ~하게 되다 embrace ~을 받아들이다 cleave to ~을 고수하다 unperturbed 흔들리지 않고 be unwilling to do ~할 의향이 없다 pay taxes 세금을 내다 arouse ~을 불러 일으키다, 야기하다 ire 분노, 노여움

state 국가 exile ~을 추방하다 fringes 주변, 변방 establish ~을 설립하다, 확립하다 heartland 활동 거점, 터전 pacifist 평화주의자 oppose ~에 반대하다 Tsarist 차르 체제의 military draft 징병 burn ~을 불태우다 wagon 짐마차 (전시의 주요 운송 수단) in protest 항의하여 punish ~을 처벌하다 attract ~을 이끌어내다 sympathy 동정, 연민 go on to do 더 나아가 ~하다, ~하기까지 하다 donate ~을 기부하다 proceeds 수익금 novel 소설 to the cause of ~라는 대의에 preserve ~을 지키다, 보존하다

32. 두호보르파는 어떻게 러시아 정교회와 사이가 멀어지게 되었는가?

(a) 러시아 성직자들의 세금 면제를 폐지하려고 로비 활동을 벌였다.

(b) 레오 톨스토이가 주장한 견해에 대해 지지를 보였다.

(c) 교회에 기반한 예배를 거부했다.

(d) 러시아의 한 대주교가 한 말을 오해했다.

해설　질문의 alienate는 사이가 멀어진다는 뜻이므로 이 단어와 비슷한 단어를 지문에서 찾아야 하는데, 첫 단락 마지막 문장의 eschewed(피하다)가 그런 의미이다. 그러므로 그 앞 문장의 rejected the idea that worship should focus around a well-defined epicenter of influence가 그 단서인데, 여기서 worship을 보면 (c)가 정답이다. 만약 focus around a well-defined epicenter of influence가 무엇인지 헷갈린다면, eschewed 뒤의 the prevailing religious establishment(기성 교회들)를 보면 된다.

어휘　alienate A from B: A를 B와 사이가 멀어지게 하다 lobby v. 로비 활동을 하다, 영향을 미치다 remove ~을 없애다, 제거하다 tax exemption 세금 면제 show support for ~에 대한 지지를 나타내다 view 견해, 관점 advocate ~을 주장하다 refuse to do ~하는 것을 거부하다 anchor A in B: A의 기반을 B에 두다 setting 환경, 배경 misinterpret ~을 오해하다

정답　(c)

Paraphrase alienate themselves from Russian Orthodoxy (질문)
→ eschewed the prevailing religious establishment (지문)
→ refused to anchor their worship to a church setting (선택지)

33. 두호보르파와 관련해 다음 중 어느 것이 옳은가?

(a) 하나님이 어디에나 있다는 믿음을 거부했다.

(b) 그들의 명칭은 원래 모욕하기 위해 사용되었다.

(c) 그들의 고향인 고렐로브카에서 쫓겨났다.

(d) 반평화주의적 관점으로 짐마차를 불태우기에 이르렀다.

해설　세부사항 유형은 선택지의 키워드를 가지고 지문에서 단서를 찾아 확인하는 것이 요령이다. (a)의 omnipresent는 지문의 present in all people과 같은 표현인데 이것을 믿었으므로 오답이다. (b)의 Their name은 지문의 Although the name was used pejoratively by the archbishop에서 확인할 수 있는데, used pejoratively가 used to insult와 같은 맥락이므로 (b)가 정답이다.

어휘　omnipresent 어디에나 있는 originally 원래, 애초에 insult ~을 모욕하다 uproot A from B: A를 B에서 몰아내다 native 고향인, 태생인 anti 반대하는, 대항하는 view 생각, 관점 lead A to do: A가 ~하도록 이끌다

정답　(b)

Paraphrase the name was used pejoratively
→ Their name was originally used to insult them

34-35.

더 데일리 옵저버　　　　　　　　　　국내 > 정치

탈당 세부정보 유출

어제 전 국민당 당원 로저 브레이디가 곧 출간될 그의 자서전 발췌 내용이 언론에 유출된 후 신문에 대서특필되었다. 자유당으로 전향한 이유와 관련해 과거 굳게 입을 다물었던 브레이디는 유출된 내용에서, 당시 부통령이었던 제시카 맥캔이 공공주택에 대해 냉담한 발언을 했던 한 모임 후에 당을 떠나기로 결정한 것으로 드러났다.

그 사적인 모임 중에, 브레이디는 임대료가 더 저렴한 공공주택 건설을 위해 로비 활동을 하도록 다른 국민당 의원들을 설득하고 있었다. [35] 브레이디는 공공주택이 그저 더 많은 자유당 표를 만들어낼 뿐이라고 말한 맥캔의 반응이 자신을 격분하게 만들었다고 밝혔으며, 그 발언이 해당 모임 주최자였던 앨런 로널즈로부터 전혀 질책을 받지 않았기 때문에 더욱 그러했다고 한다.

로널즈는 브레이디의 말이 본인의 책으로 이목을 집중시키기 위한 선전에 불과하다고 주장하고 있다. 한편, [34] 브레이디는 그 발췌본이 신문사에 흘러 들어가게 된 경위에 대해 당혹스럽다고 주장하고 있으며, 그 이야기를 유출한 사람이 누구든 꼭 색출해 내겠다고 공언했다.

어휘　defection 탈당, 탈퇴, 전향 details 세부정보, 상세사항 leak 유출되다, ~을 유출하다 former 전직의, ~출신의 make headlines 대서특필되다 excerpt 발췌 upcoming 곧 있을, 다가오는 autobiography 자서전 the press 언론 previously 과거에, 이전에 tight-lipped 굳게 입을 다문 defect to ~로 전향하다 reveal that ~임을 밝히다 decide to do ~하기로 결정하다 leave ~을 떠나다 then 당시의 vice president 부통령 make a remark 발언하다 callous 냉담한 public housing 공공주택 convince A to do: ~하도록 A를 설득하다 lobby v. 로비 활동을 하다, 영향력을 행사하다 construction 건설, 공사 low-rent 임대료가 낮은 response 반응 create ~을 만들어내다 voter 유권자 leave A 형용사: A를 ~한 상태로 만들다 incensed 격분한 all the more so because ~하기 때문에 더욱 그렇다 draw ~을 끌어들이다, 유발하다 rebuke 질책 chairperson 의장, 진행자 claim that ~라고 주장하다 comment 발언, 말, 의견 nothing more than ~에 불과한, ~에 지나지 않는 publicity stunt 이목을 끌기 위한 선전 활동 meanwhile 한편, 그러는 동안 maintain that ~라고 주장하다 baffled 당혹스러운 as to ~에 관해 make it into ~로 흘러 들어가다 vow to do ~하겠다고 맹세하다 seek out ~을 찾아내다 whoever ~하는 사람은 누구든, 누가 ~하든

34. 뉴스 기사에서 무엇을 유추할 수 있는가?

(a) 맥캔은 자유당 당원이다.

(b) 이 발췌본이 브레이디의 동의 없이 언론에 공개되었다.

(c) 브레이디는 해당 모임의 세부정보를 폭로할 의도가 없었다.

(d) 국민당이 공개적으로 맥캔의 발언을 비난했다.

해설　유추 유형에서는 지문의 내용 흐름을 간략히 정리한 후 선택지와 비교하는 것이 문제 풀이 시간을 확보하는 방법이다. 글의 흐름은 다음과 같다. [국민당 출신 로저 브레이디의 자서전 → 발췌본 유출 → 브레이디가 회의에서 공공주택 옹호 → 당시 부통령 맥캔이 공공주택 비난 발언 → 로널즈 의장이 내버려둠 → 화가 나 탈당 → 의장은 발췌본 유출이 고의라고 비난 → 브레이디는 유출이 황당하다는 반응]. 브레이디 외 기사의 인물은 모두 국민당 소속이므로 (a)는 오답이다. 마지막 문장에서 브레이디가 발췌본 유출에 대해 is baffled(당혹스럽다)라고 감정을 표현하였으므로 그가 발췌본의 유출을 원치 않는 입장임을 유추할 수

있다. 그러므로 (b)가 정답이다.

어휘   publish ~을 출판하다, (신문·잡지 등에) 게재하다 consent 동의
have no intention of -ing ~할 의도가 없다 publicly 공개적으로
criticize ~을 비난하다

정답   (b)

Inference   he is baffled as to how the excerpt made it into the
papers → The excerpt was published without Brady's
consent

35.   브레이디에 따르면, 맥캔은 무슨 근거로 그 주택 제안을 거부했는
가?
(a) 국민당을 지지하는 표가 더 줄어드는 결과를 낳을 것이다.
(b) 당 지도부 인물들 사이에서 탈당으로 이어질 것이다.
(c) 가난한 시민들을 일하게 만드는 동기를 축소하게 될 것이다.
(d) 국가에 과도한 재정적 부담을 주게 될 것이다.

해설   질문의 키워드인 McCann과 housing이 등장하는 두 번째 단락에
McCann's response라는 표현이 나온다. 그러므로 그 다음에 제시
된 that 동격절의 내용이 거부한 이유를 나타낸다. 즉, that public
housing simply creates more Liberal voters(공공주택은 자유당
표만 늘린다)가 맥캔의 거부 논리였으므로, 그가 자유당의 상대인 국민
당의 표가 줄어들 것(fewer votes for the Nationalists)을 우려했다
고 유추할 수 있다. 따라서 (a)가 정답이다.

어휘   grounds 근거, 이유 reject ~을 거부하다 proposal 제안, 안건
result in ~라는 결과를 낳다, ~을 초래하다 lead to ~로 이어지다
among ~ 사이에서 leadership 지도부 lower ~을 낮추다, 내리다
incentive 동기, 계기, 자극 place burdens on ~에게 부담을 주다
excessive 과도한 financial 재정적인, 재무의 state 국가

정답   (a)

TEST 3 정답 및 해설

LISTENING COMPREHENSION

1. (c) **2.** (a) **3.** (b) **4.** (a) **5.** (d) **6.** (a) **7.** (c) **8.** (c) **9.** (a)
10. (d) **11.** (a) **12.** (b) **13.** (d) **14.** (c) **15.** (a) **16.** (b)
17. (d) **18.** (a) **19.** (b) **20.** (c) **21.** (b) **22.** (d) **23.** (a)
24. (c) **25.** (d) **26.** (a) **27.** (d) **28.** (b) **29.** (c) **30.** (b) **31.**
(b) **32.** (d) **33.** (c) **34.** (b) **35.** (b) **36.** (c) **37.** (b) **38.** (b)
39. (a) **40.** (c)

VOCABULARY

1. (c) **2.** (a) **3.** (b) **4.** (a) **5.** (a) **6.** (c) **7.** (b) **8.** (c) **9.** (a)
10. (c) **11.** (d) **12.** (d) **13.** (c) **14.** (c) **15.** (b) **16.** (b) **17.**
(c) **18.** (d) **19.** (a) **20.** (d) **21.** (a) **22.** (b) **23.** (b) **24.** (a)
25. (a) **26.** (c) **27.** (c) **28.** (d) **29.** (b) **30.** (b)

GRAMMAR

1. (a) **2.** (a) **3.** (a) **4.** (d) **5.** (b) **6.** (a) **7.** (c) **8.** (c) **9.** (d)
10. (c) **11.** (c) **12.** (d) **13.** (d) **14.** (a) **15.** (c) **16.** (b) **17.**
(b) **18.** (d) **19.** (b) **20.** (b) **21.** (c) **22.** (b) **23.** (a) **24.** (b)
25. (a) **26.** (c) **27.** (d) **28.** (b) **29.** (c) **30.** (b)

READING COMPREHENSION

1. (a) **2.** (d) **3.** (d) **4.** (c) **5.** (c) **6.** (b) **7.** (d) **8.** (a) **9.** (c)
10. (a) **11.** (d) **12.** (b) **13.** (a) **14.** (d) **15.** (d) **16.** (d)
17. (b) **18.** (c) **19.** (d) **20.** (c) **21.** (b) **22.** (d) **23.** (a) **24.**
(d) **25.** (d) **26.** (c) **27.** (b) **28.** (c) **29.** (c) **30.** (a) **31.** (d)
32. (d) **33.** (c) **34.** (a) **35.** (d)

LISTENING COMPREHENSION

Part I

1.

M: What a wonderful exhibition! I love Picasso's
paintings.
W: _____
(a) I'm pleased to inform you.
(b) He also created great paintings.
(c) They're my favorites, too.
(d) Yeah, you should see them.

....

남: 정말 멋진 전시회네요! 제가 피카소의 그림을 아주 좋아하거든요.

여: _____

(a) 알려 드리게 되어 기쁩니다.

(b) 그가 훌륭한 그림들도 그랬어요.

(c) 저도 가장 좋아하는 것들입니다.

(d) 네, 그것들을 보셔야 해요.

해설   피카소의 그림을 아주 좋아한다는 말에 대해 Picasso's paintings 를 They로 지칭하면서 답변자 자신도 가장 좋아한다는 생각을 밝힌 (c)가 정답이다.

어휘   exhibition 전시(회) painting 그림 inform ~에게 알리다 create ~을 만들어 내다 favorite 가장 좋아하는 것

정답   (c)

2.

W: I tried calling you several times yesterday.

M: _____

(a) Sorry. I left my phone at home.

(b) That's OK. I'll call back.

(c) Yeah, my phone's new.

(d) Oh, let me give you my number.

. . . .

여: 어제 너한테 여러 번 전화를 시도했었어.

남: _____

(a) 미안해. 집에 전화기를 놓고 나갔어.

(b) 괜찮아. 내가 다시 전화할게.

(c) 응, 내 전화기는 새 거야.

(d) 아, 내 번호를 알려 줄게.

해설   어제 여러 번 전화를 시도했다는 말에 대해 사과의 말과 함께 전화를 받지 못한 이유로 집에 전화기를 놓고 나간 사실을 밝히는 (a)가 정답이다. (b)는 괜찮다며 다시 전화하겠다는 뜻인데, 전화를 시도했던 상대방과 현재 대화 중이기 때문에 다시 전화할 필요가 없는 상황이므로 맞지 않는 반응이다.

어휘   try -ing ~하려 시도하다 several 여럿의, 몇몇의 leave ~을 놓고 가다 let me do 내가 ~할게

정답   (a)

3.

M: I heard you sprained your ankle. Are you OK?

W: _____

(a) I hope you'll be fine soon.

(b) Fortunately, it's nothing serious.

(c) Well, I'd get it examined if I were you.

(d) I was playing soccer.

. . . .

남: 발목을 삐었다는 얘기를 들었어. 괜찮아?

여: _____

(a) 곧 괜찮아지기를 바라.

(b) 다행히, 심각한 건 아냐.

(c) 음, 내가 너라면 검사 받아 볼 것 같아.

(d) 축구를 하고 있었어.

해설   발목을 삐었다는 얘기를 들은 사실과 함께 괜찮은지 묻고 있으므로 다행히 심각하지 않다는 말로 발목의 상태를 알리는 (b)가 정답이다. (a)는 발목을 다친 답변자의 입장에서 할 수 있는 말이 아니므로 오답이다.

어휘   sprain ~을 삐다 ankle 발목 get A p.p. A를 ~되게 하다 examine ~을 검사하다 if I were you 내가 너라면

정답   (b)

4.

W: Shall we try the Thai place again for lunch?

M: _____

(a) I'd rather go somewhere new.

(b) I was hungrier than I thought.

(c) I wish we'd gone there instead.

(d) I just didn't want to eat much.

. . . .

여: 점심때 그 태국 식당에 또 가 볼까요?

남: _____

(a) 저는 새로운 곳에 가고 싶어요.

(b) 제가 생각보다 더 배고팠어요.

(c) 우리가 대신 거기로 갔으면 좋았을 텐데요.

(d) 그냥 많이 먹고 싶지 않았어요.

해설   같은 태국 식당에 또 갈 것인지 묻는 것에 대해 새로운 곳에 가고 싶다는 의사를 밝히는 (a)가 정답이다. 나머지 선택지는 같은 태국 식당에 또 가는 것과 관련된 의견으로 맞지 않는다.

어휘   try ~에 한번 가 보다, ~을 한번 해 보다 would rather do ~하고 싶다 I wish 주어 had p.p.: ~가 …했으면 좋았을 텐데 instead 대신

정답   (a)

5.

M: I had no idea Josh was so good at playing guitar.

W: _____

(a) He could use some tips, then.

(b) He might need lessons.

(c) He'll improve with practice.

(d) He's a man of many talents.

. . . .

남: 조쉬가 그렇게 기타를 잘 치는 줄 전혀 몰랐어요.

여: _____

(a) 그러면, 그는 팁이 좀 필요할 거예요.

(b) 그는 레슨이 필요할지도 몰라요.

(c) 그는 연습하면 실력이 나아질 거예요.

(d) 그는 재주가 많은 사람이에요.

해설   조쉬가 기타를 잘 치는 줄 몰랐다는 말에 대해 재주가 많은 사람이라는 말로 자신은 이미 알고 있었음을 밝히는 (d)가 정답이다.

어휘   had no idea (that) ~인 줄 전혀 몰랐다 be good at -ing ~을 잘하다 could use A: A가 필요하다, A를 해야 하다 improve 나아지다, 향상되다 practice 연습 talent 재주, 재능

정답   (d)

6.

W: Did you get that book you ordered online?

M: _____

(a) I'm expecting it any day now.

(b) You should get it delivered.

(c) Not yet. I'll order it later.

(d) Well, I haven't read it yet.

....

여: 온라인으로 주문했다던 그 책은 받았어?

남: _____

(a) 이제 곧 올 거라서 기다리고 있어.

(b) 배송시키도록 해.

(c) 아직. 나중에 주문할 거야.

(d) 음, 아직 못 읽어 봤어.

해설 온라인으로 주문한 책을 받았는지 묻고 있으므로 곧 오기로 되어 있는 것을 기다리고 있다는 뜻인 (a)가 정답이다. (c)의 경우, 부정을 뜻하는 Not yet 뒤에 이어지는 말이 이미 주문한 물품의 도착 여부를 묻는 질문과 맞지 않는 내용이므로 오답이다.

어휘 order ~을 주문하다 expect (오기로 한 것) ~을 기다리다, 예상하다 any day now 지금이라도 곧 get A p.p.: A를 ~되게 하다 Not yet (앞선 질문에 대해) 아직 하지 않았다

정답 (a)

7.

M: Hi, I remember you from your wonderful presentation at last year's conference!

W: _____

(a) It's a shame I missed that one.

(b) I was thinking of giving a presentation, too.

(c) Thanks. How nice to know I left an impression.

(d) Oh, right, I saw that presentation, too!

....

남: 안녕하세요, 작년 컨퍼런스에서 당신이 훌륭한 발표를 하셨던 게 기억납니다!

여: _____

(a) 제가 그걸 놓쳐서 아쉽네요.

(b) 저도 발표할 생각이었어요.

(c) 감사합니다. 제가 좋은 인상을 남겼다니 기분 좋네요.

(d) 아, 맞아요, 저도 그 발표 봤어요!

해설 상대방이 작년 컨퍼런스에서 뛰어난 발표를 봤다며 반갑게 알아보는 것에 대해 감사의 인사와 함께 칭찬을 들어 기쁘다는 마음을 표현하는 (c)가 가장 자연스럽다.

어휘 presentation 발표(회) It's a shame (that) ~라니 아쉽다, 안타깝다 leave an impression 좋은 인상을 남기다

정답 (c)

8.

W: Converting that room into a lounge was a stroke of genius.

M: _____

(a) I hope you come around to the idea.

(b) I thought the renovations had started.

(c) I can't believe nobody thought of it before!

(d) I had no idea the lounge would be converted.

....

여: 그 방을 라운지로 개조한 건 신의 한 수였어요.

남: _____

(a) 그 아이디어에 동의하시기를 바랍니다.

(b) 보수 공사가 이미 시작된 줄 알았어요.

(c) 전에 아무도 그런 생각을 하지 못했다는 게 믿기지 않아요!

(d) 라운지가 개조될 거라고는 전혀 생각하지 못했어요.

해설 특정 방을 라운지로 개조한 것에 대해 칭찬하고 있으므로 전에 그렇게 할 생각을 했던 사람이 없었다는 것에 대한 놀라움을 나타낸 (c)가 정답이다. (d)의 경우, 이미 존재하는 라운지를 개조하는 것을 의미하므로 새롭게 라운지를 만든 것을 언급하는 대화 상황과 맞지 않는다.

어휘 convert A into B: A를 B로 개조하다, 전환하다 stroke of genius 신의 한 수, 대단한 발상 come around to (생각을 바꿔) ~에 동의하다 renovation 보수, 개조

정답 (c)

9.

M: The accountant was totally unrepentant after being caught stealing.

W: _____

(a) I know. His lack of remorse was appalling.

(b) I suppose he just felt guilty about it.

(c) I doubt it. He thought he'd get away with it.

(d) I guess he's worried about getting caught.

....

남: 그 회계사는 절도 행각 중에 발각되고도 전혀 뉘우칠 줄 몰랐어요.

여: _____

(a) 그러니까요. 양심의 가책도 없었다는 게 끔찍했어요.

(b) 그는 그저 그 일에 대해 죄책감을 느꼈을 거예요.

(c) 그럴 리가요. 그는 그것을 모면할 것으로 생각했죠.

(d) 그는 붙잡힐까 봐 걱정하고 있는 것 같아요.

해설 회계사가 범죄 행위에 대해 반성하지 않았다는 말에 대해 동의를 뜻하는 I know와 함께 양심의 가책을 느끼지 않는 회계사의 태도가 끔찍했다는 자신의 의견을 나타낸 (a)가 정답이다.

어휘 accountant 회계사 totally 전적으로, 완전히 unrepentant 뉘우치지 않는 be caught -ing ~하다가 발각되다, 붙잡히다 lack 부족, 결핍 remorse 양심의 가책, 후회 appalling 끔찍한, 소름 끼치는 feel guilty about ~에 대해 죄책감을 느끼다 doubt ~을 의심하다, ~이 아니라고 생각하다 get away with ~을 모면하다, ~에서 빠져나가다 be worried about ~에 대해 걱정하다

정답 (a)

10.

W: I can't seem to focus at work with all the noise in the office.

M: _____

(a) At least you can concentrate.

(b) That's why you're so productive.

(c) Sorry. I've been distracted lately.

(d) I can barely stay on task myself.

··

여: 사무실이 이렇게 시끄러우니 도저히 업무에 집중할 수가 없어요.

남: _____

(a) 적어도 집중하실 수는 있잖아요.

(b) 그래서 그렇게 생산적이신 거군요.

(c) 죄송해요. 요즘 딴 데 정신이 팔려 있었어요.

(d) 저도 거의 일을 계속해서 할 수가 없네요.

해설   소음 때문에 업무 중에 집중할 수 없다는 말에 대해 자신도 일을 계속해서 하기 어렵다는 말로 상대방의 말에 동의하는 (d)가 정답이다.

어휘   can't seem to do 도저히 ~할 수 없다 focus 집중하다 at work 업무에 at least 적어도, 최소한 concentrate 집중하다, 전념하다 productive 생산적인 distracted 정신이 산만해진, 집중이 방해된 barely 거의 ~않다 stay on ~을 유지하다 task 일, 업무 oneself (강조) 자기 자신이, 직접, 스스로

정답   (d)

Part II
11.

W: I like your jacket!

M: Thanks. I got it on sale.

W: Did you get a good discount?

M: _____

(a) It was half the original price.

(b) The sale ends this Saturday.

(c) I bought it at a department store.

(d) The brand is pretty expensive.

··

여: 재킷이 멋지네요!

남: 감사합니다. 세일할 때 산 거예요.

여: 할인 많이 받으셨어요?

남: _____

(a) 정가의 반값이었어요.

(b) 세일 행사가 이번 주 토요일에 끝나요.

(c) 백화점에서 구입했어요.

(d) 이 브랜드가 꽤 비싸요.

해설   재킷을 구입할 때 할인을 많이 받았는지 묻고 있으므로 정가의 반값이라는 말로 할인의 정도를 말해주는 (a)가 정답이다. 나머지 선택지는 할인을 받았는지 여부를 묻는 질문의 핵심에서 벗어난 답변들이다.

어휘   on sale 세일 중에, 할인 중인 half the + 명사: ~의 절반 original 원

래의, 애초의

정답   (a)

12.

M: I decided on New York for my next trip.

W: I went there on business last winter.

M: Really? Did you do any sightseeing?

W: _____

(a) Sure. I'd be happy to show you around.

(b) I was stuck in meetings the whole time.

(c) Of course! I didn't have any time.

(d) I might be able to spare a few hours.

··

남: 다음 여행 장소를 뉴욕으로 결정했어요.

여: 제가 지난 겨울에 출장으로 거기 갔었어요.

남: 그래요? 구경도 좀 하셨나요?

여: _____

(a) 그럼요. 제가 기꺼이 둘러보시게 해 드릴게요.

(b) 내내 회의에만 갇혀 있었어요.

(c) 물론이죠! 제가 시간이 전혀 없었어요.

(d) 몇 시간 짬을 낼 수 있을지도 몰라요.

해설   출장으로 뉴욕에 갔다는 여자에게 구경도 좀 했는지 묻고 있으므로 계속 회의만 했다는 말로 전혀 구경하지 못했다는 뜻을 나타내는 (b)가 정답이다. (d)는 앞으로의 가능성과 관련된 말이므로 과거의 일과 관련해 얘기하는 대화 상황에 맞지 않는다.

어휘   decide on ~으로 결정하다 on business 출장으로 sightseeing 구경, 관광 show A around: A에게 구경시켜 주다 be stuck in ~에 갇혀 있다 the whole time 내내, 시종일관 be able to do ~할 수 있다 spare (시간·돈 등을) 할애하다, 내어 주다

정답   (b)

13.

W: Why weren't you at this morning's meeting?

M: I didn't know it'd been moved up.

W: Didn't you get my email yesterday?

M: _____

(a) I wish you'd informed me.

(b) You should send it out again.

(c) We'll have to reschedule, then.

(d) I guess I failed to notice it somehow.

··

여: 왜 오늘 아침 회의 시간에 오시지 않았어요?

남: 시간이 앞당겨진 줄 몰랐어요.

여: 어제 제 이메일 못 받으셨어요?

남: _____

(a) 저에게 알려 주셨으면 좋았을 거예요.

(b) 다시 보내 보세요.

(c) 그럼 우리는 일정을 재조정해야 할 거예요.

(d) 왠지 모르겠지만 알아차리지 못한 것 같아요.

해설 어제 보낸 이메일을 받지 못했는지 묻고 있으므로 이메일을 it으로 지칭해 이메일이 온 것을 알아차리지 못한 것 같다고 답하는 (d)가 정답이다. (a)는 과거에 알리지 못한 것에 대한 아쉬움을 나타내므로 대화 흐름에 맞지 않는 답변이다.

어휘 move up (일정 등) ~을 앞당기다 I wish 주어 had p.p.: ~가 …했으면 좋았을 거예요 inform ~에게 알리다 send A out: A를 보내다, 발송하다 reschedule ~의 일정을 재조정하다 fail to do ~하지 못하다 notice ~을 알아차리다, 인식하다 somehow 왠지 모르겠지만

정답 (d)

14.

M: This yogurt has 16 grams of sugar.
W: Seriously? That's a huge amount.
M: I know. We should try a different brand.
W: _____

(a) OK, I'll look for something sweeter.
(b) We should get yogurt instead.
(c) Yeah, there must be healthier options.
(d) Yogurt is good for you, though.

....

남: 이 요거트에 당분이 16그램 들어 있어.
여: 정말이야? 엄청 많은 양인데.
남: 그러니까. 다른 브랜드를 먹어봐야겠어.
여: _____

(a) 좋아, 내가 더 단 걸 찾아 볼게.
(b) 대신 요거트를 구입하자.
(c) 응, 분명 건강에 더 좋은 게 있을 거야.
(d) 하지만, 요거트는 몸에 좋아.

해설 당분이 많은 제품 대신 다른 브랜드를 찾아 보자고 제안하는 상황이므로 동의를 뜻하는 Yeah와 함께 건강에 더 좋은 제품이 있을 것이라는 강한 추측을 나타내는 (c)가 정답이다.

어휘 huge 엄청 많은, 엄청 큰 try ~을 한번 해 보다 look for ~을 찾다 instead 대신 must 분명 ~이다, 틀림없이 ~이다 healthy 건강에 좋은 though (문장 끝이나 중간에서) 하지만, 그런데

정답 (c)

15.

W: Did you mail out your passport renewal application?
M: No, I'm going to submit it at the embassy tomorrow.
W: Really? You might have a long wait in line there.
M: _____
(a) I just feel safer handing in the paperwork in person.
(b) There wasn't a line when I submitted it.
(c) Yeah, you should have gotten a visa.
(d) That's why I used a delivery service.

....

여: 여권 갱신 신청서는 우편으로 보냈어?
남: 아니, 내일 대사관에 제출할 거야.

여: 진짜? 거기 가면 줄 서서 오래 기다릴지도 몰라.
남: _____
(a) 그냥 직접 가서 서류를 제출하는 게 더 안전한 것 같아.
(b) 내가 제출했을 땐 대기 줄이 없었어.
(c) 응, 넌 비자를 받았어야 해.
(d) 그래서 내가 배송 서비스를 이용했던 거였어.

해설 대사관에 가면 줄을 서서 오래 기다릴 수도 있다고 우려하는 말에 대해 직접 가려는 이유를 언급하는 (a)가 정답이다.

어휘 mail out ~을 우편으로 보내다 renewal 갱신 application 신청(서), 지원(서) submit ~을 제출하다(= hand in) embassy 대사관 in line 줄을 서서 in person 직접 (가서) should have p.p. ~했어야 했다

정답 (a)

16.

M: Let's go to the fish market this Saturday!
W: We'd have to go early to beat the crowds.
M: It'll be worth it for the fresh seafood, though.
W: _____

(a) OK. I'll go in the afternoon, then.
(b) Not for me. I want to sleep in.
(c) Only if there are a lot of people there.
(d) That's why I suggested going.

....

남: 이번 주 토요일에 수산시장에 가 보자!
여: 북적거리는 사람들을 피하려면 일찍 가야 할 거야.
남: 하지만, 신선한 해산물을 위해서라면 그만한 가치가 있을 거야.
여: _____

(a) 좋아. 그럼 내가 오후에 갈게.
(b) 난 아냐. 난 늦잠 자고 싶어.
(c) 그곳에 사람이 많이 있을 경우에만.
(d) 그래서 내가 가 보자고 권했던 거야.

해설 토요일에 수산시장에 가려면 사람들을 피해 일찍 가야 한다는 사실에 대해 남자가 신선한 해산물을 먹을 수 있다면 그럴 만한 가치가 있다고 말하는 상황이다. 이에 대해 남자와 반대되는 선택으로서 토요일에 대신 늦잠 자겠다는 뜻을 나타내는 (b)가 자연스러운 응답이다.

어휘 would have to do ~해야 할 것이다 beat the crowds 북적거리는 사람들을 피하다, 인파를 피하다 worth + 명사: ~할 만한 가치가 있는 though (문장 끝이나 중간에서) 하지만, 그런데 then 그럼, 그렇다면 sleep in 늦잠 자다 suggest -ing ~하자고 권하다, 제안하다

정답 (b)

17.

W: Do you regret resigning from your job?
M: No, I was overdue for a break.
W: Will you look for a new one soon?
M: _____

(a) That depends on whether I resign.

(b) Yeah, I shouldn't have acted so hastily.

(c) I bet they've already found a replacement.

(d) I'm just going to enjoy my freedom for now.

....

여: 자리에서 물러나신 걸 후회하세요?

남: 아뇨, 진작에 좀 쉬었어야 했어요.

여: 곧 새로운 일자리를 찾으실 건가요?

남: _____

(a) 제가 물러나는지에 따라 달라요.

(b) 네, 전 그렇게 성급하게 행동하지 말았어야 했어요.

(c) 이미 회사 측에서 후임자를 찾은 게 분명해요.

(d) 당분간은 그냥 자유를 만끽할 생각이에요.

해설 사임한 사람에게 새로운 일자리를 곧 찾을 것인지 묻고 있으므로 쉬면서 여유를 즐기고 싶다는 계획을 밝히는 (d)가 정답이다. (a)는 아직 물러날 것인지 결정하지 못한 경우에 해당되는데, 대화 중에 이미 물러난 상황임이 드러나 있으므로 어울리지 않는 답변이다. (b)는 여자의 마지막 말과 연결되는 것 같지만 남자가 앞서 한 말(I was overdue for a break)과 배치되므로 오답이다.

어휘 regret -ing ~한 것을 후회하다 resign (자리 등에서) 물러나다, 사임하다 overdue 벌써 했어야 할, 이미 늦어진 break 휴식 look for ~을 찾다 depend on ~에 따라 다르다, ~에 달려 있다 whether ~인지 (아닌지) should have p.p. ~했어야 했다 hastily 성급하게 bet (that) ~인 게 분명하다 replacement 후임(자), 대체(자) for now 당분간은, 지금으로선

정답 (d)

18.

M: I'm heading to the café downstairs. Want anything?

W: A coffee would be great. I'll go with you.

M: Are you sure? I don't mind grabbing one for you.

W: _____

(a) It'll be nice to stretch my legs.

(b) No sweat. I'll pick you up a coffee.

(c) OK, think it over, and get back to me.

(d) I can't handle any more caffeine.

....

남: 아래층에 있는 카페에 갈 거예요. 뭐 필요한 거라도 있으세요?

여: 커피 한 잔이면 아주 좋을 거예요. 같이 갈게요.

남: 괜찮으시겠어요? 제가 한 잔 사다 드려도 상관없어요.

여: _____

(a) 다리 좀 펴면 좋을 거예요.

(b) 뭘요. 제가 커피 한 잔 사다 드릴게요.

(c) 좋아요, 차분히 생각해 보시고, 저에게 다시 알려 주세요.

(d) 더 이상의 카페인은 감당할 수 없을 거예요.

해설 커피 사러 같이 가겠다는 여자의 말에 자신이 사다 줘도 된다고 남자가 제안하고 있고, 이에 다리를 좀 펴는 게 좋겠다며 같이 가겠다는 의향을 밝히는 (a)가 정답이다.

어휘 head to ~로 가다, 향하다 downstairs 아래층에 don't mind -ing ~해도 상관없다 grab ~을 빨리 사오다 stretch one's legs (걸으면서) 다리를 좀 펴다 No sweat (감사의 인사 등에 대해) 뭘.

뭘 그런 걸로요. pick A up B: A에게 B를 사다 주다 get back to ~에게 다시 알려 주다, 다시 연락하다 handle ~을 감당하다, 처리하다

정답 (a)

19.

W: Your article on Mayor Dawson in this morning's paper was fantastic!

M: Thanks. I'm happy it's finally off my desk.

W: How'd you get such in-depth information about her backroom dealings?

M: _____

(a) I'll need to verify the details before publication.

(b) I managed to cultivate several well-placed sources.

(c) I was turned down for countless interviews.

(d) I'm going to compile everything published on her.

....

여: 오늘 아침 신문에 나온 도슨 시장에 관한 당신 기사가 정말 훌륭했어요!

남: 감사합니다. 드디어 그 기사가 제 책상을 떠나게 되어 기뻐요.

여: 어떻게 시장의 밀실 거래 관계와 관련된 깊이 있는 정보를 얻은 거예요?

남: _____

(a) 언론 공개 전에 제가 그 상세 정보가 사실인지 확인해야 할 거예요.

(b) 여러 믿을 만한 정보원들과 가까운 관계를 구축하는 데 성공했죠.

(c) 제가 셀 수 없을 정도로 많은 인터뷰를 거절 당했어요.

(d) 제가 그분과 관련해서 출간된 모든 자료를 수집해 정리할 생각입니다.

해설 시장의 밀실 거래 관계와 관련된 기사를 쓰는 데 필요한 깊이 있는 정보를 얻은 방법을 묻고 있으므로 믿을 만한 정보원들과 관계를 유지한 사실을 밝히는 (b)가 정답이다. (d)의 경우, 과거시제 동사로 이미 기사가 실린 것에 대해 얘기하는 대화 내용과 달리 앞으로 기사를 싣기 위한 방법을 말하고 있으므로 대화 흐름에 맞지 않는다.

어휘 mayor 시장 off ~에서 벗어난, 떠난, 멀어진 How'd: How did의 줄임말 in-depth 깊이 있는, 심층적인 backroom 밀실 dealing 거래 관계 verify (진실인지, 정확한지) 확인하다 details 상세 정보, 세부 사항 publication 출간(물) manage to do (간신히) ~하게 되다, ~해내다 cultivate ~와 관계를 구축하다 well-placed 믿을 만한 source 정보원, 소식통 turn down ~을 거절하다 countless 셀 수 없이 많은 compile (자료 등) ~을 수집해 정리하다

정답 (b)

20.

M: I need a new interior decorator. My last one was too old-fashioned.

W: My friend's an interior decorator. Would you like her number?

M: Sure! If you think she's up on the recent trends.

W: _____

(a) I don't know her personally, but I've heard good things.

(b) Absolutely. She's familiar with your last decorator.

(c) I can totally vouch for her. She has a great eye.

(d) Of course! I'm happy to give you some input.

남: 제가 새 실내 장식 전문가가 필요해요. 지난번에 해 주신 분은 너무 구식이었어요.

여: 제 친구가 실내 장식 전문가예요. 그 친구 전화번호를 드릴까요?

남: 좋아요! 그 친구 분께서 최신 유행을 아주 잘 알고 계신다면요.

여: _____

(a) 제가 개인적으로 알진 못하지만, 좋은 얘기를 많이 들었어요.

(b) 물론이죠. 지난번에 해 주신 그 실내 장식 전문가를 잘 알아요.

(c) 제가 확실히 보장해 드릴 수 있어요. 그 친구가 뛰어난 안목을 지니고 있거든요.

(d) 당연하죠! 기꺼이 조언을 좀 해 드릴게요.

해설 여자의 친구이자 실내 장식 전문가인 사람을 고용하기 위한 조건으로 최신 유행을 잘 알고 있어야 한다는 점을 언급하는 상황이다. 따라서 확실히 보장한다는 말과 함께 그 이유로 뛰어난 안목을 지니고 있다고 말하는 (c)가 정답이다.

어휘 decorator 장식 전문가 old-fashioned 구식의, 낡은 Would you like ~? ~를 원하세요?, ~로 해 드릴까요? be up on ~을 아주 잘 알다, 훤히 꿰뚫고 있다 recent 최근의 trends 유행 be familiar with ~을 잘 알다, ~에 익숙하다 totally 전적으로, 완전히 vouch for ~을 보증하다 have a great eye 안목이 뛰어나다 input 조언(의 제공)

정답 (c)

Part III

21.

Listen to a conversation between two coworkers.

W: I was offered an overseas position at our London office.

M: Congratulations! How long would you be posted there?

W: Two years. But I'm not sure I'll accept it.

M: It's international experience. You should jump at the chance!

W: Yeah, but my friends and family are here.

M: You can visit them during the holidays.

Q: What is the man mainly advising the woman to do?

(a) To apply for a job abroad

(b) To accept a position overseas

(c) To hire a job applicant from London

(d) To move to London with her family

여: 제가 우리 런던 지사의 해외 직책을 제안 받았어요.

남: 축하합니다! 그곳에 얼마나 오래 파견되시는 건가요?

여: 2년이요. 하지만 수락할지는 잘 모르겠어요.

남: 해외에서의 경험이잖아요. 기회를 잡아야죠!

여: 네, 하지만 제 친구들과 가족이 여기 있어서요.

남: 휴가 중에 방문하시면 되죠.

Q: 남자는 여자에게 주로 무엇을 하도록 권하는가?

(a) 해외 일자리에 지원하는 일

(b) 해외의 직책을 수락하는 일

(c) 런던 출신의 구직 지원자를 고용하는 일

(d) 가족과 함께 런던으로 이사하는 일

해설 대화 시작 부분에서 여자가 해외 직책을 제안 받았음을(I was offered an overseas position ~) 알리며 이를 수락할지 잘 모르겠다고 하자 남자가 기회를 잡으라고(You should jump at the chance!) 강력히 권하고 있으므로 (b)가 정답이다. 여자가 이미 근무 중인 회사로부터 해외 지사 근무를 제안 받은 상황이므로 (a)는 오답이다.

어휘 offer A B: A에게 B를 제안하다, 제공하다 overseas a. 해외의 ad. 해외에서, 해외로 position 직책, 일자리 post v. ~을 파견하다, 전근시키다 accept ~을 수락하다, 수용하다 jump at the chance 기회를 잡다 apply for ~에 지원하다, ~을 신청하다 hire ~을 고용하다 job applicant 구직 지원자

정답 (b)

22.

Listen to a conversation between two friends.

M: Mandy, you seem down. What's wrong?

W: My boyfriend and I split up yesterday.

M: Really? Are you all right? I thought everything was going well.

W: Me, too. But it seems he didn't see it that way.

M: Don't worry. You'll meet someone who appreciates you.

W: Thanks. I hope you're right.

Q: What is the man mainly trying to do?

(a) Reassure the woman about her relationship

(b) Urge the woman to begin dating again

(c) Advise the woman to end her relationship

(d) Console the woman about a breakup

남: 맨디, 기운이 없어 보여. 무슨 일 있었어?

여: 어제 남자친구랑 헤어졌어.

남: 정말? 너 괜찮은 거야? 모든 게 잘 되고 있는 줄 알았는데.

여: 나도. 하지만 남자친구는 그렇게 생각하지 않았던 것 같아.

남: 걱정하지마. 널 진정으로 알아봐 주는 사람을 만나게 될 거야.

여: 고마워. 네 말이 맞으면 좋겠다.

Q: 남자는 주로 무엇을 하려고 애쓰는가?

(a) 여자의 관계에 대해 안심시키는 일

(b) 여자에게 다시 데이트를 시작하도록 설득하는 일

(c) 여자에게 관계를 끝내도록 권하는 일

(d) 헤어진 것에 대해 여자를 위로하는 일

해설　남자친구와 헤어졌다고 알린 여자에게 남자가 대화 후반부에 가서 진정으로 알아봐 주는 사람을 만나게 될 것이라고(You'll meet someone who appreciates you) 말하고 있는데, 이는 여자를 위로해 주기 위한 것이므로 (d)가 정답이다.

어휘　seem + 형용사: ~한 것 같다, ~하게 보이다 down 기운이 없는, 처진 split up 헤어지다, 갈라서다 go well 잘 되어 가다 it seems (that) ~인 것 같다 that way 그렇게, 그런 식으로 appreciate ~의 진가를 알아보다 reassure ~을 안심시키다 relationship 관계 urge A to do: A에게 ~하도록 설득하다, 촉구하다 advise A to do: A에게 ~하도록 권하다 console ~을 위로하다 breakup (연인 사이의) 결별, 파탄

정답　(d)

23.

Listen to two friends discuss a new movie.

W: Have you seen *Spiderdogs 2*? It's way better than I expected!

M: Yeah, I can't believe the critics are calling it a disaster!

W: They're not judging it on its own terms.

M: Right. It's unfair to compare it with the first film.

W: Exactly. A sequel's never going to be as fresh as the original.

M: Let's hope the negativity doesn't spell the end for the series.

Q: What are the man and woman mainly saying about the movie *Spiderdogs 2*?

(a) It has received overly harsh criticism.

(b) It is likely to be the final film in the series.

(c) It has been unfairly compared with classic films.

(d) It is less successful than its predecessor.

여: <스파이더독스 2> 봤어? 내 예상보다 훨씬 더 좋았어!

남: 응, 평론가들이 실패작이라고 부르는 게 믿기지 않을 정도야!

여: 그 사람들은 작품을 있는 그대로 평가하지 않고 있어.

남: 맞아. 1편과 비교하는 건 공평하지 못해.

여: 그러니까. 속편은 절대로 전편만큼 신선할 수 없잖아.

남: 부정적인 평가 때문에 이 시리즈가 종말을 맞지 않기를 빌어 보자.

Q: 남자와 여자는 영화 <스파이더독스 2>과 관련해 주로 무슨 말을 하는가?

(a) 지나치게 가혹한 비판을 받았다.

(b) 그 시리즈의 최종편이 될 가능성이 있다.

(c) 고전 영화들과 불공평하게 비교되어 왔다.

(d) 전작보다 덜 성공적이다.

해설　영화가 좋았다는 여자에게 남자 역시 평론가들이 실패작이라고 하는 것에(the critics are calling it a disaster) 동의하지 못하고 있고, 영화를 있는 그대로 평가하지 않고 1편과 비교하는 것이 부당하다는 의견을(It's unfair to compare it with the first film) 나누고 있다. 이는 평론가들이 영화를 너무 비판적으로 평가한 것에 대한 반응으로 볼 수 있으므로 (a)가 정답이다.

어휘　way (비교급 수식) 훨씬 expect ~을 예상하다, 기대하다 critic 평론가, 비평가 disaster 실패작, 재앙, 재난 judge ~을 평가하다, 판단하다 on one's own terms ~의 있는 그대로, ~의 방식대로 unfair 불공평한, 부당한 compare A with B: A를 B와 비교하다 sequel 속편 original 원작 negativity 부정적임 spell the end for ~에 종말을 고하다 overly 지나치게 harsh 가혹한 criticism 비판, 비난 be likely to do ~할 가능성이 있다 successful 성공적인 predecessor 앞서 나온 것, 전임자

정답　(a)

24.

Listen to a conversation at a store's customer service counter.

M: Hi, I'd like a refund for this shirt my friend bought me.

W: OK. Is there anything wrong with it?

M: No, but it's a little tight.

W: I see. Did you bring the receipt?

M: Of course, here you are.

W: Oh, it's been more than a month since the purchase, so I can only offer you an exchange.

Q: Why is the man unable to get a refund?

(a) He damaged the shirt.

(b) He forgot to bring his receipt.

(c) He returned the shirt too late.

(d) He paid with a credit card.

남: 안녕하세요, 제 친구가 사 준 이 셔츠를 환불 받고 싶습니다.

여: 네. 어떤 문제라도 있나요?

남: 아뇨, 하지만 조금 꽉 껴요.

여: 알겠습니다. 영수증은 가져오셨나요?

남: 그럼요, 여기 있습니다.

여: 아, 구입 후 한 달 넘게 지났기 때문에, 교환만 해 드릴 수 있습니다.

Q: 남자는 왜 환불 받을 수 없는가?

(a) 셔츠를 손상시켰다.

(b) 영수증을 가져오는 것을 잊었다.

(c) 셔츠를 너무 늦게 반품했다.

(d) 신용카드로 지불했다.

해설　셔츠를 환불받고 싶어 하는 남자에게 여자는 구입한 지 한 달이 넘었음을 말해주면서 교환만 가능하다고(it's been more than a month since the purchase, so I can only offer you an exchange) 알리고 있다. 이는 제품을 너무 늦게 반품했다는 뜻이므로 (c)가 정답이다.

어휘　refund 환불(액) tight (옷 등이) 꽉 끼는 receipt 영수증 more than ~이 넘는 since ~ 이후로 purchase 구입(품) offer A B: A에게 B를 제공하다 exchange 교환 damage ~을 손상시키다 forget to do ~하는 것을 잊다 return ~을 반품하다, 반납하다

정답　(c)

25.

Listen to a conversation between two friends.

W: How was your hiking trip to Eagle Mountain?
M: Great. I had the trail almost all to myself.
W: Wow. I went there last year, and it was packed.
M: Well, I took a lesser-known route.
W: Was it a challenging one? I stick to easier trails.
M: It was long but not that steep.

Q: Which is correct according to the conversation?
(a) The man found the trail on Eagle Mountain crowded.
(b) The woman has never hiked at Eagle Mountain.
(c) The man took a popular hiking route.
(d) The woman usually avoids difficult trails.

....

여: 이글 산으로 등산 갔던 건 어땠어?
남: 아주 좋았어. 등산로를 거의 독차지하다시피 했어.
여: 와우. 난 작년에 갔는데, 사람들로 바글바글했어.
남: 음, 난 덜 알려진 경로로 다녔어.
여: 그 길은 힘들었어? 난 쉬운 등산로로만 다녀서.
남: 길긴 했지만 그렇게 가파르진 않았어.

Q: 대화에 따르면 어느 것이 옳은 내용인가?
(a) 남자는 이글 산 등산로가 붐빈다고 생각했다.
(b) 여자는 이글 산에서 한 번도 등산한 적이 없다.
(c) 남자는 인기 있는 등산로로 다녔다.
(d) 여자는 평소 어려운 등산로를 피한다.

해설　대화 후반부에 여자가 자신은 쉬운 등산로로만 고수한다고(I stick to easier trails) 알리고 있으므로 이 말과 같은 의미에 해당되는 (d)가 정답이다. 이글 산에 사람들로 붐빌 때 갔던 경험을 말하는 것은 여자이므로 (a), (b)는 오답이다.

어휘　trail 등산로, 산길 all to oneself 독차지하는 packed (사람들로) 꽉 찬, 가득 찬 lesser-known 덜 알려진 challenging 힘든, 어려운 stick to ~을 고수하다, ~을 계속하다 steep 가파른 find A 형용사: A를 ~하다고 생각하다 crowded 붐비는 usually 일반적으로, 보통 avoid ~을 피하다

정답　(d)

26.

Listen to a conversation between two gym members.

M: I heard the gym will be partially closed for two days next week.
W: Again? I thought the locker room renovations were finished.
M: They are. This time they're just replacing some old equipment.
W: Does that mean the classes and swimming pool will remain open?
M: Yeah, only the weight room will be unavailable this time.

W: That's good. I'd hate to miss my weekly aerobics class.

Q: Which part of the gym will be closed for two days?
(a) The weight room
(b) The swimming pool
(c) The aerobics area
(d) The locker room

....

남: 체육관이 다음 주에 이틀 동안 부분적으로 폐쇄된다는 얘기를 들었어요.
여: 또 그런대요? 사물함 공간 개조 공사가 끝난 줄 알았는데요.
남: 그건 끝났죠. 이번엔 몇몇 낡은 장비만 교체한대요.
여: 그럼 강좌들과 수영장은 그대로 연다는 뜻인가요?
남: 네, 이번엔 웨이트 기기 공간만 이용할 수 없을 거예요.
여: 잘됐네요. 제 주간 에어로빅 강좌를 놓치는 게 싫거든요.

Q: 체육관의 어느 부분이 이틀 동안 폐쇄될 것인가?
(a) 웨이트 기기 공간
(b) 수영장
(c) 에어로빅 장소
(d) 사물함 공간

해설　대화 후반부에 체육관이 부분적으로 폐쇄되는 기간에 웨이트 기기 공간만 이용할 수 없을 것이라고(only the weight room will be unavailable this time) 알리고 있으므로 (a)가 정답이다. (b)의 수영장은 그대로 문을 여는 장소로, (d)의 사물함 공간은 이미 공사가 끝난 장소로 각각 언급되고 있으므로 오답이다.

어휘　partially 부분적으로 renovation 개조, 보수 replace ~을 교체하다 equipment 장비 remain + 형용사: 계속 ~한 상태이다, ~한 상태로 유지되다 unavailable 이용할 수 없는 miss ~을 놓치다, ~에 빠지다

정답　(a)

27.

Listen to two friends discuss a restaurant.

W: Have you ever been to Harmony Restaurant?
M: Yeah, the service was great, but the food was a letdown.
W: Really? I thought it was tasty. The ingredients were really fresh.
M: The dishes were flavorful - just not that filling.
W: I agree that the portions aren't huge. But they look and taste incredible!
M: Well, I just don't like leaving hungry.

Q: Why was the man disappointed with Harmony Restaurant?
(a) The service was substandard.
(b) The ingredients were not fresh.
(c) The dishes looked unappetizing.

(d) The serving sizes were too small.

여: 하모니 레스토랑에 가 본 적 있어?
남: 응, 서비스는 아주 좋았는데, 음식은 실망스러웠어.
여: 그래? 난 맛있었다고 생각했어. 재료가 정말 신선했거든.
남: 요리는 맛있었는데, 단지 그렇게 배부르진 않았어.
여: 1인분 양이 많지 않은 건 동의해. 하지만 모양이랑 맛이 믿을 수 없을 정도야!
남: 음, 난 그냥 배고픈 상태로 나오는 걸 좋아하지 않거든.

Q: 남자는 왜 하모니 레스토랑에 실망했는가?
(a) 서비스가 수준 이하였다.
(b) 재료가 신선하지 않았다.
(c) 요리가 맛없어 보였다.
(d) 제공되는 양이 너무 적었다.

해설   대화 중반부에 남자가 음식이 배부르지 않았다고(just not that filling) 언급한 것에 대해 여자가 1인분 양이 많지 않다는 점에 동의한다고(I agree that the portions aren't huge) 말한다. 따라서 음식 제공량이 적다는 점에 실망했음을 알 수 있으므로 (d)가 정답이다.

어휘   letdown 실망(시키는 일) ingredient (음식) 재료, 성분 flavorful 맛있는, 풍미 있는 filling 배부르게 하는, 포만감을 주는 agree that ~라는 점에 동의하다 portion 1인분 huge 엄청 많은, 엄청 큰 look + 형용사: ~하게 보이다 taste + 형용사: ~한 맛이 나다 incredible 믿을 수 없을 정도인 leave 나가다, 떠나다 substandard 수준 이하의 unappetizing 맛없는, 입맛 떨어지게 하는

정답   (d)

Paraphrase the portions aren't huge → The serving sizes were too small.

28.

Listen to a telephone conversation between a mechanic and a customer.

M: Hello. This is Springfield Garage calling about your car.
W: Yes, are the repairs finished? I was told it'd be ready today.
M: Sorry. It's going to take another day.
W: Was the damage worse than expected?
M: No, we're just behind schedule.
W: That's fine. My insurance will keep covering the rental.

Q: Which is correct about the woman?
(a) She was not given a completion date for the repairs.
(b) Her car will be ready for pick-up tomorrow.
(c) Her car needs more extensive repairs than anticipated.
(d) She has to pay for her rental car.

남: 안녕하세요. 맡기신 자동차와 관련해서 전화 드리는 스프링필드 정비소입니다.
여: 네, 수리 작업이 끝났나요? 오늘 준비될 거라고 들었거든요.
남: 죄송합니다. 하루 더 시간이 걸릴 겁니다.
여: 손상 부분이 예상보다 더 안 좋아졌나요?
남: 아뇨, 단지 저희가 일정보다 뒤처져 있어서요.
여: 그럼 괜찮습니다. 보험으로 계속 (자동차) 렌탈 혜택을 받을 거예요.

Q: 여자와 관련해 어느 것이 옳은 내용인가?
(a) 수리 완료 날짜를 통보 받지 못했다.
(b) 자동차가 내일 가져갈 준비가 될 것이다.
(c) 자동차가 예상보다 더 폭넓은 수리를 필요로 한다.
(d) 대여 차량에 대한 비용을 지불해야 한다.

해설   대화 초반부에 여자가 자동차가 오늘 준비된다고 들은 사실을(I was told it'd be ready today) 언급하자, 남자가 하루 더 걸릴 것이라고(It's going to take another day) 알리고 있다. 따라서 자동차가 내일 가져갈 수 있도록 준비된다는 것을 알 수 있으므로 (b)가 정답이다.

어휘   repair 수리 be told (that) ~라는 말을 듣다 take + 시간: ~의 시간이 걸리다 damage 손상, 피해 than expected 예상보다(= than anticipated) behind schedule 일정보다 뒤처진 insurance 보험 keep -ing 계속 ~하다 cover (비용 등) ~을 충당하다, 포함하다 rental 대여(료), 임대(료) completion 완료, 완수 pick-up 가져가기, 가져오기 extensive 폭넓은, 광범위한 pay for ~에 대한 비용을 지불하다

정답   (b)

29.

Listen to a conversation between two friends.

W: I heard you moved into a new apartment. How is it?
M: Great. It's in an older building, but it was renovated recently.
W: Are you still in the same neighborhood?
M: No, I'm downtown, so it's much more convenient.
W: Really? You must be spending a fortune on rent.
M: It's worth it, especially with the time I save on commuting.

Q: What can be inferred about the man?
(a) He had a shorter commute before moving.
(b) He prioritized price when choosing where to live.
(c) His workplace is located in the downtown area.
(d) His new apartment costs less than his old one.

여: 새 아파트로 이사했다고 하던데. 어때?
남: 아주 좋아. 건물이 더 오래되긴 했는데, 최근에 개조되었어.
여: 여전히 같은 지역에 있는 거야?
남: 아니, 시내라서, 훨씬 더 편리해.
여: 그래? 틀림없이 임대료로 돈을 많이 내겠네.

남: 그럴 만해. 특히 통근하는 데 절약되는 시간을 생각하면.

Q: 남자와 관련해 무엇을 유추할 수 있는가?
(a) 이사하기 전에 통근 거리가 더 짧았다.
(b) 살 곳을 선택할 때 가격을 우선시했다.
(c) 직장이 시내 지역에 위치해 있다.
(d) 새 아파트가 기존의 것보다 돈이 덜 든다.

해설　대화 중반부에 시내에 있기 때문에(I'm downtown) 훨씬 더 편리하다는 장점을 언급하고 있고, 후반부에는 통근 시간이 절약된다는(especially with the time I save on commuting) 사실을 말하고 있다. 시내로 이사 와서 통근 시간이 절약된다는 내용으로부터 회사 역시 시내에 위치하고 있음을 유추할 수 있으므로 (c)가 정답이다. (a)의 경우, 시내로 이사한 현재가 통근 시간이 절약된다고 한 내용과 반대되므로 오답이다.

어휘　renovate ~을 개조하다, 보수하다 recently 최근에 neighborhood 지역, 인근 much (비교급 수식) 훨씬 convenient 편리한 must 틀림없이 ~하다, 분명 ~하다 spend a fortune on ~에 많은 돈을 소비하다 rent 임대(료), 대여(료) worth + 명사: ~할 만한 가치가 있는 especially 특히 save ~을 절약하다 commute v. 통근하다 n. 통근 prioritize ~을 우선시하다 choose ~을 선택하다 be located in ~에 위치해 있다 cost less 돈이 덜 들다

정답　(c)

30.

Listen to a conversation between two friends.

M: Did you hear that the president's healthcare reform plan failed in the Senate?
W: Yeah, I can't believe hardliners in his own party voted it down.
M: I hope he doesn't make concessions to get their support.
W: He'd better not! Those hardliners in the Conservative Party would ruin our healthcare system.
M: Well, I doubt he'll reach out to the Liberals.
W: I wouldn't be so sure. He's endorsed bipartisanship before.

Q: What can be inferred from the conversation?
(a) The woman supports the Liberal Party's healthcare policies.
(b) The healthcare reform plan was moderately conservative.
(c) The president will draw support from Conservative hardliners.
(d) The man is not in favor of healthcare reform.

남: 대통령의 의료 개혁안이 상원에서 통과되지 못했다는 얘기 들었어?
여: 응, 소속 정당의 강경파가 그걸 부결시켰다는 게 믿기지 않아.
남: 난 대통령이 그들의 지지를 얻으려고 양보하지 않기를 바라고 있어.

여: 그러지 않는 게 좋지! 그 보수당 강경파는 우리 의료 체계를 망칠 거야.
남: 음, 대통령이 자유당 쪽에 손을 내밀 것 같진 않고.
여: 그렇게 확신할 순 없을 것 같아. 전에 초당파주의를 지지한 적 있잖아.

Q: 대화에서 무엇을 유추할 수 있는가?
(a) 여자는 자유당의 의료 정책을 지지하고 있다.
(b) 의료 개혁안은 적당히 보수적이었다.
(c) 대통령이 보수당 강경파의 지지를 이끌어 낼 것이다.
(d) 남자는 의료 개혁에 찬성하지 않는다.

해설　대화 초반부에 의료 개혁안이 상원에서 통과되지 못한(the president's healthcare reform plan failed in the Senate) 사실과, 소속 정당의 강경파가 부결시킨 사실이(hardliners in his own party voted it down) 함께 언급되고 있고, 중반부에 그 강경파가 보수당이라는(hardliners in the Conservative Party) 점도 말하고 있다. 같은 보수당 내 강경파가 부결시켰다면 크게 보수적이지 않았던 안이었을 것으로 유추할 수 있으므로 이러한 의미에 해당되는 (b)가 정답이다.

어휘　healthcare 의료, 보건 reform plan 개혁안 fail 통과하지 못하다, 실패하다 the Senate 상원 hardliners 강경파 party 정당 vote A down: A를 부결시키다 make concessions 양보하다 support 지지 had better (not) do ~하는 게(하지 않는 게) 좋다 the Conservative Party 보수당 ruin ~을 망치다 doubt (that) ~라고 생각하지 않다, ~임을 의심하다 reach out to ~에 손을 내밀다, ~와 접촉하다 the Liberals 자유당 endorse ~을 지지하다 bipartisanship 초당파주의 (모든 당파가 일치된 방향을 취하는 주의) policy 정책, 방침 moderately 적당히, 알맞게 draw ~을 이끌어 내다 in favor of ~에 찬성하는

정답　(b)

Part IV
31.

Good afternoon, staff. As you know, I was planning to retire at the end of this month. The company has been interviewing candidates to fill my position and has finally found a suitable replacement. But the person isn't familiar with all aspects of the position and needs training before taking over. So I'm going to stay on for an additional month to ensure the transition goes smoothly.

Q: What is the speaker mainly announcing?
(a) He will finish training his replacement this month.
(b) He is delaying retirement to train his successor.
(c) He is extending the training period for new hires.
(d) He has come out of retirement to become a trainer.

안녕하세요, 직원 여러분. 아시다시피, 제가 이달 말에 은퇴할 계획이었습니다. 회사에서 제 직책을 충원하기 위해 후보자들을 계속 면접 봐 왔으며, 마침내 적합한 후임자를 찾았습니다. 하지만 이분께서 직책의 모든

측면에 대해 익숙하시지 않아 자리를 이어 받기 전에 교육이 필요합니다. 따라서 반드시 인수인계가 순조롭게 진행될 수 있도록 제가 한 달 더 자리를 유지할 것입니다.

Q: 화자는 주로 무엇을 공지하고 있는가?
(a) 이번 달에 후임자 교육을 끝마칠 것이다.
(b) 후임자 교육을 위해 은퇴를 미루고 있다.
(c) 신입 사원들을 위한 교육 기간을 연장한다.
(d) 은퇴 생활을 접고 교육 책임자가 되었다.

해설 담화 후반부에 새롭게 찾은 후임자가 교육이 필요하다는 사실과 인수인계가 잘 진행될 수 있도록 한 달 더 자리를 유지한다고(needs training before taking over. So I'm going to stay on for an additional month to ensure the transition goes smoothly) 알리고 있다. 이는 그 후임자를 교육하기 위해 은퇴를 한 달 미룬다는 뜻이므로 (b)가 정답이다. (a)의 경우, 이달 말에 은퇴할 계획이었지만 한 달 더 근무하면서 교육한다고 했으므로 이번 달에 후임자 교육이 끝나는 것으로 볼 수 없다.

어휘 plan to do ~할 계획이다 retire 은퇴하다 candidate 후보자, 지원자 fill ~을 충원하다, 채우다 position 직책, 일자리 suitable 적합한 replacement 후임(자), 대체(자)(= successor) be familiar with ~에 익숙하다, ~을 잘 알다 aspect 측면, 양상 training 교육 take over (자리, 책임 등을) 이어 받다 stay on 유지하다 additional 추가적인 ensure (that) 반드시 ~하도록 하다, ~임을 보장하다 transition 인수인계, 전환, 이행 go smoothly 순조롭게 진행되다 delay ~을 미루다, 지연시키다 retirement 은퇴 train ~을 교육하다 extend ~을 연장하다 new hire 신입 사원 come out of retirement 은퇴생활을 그만두다

정답 (b)

32.

Folks, today's lecture is about life expectancy in men. Many of you already know that men have shorter lives than women do on average. The reasons for this discrepancy go beyond physical differences such as susceptibility to certain diseases. Cultural factors also play an important role. Part of our definition of manhood involves toughness, daring, and independence. These attributes promote risk-taking behaviors among men. They also make men less likely to seek medical care. Taken together, these and similar behaviors lead to premature deaths, which lower overall life expectancy for males.

Q: What is the speaker mainly saying about men's average life expectancy?
(a) It has fallen despite changing gender roles.
(b) It is affected mainly by physical factors.
(c) It has influenced cultural norms related to male behavior.
(d) It is lower due partly to societal attitudes toward masculinity.

여러분, 오늘의 강연은 남성의 기대 수명에 관한 것입니다. 여러분 중 많은 분들께서 이미 남성이 평균적으로 여성보다 수명이 더 짧다는 사실을 알고 계십니다. 이러한 격차에 대한 이유는 특정 질병에 대한 취약성과 같은 신체적인 차이를 넘어섭니다. 문화적인 요인 또한 중요한 역할을 합니다. 남자다움에 대한 정의의 일부는 강인함과 대담함, 그리고 독립성과 관련되어 있습니다. 이러한 특성들은 남성들 사이에서 위험을 감수하는 행동을 촉진시킵니다. 그 특성들은 또한 남성들이 의료 서비스를 찾을 가능성도 떨어뜨립니다. 이 모든 점들로 미루어 볼 때, 지금 말씀드린 것뿐만 아니라 그와 유사한 행동들로 인해 조기 사망에 이르고 있으며, 이는 남성들에 대한 전반적인 기대 수명을 줄이고 있습니다.

Q: 화자는 남성들의 평균 기대 수명과 관련해 주로 무슨 말을 하는가?
(a) 기대 수명이 성 역할의 변화에도 불구하고 감소했다.
(b) 기대 수명이 주로 신체적인 요인에 의해 영향 받는다.
(c) 기대 수명이 남성의 행동과 관련된 문화적 규범에 영향을 미쳤다.
(d) 기대 수명이 더 낮은 일부 원인은 남성성에 대한 사회적 태도이다.

해설 담화 중반부에 남자다움이라고 생각하는 특성들이 남성들 사이에서 위험을 감수하는 행동을 촉진하고 있고, 그 특성들로 인해 의료 서비스를 찾을 가능성도 더 낮다고(Part of our definition of manhood involves toughness, daring, and independence. These attributes promote risk-taking behaviors among men. They also make men less likely to seek medical care) 언급하고 있다. 이는 사회적으로 남성을 바라보는 관점이 남성의 행동에 영향을 끼쳐 기대 수명이 낮아지고 있음을 지적하는 것이므로 (d)가 정답이다. (c)의 경우, 기대 수명과 문화적 규범 사이의 관계를 담화 내용과 반대로 말하고 있으므로 오답이다.

어휘 life expectancy 기대 수명 on average 평균적으로 discrepancy 격차, 불일치 go beyond ~을 넘어서다 physical 신체적인 susceptibility to ~에 대한 취약성 disease 질병 factor 요인 play an important role 중요한 역할을 하다 definition 정의 manhood 남자다움 involve ~와 관련되다, ~을 포함하다 toughness 강인함 daring 대담함 independence 독립성 attribute n. 특성 promote ~을 촉진시키다 risk-taking 위험을 감수하는 behavior 행동 make A 형용사: A를 ~하게 만들다 less likely to do ~할 가능성이 더 적은 seek ~을 찾다, 구하다 medical care 의료 서비스 taken together (결론 등을 말할 때) 이 모든 점들로 미루어 볼 때, 모두 종합해 보면 similar 유사한 lead to ~에 이르다 premature 조기의 lower v. ~을 낮추다, 떨어뜨리다 overall 전반적인 despite ~에도 불구하고 gender role 성 역할 affect ~에 영향을 미치다(= influence) norm 규범 related to ~와 관련된 due to ~로 인해 partly 일부, 부분적으로 societal 사회의 attitude 태도 toward ~에 대한, ~을 향한 masculinity 남성성

정답 (d)

33.

Thank you for calling Trendways Department Store, Seoul branch. For our operating hours and holiday schedule, press one. For directions to our store or information on public transportation options, press two. To be connected to a branch of Trendways Department Store in another city, press three. For all other inquiries, please stay on the line, and we'll get to you as soon as possible.

Q: What should the caller do to connect to Trendways Department Store branches outside of Seoul?

(a) Press one.

(b) Press two.

(c) Press three.

(d) Stay on the line.

트렌드웨이즈 백화점 서울 지점에 전화 주셔서 감사합니다. 저희 운영 시간 및 휴무 일정 정보는, 1번을 눌러 주십시오. 저희 백화점 오시는 길 안내 또는 대중 교통 이용 관련 정보는, 2번을 눌러 주십시오. 다른 도시의 트렌드웨이즈 백화점 지점 연결을 원하시면, 3번을 눌러 주십시오. 기타 모든 문의 사항은, 끊지 말고 기다려 주시기 바라며, 가능한 한 빨리 연결해 드리겠습니다.

Q: 발신자가 서울 외의 트렌드웨이즈 백화점 지점으로 연결하려면 무엇을 해야 하는가?

(a) 1번을 누른다.

(b) 2번을 누른다.

(c) 3번을 누른다.

(d) 끊지 않고 대기한다.

해설 담화 중반부에 다른 도시의 트렌드웨이즈 백화점 지점 연결을 원하면 3번을 누르라고(To be connected to a branch of Trendways Department Store in another city, press three) 안내하고 있으므로 (c)가 정답이다.

어휘 branch 지점, 지사 operating hours 운영 시간, 영업시간 (= business hours) directions to ~로 가는 길 안내 public transportation 대중 교통 be connected to ~로 연결되다 inquiry 문의 사항 stay on the line 끊지 않고 기다리다 as soon as possible 가능한 한 빨리

정답 (c)

34.

Are you looking for a fun place to visit with your family? Then come to Skyventure Amusement Park. This month, we're celebrating our 20th anniversary with month-long discounts and special events. Get two weekday tickets for the price of one, and weekend tickets at an amazing 25% off! **Daily prize drawings will also be held**, with raffle tickets provided free with entry. Don't miss our fireworks displays each Saturday, or our exciting concert on Sunday the 31st to close out the festivities. Join the celebrations at Skyventure!

Q: Which is correct according to the advertisement?

(a) Weekday tickets will be discounted by 25%.

(b) Prize drawings will take place every day.

(c) Fireworks displays will be held on weekdays.

(d) The closing concert will be on Saturday.

가족과 함께 즐겁게 방문하실 수 있는 곳을 찾고 계신가요? 그러시다면, 스카이벤처 놀이공원으로 오세요. 이번 달에, 저희가 한 달 기간의 할인 및 특별 행사와 함께 개장 20주년을 기념합니다. 두 장의 평일 입장권을 한 장 가격에, 그리고 주말 입장권은 25퍼센트라는 놀라운 할인 비율로 구입하실 수 있습니다! 일일 경품 추첨 행사 또한 진행될 것이며, 경품 응모권은 입장 시 무료로 제공됩니다. 매주 토요일에 열리는 불꽃놀이 행사, 또는 31일 일요일에 이 경축행사의 막을 내리는 신나는 콘서트도 놓치지 마십시오. 저희 스카이벤처의 기념 행사에 함께 하시기 바랍니다!

Q: 광고에 따르면 어느 것이 옳은 내용인가?

(a) 평일 입장권이 25퍼센트 할인될 것이다.

(b) 경품 추첨 행사가 매일 열릴 것이다.

(c) 불꽃놀이가 평일에 열릴 것이다.

(d) 폐막 콘서트가 토요일에 있을 것이다.

해설 담화 중반부에 일일 경품 추첨 행사가 진행된다고(Daily prize drawings will also be held) 알리고 있는데, 이는 경품 추첨 행사가 매일 열린다는 뜻이므로 (b)가 정답이다.

어휘 celebrate ~을 기념하다, 축하하다 anniversary (해마다 돌아오는) 기념일 month-long 한 달 동안의 weekday 평일 amazing 놀라운 prize drawing 경품 추첨 행사 hold (행사 등) ~을 개최하다, 열다 raffle ticket 경품 응모권 provide ~을 제공하다 free 무료로 entry 입장 miss ~을 놓치다, 지나치다 fireworks display 불꽃놀이 festivity 경축행사 celebration 기념 행사, 축하 행사 discount v. 할인하다 take place (일, 행사 등이) 발생되다, 개최되다

정답 (b)

Paraphrase daily → every day
                  will be held → will take place

35.

Now, let's examine the creation of a successful educational TV program in the United States. Despite opposition from her supervisors, celebrated TV producer Joan Cooney pushed to create a program for preschoolers in the mid-1960s. **Appealing to major philanthropic organizations such as the Ford Foundation, she raised $8 million to get her plan off the ground.** Then, she assembled a talented team of entertainers, educators, and child psychologists. Together, they created the renowned children's show *Sesame Street*.

Q: Which is correct about Joan Cooney?

(a) She received initial support from her supervisors.

(b) Her show was funded by donations from charitable organizations.

(c) She raised more than $80 million to start *Sesame Street*.

(d) Her team excluded entertainers in favor of child psychologists.

이제, 미국에서 성공을 거둔 한 교육 TV 프로그램의 탄생을 살펴보겠습니다. 상사들의 반대에도 불구하고, 유명 TV 프로듀서였던 조앤 쿠니는 1960년대 중반에 취학 전 아동들을 위한 프로그램 탄생시키기를 밀어붙였습니다. 포드 재단 같은 대규모 자선 단체들에 호소하여, 조앤은 자신의 계획을 실행에 옮기는 데 필요한 8백만 달러를 모금했습니다. 그런 다음, 연예인과 교육자, 그리고 아동 심리학자들로 구성된 능력 있는 팀을 꾸렸습니다. 함께, 이들은 유명 아동 프로그램인 <세서미 스트리트>를 탄생시켰습니다.

Q: 조앤 쿠니와 관련해 어느 것이 옳은 내용인가?
(a) 처음부터 상사들의 지원을 받았다.
(b) 그녀의 프로그램이 여러 자선 단체의 기부로 자금을 제공 받았다.
(c) <세서미 스트리트>를 시작하기 위해 8천만 달러 넘게 모금했다.
(d) 그녀의 팀이 아동 심리학자들을 선호해 연예인들을 제외했다.

해설 담화 중반부에 포드 재단 같은 주요 자선 단체들에 호소하여 조앤이 자신의 계획을 실행에 옮길 수 있는 8백만 달러를 모금했다고(Appealing to major philanthropic organizations such as the Ford Foundation, she raised $8 million to get her plan off the ground) 언급하고 있다. 이는 자선 단체가 기부하는 돈을 제공받은 것을 나타내는 말이므로 (b)가 정답이다. 이 부분에서 8백만 달러($8 million)를 모금했다고 알리고 있으므로 8천만 달러($80 million)를 언급한 (c)는 오답이다.

어휘 examine ~을 살펴보다, 점검하다 creation 탄생, 창조, 창작 successful 성공적인 educational 교육적인 despite ~에도 불구하고 opposition 반대 supervisor 상사, 책임자, 부서장 celebrated 유명한(= renowned) create ~을 탄생시키다, 만들어내다 preschooler 취학 전 아동 appeal to ~에 호소하다 philanthropic organization 자선 단체(= charitable organization) raise ~을 모금하다 get A off the ground: A를 실행에 옮기다 assemble ~을 모으다, 집합시키다 psychologist 심리학자 initial 최초의, 처음의 fund v. ~에 자금을 제공하다 donation 기부(금) exclude ~을 제외하다 in favor of ~을 선호해, ~에 찬성해

정답 (b)

36.

First, I'd like to thank everyone for being here. The topic of my talk today is the future of electric vehicles. With the world's oil supply dwindling, more people are expected to switch to electric vehicles. However, the adoption of these vehicles is currently being hindered by a lack of investment in relevant infrastructure. Yes, new models can travel ever greater distances on a single charge, and charging times are decreasing. But recharging stations available to the public are still few and far between. As long as consumers are worried that they could end up stranded with a dead battery, they'll continue to opt for easily refueled gas-powered vehicles.

Q: Which statement about electric cars would the speaker most likely agree with?
(a) Their main drawback is their long charging times.
(b) Their batteries need to be replaced far too often.
(c) Their appeal is limited by the lack of charging stations.
(d) Their travel range is the main attraction for most consumers.

우선, 이 자리에 설 수 있게 되어 모든 분께 감사드리고자 합니다. 오늘 제 강연의 주제는 전기 자동차의 미래입니다. 전 세계의 석유 공급이 줄어들면서, 더 많은 사람들이 전기 자동차로 넘어갈 것으로 예상되고 있습니다. 하지만, 현재 이러한 차량들에 대한 선택이 관련 사회 기반 시설에 대한 투자 부족으로 인해 지장을 받고 있습니다. 네, 새로운 모델들은 단 1회 충전으로 그 어느 때보다 더 먼 거리를 이동할 수 있으며, 충전 시간은 감소하고 있습니다. 그러나 일반 대중이 이용 가능한 충전소는 여전히 극히 드문 상태입니다. 소비자들이 배터리 방전으로 인해 결국 오도가도 못하는 상태가 될 수도 있다고 우려하는 한, 쉽게 주유할 수 있는 휘발유 구동 차량을 계속해서 선택하게 될 것입니다.

Q: 화자는 전기 자동차와 관련된 어느 내용에 동의할 것 같은가?
(a) 그 차량들의 주된 단점은 오랜 충전 시간이다.
(b) 그 차량들의 배터리가 너무 자주 교체되어야 한다.
(c) 그 차량들의 매력이 충전소의 부족으로 인해 제한되어 있다.
(d) 그 차량들의 이동 거리가 대부분의 소비자들에게 주된 인기 요인이다.

해설 담화 후반부에 일반 대중이 이용 가능한 충전소가 여전히 드물어 배터리 방전으로 인해 오도가도 못하는 상태가 되는 것에 대해 소비자들이 우려하고 있다는(recharging stations available to the public are still few and far between. As long as consumers are worried that they could end up stranded ~) 사실을 알리고 있다. 이는 전기 자동차의 장점이 충전소 부족 문제로 인해 제대로 발휘되지 못한다는 뜻이므로 (c)가 정답이다.

어휘 electric vehicle 전기 자동차 with A -ing: A가 ~하면서, A가 ~하는 채로 supply 공급 dwindle 줄어들다 be expected to do ~할 것으로 예상되다 switch to ~로 넘어가다, 바꾸다 adoption 선택, 채택 currently 현재 hinder ~에 지장을 주다, ~을 방해하다 lack 부족 investment 투자(금) relevant 관련된 infrastructure 사회 기반 시설 ever 그 어느 때보다 charge n. 충전 v. 충전되다 decrease 감소하다 recharging station 충전소 available to ~가 이용 가능한 the public 일반 대중 few and far between 극히 드문 as long as ~하는 한 consumer 소비자 be worried that ~임을 우려하다, 걱정하다 end up 결국 ~하게 되다 stranded 오도가도 못하는, 발이 묶인 continue to do 계속 ~하다 opt for ~을 선택하다 refueled 주유되는 gas-powered 휘발유로 움직이는 drawback 단점, 결점 replace ~을 교체하다 far too often 너무 자주 appeal n. 매력, 흥미를 끄는 요소 limited 제한된, 한정된 travel range 이동 거리 attraction 매력, 인기 요인

정답 (c)

Paraphrase recharging stations available to the public are still few and far between → the lack of charging stations

Part V

37-38.

In business news, Summit Media has announced a major change at its struggling *Daily Star* newspaper. Effective immediately, [37] the paper's editor-in-chief and publisher Kyle Morris is leaving the company. He will be replaced by veteran Summit Media executives Jenny Penn as editor-in-chief and Oscar Smith as publisher. The restructuring restores the newspaper's traditional separation of the editor-in-chief and publisher roles.

[38] The new leadership team of Penn and Smith will face the daunting task of reviving the newspaper, which has suffered declining subscriptions and profits under Morris's leadership. They will also need to contend with disgruntled editors, who are complaining that Penn lacks newspaper industry experience. Several senior editors loyal to Kyle Morris have already resigned in protest over the restructuring.

....

비즈니스 소식입니다. 서밋 미디어가 힘겨운 시기를 보내고 있는 자사의 <데일리 스타> 신문에 대한 대대적인 변화를 발표했습니다. 즉시 효력이 발생되는 것으로, 이 신문의 편집장이자 발행인인 카일 모리스 씨가 회사를 떠납니다. 그를 대신해 서밋 미디어의 베테랑 임원인 제니 펜 씨가 편집장으로, 오스카 스미스 씨가 발행인으로 교체될 것입니다. 이 조직 개편으로 인해 편집장과 발행인 역할을 분리하는 전통이 되살아나게 됩니다.

펜 씨와 스미스 씨로 구성된 새로운 수뇌부는 모리스 씨의 지휘 하에서 구독자 수와 수익 감소에 시달려 왔던 이 신문의 부활이라는 벅찬 과업에 직면할 것입니다. 또한 펜 씨가 신문 업계 경력이 부족하다고 불만을 제기하면서 언짢아하는 편집자들과도 맞서 싸워야 할 것입니다. 카일 모리스 씨에게 충성했던 여러 고위 편집자들이 이미 조직 개편에 대한 항의의 뜻으로 사임했습니다.

어휘   major 대대적인 struggling 힘겨워 하는 effective immediately 즉시 효력이 발생되는 editor-in-chief 편집장 publisher 발행인, 출판인 be replaced by ~로 교체되다 veteran 베테랑, 전문가 executive 임원, 이사 restructuring 조직 개편 restore ~을 되살리다, 회복시키다 traditional 전통적인 separation 분리 face v. ~에 직면하다 daunting 벅찬, 위압적인 task 과업, 업무 revive ~을 부활시키다, 회복시키다 suffer (고통, 손해 등) ~에 시달리다, ~을 겪다 decline 감소하다 subscription 구독, 서비스 가입 profit 수익 leadership 지휘, 통솔 contend with ~와 맞서 싸우다, 씨름하다 disgruntled 언짢아하는, 불만 있는 complain that ~라고 불만을 제기하다 lack 부족, 결핍 industry 업계 loyal 충실한, 충성하는 resign 사임하다 protest 항의 over (대상) ~에 대해, ~을 두고

37. What is the main topic of the news report?

(a) Conflict among a newspaper's senior editors

(b) Changes to a newspaper's senior leadership

(c) New policies introduced by a newspaper's leaders

(d) Readers' responses to a newspaper's staffing changes

뉴스 보도의 주제는 무엇인가?

(a) 한 신문사 고위 편집자들 사이의 갈등

(b) 한 신문사 수뇌부의 교체

(c) 한 신문사의 지도부에 의해 도입된 새 정책

(d) 한 신문사의 직원 운용 변화에 대한 독자들의 반응

해설   담화 초반부에 편집장이자 발행인인 카일 모리스 씨가 회사를 떠나고 다른 두 사람이 직책을 나눠 맡는다는(the paper's editor-in-chief and publisher Kyle Morris is leaving the company. He will be replaced by ~) 사실을 알리고 있다. 이는 해당 단체의 지도부가 바뀐다는 뜻이므로 (b)가 정답이다. (a)의 경우, 갈등이 존재한다는 사실이 언급되기는 하지만 이는 부차적인 사실이므로 담화 전체를 아우르는 주제에 해당되지 않는다.

어휘   conflict 갈등 policy 정책, 방침 introduce ~을 도입하다, 소개하다 response to ~에 대한 반응, 대응 staffing 직원 운용, 직원 구성

정답   (b)

38. Why is the current editor-in-chief being replaced?

(a) To address complaints from senior editors

(b) To improve poor readership and financial figures

(c) To combine the editor-in-chief and publisher roles

(d) To recruit someone more experienced for the position

현 편집장이 왜 교체되는가?

(a) 고위 편집자들의 불만을 처리하기 위해

(b) 저조한 독자 수와 재정 수치를 개선하기 위해

(c) 편집장과 발행인 직책을 통합하기 위해

(d) 해당 직책에 대해 더 경험 많은 사람을 모집하기 위해

해설   담화 중반부에 새롭게 직책을 맡는 사람들이 그간 구독자 수와 수익 감소에 시달려 왔던 신문을 되살리는 일에 직면하게 된다고(The new leadership team of Penn and Smith will face the daunting task of reviving the newspaper, which has suffered declining subscriptions and profits under Morris's leadership) 알리고 있다. 이 두 가지 문제 해결이 편집장 교체의 목적이므로 이를 언급한 (b)가 정답이다.

어휘   address v. (문제 등) ~을 처리하다, 다루다 complaint 불만, 불평 improve ~을 개선하다, 향상시키다 readership 독자 수 financial 재정의, 재무의 figure 수치, 숫자 combine ~을 통합하다 recruit ~을 모집하다 experienced 경험 많은

정답   (b)

Paraphrase declining subscriptions and profits → poor readership and financial figures

39-40.

Good morning, class. Today I'll be discussing sleep in the animal kingdom. Mounting evidence suggests that sleep is a fundamental state. Simple creatures from fruit flies to worms have been shown to experience sleep. More recently, scientists showed that the Cassiopea, a jellyfish that lies on the ocean floor with its tentacles stretching toward the water's surface, also slumbers. Why is this finding important? Well, 39 jellyfish are among the oldest animal life forms. They've been around for 600 million years - since far before the birth of the dinosaurs. 40 They're also among the simplest animals, as they have neurons, or nerve cells, but lack a central nervous system. 40 Through various tests, scientists have shown that the Cassiopea exhibits the three criteria of sleep: they have regular periods of decreased activity, lowered response to stimuli, and heightened sleep drive after sleep deprivation. Some wonder if even non-animals sleep, but testing this question would be very difficult.

안녕하세요, 학생 여러분. 오늘은, 동물 세계의 수면 이야기를 해 보겠습니다. 수면이 필수적인 상태라는 사실이 점점 더 많은 증거를 통해 나타나고 있습니다. 초파리에서 벌레에 이르는 단순한 생물체들도 수면을 경험하는 것으로 밝혀졌습니다. 더 최근에는, 과학자들이 해수면 방향으로 촉수를 뻗은 상태로 해저에 놓여 있는 해파리인 카시오페아도 잠을 잔다는 사실을 밝혀냈습니다. 이 조사 결과가 왜 중요할까요? 음, 해파리는 가장 오래된 동물 유형에 속합니다. 이들은 약 6억년 동안 생존해 오고 있는데, 공룡의 탄생보다 훨씬 더 오래 전부터 있어 왔습니다. 또한 뉴런, 즉 신경 세포는 있지만 중추 신경계는 없기 때문에 가장 단순한 동물에 속합니다. 다양한 실험을 통해, 과학자들은 카시오페아가 수면의 세 가지 기준을 보여준다는 사실을 밝혀냈는데, 주기적인 활동 감소 기간이 있고, 자극에 대한 반응이 낮아지며, 수면 박탈 후에 수면 욕구가 고조되는 것이었습니다. 일각에서는 동물이 아닌 생물체도 잠을 자는지 궁금해하고 있지만, 이러한 의문에 대해 실험하는 것은 매우 어려울 겁니다.

어휘 mounting 점점 늘어나는, 증가하는 evidence 증거 suggest that ~임을 나타내다 fundamental 필수적인, 근본적인 state 상태 creature 생물체 have been shown to do ~하는 것으로 밝혀졌다 experience ~을 경험하다, 겪다 recently 최근에 jellyfish 해파리 lie 놓여 있다 with A -ing: A가 ~하는 채로, A가 ~하면서 tentacle 촉수 stretch (팔다리 등을) 뻗다, 펴다 surface 표면 slumber 잠을 자다, 수면하다 finding (조사·연구 등의) 결과 form 유형, 형태 be around 있다, 존재하다 dinosaur 공룡 neuron 뉴런, 신경 세포(= nerve cell) lack v. ~가 없다 central nervous system 중추 신경계 exhibit ~을 나타내다, 보여 주다 criteria 기준 decreased 감소된 lower v. ~을 낮추다, 내리다 response to ~에 대한 반응 stimuli 자극 heighten ~을 고조시키다 drive n. 욕구, 추진력 deprivation 박탈 wonder if ~인지 의아해하다, 궁금하다

39. Which is correct according to the talk?

(a) Jellyfish came into existence far earlier than the dinosaurs.

(b) Jellyfish have neither nerve cells nor a central nervous system.

(c) The Cassiopea rests with its tentacles against the ocean floor.

(d) The Cassiopea exhibits two of the three sleep criteria.

담화에 따르면 어느 것이 옳은 내용인가?

(a) 해파리가 공룡보다 훨씬 더 오래 전에 존재했다.

(b) 해파리는 신경 세포와 중추 신경계 둘 모두 없다.

(c) 카시오페아는 촉수를 해저에 맞댄 채로 쉰다.

(d) 카시오페아는 세 가지 수면 기준 중 두 가지를 보여준다.

해설 담화 중반부에 해파리를 언급하면서 약 6억년 동안 생존해 오고 있다는 점과 공룡의 탄생보다 훨씬 더 오래 전부터 있었다는(jellyfish are among the oldest animal life forms. They've been around for 600 million years - since far before the birth of the dinosaurs) 사실을 언급하고 있다. 따라서 이를 언급한 (a)가 정답이다. (c)의 경우, 담화 중반부에 해수면 방향으로 촉수를 뻗은 채로(with its tentacles stretching toward the water's surface) 잔다고 했으므로 오답이다.

어휘 come into existence 존재하게 되다 far (비교급 수식) 훨씬 neither A nor B: A와 B 둘 모두 아니다 rest 쉬다, 휴식하다 against ~에 맞대고, 붙여 놓고

정답 (a)

Paraphrase have been around ~ since far before the birth of the dinosaurs → came into existence far earlier than the dinosaurs

40. What can be inferred about the Cassiopea from the talk?

(a) It remains highly alert even during sleep.

(b) It does not have a normal day-night sleeping pattern.

(c) It proves that relatively simple animal life forms can sleep.

(d) It evolved sleep patterns within the past hundred million years.

담화에서 카시오페아와 관련해 무엇을 유추할 수 있는가?

(a) 심지어 수면 중에도 매우 경계하는 상태를 유지한다.

(b) 일반적인 밤낮 수면 패턴을 지니고 있지 않다.

(c) 상대적으로 단순한 동물 유형도 수면할 수 있음을 증명해준다.

(d) 지난 수억 년 사이에 수면 패턴을 발달시켰다.

해설 담화 중반부부터 카시오페아라는 해파리에 관해 이야기하면서 가장 단순한 동물이라는(They're also among the simplest animals) 점과, 카시오페아가 수면의 세 가지 기준을 보여 준다는 사실을 밝혀낸(Through various tests, scientists have shown that the Cassiopea exhibits the three criteria of sleep) 것을 언급하고 있다. 이는 카시오페아 같은 단순한 생물도 수면한다는 점을 증명하는 사례를 말하는 것이므로 (c)가 정답이다.

어휘 remain + 형용사: ~한 상태를 유지하다, 계속 ~한 상태이다 alert 경계하는, 기민한 prove that ~임을 증명하다, 입증하다 relatively 상대적으로, 비교적 evolve ~을 발달시키다, 진화시키다

정답 (c)

VOCABULARY

Part I

1.

> A: 머리 스타일 바꿨네! 정말 잘 어울린다.
> B: 알아봐줘서 고마워.

해설 빈칸에는 A가 B의 머리 스타일이 바뀐 줄 알아본 것을 나타내는 동사가 필요하다. 그러므로 '알아보다, 알아차리다'를 뜻하는 (c) notice가 정답이다.

어휘 How kind of you to do ~해서 고마워, ~하다니 친절하구나 assist ~을 돕다 prefer ~을 선호하다 notice 알아보다, 알아차리다 repeat ~을 반복하다

정답 (c)

2.

> A: 내일 일찍 일어날 거야?
> B: 응, 벌써 알람을 6시 30분으로 맞춰 놓았어.

해설 시계의 시간을 맞추는 것처럼 기기를 특정 상태로 조정하는 것을 나타내는 동사를 골라야 하므로, '~을 설정하다'라는 의미인 (a) set가 정답이다.

어휘 get up 일어나다, 기상하다 early 일찍 already 이미, 벌써 set ~을 맞추다, 설정하다 put ~을 놓다, 부과하다 hold ~을 잡다, 보유하다, 수용하다, (행사를) 개최하다

정답 (a)

3.

> A: 설거지는 너무 지루해요!
> B: 그게 그렇게 지루하다면, 식기세척기를 사세요.

해설 it이 앞의 washing dishes를 가리키므로 빈칸의 형용사는 boring과 맥락이 같아야 한다. 그러므로 '지루한, 싫증나는'을 뜻하는 (b) tedious가 정답이다.

어휘 wash dishes 설거지하다 boring 지루한 find A 형용사: A를 ~하다고 생각하다 that ad. 그렇게, 그 정도로 furious 화가 난, 격노한 tedious 지루한, 싫증나는 rigorous 엄격한 grievous 비통한, 고통스러운

정답 (b)

4.

> A: 이 카메라가 고장 나면 무료로 수리될 수 있나요?
> B: 네, 2년의 품질보증 서비스가 포함되어 있습니다.

해설 A가 무료 수리될 수 있는지 묻자 B가 Yes라고 수긍하므로 빈칸에는 무료로 수리를 받는 것을 나타내는 명사가 필요하다. 그러므로 '품질보증'을 뜻하는 (a) warranty가 정답이다.

어휘 repair ~을 수리하다 free of charge 무료로 break 고장 나다, 망

가지다, 깨지다 come with ~이 포함되다, ~이 딸려오다 warranty 품질보증 provision 조항, 공급, 준비 settlement 정착, 합의, 해결 acceptance 수락, 용인, 허락

정답 (a)

5.

> A: 면접에 대해 걱정하지 마. 넌 분명 잘할 거야!
> B: 그렇게 믿어줘서 고마워.

해설 빈칸에 쓰일 명사는 감사의 말을 하는 이유를 나타내야 하므로 앞서 걱정하지 말라는 말과 함께 잘 할 것이라고 격려하는 말을 대신 가리킬 수 있어야 한다. 이는 자신감을 갖도록 권하는 것이므로 '자신감, 확신(의 말)' 등을 뜻하는 (a) assurance가 정답이다.

어휘 worry about ~에 대해 걱정하다 sure 확신하는 do well 잘 해내다 assurance 확신(의 말), 보증 advantage 장점, 이점 suggestion 제안, 의견 explanation 설명, 해명

정답 (a)

6.

> A: 맨디가 파티에 온대?
> B: 아닐 걸. 그 애는 큰 사교 모임을 피하려는 경향이 있어.

해설 I doubt it은 상대의 말을 부인하는 표현이므로 맨디가 파티에 오지 않을 것이라는 뜻이다. 그러므로 빈칸에는 '~을 피하다'라는 의미인 (c) shun이 정답이다.

어휘 doubt ~이 아니라고 생각하다, 의심하다 tend to do ~하는 경향이 있다 social gathering 사교 모임 halt ~을 중단하다, 멈추다 clog ~을 막다, 막히게 하다 shun ~을 피하다 wean ~에서 떼어놓다, ~을 단념하게 하다

정답 (c)

7.

> A: 아이들이 버릇없이 굴면 어떻게 혼내세요?
> B: 저는 보통 TV 시청권을 없애요.

해설 벌을 주는(punish) 방법으로 TV를 볼 권리를 '빼앗는' 것이 적절하다. 그러므로 '~을 취소하다, 철회하다'라는 의미인 (b) revoke가 정답이다.

어휘 punish ~를 혼내다, 처벌하다 kid 아이 misbehave 버릇없이 행동하다 usually 보통, 일반적으로 privilege 특혜, 특권 disband (조직 등) ~을 해체하다 revoke ~을 취소하다, 철회하다 thwart (계획 등) ~을 좌절시키다, 물리치다 expel ~을 쫓아내다, 제명하다

정답 (b)

8.

> A: 폴이 말하는 재정 손실의 이유를 믿으세요?
> B: 네. 저는 그가 한 말의 진실성에 대해 전혀 의심하지 않아요.

해설 have no doubt는 의심하지 않는다는 뜻이다. 그러므로 빈칸에

는 '사실성, 진실'과 맥락이 같은 단어가 들어가야 한다. 그러므로 '진실성'을 뜻하는 (c) veracity가 정답이다.

어휘 reason 이유 financial 재정의, 재무의 loss 손실, 손해 have no doubt 의심하지 않다 as to ~에 대해 acuity 명민함, 예리함 affinity 친밀감, 관련성 veracity 진실성 dexterity 재주, 솜씨

정답 (c)

9.

A: 질 씨는 회의 중에 계속 주제에서 벗어나요.
B: 네. 그녀는 우리 논의사항들과 관련이 있는 문제들에 집중해야 해요.

해설 질의 이야기가 off topic이라고 하는 말에 B가 동의하므로, B는 질이 토론 주제들과 관련된 문제에 집중해야 한다고 생각한다. 그러므로 빈칸에는 '관련이 있는'을 뜻하는 (a) germane이 정답이다.

어휘 keep -ing 계속 ~하다 go off topic 주제에서 벗어나다 stick to ~을 고수하다, 지키다, 계속하다 issue 사안, 문제 discussion 논의, 토론 germane to ~와 관련이 있는 peripheral 주변의, 지엽적인 extraneous 관련 없는 convergent 수렴하는, 몰려드는

정답 (a)

10.

A: 우리 신임 부장님은 그야말로 최고예요.
B: 그렇게 떠받들기엔 너무 일러요.

해설 신임 부장이 최고라는 A의 판단에 대해 너무 이르다는 B의 말은 너무 추켜세우지 말라는 뜻이다. 그러므로 '~를 떠받들다, 찬양하다' 등의 의미로 쓰이는 (c) putting her on a pedestal이 정답이다. pedestal(위인들의 조각상을 받치는 받침대)을 안다면 유추해서 맞힐 수 있는 문제이다.

어휘 simply (강조) 그야말로, 정말로 too 형용사 to do: ~하기엔 너무 …한 like that 그렇게 take one's word for ~에 대한 …의 말을 믿다 drive A up the wall: A를 궁지로 몰아넣다, 몹시 화나게 만들다 put A on a pedestal: A를 떠받들다, 찬양하다 give A a green light: A에게 허가하다

정답 (c)

Part II
11.

이력서를 작성하실 때, 자신이 완수한 대형 프로젝트와 같은 중요한 업적을 꼭 강조하십시오.

해설 빈칸에 쓰일 명사는 예를 드는 전치사구 such as 뒤의 명사들을 대표해야 한다. 따라서 자신이 완수한 일들을 나타내는 명사로 '성과, 달성, 업적' 등을 뜻하는 (d) achievements가 정답이다.

어휘 résumé 이력서 be sure to do 꼭 ~하다 highlight ~을 강조하다 major 주요한, 중요한 such as 예를 들면, ~와 같은 complete ~을 완수하다, 완료하다 compliment 칭찬, 찬사 engagement 약속, 개입, 관여, 종사 requirement 필요조건, 요건 achievement 성과, 업적

정답 (d)

12.

선셋 호텔은 골드 비치에 걸어서 갈 수 있는 거리에 있는데, 이곳은 관광객들에게 가장 인기 있는 휴가 여행지들 중 하나이다.

해설 빈칸에 쓰일 명사는 '골드 비치'가 어떤 곳인지 나타내야 하는데, 관광객들을 대상으로 하므로(for tourists) 여행지를 나타낸다. 그러므로 '목적지'를 뜻하는 (d) destinations가 정답이다.

어휘 within walking distance of ~에 걸어서 갈 수 있는 거리에 있는 popular 인기 있는 position 위치, 자리, 입장 situation 상황, 사정 temptation 유혹 destination 목적지, 방문지

정답 (d)

13.

늦게 예약하기는 했지만, 샐리는 항공편 좌석 두 개를 겨우 구할 수 있었다.

해설 앞에 한 행위인 booked가 뭔가를 얻기 위해 예약을 하는 것이므로 그 뒤에 발생하는 행위를 나타내는 동사로 '~을 입수하다'라는 의미인 (c) obtain이 정답이다.

어휘 although (비록) ~이기는 하지만 book v. ~을 예약하다 manage to do 겨우 ~하다 earn (노력의 대가로) 얻다 reach ~에 도달하다 obtain ~을 구하다, 입수하다 contact ~에게 연락하다, ~와 접촉하다

정답 (c)

14.

1953년, 에드먼드 힐러리와 텐징 노르게이는 인류 최초로 에베레스트 산 정상에 올랐다.

해설 앞의 동사 reach가 장소에 도착한다는 의미이고 뒤에는 산 이름이 나온다. 따라서, 빈칸의 명사는 산의 한 구역을 나타내야 하므로 '정상' 등을 의미하는 (c) summit이 정답이다. 선택지가 가장 높은 것을 나타내는 단어들로 구성되어 헷갈리지만, Mount Everest를 보고 산에 관련된 단어를 찾아야 한다.

어휘 the first people to do 최초로 ~한 사람들 reach ~에 도달하다 climax (분위기, 일, 사건 등의) 최고조, 절정 crevice 틈 summit 정상, 정점 primacy 최고, 으뜸

정답 (c)

15.

국회의원들이 더딘 국가 경제 회복을 촉진하는 데 도움이 될 여러 부양 정책들을 제안했다.

해설 빈칸은 to부정사 앞의 stimulus measures가 '경제 회복'을 대상으로 할 일을 나타내므로 '~을 촉진하다, 증대하다' 등을 뜻하는 (b) boost가 정답이다. 앞으로 미는 행위인 (c) thrust는 밀어서 치우는 행위이므로 긍정적 효과를 나타내는 빈칸에 어울리지 않는다.

어휘 lawmaker 국회의원 propose ~을 제안하다 several 여럿의, 몇몇의 stimulus 자극, 격려, 고무 measure 조치 help do ~하는 데 도움이 되다 recovery 회복, 복구 spare (시간·돈 등을) 할애하다, 내어주다 boost ~을 촉진하다, 증대하다 thrust ~을 밀어내다, 쑤셔 넣다 impede ~을 지연시키다, 방해하다, 저하시키다

정답 (b)

16.

> 점차 운동 시간과 강도를 늘리는 것이 힘과 지구력을 키우는 데 도움이 될 것입니다.

해설 등위접속사 and가 등급의 단어들을 연결하므로 빈칸은 strength와 같은 맥락의 단어가 들어가야 한다. 따라서 운동 시간을 늘리는 것과 관련 있는 '지구력'을 뜻하는 (b) endurance가 정답이다.

어휘 gradually 점차 increase ~을 늘리다, 증가시키다 intensity 강도 workout 운동 help A do: A가 ~하는 데 도움을 주다 strength 힘, 강점 retention 보유, 유지, 억류 endurance 지구력 magnitude 규모, 중요도 abundance 풍부함

정답 (b)

17.

> 다양한 유형의 암을 치료하기 위해 의사들이 계속 새로운 수술 방법들을 개발하고 있다.

해설 암을 치료하기 위해 수술과 관련하여 의사들이 개발하는 것은 수술의 과정, 절차, 방식 등일 것이다. 따라서 '절차, 방법'을 뜻하는 (c) procedures가 정답이다.

어휘 continually 지속적으로, 계속해서 develop ~을 개발하다, 발전시키다 surgical 수술의, 외과의 treat ~을 치료하다, 처치하다 various 다양한 cancer 암 initiation 가입, 입문, 개시 disclosure 폭로, 공개, 노출 procedure 절차, 방법 admission 입장, 가입, 인정

정답 (c)

18.

> 해마다 전 세계에서 수백만 명이 독감 바이러스 발생으로 병에 걸리고 있다.

해설 빈칸에는 병이 발생하는 것을 나타내는 명사가 필요하므로 병이나 전쟁 등의 '발발, 발생'을 의미하는 (d) outbreaks가 정답이다.

어휘 around the world 전 세계에서 fall ill 병에 걸리다 due to ~로 인해 flu 독감 virus (전염성) 병원체, 바이러스 inflow (주로 자금이나 사람의) 유입 turnout 참가자(수), 투표 수 roundup (범인 등의) 일제 검거, 소탕 outbreak 발생, 발발

정답 (d)

19.

> 사람 내장 안의 미생물은 소화 및 신진대사와 같은 신체 작용들을 조절하는 데 있어 중요한 역할을 한다.

해설 빈칸에는 대사나 소화 등의 신체 작용을 관리한다는 의미의 단어가 필요한데 선택지 단어들이 모두 '관리하다'라는 의미를 가지고 있으므로 관리 대상에 어울리는 동사를 골라야 한다. 신진대사나 신체 작용은 규칙에 의해 진행되는 과정이므로 '(규칙으로) 규제하다, 조정하다'라는 의미를 가지는 regulate의 동명사형 (a) regulating이 정답이다. (b), (c), (d)는 모두 사람이 하는 일이므로 미생물이 주어로 쓰인 문장에 사용되기에 부적절하다.

어휘 microbe 미생물 gut 내장 have a crucial role 중대한 역할을 하다 physical 신체의, 육체적인 process 과정 digestion 소화 metabolism 신진대사 regulate ~을 조절하다, 규제하다 monitor ~을 감시하다, 관찰하다 supervise ~을 감독하다 administer ~을 운영하다, 집행하다, (약 등) ~을 투여하다

정답 (a)

20.

> 화학물질 유출로 인해, 유해가스가 사라질 시간을 주기 위해 24시간 동안 고속도로가 폐쇄될 것이다.

해설 빈칸은 fume(유해가스)에게 발생할 적절한 일을 나타내는 동사가 들어가야 한다. '(흩어져) 사라지다'라는 의미를 지니는 (d) dissipate이 정답이다.

어휘 due to ~로 인해 chemical 화학물질의, 화학성분의 spill 유출 freeway 고속도로 be closed 폐쇄되다 fume (유해한) 연기, 가스 mitigate (고통, 고민 등) 완화되다, 진정되다 emanate 발하다, 발산하다, 내뿜다 evacuate (사람들을) ~에서 대피시키다, ~에서 대피하다 dissipate (흩어져) 사라지다, 해산하다

정답 (d)

21.

> 1848년에 캘리포니아에서 금이 발견되면서 이 지역으로 향하는 이주자들의 물결을 촉발시켰다.

해설 금이 발견된 것을 계기로 갑자기 사람들이 몰려들었다는 내용이므로 '~을 촉발시키다'라는 의미인 (a) sparked가 정답이다.

어휘 discovery 발견 a wave of ~의 물결, 수많은 ~ migration 이주, 이민 region 지역 spark ~을 촉발시키다 indulge ~에 빠져들다, ~을 마음껏 즐기다 impart (지식, 비밀 등) ~을 전하다, 나눠주다 surpass ~을 능가하다, 뛰어넘다

정답 (a)

22.

> 엄마는 자장가를 불러주며 우는 아기를 달래려 했다.

해설 우는 아기에게 할 행동으로 적절한 동사를 찾아야 하므로 '~을 달래다, 진정시키다'라는 의미인 (b) pacify가 정답이다.

어휘 try to do ~하려 하다 by -ing ~함으로써 sing A B: A에게 B를 불러주다 lullaby 자장가 tame ~을 길들이다, 다스리다 pacify ~을 달래다, 진정시키다 chastise ~를 혼내다, 벌하다 condone ~를 용서하다, 봐주다

정답 (b)

23.

TV 방송국들은 프로그램 제작 비용을 충당할 충분한 수익을 얻기 위해 광고에 의존한다.

해설 빈칸 뒤의 cover the costs가 키워드이다. 비용을 충당하려는 용도를 가진 단어를 선택지에서 고르면 '수입, 수익'을 뜻하는 (b) revenue가 정답이다. 언뜻 보기에 (c) expenditure가 cover와 연결될 것 같아 보이지만 expenditure는 일부러 생성하는 것이 아니므로 generate의 목적어로 부자연스럽다.

어휘 station 방송국 rely on ~에 의존하다 advertising 광고 generate ~을 생성하다, 산출하다 cover (비용 등) ~을 충당하다, 감당하다, 보호하다, 보도하다 programming 프로그램 (편성) portion 부분, 일부 revenue 수익, 수입 expenditure 지출, 경비 consumption 소비

정답 (b)

24.

올해에는 계절에 맞지 않게 추운 날씨가 감귤 수확에 상당한 피해를 끼쳤다.

해설 부정적 영향인 damage를 만들어 내는 것에 적절한 동사를 선택해야 한다. 그러므로 '~을 끼치다, 가하다' 등의 의미로 쓰이는 (a) inflicted가 정답이다.

어휘 unseasonably 계절에 맞지 않게 cold 추운, 차가운 significant 상당한, 많은 damage to ~에 대한 피해, 손상 citrus 감귤 crop 농작물, 수확량 inflict (피해 등) ~을 끼치다, 가하다 deplete ~을 고갈시키다 sustain ~을 지속시키다, (피해 등) ~을 당하다 enhance ~을 강화하다, 향상시키다

정답 (a)

25.

기후 변화와 맞서 싸울 방법에 대한 국제적인 합의를 얻어 내는 데 있어 외교관들이 중요한 역할을 했다.

해설 빈칸의 동사는 agreement(합의)를 목적어로 가지기에 적절해야 하는데, 계약이나 합의처럼 통상 이루기가 어려운 것을 성사시킬 때 '확보하다'라는 표현을 하므로 (a) securing이 정답이다.

어휘 diplomat 외교관 play a key role in ~에 있어 중요한 역할을 하다 agreement 동의, 합의, 계약 steps 방안, 조치 secure v. ~을 확보하다, (힘들게) 얻어 내다 grasp ~을 꽉 잡다, 이해하다 confine ~을 제한하다, 국한시키다, 가두다 capture ~을 포획하다, (마음 등) ~을 사로잡다, (화면 등) ~을 포착하다

정답 (a)

26.

대표이사는 자신의 발언들이 엄청난 소란을 일으킨 데 대해 유감의 뜻을 표명했지만, 자신의 발언을 철회하는 것은 거부했다.

해설 빈칸에 쓰일 동사는 uproar(소란)을 일으킨 발언에 대해 요구되는 행위를 나타낸다. 그러므로 사과하는 것과 같은 맥락으로 '말을

취소하다, 철회하다'라는 의미인 (c) retract가 정답이다.

어휘 refuse to do ~하는 것을 거부하다 statement 발언, 성명, 진술 though 비록 ~이지만 express (생각, 감정 등) ~을 표현하다 regret 유감, 후회 uproar 소란 cause ~을 초래하다, 야기하다 rebuff ~을 퇴짜 놓다, 거절하다 repeal (법) ~을 폐지하다, 무효로 하다 retract (발언) ~을 철회하다 recoup ~을 만회하다, 회복시키다

정답 (c)

27.

대부분의 운석은 지표면을 향해 돌진할 때 대기 중에서 완전히 타버린다.

해설 운석이 빠른 속도로 이동하는 것을 나타낼 동사가 빈칸에 쓰여야 하므로 '돌진하다'를 뜻하는 (c) hurtle이 정답이다.

어휘 meteor 운성, 유성 burn up 다 타버리다 atmosphere 대기 towards ~을 향해 Earth's surface 지표면 vault 뛰어오르다, 뛰어내리다 lunge (사람이) 덤벼들다, 달려들다 hurtle 돌진하다 topple ~을 넘어뜨리다, 몰락시키다

정답 (c)

28.

폴이 낸시가 일자리를 찾는 데 도움을 준 후, 그녀는 폴에게 보답하기 위해 고급 레스토랑에서 화려한 식사로 한턱 냈다.

해설 식사가 제공되는 장소가 high-end(고급)이므로 그런 곳에서 나오는 식사에 대한 수식어도 '고급'이라는 의미를 가져야 한다. 그러므로 '비싼, 화려한'을 뜻하는 (d) sumptuous가 정답이다.

어휘 help A do: ~하도록 A를 돕다 treat A to B: A에게 B로 한턱 내다 meal 식사 high-end 고급의 repay ~에게 보답하다 tenacious 집요한, 완강한 vehement 격렬한, 극렬한 bombastic 과장된, 허풍 떠는 sumptuous 비싼, 화려한

정답 (d)

29.

크게 의견 대립을 일으키는 대통령선거 후보를 공천한 것이 자유당 당원들 사이에서 불화를 만들어 냈다.

해설 후보의 성격이 divisive(의견 대립을 일으키는)이므로 그로 인해 발생할 상황도 같은 맥락이어야 한다. 그러므로 '분열'을 의미하는 (b) schism이 정답이다.

어휘 nomination 후보자 지명 highly 크게, 대단히, 매우 divisive 의견 대립을 일으키는, 불화를 낳는 presidential candidate 대통령선거 후보 create ~을 만들어 내다 among ~ 사이에서 heresy (종교 상의) 이단 schism 분열 gambit (우위 확보를 위한) 계략, 작전 fraction 부분, 일부

정답 (b)

30.

경찰은 두 명의 증인이 나서서 피해자의 진술을 입증할 때까지 피해자를 의심했다.

해설 접속사 until은 상황의 반전을 의미한다. 그러므로 그 뒤에 나타난 증인들은 경찰의 doubt에 맞서 피해자를 돕는 행위를 해야 한다. 따라서 '입증하다, 뒷받침하다'라는 의미인 (b) corroborate이 정답이다.

어휘 doubt ~을 의심하다 victim 피해자 until ~할 때까지 witness 증인 come forward 나서다 enunciate ~을 또렷이 발음하다, 명확히 말하다 corroborate ~을 입증하다, 뒷받침하다 promulgate ~을 널리 알리다, 공표하다 amalgamate ~을 합병하다, 합치다

정답 (b)

GRAMMAR

Part I

1.

A: 세미나는 어땠어요?
B: 시간 낭비였어요. 절대 참석하지 말았어야 했어요.

출제포인트 후회를 나타내는 should have p.p.

해설 시간 낭비였다고 대답한 뒤에는 '참석하지 말 걸'이라는 후회의 어감으로 대답하는 적절하므로 never와 함께 쓰여 과거에 하지 말았어야 하는 일에 대한 후회를 나타내는 (a) should가 정답이다.

어휘 a waste of time 시간 낭비 attend 참석하다 should have p.p. ~했어야 했다 (한 것에 대한 후회) would have p.p. ~했을 것이다 (안 한 일에 대한 추정) could have p.p. ~할 수 있었을 것이다 (안 한 일에 대한 가능성) must have p.p. ~한 것이 틀림없다 (과거의 일에 대한 확신)

정답 (a)

2.

A: 보고서를 다음 주에 제출해도 되나요?
B: 아뇨, 부장님께서 내일 그걸 필요로 하시는 게 분명했어요.

출제포인트 be동사 보어 자리의 품사

해설 be동사 was 뒤에 위치한 빈칸은 보어 역할을 할 형용사 자리이며, 비교 표현이 없어 원급 형용사가 쓰여야 하므로 (a) clear가 정답이다.

어휘 submit ~을 제출하다 director 부장, 이사, 소장 need ~을 필요로 하다 clear 분명한, 확실한 clearly 분명히, 확실히

정답 (a)

3.

A: 매장에 기념품을 계속 들여놓을 계획이세요?
B: 네. 현재 노리개 판매가 꽤 수익성이 좋거든요.

출제포인트 주어로 사용되는 동명사의 수 및 동사 시제

해설 be동사가 들어갈 빈칸 앞에 온 selling knick-knacks가 주어인데, 동명사 주어는 단수 취급한다. 그리고 At the moment라고

했으므로 현재시제가 적절하다. 따라서 (a) is가 정답이다.

어휘 plan to do ~할 계획이다 keep -ing 계속 ~하다 stock (상품을) ~을 들여놓다, 보유하다, 공급하다 souvenir 기념품 at the moment 현재 knick-knack 노리개, 작은 장식품 quite 꽤, 상당히 profitable 수익성이 좋은

정답 (a)

4.

A: 우리 새 아파트가 너무 더러워요!
B: 충격 받았어요! 집주인이 이전의 세입자가 나간 뒤에 청소할 거라고 했는데요.

출제포인트 동사의 태 및 시제일치

해설 주어 it이 청소 대상인 apartment를 나타내므로 빈칸에 들어갈 동사는 수동태가 되어야 하며, 주절의 동사 시제가 said로 과거이므로 시제일치에 의해 will이 would로 바뀌어야 한다. 따라서, 이 조건들을 모두 만족하는 수동태 과거시제인 (d) would be cleaned가 정답이다.

어휘 filthy 너무 더러운, 불결한 shocked 충격 받은 landlord 집주인 previous 이전의, 과거의 tenant 세입자 leave 떠나다 (leave-left-left)

정답 (d)

5.

A: 그 식당의 새 요리사는 어때?
B: 훌륭해. 간단한 간식이든 고급 요리든, 뭐든 다 만들 수 있어.

출제포인트 양보 접속사의 생략과 도치

해설 빈칸 이하에서 or를 보고 원래 whether it is A or B(그것이 A든 B든 상관없이)의 구문임을 알 수 있다. 그런데 접속사 whether가 없으므로 whether가 생략되고 주어와 동사가 도치된 구문이다. 이때 도치된 be동사는 원형인 be로 사용되므로 (b) be가 정답이다.

어휘 cook n. 요리사 diner 식당 amazing 놀라운 snack 간식 fancy a. 고급의, 값비싼 meal 음식, 요리

정답 (b)

6.

A: 판매사원을 새로 채용하셨나요?
B: 아뇨, 한 명인 지원자가 일자리를 제안받고 거절했어요.

출제포인트 명사를 후치 수식하는 분사구 형태

해설 문장의 주동사 declined가 있으므로 offer는 준동사 형태가 되어야 한다. 동사 offer는 4형식 동사로 '사람 + 사물'의 이중 목적어를 취하는데, 그 중 사람 목적어인 candidate가 앞에 있으므로 수동태가 되어야 한다. 그러므로 두 가지를 모두 충족하는 과거분사 (a) offered가 정답이다.

어휘 hire ~을 채용하다 sales clerk 판매사원, 영업사원 candidate 지원자, 후보자 decline 거절하다 offer A B: A에게 B를 제안하다, 제공하다

정답   (a)

7.

> A: 테니스 코치가 되시기 전에 경험이 많으셨나요?
> B: 네, 코치 일을 시작하기 전에 오랫동안 이 운동을 했습니다.

출제포인트 동사의 시제 – 과거완료

해설   과거시제인 before절 시점까지 장기간(for years) 한 일은 과거완료시제로 표현하므로 (c) had been playing이 정답이다.

어휘   experience 경험 coach 코치, 감독 for years 오랫동안 take up (일 등) ~을 시작하다

정답   (c)

8.

> A: 발리에 가는 게 신나니?
> B: 아니. 난 그 섬을 여러 번 방문해봐서 지겨워.

출제포인트 분사구문의 시제

해설   many times가 과거에 계속된 경험을 나타내므로 주절과 명백한 시점 차이가 존재하여 분사구문의 시제는 단순시제보다 앞선 완료시제 형태가 되어야 한다. 그리고 뒤에 목적어를 동반하므로 빈칸은 능동태이다. 두 가지를 종합하면 완료분사 구문인 (c) Having visited가 정답이다.

어휘   be excited about ~ 때문에 신이 나다, 흥분되다 be tired of ~에 싫증나다, 지겹다

정답   (c)

9.

> A: 저 뷔페 식당은 왜 그렇게 비싼 거야?
> B: 음, 선택하도록 제공되는 요리들이 정말 다양하거든.

출제포인트 수량 형용사구의 어순

해설   어순 문제는 항상 단계적으로 접근해야 빠르므로 a wide variety에 연결되는 부분을 먼저 확인해 본다. a variety of라는 숙어를 기억한다면 뒤에 'of + 선택 대상 명사'가 나와야 함을 알 수 있으므로 of dishes로 시작하는 (d) of dishes from which to choose가 정답이다.

어휘   buffet 뷔페 식당 pricy 값비싼 offer ~을 제공하다 a wide variety of 아주 다양한 dish 요리 choose from ~중에서 선택하다

정답   (d)

10.

> A: 왜 차 기름이 다 떨어졌는지 알아냈어요?
> B: 네. 제 아들이 말도 없이 차를 썼다고 자백했어요.

출제포인트 전치사 to와 to부정사의 구분

해설   '잘못을 시인하다'라는 의미인 동사 admit는 잘못한 행위 앞에 전치사 to를 사용한다. 이때 전치사 to 뒤에 동명사가 위치해야 하므

로 (c) having used가 정답이다. 그런데, 동사 admit을 want처럼 to부정사를 취하는 동사로 착각하고 동사원형을 고르게 되면 (a), (c), (d) 중에서 시제를 따지는 함정에 빠지게 되므로 주의해야 한다.

어휘   find out ~을 알아내다, 파악하다 out of ~이 떨어진, ~을 쓴 admit to ~했다고 시인하다 without -ing ~하지 않고

정답   (c)

Part II

11.

> 베스트셀러 소설가 마샤 스미스가 내일 오후 2시에 있을 한 도서 사인회에 참석할 예정이다.

출제포인트 미래시제의 단서

해설   문장 끝의 미래시점 표현 tomorrow at 2 p.m.과 어울리는 미래시제 동사가 필요하므로 (c) will be appearing이 정답이다. 참고로, 미래완료시제인 (d) will have appeared는 현재 진행 중인 일이 미래의 특정 시점에 완료되는 것을 나타내므로 그런 사실이 제시되지 않은 경우에는 적절하지 않다.

어휘   best-selling 베스트 셀러인 novelist 소설가 book signing 도서 사인회 appear 나타나다

정답   (c)

12.

> 팔콘 항공사는 자사의 모든 국제 항공편에 적재되는 무료 수하물 허용량을 늘리기로 결정했다.

출제포인트 to부정사를 목적어로 취하는 동사 decide

해설   빈칸 앞의 동사 has decided는 to부정사를 목적어로 취하므로 (d) to increase가 정답이다.

어휘   decide to do ~하기로 결정하다 free 무료의 baggage allowance 수하물 허용량 flights 비행편 increase ~을 늘리다, 증가시키다

정답   (d)

13.

> 여러 연구들은 도심 지역의 범죄 발생률이 대부분의 다른 지역들보다 더 높다는 것을 보여준다.

출제포인트 복수 지시대명사 those

해설   비교 대상이 도심과 다른 지역으로 명시되므로 빈칸은 주어와 동일하다. 그러므로 빈칸은 앞에 반복되는 명사를 대신하는 대명사 자리인데, 앞서 언급된 복수주어인 crime rates와 수가 일치해야 하므로 복수형인 (d) those가 정답이다.

어휘   show (연구·조사) 결과가 ~이다, ~임을 보여주다 crime rate 범죄 발생률 downtown ad. 도심에서

정답   (d)

14.

비록 팀이 에세이 쓰는 것을 힘겨워 하기는 했지만, 도움을 요청하는 것은 거부했는데, 그가 창피해했기 때문이었다.

출제포인트 양보 접속사 Although

해설   선택지가 모두 접속사이므로 두 절의 연결 관계에 적절한 것을 골라야 한다. struggling은 힘들어한다는 뜻인데, 콤마 뒤에 도움을 거절했다고 언급되어 있다. 상반된 관계이므로 양보 접속사 (a) Although가 정답이다.

어휘   struggle to do 힘겹게 ~하다 refuse to do ~하기를 거부하다, 거절하다 ask for help 도움을 요청하다 embarrassed 창피한, 당황한, 난처한 although 비록 ~이기는 하지만 unless ~하지 않는다면 since ~한 이후로, ~이므로

정답   (a)

15.

뛰어난 업무 성과 때문에, 수는 자신이 승진될 것이라고 믿을 만한 충분한 이유가 있었다.

출제포인트 부정형용사 every의 숙어 표현

해설   빈칸 뒤의 단수명사 reason을 수식할 부정대명사를 선택해야 하는데, 모두 단수명사를 수식할 수 있으므로 각각의 특성을 따져서 가려야 한다. (a) any는 의문문과 부정문에 사용되므로 소거, (b) each는 이유가 여럿이라는 것을 전제로 하는데 그것을 알 수 없으므로 소거, (d) either는 전체 이유가 둘이라는 점이 전제로 하는데 그것을 알 수 없으므로 소거한다. 그러므로 reason과 결합하여 '충분한'이라는 의미로 사용되는 (c) every가 정답이다.

어휘   because of ~때문에 outstanding 뛰어난, 우수한 performance 성과, 실적, 능력 have every reason to do ~할 만한 충분한 이유가 있다 promote ~를 승진시키다 each 각각의 either 둘 중 하나의

정답   (c)

16.

브라이언의 아내가 그에게 크리스마스 기념으로 사 준 선물은 바로 그가 계속 갖기를 바랐던 것이었다.

출제포인트 선행사를 포함한 관계대명사 what

해설   빈칸 뒤에 불완전한 절이 있으므로 빈칸은 관계대명사가 들어갈 자리이다. 그런데 빈칸 앞에 선행사인 명사가 없으므로 선행사를 포함한 관계대명사 (b) what이 정답이다.

어휘   gift 선물, 재능 buy A B: A에게 B를 사 주다 hope for ~을 가지기를 바라다

정답   (b)

17.

응원하는 팀이 승리를 거두지 못한 것에 화가 나서, 팬들은 감독이 즉시 교체될 것을 요구했다.

출제포인트 당위성을 나타내는 동사의 that 목적절 동사 형태

해설   주절의 동사 demanded가 '~해야 한다'는 당위성(= 요구)을 나타내는 맥락으로 사용되었으므로 that절의 동사 형태는 동사원형인 (b) be가 정답이다. 요구(demand), 요청(ask), 주장(insist), 제안(suggest), 명령(order) 등 당위성을 나타내는 동사의 목적어 역할을 하는 that절에는 주어의 수 또는 시제와 상관 없이 동사원형이 사용된다.

어휘   upset 화가 난, 속상한 lack 부족, 부재 success 성공, 승리 demand that ~하도록 요구하다 replace ~을 교체하다, 대체하다 immediately 즉시

정답   (b)

18.

최근에 통과된 법안은 아마도 이민자들이 미국 내에서 일자리를 찾는 것을 막지 못할 것이다.

출제포인트 특정 동사와 결합하는 전치사

해설   빈칸 앞의 동사 deter는 「deter + 목적어 + from -ing」의 구조로 쓰여 '~가 …하는 것을 막다'라는 의미를 나타내므로 (d) from이 정답이다.

어휘   recently 최근에 pass ~을 통과시키다 legislation 법안, 법률 be unlikely to do 아마도 ~하지 못할 것이다 deter A from -ing: A가 ~하는 것을 막다(= prevent) seek ~을 찾다, 구하다

정답   (d)

19.

상원 재정위원회 앞에서 마지막으로 증언한 사람은 재계에서 존경 받던 인사들이었다.

출제포인트 도치 구문의 동사 수 일치

해설   보어구인 'Last to testify before ~'가 주어 'respected figures from ~'과 자리를 바꾼 도치 구조이다. 따라서 respected figures에 동사의 수를 맞추어야 하므로 복수 be동사인 (b) were가 정답이다. (d) have been도 복수 형태이지만 현재완료를 사용할 근거가 제시되지 않으므로 오답이다.

어휘   last to do is ~할 마지막 사람들 testify 증언하다 Senate 미 상원 Finance Committee 재정위원회 respected 존경 받는 figure 인사, 인물 business community 재계

정답   (b)

20.

정부의 새 의료법을 규탄하는 구호들이 적혀 있는 현수막들이 토요일에 벌어진 시위에서 아주 많이 등장했다.

출제포인트 명사를 후치 수식하는 분사구

해설   문장의 주동사가 abounded이므로 condemn은 준동사 형태가 되어야 한다. 그런데 slogans가 condemn 행위의 주체이므로 능동태가 되어야 한다. 그러므로 현재분사인 (b) condemning이 정답이다.

어휘   banner 현수막 contain ~을 포함하다, 담고 있다 slogan 슬로건, 구호 abound 아주 많다, 풍부하다 protest 시위, 항의 운동 condemn ~을 규탄하다, 비난하다

정답   (b)

21.

> 인터넷 덕분에, 이전에는 오직 전문가들만 이용할 수 있었던 정보를 이용하는 사람들의 수가 꾸준히 증가하고 있다.

출제포인트   명사를 수식하는 수식어구의 어순

해설   영어에서는 수식하는 단어와 수식 받는 단어의 관계를 정확히 파악해야 한다. 선택지에서 growing과 number의 위치가 변하고 있는데, 증가하는 것은 사람의 수이므로 a growing number of의 구조가 되어야 한다. 이 구조에서 growing을 수식하는 ever는 분사 growing의 앞에 와야 하므로 (c) an ever growing number of가 정답이다.

어휘   thanks to ~ 덕분에, ~로 인해 access ~을 이용하다, ~에 접근하다 information 정보 previously 이전에, 과거에 available to ~가 이용할 수 있는 specialist 전문가 ever 지금까지, 죽, 항상 a growing number of 점점 늘어나는

정답   (c)

22.

> 제인은 하워드와 중학교에서 만난 이후로 죽 친구로 지내 왔다.

출제포인트   friends를 사용한 숙어 문제

해설   '~와 친구로 지내다'라는 의미를 나타낼 때 be friends with의 구조로 복수명사 friends를 사용하므로 (b) friends가 정답이다.

어휘   be friends with ~와 친구로 지내다 since ~한 이후로 죽

정답   (b)

23.

> 모든 지원자들께 마감기한보다 훨씬 더 이전에 이력서를 제출하시도록 강력히 권고합니다.

출제포인트   전치사구를 수식할 수 있는 부사

해설   빈칸 뒤에는 시간 전치사구가 제시되어 있으므로 먼저 전치사구를 수식할 수 있는 부사를 골라야 한다. (a) well은 전치사구를 수식하며 양을 강조하므로 정답이 될 수 있다. (b) very는 형용사를 수식하므로 분명한 오답이다. (c) such도 구를 수식할 수 있지만 명사구를 수식하므로 오답이다. 가장 매력적인 오답인 (d) quite도 전치사구를 수식할 수 있다. 하지만 정도를 강조하기 때문에 시간의 양을 강조하는 빈칸 자리에 사용될 수 없다. 따라서 (a) well이 정답이다.

어휘   It is strongly recommended that ~하도록 강력히 권고하다 applicant 지원자, 신청자 send in ~을 제출하다 résumé 이력서 deadline 마감기한 well 훨씬, 아주 such 그만큼 ~한, 아주 ~한 quite 꽤, 상당히

정답   (a)

24.

> 많은 도로가 눈보라에 의해 막히자, 시장은 모든 공립학교를 그날 하루 동안 폐쇄했다.

출제포인트   독립분사구문

해설   문장에 접속사가 사용되지 않으므로 주동사 closed 외의 동사는 준동사가 되어야 한다. 따라서 빈칸의 동사는 준동사가 되어야 하므로 현재분사 형태인 (b) being이 정답이다. 참고로, 분사구문에서 분사구문의 주어가 주절의 주어와 다른 경우에 분사구문의 주어를 생략하지 않고 이 문제처럼 분사 앞에 남겨놓는다.

어휘   block ~을 막다, 차단하다 snowstorm 눈보라 mayor 시장 close ~을 폐쇄하다, 문을 닫다 public school 공립학교 for the day 당일 하루

정답   (b)

25.

> 카페인이 정신 집중에 도움이 될 수 있기는 하지만, 그것의 남용은 많은 문제점들을 지니고 있는데, 그 중 주된 것은 불안감이다.

출제포인트   소유격 관계대명사절의 어순

해설   관계대명사절에서는 먼저 선행사와의 관계를 확인해야 한다. 관계대명사절에서 drawbacks의 한 가지 예로 anxiety를 제시하고 있으므로, which is anxiety라는 구조가 기본이 되어야 한다. 여기에 '그 중에서 중요한 것(chief among them)'을 결합하려면 them을 which로 바꾸면 된다. 그러므로 이 구조를 충족하는 (a) chief among which is anxiety가 정답이다. 이 관계대명사절은 anxiety is chief among them이라는 절이 drawbacks에 연결되기 전에 강조를 위해 chief among them is anxiety로 도치된 후 them이 관계대명사 which로 바뀐 것이다.

어휘   caffeine 카페인 aid in ~에 도움이 되다 concentration 정신 집중 overuse 남용, 과다 사용 drawback 결점, 문제점 chief 주된, 주요한 among ~ 중에서 anxiety 불안감

정답   (a)

Part III

26.

> (a) A: 린 홈즈 전시회에 가볼 생각이 있어?
> (b) B: 이름은 들어본 것 같은데, 뭘로 유명한지는 기억이 안나.
> **(c) A: 항상 주인공이 강렬하게 응시하는 초상화를 그려.**
> (d) B: 그렇다면 나는 그렇게 끌리는 것 같진 않아. 그래도 고마워.

출제포인트   소유격 관계대명사의 형태 오류

해설   (c) 문장에서 subjects는 portraits의 소유자(= 그림 주인공) 관계이다. 그러므로 주격 관계대명사 which를 소유격 whose로 바꿔야 알맞다. 따라서 (c)가 정답이다.

어휘   check out ~을 확인해 보다, 직접 보다 exhibition 전시(회) sound + 형용사: ~한 것 같다, ~하게 들리다 recall ~을 기억해내다 be known for ~로 유명하다 portrait 초상(화) subject 그림의 주인공 stare 응시하다 intensely 강렬하게 appealing to ~에 매력을 느끼는 thanks all the same 어쨌든 고마워

정답 (c) which → whose

27.

(a) A: 안녕하세요, 브룩 스트리트에 침실 하나인 아파트가 있는지 궁금합니다.
(b) B: 지금 현재 그곳에 구하실 수 있는 곳이 없는 것 같은데, 계속 지켜봐 드릴 수는 있습니다.
(c) A: 그렇게 해 주시면 정말 좋겠어요. 그곳으로 이사하기로 마음을 정한 지 아주 오래 되었거든요.
(d) B: 알겠습니다. 상세 연락처를 남겨 놓으시면, 뭔가 나타나자마자 알려 드리겠습니다.

출제포인트 미래를 나타내는 시간/조건절의 동사 시제 오류

해설 (d) 문장의 the moment는 when과 같은 시간 접속사로 when과 같은 성질을 지닌다. 그리고 주절의 시제가 will로 미래이므로 the moment절의 시점도 미래이다. 시간 접속사절에서는 미래시점을 현재시제로 나타내므로 opened를 opens로 바꿔야 한다. 따라서 (d)가 정답이다.

어휘 wonder whether ~인지 궁금하다 one-bedroom 침실이 1개 있는 I'm afraid ~일까 염려스럽다, 우려되다 available 이용 가능한 right now 지금 당장 keep an eye out 계속 지켜보다, 주시하다 have one's heart set on -ing ~하기로 마음을 정하다 leave ~을 남겨 놓다 details 세부정보, 상세사항 let A know: A에게 알리다 the moment ~: ~할 때, ~하는 순간

정답 (d) opened → opens

28.

(a) 우주 전쟁에 관한 세계 최초의 공상과학 소설은 서기 175년경에 사모사타의 루치안에 의해 쓰여졌다. **(b) 이 작품은 매우 강력한 바람에 의해 배가 달까지 날아간 선원들을 따라 이야기가 전개된다.** (c) 이 선원들은 달에 사는 이상한 거주자들이 태양에 사는 사람들과 전쟁에 휘말려 있다는 것을 알게 된다. (d) 비록 이 이야기가 허황되어 보이지만, 이것은 그저 루치안 시대의 역사가들과 철학자들에 대한 풍자일 뿐이다.

출제포인트 수동태의 형태 오류

해설 (b) 문장에서 관계대명사 whose절의 주어 ship은 바람에 날리는 대상이므로 능동태가 수동태로 바뀌어야 한다. 따라서, (b)가 정답이다.

어휘 science fiction 공상과학 소설 around ~경에, 약, 대략 work 작품 follow ~을 따르다, 뒤쫓다 sailor 선원 blow ~을 날려버리다 extremely 대단히, 매우 inhabitant 거주자, 주민 embroil ~을 휘말리게 하다 denizen 사람, 주민 although 비록 ~이지만 appear + 형용사: ~하게 보이다 fantastical 공상적인, 허황된 simply 그저, 단지 satire 풍자 historian 역사가 philosopher 철학자 era 시대

정답 (b) has blown → was blown

29.

(a) 말레이시아가 비교적 작은 나라이기는 하지만, 인종적으로 다양하다. (b) 이 나라는 대략 3천 1백만 명의 인구를 지니고 있으며, 그 중 약 절반이 말레이 민족이다. **(c) 약 23퍼센트가 중국계이며, 또 다른 7퍼센트는 인도 혈통을 지니고 있다.** (d) 이 나라에는 또한 수천 명의 보르네오 원주민 출신들도 있다.

출제포인트 추상명사를 사용한 형용사 보어구 오류

해설 추상명사는 전치사와 결합하여 후치 형용사로 사용될 수 있다. 그런데 (c) 문장에서 '혈통'을 나타내는 추상명사 descent가 be동사의 보어로 바로 연결된 오류가 있다. descent처럼 사람의 성질을 나타내는 추상명사에는 전치사 of가 결합하므로 '~혈통을 지닌다'라는 의미를 나타내는 are Indian descent를 are of Indian descent로 바꿔야 한다. 따라서 (c)가 정답이다.

어휘 relatively 비교적, 상대적으로 ethnically 인종적으로 diverse 다양한 population 인구(수) roughly 대략 about 약, 대략 half of whom 그들의 절반 ethnic 민족의 descent 혈통 indigenous 토착의 tribe 부족

정답 (c) are Indian descent → are of Indian descent

30.

(a) 아주 갑자기 일어날 때 종종 약간의 어지러움을 느낀다면, 저혈압일 수 있다. **(b) 우리가 일어설 때, 갑자기 아래로 향하는 중력의 힘이 순간적으로 혈액 순환을 늦출 수 있다.** (c) 관성의 증가가 뇌로부터 혈액을 빨아내면, 다음 번 심장 박동이 뛰기 전까지 어지러움을 느낄 수 있다. (d) 이런 일이 특히 운동할 때 자주 발생한다면, 그것은 심장 박동이 약하다는 것을 의미할 수 있다.

출제포인트 부사 자리의 오류

해설 (b) 문장에서 조동사 can과 동사 slow 사이에 올 수 있는 것은 동사를 수식할 부사이므로 형용사 momentary를 momentarily로 바꿔야 알맞다. 따라서, (b)가 정답이다.

어휘 leave A 형용사: A를 ~한 상태로 만들다 lightheaded (머리가) 어지러운(= faint) low blood pressure 저혈압 sudden 갑작스러운 downward 아래쪽으로 향하는 force 힘 gravity 중력 momentary 순간적인 cf. momentarily 순간적으로 circulation 순환 inertia 관성 pull A away from B: B에서 A를 빨아내다 heartbeat 심장 박동 frequently 자주, 빈번히 especially 특히 exercise 운동하다 pump 펌프질을 하다 weakly 약하게

정답 (b) momentary → momentarily

READING COMPREHENSION

Part I

1.

> 파인리지 대학은 <u>새로운 장학금 제도를 시행할</u> 예정임을 알려 드리게 되어 기쁩니다. 스튜어트 브라운 재단의 넉넉한 기부금 덕분에, 매년 미대에 입학하는 세 명의 신입생에게 금전적인 지원을 제공하게 됩니다. 이 장학금은 4년간의 등록금과 거주 공간 및 학업 교재에 대한 비용을 포함할 것입니다. 수혜자는 학업 성적과 재정적 필요성을 종합적으로 판단해 선정될 것입니다. 상세 정보를 원하실 경우, pineridgecollege.edu/awards를 방문하시기 바랍니다.
>
> **(a) 새로운 장학금 제도를 시행할**
> (b) 저렴한 학업 교재를 제공할
> (c) 미술 전공 학생들을 위해 등록금을 내릴
> (d) 저소득층 학생들을 위한 기금에 기부할

해설 빈칸은 앞으로 예정되어 있는 일을 나타내야 하므로 we will be 뒤에 단서가 있다. 세 명의 신입생에게 금전적인 지원을 제공할 것이라고(we will be providing financial support for three new students) 알리고 있으며, 바로 뒤에서 The scholarship이라고 부연 설명하고 있다. 그러므로 새로운 장학금 제도를 설치한다는 의미인 (a)가 정답이다.

어휘 announce that ~임을 알리다, 발표하다 thanks to ~ 덕분에, ~로 인해 generous 넉넉한, 후한 donation 기부(금) provide ~을 제공하다 financial 재정적인 support 지원, 후원 scholarship 장학금 include ~을 포함하다 tuition 등록금, 학비 fund 자금, 기금 housing 주거, 주택 material 교재, 자료, 재료 recipient 수혜자, 수령인, 수신인 choose ~을 선정하다, 선택하다 based on ~에 따라, ~을 바탕으로 combination 종합, 조합, 통합 academic performance 학업 성적 need 요구, 필요(성) details 상세정보, 세부사항 establish (제도를) 시행하다, (조직을) 설립하다 provide ~을 제공하다 lower v. ~을 내리다, 낮추다 rate 요금, 속도, 등급, 비율 donate to ~에 기부하다 low-income 저소득층의

정답 (a)

Paraphrase providing financial support
→ establishing a new scholarship

2.

> 윌리스 씨께,
>
> <u>귀하의 건물에 필요한 유지 보수 작업을 실시하도록</u> 요청 드리기 위해 다시 한 번 글을 씁니다. 아시다시피, 저는 이곳에 6개월간 거주해 온 세입자이며, 꾸준히 임대료를 제때 내왔습니다. 또한 이 아파트의 낡은 난방 시스템에 필요한 관리가 제 책임이 아니라는 점도 분명 알고 계실 겁니다. 사람을 보내서 가능한 한 빨리 이 문제를 바로잡는 일을 시작해 주셨으면 합니다. 저는 이미 세 번이나 수리 요청을 드렸고 적절한 답변을 듣지 못한 상태입니다.
>
> 안녕히 계십시오.
> 마샬 덴튼
>
> (a) 수리 비용 견적서를 제공해 주시도록
> (b) 최근의 수리 작업에 대한 비용을 환급해 주시도록
> (c) 현재 진행 중인 수리 작업의 진척 상황을 알려 주시도록
> **(d) 귀하의 건물에 필요한 유지 보수 작업을 실시하도록**

해설 빈칸은 상대방에게 요청하는 일을 나타내야 하며, 요청은 글의 후반부에 나오는 것이 보통이며, I'd like you to do ~, Would you ~ 등 다양한 요청의 표현으로 제시된다. 요청 표현인 I'd like you to 뒤에 send someone to begin fixing this problem(사람을 보내서 이 문제를 바로잡아 달라)이라는 말이 나오는데, fixing this problem을 maintenance로 바꾸어 표현한 (d)가 정답이다. 단순히 공사를 해달라는 요청이므로 비용을 언급한 (a)와 (b)는 우선 제외된다.

어휘 ask A to do: A에게 ~하도록 요청하다 tenant 세입자 consistently 꾸준히 rent 임대료, 월세, 대여료 on time 제때 be aware that ~임을 알고 있다 upkeep 관리, 유지(비) responsibility 책임 would like A to do: A가 ~하기를 원하다 fix ~을 바로잡다, 고치다 as soon as possible 가능한 한 빨리 request ~을 요청하다 without -ing ~하지 못한 채로 adequate 적절한, 충분한 response 답변, 반응 provide A with B: A에게 B를 제공하다 estimate 견적(서) repair 수리 reimburse A for B: B에 대해 A에게 환급해 주다 recent 최근의 update A on B: A에게 B에 관한 최신정보를 알리다 progress 진척, 진행 ongoing 현재 진행 중인, 계속되고 있는 necessary 필요한, 필수의 maintenance 유지 보수 property 건물, 부동산

정답 (d)

Paraphrase fixing this problem → maintenance on your property

3.

> 분명 소셜 미디어가 식당업계를 망치고 있는 것처럼 보입니다. 요즘 셀 수 없이 많은 식당이 고객들에게 사진을 찍도록 부추기는 메뉴 항목을 만들어내는 데 집중하고 있습니다. **안타깝게도, 이 상품 중 다수가 그야말로 맛보다는 눈으로 보기에 더 좋아 보입니다.** 반면에, 식당들은 전골 같은 특정 음식 제공을 꺼리고 있습니다. 이러한 음식이 맛은 좋지만, 특별히 먹음직스럽게 보이지는 않기 때문에, 온라인상에서 많은 주목을 받지 못하고 있습니다. 개인적으로, 저는 이러한 상황이 진절머리가 납니다. 저는 식당들이 <u>풍미보다 미적인 요소를 우선시하는 것을</u> 멈추면 좋겠습니다.
>
> (a) 소셜 미디어를 마케팅 수단으로 이용하는 것을
> (b) 음식 블로거들에게 독점적인 서비스를 제공하는 것을
> (c) 오해의 소지가 있는 요리 사진을 공유하는 것을
> **(d) 풍미보다 미적인 요소를 우선시하는 것을**

해설 빈칸은 식당들이 멈추기를 바라는 일을 나타내야 한다. 즉 유감의 의견을 이끄는 표현을 찾아야 하는데 지문에 Unfortunately가 있다. 그 뒤에 many of these offerings simply look better than they taste(맛보다는 눈으로 보기가 더 좋아 보인다)라고 불만을 얘기하므로 하므로 look better를 aesthetics로, 그리고 taste를 flavor로 바꾸어 표현한 (d)가 정답이다.

어휘 It seems as though 마치 ~하는 것처럼 보이다 ruin ~을 망치다 industry 업계, 산업 countless 셀 수 없이 많은 concentrate on ~에 집중하다 create ~을 만들어내다 inspire A to do: A에게 ~하도록 부추기다, 영감을 주다 take a photo 사진을 찍다 unfortunately 안타깝게도, 아쉽게도 offering 제공(되는 것), 상품 simply (강조) 그야말로, 정말로, 아주 look + 형용사: ~하게 보이다 look better than they taste 맛보다 외관에 더 신경을 쓰다

meanwhile 반면에, 한편 hesitate to do ~하기를 꺼리다, 주저하다 offer ~을 제공하다 such as 예를 들면 casserole 전골, 찌개 delicious 맛있는 particularly 특히, 특별히 appetizing 먹음직스러운, 식욕을 돋구는 garner ~을 얻다 publicity 주목, 관심 be sick of ~에 진절머리가 나다, ~이 지긋지긋하다 tool 수단, 도구 exclusive 독점적인, 전용의 deal 거래 서비스, 거래 조건 share ~을 공유하다 misleading 오해의 소지가 있는, 호도하는 prioritize A over B: B보다 A를 우선시하다 aesthetics 미적인 것, 미학 flavor 풍미, 맛과 향

정답   (d)

4.

인정 받는 건축 회사 모리슨 앤 버로스가 <u>여름에 근무할 활기 넘치는 학생들을</u> 급히 찾고 있습니다. 이 일자리는 고객 관리부의 정식 인턴 직으로, 선임 직원들의 관리 하에 진행되는 다양한 직무를 수반합니다. 이는 마케팅 또는 홍보 관련 학위를 추구하는 분들에게 이상적인 기회입니다. 이 8주간의 일자리는 이번 여름에 기본 급여를 비롯해 실무 경험도 함께 얻을 수 있는 기회를 포함합니다. 오늘 지원해 보세요!

(a) 회사에서 근무할 최근 대학 졸업생들을
(b) 무급 인턴으로 근무할 젊은 건축가들을
(c) 여름에 근무할 활기 넘치는 학생들을
(d) 인턴 프로그램을 관리할 직원들을

해설   빈칸은 채용 대상자 또는 광고 대상자를 설명하는 자리이다. 광고 대상을 고르는 경우에는 수식어에 얽매이지 말고 신분을 나타내는 키워드를 뽑아내면 된다. 채용 대상자들로 those pursuing a degree in marketing or public relations(마케팅 또는 홍보 관련 학위를 따려는 사람들)라고 언급되었으므로, 학부생 신분인 선택지를 고르면 된다. (a)와 (c)가 학생을 나타내는데 (a)는 대학교 졸업생이므로 (c)가 정답이다.

어휘   established 인정 받는, 자리 잡은 architectural firm 건축 회사 urgently 긴급히 seek ~을 찾다, 구하다 position 일자리, 직책 full-time 전일제인 customer relations 고객 관리 involving ~을 포함하는 various 다양한 duty 직무 under (조건, 영향 등) ~ 하에, ~에 따라 supervision 관리, 감독 ideal 이상적인 opportunity 기회 those -ing (수식어구와 함께) ~하는 사람들 pursue ~을 추구하다 degree 학위 public relations 홍보 come with ~을 포함하다, ~이 딸려 있다 gain ~을 얻다, 획득하다 apply 지원하다, 신청하다 recent 최근의 graduate n. 졸업생 architect 건축가 unpaid 무급의 supervise ~을 관리하다, 감독하다

정답   (c)

5.

미국의 한 철도 건설 현장 감독이었던 피니어스 게이지의 사례가 19세기 중반에 과학계를 사로잡았다. 한 사고에서, <u>쇠막대가 그의 두개골을 관통하면서 뇌를 손상시켰다.</u> 이 손상으로 인해 게이지에게 과격한 성격 변화가 초래되었는데, 온순하던 사람이 충동적이고 입이 거친 사람으로 변한 것이었다. 과학자들은 특정 뇌 구조가 성격에 영향을 미친다는 것에 대한 이 직접적인 증거에 매료되었다. 하지만, 다행히도, 게이지의 성격 변화는 비교적 단기간에 그칠 가능성이 있었고, <u>적어도 부분적으로는 정상 수준으로 돌아갔던 것으로 보인다.</u> 그 후, 그는 칠레에서 장거리 역마차의 마부가 되었는데, 이 일자리는 안정적인 기질과 정신적 예리함을 필요로 하는 것이었다. 전체적으로 볼 때, 결국 게이지의 이야기는 <u>심각한</u>

<u>부상에서 회복할 수 있는 뇌의 능력을 분명히 보여 주는 것이다.</u>

(a) 시간이 흐를수록 성격이 변하는 경향을
(b) 뇌 손상이 미치는 예상 밖의 장기적인 영향을
(c) 심각한 부상에서 회복할 수 있는 뇌의 능력을
(d) 새로운 치료법을 발전시키는 데 있어 심각한 부상의 역할을

해설   빈칸은 쇠막대가 뇌를 관통한 사람의 부상이 가지는 의학적 결론을 나타내야 하는데, Luckily, however를 통해 긍정적인 결론임을 알 수 있다. the changes to Gage's character were likely relatively short-lived에서 성격 변화가 일시적이었고, he seems to have at least partly returned to normal에서 어느 정도 정상으로 회복한 것을 알 수 있다. 그러므로 게이지의 부상은 다친 뇌가 스스로 회복할 수 있음을 보여주는 좋은 사례라고 할 수 있으므로 뇌의 회복 능력을 언급한 (c)가 정답이다.

어휘   case 사례, 경우 construction foreman 건설 현장 감독 captivate ~의 마음을 사로잡다 accident 사고 be propelled through ~을 관통해 들어가다 skull 두개골 damage v. ~을 손상시키다, ~에 피해를 입히다 n. 손상, 피해 cause ~을 초래하다, 야기하다 radical 과격한, 급진적인 go from A to B: A에서 B로 변하다, 바뀌다 mild-mannered 온순한 impetuous 충동적인 foul-mouthed 입이 거친 fascinated 매료된, 매력을 느낀 evidence 증거 specific 특정한, 구체적인 structure 구조 influence ~에 영향을 미치다 personality 성격, 인격, 개성 likely ~할 가능성이 있는, ~할 것 같은 relatively 비교적, 상대적으로 short-lived 단기간 지속되는, 오래가지 못하는 seem to have done ~했던 것으로 보이다, ~했던 것 같다 at least 적어도, 최소한 partly 부분적으로 return to ~로 돌아가다 subsequently 그 후에 long-distance 장거리의 stagecoach 역마차 require ~을 필요로 하다 steady 안정적인, 한결같은 temperament 기질 mental 두뇌의, 정신의 sharpness 영리함, 날카로움 taken as a whole (결론을 말할 때) 전체적으로 볼 때 therefore 결과적으로, 따라서 illustrate ~을 분명히 보여 주다, 설명하다 tendency for A to do: A가 ~하는 경향 unexpected 예상 밖의, 예기치 못한 long-term 장기간의 effect 영향, 효과 injury 부상 capacity of A to do: A가 ~할 수 있는 능력 recover from ~에서 회복하다 severe 심각한, 극심한 advance v. ~을 발전시키다, 진전시키다 treatment 치료(법)

정답   (c)

Paraphrase returned to normal → recover

6.

개혁당 대표 경선의 신랄한 특성에 비추어, 많은 사람들은 스티브 워커 총리의 최근 행보에 놀라워했다. 총선에서 승리를 거둔 후, 워커 총리는 개혁당 내부의 몇몇 가장 극렬한 경쟁자들에게 손을 내밀었다. 전 교육부 장관 톰 리지와 같이 당 대표 경선 중에 그를 비난했던 많은 이들이 워커 총리의 접근에 긍정적으로 대응하면서 내각의 요직을 채울 예정이다. 이러한 일들은 워커 총리가 <u>과거의 논쟁은 뒤로 하고 통합을 되찾을 수 있다는</u> 희망을 당원들에게 전해주었다.

(a) 대표 경선에서 경쟁자들을 이겨낼 수 있다는
(b) 과거의 논쟁은 뒤로 하고 통합을 되찾을 수 있다는
(c) 내각 각료들의 반대를 극복할 수 있다는
(d) 강경한 입장을 취해 자신의 힘을 굳건히 할 수 있는

해설   빈칸은 워커 총리의 행동으로 예측되는 결과를 나타내야 하는데, 자세한 해석이 아니라 키워드만 엮어서 글의 흐름을 파악해야

한다. [acrimonious(신랄한) → leadership contest(대표 경선) → extended his hand to(손 내밀다) → fiercest rivals(격렬한 상대) → responded positively(긍정적 반응) → fill key cabinet positions(요직에 입각)]. 이렇게 총리가 대표 경선 당시 적들에게 요직을 제의하고 상대들이 이에 응하려고 하는 상황에 대해 예측할 수 있는 것은 unity(통합), past disputes(과거의 논쟁)라는 키워드이므로 (b)가 정답이다.

어휘   given ~을 감안하여, 고려하여 acrimonious 신랄한, 격렬한 nature 특성, 성격 Reform Party 개혁당 leadership contest (정당의) 대표 경선 Prime Minister 총리 recent 최근의 general election 총선 extend one's hand to ~에게 손을 내밀다 fierce 극렬한, 사나운, 맹렬한 from within ~ 내부로부터 criticize ~을 비난하다, 비판하다 former ~ 출신의 education minister 교육부 장관 respond to ~에 대응하다, 반응하다 positively 긍정적으로 overture (논의 등을 위한) 접근 be set to do ~할 예정이다 fill ~을 채우다, 충원하다 cabinet 내각 position 직책, 자리 development 전개, 상황 vanquish ~을 이겨내다, 극복하다 restore ~을 되찾다, 회복하다 unity 통합, 단결 set aside ~을 제쳐 놓다, 보류하다, 제외하다 dispute 논쟁, 분쟁 overcome ~을 극복 하다 opposition from ~의 반대 solidify ~을 굳건히 하다 take a hardline stance 강경한 입장을 취하다

정답   (b)

7.

캘리포니아의 라 브레아 타르 피츠에서 발견된 선사시대 포식자들의 뼈를 조사하면서, 과학자들은 이 동물들의 먹이 제압 방법에 관한 단서를 밝혀냈다. 그 두 가지 예시는 다이어 울프와 검치 호랑이이다. 다이어 울프의 유해는 몸집이 큰 개과 동물들이 목과 등에 부상을 당하는 경향이 있었음을 보여준다. 이러한 부상은 다이어 울프가 먹이를 끝까지 추적해 입으로 꽉 물어 제압하는 현대의 늑대와 유사한 무리 사냥꾼이었음을 나타내는 것이다. 반면, 검치 호랑이 유해는 이러한 포식자들이 단독 사냥꾼에게서 발견되는 것과 유사한 부상을 당했음을 나타낸다. 이러한 유형의 포식자들은 일반적으로 먹이를 땅바닥에서 메치며 싸우는 동안 어깨와 등을 다친다.

(a) 치명적인 부상
(b) 먹이를 두고 벌인 싸움
(c) 선호하는 먹잇감
(d) 먹이 제압 방법

해설   빈칸은 예시로 입증하려는 내용이므로 두 가지 예시의 공통점을 간략하게 파악하면 된다. 두 동물의 유해에 난 상처를 통해 유추한 latching onto it with their jaws(이빨로 물기)와 wrestling victims(바닥에 넘어뜨리기)라는 두 가지 행동이 의미하는 바를 선택하면 되는데, 지문에 subdue prey(먹이를 제압하다)라고 제시되어 있으므로 이 표현을 그대로 사용한 (d)가 정답이다.

어휘   examine ~을 조사하다, 자세히 살펴보다 prehistoric 선사시대의 predator 포식자 uncover ~을 밝혀내다, 알아내다 clue 단서 dire wolf 다이어 울프 (신생대 제3기 플리오세에 살았던 늑대 종) saber-toothed cat 검치 호랑이 (신생대 제4기 플라이스토세에 살았던 맹수) remains 유해 canine 개과의 동물 tend to do ~하는 경향이 있다 sustain (부상, 피해 등) ~을 당하다, 입다 injury 부상 indicate that ~임을 나타내다, 가리키다 pack hunters 무리를 이룬 사냥꾼들 similar to ~와 유사한, 비슷한 subdue ~을 제압하다, 진압하다 prey 먹이 run A down: A를 끝까지 추적하다 latch onto ~을 꽉 물다 jaw (동물의 턱뼈와 치아를 포함한) 입 meanwhile 반면, 한편,

그 동안에 suffer (부상, 질병 등) ~을 당하다, ~에 시달리다 solitary 단독의 be hurt in ~을 다치다 wrestle A to the ground: A를 바닥에 메치다 fatal 치명적인 struggle n. (물리적인) 싸움, 몸부림, 투쟁 over ~을 두고, ~에 대해서 preferred 선호하는 food source 먹잇감 method 방법

정답   (d)

8.

경제학에서 "구매자 독점"이란 용어는 특정 제품이나 서비스에 대한 영향력 있는 구매자 한 명이 시장 지배력을 활용해 판매자들에게 서로 어쩔 수 없이 가격을 내려 팔도록 만드는 상황을 가리킨다. 구매자 독점은 일반적으로 단 하나의 회사가 지배적인 시장에서 발생한다고 여겨지지만, 여러 주요 업체들이 존재하는 업계에서 나타날 수도 있다. 예를 들어, 규모가 유사한 회사들이 지불가격에 동일한 상한선을 부가하기로 합의함으로써 특정 상품에 대한 경쟁을 억제하려 할 수도 있다. 이러한 조치로 인해 공급업체들이 어쩔 수 없이 대폭 할인을 제공하거나, 또는 주요 고객들에 의해 거래가 끊기는 위험을 감수하게 될 수도 있다. 이러한 예시는 구매자 독점이 때때로 <u>외관상 경쟁사들의 담합</u>에서 초래된다는 점을 보여주는 것이다.

(a) 외관상 경쟁사들의 담합
(b) 소비자들의 불법적인 시장 조작
(c) 구매자들 사이의 과도한 경쟁
(d) 판매자들 사이의 비윤리적인 가격 낮추기

해설   빈칸은 monopsony(구매자 독점)를 일으키는 요인이 들어갈 자리인데, Such examples로 시작하므로 바로 앞의 For example 문장이 가리키는 선택지를 고르면 된다. 여기서 이루어지는 행위가 by agreeing to impose simultaneous caps on their payment rates(지불가격에 대해 동일한 상한선 제시)인데 이것을 한 단어로 collusion(담합)이라고 부른다. 그러므로 (a)가 정답이다.

어휘   economics 경제학 term 용어 monopsony 구매자 독점, 수요 독점 refer to ~을 가리키다 wherein 그 안에서, 그 점에서 purchaser 구매자 certain 특정한, 일정한 goods n. 상품 dominance 지배(력) force A to do: A에게 어쩔 수 없이 ~하게 만들다, A에게 ~하도록 강요하다 undercut (~보다) 저가에 공급하다, (~보다) 가격을 내리다 be thought of as ~로 여겨지다 generally 일반적으로 occur 발생하다, 일어나다 predominate 지배적이다, 우위를 차지하다 arise 나타나다, 발생하다 several 여럿의, 몇몇의 similar-sized 규모가 유사한, 비슷한 크기의 seek to do ~하려 하다 curb ~을 억제하다 competition 경쟁 agree to do ~하기로 합의하다, 동의하다 impose ~을 시행하다, 부과하다 simultaneous 동시의 cap 상한선, 최고치 payment rate 지불가격 action 조치, 움직임 supplier 공급업체 steep 급격한 risk -ing ~하는 위험을 감수하다 cut off ~을 중단하다, 끊다 result from ~로부터 초래되다, ~에 기인하다 collusion 담합, 공모 seeming 외관상의, 겉보기에만 그러한 illegal 불법적인 manipulation 시장 조작 consumer 소비자 excessive 과도한 unethical 비윤리적인

정답   (a)

Paraphrase agreeing to impose simultaneous caps on their payment rates → collusion between seeming rivals

9.

현재 5억 달러 규모의 그린빌 해안지역 재개발은 우리 지방 정부에서 지금까지 추진했던 것 중 가장 많은 비용이 드는 프로젝트입니다. 시에서는 아주 길게 뻗은 레이크쇼어 블러바드를 따라 늘어서 있는 다수의 폐건물들을 깨끗이 철거할 것입니다. 그 후에는 보행자용 목책길과 자전거 전용 포장도로를 설치할 것입니다. <u>게다가,</u> 스포츠 및 피트니스용 공공시설을 만들 예정이며, 여기에는 농구 코트와 옥외 체육관이 포함됩니다. 이 프로젝트는 내년까지 완료될 예정입니다.

(a) 그 대신
(b) 그럼에도 불구하고
(c) 게다가
(d) 결과적으로

해설 빈칸 앞에는 목책길과 자전거 도로가 만들어지고, 빈칸 뒤에는 그와 같은 건축물인 스포츠와 피트니스용 시설들이 만들어지는 내용이 연결되고 있다. 즉 유사한 것이 추가되는 것이므로 추가 정보를 연결할 때 사용하는 부사인 (c) Furthermore가 정답이다.

어휘 current 현재의 waterfront 해안, 호안 redevelopment 재개발 local 지역의, 현지의 ever (최상급과 함께) 지금까지 중에서 undertake ~에 착수하다 clear away ~을 깨끗이 치우다 multiple 다수의, 많은 abandoned 버려진 along (길 등) ~을 따라 huge 커다란, 대단한 stretch (길게 뻗은) 구간, 지역 then 그 후에, 그런 다음 construct ~을 설치하다, 짓다 wooden walkway 목책길 pedestrian 보행자 paved path 포장도로 cyclist 자전거 여행자 create ~을 만들어내다 fitness 피트니스, 건강체조 facility 시설(물) including ~을 포함한 gym 체육관 completion 완료, 완수 instead 그 대신 regardless 그럼에도 불구하고, 하여튼 furthermore 더욱이, 게다가 consequently 그러므로, 결과적으로

정답 (c)

10.

비교적 최근까지, 검은발 족제비가 멸종된 것으로 여겨졌습니다. 따라서, 이 동물의 개체들이 소수가 발견되었을 때, 동물원마다 열심히 사육해 야생으로 되돌려 보내기 시작했습니다. 하지만, 새롭게 방사된 족제비들은 반복되는 위협 요소와 마주합니다. 이들의 주된 먹이감은 프레리독인데, 이 동물은 벼룩이 옮기는 전염병에 취약합니다. 이 전염병이 확산되면, 아주 많은 프레리독이 전멸할 수 있습니다. <u>결과적으로,</u> 족제비 개체수가 먹이 부족으로 급감할 수 있습니다.

(a) 결과적으로
(b) 대조적으로
(c) 예를 들어
(d) 특히

해설 빈칸 앞에는 많은 프레리독이 전멸할 수 있다는 내용이, 빈칸 뒤에는 먹이(= 프레리독) 부족으로 족제비 개체수가 급감할 수 있다는 말이 쓰여 있다. 이는 원인과 결과에 해당되는 연결 관계이므로 결과를 이끌 때 사용하는 접속사 (a) In turn이 정답이다.

어휘 relatively 비교적, 상대적으로 recently 최근에 black-footed ferret 검은발 족제비 be thought to do ~하는 것으로 여겨지다 extinct 멸종된 population 개체수 discover ~을 발견하다 eagerly 간절히, 열심히 breed ~을 사육하다 reintroduce A into B: (동물) A를 B로 되돌려 보내다 released 방사된, 방출된 face v. ~와 마주하다, ~에 직면하다 recurring 반복되는 threat 위협 food

source 먹잇감 prairie dog 프레리독, 개쥐 susceptible to ~에 취약한 plague 전염병 flea 벼룩 spread 확산되다, 퍼지다 wipe out ~을 전멸시키다, 완전히 없애다 plummet 급감하다, 급락하다 due to ~로 인해 scarcity 부족 prey 먹이 in return 그 결과 by contrast 대조적으로 for instance 예를 들면 in particular 특히

정답 (a)

Part II

11.

버뮤다 삼각지대 해저의 지질학적 특징이 그 지역의 불가사의한 선박 실종 사건을 설명하는 데 도움이 될 수 있다. (a) 과학자들은 첨단 레이더 기술로 해저를 정밀 조사하여, 여러 개의 대규모 분화구를 발견했다. (b) 이 분화구들은 수중 메탄 가스 유출로 발생한 거대 폭발로 형성되었을 수도 있다. (c) 이 정도 규모의 폭발은 지나가는 선박을 가라앉힐 정도로 충분히 큰 지각변동을 쉽게 촉발시킬 수 있었을 것이다. **(d) 더욱이, 일각에서는 그 지역의 흔치 않은 자기장 패턴이 드문 실종 사건을 초래했을 수도 있었다고 주장한다.**

해설 버뮤다 삼각지대의 seafloor(해저)와 불가사의한 선박 실종 현상의 관계를 나타내는 글이다. 그러므로 seafloor와 관련성이 약한 선택지를 골라야 한다. (a)는 동의어인 seabed 상의 분화구 이야기이므로 자연스럽고, 분화구의 생성 방법을 다루는 (b)도 연관성이 있으며, 분화구의 폭발을 다루는 (c)도 연관성이 충분하다. 그러므로 남은 (d)가 정답이다. 오답을 소거하고 남은 정답에 대해서는 확인할 필요가 없지만, 폭발과 자기장이 유사한 것의 추가를 나타내는 Moreover로 연결되기에는 논리가 부족하다.

어휘 geological 지질학의 feature 특징 seafloor 해저(= seabed) help do ~하는 데 도움이 되다 mysterious 불가사의한 disappearance 실종, 사라짐 scan ~을 정밀 조사하다 advanced 첨단의 crater 분화구 could have p.p. ~할 수 있었을 것이다 form ~을 형성하다 massive 거대한 explosion 폭발 cause ~을 초래하다, 야기하다 methane gas 메탄 가스 leak 유출, 누출 magnitude 규모, 강도 trigger ~을 촉발하다, 야기하다 disturbance 지각변동 enough to do ~하기에 충분히 sink ~을 가라앉히다 moreover 더욱이, 게다가 argue that ~라고 주장하다 unusual 흔치 않은, 드문 magnetic 자기장의

정답 (d)

12.

스웨덴은 전 세계에서 가장 관대한 육아 휴직 정책들의 일부를 보유한 곳으로 유명하다. (a) 아이 출산 후에, 부모는 480일 동안의 유급 휴가를 받는다. **(b) 스웨덴의 부모들은 또한 정부가 비용을 지원하는 모든 보육 시설도 이용할 수 있다.** (c) 엄마와 아빠는 대체로 자신들이 원하는 만큼 가용 휴가를 쪼개서 사용할 수 있다. (d) 이 휴가는 아이가 8살이 될 때까지 언제든 사용할 수 있다.

해설 스웨덴의 관대한 육아 휴직 정책들과 관련해 (a)와 (c), 그리고 (d)는 모두 육아 휴직에 관련된 정보이지만, 보육 시설 이용을 언급하는 (b)는 육아 휴직과 관련 없는 내용이다. 따라서 (b)가 정답이다.

어휘 be known for ~로 알려져 있다 generous 관대한, 후한 parental leave 육아 휴직 policy 정책, 방침 grant A B: A에게 B를 주다, 승인하다 paid leave 유급 휴가 access ~을 이용하다, ~에 접근하다 government-funded 정부의 재정 지원을 받는 split ~을 나누다,

쪼개다 **available** 이용 가능한 **largely** 대체로, 주로 **as A please:** A가 원하는 대로, 좋을 대로 **day off** 휴가일, 휴무일 **at any time** 언제든지, 아무 때나 **reach** ~에 도달하다, 이르다

정답 (b)

Part III

13.

수신: John S. <johnsmyth@starmail.com>
발신: Me <gina.edwards@topmailbox.com>
날짜: 3월 13일
제목: 부탁하고 싶은 것

안녕, 존!

지난주에 내 새 식당에 와 줘서 고마워. 네가 맛있게 식사했다니 좋구나. 내가 지금 온라인에서 식당을 홍보하려고 있어서, 인기 사이트인 TravelFoodAdvisor.com에 등록해 놓았어. 관광객들에게 우리 식당을 한 번 이용해 보도록 권하는 후기들이 그 사이트에 있으면 도움이 될 것 같아. 네 경험에 대한 생각을 좀 공유해 줄 수 있다면, 정말 고마울 거야.

곧 다시 만나자!

지나

Q: 이메일의 주 목적은 무엇인가?
(a) 웹사이트에 식당 후기 작성을 요청하는 것
(b) 식당 웹사이트에 관한 의견을 구하는 것
(c) 긍정적인 식당 후기에 대해 존에게 감사 인사하는 것
(d) 식당 후기를 볼 수 있는 웹사이트를 추천하는 것

해설 처음부터 부탁을 할 수는 없으므로 요청 글의 목적은 대부분 후반에 드러난다. 완곡하게 요청을 하는 표현인 It'd be helpful if(~라면 좋을 텐데) 다음에 I got some reviews there라고 하므로 언급된 사이트에 후기를 써 달라는 요청을 하는 것이 이 글의 목적이다. 그리고 뒤에서 share some thoughts about your experience라는 말로 review를 부연 설명하고 있다. 그러므로 (a)가 정답이다.

어휘 **ask a favor** 부탁하다 **promote** ~을 홍보하다 **at the moment** 현재, 지금 **list** (목록에) ~을 등록하다, 올리다 **popular** 인기 있는 **helpful** 도움이 되는, 유익한 **review** 후기, 의견, 평가 **encourage A to do:** A에게 ~하도록 권하다, 장려하다 **give A a try:** A를 한번 시도해 보다 **share** ~을 공유하다 **thought** n. 생각 **grateful** 고마워하는, 감사하는 **look forward to -ing** ~하기를 고대하다 **ask for** ~을 요청하다 **seek** ~을 구하다, 찾다 **feedback** 의견 **positive** 긍정적인 **recommend** ~을 추천하다, 권하다

정답 (a)

14.

전 세계에서 판매되고 있는 대부분의 "와사비"는 사실 서양고추냉이와 겨자, 그리고 녹색 염료로 만들어진 모조 제품이다. **진짜 와사비는 많은 식당들이 갖추기에 너무 비싼데**, 도매가로 킬로그램당 최대 160달러나 하기 때문이다. 그 특유의 맛이 아주 빠르게 사라지기 때문에, 진짜 와사비는 식당들이 장기간 보관하기가 어렵기도 하다. 줄기에서 갓 갈아 낸 와사비는 불과 15분만에 그 맛과 향을 잃기 시작한다.

Q: 글의 주제는 무엇인가?
(a) 모조 와사비를 식별하는 방법
(b) 진짜 와사비가 비싼 이유
(c) 진정한 와사비를 만드는 데 필요한 것
(d) 모조 와사비가 널리 쓰이는 이유

해설 글의 주제는 글의 전체 흐름을 먼저 파악해야 한다. 많이 팔리는 와사비가 모조품이라는 주장 다음에 비싸고(expensive) 장기간 보관이 어렵다(difficult for restaurants to store long term)는 진짜 와사비의 두 가지 특성이 설명되고 있는데, 이는 대안으로 모조 와사비가 사용되는 이유라고 할 수 있다. 그러므로 (d)가 정답이다.

어휘 **the vast majority of** 대부분의, 대다수의 **actually** 실제로, 사실은 **imitation** 모조(품), 모방(한 것) **made of** ~로 만들어진 **horse radish** 서양고추냉이 **mustard** 겨자 **dye** n. 염료 **cost** ~의 비용이 들다 **up to** 최대 ~까지 **wholesale** 도매 **distinct** 특유의, 뚜렷이 구별되는 **fade** 사라지다, 희미해지다 **store** v. ~을 보관하다, 저장하다 **long term** 장기간 **freshly ground** 갓 갈은 **stem** 줄기 **plant** 나무, 식물 **flavor** 풍미, 맛과 향 **how to do** ~하는 방법 **identify** ~을 식별하다, 확인하다 **genuine** 진짜의, 진품의 **widely** 널리

정답 (d)

15.

범죄단체 조직원들은 흔히 온몸이 문신으로 뒤덮여 있다. 이 문신으로 인해 조직원들이 충성심을 증명할 수도 있지만, 아주 큰 대가를 치를 수도 있다. 일단 조직원이 문신을 새기게 되면, 다른 유형의 일자리를 찾거나 경쟁 조직으로 충성 대상을 바꾸는 것이 어려워질 수 있다. 그 결과, **이들은 종종 각자의 조직에 영원히 속박된 상태가 되곤 하는데**, 조직이 그들을 금전적으로 그리고 다른 여러 방식으로 착취할 수 있다.

Q: 문신과 관련된 글쓴이의 요점은 무엇인가?
(a) 연합을 맺은 조직의 구성원을 식별하는 데 도움이 된다.
(b) 조직원들에게 소속감을 제공해 준다.
(c) 적대 관계의 조직원들을 위협하는 데 활용된다.
(d) 조직원들을 통제하는 수단이 될 수 있다.

해설 주장하는 글의 요지는 주로 글 앞부분에 제시되며 but과 같은 반전의 접속사 뒤를 주목해야 한다. prove their loyalty(충성심 증명)라는 문신의 기능을 이야기한 뒤 but come at a steep price이라고 하므로 문신의 불리한 결과를 지적하는 것이 글의 요지이다. 따라서, 당사자들에게 불리한 내용인 (d)가 정답이다.

어휘 **criminal gang** 범죄단체 **be covered in** ~로 덮여 있다 **tattoo** n. 문신 v. ~에게 문신을 새기다 **allow A to do:** A가 ~할 수 있게 하다 **prove** ~을 증명하다 **loyalty** 충성(심) **come at a steep price** 아주 큰 대가를 치르다 cf. steep (경사가) 가파른, (변화가) 급격한, (가격이) 과도한 **employment** 일자리, 고용 **shift** ~을 바꾸다, 변화시키다 **allegiance** 충성 **as a result** 그 결과, 결과적으로 **find oneself in** ~에 처하게 되다 **in the grip of** ~에 속박된, 휘말린 **respective** 각자의, 각각의 **exploit** ~을 착취하다, 이용하다 **financially** 금전적으로, 재정적으로 **in other ways** 여러 다른 방식으로 **identify** ~을 식별하다, 확인하다 **a sense of belonging** 소속감 **intimidate** ~을 위협하다 **means** 수단 **control** ~을 통제하다, 지배하다

정답 (d)

Paraphrase in the grip of their respective gangs
　　　　　→ controlling gang members

16.

과학 대중화의 위대한 선구자 칼 세이건은 외계 문명의 존재에 대한 생각을 공개적으로 밝히기를 좋아했다. 이는 박사 과정의 학생으로서 그리고 학자로서 세이건이 이룬 여러 과학적 업적들에 더 익숙한 사람들에게는 놀라움으로 다가올 수도 있다. 그가 이룩한 발견에는 온실 효과가 금성 표면을 극한의 온도까지 가열시켰음을 보여주는 증거가 포함되었다. 세이건은 또한 화성 표면의 변화가 바뀌는 초목의 양식에 의해서가 아니라 비자연적 행성의 변천과정에 의해서 발생했음을 보여주는 데 도움을 주었다. 이 모든 과학적 발견은 생명이 살기 힘든 우주의 특성을 강조하는 것이었다.

Q: 글쓴이는 칼 세이건에 관해 주로 무슨 말을 하는가?
(a) 외계 생명의 존재에 대해 반론하려 했다.
(b) 외계 생명에 대한 그의 믿음이 박사 과정 후에 희미해졌다.
(c) 외계 생명과 관련된 과학계의 합의에 이의를 제기했다.
(d) 그의 과학적 연구 결과는 외계 생명체의 존재 가능성이 없음을 보여주었다.

해설 글쓴이는 과학을 대중화한 칼 세이건의 외계 문명 옹호를 이야기한 후, This might come as a surprise(이것에 놀랄 것)이라는 표현을 통해 학자로서 칼 세이건의 업적을 연결하고 있다. surprise라는 단어를 통해 후자가 전자와 상반된 결과일 것으로 예상할 수 있는데, 마지막 문장에 highlighted the universe's inhospitable nature를 showed the unlikeliness of alien life로 바꾸어 표현한 (d)가 정답이다.

어휘 popularizer 대중화에 앞선 사람, 보급에 힘쓰는 사람 be fond of ~을 좋아하다 publicly 공개적으로, 공공연히 muse about ~에 대해 생각하다 existence 존재 alien 외계의 civilization 문명 come as a surprise 놀라움으로 다가오다 those + 수식어구: ~하는 사람들 familiar with ~에 익숙한, ~을 잘 아는 accomplishment 업적, 성취, 달성 doctoral student 박사 과정의 학생 academic 학자, 교수 discovery 발견 (칼 세이건의 업적을 가리킴) include ~을 포함하다 evidence 증거 greenhouse effect 온실 효과 surface 표면, 지면 extreme 극한의, 극도의 temperature 온도 cause ~을 초래하다, 야기하다 not A but B: A가 아니라 B shifting 변화하는, 이동하는 vegetation 초목, 식생 nonorganic 비유기적인 planetary 행성의 process 변천과정 highlight ~을 강조하다, 집중 조명하다 inhospitable (기후 조건이) 살기 힘든 nature 특성 seek to do ~하려 하다 disprove ~에 반론하다, ~이 틀렸음을 증명하다 fade 희미해지다, 사라지다 dispute ~에 이의를 제기하다, ~을 반박하다 consensus 합의 regarding ~에 관한 findings 결과물, 조사 결과, 결론 unlikeliness 불가능함, 있을 법하지 않음

정답 (d)

Paraphrase scientific discoveries highlighted → scientific findings showed
the universe's inhospitable nature → the unlikeliness of alien life

17.

사이버대학
신규 과정: 데이터 기반의 비즈니스 의사 결정

다음 달부터, 저희는 '데이터 기반의 비즈니스 의사 결정'이라는 완전히 새로운 과정을 제공할 예정입니다. 이 과정은 네 가지 연속된 학점으로 구성되어 있는데, 각각을 이수하는 데 6주가 필요하고, 그 후에 최종 프로젝트가 이어집니다. 사전에 어떠한 데이터 분석학 과정도 이수할 필요는 없지만, 수강생들은 비즈니스 관련 개념들에 대한 기본적인 이해가 있어야 합니다. 비즈니스 전공자들에게 등록 우선권이 주어질 것입니다. 전체 프로그램 비용을 미리 납부하는 학생들은 1,200달러의 수강료에서 20퍼센트를 할인받게 됩니다. 그렇지 않으면, 각각 300달러씩 네 번에 걸친 분납 방식을 통해 납부될 수 있습니다.

Q: 해당 과정과 관련해 다음 중 어느 것이 옳은가?
(a) 이수하는 데 총 6주의 시간이 걸릴 것이다.
(b) 데이터 분석학 수강 이력이 없는 학생들에게도 열려 있다.
(c) 오로지 비즈니스 전공자들에게만 제공된다.
(d) 1,200달러의 할인된 수강료로 이용할 수 있을 것이다.

해설 세부사항을 묻는 문제는 선택지의 키워드를 지문에서 찾아 바로 확인하는 것이 빠르다. each requiring six weeks이므로 (a)는 오답이다. data analytics experience를 찾아보면 No prior data analytics courses라고 나오므로 (b)가 정답이다. business majors에 대해서는 priority registration이라고 하므로 exclusively라고 한 (c)도 오답이다. discount on the $1,200 course fee를 보면 할인가가 1200달러라고 한 (d)도 오답이다.

어휘 A-driven: A 기반의 decision making 의사 결정 offer ~을 제공하다 all-new 완전히 새로운 consist of ~로 구성되다 consecutive 연속된, 연이은 unit 학점 require ~을 필요로 하다 complete ~을 이수하다, 완수하다 followed by A: A가 뒤따르는 prior 사전의, 앞선 analytics 분석(학) grasp 이해, 파악 A-related: A와 관련된 major 전공자 priority 우선(권) registration 등록 prepay 미리 지불하다, 선납하다 entire 전체의 course fee 수강료 otherwise 그렇지 않으면, 그 외에는 installment 분납(금), 할부(금)

정답 (b)

Paraphrase No prior data analytics courses are required
→ open to students without data analytics experience

18.

인도의 기생 무화과 말벌은 덜 익은 무화과 열매 안에 알을 낳는다. 무화과를 뚫고 들어가기 위해, 이들은 산란관이라고 알려진 긴 부속 기관으로 무화과에 구멍을 뚫는데, 이는 인간의 머리카락보다 더 얇으며 아연으로 강화된 이빨 모양의 돌기들로 덮여 있다. 암컷들은 무화과에 다른 꽃가루 매개충의 유충이 있는지 확인한 다음, 유충이 이미 차지하고 있는 열매 속에 자신들의 알을 낳는다. 이 무화과 말벌의 새끼가 알을 까고 나오면, 성충에 이를 때까지 무화과와 다른 유충 둘 모두를 안전하게 먹을 수 있다.

Q: 무화과 말벌과 관련해 다음 중 어느 것이 옳은가?
(a) 가장 잘 익은 무화과를 찾아 그 안에 알을 낳는다.
(b) 머리에 나 있는 얇은 털로 무화과에 구멍을 뚫는다.
(c) 다른 유충이 들어 있는 무화과에 알을 낳는다.
(d) 무화과 과육만을 먹는다.

해설　사실확인(correct) 문제는 상세히 해석하려 하지 말고 선택지의 특이한 키워드를 지문에서 찾아 확인하면 된다. ripest를 지문에서 찾으면 unripe라고 언급되어 있으므로 (a)는 오답이다. hair를 찾아보니 a human hair라고 하므로 (b)도 오답이다. larvae를 찾아보니 already occupied by larvae라고 나오는데 containing other larvae와 일치하므로 (c)가 정답이다.

어휘　parasitic 기생하는 fig 무화과 wasp 말벌 lay one's egg 알을 낳다 unripe 덜 익은 penetrate ~을 뚫고 들어가다 pierce ~에 구멍을 뚫다 appendage (신체의) 부속 기관 known as ~라고 알려진 ovipositor 산란관 thin 얇은, 가느다란 covered in ~로 덮여 있는 zinc-fortified 아연으로 강화된 teeth 치상돌기 check A for B: B가 있는지 A를 확인하다 larvae 유충 pollinating insect 꽃가루 매개충 occupy ~을 차지하다, 점유하다 hatch (알) ~을 까다, 부화하다 offspring 새끼, 자손 feed on ~을 먹고 살다 reach ~에 이르다, 도달하다 maturity 성숙(한 상태) look for ~을 찾다 contain ~을 담고 있다, ~을 포함하다 exclusively 오직 ~만, 독점적으로 flesh 과육, 살, 고기

정답　(c)

Paraphrase fruits already occupied by larvae
→ figs containing other larvae

19.

존슨 씨께,

이 편지에 끝자리 숫자가 4281인 귀하의 당좌 예금 계좌에 대한 신규 직불 카드를 동봉해 드립니다. 현재 이용 중이신 카드가 만료될 예정은 아니지만, 저희가 모든 고객들의 카드를 새 세이프티체크 마이크로칩이 내장된 것으로 교체해 드리고 있습니다. 이 칩이 승인되지 않은 사용을 방지하는 기능이 훨씬 더 좋습니다. 1-800-725-BANK로 전화 주셔서 귀하의 카드를 활성화하시기 바랍니다. 그렇게 하시면 동일한 계좌에 대해 현재 사용 중인 직불 카드는 정지됩니다. 카드를 분실하시거나 어떤 의심스러운 계좌 이용 활동이든 목격하시는 경우에 저희에게 곧바로 연락 주십시오.

안녕히 계십시오.
에이펙스 은행

Q: 존슨 씨는 왜 새 직불 카드를 받는가?
(a) 현재 이용 중인 직불 카드가 거의 만료되었다.
(b) 분실 카드에 대한 교체를 요청했다.
(c) 최근에 새 당좌 예금 계좌를 개설했다.
(d) 은행에서 보안 기능이 더 뛰어난 카드를 발급하고 있다.

해설　질문의 Mr. Johnson receiving에서 주어를 바꾸어 다르게 표현한 we are replacing 뒤에 그 이유를 나타내는 단서가 나올 것임을 예상할 수 있다. 새 세이프티체크 마이크로칩을 언급하면서 This chip goes much further in preventing unauthorized activity라는 장점을 언급하고 있으므로, preventing unauthorized activity를 security로 바꾸어 표현한 (d)가 정답이다.

어휘　enclosed 동봉된 debit card 직불 카드 checking account 당좌 예금 계좌 current 현재의 be set to do ~할 예정이다 expire 만료되다 replace A with B: A를 B로 교체하다, 대체하다 contain ~을 담고 있다, 포함하다 go further 더 좋은 효과를 내다, 더 잘 되다 much (비교급 수식) 훨씬 prevent ~을 방지하다, 막다 unauthorized 승인되지 않은 activate ~을 활성화하다 deactivate ~을 비활성화하다 observe ~을 목격하다, 보다

suspicious 의심스러운 nearly 거의 request ~을 요청하다 replacement 교체(품), 대체(품) recently 최근에 issue ~을 발급하다, 지급하다 security 보안

정답　(d)

Paraphrase replacing all customers' cards → issuing cards
further in preventing unauthorized activity
→ with better security

20.

1919년에, 훗날 4성 장군 및 미국 대통령의 자리에 오르는 드와이트 아이젠하워 중령은 아주 긴 도로 여행에 참가했다. 80대의 차량 호송대와 함께, 그는 링컨 고속도로를 통해 워싱턴 DC에서 샌프란시스코까지 차를 몰았다. 이 여행은 군사적 능력을 과시함과 동시에 미국의 기간시설이 가진 문제점들에 대한 관심을 불러 일으키기 위한 것이었다. 참가자들은 모래 수렁 및 손상된 다리들을 포함한 열악한 환경들에 직면했으며, 아주 험난한 62일간의 여정 끝에 일정보다 6일 늦게 도착했다. 이들의 이야기에 대응하여 의회는 연방도로위원회(FHC)를 설립했다. 후에 대통령으로 당선된 아이젠하워는 기간시설을 최우선 순위로 삼았다.

Q: 드와이트 아이젠하워와 관련해 다음 중 어느 것이 옳은가?
(a) 이 여행 전에 4성 장군이 되었다.
(b) 그의 여행은 군사적 기간시설을 평가하기 위한 것이었다.
(c) 예상보다 더 늦게 목적지에 도착했다.
(d) 그의 여행은 연방도로위원회의 요청에 의해 시작되었다.

해설　사실확인(correct)문제는 선택지의 키워드를 지문에서 찾아 비교하는 방법이 가장 좋다. (a)의 four-star는 future four-star라고 나오므로 시점이 틀린 오답이다. (b)의 military infrastructure는 지문에서 군사능력 과시와 기간산업의 문제점을 밝히기 위함이었으므로 오답이다. (c)의 arrived를 지문에서 찾아보면 arriving six days behind schedule로 나오므로 behind schedule이 later than anticipated로 표현된 (c)가 정답이다.

어휘　future 후일의 four-star general 4성 장군 participate in ~에 참가하다 extensive 긴 convoy 호송대 vehicle 차량 via ~을 통해 be meant to do ~하기 위한 것이다, ~하기로 되어 있다 demonstrate ~을 입증하다, 과시하다 capability 능력 bring attention to ~에 관심을 끌다, 주목하게 만들다 infrastructure 기간시설 face v. ~에 직면하다 abysmal 열악한 condition 환경, 조건, 상태 including ~을 포함해 quicksand 모래 수렁, 모래 늪 damaged 손상된, 피해를 입은 behind schedule 일정보다 늦게, 뒤처져 grueling 아주 험난한, 녹초로 만드는 in response to ~에 반응해, 대응해 Congress 의회 establish ~을 설립하다, 확립하다 make A a priority: A를 최우선으로 삼다 assess ~을 평가하다 destination 목적지, 도착지 than anticipated 예상보다, 기대보다 undertake ~에 착수하다, ~을 맡다 at the request of ~의 요청에 의해

정답　(c)

Paraphrase arriving six days behind schedule
→ arrived at his destination later than anticipated

21.

> 박테리아는 같은 종의 다른 박테리아와 합세해 숙주를 공격하는 경우에만 위험해진다. 이는 정족수 감지라고 불리는 현상을 통해 발생하는데, 이때 박테리아는 같은 종이 특정 부위에 모여있는지를 가늠할 수 있게 된다. 박테리아는 자신과 같은 종이 주위에 충분하게 존재한다는 것을 감지하면, 조직적으로 독소를 분비한다. 연구가들은 정족수 감지를 중단시켜 박테리아를 해롭지 않은 상태로 만들 약물을 제조하고자 한다. 이러한 약물은 또한 항생제를 대체하여 항생제 내성이라는 문제를 해결할 수도 있다.
>
> Q: 지문에 따르면, 다음 중 어느 것이 옳은가?
> (a) 박테리아는 다른 박테리아 종과 혼합될 때만 유해할 수 있다.
> **(b) 박테리아는 같은 종이 충분하다는 것을 감지할 때 독소를 방출한다.**
> (c) 정족수 감지 능력을 효과적으로 무력화하면 박테리아가 죽는다.
> (d) 정족수 감지를 막으면 박테리아가 약물에 내성이 생기게 된다.

해설 사실확인(correct) 문제는 먼저 선택지의 키워드를 지문에서 찾아 대조해 본다. (a)의 harmful은 지문에서 dangerous로 제시되는데 other bacteria of the same species(같은 종 박테리아)라고 나오므로 other bacteria species(다른 종 박테리아)라고 한 (a)는 오답이다. (b)의 toxins가 등장하는 문장에서 sense that they are with enough of their own kind라고 하므로 이를 sensing enough of their own species로 바꾸어 표현한 (b)가 정답이다.

어휘 bacteria 세균 dangerous 위험한 species (동식물) 종 attack ~을 공격하다 host 숙주 happen 발생하다 phenomenon 현상 called ~라고 불리는 quorum sensing 정족수 감지 (증식에 의해 균체 농도가 정족수에 이르면 다양한 집단적 행동 양식을 유발하는 신호 전달 체계) allow A to do: A가 ~할 수 있도록 해주다 determine ~을 판정하다 local 특정 부위의 concentration 집중 sense that ~임을 감지하다 coordinate 조직적으로 ~하다 secretion 분비 toxin 독소 engineer ~을 제조하다 deactivate ~을 중단시키다, 정지시키다 render A 형용사: A를 ~하게 만들다 harmless 해롭지 않은 such 그러한 drug 약 replace ~을 대체하다 antibiotics 항생제 antibiotic resistance 항생제에 대한 내성 non-issue 문제가 되지 않는 것 harmful 유해한 mixed with ~와 혼합된, 섞인 release ~을 방출하다, 내보내다 upon -ing ~할 때, ~하자마자 neutralize ~을 무력화시키다, 중화시키다 effectively 효과적으로 destroy ~을 죽이다 block ~을 막다, 차단하다 cause A to do: A가 ~하도록 초래하다 resistant to ~에 내성이 있는, 저항력 있는

정답 (b)

Paraphrase When bacteria sense that they are with enough of their own kind → upon sensing enough of their own species

22.

파이낸셜 스펙테이터

금융계 간부 추방되다

글: 레슬리 하디

전 엠파이어은행 이사 데이빗 타워즈가 금융 서비스 업계에 종사하지 못하도록 영구 제명 조치를 받았습니다. 자산 관리 부서의 책임자로서, 그는 작년에 소속 부서의 업무 문화가 과도한 위험 감수를 조장했다고 주장하는 한 독립 컨설턴트의 제보를 받았습니다. 이 제보를 받자마자, 타

워즈 씨는 직원들에게 이를 엠파이어은행 고위 운영진으로부터 은폐하도록 지시했습니다. 한 내부 고발자가 타워즈의 행동을 폭로한 후, 그는 금융감독원의 조사를 받았으며, 금융감독원은 현재 그에게 직업 윤리의식이 몹시 결여되었다는 이유로 제명 조치를 내린 상태입니다.

> Q: 데이빗 타워즈는 왜 영구 제명 조치를 받았는가?
> (a) 다수의 파국적인 고위험 거래를 부추겼다.
> (b) 위험한 거래를 진행하기 전에 은행에 알리지 못했다.
> (c) 한 컨설턴트에게 조사를 하도록 허용하기를 거부했다.
> **(d) 소속 부서의 업무 문화를 비난하는 제보를 은폐했다.**

해설 질문의 ban이 잘못한 행위에 대한 처벌의 성격을 지니므로 David Towers가 한 일(actions)을 간략히 정리한다. (1) 어떤 문제에 대해 보고를 받았고 (2) 직원들에게 이를 감추도록 지시했다. 이 두 가지 중 문제성이 있는 행동은 ordered staff to conceal it 이다. it = report이므로 report를 포함한 선택지 (d)가 정답이다. conceal(감추다)의 동의어인 suppress(은폐하다)가 들어간 선택지를 찾아도 된다.

어휘 financial 금융의, 재무의 executive 간부, 이사 ban v. ~을 파문하다, 추방하다, 금지하다 n. 파문, 추방, 금지 former 전직 ~의 industry 업계, 산업 head 책임자, 지도자 wealth management 자산 관리 division (단체 등의) 부, 과, 국 independent 독립적인, 외부기관의 allege that ~라고 주장하다 promote ~을 조장하다, 촉진하다 excessive 과도한 risk-taking 위험 감수 upon -ing ~하자마자, ~할 때 order A to do: A에게 ~하도록 지시하다, 명령하다 conceal A from B: A를 B로부터 은폐하다 senior leadership 고위 운영진, 고위 지도층 whistle-blower 내부 고발자 reveal ~을 폭로하다 investigate ~을 조사하다 gross 엄청난, 심한 lack 부족 integrity 진실성, 청렴함 encourage ~을 부추기다, 장려하다 disastrous 파국적인, 피해가 막심한 high-risk 위험 부담이 높은 trade 거래 fail to do ~하지 못하다 notify ~에게 알리다, 통보하다 risky 위험한 refuse to do ~하기를 거부하다, 거절하다 allow A to do: A에게 ~하도록 허용하다, ~할 수 있게 해 주다 do an investigation 조사하다 suppress ~을 숨기다, 억제하다 critical of ~을 비판하는, 비난하는

정답 (d)

Paraphrase ordered staff to conceal it → suppressed a report

23.

> 작은 조경업체의 오랜 소유주로서, 저는 불만을 지닌 고객들을 적지 않게 상대해야 했습니다. 이 사람들 대부분은 스스로의 분노에 너무 휩싸인 나머지 기업주들이 항상 의견을 구하고 있다는 점을 알아차리지 못합니다. 저는 제 직원들이 제공하는 서비스를 관찰하고 개선하기를 원하기 때문에, 명확하고 정중하게 전달되는 어떤 정보라도 열렬히 환영합니다. 계산을 할 때, 저는 심지어 제 실수에 대해 순수한 마음으로 지적해주시는 분들께 보상까지 해드립니다.
>
> Q: 지문에서 글쓴이와 관련해 무엇을 유추할 수 있는가?
> **(a) 정중하게 의견을 제공하는 고객들에게 할인을 제공한다.**
> (b) 불만 처리가 자신의 일에서 가장 힘든 부분이라고 생각한다.
> (c) 화를 내는 것보다 정중한 불만을 더 많이 접수한다.
> (d) 대부분의 고객 불만이 불합리하다고 여기고 있다.

해설 유추 유형에서는 직관적인 키워드의 단서가 통하지 않기 때문에 먼저 지문의 흐름을 빠르게 정리하고 선택지와 대조해 보는 것이 낫다. [불만 고객 → 분노로 포장된 피드백 (싫다) → 명확하고 정

중한 피드백 환영 → 결제할 때 → 내 실수를 순수한 마음으로 지적 → 보상까지 함]. 글쓴이의 요지는 고객이 불만을 전달할 때 무조건 화부터 내지 말라는 것이며, 순수한 마음으로 불만을 전달한다면 보상까지 해준다는 것이다. 이런 글쓴이의 태도를 잘 반영한 선택지로 계산할 때 보상까지 해준다는 것에서 할인을 해준다고 유추한 (a)가 정답이다.

어휘　long-time 오랜 owner 소유주 landscaping 조경 deal with ~을 상대하다, ~에 대처하다 more than a few 적지 않은 dissatisfied 불만이 있는, 불만족한 so 형용사/부사 that: 너무 ~해서 …하다 be caught up in ~에 휩싸여 있다, 갇혀 있다 outrage 분노, 격분 realize that ~임을 알아차리다, 깨닫다 look for ~을 구하다 feedback 의견 monitor ~을 관찰하다 improve ~을 개선하다, 향상시키다 provide ~을 제공하다 deliver ~을 전달하다 politely 정중히, 공손히 more than welcome 열렬히 환영하는 settle (비용 등) ~을 정산하다 bill 청구서, 계산서, 고지서 reward ~에게 보상하다 mistake 실수 offer ~을 제공하다 discount 할인 find A B: A를 B라고 생각하다 handle ~을 처리하다, 다루다 complaint 불만, 불평 deem A 형용사: A를 ~하다고 생각하다 unreasonable 불합리한, 부당한

정답　(a)

24.

상선단원은 제2차 세계대전 중에 미국의 전쟁 활동을 지원하기 위한 물품 운송을 맡았던 민간인 수병이었다. 하지만, 독일의 U보트 앞에서 보인 용맹함에도 불구하고, 해군과 동일하게 존중받지는 못했다. 느슨한 모집 기준 때문에, 아무 짝에도 쓸모 없는 불한당이라는 평판을 얻었다. 일반인들은 또한 그들에게 주는 임금도 못마땅해 했는데, 이는 일부 해군 수병들보다 더 높았다. 일반인들은 그들이 소득세를 냈고, 정부 수당을 받지 못했으며, 오직 바다에 나가 있는 동안에만 임금을 받았다는 사실을 알지 못했다. 비록 일반인들에 의해 크게 폄하되기는 했지만, 프랭클린 D. 루즈벨트 대통령은 그들의 희생과 기여에 찬사를 보냈다.

Q: 지문에서 상선단원들에 대해 무엇을 유추할 수 있는가?
(a) 사병들이 대부분 전직 해군들로 구성되어 있었다.
(b) 미국에 충성하지 않는 것으로 알려져 있었다.
(c) 루즈벨트 대통령은 그들에게 정부 혜택을 승인했다.
(d) 일반인들은 그들이 해군에 비해 과도한 보수를 받는다고 여겼다.

해설　텝스 유추 문제들 중에는 가끔 유추 정도가 약해 사실확인처럼 키워드를 활용할 수 있는 문제들이 나오는데 이 문제가 그렇다. ex-navy men과 유사한 former 등의 키워드를 찾을 수 없으므로 (a)는 오답이다. (b)의 disloyal에 관한 키워드도 없으므로 오답이다. Roosevelt praised에서 Roosevelt 대통령이 준 것은 칭찬 뿐이므로 (c)도 오답이다. 따라서 남은 (d)가 정답이다. (d)의 saw them as overpaid를 지문 중간의 their wages, which were higher than those of some navy men에서 쉽게 확인할 수 있다.

어휘　merchant mariner 상선단원 civilian 민간의 seaman 수병, 선원 task A with B: A에게 B의 임무를 맡기다 transport ~을 운송하다 supplies 보급품 support ~을 지지하다, 지원하다 despite ~에도 불구하고 bravery 용맹함, 용감함 in the face of ~ 앞에서, ~와 직면한 상태에서 U-boat 나치 독일의 잠수함 be held in the same regard as ~와 동일하게 존중받다 navy man 해군 수병 loose 느슨한 recruiting 모집, 채용 reputation 평판, 명성 good-for-nothing 아무 짝에도 쓸모 없는 scoundrel 불한당, 건달 the public 일반인들, 사람들 begrudge A B: B에 대해 A를 못마땅해 하다, 시기하다 wage 임금 income tax 소득세 benefit 수당, 혜택,

이득 while at sea 바다에 있는 동안 widely 크게, 널리 disparage ~을 폄하하다 praise ~을 칭찬하다 sacrifice 희생 contribution 기여, 공헌 ranks (복수형으로) 일반 사병 be composed of ~로 구성되다 mostly 대부분, 대체로 ex (연결어로 쓰여) 전 ~의 be known to do ~하는 것으로 알려지다 disloyal to ~에 충성하지 않는 grant A B: A에게 B를 주다, 제공하다 see A as B: A를 B한 것으로 여기다 overpaid 과도한 보수를 받는 compared with ~에 비해

정답　(d)

Paraphrase The public also begrudged them their wages, which were higher than those of some navy men. → The public saw them as overpaid compared with navy men.

25.

여러 문화 인류학자들이 전 세계 사람들의 감정 표현을 연구한 바 있다. 미국과 아르헨티나, 일본, 그리고 파푸아뉴기니 사람들이 서로 행복과 분노, 슬픔, 혐오, 공포, 그리고 놀라움을 나타내는 얼굴 표정을 짓는 사진들을 봤을 때, 각각 표정이 전달하는 감정을 식별하는 데 거의 어려움을 느끼지 못했다. 심지어 사실상 서양 문화권과 접촉이 없었던 파푸아뉴기니의 다니족과 포레족 같은 오지의 종족들조차 서양인들의 얼굴 표정을 정확히 식별할 수 있었다. 마찬가지로, 다니족 원주민들이 나타내는 감정 표현을 담은 비디오테이프를 본 미국 대학생들도 자신들이 본 감정을 정확히 짚어냈다.

Q: 지문에서 무엇을 유추할 수 있는가?
(a) 서양인들이 대부분의 다른 사람들보다 감정적으로 표현력이 더 풍부하다.
(b) 감정적 자기 인식이 다른 이들의 감정을 읽는 능력을 높여준다.
(c) 여러 얼굴 표정이 뉴기니 부족들 사이에서 크게 다른 의미를 지닌다.
(d) 문화적 차이는 다른 사람의 감정을 이해하는 능력에 거의 영향을 미치지 못한다.

해설　유추 유형이므로 글의 기본 흐름을 빨리 파악하고 요지를 파악해야 한다. [감정 표현 연구 → 여러 지역 사람들 → 여러 감정 보여줌 → 이해에 어려움 없음 → 오지 종족 → 서양 감정 이해 → 미국인 → 오지 종족 감정 이해]. 문화 교류가 없는 사람들이 서로의 감정 이해에 어려움이 없었다(had little difficulty in identifying the emotion)는 것이 이 글의 요지이다. 이런 관점에서 문화 차이가 타인의 감정 이해(grasp others' emotions)를 방해하지 않는다(have little impact)는 것을 유추할 수 있으므로 (d)가 정답이다.

어휘　cultural anthropologist 문화 인류학자 expression 표현, 표정 emotion 감정 view ~을 보다 make facial expressions 얼굴 표정을 짓다 disgust 혐오 fear 공포 surprise 놀람 have little difficulty in -ing ~하는 데 거의 어려움을 느끼지 못하다 identify ~을 식별하다, 확인하다 convey ~을 전달하다 remote 외딴 지역의, 오지의 have no contact with ~와 접촉이 없다 virtually 사실상, 거의 be able to do ~할 수 있다 correctly 정확히 Westerner 서양인 likewise 마찬가지로, 유사하게 native n. 원주민, 토착민 accurately 정확히 pinpoint (정확히) ~을 짚어내다, 지적하다 emotionally 감정적으로 expressive 표현하는, 표정이 있는 self-awareness 자기 인식 increase ~을 높이다, 증가시키다 ability to do ~할 수 있는 능력 widely 크게, 널리 meaning 의미 tribe 부족 have little impact on ~에 거의 영향을 미치지 못하다 grasp ~을 이해하다, 파악하다

정답　(d)

Part IV

26-27.

> **제24회 연례**
> **테이스트 오브 뉴타운 음식 축제**
>
> 테이스트 오브 뉴타운 축제가 이번 주 금요일부터 다시 열립니다! 이 축제는 지난해에 3일간 행사로 바뀌었으며, 뉴타운에서 가장 큰 음식 및 음식 문화 축제입니다.
>
> **음식 및 행사:**
> · 3일간 열리는 25개의 다양한 음식 부스, 16대의 푸드 트럭, 그리고 15개의 특별한 일일 "임시" 식당
> · 유명 요리사들의 요리 시연회
> · 인형극과 콘서트, 댄스 공연을 포함해 그 어느 때보다 더 다양한 비음식 행사
>
> **오시는 길:**
> · 제한된 주차 공간이 근처에 이용 가능하기는 하지만, 지하철이 축제 장소로 찾아오시기 가장 쉬운 방법입니다. 갈색 노선을 이용해 파크역까지 오시거나, 적색 노선을 이용해 뉴베리역까지 오시기 바랍니다. 26 두 곳 모두 편리한 곳에 위치해 있습니다.
>
> **입장료:**
> · 공원 및 비음식 행사 입장료는 무료이며, 입장권이 필요치 않습니다.
> · 27 지정된 매표소에서 식권을 현금 또는 신용카드로 구입하셔야 하는데, 이 식권이 음식 비용을 지불하시는 유일한 방법이기 때문입니다.

어휘 annual 연례적인, 해마다의 taste 맛, 취향 celebration 기념, 축하 booth 부스, 작은 공간, 점포 pop-up 임시의 demonstration 시연(회), 시범 renowned 유명한 chef 요리사 than ever before 그 어느 때보다 더 including ~을 포함해 puppet show 인형극 performance 공연 directions (길)안내 limited 제한된 parking 주차 available 이용 가능한 nearby 근처에 access ~에 접근하다, ~을 이용하다 be conveniently located 편리하게 위치해 있다 admission 입장 free 무료인 required 필요한, 필수의 cash 현금 designated 지정된 pay for ~에 대해 지불하다

26. 축제와 관련해 다음 중 어느 것이 옳은가?
(a) 작년 이전에는 3일간의 행사였다.
(b) 이전보다 더 적은 행사들을 개최한다.
(c) 두 곳의 지하철 역과 가까이 위치해 있다.
(d) 방문객들이 입장권을 구입해야 한다.

해설 축제가 three-day가 된 것은 last year이므로 (a)는 오답이다. 이벤트 항목에서 More non-food events than ever before라고 하므로 (b)도 오답이다. 두 개의 역 이름을 제시하고 conveniently located를 close to로 바꾸어 표현한 (c)가 정답이다.

어휘 prior to ~에 전에, ~에 앞서 hold ~을 개최하다 close to ~와 가까이 require A to do: A가 ~해야 하다, A에게 ~하도록 요구하다

정답 (c)

Paraphrase are conveniently located → is located close to

27. 음식 판매상들이 어떤 형태로 음식값을 받을 것인가?
(a) 현금
(b) 식권
(c) 신용카드
(d) 위의 세 가지 모두

해설 pay for food가 나오는 마지막 단락에서 식권을 사라고 하면서 이것이 음식 비용을 지불하는 유일한 방법이라고(these tickets are the only way to pay for food) 하므로 (b)가 정답이다.

어휘 form 종류, 유형, 형태 vendor 판매상, 판매업체 accept ~을 받다, 통용하다

정답 (b)

28-29.

> | 그린테크 | 부서장 평가 양식 | | 저장 | 제출 |
> | --- | --- | --- | --- | --- |
>
> 이 익명의 평가 양식은 직원들에게 의견을 공유할 기회를 제공함으로써 업무 성과를 향상시키도록 경영진에 도움이 될 것입니다.
>
> 29 부서장 성명 (부서): 제인 윌슨 (고객 서비스부)
>
> | 귀하의 부서장을 평가하십시오 | 나쁨 | 보통 | 좋음 | 훌륭함 |
> | --- | --- | --- | --- | --- |
> | · 기대 및 지시 전달 | ☐ | ☐ | ■ | ☐ |
> | · 업무 수행에 관한 적절한 의견 제공 | ☐ | ■ | ☐ | ☐ |
> | · 업무 관련 문제 처리에 제때 도움을 줌 | ☐ | ☐ | ☐ | ■ |
> | · 합의 방식의 업무 환경 조성 | ☐ | ☐ | ☐ | ■ |
>
> **의견**
> 저희 부서에 오신 지 비교적 짧은 시간에, 제인 부장님께서는 이미 매우 긍정적인 기여를 해 오셨습니다. 인사팀에서 수년간 근무하신 경력이 이곳에서 많은 문제를 해결하는 데 도움이 되었으며, 29 팀원들의 일일 업무를 제대로 파악하시고자 하는 의지로 인해, 고객 서비스의 핵심에 대한 철저한 이해를 발전시키실 수 있었습니다. 28 제 생각에, 책임자로서 제인 부장님의 주된 장점은 직원들과 좋은 관계를 빠르게 확립하시는 능력입니다. 그분의 방문이 항상 열려 있다는 점과 논의를 환영하신다는 점, 그리고 요령 있게 의견 차이에 대처하실 수 있다는 점을 알면 든든합니다. 뛰어난 의사소통 능력을 지니고 계시긴 하지만, 직원들을 평가하시는 데 있어 더 직접적이시면 좋겠습니다. 비교적 최근에 입사한 직원으로서, 저는 솔직한 의견이 제가 성장하는 데 도움이 되리라 생각합니다.

어휘 supervisor 부서장, 책임자, 감독 evaluation 평가(서) form 양식, 서식 submit 제출하다 anonymous 익명의 assist ~을 돕다, 지원하다 management 경영(진) improve ~을 향상시키다, 개선하다 performance 성과, 실적, 수행 (능력) opportunity to do ~할 수 있는 기회 share ~을 공유하다 feedback 의견 rate ~을 평가하다, 등급을 매기다, 점수를 주다 communicate (정보 등) ~을 전달하다, 의사소통하다 expectation 기대, 예상 instructions 지시, 설명 adequate 적절한, 충분한 available (이용) 가능한, 유용한, 시간이 있는 address v. (문제 등) ~을 처리하다, 다루다 A-related: A와 관련된 issue 문제, 사안 foster ~을 조성하다 collegial 합의제의 environment 환경 relatively 비교적, 상대적으로 make a contribution 기여하다, 공헌하다 positive 긍정적인 help A do: ~하도록 A를 돕다 solve ~을 해결하다 willingness to do ~하려는 의지, 의향 familiarize A with B: A를 B에 익숙하게 하다, 잘 알게 하다 task 업무, 일 develop ~을 발전시키다 sound 철저

한, 착실한, 안정적인, 견실한 grasp 이해, 파악 fundamental n. 핵심, 기본, 근본 chief 주된, 주요한 asset 자산 ability to do ~할 수 있는 능력 establish ~을 확립하다, 자리잡게 하다 rapport 관계 reassuring 든든한, 안심되는 handle ~에 대처하다, ~을 처리하다 disagreement 의견 차이, 불일치 tactfully 요령 있게 outstanding 뛰어난 evaluate ~을 평가하다 frank 솔직한 grow 성장하다

28. 부서장으로서 제인 윌슨의 가장 뛰어난 장점으로 무엇이 강조되고 있는가?

(a) 강인한 리더십 스타일
(b) 의견 차이에 대한 열린 마음
(c) 뛰어난 대인 관계 능력
(d) 다년간의 관련 분야 경력

해설 하단에 위치한 의견 항목에서 질문의 greatest strength as a supervisor와 같은 의미인 As a manager, Jane's chief asset 부분을 보면, 직원들과 좋은 관계를 빠르게 확립하는 능력(ability to quickly establish a good rapport with employees)을 언급하고 있다. 이런 능력을 대인관계 능력이라고 할 수 있으므로 interpersonal skills를 포함하는 (c)가 정답이다.

어휘 highlight ~을 강조하다 strength 장점, 강점 tough 강인한 openness 개방성 disagreement 불일치, 의견 차이 interpersonal 대인관계의 years of 수년간의 relevant 관련된 experience 경험

정답 (c)

Paraphrase ability to quickly establish a good rapport with employees → strong interpersonal skills

29. 평가 양식에서 제인 윌슨과 관련해 무엇을 유추할 수 있는가?

(a) 평가자가 그녀에게 다가서기 어렵다고 생각한다.
(b) 한 차례 승진 후에 고객 서비스부로 옮겼다.
(c) 전문적인 고객 서비스 경험이 부족하다.
(d) 평가자가 인사부에서 함께 근무했다.

해설 Jane Wilson에 대한 정보를 간단히 모아보면 다음과 같다. 인사팀 출신, 최근 부임, 현 고객 서비스 부장, 팀 업무 파악 의지, 고객 서비스 기초를 확실히 이해, 대인관계 좋고, 개방적, 토론 환경, 소통 능력 좋음, 피드백 부족함. 이제 이 정보를 근거로 끌어낼 수 있는 결론을 선택지에서 찾아보면, 부서장이 팀 업무 파악에 힘쓰고 있으며, 그 결과 고객 서비스 기본 업무 이해가 늘었다고 하므로 원래 고객 서비스 전문가가 아니라고 유추할 수 있다. 그러므로 고객 서비스 전문 경험이 없다(lacks)고 하는 (c)가 정답이다.

어휘 evaluator 평가자 find it 형용사 to do: ~하는 것이 …라고 생각하다 approach ~에게 다가가다 promotion 승진 lack v. ~이 부족하다 HR 인사관리(= human resources)

정답 (c)

30-31.

리차드 3세의 왕좌 등극

15세기 잉글랜드 군주였던 에드워드 4세는 글로스터 공작인 동생 리차드를 몹시 신뢰하였다. 어쨌든, **31** 리차드는 자신들의 형제인 조지가 선왕인 헨리 6세를 복위시키기 위해 정적들과 음모를 꾸몄을 때 에드워드를 도왔다. 리차드는 에드워드 4세가 왕권을 되찾았을 때 대단히 영향력이 큰 지위로 충성에 대한 보상을 받았다.

아주 두터운 신임을 받았기 때문에 왕이 1483년에 갑자기 사망하자, 리차드는 선대왕의 유언에 따라 어린 아들인 에드워드 5세의 호국경으로 임명되었다. **30** 이는 리차드를 섭정으로 만들어 주었는데, 이 자리는 자신의 조카가 성년이 될 때까지만 유지하기로 되어 있었다.

30 하지만, 이 자리에 오른 뒤, 리차드는 권력을 포기할 의향이 없어졌다. 에드워드 5세를 일찍 왕위에 앉히기 위한 계획이 세워졌을 때, 리차드는 어린 조카를 런던 타워로 몰래 데리고 갔는데, 이후로 그 조카의 모습을 다시는 볼 수 없었다. 리차드는 에드워드를 사생아라고 맹비난하면서 **30** 자신을 정통 군주로 공표하고 리차드 3세가 되었다. 리차드가 자신의 조카를 살해했다는 소문은 전혀 확인된 바 없지만, 오래 전의 여론 재판에서는 형의 신뢰를 반역으로 갚은 리차드에게 유죄를 선고했다.

어휘 rise 출현, 출세, 성공, (신분의) 상승 monarch 군주 place trust in ~을 믿음직하게 여기다, ~을 신뢰하다 after all (문장 앞) 어쨌든, (문장 끝) 결국 support ~을 돕다, 지원하다 conspire 음모를 꾸미다 reinstate ~을 복위시키다, 복직시키다 former 이전의, 전 ~ reward A for B: B에 대해 A에 보상하다 loyalty 충성(심) position 지위, 직위 influence 영향(력) regain ~을 되찾다 crown n. 왕위 v. ~을 왕위에 앉히다 so 형용사/부사 that 너무 ~해서 …하다 upon ~할 때, ~하자마자 unexpected 예기치 못하게, 예상 밖의 demise 사망 name A B: A를 B로 임명하다 lord protector 호국경 (과거 잉글랜드에서 왕을 섭정하던 귀족) in accordance with ~에 따라 deceased 사망한 wish 유언, 소원, 희망 acting 대행의, 대리의 be supposed to do ~하기로 되어 있다, ~할 예정이다 hold ~을 유지하다 nephew 조카 reach ~에 이르다, 도달하다 majority (법률상의) 성년 ascend to ~에 오르다 unwilling to do ~할 의향이 없는 relinquish ~을 포기하다 spirit away to ~로 몰래 데리고 가다 denounce ~을 맹비난하다 illegitimate child 사생아, 혼외자 declare A B: A를 B라고 공표하다 rightful 적법한, 정당한 confirm ~을 확인하다 court of public opinion 여론 재판 convict A of B: B에 대해 A에게 유죄를 선고하다 repay ~을 갚다, 보답하다 treachery 반역, 배신

30. 지문의 주제는 무엇인가?

(a) 배신을 통한 리차드의 왕위 집권
(b) 권력을 되찾기 위해 에드워드 4세와 꾸민 리차드의 음모
(c) 왕위를 두고 에드워드 4세와 빚은 리차드의 갈등
(d) 형에게서 권력을 빼앗는 데 실패한 리차드의 음모

해설 주제는 곧 글의 일관된 흐름이다. [리차드가 형 에드워드 4세 즉위 도움 → 보답으로 에드워드 5세 섭정 → 에드워드 5세 살해 → 리차드 3세 즉위 → 여론은 리차드 3세를 배신자로 낙인]. 이렇게 리차드를 중심으로 글의 흐름을 보면 결국 그가 조카를 죽이고 왕위를 찬탈하여 형의 신뢰를 배신으로 갚았다는 것이므로 (a)가 정답이다.

어휘 throne 왕위, 왕좌 betrayal 배신, 배반 plot 음모, 계략 conflict 갈등, 충돌 over (대상) ~을 두고, ~에 대해 failed 실패한

정답 (a)

31. 에드워드 4세는 왜 리차드를 신뢰하게 되었는가?

    (a) 리차드가 호국경으로서의 역할에 있어 믿을 수 있었다.

    (b) 리차드가 에드워드 4세의 선왕에게 충성심을 보였다.

    (c) 리차드가 자신의 영향력을 이용해 에드워드 4세를 왕위에 앉혔다.

    (d) 리차드가 왕위를 두고 싸우던 시기에 에드워드 4세의 편에 섰다.

해설 질문의 have faith와 같은 의미인 placed great trust 뒤에서 정답의 단서를 찾을 수 있다. 여기서 키워드인 Richard had supported Edward와 같은 표현을 선택지에서 찾아보면 (d)에서 Richard sided with Edward IV(리차드는 에드워드 4세의 편을 들었다)라고 나오므로 (d)가 정답이다. 중요한 행위가 일치한다면 나머지 내용, 즉 struggle이 사실과 부합하는지 따져볼 필요가 없다.

어휘 come to do ~하게 되다 have faith in ~을 신뢰하다 dependable 믿을 수 있는 predecessor 전임자 have A p.p.: A를 ~되게 하다 side with ~의 편을 들다 struggle over ~을 두고 벌어진 싸움

정답 (d)

Paraphrase Richard had supported Edward
→ Richard sided with Edward IV

32-33.

> **퀵실버 가제트**
>
> **벤트론 사에서 발생한 가짜 이메일 소동**
>
> 글: 제임스 힐
> 벤트론 인더스트리 사는 짐 반즈 대표이사를 골탕먹인 가짜 이메일에 대한 후속 조치를 취하고 있다.
>
> **[33]** 이 사건은 불만을 품은 전 직원 하나가 저지른 것으로, 가짜 이메일 주소를 만들어 벤트론 사의 메리 월시 회장 행세를 했다. 반즈 대표이사가 부당한 경영 관행에 연루되어 있음을 나타내는 발언을 이끌어내려다 실패하자, 범인은 블로그에 분노 섞인 게시물을 올리면서 온라인 대화 스크린샷을 공개했다.
>
> 내부 조사를 실시한 후에, **[32]** 벤트론 사는 유사한 사건이 다시는 발생하지 않도록 여러 변화를 주었다. **[33]** 이제 회사의 내부 이메일 시스템은 외부 이메일 주소로 답장을 보내기에 앞서 사용자들에게 주의를 줄 것이다. 이전에는 이러한 주의 메시지가 데스크톱 사용자들에게는 보내졌지만, 벤트론 사 이메일 시스템의 모바일 버전은 해당하지 않았다. 또한, 발신자의 완전한 이메일 주소가 원래 숨겨져 있더라도 공개될 것이다.
>
> 반즈 대표이사는 이메일 교신 과정에서 어떠한 민감한 정보도 공개되지 않았다고 주주들에게 강조했다.

어휘 hoax 장난질, 속임수, 골탕먹임 take action 조치를 취하다 in the wake of ~ 후에(= following) dupe ~를 속이다, ~를 골탕먹이다 commit (죄를) 저지르다 disgruntled 불만을 품은 former 전직 ~의, 이전의 create ~을 만들어내다 fake 가짜의 pose as ~ 행세를 하다, ~인 체하다 unsuccessfully 불운하게도(= unfortunately) attempt to do ~하려 시도하다 elicit ~을 이끌어내다 statement 발언, 진술 implicate A in B: A를 B에 연루시키다 unfair 부당한, 불공정한 practice 관행, 관례 scammer 사기꾼 reveal ~을 공개

하다, 폭로하다 screenshot 스크린샷, 화면 저장 이미지 post 게시물 internal 내부의(↔ external) investigation 조사 make changes 변화를 가하다 ensure that 반드시 ~하도록 하다, ~하도록 보장하다 similar 유사한 incident 사건 warn ~에게 주의를 주다, 경고하다 previously 이전에, 과거에 even if (설사) ~라 하더라도 originally 애초에, 원래 mask v. ~을 숨기다, 가리다 assure A that: A에게 ~라고 장담하다, 확인하다 shareholder 주주 sensitive 민감한 information 정보 exchange 교환, 주고받음

32. 뉴스 보도 세 번째 단락의 주제는 무엇인가?

    (a) 사기꾼을 색출하기 위한 벤트론 사의 노력

    (b) 벤트론 사의 대표이사에게 굴욕을 주기 위한 사기꾼의 시도

    (c) 장난 메일로 분실된 벤트론 사의 기밀 정보

    (d) 장난 메일에 대한 대응으로 보안을 강화하려는 벤트론 사의 노력

해설 글 전체이든, 단락이든 주제는 일반적으로 앞 부분에 제시되고 그 뒤에 예시들이 이어진다. 세부사실이 아니라 가장 포괄적인 내용을 지닌 문장을 골라보면, 세 번째 단락 첫 문장의 Ventron has made changes to ensure that similar incidents do not happen again이 주제문이며, 뒤의 문장들은 주제의 키워드인 changes를 설명하는 예시들이다. 따라서 changes와 연관이 있는 선택지를 찾는다면 보안 강화를 언급한 (d)가 정답이다.

어휘 effort to do ~하려는 노력 track down ~을 색출하다, 추적하다 humiliate ~에게 굴욕을 주다 loss 분실, 손실 confidential 기밀의 strengthen ~을 강화하다 security 보안 in response to ~에 대한 대응으로

정답 (d)

33. 뉴스 보도에서 무엇을 유추할 수 있는가?

    (a) 조사에서 아직 범인을 찾아내지 못했다.

    (b) 반즈 씨는 이른바 부당한 관행을 인정했다.

    (c) 장난 이메일이 벤트론 사의 내부 시스템에서 발송된 것이 아니었다.

    (d) 벤트론 사의 회장과 대표이사가 모두 장난 이메일에 속았다.

해설 유추 문제의 선택지들이 '~이다' 또는 '~아니다'처럼 제시되는 경우에는 사실확인 유형에 더 가까우므로 선택지의 키워드를 지문에서 찾아 확인하는 것이 더 빠르다. (a) scammer(속인 사람)에 대해서는 former employee라는 것이 밝혀졌으므로 오답이다. (b)의 unfair practices는 unfair management practices 근처에 단서가 있는데, 앞에 unsuccessfully attempting to elicit라고 나오므로 실패한 것이어서 (b)도 오답이다. (c)의 not sent from ~ internal system(= sent from ~ external system)은 앞 문제에서 이미 파악했듯이 before they reply to an external email address에서 확인할 수 있는데, 외부 이메일에 답장한다는 것은 메일이 외부에서 들어온다는 뜻이므로 (c)가 정답이다. 또한, 정통 유추 접근법을 사용해 둘째 단락의 by a disgruntled former employee로 바로 정답을 찾을 수 있다. former가 퇴사자를 의미하므로 이 한 단어에서 내부 소행이 아니다(not sent from ~ internal system)라는 것을 유추해 내고 바로 정답을 고를 수 있는 것이다.

어휘 have yet to do 아직 ~하지 못하다 identify ~을 확인하다, 식별하다 admit to ~의 잘못을 시인하다 alleged 이른바, 소위(= so called) fool v. ~을 속이다

정답 (c)

34-35.

과학 발견				
홈▽	자연▽	우주▽	건강▼	정신▽

후생 유전학적 흔적

후생 유전학은 근본적인 DNA 염기 서열의 변화로 인해 초래되는 것이 아닌 DNA 기능의 변화에 대한 학문이다. 대부분의 경우, 후생 유전학적 변화, 혹은 흔적은 염색체라고 불리는 특정 DNA 분자에 영향을 미친다. 이러한 흔적은 여러 특정 방식으로 DNA 활동을 조절하는데, 예를 들면, 유전자를 활성화시키거나 비활성화시키고 나서 다른 신체적 특색을 만들어내는 것이다.

후생 유전학적 변화는 식습관이나 질병, 그리고 스트레스 같은 환경 및 생활 방식상의 영향에서 비롯되는 것으로 오랫동안 알려져 왔다. 한동안은 이러한 "후생 유전학적 기억"이 다음 세대에 전혀 영향을 미치지 않는 것으로 여겨졌는데, ⟨35⟩ 후생 유전학적 흔적이 수태 과정에서 삭제되는 것으로 보였기 때문이었다.

하지만, ⟨34⟩ 과학자들은 그 후로 전부는 아니더라도 일부 후생 유전학적 흔적이 여러 세대에 걸쳐 대물림될 수 있다는 점을 증명해 왔다. 이 발견은 인간의 건강에 중대한 영향을 미치는데, 부모가 결정하는 생활 방식이 아이들의 건강에 영향을 미칠 수도 있음을 의미하기 때문이다.

어휘 discovery 발견 epigenetic 후생 유전학의 cf. epigenetics 후생 유전학 mark 흔적, 표시 function 기능, 작용 cause ~을 초래하다, 야기하다 underlying 근본적인, 기본적인 DNA sequence DNA 염기 서열 for the most part 대부분은, 주로 affect ~에 영향을 미치다 specific 특정한, 구체적인 molecule 분자 chromosome 염색체 control ~을 조절하다, 통제하다 activity 활동 in a certain way 특정한 방식으로 such as 예를 들면 switch A on[off]: A를 활성화하다[비활성화하다] gene 유전자 then 그리고 나서, 그다음 produce ~을 생성하다 physical 신체적인 trait 특색 long ad. 오랫동안 be known to do ~하는 것으로 알려지다 stem from ~에서 비롯되다 influence n. 영향(력) v. ~에 영향을 미치다 disease 질병 for some time 한동안 be thought to do ~하는 것으로 여겨지다 have no impact on ~에 영향을 미치지 않다 cf. impact 영향 generation 세대 be shown to do ~하는 것으로 보여지다 erase ~을 삭제하다, 지우다 fertilization process 수태 과정 since ad. 그 후로 prove that ~임을 증명하다 though not all 전부는 아니더라도 transfer ~을 전달하다, 옮기다 generational 세대의 line 계통 finding (조사)결과, 발견 crucial 중대한 implication 영향, 결과, 연루, 함축 decision 결정

---

34. 지문의 주제는 무엇인가?

(a) 후생 유전학적 흔적이 아이들에게 물려질 수 있다.
(b) 후생 유전학에 대한 연구가 아이들의 건강을 개선할 것이다.
(c) 후생 유전학적 변화는 유년기에서 성년기까지 축적된다.
(d) 아이들은 부모로부터 DNA 염기 서열에 대한 변화를 물려받는다.

해설 기사 글의 주제는 보통 앞부분에 주장으로 제시되거나 또는 끝부분에 결론으로 주어진다. 그런데 첫 문장이 학문을 소개하는 평범한 글이므로 결론인 마지막 단락을 확인한다. scientists로 시작하는 연구 결과로 후생 유전학적 흔적이 세대간 대물림된다는 내용과 일치하는 (a)가 정답이다. (c) 또는 (d)도 정답처럼 보이지만, childhood 또는

Children과 관련된 글 마지막 문장의 키워드는 부모의 유전자가 아니라 lifestyle decisions(생활방식에 대한 결정)이므로 오답이다.

어휘 pass A on to B: A를 B에게 물려주다 lead to ~로 이어지다 accumulate 누적되다, 축적되다 acquire ~을 얻다, 습득하다

정답 (a)

Paraphrase can be transferred across generational lines
→ can be passed on to children

---

35. 지문에 따르면 다음 중 어느 것이 옳은가?

(a) 후생 유전학적 흔적이 기본 DNA 염기 서열에 변화를 초래한다.
(b) 신체적 특징은 후생 유전학적 변화에 의해 바뀌지 않는다.
(c) 후생 유전학적 흔적은 일반적으로 환경적 요인과 관계없이 나타난다.
(d) 특정 후생 유전학적 흔적이 수태 과정 중에 제거된다.

해설 사실확인 문제는 선택지의 키워드를 지문에서 찾아 대조하는 것이 빠른 방법이다. (a)의 marks가 나오는 둘째 문장에서 affect specific DNA molecules라고 하므로 basic DNA sequence라고 한 (a)는 오답이다. (b)의 Physical characteristics를 찾아보면 셋째 문장에서 produces different physical traits라고 나온다. 그러므로 not modified라고 한 (b)도 오답이다. (c)의 environmental factors를 찾아보면 둘째 단락에서 stem from environmental and lifestyle influences라고 나온다. 그러므로 arise independently라고 한 (c)도 오답이다. 그러므로 (d)가 정답이다. fertilization process를 찾아보면 둘째 문단에서 were shown to be erased라고 나오고, 마지막 단락에서 some, though not all, epigenetic marks가 대물림된다고 하므로, 어떤 것들은 are eliminated된다는 것을 알 수 있다.

어휘 cause A to B: A에게 B를 유발하다 characteristic 특징 modify ~을 바꾸다, 변경하다 usually 일반적으로, 보통 arise 나타나다, 발생하다 independently of ~와 관계없이 environmental 환경의 factor 요인 certain 특정한, 어떤 eliminate ~을 없애다, 제거하다

정답 (d)

Paraphrase were shown to be erased
→ are eliminated
some, though not all → certain

TEST 4 정답 및 해설

LISTENING COMPREHENSION

1. (a) 2. (c) 3. (d) 4. (a) 5. (b) 6. (a) 7. (b) 8. (d) 9. (a)
10. (b) 11. (c) 12. (b) 13. (a) 14. (a) 15. (a) 16. (a) 17.
(d) 18. (c) 19. (b) 20. (a) 21. (c) 22. (d) 23. (b) 24. (d)
25. (a) 26. (c) 27. (c) 28. (a) 29. (a) 30. (b) 31. (d) 32.
(c) 33. (d) 34. (d) 35. (a) 36. (c) 37. (c) 38. (c) 39. (c)
40. (a)

VOCABULARY

1. (a) 2. (c) 3. (c) 4. (a) 5. (b) 6. (d) 7. (d) 8. (d) 9. (d)
10. (a) 11. (c) 12. (c) 13. (d) 14. (a) 15. (a) 16. (d) 17.
(b) 18. (d) 19. (d) 20. (d) 21. (b) 22. (a) 23. (a) 24. (c)
25. (a) 26. (c) 27. (b) 28. (d) 29. (d) 30. (b)

GRAMMAR

1. (c) 2. (d) 3. (d) 4. (c) 5. (c) 6. (d) 7. (b) 8. (a) 9. (a)
10. (b) 11. (c) 12. (a) 13. (a) 14. (a) 15. (d) 16. (c) 17.
(a) 18. (a) 19. (b) 20. (a) 21. (c) 22. (a) 23. (b) 24. (b)
25. (d) 26. (b) 27. (d) 28. (a) 29. (c) 30. (b)

READING COMPREHENSION

1. (d) 2. (b) 3. (b) 4. (c) 5. (a) 6. (c) 7. (c) 8. (c) 9. (a)
10. (b) 11. (a) 12. (c) 13. (a) 14. (d) 15. (d) 16. (d)
17. (a) 18. (c) 19. (b) 20. (b) 21. (d) 22. (b) 23. (a)
24. (a) 25. (a) 26. (d) 27. (a) 28. (b) 29. (d) 30. (c) 31.
(b) 32. (c) 33. (d) 34. (b) 35. (c)

LISTENING COMPREHENSION

Part I

1.

M: Do you use travel agents to book flights?
W: _____
(a) No, I usually get tickets online.
(b) I prefer traveling by myself.
(c) Sure, if you think that's best.
(d) I'm thinking about taking a trip.

....

남: 항공편 예약할 때 여행사를 이용해?
여: _____

(a) 아니, 난 보통 온라인에서 표를 구해.
(b) 난 혼자 여행하는 게 더 좋아.
(c) 물론이지, 그게 최선이라고 생각한다면.
(d) 여행을 갈까 생각 중이야.

해설   항공편 예약 방법으로 여행사를 이용하는지 확인하는 질문에 대해 부정을 뜻하는 No와 함께 온라인 구매라는 다른 방법을 언급한 (a)가 정답이다.

어휘   travel agent 여행사, 여행사 직원 book v. ~을 예약하다, 예매하다 usually 보통, 일반적으로 prefer -ing ~하는 것을 더 좋아하다, 선호하다 by oneself 혼자, 스스로

정답   (a)

2.

W: How often does the bus run downtown from the airport?
M: _____
(a) It's been running for years.
(b) Every time I go on holiday.
(c) Just once per hour on the hour.
(d) It only takes 30 minutes to the airport.

....

여: 공항에서 시내로 버스가 얼마나 자주 운행하나요?
남: _____
(a) 오랫동안 계속 운행되고 있습니다.
(b) 제가 휴가를 떠날 때마다요.
(c) 매시 정각에 한 번씩이요.
(d) 공항까지 30분 밖에 걸리지 않습니다.

해설   버스가 얼마나 자주 운행하는지 묻는 질문이므로 운행 빈도로 답변하는 (c)가 정답이다. (a)와 (d)는 각각 운행 기간과 소요 시간을 말하고 있으므로 빈도를 묻는 질문에 맞지 않는 답변이다.

어휘   How often ~? 얼마나 자주 ~? run 운행하다, 운영되다 for years 오랫동안 downtown ad. 시내로, 시내에 go on holiday 휴가를 떠나다 once per hour on the hour 매시 정각에 한 번씩 take + 시간: ~의 시간이 걸리다

정답   (c)

3.

M: How do you take your coffee, ma'am?
W: _____
(a) I'll use my credit card.
(b) I'd like it to go. Thanks.
(c) Just a couple of cups a day.
(d) With milk and sugar, please.

....

남: 커피를 어떻게 해 드릴까요, 고객님?
여: _____

(a) 제 신용카드를 사용할게요.
(b) 포장해 주세요. 감사합니다.

(c) 하루에 두 잔만이요.
(d) 우유랑 설탕 넣어주세요.

해설　원하는 커피 섭취 방식을 묻고 있으므로 우유와 설탕을 추가하도록 요청하는 (d)가 정답이다. (c)는 마시는 횟수를 말하고 있으므로 방식을 묻는 질문의 핵심에서 벗어난 답변이다.

어휘　take ~을 먹다, 마시다, 복용하다　would like A to go: (음식 등의 구입 시) A를 포장해 가져가고 싶다

정답　(d)

4.

W: I like your backpack. Is it new?
M: _____
(a) No. I just haven't used it much.
(b) I'd like to get a similar one later.
(c) The one I have is good enough.
(d) Well, I might get a new one.

....

여: 네 배낭이 마음에 들어. 새로 산 거야?
남: _____
(a) 아니. 그냥 많이 사용하지 않았던 거야.
(b) 나도 나중에 비슷한 걸 사고 싶어.
(c) 내가 갖고 있는 게 충분히 좋아.
(d) 음, 새 것을 하나 구입할지도 몰라.

해설　상대방의 배낭이 새로 산 것인지 묻고 있으므로 부정을 뜻하는 No와 함께 많이 사용하지 않았다는 말로 새것처럼 보이는 이유를 덧붙이는 (a)가 정답이다.

어휘　similar 비슷한, 유사한　enough ad. (형용사 뒤에서) 충분히

정답　(a)

5.

M: I'm amazed you got approval for the project proposal!
W: _____
(a) Well, I won't be surprised if I don't.
(b) I was pleasantly surprised as well.
(c) Maybe I'll have better luck next time.
(d) Actually, I approved it ages ago.

....

남: 그 프로젝트 제안서에 대해 승인받으셨다니 놀라워요!
여: _____
(a) 음, 제가 그렇지 않다 해도 놀라지 않을 거예요.
(b) 저도 기분 좋게 놀라웠어요.
(c) 아마 다음 번엔 운이 더 좋겠죠.
(d) 사실, 제가 오래 전에 승인했어요.

해설　제안서에 대해 승인받은 게 놀랍다는 의견을 밝히고 있으므로 동일한 기분을 느꼈음을 말하는 (b)가 정답이다. (d)의 경우, 답변자 자신이 승인의 주체임을 말하는 것이므로 누군가로부터 승인받았음을 언급하는 남자의 말과 앞뒤가 맞지 않는다.

어휘　be amazed (that) ~라는 것에 놀라워하다　approval 승인　proposal 제안(서)　pleasantly 기분 좋게, 즐겁게　as well ~도, 또한　actually 사실, 실은　approve ~을 승인하다　ages ago 오래 전에

정답　(b)

6.

W: Maybe you should cut back on greasy food.
M: _____
(a) I don't indulge that often.
(b) Yeah, I barely eat any.
(c) I know. It was delicious.
(d) I still got sick of eating it.

....

여: 아마 기름진 음식을 줄이는 게 좋을 거야.
남: _____
(a) 그렇게 자주 즐기지 않아.
(b) 응, 거의 먹지 않아.
(c) 내 말이. 맛있었어.
(d) 여전히 그걸 먹는 게 지겨웠어.

해설　기름진 음식을 줄이도록 권하는 말에 대해 자주 즐기진 않는다는 말로 이미 많이 먹지 않는 상태임을 언급하는 (a)가 정답이다. (b)의 경우, Yeah라는 말은 상대방의 조언대로 줄여야 한다는 뜻인데, 뒤에 이어지는 말은 평소 거의 먹지 않는다는 의미이므로 앞뒤가 맞지 않는다.

어휘　cut back on ~을 줄이다　greasy 기름진　indulge (in) (~에) 빠지다, 탐닉하다, 실컷 즐기다　barely 거의 ~ 않다　get sick of ~을 지겨워하다, ~에 싫증 나다

정답　(a)

7.

M: In my opinion, the boss was justified in firing Julie.
W: _____
(a) He won't change his mind, though.
(b) I think he had little choice, really.
(c) Right. It was just an idle threat.
(d) Yeah, it seemed excessive.

....

남: 제 생각엔, 부장님께서 줄리 씨를 해고하신 게 당연했어요.
여: _____
(a) 하지만, 마음을 바꾸시진 않을 거예요.
(b) 선택권이 거의 없으셨을 거예요, 정말로요.
(c) 맞아요. 그냥 말로만 겁주신 거였어요.
(d) 네, 지나치셨던 것 같아요.

해설　줄리 씨를 해고한 게 당연한 일이었다는 생각을 밝히는 것에 대해 그럴 수 밖에 없었을 것이라고 언급하는 (b)가 정답이다. (a)는 결정만 내리고 실행으로 옮기기 전인 상황에서 할 수 있는 말인데, 남자는 이미 줄리가 해고된 상황임을 나타내고 있으므로 어울리지 않는 반응이다.

어휘　justified 당연한, 정당한　fire v. ~을 해고하다　though (문장 끝이

나 중간에서) 하지만 little 거의 없는 choice 선택(권) idle threat 말뿐인 위협, 무의미한 협박 seem + 형용사: ~한 것 같다, ~하게 보이다 excessive 지나친, 과도한

정답 (b)

8.

> W: James! I had a feeling I'd bump into you here.
> M: _____
> (a) It's a shame we didn't meet.
> (b) Well, keep an eye out for me.
> (c) Our paths will cross someday.
> **(d) We do seem to frequent the same places.**

> 여: 제임스! 여기서 널 마주칠 것 같은 생각이 들었어.
> 남: _____
> (a) 우리가 만나지 못해서 아쉬워.
> (b) 음, 내가 보이나 잘 지켜 봐.
> (c) 우린 언젠가 마주치게 될 거야.
> **(d) 우리가 여러 같은 곳에 잘 다니나 봐.**

해설 상대방을 마주칠 것 같은 생각이 들었다는 말에 대해 마주칠 수밖에 없는 이유로 같은 장소에 자주 다닌다는 점을 언급한 (d)가 정답이다.

어휘 have a feeling (that) ~하는 것 같은 생각이 들다 bump into ~와 마주치다 It's a shame (that) ~해서 아쉽다, 안타깝다 keep an eye out for (도착하거나 나타나는지) ~을 잘 지켜보다, 살펴보다 path 길, 이동로 cross 교차하다 seem to do ~하는 것 같다 frequent v. ~에 자주 다니다

정답 (d)

9.

> M: Did the cake you made for Amy turn out OK?
> W: _____
> **(a) Not bad for my first try.**
> (b) I'm afraid I ate the last piece.
> (c) Of course, it was so nice of her.
> (d) She turned up at the last minute.

> 남: 네가 에이미를 위해 만든 케이크가 반응이 괜찮았어?
> 여: _____
> **(a) 첫 시도치고는 나쁘지 않았어.**
> (b) 내가 마지막 남은 조각을 먹었나 봐.
> (c) 물론이지, 걔가 너무 친절했어.
> (d) 걔가 마지막 순간에 나타났어.

해설 에이미를 위해 만든 케이크가 어떤 반응을 얻었는지 묻고 있으므로 처음 시도해 본 것 치고 나쁘지 않았다며 반응이 괜찮았다고 말하는 (a)가 정답이다.

어휘 turn out + 형용사: ~한 것으로 드러나다, 판명되다 try n. 시도, 도전 turn up 나타나다, 도착하다 at the last minute 마지막 순간에

정답 (a)

10.

> W: We went way over budget for our last vacation.
> M: _____
> (a) Yeah, we overestimated how much we'd spend.
> **(b) We should be frugal for a while to make up for it.**
> (c) I know. We shouldn't have budgeted so much.
> (d) That gives us the freedom to splurge, then.

> 여: 우리가 지난번 휴가에 예산을 너무 많이 초과했어요.
> 남: _____
> (a) 네, 우리가 얼마나 소비하게 될지를 너무 높게 잡았어요.
> **(b) 그걸 만회하려면 한동안 알뜰하게 생활해야 해요.**
> (c) 그러니까요. 예산을 그렇게 많이 잡지 말았어야 했어요.
> (d) 그러면, 우리가 마음 놓고 팍팍 쓸 수 있게 돼요.

해설 지난번에 간 휴가에서 예산보다 돈을 많이 소비했다는 말에 대해 그에 따른 앞으로의 생활 방식을 언급한 (b)가 정답이다. (a)와 (c)는 소비할 액수의 기준 자체를 높게 잡은 사실을 말하는 것이므로 어울리지 않는 반응이다.

어휘 go over ~을 초과하다, 넘어서다 way (강조) 너무, 훨씬, 아주 budget n. 예산 v. 예산을 세우다 overestimate ~을 너무 높게 잡다, 과대평가하다 frugal 알뜰한, 검소한 for a while 한동안 make up for ~을 만회하다, 보충하다 should have p.p. ~했어야 했다 the freedom to do ~할 수 있는 자유 splurge 돈을 팍팍 쓰다, 물쓰듯 쓰다 then 그럼, 그렇다면

정답 (b)

Part II

11.

> M: Our college friend Jack is visiting town.
> W: Wow. We should get together!
> M: Definitely. How about this weekend?
> W: _____
> (a) Well, I wasn't invited.
> (b) Actually, he'll be here by then.
> **(c) Sorry, but I'm not free until next week.**
> (d) Great! I can't wait to meet someone new.

> 남: 우리 대학 친구 잭이 우리 동네로 온대.
> 여: 와우. 그럼 모여야겠네!
> 남: 당연하지. 이번 주말 어때?
> 여: _____
> (a) 음, 난 초대 받지 못했어.
> (b) 실은, 그가 그때쯤 여기로 올 거야.
> **(c) 미안한데, 내가 다음 주나 되어야 시간이 나.**
> (d) 좋아! 새로운 사람을 빨리 만나 보고 싶어.

해설 서로 모이는 시점으로 이번 주말이 어떤지 묻고 있으므로 사과의 말과 함께 다음 주나 되어야 시간이 난다고 말하는 (c)가 정답이다.

어휘 get together 모이다, 만나다 Definitely (강한 긍정) 당연하지, 물

론이지, 바로 그거야 How about ~? ~은 어때? invite ~을 초대하다 actually 실은, 사실은 by then 그때쯤에 not A until B: B나 되어야 A하다 can't wait to do 빨리 ~하고 싶다

정답   (c)

12.

W: Do you have a subway pass?
M: No, I buy a ticket each time.
W: Isn't that inconvenient?
M: _____

(a) Yeah, so I bought a pass.
(b) I've just gotten into the habit of doing it.
(c) No, it's fine if I use my pass.
(d) It'll save me the hassle.

....

여: 지하철 승차권 있어?
남: 아니, 난 매번 표를 사.
여: 그럼 불편하지 않아?
남: _____

(a) 응, 그래서 승차권을 산 거야.
(b) 그냥 그렇게 하는 버릇이 들었어.
(c) 아니, 내가 내 승차권을 사용하면 괜찮아.
(d) 그게 날 번거롭지 않게 해 줄 거야.

해설   매번 따로 표를 사는 게 불편하지 않은지 묻는 것에 대해 그렇게 하는 것이 습관이 되었다는 말로 불편하지 않다는 뜻을 나타내는 (b)가 정답이다.

어휘   pass 승차권, 입장권, 출입증, 허가증 inconvenient 불편한 get into the habit of -ing ~하는 버릇이 들다 save A B: A에게서 B를 덜어주다 hassle 번거로운 일, 귀찮은 일

정답   (b)

13.

M: I've decided to stay home during the holidays.
W: I'm considering doing the same.
M: I thought you wanted to go abroad.
W: _____

(a) I do, but the flights are unaffordable.
(b) I'm waiting for the holidays for that.
(c) I already have my trip planned out.
(d) I'm jealous. That sounds like fun.

....

남: 난 연휴 중에 집에 있기로 했어.
여: 나도 똑같이 그럴까 생각 중이야.
남: 넌 해외로 가고 싶어했던 것 같은데.
여: _____

(a) 그렇긴 한데, 항공편이 너무 비싸.
(b) 그걸 위해서 연휴를 기다리고 있어.
(c) 난 이미 여행 계획을 다 짜 놨어.
(d) 부럽다. 재미있을 것 같아.

해설   상대방에게 해외로 갈 계획이 아니었는지 언급하고 있으므로 계획

대로 할 수 없는 이유로 항공권이 비싸다는 사실을 밝히는 (a)가 정답이다.

어휘   decide to do ~하기로 결정하다 consider -ing ~하는 것을 고려하다 do the same 똑같이 하다 abroad 해외로, 해외에 unaffordable 너무 비싼, 돈이 너무 많이 드는 have A p.p.: A를 ~되게 하다 plan out ~을 세심히 계획하다 jealous 부러워하는, 질투하는

정답   (a)

14.

W: I didn't get that job I applied for.
M: That's too bad. But you'll find one soon.
W: I'm trying, but it's starting to feel hopeless.
M: _____

(a) Don't get discouraged. Persistence will pay off.
(b) Consider their offer a backup plan.
(c) Wait until you hear back from them, then.
(d) Well, finding the right applicant will take time.

....

여: 내가 지원했던 일자리를 구하지 못했어.
남: 너무 아쉽다. 하지만 곧 찾게 될 거야.
여: 해 보고 있긴 한데, 절망스러운 기분이 들기 시작해.
남: _____

(a) 낙심하지 마. 끈기 있게 하면 결실을 맺게 될 거야.
(b) 그쪽 제안은 차선책으로 여겨.
(c) 그럼, 그쪽에서 다시 연락 올 때까지 기다려 봐.
(d) 음, 알맞은 지원자를 찾는 건 시간이 걸릴 거야.

해설   일자리를 구하지 못해 절망스럽다고 말하는 상황이므로 낙심하지 말라는 말과 함께 끈기를 가지면 좋은 결과를 얻을 것이라고 격려하는 (a)가 정답이다.

어휘   apply for ~에 지원하다, ~을 신청하다 feel hopeless 절망스러운 기분이 들다 discouraged 낙심한, 낙담한 persistence 끈기 pay off 결실을 맺다, 성공하다, 성과가 나다 consider A B: A를 B로 여기다 offer 제안, 제공 backup 예비의, 차선의, 대체의 hear back from ~로부터 다시 연락 받다, 다시 소식을 듣다 then 그럼, 그렇다면 applicant 지원자, 신청자 take time 시간이 걸리다

정답   (a)

15.

M: Did you see the dent in the car door?
W: Yeah. It's been there for a while.
M: Any idea what happened?
W: _____

(a) No. I'd assumed you did it.
(b) I left the door closed by mistake.
(c) I've never seen it before.
(d) Well, I'll have it repaired.

....

남: 자동차 문에 움푹 패인 자국 봤어?
여: 응. 거기 생긴지 좀 됐어.
남: 왜 그렇게 된 건지 생각 나는 거 있어?

여: _____

(a) **아니. 난 네가 그런 줄 알았는데.**
(b) 내가 실수로 문을 닫아 놨어.
(c) 전에는 전혀 보지 못했어.
(d) 음, 내가 수리 받아 놓을게.

해설   자동차에 움푹 패인 자국이 생긴 이유로 생각 나는 게 있는지 묻고 있으므로 부정을 뜻하는 No와 함께 상대방이 그렇게 만든 줄 알았다고 언급하는 (a)가 정답이다.

어휘   dent 움푹 패인 자국 for a while 한동안, 잠시 동안, 당분간 assume (that) ~라고 생각하다 leave A p.p.: A를 ~된 상태로 두다, 만들다 by mistake 실수로 have A p.p.: A를 ~되게 하다 repair ~을 수리하다

정답   (a)

16.

W: Do you have time to talk this afternoon?
M: My schedule's pretty tight today.
W: I won't keep you long.
M: _____

(a) **I'll squeeze you in after lunch, then.**
(b) I didn't put the meeting on your schedule.
(c) I'd rather delay it until the afternoon.
(d) I cleared my meetings, so whenever's fine.

....

여: 오늘 오후에 얘기할 시간 좀 있으세요?
남: 제 일정이 오늘 꽤 빡빡하네요.
여: 오래 걸리지 않을 거예요.
남: _____

(a) **그러시면, 점심 시간 후에 짬을 좀 내 볼게요.**
(b) 제가 당신의 일정표에 그 회의를 넣은 게 아니에요.
(c) 그걸 오후로 미뤘으면 좋겠어요.
(d) 제 회의들을 다 해치웠기 때문에, 언제든 좋습니다.

해설   얘기를 나누는 데 오래 걸리지 않는다는 말에 대해 잠깐 짬을 낼 수 있는 시간대를 알리는 (a)가 정답이다. (d)는 대화 중간에 남자가 일정이 꽤 빡빡하다고 말한 것과 앞뒤가 맞지 않는다.

어휘   pretty ad. 꽤, 아주, 상당히 tight (일정, 비용 등) 빡빡한, 빠듯한 squeeze A in: A에게 짬을 내다 would rather do ~했으면 하다, ~하고 싶다 delay ~을 미루다, 연기하다 clear ~을 해치우다, 처분하다, 청산하다, 처리하다 whenever 언제든지

정답   (a)

17.

M: Thanks for recommending that Tim Wayne album.
W: Glad you liked it. He's created some of my favorites.
M: Are they mostly similar in style?
W: _____

(a) Oh, they're not my style.
(b) Yeah, I'll check them out.
(c) I've only listened to one.

(d) **Each one is distinctive.**

....

남: 그 팀 웨인 앨범을 추천해 줘서 고마워.
여: 마음에 들었다니 다행이야. 그는 내가 가장 좋아하는 몇몇 노래를 만들었거든.
남: 그 노래들이 대체로 스타일이 비슷해?
여: _____

(a) 아, 그것들은 내 스타일이 아냐.
(b) 응, 그것들을 확인해 볼게.
(c) 딱 하나만 들어 봤어.
(d) **각각 다 독특해.**

해설   앨범에 수록된 노래 스타일이 대체로 비슷한지 묻고 있으므로 각 노래가 독특하다는 말로 비슷하지 않다는 뜻을 나타낸 (d)가 정답이다.

어휘   recommend ~을 추천하다, 권하다 create ~을 만들어 내다 favorite n. 가장 좋아하는 것 mostly 대체로, 대부분 similar 비슷한, 유사한 check A out: A를 확인해 보다 distinctive 독특한

정답   (d)

18.

W: I have more gardening work for you.
M: But you still haven't paid me for the last job.
W: I'll settle the entire bill once this is finished.
M: _____

(a) Thanks. The work you've done is excellent.
(b) All right, but get the job done fast.
(c) **I need at least what you owe me first.**
(d) Sorry, but I can't pay for more work.

....

여: 해 주셨으면 하는 추가 원예 작업이 있어요.
남: 하지만 지난번 일에 대해 여전히 돈을 지불하지 않으셨어요.
여: 이 일이 마무리되는 대로 전체 청구 비용을 정산해 드릴게요.
남: _____

(a) 감사합니다. 해 주신 작업이 훌륭하네요.
(b) 좋아요, 하지만 빨리 작업해 주세요.
(c) **적어도 저에게 빚지고 계신 것이 먼저 필요합니다.**
(d) 죄송하지만, 추가 작업 비용을 지불할 수 없어요.

해설   여자가 지난 작업에 대한 비용을 여전히 지불하지 않은 상황에서 추가 작업 비용까지 한꺼번에 정산하겠다는 의사를 밝힌 데 대해, 이미 작업한 비용을 먼저 받겠다는 뜻을 나타낸 (c)가 정답이다. (a), (b), (d)는 작업을 담당한 남자 측에서 할 말로 적절하지 않다.

어휘   gardening 원예, 정원 가꾸기 settle (비용 등) ~을 정산하다, 처리하다 entire 전체의, 모든 bill 청구서, 계산서, 고지서 once ~하는 대로, ~하자마자 get A p.p.: A를 ~되게 하다 at least 적어도, 최소한 owe A B: A에게 B를 빚지다

정답   (c)

19.

M: I love your tea set! It's beautiful.

W: Thanks! My mother gave it to me.

M: It looks like it's from an antique shop.

W: _____

(a) I think she'll pass it down in her will.

(b) Actually, it's a priceless family heirloom.

(c) No, it has too much sentimental value.

(d) I'm impressed you could tell where I got it.

··

남: 찻잔 세트가 너무 마음에 들어요! 예쁘네요.

여: 감사합니다! 어머니께서 저에게 주신 거예요.

남: 골동품 매장에서 구하신 것 같아요.

여: _____

(a) 어머니께서 유언으로 물려주실 것 같아요.

(b) 실은, 값을 매길 수 없는 집안의 가보예요.

(c) 아뇨, 애착이 많이 가는 물건이에요.

(d) 제가 그걸 어디서 구했는지 알아보실 수 있다는 게 인상적이에요.

해설   어머니께서 주신 찻잔 세트에 대해 골동품 매장에서 구입한 것 같다는 생각을 밝히고 있으므로 귀한 가보라는 말로 골동품 매장에서 산 물건이 아니라는 뜻을 나타내는 (b)가 정답이다.

어휘   tea set 찻잔 세트 It looks like ~하는 것 같다 antique 골동품 pass A down: A를 물려주다 in one's will 유언으로 actually 실은, 사실은 priceless 값을 매길 수 없는, 아주 귀중한 family heirloom 집안의 가보 sentimental value 애착, 정서적 가치 be impressed (that) ~라는 점이 인상적이다 tell 알다, 분간하다

정답   (b)

20.

W: Are you feeling all right?

M: I have this terrible headache.

W: I could give you a pain reliever.

M: _____

(a) I took one earlier to no avail.

(b) Thanks, the pain's finally gone.

(c) I'd recommend seeing a doctor.

(d) All right. Let me see if I can find one.

··

여: 어디 아픈 거 아냐?

남: 계속 이렇게 두통이 심하네.

여: 진통제 좀 줄게.

남: _____

(a) 아까 하나 먹었는데 소용 없었어.

(b) 고마워, 통증이 드디어 가셨어.

(c) 의사한테 진찰 받아 보는 게 좋겠어.

(d) 알겠어. 하나 찾을 수 있는 지 확인해 볼게.

해설   두통이 심한 사람에게 진통제를 주겠다고 말하고 있으므로 이미 먹었음에도 소용없었다고 말하는 (a)가 정답이다. (c)는 상대방에게 권하는 말인데, 두통이 있는 남자가 아닌 여자가 할 수 있는 말에 해당되므로 맞지 않는 반응이다.

어휘   terrible 심한, 끔찍한 headache 두통 pain reliever 진통제

to no avail 소용없이, 헛되이 recommend -ing ~하기를 권하다, 추천하다

정답   (a)

Part III

21.

Listen to a conversation at a department store.

M: Can I help you, ma'am?

W: I'm looking for a shirt for my brother's birthday.

M: A casual shirt or a dress shirt?

W: Something casual.

M: What about this polo shirt? It would go well with jeans.

W: Thanks, I'll take it.

Q: What is the man mainly doing?

(a) Purchasing a shirt for the woman's brother

(b) Recommending pants to go with a shirt

(c) Helping the woman pick out a birthday gift

(d) Advising the woman to buy a more casual outfit

··

남: 도와 드릴까요, 고객님?

여: 남동생 생일 때문에 셔츠를 찾고 있어요.

남: 캐주얼 셔츠인가요, 아니면 와이셔츠인가요?

여: 캐주얼한 거요.

남: 이 폴로 셔츠는 어떠세요? 청바지와 잘 어울릴 겁니다.

여: 감사합니다, 이걸로 할게요.

Q: 남자는 주로 무엇을 하고 있는가?

(a) 여자의 남동생을 위해 셔츠를 구입하는 일

(b) 셔츠와 어울리는 바지를 추천해 주는 일

(c) 여자가 생일 선물을 고르도록 돕는 일

(d) 여자에게 더 캐주얼한 옷을 구입하도록 권하는 일

해설   대화 초반부에 남자가 도움이 필요한지 묻자(Can I help you, ma'am?), 여자가 남동생 생일 선물로 줄 셔츠를 찾는다고(I'm looking for a shirt for my brother's birthday) 말한 뒤로 남자가 추천해주는 제품을 결정하고 있다. 따라서 남자는 여자가 생일 선물을 고를 수 있게 돕고 있다는 것을 알 수 있으므로 (c)가 정답이다.

어휘   look for ~을 찾다 What about ~? ~은 어떠세요? go well with ~와 잘 어울리다 take (결정) ~로 하다 purchase ~을 구입하다 recommend ~을 추천하다, 권하다 help A do: A가 ~하는 것을 돕다 pick out ~을 고르다 advise A to do: A에게 ~하도록 권하다 outfit 옷

정답   (c)

22.

Listen to a conversation between two classmates.

W: What do you think of Professor Brown's literature course?

M: The class discussions aren't that productive.

W: Agreed. **They go off in so many directions.**

M: Right. **I wish he'd keep our classmates on track.**

W: Yeah. They bring up many unrelated issues.

M: Exactly. Those detours aren't useful.

Q: What are the man and woman mainly saying about Professor Brown?

(a) His lectures lack a clear point.

(b) He assigns too many irrelevant readings.

(c) His course is not tightly scheduled.

(d) He should keep class discussions focused.

....

여: 브라운 교수님 문학 강의가 어떤 것 같아?

남: 수업 중의 토론이 그렇게 생산적이지는 않아.

여: 동감이야. 너무 많은 방향으로 진행되니까.

남: 맞아. 교수님께서 학생들에게 방향을 잡아 주시면 좋겠어.

여: 응. 관련 없는 얘기들이 많이 나와.

남: 그러니까. 그렇게 우회하는 건 도움이 되지 않아.

Q: 남자와 여자는 브라운 교수에 관해 주로 무슨 말을 하는가?

(a) 강의에 명확한 요점이 부족하다.

(b) 관련 없는 독서 과제를 너무 많이 내준다.

(c) 강의가 빡빡하게 일정이 잡혀 있지 않다.

(d) 수업 중의 토론에 초점이 유지되도록 해야 한다.

해설 여자가 대화 중반부에 토론이 여러 다른 방향으로 진행된다고 (They go off in so many directions) 말하고, 남자는 교수가 방향을 잡아주면 좋겠다는(I wish he'd keep our classmates on track) 의견을 밝히고 있다. 이로부터 수업 중의 토론에 대해 교수가 중심을 잡아 주길 원한다는 것을 알 수 있으므로 (d)가 정답이다.

어휘 literature 문학 discussion 토론, 논의 productive 생산적인 go off 진행되다 direction 방향 I wish 주어 + 과거동사: ~가 …하면 좋겠다 keep A on track: A를 올바른 방향으로 유지하다, 순조롭게 유지하다 bring up (화제, 문제 등) ~을 꺼내다, 제기하다 unrelated 관련 없는(= irrelevant) issue 사안, 문제 detour 우회(로) useful 도움이 되는, 유용한 lack v. ~이 부족하다 assign ~을 과제로 내다, 할당하다 reading 독서, 읽기 tightly (일정, 비용 등이) 빡빡하게, 빠듯하게 keep A 형용사: A를 ~하게 유지하다 focused 초점이 잡힌, 집중된

정답 (d)

Paraphrase keep our classmates on track
→ keep class discussions focused

23.

Listen to a conversation between two friends.

M: Home prices here in the downtown area are getting out of hand.

W: Yeah. They're being driven up by foreign buyers.

M: Many of whom don't even live here.

W: I know. They're just looking to sell them later.

M: The high prices are also making rent unaffordable.

W: Totally. Something's got to be done.

Q: What is the main topic of the conversation?

(a) Why real estate policies have failed

(b) How foreign investors are affecting the housing market

(c) Why foreigners are selling local real estate

(d) How to stop foreigners from inflating home prices

....

남: 이곳 시내 지역 집값이 감당할 수 없는 수준이 되어 가고 있어.

여: 응. 외국인 매수자들 때문에 계속 오르고 있어.

남: 그 중에서 많은 사람들이 심지어 여기 살고 있지도 않잖아.

여: 내 말이. 그 사람들은 그저 나중에 매각하기만을 바라고 있어.

남: 가격이 높으면 임대료도 너무 비싸지잖아.

여: 당연하지. 뭔가 조치가 취해져야 해.

Q: 대화의 주제는 무엇인가?

(a) 부동산 정책이 왜 실패했는가

(b) 외국인 투자자들이 어떻게 주택 시장에 영향을 미치는가

(c) 외국인들이 왜 지역 부동산을 매각하고 있는가

(d) 외국인들이 집값을 부풀리지 못하도록 막는 방법

해설 대화 초반부에 외국인 매수자들 때문에 집값이 계속 오른다고 (They're being driven up by foreign buyers) 언급한 뒤로 집값 상승으로 인한 임대료 상승을 걱정하고 있다. 이는 외국인 매수자들이 주택 시장에 미치는 영향을 말하는 것이므로 (b)가 정답이다.

어휘 get out of hand 감당할 수 없다 drive up (가격 등) ~을 끌어올리다 even 심지어 (~도) look to do ~하기를 바라다 make A 형용사: A를 ~한 상태로 만들다 rent 임대료, 집세, 월세 unaffordable 너무 비싼, 돈이 너무 많이 드는 real estate 부동산 policy 정책, 방침 fail 실패하다 investor 투자자 affect ~에 영향을 미치다 local 지역의, 현지의 stop A from -ing: A가 ~하는 것을 막다, 방지하다 inflate ~을 부풀리다, (가격 등) ~을 올리다

정답 (b)

24.

Listen to a conversation between two friends.

W: Any plans this Saturday?

M: I have an appointment, but it's not until 3 p.m.

W: How about grabbing a meal around noon?

M: OK. Can we meet at Midtown Mall?

W: Sure, anywhere but your favorite burger place.

M: No problem. There's a great spot down the hall.

Q: Which is correct according to the conversation?

(a) The man is free from 3 p.m. onward on Saturday.

(b) The woman wants to meet after the man's appointment.

(c) The woman suggests going to the man's favorite burger place.

(d) The man knows a good place to have lunch.

여: 이번 주 토요일에 무슨 계획이라도 있어?

남: 약속이 있긴 한데, 오후 3시나 되어야 해.

여: 정오쯤에 밥이라도 먹는 건 어때?

남: 좋아. 미드타운 쇼핑몰에서 만날까?

여: 그래, 네가 가장 좋아하는 버거 매장만 아니면 어디든 좋아.

남: 알겠어. 통로를 따라 가다 보면 아주 좋은 곳이 하나 있어.

Q: 대화에 따르면 어느 것이 옳은 내용인가?

(a) 남자는 토요일에 오후 3시 이후로 쭉 시간이 난다.

(b) 여자는 남자의 약속 후에 만나고 싶어한다.

(c) 여자는 남자가 가장 좋아하는 버거 매장에 가자고 제안하고 있다.

(d) 남자는 점심 식사하기 좋은 곳을 알고 있다.

해설　대화 중반부에 서로 만나서 밥을 먹기로 정한 뒤로, 여자는 남자가 가장 좋아하는 버거 매장은 빼자고(anywhere but your favorite burger place) 하고, 이어서 남자는 좋은 곳이 한 군데 있다고(There's a great spot down the hall) 말하고 있다. 이는 남자가 식사하기 좋은 장소를 알고 있음을 나타내는 말이므로 (d)가 정답이다.

어휘　appointment 약속, 예약　not until ~나 되어야 한다　grab a meal 간단히 식사하다　around ~쯤　anywhere but ~을 제외한 어디든　favorite 가장 좋아하는　spot 곳, 장소, 자리　down (길 등) ~을 따라　onward 쭉, 계속　suggest -ing ~하자고 제안하다, 권하다

정답　(d)

25.

Listen to a conversation between two coworkers.

M: I forgot to bring my employee ID card this morning.

W: So did you go home and get it?

M: No, it's too far to drive back.

W: Then how did you get inside? You're always the first one here.

M: I sat in the lobby until our manager came and let me in.

W: Well, you can share my card for today.

Q: How did the man get inside the office this morning?

(a) By waiting for another person to open the door

(b) By going back home and getting his card

(c) By sharing a card with the woman

(d) By borrowing an extra card from the manager

남: 제가 오늘 아침에 사원증을 챙겨 오는 걸 깜빡 잊었어요.

여: 그럼 집으로 다시 가서 가져오셨어요?

남: 아뇨, 운전해서 되돌아가기엔 너무 멀어요.

여: 그럼 어떻게 안으로 들어오신 거예요? 항상 이곳에 가장 먼저 오시잖아요.

남: 부장님께서 오셔서 들여보내 주실 때까지 로비에 앉아 있었죠.

여: 그럼, 오늘은 제 사원증을 같이 쓰셔도 돼요.

Q: 남자는 오늘 아침에 어떻게 사무실 안으로 들어 갔는가?

(a) 다른 사람이 문을 열어 줄 때까지 기다림으로써

(b) 집으로 돌아가서 사원증을 가져와서

(c) 여자와 사원증을 함께 사용함으로써

(d) 부서장으로부터 별도의 출입증을 빌려서

해설　사원증 없이 어떻게 들어왔는지 묻는 여자에게 남자는 부장이 와서 들여보낼 줄 때까지 로비에 앉아 있었다고(I sat in the lobby until our manager came and let me in) 말하므로 (a)가 정답이다.

어휘　forget to do ~하는 것을 잊다　drive back 운전해서 되돌아가다　get inside 안으로 들어오다, 들어가다　let A in: A를 들여보내다　share ~을 함께 사용하다, 공유하다　by -ing ~함으로써, ~해서　borrow ~을 빌리다　extra 별도의, 여분의

정답　(a)

Paraphrase sat in the lobby until our manager came and let me in → waiting for another person to open the door

26.

Listen to two friends discuss a book.

W: Did you read Jake Egan's latest novel?

M: I started but gave up halfway through.

W: Really? But the plot was so fast-paced.

M: I just couldn't stand the wordy prose.

W: That's his weakness. His characters are fascinating, though.

M: True. I'll admit that.

Q: What did the man dislike about Jake Egan's book?

(a) Its dull characters

(b) Its fast pace

(c) Its writing style

(d) Its storyline

여: 제이크 이건의 최신 소설 읽어 봤어?

남: 읽기 시작했다가 중간에 포기했어.

여: 진짜? 근데 줄거리가 아주 빠르게 진행되던데.

남: 난 그 장황한 산문체를 견딜 수 없었어.

여: 그게 단점이긴 하지. 하지만, 인물들은 매력적이야.

남: 맞아. 그건 인정해.

Q: 남자는 제이크 이건이 쓴 책의 무엇이 마음에 들지 않는가?

(a) 따분한 인물들
(b) 빠른 전개
(c) 문체
(d) 줄거리

해설　대화 중반부에 남자가 장황한 산문체를 견딜 수 없었다고(I just couldn't stand the wordy prose) 말하고 있으므로 (c)가 정답이다.

어휘　give up 포기하다　halfway through (진행상의) 중간에, 중도에　plot 줄거리　fast-paced 빠르게 진행되는　stand ~을 견디다, 참다　wordy 장황한　prose 산문(체)　weakness 단점, 약점　fascinating 매력적인　though (문장 끝이나 중간에서) 하지만, 그런데　admit ~을 인정하다　dull 따분한, 지루한

정답　(c)

27.

Listen to a conversation between two colleagues.

M: I'm surprised you didn't say anything at the meeting.
W: I had plenty of input, but I was hesitant.
M: Why? You've never held back before.
W: The new director is intimidating.
M: Actually, she's quite warm. She ran this department once before, when I was starting.
W: That's before my time. I guess I just need to get to know her better.

Q: Why was the woman quiet during the meeting?
(a) She had no points to raise.
(b) She was criticized by the director.
(c) She found the director frightening.
(d) She is the company's newest employee.

남: 회의 시간에 아무런 말씀도 하지 않으셔서 놀랐어요.
여: 할 말이 많긴 했지만, 망설였어요.
남: 왜요? 전에는 한 번도 머뭇거리지 않으셨잖아요.
여: 신임 부장님이 겁 나서요.
남: 사실, 아주 따뜻하신 분이세요. 전에 한때 우리 부서를 운영하셨어요, 제가 입사했을 때요.
여: 그건 제가 있기 전이잖아요. 그분을 더 잘 알게 되어야 할 것 같아요.

Q: 여자는 왜 회의 중에 조용했는가?
(a) 제기할 만한 사항이 없었다.
(b) 부서장의 비판을 받았다.
(c) 부서장이 무섭다고 생각했다.
(d) 가장 최근에 입사한 직원이다.

해설　회의 중에 아무 말도 하지 않는 것과 관련해, 대화 중반부에 여자가 신임 부서장이 무서워서(The new director is intimidating)라고 밝히고 있으므로 (c)가 정답이다.

어휘　plenty of 많은　input (의견, 조언 등의) 제공, 투입　hesitant 망설이는, 주저하는　hold back 머뭇거리다　director 부장, 책임자, 이사　intimidating 겁나게 하는, 무섭게 하는(= frightening)　run ~을

운영하다　department 부서　get to do ~하게 되다　raise (문제, 주장 등) ~을 제기하다　criticize ~을 비판하다, 비난하다　find A 형용사: A를 ~라고 생각하다

정답　(c)

Paraphrase　intimidating → frightening

28.

Listen to a telephone conversation.

W: Thank you for calling the National Museum Information Center.
M: Hi. How can I get to the museum from city hall?
W: You can take bus 11, or the subway from Central Station.
M: Which is faster?
W: Both take about 30 minutes, but you'd have to transfer at Westbridge Station on the subway.
M: That's OK. I'd rather do that than take the bus.
W: Then you can get off at National Museum Station and take exit 5.

Q: Which is correct according to the conversation?
(a) The subway to the museum takes as long as the bus.
(b) The man can board the subway at City Hall Station.
(c) The man prefers to take the bus.
(d) The museum is located at exit 5 of Westbridge Station.

여: 국립 박물관 안내 센터에 전화 주셔서 감사합니다.
남: 안녕하세요. 시청에서 박물관으로 어떻게 가면 되나요?
여: 11번 버스를 타시거나, 중앙역에서 지하철을 타시면 됩니다.
남: 어느 게 더 빠르죠?
여: 둘 모두 30분 정도 걸리는데, 지하철을 타시면 웨스트브리지 역에서 환승하셔야 할 겁니다.
남: 그건 괜찮아요. 버스를 타기보다는 그렇게 하는 게 좋겠어요.
여: 그러시면, 국립박물관 역에서 하차하셔서 5번 출구로 나오시면 됩니다.

Q: 대화에 따르면 어느 것이 옳은 내용인가?
(a) 박물관으로 가는 지하철이 버스만큼 시간이 걸린다.
(b) 남자는 시청 역에서 지하철에 탑승하면 된다.
(c) 남자는 버스를 타는 것을 선호한다.
(d) 박물관이 웨스트브리지 역 5번 출구 앞에 위치해 있다.

해설　대화 중반부에 여자가 버스를 타는 방법과 지하철을 타는 방법을 언급하면서(You can take bus 11, or the subway from Central Station), 둘 다 30분 정도 걸린다고(Both take about 30 minutes) 알리고 있다. 따라서 버스와 지하철이 동일하게 시간이 걸린다는 의미에 해당되는 (a)가 정답이다.

어휘　get to ~로 가다, 오다　take (교통편, 길 등) ~을 타다, 이용하다, (시간) ~의 시간이 걸리다　transfer 환승하다, 갈아타다　would rather do ~하고 싶다　then 그럼, 그렇다면　get off 하차하다, 내리다　as 형용

사/부사 as A: A만큼 ~하게 **board** ~에 탑승하다 **prefer to do** ~하
는 것을 선호하다 **be located at** ~에 위치해 있다

정답 (a)

29.

Listen to two friends discuss a restaurant.

M: Did you go to Metro Restaurant for happy hour chicken wings?

W: Yeah, but I only managed to get one order in.

M: Really? I usually eat two or three.

W: Me, too. But it was after 6 by the time I was ready for a second.

M: And you didn't want to pay more?

W: Yeah. I wish they made exceptions for regulars!

Q: What can be inferred from the conversation?

(a) The happy hour special lasts until 6 p.m.

(b) The restaurant overcharged the woman for wings.

(c) The man introduced the woman to Metro Restaurant.

(d) The restaurant does not serve wings after 6 p.m.

남: 메트로 레스토랑에 해피 아워 치킨 윙 먹으러 갔었어?

여: 응, 근데 한 번만 겨우 주문해서 먹었어.

남: 그래? 난 보통 두세 번은 먹는데.

여: 나도 그래. 근데 두 번째로 먹을 준비가 됐을 때쯤 6시가 지나 버렸어.

남: 그럼 추가로 돈을 내고 싶지 않았던 거야?

여: 그렇지. 단골한테는 예외로 해 주면 좋겠어!

Q: 대화에서 무엇을 유추할 수 있는가?

(a) 해피 아워 특가 서비스가 오후 6시까지 지속된다.

(b) 해당 레스토랑에서 여자에게 치킨 윙 값을 바가지 씌웠다.

(c) 남자가 여자에게 매트로 레스토랑을 소개했다.

(d) 해당 레스토랑이 오후 6시 후에는 치킨 윙을 제공하지 않는다.

해설 중반부에 여자가 치킨 윙을 하나 먹고, 두 번째로 먹으려 할 때 이미 6시가 지났다고(it was after 6 by the time I was ready for a second) 말하자, 남자가 추가로 돈을 내고 싶지 않았는지(And you didn't want to pay more?) 물은 것에 대해 그렇다고 답변하고 있다. 이로부터 6시가 지나면 치킨 윙 주문 시 추가 요금을 내야 한다는 사실을 알 수 있고, 따라서 해피 아워 치킨 윙 서비스는 6시까지 운영된다는 것을 유추할 수 있으므로 (a)가 정답이다.

어휘 **happy hour** 해피 아워 (할인을 제공하는 특정 시간대) **manage to do** 겨우 ~하다, 간신히 ~해내다 **get A in:** A를 사다, 사 오다 **usually** 보통, 일반적으로 **by the time** ~할 때쯤 **be ready for** ~에 대한 준비가 되다 **I wish 주어 + 과거동사:** ~가 …하면 좋겠다 **make an exception** 예외로 하다 **regular** n. 단골 손님 **last** v. 지속되다 **overcharge A for B:** B에 대해 A에게 바가지 씌우다, 과다 청구하다 **introduce A to B:** A에게 B를 소개하다, 접하게 하다 **serve** (음식 등) ~을 제공하다, 내오다

정답 (a)

30.

Listen to two friends discuss politics.

W: The presidential election results were quite a surprise.

M: I know. Who expected voter turnout to be so high among liberals?

W: They really came out to support Paula Baxter.

M: Yeah, she'd better follow through on all her big promises now.

W: I think she will. It'll be a relief to have someone reform-minded in office for a change.

M: Yeah, change is long overdue.

Q: What can be inferred from the conversation?

(a) The current government is liberal.

(b) Paula Baxter has pledged major reforms.

(c) The woman supported Paula Baxter's opponent.

(d) Paula Baxter was expected to win the election.

여: 대선 결과가 꽤 놀라웠어.

남: 그러니까. 진보 세력 사이에서 유권자 투표수가 그렇게 높을 줄 누가 예상이나 했겠어?

여: 사람들이 정말로 폴라 백스터를 지지하고 나섰어.

남: 응, 이제 그 모든 엄청난 공약들을 완수해 내는 게 좋을 거야.

여: 그럴 것 같아. 변화를 위해 개혁 의지가 있는 사람이 재임하니까 안심이 될 거야.

남: 응, 변화를 너무 오랫동안 기다렸으니까.

Q: 대화에서 무엇을 유추할 수 있는가?

(a) 현 정부가 진보적이다.

(b) 폴라 백스터가 대대적인 개혁을 약속했다.

(c) 여자는 폴라 백스터의 상대를 지지했다.

(d) 폴라 백스터가 대선에서 승리할 것으로 예상됐었다.

해설 대화 중반부에 남자는 당선된 폴라 백스터가 공약을 지켜야 한다는 점을(she'd better follow through on all her big promises now), 여자는 백스터가 변화를 위한 개혁 의지가 있는 사람임을(to have someone reform-minded in office for a change) 언급하며 변화에 대한 기대감을 나타내고 있다. 이로부터 백스터가 많은 개혁을 공약으로 내걸었을 것이라는 점을 유추할 수 있으므로 이에 해당되는 (b)가 정답이다.

어휘 **presidential election** 대선 **result** 결과(물) **quite a(n) + 명사:** 꽤 ~한 것 **expect** ~을 예상하다, 기대하다 **voter turnout** 유권자 투표수 **among** ~ 사이에서 **liberal** n. 진보주의자, 자유주의자 a. 진보적인, 자유민주적인 **come out to do** ~하고 나서다 **support** ~을 지지하다 **had better do** ~하는 게 좋다 **follow through on** ~을 완수하다, 지키다 **promise** 약속 **relief** 안심(이 되는 것) **reform-minded** 개혁 의지가 있는 **in office** 재임 중인, 재직 중인 **long overdue** 너무 오래 기다려 온, 오래 전에 있었어야 할 **current** 현재의 **pledge** ~을 맹세하다, 약속하다 **opponent** 상대, 반대자 **be expected to do** ~할 것으로 예상되다

정답 (b)

Part IV

31.

> Gather around, staff. As you know, we've experienced a rise in shoplifting at our store lately. To address this problem, we'll be rearranging some displays after closing time on Monday. I'm hoping this helps us eliminate the blind spots that shoplifters use to stash merchandise in their bags. We'll also be placing a counter at the entrance so that employees can monitor customers entering and exiting the store.
>
> Q: What is mainly being announced?
> (a) New policies for dealing with shoplifters
> (b) Employee guidelines for catching shoplifters
> (c) Reasons for the recent increase in shoplifting
> **(d) Changes to the store layout to reduce shoplifting**
>
> --
>
> 자리에 모여 주세요, 직원 여러분. 아시다시피, 최근 우리는 매장에서 절도 범죄 증가를 겪어 왔습니다. 이 문제를 처리하기 위해, 월요일 폐장 시간 후에 일부 진열 제품을 재배치할 예정입니다. 저는 이렇게 하는 것이 절도범들이 가방에 상품을 챙겨 넣기 위해 이용하는 사각 지대를 없애는 데 도움이 되기를 바라고 있습니다. 또한 직원들이 매장에 출입하는 고객들을 관찰할 수 있도록 카운터를 출입구 쪽으로 옮겨 놓을 예정입니다.
>
> Q: 주로 무엇이 공지되고 있는가?
> (a) 매장 절도범에 대처하기 위한 새로운 방침
> (b) 절도범을 붙잡기 위한 직원 행동 요령
> (c) 최근의 절도 범죄 증가 원인
> **(d) 절도 범죄를 줄이기 위한 매장 배치 변경**

해설 절도 범죄가 증가한 것과 관련해, 담화 중반부에는 일부 진열 제품을 재배치하는 계획과(we'll be rearranging some displays), 담화 후반부에는 카운터를 출입구로 옮기는 계획을(We'll also be placing a counter at the entrance) 알리고 있다. 이는 절도 예방을 위한 배치 변경에 해당되므로 (d)가 정답이다.

어휘 gather around 한 자리에 모이다 experience ~을 겪다, 경험하다 rise in ~의 증가(= increase in) shoplifting 매장 절도 lately 최근에 address v. (문제 등) ~을 처리하다, 다루다 rearrange ~을 재배치하다, 재구성하다 display 진열(품), 전시(품) help A do: ~하는 데 A에게 도움이 되다 eliminate ~을 없애다, 제거하다 blind spot 사각 지대 stash ~을 챙겨 넣다 merchandise 상품 place v. ~을 놓다, 두다 so that (목적) ~할 수 있도록, (결과) 그래서, 그러므로 monitor v. ~을 관찰하다, 감시하다 exit ~에서 나가다 policy 방침, 정책 deal with ~에 대처하다, ~을 처리하다 recent 최근의 layout 배치, 구획 reduce ~을 줄이다, 감소시키다

정답 (d)

Paraphrase rearranging some displays
→ Changes to the store layout

32.

> In this evening's lecture, I'll continue our discussion of sperm whales. Why do these whales sometimes swim ashore and become stuck? Scientists think that solar storms are probably to blame. Sperm whales use Earth's magnetic field to navigate during their seasonal migrations in search of food. When there's a solar storm, the magnetic field can be temporarily disturbed. As a result, sperm whales can become disoriented and wander into shallow water. Younger animals appear especially vulnerable, as they have less experience handling these disturbances.
>
> Q: What is the speaker mainly saying about sperm whales?
> (a) Solar storms are reducing their food sources.
> (b) They become more vulnerable to solar storms with age.
> **(c) Magnetic disruptions may be causing them to become stranded.**
> (d) They undertake migrations to avoid magnetic disturbances.
>
> --
>
> 오늘 저녁 강의에서는, 향유 고래 이야기를 계속해 보겠습니다. 향유 고래는 왜 때때로 해안 쪽으로 헤엄치다가 꼼짝 못하게 되는 걸까요? 과학자들은 아마 태양 폭풍이 그 원인일 것이라고 생각하고 있습니다. 향유 고래는 먹이를 찾기 위한 계절 이동 중에 지구의 자기장을 활용해 방향을 읽습니다. 태양 폭풍이 발생되면, 이 자기장이 일시적으로 방해를 받습니다. 그 결과, 향유 고래는 방향을 잃고 헤매다가 얕은 물이 있는 곳으로 들어서게 됩니다. 어린 동물은 특히 취약한 것으로 보이는데, 이러한 방해 요소에 대처하는 데 경험이 더 적기 때문입니다.
>
> Q: 화자는 향유 고래와 관련해 주로 무슨 말을 하는가?
> (a) 태양 폭풍이 먹이 공급원을 감소시키고 있다.
> (b) 나이가 들수록 태양 폭풍에 더 취약한 상태가 된다.
> **(c) 자기장의 방해로 향유 고래들이 오도가도 못하게 될 수 있다.**
> (d) 자기장의 방해를 피하기 위해 이주에 나선다.

해설 담화 후반부에 태양 폭풍이 발생되면 자기장이 일시적으로 방해를 받게 되고, 그에 따라 향유 고래가 방향을 잃고 헤매다가 얕은 물이 있는 곳으로 간다고(the magnetic field can be temporarily disturbed. As a result, sperm whales can become disoriented and wander into shallow water) 설명하고 있다. 따라서 이러한 자기장 변화에 따른 영향을 언급한 (c)가 정답이다.

어휘 continue ~을 계속하다 discussion 이야기, 논의, 토론 sperm whales 향유 고래 ashore 해안으로, 물가로 stuck 꼼짝 못하는, 움직이지 못하는 solar storm 태양 폭풍 A is to blame: A가 원인이다 magnetic field 자기장 navigate 방향을 읽다, 길을 찾다 migration 이주 in search of ~을 찾기 위해 temporarily 일시적으로, 임시로 disturb ~을 방해하다, ~에 지장을 주다 as a result 따라서, 결과적으로 disoriented 방향을 잃은 wander 헤매다, 여기저기 돌아다니다 shallow 얕은 appear + 형용사: ~인 것으로 보이다, ~한 것 같다 vulnerable (to) (~에) 취약한 handle ~에 대처하다,

~을 처리하다 disturbance 방해, 지장 reduce ~을 감소시키다, 줄이다 with age 나이가 들수록 cause A to do: A에게 ~하도록 초래하다 stranded 오도가도 못하는, 발이 묶인 undertake ~을 시작하다, ~에 착수하다 avoid ~을 피하다

정답 (c)

Paraphrase become disoriented and wander into shallow water → become stranded

33.

Dreaming of the mouthwatering taste of Mario's Pizza? Then try our new smartphone app! On March 1, all takeout orders placed through the app are half off. Prefer delivery? We've still got you covered. Delivery orders on the 1st qualify for a 30% discount. And if you miss these deals, download the app any time this month to receive coupon codes for 20% off takeout orders and 10% off delivery orders. Just search for "Mario's Pizza" in your app store!

Q: How much can customers save on takeout orders placed through the app on March 1?
(a) 10%
(b) 20%
(c) 30%
(d) 50%

군침 도는 마리오스 피자의 맛을 꿈 꾸고 계신가요? 그러시면, 새로운 저희 스마트폰 앱을 한번 사용해 보세요! 3월 1일에, 저희 앱을 통한 모든 포장 주문이 반값에 판매됩니다. 배달을 선호하시나요? 여전히 준비되어 있습니다. 3월 1일 배달 주문은 30퍼센트의 할인을 받으실 수 있습니다. 그리고 이 특가 서비스를 놓치시더라도, 이번 달에 언제든지 앱을 다운로드하시면 20퍼센트의 포장 주문 할인 및 10퍼센트의 배달 주문 할인 쿠폰 코드를 받으실 수 있습니다. 앱 스토어에서 "마리오스 피자"를 검색하시기만 하면 됩니다!

Q: 고객들이 3월 1일에 앱을 통해 주문하는 포장 음식에 대해 얼마나 할인 받을 수 있는가?
(a) 10%
(b) 20%
(c) 30%
(d) 50%

해설 담화 초반부에 3월 1일에 앱을 통한 포장 주문이 반값이라고(On March 1, all takeout orders placed through the app are half off) 알리고 있으므로 (d)가 정답이다.

어휘 mouthwatering 군침 도는 then 그럼, 그렇다면 try ~을 한번 해보다 takeout 포장(해서 가져가는 음식) place an order 주문하다 prefer ~을 선호하다 We've got you covered 여러분을 위해 준비해 두었습니다, 처리해 두었습니다 qualify for ~할 수 있다, ~에 대한 자격이 있다 miss ~을 놓치다, 지나치다 deal 거래 서비스, 거래 제품 search for ~을 검색하다, 찾다 save A on B: B에 대해 A만큼 할인받다, 절약하다

정답 (d)

34.

Now for today's gardening tips. When spring arrives, you'll want to trim your rose bushes to encourage healthy growth. Start by cutting stems that appear dead or damaged. Healthy stems will appear greenish-white inside. Those that are brownish might be diseased and should be trimmed further. To stop insects from invading the plant, use white glue to seal stems after trimming. Also, remember to disinfect your scissors after trimming each plant to avoid transmitting diseases between plants.

Q: Which is correct according to the instructions?
(a) Healthy stems are brownish in color on the inside.
(b) Sealing trimmed branches can attract harmful insects.
(c) Disinfectant should not be used during trimming.
(d) Scissors can spread diseases between rose bushes during trimming.

오늘의 정원 가꾸기 팁을 전해 드리겠습니다. 봄이 찾아오면, 건강한 성장을 촉진하기 위해 장미 덤불을 손질하고 싶으실 겁니다. 죽은 것으로 보이거나 손상되어 보이는 줄기를 쳐내는 것으로 시작하십시오. 건강한 줄기는 안쪽 부분에 초록색이 감도는 흰색 빛깔이 보일 것입니다. 갈색을 띠는 것들은 병들어 있을 수 있으므로 추가로 잘라 다듬어야 합니다. 벌레가 식물에 침입하는 것을 막으려면, 손질 작업 후에 백색 아교를 사용해 줄기를 봉하십시오. 또한, 각 식물을 손질한 후에는 식물들 사이에서 질병이 전염되는 것을 피할 수 있도록 가위를 소독해야 한다는 점도 기억하시기 바랍니다.

Q: 설명에 따르면 어느 것이 옳은 내용인가?
(a) 건강한 줄기는 안쪽 면의 색이 갈색을 띤다.
(b) 손질된 가지를 봉하는 것은 해로운 벌레를 끌어들일 수 있다.
(c) 손질 작업 중에는 소독제를 사용하지 말아야 한다.
(d) 손질 작업 중에 가위가 장미 덤불 사이에서 질병을 퍼뜨릴 수 있다.

해설 담화 맨 마지막에 식물 손질 후에는 질병 전염을 피할 수 있도록 가위를 소독해야 한다고(remember to disinfect your scissors after trimming each plant to avoid transmitting diseases between plants) 알리고 있다. 이는 가위에 의해 질병이 퍼질 가능성이 있다는 뜻이므로 (d)가 정답이다.

어휘 gardening 정원 가꾸기, 원예 arrive (때가) 찾아오다 trim ~을 손질하다, 다듬다 bush 덤불 encourage ~을 촉진하다, 부추기다 stem 줄기 appear + 형용사: ~하게 보이다 damaged 손상된, 피해를 입은 greenish-white 초록색이 감도는 흰 빛깔을 띠는 brownish 갈색을 띠는 diseased 병든 further 추가적으로, 한층 더 stop A from -ing: A가 ~하는 것을 막다 insect 벌레, 곤충 invade ~에 침입하다 glue 아교, 풀, 접착제 seal ~을 봉하다 disinfect ~을 소독하다 avoid -ing ~하는 것을 피하다 transmit ~을 전염시키다 disease 질병 branch 가지 attract ~을 끌어들이다 harmful 해로운 disinfectant 소독제 spread ~을 퍼뜨리다, 확산시키다

정답 (d)

Paraphrase transmitting diseases → spread diseases

35.

Thank you for attending today's lecture. Astronomers are constantly searching for distant planets. But it's difficult to determine whether any of these planets are capable of supporting life. One problem is that most stars are so bright that we can't get a detailed picture of the planets orbiting them. So astronomers have begun examining planetary systems surrounding ultracool dwarf stars. These stars were once thought to be too small to have shaped nearby matter into planets. However, this assumption has proven false. They are sometimes orbited by planets, and because they're exceptionally faint, the planets orbiting them can be seen relatively clearly using telescopes.

Q: According to the speaker, why are most planets hard to study for signs of life?

(a) They are obscured by the brightness of stars.

(b) They are located too far from stars.

(c) They receive too little light from stars.

(d) They orbit extremely cool stars.

....

오늘 강의에 참석해 주셔서 감사합니다. 천문학자들은 지속적으로 멀리 떨어진 행성을 찾고 있습니다. 하지만 이 행성들 중 어느 하나라도 생명을 지탱할 수 있는지 밝혀내는 것은 어려운 일입니다. 한 가지 문제는 대부분의 항성들이 너무 밝아서 그 궤도를 도는 행성들의 상세 사진을 얻을 수 없다는 점입니다. 따라서 천문학자들은 초저온 왜성 주변의 행성계를 조사하기 시작했습니다. 이 별들은 한때 너무 작아서 근처의 물체로 행성을 형성시키지 못했을 것이라고 여겨졌습니다. 하지만, 이러한 추정은 잘못된 것으로 드러났습니다. 이들에게는 때때로 그 궤도를 도는 행성들이 존재하며, 유난히 희미하기 때문에 망원경을 이용해서 볼 때 그 궤도를 도는 행성들이 상대적으로 명확하게 보일 수 있습니다.

Q: 화자에 따르면, 왜 대부분의 행성들이 생명의 징후가 있는지 연구하기 어려운가?

(a) 항성의 밝기에 가려져 있다.

(b) 항성에서 너무 멀리 떨어져 있다.

(c) 항성으로부터 빛을 너무 적게 받는다.

(d) 대단히 차가운 항성의 궤도를 돈다.

해설 담화 초반부에 행성들에 생명이 사는 게 가능한지 밝히기가 어렵다고 언급한 뒤, 그 이유로 대부분의 항성들이 너무 밝아서 그 궤도를 도는 행성들을 상세하게 찍은 사진을 얻지 못한다는(most stars are so bright that we can't get a detailed picture of the planets orbiting them) 점을 들고 있다. 즉, 항성의 빛 때문에 주변 행성들이 잘 보이지 않는다는 뜻이므로 이러한 의미에 해당되는 (a)가 정답이다.

어휘 attend ~에 참석하다 astronomer 천문학자 constantly 지속적으로, 한결같이 search for ~을 찾다 distant 멀리 있는 planet 행성 determine ~을 밝혀내다, 결정하다 whether ~인지 (아닌지) be capable of -ing ~할 수 있다 support ~을 지탱하다, 지속하다 star 항성, 별 so 형용사/부사 that: 너무 ~해서 …하다 detailed 상세한 orbit v. ~의 궤도를 돌다, 공전하다 examine ~을 조사하다 planetary system 행성계 surrounding ~ 주변의 ultracool 초저온의 dwarf star 왜성 be though to do ~하는 것으로 여겨지

다 shape A into B: A로 B를 형성시키다 nearby 가까운, 근처의 matter 물체, 물질 assumption 추정 prove + 형용사: ~한 것으로 드러나다, 판명되다 exceptionally 유난히, 예외적으로 faint 희미한 relatively 상대적으로, 비교적 telescope 망원경 obscure v. ~을 가리다 be located 위치해 있다 receive ~을 받다 extremely 대단히, 매우

정답 (a)

Paraphrase stars are so bright that we can't get a detailed picture of the planets → They are obscured by the brightness of stars

36.

Ladies and gentlemen, our government is facing skyrocketing healthcare costs. What's it doing about this issue? So far, it's focused on raising revenues by imposing new taxes and on avoiding further costs by refusing to broaden lifesaving public insurance coverage. But this approach misses the key driver of healthcare costs. Where do diabetes, stroke, and heart disease come from? Largely from the abundance of high-sodium, high-fat, and high-sugar foods that we consume. It's time for a concerted effort to get at the underlying reasons for runaway costs in the healthcare sector.

Q: Which statement would the speaker most likely agree with?

(a) The cost of health care will rise regardless of government policy.

(b) The healthcare sector is overly reliant on government subsidies.

(c) The government is ignoring the root causes of high healthcare costs.

(d) The government should avoid expanding public insurance coverage.

....

신사 숙녀 여러분, 우리 정부는 천정부지로 치솟는 의료비 문제에 직면해 있습니다. 정부는 이 사안과 관련해 무엇을 하고 있는 걸까요? 지금까지는, 새로운 세금을 부과해 세입을 거둬들이고 인명을 구하는 공영 보험 혜택 확대를 거부해 추가 비용을 피하는 데만 초점이 맞춰져 있었습니다. 하지만 이러한 접근 방식은 의료비 문제의 중요한 원인을 놓치는 것입니다. 당뇨병과 뇌졸중, 그리고 심장병이 어디서 비롯되는 건가요? 주로 우리가 소비하는 수많은 고나트륨, 고지방, 그리고 고당도 음식에서 비롯됩니다. 이제 서로 힘을 합치고 노력해 의료 분야의 비용 급등에 대한 근본적인 원인에 다가가야 할 때입니다.

Q: 화자는 어느 내용에 동의할 것 같은가?

(a) 의료비가 정부의 정책과 상관없이 증가할 것이다.

(b) 의료 분야가 정부 보조금에 지나치게 의존하고 있다.

(c) 정부가 높은 의료비의 근본 원인을 무시하고 있다.

(d) 정부가 공영 보험 혜택 확장을 피해야 한다.

해설 담화 중반부에서 지금까지 정부가 취한 접근 방식이 중요한 요인

을 놓치고 있다는 점을(this approach misses the key driver of healthcare costs) 지적하고, 후반부에서는 의료 분야의 비용 급등에 대한 근본적인 원인을 파헤쳐야 한다고(It's time for a concerted effort to get at the underlying reasons for runaway costs in the healthcare sector) 주장하고 있다. 이는 즉, 정부가 의료비 문제와 관련된 근본적인 원인을 간과하고 있다는 뜻이므로 이러한 의미에 해당되는 (c)가 정답이다.

어휘   face v. ~에 직면하다 skyrocketing 천정부지로 치솟는 healthcare costs 의료비 issue 사안, 문제 so far 지금까지 be focused on ~에 초점이 맞춰져 있다, 집중되어 있다 raise (돈) ~을 거둬들이다, 모으다 revenue 수입, 수익 impose ~을 부과하다 avoid ~을 피하다 refuse to do ~하기를 거부하다 broaden ~을 확대하다, 확장하다 lifesaving 인명을 구하는 public insurance 공영 보험 coverage (보험 등에서 보장하는) 혜택 approach 접근 방식 miss ~을 놓치다, 지나치다 driver 원인, 요인 diabetes 당뇨병 stroke 뇌졸중 heart disease 심장병 come from ~에서 비롯되다, 나타나다 largely 주로, 대체로 the abundance of 많은, 풍부한 high-sodium 고나트륨의 high-fat 고지방의 high-sugar 고당도의 consume ~을 소비하다, 먹다 It's time for A to do: A가 ~할 때이다 concerted 힘을 합친, 합심한 effort 노력 get at ~에 다가가다, 도달하다 underlying 근본적인 runaway 급등하는, 걷잡을 수 없는 sector 분야, 부문 rise 증가하다, 오르다 regardless of ~와 상관없이 policy 정책, 방침 overly 지나치게 be reliant on ~에 의존하다 subsidy 보조금 ignore ~을 무시하다 root cause 근본 원인 avoid -ing ~하는 것을 피하다 expand ~을 확장하다, 확대하다

정답   (c)

Paraphrase underlying reasons for runaway costs in the healthcare sector → root causes of high healthcare costs

Part V

37-38.

Let's return to our discussion about the Great Dismal Swamp, a huge marshy area in the eastern United States. This swamp served as a refuge for various people for centuries. 37 38 Early on, it was a sanctuary for Native Americans persecuted by white settlers. Later, 37 fugitives went there to hide from police in the dense terrain. By the 19th century, 37 the swamp's occupants were mostly escaped black slaves, known as Maroons. These people established settlements there by building shelters on islands and creating agricultural communes. Until quite recently, these former slave communities were overlooked by historians, who tended to focus on the role of the secret network of abolitionists called the Underground Railroad in assisting runaway slaves to find shelter.

미국 동부 지역의 거대 습지대인 그레이트 디즈멀 습지에 관한 얘기를 다시 시작해 보겠습니다. 이 습지는 수 세기 동안 다양한 사람들에게 있어 피난처의 역할을 했습니다. 초기에는, 백인 정착민들의 박해를 받은 북미 원주민들을 위한 보호 구역이었습니다. 이후에는, 도망자들이 경찰을 피해 그곳으로 가 밀집 지형에 몸을 숨겼습니다. 19세기경에는, 이 습지를

차지한 사람들이 대부분 '마룬'이라고 알려진 탈주한 흑인 노예들이었습니다. 이들은 여러 섬에 주거지를 만들고 농업 공동체를 형성해 그곳에서 정착지를 세웠습니다. 꽤 최근까지도, 이 과거의 노예 공동체는 역사가들에 의해 간과되었는데, 이 역사가들은 탈주 노예들에게 거처를 찾도록 도움을 준 '지하 철도 조직'이라고 불리는 비밀 노예 해방론자 결사 단체의 역할에 주목하는 경향이 있었습니다.

어휘   return to ~부터 다시 시작하다, ~로 돌아가다 discussion 이야기, 논의 Great Dismal Swamp 그레이트 디즈멀 습지 (미국 동부 지역 일대에 널리 형성되어 있는 습지대) huge 거대한, 엄청난 marshy 습지의 serve as ~의 역할을 하다 refuge 피난처 sanctuary 보호 구역 persecute ~을 박해하다 settler 정착민 fugitive n. 도망자, 탈주자 a. 탈주한, 도망 다니는 hide from ~로부터 몸을 숨기다 dense 밀집된, 빽빽한 terrain 지형, 지역 occupant 차지하고 있는 사람, 사용자 escaped 탈주한, 도망친 slave 노예 known as ~라고 알려진 Maroon 마룬(탈주한 노예) establish ~을 설립하다, 확립하다 settlement 정착지 shelter 주거지, 거처 create ~을 만들어 내다 agricultural commune 농업 공동체 quite 꽤, 상당히 recently 최근 former 과거의, 이전의 overlook ~을 간과하다 historian 역사가 tend to do ~하는 경향이 있다 focus on ~에 초점을 맞추다, 집중하다 secret network 비밀 결사 단체 abolitionist 노예 해방론자 assist A to do: A가 ~하도록 돕다 runaway 도망친

37. What is the main topic of the lecture?

(a) The role of a swamp in helping to end slavery
(b) Reasons a swamp was neglected by historians
(c) The succession of groups occupying a swamp
(d) Conflicts among different groups living in a swamp

강의의 주제는 무엇인가?
(a) 노예 제도를 종결시키는 데 도움이 된 한 습지의 역할
(b) 한 습지가 역사가들에 의해 도외시된 이유
(c) 한 습지를 점유했던 일련의 집단들
(d) 한 습지에 사는 서로 다른 집단들 사이의 갈등

해설   담화 전체적으로, 그레이트 디즈멀 습지에 살았던 사람들과 관련해 초기의 북미 원주민(Early on, it was a sanctuary for Native Americans), 그 이후의 도망자들(fugitives went there), 그리고 19세기의 탈주한 흑인 노예들(the swamp's occupants were mostly escaped black slaves)을 차례로 언급하고 있다. 따라서 이러한 일련의 집단들이 존재했다는 사실을 언급한 (c)가 정답이다.

어휘   slavery 노예 제도 neglect ~을 도외시하다, 등한시하다 the succession of 일련의, 연속된 occupy ~을 점유하다, 차지하다 conflict 갈등

정답   (c)

38. According to the lecture, which group resided in the Great Dismal Swamp first?

(a) Escaped slaves
(b) White settlers
(c) Native Americans
(d) Fugitive criminals

강의에 따르면, 어느 집단이 그레이트 디즈멀 습지에서 가장 먼저 거주했는가?

(a) 도망친 노예들
(b) 백인 정착민들
(c) 북미 원주민들
(d) 탈주한 범죄자들

해설   담화 초반부에 초기에 북미 원주민들을 위한 보호 구역이었다는(Early on, it was a sanctuary for Native Americans) 사실을 언급하고 있으므로 (c)가 정답이다.

어휘   reside in ~에 거주하다, 살다   criminal 범죄자

정답   (c)

39-40.

In local news, the historic ⟨40⟩ Dayton Street Manor was almost completely consumed in a blaze last night. Fire crews received the first of several calls at 9:45 p.m. They arrived on the scene within ten minutes and struggled until early this morning to extinguish the fire. ⟨39⟩ The century-old building had been vacant for several months, despite being listed for sale and rent by its owner. The manor was protected under ⟨40⟩ municipal heritage preservation laws, which prevent owners from tearing a building down unless over 60% has been damaged in an accident. Neighborhood residents seeing the extent of the devastation have expressed sadness at the fate of the stately mansion. Fire Chief Greg Hart would not say that the fire had been started deliberately, but he did note that it was highly unusual for separate fires to break out in different areas of a home simultaneously. An investigation is pending.

지역 소식입니다. 역사적인 데이튼 스트리트 대저택이 어젯밤 발생된 화재로 거의 완전히 소실되었습니다. 소방관들은 여러 신고 전화 중 첫 번째를 오후 9시 45분에 받았습니다. 소방관들은 10분만에 현장에 도착했으며, 화재를 진압하기 위해 오늘 이른 아침까지 고군분투했습니다. 100년이나 된 이 건물은 소유주에 의해 매물 및 임대 목록에 올라 있음에도 불구하고 수개월 동안 비어 있는 상태였습니다. 이 대저택은 지방 문화재 보존 법률에 따라 보호되고 있었는데, 이는 사고로 60퍼센트 넘게 손상된 상태가 아닌 경우에는 소유주가 건물을 철거하지 못하도록 방지하는 법률입니다. 이 건물의 파괴 정도를 목격한 지역 주민들은 위엄 있는 이 대저택의 운명에 애석한 마음을 표현했습니다. 그렉 하트 소방서장은 이번 화재가 의도적으로 시작된 것이라고 말하진 못하겠지만, 한 집의 서로 다른 장소에서 동시에 별도의 화재가 발생한 것이 극히 이례적이라는 점에 분명히 주목했습니다. 수사가 곧 진행될 예정입니다.

어휘   local 지역의, 현지의   historic 역사적인   manor 대저택(= mansion)   completely 완전히, 전적으로   consume ~을 소실시키다   blaze 화재, 불꽃   scene 현장   struggle 고군분투하다, 크게 애를 먹다   extinguish a fire 화재를 진압하다, 불을 끄다   vacant 비어 있는   despite ~에도 불구하고   list ~을 목록에 올리다, 기재하다   rent 임대, 대여   protect ~을 보호하다   under (영향 등) ~에 따라, ~ 하에   municipal 지방의, 지방 자치의   heritage 문화재, 유산

preservation 보존   prevent A from -ing: A가 ~하지 못하도록 방지하다, 막다   tear A down: A를 철거하다   unless ~가 아닌 경우에, ~하지 않는다면   damaged 손상된, 피해를 입은   accident 사고   neighborhood 지역, 인근   resident 주민   extent 정도   devastation 파괴, 황폐화   express (생각, 감정 등) ~을 표현하다, 나타내다   fate 운명   stately 위엄 있는   deliberately 의도적으로, 고의로   note that ~임에 주목하다, ~라고 특별히 언급하다   unusual 이례적인   separate 별도의, 분리된   break out 발생되다   simultaneously 동시에   investigation 수사, 조사   pending 곧 있을, 임박한, 미정인

39. Which is correct according to the news report?

(a) Fire crews arrived at the house at 9:45 p.m.
(b) The fire was quickly brought under control.
(c) The house was unoccupied at the time of the fire.
(d) The fire chief blamed the fire on arsonists.

뉴스 보도에 따르면 어느 것이 옳은 내용인가?

(a) 소방관들이 오후 9시 45분에 저택에 도착했다.
(b) 화재가 빠르게 진압되었다.
(c) 저택이 화재 당시에 비어 있는 상태였다.
(d) 소방서장은 화재가 방화범 소행이라고 밝혔다.

해설   담화 초반부에 화재 발생 사실과 함께 저택이 수개월 동안 비어 있었던 상태였다고(The century-old building had been vacant for several months) 알리고 있으므로 이를 언급한 (c)가 정답이다.

어휘   bring A under control: A를 진압하다, 억제하다   unoccupied 비어 있는, 사람이 없는   blame A on B: A에 대해 B를 탓하다   arsonist 방화범

정답   (c)

Paraphrase vacant → unoccupied

40. What can be inferred from the news report?

(a) The owner will not be required to restore the house.
(b) The mansion had become very run-down prior to the fire.
(c) The fire was intentionally reported late.
(d) The law prohibited the sale of the manor.

뉴스 보도에서 무엇을 유추할 수 있는가?

(a) 소유주가 저택을 복구할 필요가 없다.
(b) 대저택이 화재에 앞서 매우 황폐해진 상태였다.
(c) 화재가 고의로 늦게 신고되었다.
(d) 법이 대저택 매각을 금지했다.

해설   담화 시작 부분에는 해당 대저택이 거의 완전히 소실되었음을 밝히고 있고(Dayton Street Manor was almost completely consumed), 담화 중반부에는 지방 문화재 보존 법률에 따라 보호되고 있었다는 점과 이 법률이 사고로 60퍼센트 넘게 손상된 상태가 아닌 경우에는 소유주가 건물을 철거하지 못한다는 점을(municipal heritage preservation laws, which prevent owners from tearing a building down unless over 60% has been damaged in an accident) 함께 언급하고 있다. 따라서 거의 완전히 소실된 이 대저택은 소유주가 철거해도 된다. 즉, 건물을 되살릴 노력을

하지 않아도 된다는 것을 알 수 있으므로 이러한 점을 말한 (a)가 정답이다.

어휘 be required to do ~할 필요가 있다, ~해야 한다 restore ~을 복구하다, 복원하다 run-down 황폐한 prior to ~에 앞서, ~ 전에 intentionally 고의로 prohibit ~을 금지하다

정답 (a)

VOCABULARY

Part I

1.

A: 우리 파티에 샘을 초대하고 싶어.
B: 그는 야간 근무를 하기 때문에 거절해야 할 수도 있어.

해설 초대 제안에 대해 B는 Sam이 야간 근무를 한다는 말을 이유로 언급하고 있는데, 이는 파티에 참석하기 어렵다고 생각하기 때문이다. 따라서 초대에 응하지 않는 사람이 할 수 있는 행위를 나타낼 동사로 '거절하다'라는 의미인 (a) refuse가 정답이다.

어휘 invite ~을 초대하다 might have to do ~해야 할 수도 있다 since ~하기 때문에 refuse 거절하다 forbid ~을 금지하다 attend (~에) 참석하다 depart 출발하다, ~를 떠나다

정답 (a)

2.

A: 여기서 상품권을 받나요?
B: 죄송하지만, 저희는 현금만 받습니다.

해설 빈칸은 질문의 동사 take와 의미가 비슷한 동사가 들어가야 하므로 '~을 받아들이다, 수용하다'를 뜻하는 (c) accept가 정답이다. (b) obtain은 노력을 통해 얻는 행위를 나타내므로 적절하지 않다.

어휘 take ~을 받아들이다, 통용하다 gift card 상품권 cash 현금 carry ~을 휴대하다, (제품 등) ~을 취급하다, 판매하다 obtain 노력하여 ~을 얻다, 획득하다 accept ~을 받아들이다, 승인하다 refund (금전) ~을 상환하다, 돌려주다

정답 (c)

3.

A: 스카프 색이 정말 멋지네요.
B: 고마워요! 제가 가장 좋아하는 코트와 잘 어울려서 샀어요.

해설 빈칸이 속한 because절은 스카프를 구입한 이유를 나타내야 하며, 스카프와 가장 좋아하는 코트의 관계를 나타내는 동사가 필요하다. 잘 어울린다는 의미가 되어야 자연스러우므로 '~와 어울리다, 일치하다' 등을 뜻하는 (c) matches가 정답이다.

어휘 favorite 가장 좋아하는 adapt 적응하다, 적응시키다, 개조하다 follow ~을 뒤따르다, 준수하다 match ~와 어울리다, 일치하다 imitate ~을 모방하다, 흉내내다

정답 (c)

정답 (c)

4.

A: 제가 논문에 포함시킨 참고 자료들이 충분한가요?
B: 몇몇 연구들을 더 인용하실 수도 있었을 텐데요.

해설 빈칸은 A가 사용한 동사 include와 같은 맥락의 동사가 들어가야 한다. 그러므로 '~을 인용하다'라는 의미로 글에서 참조를 추가하는 행위를 나타내는 동사 cite의 과거분사 (a) cited가 정답이다.

어휘 include ~을 포함하다 reference 출처, 참고(자료) could have p.p. ~할 수 있었을 텐데 (과거에 할 수 있었는데 하지 않은 일을 지적함) cite ~을 인용하다, 언급하다 fix ~을 고치다, 바로잡다 poll v. ~에게 여론 조사를 실시하다 n. 여론조사, 투표 hint ~을 암시하다

정답 (a)

5.

A: 내가 그 보험 사기에 속아 넘어갔다는 게 믿기지 않아.
B: 네 잘못이 아냐. 누구든 속을 수 있는 상황이었어.

해설 A가 사용한 동사 fell for는 '속아 넘어가다'라는 뜻이다. 그리고 B가 네 잘못이 아니라고 위로한다면, 빈칸에는 누구나 당할 수 있다는 의미의 동사가 오는 것이 적절하다. 수동태가 쓰여야 하는데 빈칸 앞에 be동사가 있으므로 '~을 속이다'라는 의미인 deceive의 과거분사 (b) deceived가 정답이다.

어휘 fall for ~에 속아 넘어가다 insurance 보험 scam (신용)사기 fault 잘못 could have p.p. ~할 수 있었을 것이다 expose ~을 폭로하다, 노출시키다 deceive ~을 속이다, 기만하다 abduct ~를 유괴하다, 납치하다 contrive ~을 고안하다

정답 (b)

6.

A: 시장이 스캔들 때문에 사임할 수도 있겠네.
B: 응, 그는 심한 사퇴 압박에 시달리고 있어.

해설 A가 시장이 사임할(resign) 가능성을 이야기하는 것에 동의하였으므로 빈칸의 동사는 resign과 같은 맥락의 단어가 쓰여야 한다. 그러므로 '사퇴하다, 물러나다'를 뜻하는 (d) step down이 정답이다.

어휘 mayor 시장 resign 사임하다 over (이유, 대상) ~ 때문에, ~을 두고 under (영향 등) ~에 처한, ~하는 상태인 pressure 압박(감) kick off 시작하다 back up ~을 지원하다, 돕다, (자료 등) ~을 백업하다 stand out 눈에 띄다, 두드러지다 step down 사퇴하다, 물러나다

정답 (d)

7.

A: 이브는 개인적인 질문을 너무 많이 해.
B: 응, 어떨 때는 호기심이 좀 지나쳐.

해설 빈칸에 쓰일 형용사는 A가 말한 개인적인 질문을 많이 하는 것과 맥락이 같아야 한다. 그러므로 '호기심 많은, 꼬치꼬치 캐묻는'을 뜻하는 (d) inquisitive가 정답이다.

어휘 　personal 개인적인 **a bit** 조금, 약간 **at times** 가끔씩, 때로는 **discreet** 신중한, 조심스러운 **judicious** 분별력 있는, 신중한 **observant** 주의 깊은, 관찰력 있는, 준수하는 **inquisitive** 호기심 많은, 꼬치꼬치 캐묻는

정답 　(d)

8.

> A: 아직도 그 유리잔을 씻고 있는 거야?
> B: 밑바닥에 있는 와인 찌꺼기를 없앨 수가 없어.

해설 　빈칸에는 와인잔을 오래 씻고 있는 사람이 없애야 할 대상을 가리키는 명사가 필요하다. 그러므로 '찌꺼기, 잔여물'을 의미하는 (d) residue가 정답이다.

어휘 　**wash** ~을 씻다, 세척하다 **get out** ~을 없애다 **bottom** 밑바닥, 아랫면 **parcel** 소포, 꾸러미 **bundle** 묶음, 꾸러미 **surplus** 여분, 과잉, 흑자 **residue** 찌꺼기, 잔여물

정답 　(d)

9.

> A: 점심 시간에도 쭉 일을 진행해서 이 프로젝트를 끝내 봅시다.
> B: 전 기운을 낼 수가 없어요. 휴식이 필요해요.

해설 　빈칸 다음 문장에 휴식이 필요하다고 알리고 있으므로, can't 뒤의 동사는 '기운을 차리다'와 같은 의미가 되어야 한다. 따라서 '(힘, 용기 등) ~을 내다'라는 뜻을 지닌 (d) muster가 정답이다.

어휘 　**keep -ing** 계속 ~하다 **work through** ~내내 일하다 **break** 휴식 **reap** ~을 수확하다, 거둬들이다 **cache** ~을 은닉하다, 감추다 **broach** (어려운 이야기 등) ~을 꺼내다 **muster** (힘, 용기 등) ~을 내다, 발휘하다, 끌어 모으다

정답 　(d)

10.

> A: 매트가 새로운 일을 빨리 시작하고 싶어하는 것 같아.
> B: 맞아. 열정이 넘쳐.

해설 　어서 일하기를 갈망하는 사람은 열정이 많은 것이므로, 전치사 with와 함께 '~로 가득하다'라는 의미를 나타내는 동사 brim의 현재분사형 (a) brimming이 정답이다.

어휘 　**seem + 형용사:** ~인 것 같다 **eager to do** 빨리 ~하고 싶은, ~하고 싶은 마음이 간절한 **enthusiasm** 열정, 열의 **brim with** ~로 가득하다 **tamper with** ~에 손을 대다, 참견하다, 매수하다 **undulate** 물결치다, 울퉁불퉁하다 **flourish** 번창하다, 활약하다

정답 　(a)

Part II

11.

> 환영 연회 손님들께서는 와인과 청량음료를 포함한 다양한 음료를 제공받으실 것입니다.

해설 　제공되는 음료의 일부가 뒤에 제시되므로, 종류가 다양함을 나타내는 '구색'의 의미인 (c) selection이 정답이다.

어휘 　**reception** 환영 연회 **serve** (음식 등) ~을 제공하다, 내오다 **beverage** 음료 **including** ~을 포함해 **position** 직책, 위치, 입장 **decision** 결정 **a selection of** 엄선된, 다양한, 구색을 갖춘 **variation** 변화, 변형, 변이

정답 　(c)

12.

> 그 프린터는 설치 및 사용 안내를 담고 있는 25페이지짜리 제품 설명서를 포함하고 있다.

해설 　빈칸은 제품 설명서(manual)에 들어있는 내용을 나타내야 하므로 '지시, 안내' 등을 뜻하는 (c) instructions가 정답이다.

어휘 　**come with** ~을 포함하다, (제품에) ~이 딸려오다 **manual** 제품 설명서 **set-up** 설치, 설정, 구성 **judgment** 판단, 심사, 평가 **command** 명령, 지휘 **instruction** 지시, 안내 **association** 협회, 조합, 연합, 연관

정답 　(c)

13.

> 카페인 섭취에 동반되는 각성 효과 고조가 커피의 인기에 대한 한 가지 이유이다.

해설 　커피와 각성 상태(alertness)는 바늘과 실 같은 관계이므로 빈칸에는 함께 다닌다는 의미를 가지는 동사가 와야 한다. 그러므로 '~을 동반하다'라는 의미인 (d) accompanies가 정답이다.

어휘 　**heighten** ~을 증가시키다, 고조시키다 **alertness** 각성, 경계, 조심 **consumption** 소비, 섭취 **popularity** 인기 **illustrate** ~을 설명하다 **actualize** ~을 실현하다 **implement** ~을 시행하다 **accompany** ~을 동반하다

정답 　(d)

14.

> 회사측은 세입자가 임대료를 지불하지 못하는 경우에 아파트에서 퇴거시킬 권리를 지니고 있습니다.

해설 　빈칸은 집에서 쫓아내는 행위의 대상이 되는 사람을 가리킨다. 그러므로 세입자를 가리키는 (a) tenants가 정답이다.

어휘 　**management** 경영진, 회사 **reserve the right to do** ~할 권리를 지니다 **evict** ~을 퇴거시키다, 쫓아내다 **fail to do** ~하지 못하다 **rent** 임대(료), 대여(료), 월세 **tenant** 세입자 **citizen** 시민 **sponsor** 후원자 **applicant** 지원자, 신청자

정답 　(a)

15.

> 리사 워터스 씨가 2021년 1월부터 3년 임기의 사서 협회장으로 선출되었다.

해설 　빈칸에는 3년의 기간과 관련된 명사가 필요하다. 그런데 상황이

직책에 선출된 것이므로 임기를 나타내는 (a) term이 정답이다.

어휘 be elected to + 직책: ~직에 선출되다 **president** 회장, 사장, 대표 **term** 임기, 학기, 회기 **interval** 간격, 사이, 막간 휴식시간 **duration** 지속 기간

정답 (a)

16.

> 강사는 심각한 질병 같은 특정한 상황에 대해서만 결석을 인정해 줄 것이다.

해설 빈칸에 쓰일 명사는 전치사 under의 목적어로서 결석이 인정되는 조건을 나타내야 하므로 '상황, 사정' 등을 뜻하는 (d) circumstances가 정답이다.

어휘 **instructor** 강사 **excuse** ~을 용인하다 **absence** 결석, 결근 **under** (영향 등) ~에 해당되는, ~에 처한, ~하에 있는 **certain** 특정한, 일정한 **illness** 질병 **coincidence** 우연의 일치, 동시 발생 **qualification** 자격 **arrangement** 조치, 마련, 배치, 정리 **circumstances** 상황, 사정

정답 (d)

17.

> 도도새는 한때 모리셔스 섬에 서식했던 멸종된 새이다.

해설 멸종된 새와 섬이라는 특정 지역의 관계를 나타내는 동사는 '살다'라는 의미를 가지는 것이 적절하다. 그러므로 '서식하다, 살다'라는 의미의 동사 inhabit의 과거시제인 (b) inhabited가 정답이다.

어휘 **extinct** 멸종된 **once** (과거의) 한때 **retain** ~을 유지하다 **inhabit** ~에 서식하다, 살다 **possess** ~을 소유하다, 보유하다 **restrain** ~을 억제하다, 저지하다

정답 (b)

18.

> 이번 주의 예측 불가능한 날씨는 남반구의 열대 폭풍우가 원인일 수 있다.

해설 주어인 예측 불가능한 기상상황과 전치사 to의 목적어인 열대 폭풍우는 결과와 원인의 관계로 볼 수 있다. 그러므로 수동태 자리인 빈칸에는 원인과 결과를 연결하는 동사 attribute의 과거분사 형태인 (d) attributed가 정답이다. 전치사 to와 함께 be subjected to라는 숙어를 구성하는 subjected를 고르기 쉬운데, 의미가 통하지 않는다.

어휘 **unpredictable** 예측 불가능한 **weather** 날씨, 기상 **tropical storm** 열대성 폭풍우 **the southern hemisphere** 남반구 **launch** ~을 출시하다, 시작하다 **be subject(ed) to** ~에 당하기 쉽다, ~에 종속되다 **convey** ~을 전달하다 **be attributed to**: ~이 원인이다 cf. attribute A to B: A의 원인을 B로 돌리다

정답 (d)

19.

> 그 연구의 결과물은 기대할 만하지만 결정적이지 못해서, 추가 연구가 필요하다.

해설 결과를 나타내는 so절에 추가 연구가 필요하다고 나와 있으므로 빈칸에는 '충분하지 않다'라는 맥락을 나타내는 단어가 필요하다. 따라서 '결정적이지 못한'이라는 의미인 (d) inconclusive가 정답이다. 부정적인 의미인 (c) incredulous도 그럴 듯하지만, 이 형용사는 사람의 감정을 나타내므로 findings를 수식할 수 없다.

어휘 **findings** (조사·연구 등의) 결과 **promising** 유망한, 기대되는 **further** 추가적인, 더 이상의 **disposable** 일회용의 **aggressive** 공격적인 **incredulous** 회의적인, 믿지 않는 **inconclusive** 결정적이지 못한

정답 (d)

20.

> 그 트럭이 오늘 아침에 충돌사고를 일으켰을 때 속도 위반 중이었기 때문에, 운전자가 무모함에 대해 비난받고 있다.

해설 속도 위반(speeding)을 하고 충돌사고를 일으킨 운전가가 비난을 받을 이유로 적합한 것은 분별 없는 행위라고 할 수 있으므로 '무모함, 무분별함'을 뜻하는 (d) recklessness가 정답이다.

어휘 **speed** v. 속도 위반을 하다 **crash** 충돌하다 **be accused of** ~에 대해 비난받다, 기소되다 **indignation** 분개, 분노 **desperation** 필사적임 **abusiveness** 학대, 남용, 독설 **recklessness** 무모함, 무분별함

정답 (d)

21.

> 톰의 치통은 그가 비명을 지르고 싶을 정도로 아주 극심한 고통을 초래할 때까지 악화되었다.

해설 빈칸은 치통이 악화되면서 발생하는 것을 나타내는 명사가 쓰여야 하므로 ache(통증)와 동의어로 '고통, 괴로움'을 뜻하는 (b) anguish가 정답이다.

어휘 **toothache** 치통 **worsen** 악화되다 **until** (지속) ~할 때까지 **cause A B**: A에게 B를 초래하다, 유발하다 **scream** 비명을 지르다 **turmoil** 혼란, 소란 **anguish** 극심한 고통, 고뇌, 번민 **penance** 속죄, 고행 **nuisance** 성가신 존재

정답 (b)

22.

> 소셜 미디어의 출현은 사람들이 서로 의사소통하는 방법에 대변혁을 일으켰다.

해설 소셜 미디어가 대변혁을 일으켰다면 변혁이 일어나기 전에는 소셜 미디어가 없었다고 추리할 수 있다. 그러므로 새로 나타나는 것을 의미하는 (a) advent가 정답이다.

어휘 **revolutionize** ~을 변혁시키다 **the way A do**: A가 ~하는 방법 **communicate with** ~와 의사소통하다 **advent** 출현, 도래

affinity 친밀감, 관련성 initiation 시작, 개시 threshold 임계점, 문턱

정답   (a)

23.

방향 요법이 스트레스와 우울증, 그리고 불안에 대한 좋은 해결책인 것으로 보인다.

해설   주어 Aromatherapy의 therapy는 치료법을 나타낸다. 그리고 빈칸 뒤에 스트레스와 우울증, 불안 등의 증세가 나열되므로, 빈칸에는 therapy와 같은 맥락의 단어가 필요하다. 그러므로 '해결책'을 뜻하는 (a) antidote가 정답이다.

어휘   aromatherapy 방향 요법 seem to do ~인 것으로 보이다 depression 우울증 anxiety 불안 antidote 해결책, 해독제 ambiance 분위기, 환경 custodian 관리인 semblance 외관, 유사(성)

정답   (a)

24.

외국에서 생활하는 동안, 사람들은 가끔 고국의 음식 생각이 간절해진다.

해설   외국 생활을 하고 있는 사람이 고국의 음식에 대해 가질 수 있는 생각이나 감정 등을 나타낼 동사가 빈칸에 쓰여야 알맞으므로 '~에 대한 생각이 간절하다, ~을 갈망하다'를 뜻하는 (c) craves가 정답이다.

어휘   while ~하는 동안, ~하는 중에 urge ~을 촉구하다, 강력히 권고하다 yield ~을 양보하다, 양도하다, 산출하다 crave ~에 대한 생각이 간절하다, ~을 갈망하다 entice ~을 유인하다, 꼬드기다

정답   (c)

25.

하천 유역에서 샘플을 수집하게 되면, 과학자들이 비료가 지하수에 미치는 영향을 측정할 수 있게 된다.

해설   과학자들이 샘플을 가지고 하기에 가장 적절한 동사를 선택해야 하는데, 빈칸 뒤의 목적어가 impact이므로 영향의 정도를 파악하는 행위가 적절하다. 그러므로 '~을 측정하다'라는 의미인 (a) gauge가 정답이다.

어휘   collect ~을 수집하다 watershed 하천 유역 allow A to do: A에게 ~할 수 있도록 허용하다 impact of A on B: A가 B에 미치는 영향 fertilizer 비료 groundwater 지하수 gauge ~을 측정하다 dodge ~을 재빨리 피하다, 교묘히 회피하다 ordain ~를 임명하다, 규정하다 invoke ~을 기원하다, (법, 권리 등) ~을 행사하다, 시행하다, 불러오다

정답   (a)

26.

군 생활은 식사에서부터 취침에 이르는 활동들이 엄격한 일정을 따르는 관계로 일반적으로 매우 체계적으로 통제된다.

해설   빈칸에 쓰일 형용사는 엄격한 일정을 따르는(subject to strict schedules) 것의 특성을 잘 나타낼 수 있어야 하므로 strict와 동의어로 '체계적으로 통제되는'이라는 의미인 (c) regimented가 정답이다. 약간의 눈치를 발휘한다면, Military를 보고 군의 '연대' 조직을 가리키는 regiment와 비슷한 (c)를 고를 수도 있다.

어휘   typically 일반적으로, 보통 subject to ~을 따르는, ~의 영향을 받는 strict 엄격한 contingent (on) (~을) 조건으로 하는, (~에) 부수적인 scrupulous 세심한, 성실한 regiment (규율 등에 따라) 체계적으로 통제하다 interspersed 산재해 있는, 여기저기 있는

정답   (c)

27.

중국은 2010년에 일본을 앞지르고 미국에 이어 세계에서 두 번째로 큰 경제 대국이 되었다.

해설   미국 다음으로 세계에서 두 번째가 되려면 두 번째 자리에 있던 누군가를 밀어내야 한다. 그러므로 빈칸에 들어갈 동사로는 '~을 앞지르다, 능가하다'라는 의미인 overtake의 과거시제 (b) overtook이 정답이다.

어휘   economy 경제(적 관점의 국가) scour ~을 문질러 닦다, 비벼 없애다 overtake ~을 앞지르다, 능가하다 withhold ~을 제지하다, 억제하다, 보류하다 trespass (on, upon) (~을) 무단 침입하다

정답   (b)

28.

많은 나라들이 지뢰를 규탄하고 있는데, 이 무기가 군사적 충돌이 중단된 후에도 오랫동안 민간인들을 위협하기 때문이다.

해설   이유를 나타내는 as절에서 민간인들을 위협한다는 말이 있으므로 많은 나라들이 지뢰에 대해 부정적인 입장임을 알 수 있다. 그러므로 '~을 비난하다, 규탄하다'라는 뜻으로 쓰이는 (d) condemn이 정답이다.

어휘   landmine 지뢰 weapon 무기 threaten ~을 위협하다 civilian 민간인 long after ~후에도 오랫동안 conflict (물리적) 충돌, 갈등, 분쟁 secede 분리 독립하다, 탈퇴하다 ostracize ~을 외면하다, 배척하다 extradite (범죄자를) 본국에 인도하다 condemn ~을 비난하다, 규탄하다

정답   (d)

29.

시장 붕괴 사태를 한 달 앞서 예측한 후에, 그 분석가는 선견지명에 대해 칭찬을 받았다.

해설   빈칸에는 시장 붕괴를 예측하는 능력을 나타내는 단어가 필요하다. predicting과 맥락이 같은 단어가 들어가야 하므로 '선견지명, 예지력' 등을 뜻하는 (d) prescience가 정답이다.

어휘   predict ~을 예측하다 market crash 시장 붕괴, 시장 폭락 in advance 앞서, 미리 analyst 분석가 praise A for B: B에 대해 A를 칭찬하다 posterity 후대, 후세 reticence 과묵함, 말수가 적음 solidarity 결속, 단결 prescience 선견지명, 예지

정답   (d)

30.

> 가수 데미 로바토는 2010년에 아버지와 사이가 틀어졌고, 아버지가 돌아가실 때까지 계속 소원한 관계로 지냈다.

해설 빈칸에는 사이가 틀어진(had a falling out) 사람들 사이에 계속 유지된 관계를 설명하는 단어가 필요하다. 그러므로 falling out과 같은 맥락으로 '관계가 소원해진, 멀어진' 등을 뜻하는 (b) estranged가 정답이다. 나머지 선택지들이 모두 단절을 의미하지만, 전치사 from과 어울리지 않는다.

어휘 have a falling out with ~와 사이가 틀어지다 remain + 형용사: 계속 ~한 상태를 유지하다 the rest 나머지 rupture ~을 파열시키다, (관계를) 단절하다 estrange (A from B): (A를 B로부터) 멀어지게 하다, 소원하게 만들다 partition ~을 분할하다, 나누다 demarcate ~의 경계를 표시하다, 칸막이하다, 구별하다

정답 (b)

GRAMMAR

Part I

1.

> A: 설거지했나요?
> B: 아, 막 하려던 참이었어요.

출제포인트 to부정사 숙어 be about to do

해설 빈칸 앞에 위치한 about은 아주 임박한 미래의 일을 나타내므로 아직 발생하지 않은 일을 나타내는 to부정사 (c) to start가 정답이다. 「be about to부정사(막 ~하려는 참이다)」를 덩어리째 외워두는 것이 좋다.

어휘 wash the dishes 설거지하다 be about to do 막 ~하려는 참이다

정답 (c)

2.

> A: 애틀랜타에 도착하는 즉시 알려줘요, 알았죠?
> B: 물론이죠. 내일 아침에 도착하는 대로 전화 드릴게요.

출제포인트 시간/조건 부사절에서 미래를 나타내는 현재시제 동사

해설 조동사 will과 tomorrow morning을 통해 빈칸의 행위 시점이 미래라는 것을 알 수 있다. 하지만 as soon as 같은 시간 부사절에서는 미래 행위를 현재시제로 나타내므로 (d) arrive가 정답이다. 참고로, when, after, before, while 등의 시간 부사절 접속사나 if 등의 조건 부사절 접속사들도 부사절 내에서 현재시제 동사로 미래를 나타낸다.

어휘 let someone know ~에게 알려주다 the instant 주어 + 동사: ~하는 순간(= the moment ~) get to ~에 도착하다 sure thing 물론이지 as soon as ~하는 대로, ~하자마자 arrive 도착하다

정답 (d)

3.

> A: 손은 왜 그렇게 된 거야?
> B: 오븐에서 피자를 꺼내다가 실수로 데었어.

출제포인트 동시 발생을 나타내는 분사구문

해설 빈칸 앞에 이미 주동사 burned가 있으므로 접속사 없이 연결되는 또 다른 동사 pull은 준동사의 형태가 되어야 한다. 따라서 손을 데인 것과 피자를 꺼내는 순간이 동시이므로 현재분사인 (d) pulling이 정답이다. 과거분사인 (b) pulled는 목적어를 취할 수 없고, 목적을 나타내는 to부정사 (c) to pull은 미래시점을 나타내므로 오답이다.

어휘 What happened to ~? ~은 왜 그런 거야?, ~에 무슨 일이 있었어? accidentally 실수로, 우연히 burn ~을 태우다 pull A out of B: B에서 A를 꺼내다

정답 (d)

4.

> A: 새로운 회사 정책에 대해 몰랐어요.
> B: 정말요? 지난주에 전 직원에게 이메일이 발송되었는데요.

출제포인트 동사의 태와 시제 - 과거시점 표현 단서

해설 문장 끝의 과거시점 표현 last week과 어울리는 과거시제 동사가 필요하며, 타동사 뒤에 목적어가 없으므로 수동태가 되어야 한다. 따라서 수동태 과거시제인 (c) was sent가 정답이다.

어휘 be aware of ~을 알고 있다 policy 정책, 방침 staff 직원들

정답 (c)

5.

> A: 저녁으로 뭘 주문할 거야?
> B: 네가 지난번에 먹었던 걸로 할 것 같아. 맛있어 보였거든.

출제포인트 선행사를 포함한 관계대명사 what

해설 관계대명사들로 구성된 선택지이므로 선행사의 유무와 성, 수를 파악해야 한다. 그런데 빈칸 앞에 선행사 역할을 할 명사가 없으므로 선행사를 포함하고 있는 (c) what이 정답이다.

어휘 order ~을 주문하다 get ~을 사다(= buy) look + 형용사: ~한 것 같다

정답 (c)

6.

> A: 이 옛날 사진에서 널 찾지 못하겠어.
> B: 나무 왼쪽으로 기대고 있는 여자아이가 나야.

출제포인트 분사의 후치 수식

해설 문장의 주동사인 am이 있으므로 lean은 준동사 형태가 되어야 한다. 그런데 현재 사진 속에서 보이는 행위를 나타내므로 현재분사인 (d) leaning이 정답이다. lean이 자동사이므로 (b)를 수동태로 볼 수 없으며, to부정사인 (c) to lean은 앞으로 할 일을 나타내므로 시점이 맞지 않는 오답이다.

어휘　to the left 왼쪽으로　lean on ~에 기대다

정답　(d)

7.

> A: 소파 옮기는 데 도움이 필요하니?
> B: 응, 정말 도움이 필요해.

출제포인트 요청을 나타내는 조동사 could

해설　A의 도움 제안에 대해 B가 이를 수락하는 상황이다. 영어에서는 정중하게 요청하는 경우 조동사 could를 함께 사용하므로 (b) could가 정답이다. 참고로, I could use ~는 다양한 상황에서 '~하고/가지고 싶다'는 희망을 나타내는 표현이다.

어휘　need help -ing ~하는 데 도움이 필요하다　could use A: A가 필요하다, A를 가지고 싶다　hand 도움(의 손길)

정답　(b)

8.

> A: 아들 상태에 대해서 의사가 뭐래?
> B: 일주일 동안 침대에 누워 쉬라고 권했어.

출제포인트 충고를 나타내는 동사의 that 목적절 동사 형태

해설　recommend와 같이 충고를 나타내는 동사의 목적어 역할을 하는 that절에는 주어 또는 시제에 상관없이 동사원형을 사용하므로 (a) stay가 정답이다. 그 밖에 주장(insist), 충고(advice, recommend), 요청(ask, request, demand), 지시(order), 제안(suggest, propose), 의무(require) 등을 나타내는 동사들도 같은 규칙을 따른다. 단, 동사가 '~해야 한다'는 당위성을 나타낼 때에만 이 규칙을 따르고 단순 사실을 전달할 때는 수와 시제일치 규칙을 따라야 한다.

어휘　condition 병, 질환, 상태, 조건　recommend that ~하도록 권고하다　stay 머무르다

정답　(a)

9.

> A: 아직도 내가 너의 논문을 검토해 주길 바라?
> B: 응, 부탁해. 그것에 대한 네 의견을 들어보고 싶어.

출제포인트 셀 수 없는 명사의 형태

해설　'의견'을 의미하는 명사 feedback은 셀 수 없는 명사이므로 부정관사 a를 붙이거나 명사 뒤에 s가 붙는 복수 형태로 쓰일 수 없으므로 (a) feedback이 정답이다.

어휘　want A to do: A에게 ~하기를 원하다　review ~을 검토하다, 살펴보다　thesis 논문　feedback 의견

정답　(a)

10.

> A: 비즈온 사에 투자해 보시는 게 어떠세요?
> B: 위험성이 잠재적인 이득보다 훨씬 더 클 것 같아요.

출제포인트 3형식 문장의 어순 문제

해설　동사부의 어순은 타동사와 목적어 자리를 먼저 확인한 뒤 수식어 위치를 따져보는 것이 좋다. 동사 outweigh와 명사구를 이끄는 정관사 the가 바로 이어진 구조인 (b)와 (d)가 정답으로 유력하다. 그 다음 부사가 동사의 앞에, 형용사가 명사의 앞에 위치하는 규칙을 적용하면 (b)가 정답이다. (d)는 형용사와 명사 사이에 부사 by far가 들어간 오류 때문에 오답이다. 어순 문제는 여러 관점을 동시에 적용하지 말고 단계적으로 접근하여 소거해가는 것이 빠르고 안전한 풀이 방법이다.

어휘　Why don't you ~? ~하는 게 어때요?　invest in ~에 투자하다　risk 위험(성)　far (강조) 훨씬, 아주　outweigh (중요성, 이익, 가치 등) ~보다 더 크다　potential 잠재적인　by far 단연, 몹시　payoff 이득, 보상

정답　(b)

Part II

11.

> 직원들은 계약 협상에서 진전이 거의 이뤄지지 않았다는 말을 듣고 실망했다.

출제포인트 부정(not)을 포함하는 수량 형용사

해설　주절의 키워드인 disappointed(실망한)와 that 목적절의 주어 progress는 내용상 상반되는 관계이다. 그래서 의미상 부정어가 필요한데 부정어 not이 사용되지 않았으므로 부정의 의미를 포함하고 있는 형용사인 (b) few와 (c) little이 빈칸에 올 수 있다. progress가 셀 수 없는 명사이므로 셀 수 없는 명사를 수식하는 (c) little이 정답이다. (b) few도 부정의 의미를 포함하고 있지만, 셀 수 있는 명사를 수식하므로 오답이다. (a) any는 not을 필요로 한다.

어휘　be disappointed to do ~하고 나서 실망하다　make progress 진척을 이루다　contract 계약(서)　negotiation 협상, 협의　any (부정문에서) 하나도, 전혀　few (셀 수 있는 명사에 대해) 거의 없는, 극소수의　little (셀 수 없는 명사에 대해) 거의 없는, 극소량의

정답　(c)

12.

> 왓슨교는 수십 년 전에 건설되어서 지속적으로 수리가 필요한 상태이다.

출제포인트 수동태 분사구문

해설　주절과 콤마로 연결된 부분은 접속사절, to부정사 또는 분사구문이 가능하다. 선택지의 형태로 보아 분사구문을 고르는 유형이므로 수와 태를 확인해야 한다. 주절의 주어가 동사의 목적어인 관계이므로 수동태이며, 단순 과거시점 부사인 ago가 주어졌으므로 완료가 아니라 단순 시제가 되어야 한다. 따라서, 단순 시제 수동태 형태인 과거분사 (a) Built가 정답이다.

어휘　decade 10년　constantly 지속적으로, 끊임없이　in need of ~을 필요로 하는　repair 수리

정답　(a)

13.

> 역사 전반에 걸쳐, 물 또는 광물 같은 천연자원을 차지하려는 경쟁이 수많은 갈등을 야기해 왔다.

출제포인트 동사 시제 – 현재완료

해설   문장 시작 부분의 Throughout history는 과거에서 현재까지 죽 이어진 긴 기간을 나타내므로 현재완료 시제가 빈칸에 필요하다. 또한, 주어 competition이 3인칭 단수이므로 (a) has caused가 정답이다.

어휘   throughout ~ 전반에 걸쳐, ~ 내내 competition 경쟁 resource 자원, 재원 such as ~와 같은, 예를 들면 mineral 광물 countless 수많은 conflict 갈등, 충돌 cause ~을 야기하다, 초래하다

정답   (a)

14.

> 심지어 마케팅부에 근무하는 사람들까지 포함한 많은 직원들이 그 계획에 반대했다.

출제포인트 후치 수식을 받는 부정대명사 those

해설   막연한 다수의 사람들을 가리키는 부정대명사 those는 뒤에 형용사구, 전치사구 또는 관계대명사절의 후치 수식을 받는다. 그러므로 '~하는 사람들'이라는 의미로 쓰이는 (d) those가 정답이다.

어휘   employee 고용인, 직원 even 심지어 (~도) department 부서 oppose ~에 반대하다 those (후치 수식어구와 함께) ~하는 사람들

정답   (d)

15.

> 관리자가 마케팅에 더 많은 노력을 기울였다면, 지난주에 더 많은 고객들을 할인 행사로 끌어 들였을 것이다.

출제포인트 가정법 과거완료 주절의 동사 형태

해설   빈칸 뒤쪽에 위치한 if절의 동사 형태가 had p.p.인 것을 보고 가정법 과거완료 문장임을 알 수 있다. 그러므로 주절의 동사 형태로는 would/could/might/should have p.p.중 하나가 쓰이므로 (d) would have attracted가 정답이다.

어휘   customer 고객 sale 할인 행사, 특판 put great effort into ~에 많은 노력을 기울이다 attract ~을 끌어 들이다 would have p.p. ~ 했을 것이다

정답   (d)

16.

> 그 토론 참가자가 너무나 강력한 주장을 하는 바람에 상대방이 이미 겪은 것보다 훨씬 더 말문이 막히게 만들었다.

출제포인트 목적격보어 자리의 비교급 형태

해설   5형식 동사 leave는 형용사를 목적격보어로 취한다. 그리고 빈칸 뒤에 비교를 나타내는 접속사 than이 있으므로 빈칸은 비교급 형태가 되어야 한다. 그러므로 형용사의 비교급 형태인 (c) more speechless가 정답이다.

어휘   debater 토론자 make a point 주장하다 such A that B: 너무 A 해서 B하다 leave A 형용사: A를 ~한 상태로 만들다 opponent 상대, 적수 even (비교급 수식) 훨씬 더 speechless 말문이 막힌, 할 말을 잃은 speechlessly 말문이 막히게

정답   (c)

17.

> 일단 선거인 등록 양식의 작성을 완료하시면, 그것에 서명하셔서 즉시 우송해 주시기 바랍니다.

출제포인트 전제 조건을 나타내는 접속사 once

해설   양식을 작성하는 것과 서명을 하고 발송하는 것은 순차적인 행위이다. 그러므로 앞의 행위가 먼저 발생하는 것을 전제로 하는 접속사 (a) once가 정답이다.

어휘   complete ~을 완료하다 voter 유권자 registration 등록 form 양식, 서식 sign ~에 서명하다 mail ~을 우송하다 immediately 즉시 once 일단 ~하면, ~하자마자 until ~할 때까지 (지속) in case (that) ~할 경우에 (대비해) even if 설령 ~이더라도 (가정법) cf. even though 비록 ~일지라도 (직설법)

정답   (a)

18.

> 그 축구팀은 몹시 필요했던 수입을 제공해 줄 후원업체들과 월요일에 합의에 이르렀다.

출제포인트 관계대명사 that

해설   사람 명사 뒤에 주어 없이 조동사 will로 시작되는 불완전한 절이 있으므로 주격 관계대명사가 들어갈 자리이다. 선택지 중 명사 뒤에 올 수 있는 관계대명사인 (a) that이 정답이다. (b) what은 앞에 명사가 올 수 없다.

어휘   reach ~에 이르다, 도달하다 agreement 합의, 계약 sponsor 후원 업체 much-needed 몹시 필요로 하는 revenue 수익, 수입

정답   (a)

19.

> 기자들은 그 사건의 평결이 금방 내려질 것으로 기대하지 않았기 때문에 참을성 있게 기다렸다.

출제포인트 목적격보어로 쓰이는 to부정사의 수동태

해설   빈칸은 동사 expect의 목적격보어 자리이다. 그런데 목적어 verdict가 reach의 도달 대상, 즉 목적어인 관계이므로 reach는 수동태가 되어야 한다. 또한 any time은 긴 시간이 아니라 한 시점을 나타내는 부사이므로 완료가 아니라 단순 시제가 되어야 한다. 그러므로 수동태 단순 시제 형태인 (b) be reached가 정답이다.

어휘   wait 기다리다 patiently 참을성 있게, 끈기 있게 expect A to do: A가 ~할 것으로 기대하다 verdict 평결 case 사건 any time soon 곧 reach ~에 이르다, 도달하다

정답   (b)

20.

사회적 그리고 문화적 차이로 인해, 관광객들은 실제로 그럴 의도가 없음에도 종종 감정을 상하게 한다.

출제포인트 대동사로 사용되는 부정사의 형태

해설 동사 intend의 목적어 자리에 반복될 give offense를 대신하는 동사의 형태를 묻는 문제이다. 앞의 동사를 대신해 사용되는 동사를 대동사라고 하는데, to부정사가 대동사로 사용될 때는 동사원형을 생략하고 to만 사용하므로 (a) intending to가 답이다.

어휘 due to ~로 인해 social 사회적인 cultural 문화적인 difference 차이, 다름 give offense 감정을 상하게 하다 without ~ 없이, ~하지 않고 actually 실제로, 사실은 intend to do ~할 의도이다, 작정이다

정답 (a)

21.

테디는 체중을 관리하려고 애쓰는 중이었지만, 디저트로 케이크를 한 조각 먹고 싶은 충동을 억누를 수 없었다.

출제포인트 조동사 could를 사용한 관용표현 어순

해설 조동사가 쓰인 문장에서 부정어 not은 조동사와 동사원형 사이에 위치한다. 그러므로 not help로 시작하는 (c) not help but indulge in이 정답이다. 참고로, 동사 help는 '돕다' 외에 '그만두다'라는 중요한 의미가 있는데, 이때 동사를 목적어로 취할 때는 help -ing처럼 동명사의 형태를 취한다. 구어체에서는 이 동명사 대신 'but 동사원형'의 형태로 사용하기도 한다.

어휘 although ~이기는 하지만 try to do ~하려 하다 watch one's weight 체중을 관리하다 cannot help but do ~하지 않을 수 없다 (= cannot help -ing) indulge in ~을 탐하다, 빠져들다

정답 (c)

22.

신비한 패턴들이 새겨진 석조 명판들이 그 고고학자에 의해 발견되었다.

출제포인트 명사를 후치 수식하는 과거분사구

해설 주동사 were found가 있으므로 빈칸은 명사를 수식하는 준동사구가 되어야 한다. 그런데 이미 새겨진 것이 발견되었으므로 미래 행위를 나타내는 (c) to inscribe와 현재 행위를 나타내는 (d) being inscribed를 소거한다. 그리고 동사 inscribe가 돌이나 목재를 파서 새기는 행위이므로 명사 Stone tablets를 목적어로 가진다. 목적어를 수식하는 분사의 형태는 수동의 의미를 나타내는 과거분사가 되어야 하므로 (a) inscribed가 정답이다.

어휘 tablet 명판 mysterious 신비한 archaeologist 고고학자 inscribe A with B: A에 B를 새겨넣다

정답 (a)

23.

지나는 다음 주 토요일에 열릴 파티 초대를 거절했는데, 그날 밤에 타지에서 방문하는 친구 한 명을 만날 것이기 때문이다.

출제포인트 가까운 미래를 나타내는 현재진행시제

해설 that night이 next Saturday를 가리키므로 만나는 시점은 미래이다. 그런데 약속이나 일정에 의해 정해진 가까운 미래의 일에 대해서는 현재진행시제로 미래를 대신할 수 있다. 그러므로 (b) is meeting이 정답이다. 미래완료시제인 (c) will have met은 현재 진행 중인 일이 미래의 특정 시점까지 계속되는 것을 나타낼 때 사용하므로 미래 특점 시점에 발생하는 일을 나타내는 빈칸의 시제에 맞지 않는다.

어휘 decline ~을 거절하다 invitation to ~에 대한 초대 from out of town 타지에서 방문하는

정답 (b)

24.

경찰이 어제 저녁 은행에서 강도 행각을 벌인 혐의를 받고 있는 두 남성을 수색 중이다.

출제포인트 현재 진행 중임을 나타내는 전치사 on

해설 빈칸 뒤의 the hunt for는 전치사 on과 결합하여 '~을 수색하여'라는 의미를 가지므로 (b) on이 정답이다.

어휘 on the hunt for ~을 추적하여, 추구하여 suspected of ~의 혐의를 받고 있는 rob ~에서 강도 짓을 하다, ~을 털다

정답 (b)

25.

에린이 원했던 건 오직 현대 회화에 대한 자신의 공헌을 인정받는 것뿐이었다.

출제포인트 관계사절을 이끌어 to부정사를 보어로 가지는 all

해설 빈칸 뒤의 요지가 '자신의 공헌을 인정받는 것'이므로 이것이 에린이 원하는 것이라는 문맥을 파악할 수 있다. 그리고 이 사실에서 want의 목적어인 all이 문장의 주어이고, 동사는 be동사인 was, 그리고 보어의 형태는 to부정사 구조라는 것을 이끌어 낼 수 있다. 따라서, 이러한 구조를 갖춘 (d)가 정답이다.

어휘 recognize A for B: B에 대해 A를 인정하다 contribution to ~에 대한 기여, 공헌 modern painting 현대 회화 ever 이제껏

정답 (d)

Part III

26.

(a) A: 로버트가 여자친구랑 헤어진 거 알고 있었어?
(b) B: 응, 근데 모든 사람에게 말하고 다닐 줄은 몰랐어.
(c) A: 음, 그런 일은 남들에게 숨기기가 쉽지 않지.
(d) B: 맞아. 조만간 밝혀졌을 거야.

출제포인트 동사 시제 오류 – 과거

해설 A가 과거시제인 Did you know로 물었을 때 B가 같은 동사를 사용한다면 시점도 과거로 맞추어 대답해야 한다. 따라서 (b)에서 I haven't thought가 아니라 I didn't think라고 말해야 하므로 (b)가 정답이다.

어휘 break up with ~와 헤어지다, 결별하다 go and tell someone ~에게 떠벌리고 다니다 hide from ~에게 감추다 sooner or later 조만간 would have p.p. ~했을 것이다 (과거의 상황에 대한 추정) come out (진실, 소식 등이) 밝혀지다, 드러나다

정답 (b) haven't thought → didn't think

27.

> (a) A: 이사진에게 한 발표는 어떻게 되었어요?
> (b) B: 마음에 들어 하는 것 같긴 했는데, 몇 가지 단점들도 지적하셨어요.
> (c) A: 그럼 그분들을 설득하려면 더 많은 걸 해야 한다는 뜻인가요?
> (d) B: 아뇨. 그분들이 아직도 세부사항 일부에 동의하지 않지만, 저의 제안을 거의 승인해 주실 것 같아요.

출제포인트 전치사의 목적어 형태 오류 – 동명사

해설 (d) 문장에서 close 뒤에 위치한 to는 전치사이므로 동사원형인 approve를 동명사 형태인 approving으로 바꿔야 알맞다. 따라서 (d)가 정답이다. 전치사 to와 to부정사를 혼동하지 않도록 해야 한다.

어휘 How did A go? A가 어떻게 됐나요? presentation 발표(회) board members 이사진, 이사회 seem to do ~하는 것 같다 point out ~을 지적하다 several 몇몇의, 여럿의 flaw 단점, 결점 win A over: A를 설득하다 still 여전히 disagree on ~에게 동의하지 않다 details 세부사항, 상세정보 be close to -ing 거의 ~하다, ~하는 데 근접하다 approve ~을 승인하다 proposal 제안(서)

정답 (d) approve → approving

28.

> (a) 경제 전문가들은 임금이 일반적으로 사람들의 경력 전반에 걸쳐 꾸준히 오르지 않는다는 점에 주목합니다. (b) 평균적으로, 사람들은 경력 초반에 비교적 큰 폭으로 임금 인상을 받습니다. (c) 이러한 인상은 젊은 근로자가 기술과 지식을 습득한 따른 결과입니다. (d) 시간이 흐르면서, 임금은 점차 변동폭이 줄어들다가 은퇴가 가까워지면서 결국 하락합니다.

출제포인트 동사를 수식하는 부사의 자리 오류

해설 (a) 문장에서 자동사 rise 뒤에는 부사가 와야 하므로 형용사인 consistent를 consistently로 바꿔야 한다. 따라서 (a)가 정답이다.

어휘 economist 경제 전문가 note that ~라는 것에 주목하다 typically 일반적으로, 보통 rise 오르다, 상승하다 consistent 지속적인, 한결같은 throughout ~ 전반에 걸쳐, ~ 내내 career 경력, 직장생활 on average 평균적으로 receive wage increases 임금 인상을 받다 relatively 비교적, 상대적으로 large 많은, 큰 raise 인상, 상승 consequence 결과 knowledge 지식 acquire ~을 습득하다 later on 나중에 gradually 점차적으로 level off 변동이 없다, 평탄해지다 eventually 결국, 마침내 decline 하락하다, 감소하다 near v. ~에 가까워지다, 근접하다 retirement 은퇴

정답 (a) consistent → consistently

29.

> (a) 쿠바의 지도자 피델 카스트로의 유산 한 가지는 이례적인 의료 시스템이다. (b) 쿠바는 예방 치료에서부터 수준 높은 수술에 이르기까지 모든 것을 무료로 제공한다. (c) 쿠바가 국민들의 건강에 집중한 것에 따른 혜택은 국가적인 통계에서 분명히 드러난다. (d) 쿠바의 유아 사망률 및 기대 수명 관련 수치는 영국과 맞먹는다.

출제포인트 주어와 동사의 수 일치 오류

해설 (c) 문장에서 복수 주어 benefits와 연결된 동사가 3인칭 단수 형태인 is이다. is를 복수 형태인 are로 바꿔야 하므로 (c)가 정답이다.

어휘 legacy 유산 exceptional 이례적인, 특출난 healthcare system 의료 시스템 provide ~을 제공하다 from A to B: A에서 B에 이르기까지 preventative care 예방 치료 advanced 진보한, 고급의, 첨단의 surgery 수술 free of charge 무료로 benefit 혜택, 이점 focus on ~에 대한 집중 be clear from ~에서 분명히 드러나다, 명확히 알 수 있다 statistics 통계 (자료) infant mortality 유아 사망률 life expectancy 기대 수명 figure 수치, 숫자 comparable to ~에 맞먹는, ~에 비할 만한

정답 (c) is → are

30.

> (a) 2030년경에, 세계는 전례 없는 인구 통계학적 전환을 겪게 될 것이다. (b) 사상 최초로, 65세 이상 노년층이 5살 미만의 아이들보다 많아질 것이다. (c) 당분간은 최고령자층을 보유한 국가들이 대부분 서유럽 국가들일 것이다. (d) 하지만, 개발도상국가들의 고령층 비율이 놀라운 속도로 증가하고 있다.

출제포인트 나이 표현의 어순 오류

해설 나이를 표현할 때에는 '~세'에 해당하는 명사 age를 숫자 앞에 둔다. 그러므로 '65세 이상'은 'over age 65'라고 해야 한다. 그런데 (b) 문장에서 주어 people을 후치 수식하는 연령 표현에서 age와 숫자의 순서가 바뀌었다. over 65 age를 over age 65로 바꿔야 하므로 (b)가 정답이다. 참고로, '65세 이상'은 age를 동사로 사용하여 'aged over 65'라고 표현하거나 age를 생략하고 'over 65'라고 표현할 수도 있다.

어휘 around ~ 무렵, ~쯤 witness ~을 겪다 unprecedented 전례 없는 demographic 인구 통계학적인 reversal 전환, 역전 for the first time 최초로 over ~이상의 outnumber v. ~보다 수가 많다 for some time 한동안, 당분간 population 사람들, 인구 mostly 대부분, 대체로 proportion 비율 elderly 노년층의 developing country 개발도상국가 grow 증가하다, 늘어나다 at a staggering pace 놀라운 속도로

정답 (b) over 65 age → over age 65

READING COMPREHENSION

Part I

1.

> 직원 여러분께 알립니다.
>
> 직원 여러분의 제안을 신중히 고려한 끝에, 경영진은 직원들에게 탄력적인 업무 시간을 허용하기로 결정했습니다. 다음 달부터, 직원 여러분께서는 오전 6시와 오후 10시 사이에 아무 때나 하루 8시간 근무하도록 허용될 것입니다. 직원 여러분께서는 사내 통신 시스템을 활용해 매일 출퇴근 시간을 기록하셔야 합니다. 저희는 이러한 변화가 직원 여러분께, 특히 업무 일정 완화를 요청해 오신 분들께 만족감을 드릴 수 있기를 바랍니다.
>
> 트렘블레이 광고사
>
> (a) 정규 출근 시각을 늦추기로
> (b) 근무 시간을 줄이기로
> (c) 일부 직원들의 근무 시간대를 변경하기로
> **(d) 직원들에게 탄력적인 업무 시간을 허용하기로**

해설 빈칸의 정책은 그 다음에 설명되는 세부사항을 반영해야 한다. 총 근무 시간은 8시간이고 출퇴근 시간이 고정되지 않으므로 이것을 flexible이라고 표현한 (d)가 정답이다.

어휘 attention 주목하세요, 알립니다 staff 직원들 carefully 신중히, 조심스럽게 consider ~을 고려하다 suggestion 제안, 의견 management 경영(진) decide to do ~하기로 결정하다 starting ~부터 be allowed to do ~하도록 허용되다 complete ~을 완료하다 daily work 일과 at any time 언제든지, 아무 때나 between A and B: A와 B 사이에 check in and out 출퇴근 시간을 기록하다 communication system 통신 시스템 please ~을 만족시키다, 기쁘게 하다 especially 특히 those who ~하는 사람들 ask for ~을 요청하다 less 덜 ~한 rigid 엄격한 push back (일정을) 미루다, 늦추다 required 필수의, 필요한 starting time 출근 시각 reduce ~을 줄이다, 감소시키다 working hours 근무 시간 (= office hours) grant A B: A에게 B를 허용하다, 승인하다 flexible 탄력적인, 유연한

정답 (d)

Paraphrase daily work at any time between 6 a.m. and 10 p.m. → flexible working hours

2.

> 성공적인 자녀 양육이라는 측면에 있어, 많은 부모들이 같은 실수를 저지르고 있습니다. 부모들은 성공을 이룬 것에 대해 아이들을 칭찬하지만, 그러한 결과를 얻는 데 필요한 노력은 무시합니다. 아이들은 가끔씩 어쩔 수 없이 실패하기도 하므로, 진정으로 칭찬받아야 마땅한 것은 그 노력입니다. 칭찬의 초점을 변경함으로써, 어른들은 아이들에게 더욱 일관되고 지속적인 성공의 바탕이 될 헌신에 대해 보상해 줄 수 있습니다. 요컨대, 부모들은 항상 성과보다 노력을 더 인정하도록 노력해야 합니다.
>
> (a) 심지어 사소한 성과도 강조하도록
> **(b) 성과보다 노력을 더 인정하도록**
> (c) 정말로 훌륭한 일을 칭찬하기 위해 칭찬을 보류하도록
> (d) 아이들의 성공과 관련된 기쁨을 표현하도록

해설 글의 주제는 앞부분의 주장과 끝부분의 결론으로 나타나는데, 주장과 결론은 상통하므로 빈칸의 단서는 글 전반부에 있다. 부모들의 실수를 They praise their children for successes but ignore the hard work라고 표현하므로 실수를 바로잡으려는 결론은 이와 반대일 것이다. 따라서, praise와 동의어인 recognize, hard work와 동의어인 effort를 사용하여 노력을 인정한다는 의미가 되는 (b)가 정답이다.

어휘 when it comes to ~라는 측면에 있어, ~와 관련해서는 raise ~을 양육하다, 기르다 make a mistake 실수를 저지르다 praise A for B: B에 대해 A를 칭찬하다 ignore ~을 무시하다 hard work 상당한 노력, 근면 required 필수적인, 필요한 outcome 결과 inevitably 어쩔 수 없이, 불가피하게 fail 실패하다 from time to time 가끔씩, 때때로 it is A that: ~하는 것은 A이다 effort 노력 truly 진정으로 deserve ~을 받을 만하다 praise 칭찬 shift v. ~을 바꾸다 focus 초점 adults 어른들 reward A for B: B에 대해 A에게 보상하다 dedication 헌신, 전념 set A up for B: A가 B하는 버팀목이 되다 consistent 일관된, 한결같은 lasting 지속적인 in short 요컨대 highlight ~을 강조하다 even 심지어 (~도) minor 사소한 accomplishment 성과, 업적, 달성(= achievement) recognize ~을 인정하다 more than ~보다도 더 reserve ~을 보류하다 exceptional 뛰어난, 우수한 express ~을 표현하다 joy 기쁨

정답 (b)

Paraphrase praise → recognize
the hard work → effort

3.

> 최근 선거가 끝난 후, 사회기반시설 문제에 대해 진보당과 보수당 사이에서 흔치 않은 단합된 모습이 보여졌다. 양 정당 지도자들은 붕괴되고 있는 도로와 다리, 그리고 댐들을 수리하기 위해 힘을 합칠 것을 촉구했다. 하지만, 사회기반시설 지출 법안의 진척이 한 가지 중대 사안으로 인해 지연되고 있다. 보수당은 세금 공제 혜택을 제공하고 민관 제휴 관계를 맺음으로써 사회기반시설 프로젝트에 대한 민간 투자를 활성화하기를 원하고 있다. 반면에, 자유당은 정부가 세입을 늘리거나 적자 지출을 늘려서라도 이 프로젝트 비용을 충당해야 한다고 주장하고 있다. 일각에서는 자금 조달 방식에 대한 불일치로 인해 실제로 시작도 하지 못하게 될까 우려하고 있다.
>
> (a) 양 정당 내부의 심각한 갈등
> **(b) 자금 조달 방식에 대한 불일치**
> (c) 사회기반시설에 대한 예치키 못한 피해
> (d) 어느 프로젝트에 자금을 제공할지에 대한 논쟁

해설 일종의 유추 문제로, 빈칸은 우려하는 원인을 나타내야 한다. 그러므로 fear와 연관된 키워드 a major issue(중대한 문제)의 뒤에서 어떤 문제인지를 파악해야 한다. Conservatives가 private sector investment로 비용을 대자고 하고, Liberals는 tax revenues와 deficit spending을 통해 비용을 마련하자고 주장한다. 한쪽은 민간 자본을, 한쪽은 정부 예산을 사용하자고 주장하므로 비용 마련에 대한 생각이 다르다는 뜻의 (b)가 정답이다.

어휘 recent 최근의 election 선거 unusual 흔치 않은 show of unity 단합된 모습 Liberals 자유당 Conservatives 보수당 issue 사안, 문제 infrastructure (도로, 항만, 물류, 공공주택 등) 사회기반시설 party 정당 call for ~을 요구하다 concerted 통합된, 일치된 action 조치, 행동 repair ~을 수리하다 crumbling 붕괴하는 progress 진척, 진전 spending bill 지출 법안 delay ~을 지연

시키다 incentivize ~을 장려하다 private sector 민간 부문 investment in ~에 대한 투자 offer ~을 제공하다 tax credits 세금 공제 혜택 enter into a partnership 제휴 관계를 맺다 public-private 민관의, 정부와 민간의 meanwhile 반면에, 한편 insist that ~라고 주장하다 cover (비용 등) ~을 충당하다, 포함하다 raise ~을 올리다, 인상시키다 tax revenues 세입, 세수 increase ~을 증가시키다 deficit spending 적자(지출) fear that ~할까 우려하다 because of ~때문에 conflict 갈등, 충돌 disagreement over ~에 대한 불일치 funding 자금 조달 method 방법 unexpected 예기치 못한 damage to ~에 대한 피해, 손상 dispute 논쟁 which to do 어느 것에 ~할지 fund v. 자금을 조달하다

정답　(b)

4.

> 메가 버거즈 관계자께,
>
> 귀사가 소에게 항생제를 먹이는 생산업체로부터 받은 소고기 사용을 마침내 중단하겠다고 6개월 전에 발표한 결정에 대해 찬사를 보냅니다. 하지만, 귀사는 언제까지 약속을 지킬 것인지에 대한 기한은 제시하지 않았으며, 그 목표를 향한 공개적으로 가시화된 진전은 이뤄내지 못하셨습니다. 저희는 더욱 명확한 일정이 있어야 이 문제에 대해 민감하게 반응하는 고객들을 안심시킬 것으로 생각합니다. 따라서 저희는 귀사에 항생제 없는 소고기로의 전환에 대한 정확한 일정을 발표하도록 요청드립니다.
>
> 다이엔 실버맨
> 정책국장, 프렌즈 오브 아워 플래닛

(a) 항생제가 들어 있는 제품을 표기한 전체 목록을 제공하도록
(b) 소고기 생산 과정에서 항생제를 사용하는 것에 대한 입장을 분명히 밝히도록
(c) 항생제 없는 소고기로의 전환에 대한 정확한 일정을 발표하도록
(d) 항생제가 들어 있는 고기 사용에 대한 귀사의 정책을 바꾸도록

해설　빈칸은 요청하는 사항을 나타내야 하는데, 인과 관계를 나타내는 부사 therefore가 제시되어 있다. 따라서 앞 문장에서 밝힌 a clearer agenda would reassure customers에 부합하는 내용이 들어가야 하므로, clearer agenda 와 유사한 표현인 a precise timeline이 들어간 (c)가 정답이다. 앞에서도 언급했듯이, 핵심 키워드 agenda와 연관된 표현이 존재한다면 moving to antibiotic-free beef와 같은 세부사항은 확인할 필요가 없다. 왜냐하면 다른 선택지들은 모두 정답의 단서인 agenda에 대해 언급하지 않으므로 정답이 될 가능성이 없기 때문이다.

어휘　applaud ~에 박수[찬사]를 보내다 decision 결정 eventually 마침내, 결국 cease -ing ~하는 것을 중단하다 producer 생산업체 feed A B: A에게 B를 먹이다 cattle (집합적) 소 antibiotic 항생제 provide ~을 제공하다 deadline 기한 meet (조건, 기준 등) ~을 지키다, 충족하다 commitment 약속, 헌신 make progress 진전시키다 publicly 공개적으로 visible 가시적인 toward (목표 등) ~을 위해 agenda 일정, 의제, 안건 reassure ~을 안심시키다 customer 고객 feel strongly about ~에 대해 예민하게 느끼다 therefore 따라서, 그러므로 provide ~을 제공하다 complete 완전한 contain ~을 포함하다 define ~을 분명히 밝히다 stance 입장 beef 쇠고기 release ~을 발표하다, 공개하다 precise 정확한 timeline 일정 A-free: A가 없는 reverse ~을 뒤바꾸다, 반전시키다 policy 정책, 방침

정답　(c)
Paraphrase a clearer agenda → a precise timeline

5.

> 증거에 따르면, 공룡은 약 6천 6백만 년 전에 거대 소행성이 지구와 충돌한 뒤에 멸종했다. 최근, 일부 과학자들은 그 충돌이 부분적으로 <u>충돌 장소의 토양 구성 물질</u>로 인해 유난히 파괴적이었다는 가설을 세웠다. 이들은 오늘날 멕시코에 해당하는 지역의 분화구 주변에 탄화수소 및 유황 물질이 풍부하다는 점에 주목하고 있다. 소행성이 충돌했을 때, 그 충격으로 대기 중으로 날아오른 탄화수소가 햇빛을 차단함으로써 식물이 번성하는 데 필수적인 광합성 작용에 지장을 주었을 것이다. 동시에, 유황 물질은 산성비를 촉발시켜 해양 생태계를 뒤바꿔 놓았을 것이다. 이 분석에 따르면, 만약 그 소행성이 다른 곳에 충돌했더라면, 충돌에 따른 영향이 훨씬 덜 파괴적이었을 수도 있다.

(a) 충돌 장소의 토양 구성 물질
(b) 충돌 장소 근처의 대기 조건
(c) 충돌 당시 소행성의 엄청난 속도
(d) 소행성에 포함되어 있던 물질의 종류

해설　빈칸은 유난히 소행성 충돌의 결과가 파괴적이었던 이유에 대해 과학자들이 세운 가설의 일부이다. 가설과 함께 과학자들이 주목한(note) 사항이 그 이유라고 추정할 수 있으므로 the area around the crater ~ is rich in hydrocarbons and sulfurous materials를 잘 설명하는 선택지를 고르면 된다. 따라서 the area around the crater를 패러프레이징한 the ground at the crash site, 그리고 hydrocarbons and sulfurous materials를 패러프레이징한 composition을 가지고 있는 (a)가 정답이다. 혹시 (b)에 속할 수도 있는데, blasted into the atmosphere를 보면 대기 자체가 아니라 대기로 날아간 물질이 원인이므로 오답이다.

어휘　evidence 증거 dinosaur 공룡 go extinct 멸종하다 massive 거대한 asteroid 소행성 slam into ~에 강하게 충돌하다 approximately 약, 대략 recently 최근에 hypothesize that ~라는 가설을 세우다 impact 충돌(= crash) exceptionally 유난히, 몹시, 이례적으로 devastating 파괴적인(= destructive) in part 부분적으로 because of ~때문에 note that ~라는 점에 주목하다 around ~주변에 crater 분화구 rich in ~이 풍부한 hydrocarbon 탄화수소 sulfurous 유황의 material 물질, 물체 blast ~을 쏘아 올리다 would have p.p. ~했을 것이다 (과거의 일을 추정) block ~을 차단하다 disrupt ~에 지장을 주다 photosynthesis 광합성 necessary 필요한 thrive 번성하다 at the same time 동시에 trigger ~을 촉발시키다 acid rains 산성비 upset ~을 뒤바꾸다, 뒤엎다 marine ecosystems 해양 생태계 according to ~에 따르면 analysis 분석 effect 영향, 결과 might have p.p. ~했을 수도 있었다 (과거의 일을 추정) far (비교급 수식) 훨씬 less 덜 ~한 had the asteroid struck ~: 만약 이 운석이 ~에 충돌했었더라면(= if the asteroid had struck ~) strike 충돌하다, 부딪히다 elsewhere 다른 곳에서 composition 구성 물질, 구성 요소 crash 추락, 충돌 site 장소, 현장 atmospheric conditions 대기 조건, 대기 상태 near ~근처에 collision 충돌 tremendous 엄청난 upon impact 충돌하는 순간 within ~내부에

정답　(a)
Paraphrase the area around the crater
　　　　　→ the ground at the crash site
　　　　　hydrocarbons and sulfurous materials → composition

6.

오랫동안, 요통이 있는 환자들을 치료할 때 의사들이 **가장 먼저 충동적으로 하는 행동**은 처방전 용지로 손을 뻗는 것이었다. 하지만, 최근에, **미국 내과의사협회가 의사들에게 약을 처방하기에 앞서 다양한 치료 방법들을 찾아보도록 권고하는 최신 지침을 발표했다.** 이 지침은 심지어 환자들에게 침술과 물리 치료 같은 치료법을 시도해 보기 전까지는 일반 의약품 진통제와 근육 이완제, 그리고 소염제 복용을 **피하도록** 장려하라고 의사들에게 권고하기까지 한다. 이런 관점에서 볼 때, 최근에 발표된 이 지침은 1차 치료 방법에서 약물의 제외를 의미한다.

(a) 처방전이 필요 없는 약물로의 전환
(b) 첨단 의료 서비스를 제공하기 위한 새로운 시도
(c) 1차 치료 방법에서 약물의 제외
(d) 요통 치료를 위한 내과 의사 의존도 증가

해설　마지막 문장은 글의 결론을 나타내는 데 이는 글 도입부와 상통한다. 둘째 문장에서 정답의 단서를 이끄는 반전의 접속사 however에 주목해야 하는데, 그 뒤에 나오는 권고 내용 doctors explore various treatment options before prescribing medications가 결정적 단서이기 때문이다. 여기서 explore A before B 구조는 'A를 B보다 먼저 시행하라'는 것인데 이것을 'B를 먼저 시행하지 말라'고 뒤집어 표현할 수 있으므로 retreat from B as the first line이라고 한 (c)가 정답이다. 여기서 the first line은 첫 문장의 first impulse에서 확인할 수 있으며, retreat는 예시를 나타내는 다음 문장에서 동사 avoid(~을 피하다)로 재확인할 수 있다. retreat를 '퇴각, 후퇴'라는 사전적 의미로만 알고 있다면 선뜻 선택하기가 어려울 수 있는데, '(계획) 포기, (입장) 철회'라는 의미도 있다는 것도 알아 두는 것이 좋다.

어휘　impulse 충동 treat ~을 치료하다, 처치하다 patient 환자 lower back pain 요통 reach for ~에 손을 뻗다 prescription 처방전 pad (종이 등의) 묶음 recently 최근에 however 하지만 physician 내과의사 release ~을 발표하다, 공개하다 updated 최신판의, 최근 개정된 guideline 지침, 안내 recommend that ~하도록 권하다 explore ~을 살펴 보다, 탐구하다 various 다양한 treatment 치료(법), 처치(법) option 선택(대상) prescribe ~을 처방하다 medication 약물 advise A to do: A에게 ~하도록 권고하다 encourage A to do: A에게 ~하도록 권장하다 avoid -ing ~하는 것을 피하다 over-the-counter (처방전 없이 살 수 있는) 일반의약품 painkiller 진통제 muscle relaxant 근육 이완제 anti-inflammatory medication 소염제 such as 예를 들면 acupuncture 침술 physiotherapy 물리 치료 in this sense 이러한 관점에서 represent ~을 의미하다, 나타내다 shift toward ~로의 변화, 전환 require ~을 필요로 하다 renewed 새로워진 attempt to do ~하기 위한 시도 provide ~을 제공하다 advanced 첨단의, 고급 단계의 retreat from ~로부터의 탈피, 벗어남 the first line 1단계, 제1선 growing 증가하는, 늘어나는 reliance on ~에 대한 의존 therapy 치료, 요법

정답　(c)

Paraphrase explore various treatment options before prescribing medications → retreat from medications as the first line of treatment

7.

우리 웸블리 항공사는 현재 배터리 결함으로 인해 발생한 비용을 보상받기 위해 보유 항공기의 제조사와 논의 중에 있습니다. **최근 구입한 우리 점보 제트기 중 세 대가 배터리 결함으로 인한 수리를 위해 운행을 중단한 상태입니다.** 그 결과, 우리는 많은 항공편을 취소해야 했으며, 그로 인해 어쩔 수 없이 고객들에게 다른 항공사를 다시 예약해 드리거나, 전액 환불을 제공해 드려야 했습니다. **이는 상당한 비용 지출을 초래했으며, 우리는 이것이 항공기 제조사의 책임이라고 생각합니다.** 아직 합의에 이르지는 못했지만, 진행 중인 대화가 지금까지는 생산적입니다.

(a) 결함이 있는 배터리를 교체하는 가격을 협의하기 위해
(b) 배터리 오작동의 원인을 밝혀 내기 위해
(c) 배터리 결함으로 인해 발생한 비용을 보상받기 위해
(d) 발이 묶인 승객들에게 보상을 제공하기 위해

해설　빈칸 앞의 to와 동사원형이 연결되므로, 목적을 나타내는 to부정사 구조이다. 그러므로 논의를 진행하는 목적을 나타내야 한다. 글의 키워드로 내용을 파악해 보면, [faulty batteries(배터리 결함) → cancel(취소) → expenditures(비용) → responsibility of the plane maker(항공기 제조사 책임)]의 흐름이다. 여기서 항공기 제조사와 협의하는 목적이 비용 손실을 만회하려는 것임을 알 수 있으므로 costs(비용)라는 키워드를 가진 선택지 (c)가 정답이다.

어휘　currently 현재 in discussions 논의 중인 manufacturer 제조사 fleet (비행기) 편대, (선박) 함대 (보유한 항공기, 자동차, 선박 전체를 가리킴) recently 최근에 purchase ~을 구입하다 jumbo jet 초대형 제트 여객기 be grounded 운항이 중단되다 repair 수리 faulty 결함이 있는(= defective) as a result 그 결과 flight 비행편 force A to do: A가 어쩔 수 없이 ~하도록 만들다 rebook ~을 다시 예약하다 offer A B: A에게 B를 제공하다 full refund 전액 환불 result in ~을 초래하다, ~라는 결과를 낳다 significant 상당한 expenditure 비용 지출 responsibility 책임 agreement 합의(서) while ~한 반면에, ~하는 동안 reach an agreement 합의에 도달하다 ongoing 계속 진행 중인 talks 협상 so far 지금까지 productive 생산적인 negotiate ~을 협의하다 replace ~을 교체하다 determine ~을 밝혀내다 cause 원인 malfunction 오작동 recoup (비용, 손실 등) ~을 보상받다, 벌충하다 cost 비용 incur ~을 발생시키다 due to ~로 인해 provide A with B: A에게 B를 제공하다 stranded 발이 묶인, 오도가도 못하는 compensation 보상

정답　(c)

8.

전 세계의 많은 갑부들이 세금을 거의 또는 전혀 내지 않게 해 주는 관할 구역인 해외 조세 피난처에 아주 많은 재산을 보관합니다. 부자들은 흔히 이러한 곳에서 재산 소유권을 감출 수 있기 때문에, **실제 그들의 순자산을 추정하는 것이 어려울 수 있습니다.** 이러한 정보 없이는, 경제 전문가들이 일국의 그리고 국가 간의 부유층과 저소득층 사이에 존재하는 **실제 격차의 크기를 쉽게 측정할 수 없습니다.** 이러한 이유로 해외 조세 피난처가 진정한 경제 불평등 수준을 가리고 있다고 말할 수 있습니다.

(a) 강제로 부자들을 해외로 이주하게 만든다
(b) 부자들의 부당한 이점을 노출시킨다
(c) 진정한 경제 불평등 수준을 가리고 있다
(d) 부를 끌어 모으기 위해 해외 세금 정책을 이용한다

해설　문장이 This is why로 시작하므로 This가 가리키는 바로 앞 문장의 내용이 결정적 단서이다. 앞 문장의 요지는 cannot easily assess the true size of the gulf(격차의 실제 크기를 측정할 수 없다)이다. 그러므로 cannot easily assess를 mask로, 그리고 the true size를 the true extent로 바꾸어 표현한 (c)가 정답이다.

어휘　park v. ~을 두다　a large chunk of 아주 많은　asset 재산, 자산　offshore 해외의, 국외의, 역외의　tax haven 조세 피난처　jurisdiction 관할권, 관할구　allow A to do: A에게 ~할 수 있게 해 주다　pay taxes 세금을 내다　the wealthy 부자들　often 종종　be able to do ~할 수 있다　conceal ~을 은닉하다, 숨기다　ownership 소유권　estimate ~을 추정하다　net worth 순자산　without ~이 없다면　information 정보　economist 경제 전문가　easily 쉽게　assess ~을 평가하다, 견적을 내다　gulf 격차　the haves and have-nots 부유층과 빈곤층, 가진 자와 못 가진 자　This is why ~: 이런 이유로 ~하다　compel A to do: 억지로 A에게 ~하게 하다, A에게 ~하도록 강요하다　relocate 옮기다, 이전하다　overseas 해외로　expose ~을 노출시키다　unfair 부당한, 불공평한　advantage 이점, 장점　mask v. ~을 가리다　extent 정도　inequality 불평등　policy 정책, 방침　attract ~을 끌어 모으다　wealth 부, 부유함

정답　(c)

Paraphrase cannot easily assess the true size
　　　　　　→ mask the true extent

9.

특정 집단의 침팬지들이 독특한 방식으로 도구를 활용하는 모습이 야생에서 관찰되었다. 예를 들어, 콩고의 침팬지들은 개미를 모으기 위해 길이가 다른 두 개의 막대를 들고 다니는 것으로 알려져 있다. **마찬가지로, 가봉의 침팬지들은 꿀을 모으기 위해 최대 다섯 가지의 다른 도구를 미리 준비하는 것으로 나타났다.** 이러한 발견은 인간이 복잡하고 사전에 준비된 도구 활용 능력을 지니고 있는 유일한 종이라는 믿음에 의구심을 불러 일으킨다.

(a) 마찬가지로
(b) 일반적으로
(c) 구체적으로
(d) 또는

해설　빈칸 앞 문장에는 콩고의 침팬지들이 도구를 활용하는 사례를, 그리고 빈칸 뒤에는 가봉의 침팬지들이 도구를 활용하는 방법이 제시되고 있다. 즉, 유사한 두 가지 예시가 연결되므로 '마찬가지로'라는 뜻으로 유사 정보를 나열할 때 사용하는 (a) Similarly가 정답이다.

어휘　observe ~을 관찰하다　in the wild 야생에서　tool 도구　in unique ways 독특한 방식으로, 특별한 방식으로　for instance 예를 들면　be known to do ~하는 것으로 알려져 있다　travel 이동하다　stick 막대기　length 길이　collect ~을 모으다, 수집하다　ant 개미　be shown to do ~하는 것으로 나타나다　prepare ~을 준비하다　up to 최대 ~까지　in advance 미리, 사전에　honey 꿀　findings (연구 등의) 결과, 발견　call into question ~에 대한 의문을 불러 일으키다　belief 믿음　species (동식물의) 종　be capable of ~할 능력이 있다　complex 복잡한　pre-planned 사전에 준비된　use 사용

정답　(a)

10.

심리학 연구에 따르면, 사람들이 놀라울 정도의 빈도로 거짓말을 하는 것으로 나타났다. 많은 경우에 있어, 심지어 자신들의 대화 녹음 내용을 확인한 후에야 자신의 거짓말을 인식하게 된다. 남성과 여성이 대략 같은 횟수의 거짓말을 하지만, 그 이유는 뚜렷이 다르다. 여성은 대화 상대방을 더욱 편안하게 만들어 주기 위해 그렇게 하는 경향이 있다. <u>반대로,</u> 남성은 흔히 대화 상대방의 눈에 비친 자신의 개인 이미지를 강화하려고 그렇게 한다.

(a) 마찬가지로
(b) 반대로
(c) 그에 따라
(d) 더욱이

해설　빈칸 앞에 for distinct reasons(뚜렷이 다른 이유로)라는 표현이 있고 빈칸을 사이로 남녀의 차이를 설명하고 있다. 그러므로 상반된 내용을 연결하여 대비시키는 (b) Conversely가 정답이다.

어휘　psychological 심리학적인　make false statements 거짓말을 하다　with surprising frequency 놀라울 정도의 빈도로　be aware of ~을 인식하다, 알고 있다　not A until B: B한 후에야 A하다　even 심지어　falsehood 거짓임　review ~을 검토하다, 살펴보다　recording 녹음, 녹화　conversation 대화　while ~한 반면에　make an equal number of 동일한 수의 ~을 하다　roughly 대략　distinct 뚜렷이 다른　tend to do ~하는 경향이 있다　make A 형용사: A를 ~하게 만들다　comfortable 편안한　often 흔히, 종종　enhance ~을 향상시키다, 강화하다　personal 개인적인　likewise 마찬가지로　conversely 반대로, 역으로　accordingly 따라서　furthermore 게다가, 더욱이

정답　(b)

Part II
11.

여러 요인이 1666년의 런던 대화재를 믿을 수 없을 정도로 파괴적으로 만들었다. **(a) 템즈강이 화재가 남쪽으로 번지는 것을 막지 않았더라면 더 큰 피해를 초래할 수도 있었다.** (b) 당시에, 도시 내의 건물들은 목재로 만들어졌으며, 대단히 가연성이 높은 수지로 덮여 있었다. (c) 게다가, 대부분의 건물들이 서로 빽빽하게 모여 있어서, 불길이 쉽게 번질 수 있었다. (d) 강한 바람이 또한 불길과 재를 서쪽으로 밀어 보내면서 화재의 빠른 확산을 촉진시켰다.

해설　글의 도입부에서 incredibly destructive를 언급하고 있으므로 however 등 역접의 부사가 사용되지 않는 한, 전체 흐름은 (b), (c), (d)처럼 destructive라는 안타까운 관점에 맞추어져야 한다. 그런데 (a)에서는 과거 사실을 반대로 나타내는 could have caused greater damage라는 표현을 통해 피해가 더 커지지 않았다는 다행스러운 관점에서 설명한다. 그러므로 정반대의 관점을 가진 (a)가 정답이다.

어휘　several 몇 개의　factor 요인　contribute to ~에 대한 원인이다, ~에 기여하다　make A 형용사: A를 ~하게 만들다　incredibly 믿을 수 없을 정도로　destructive 파괴적인　could have p.p. ~할 수도 있었다　cause ~을 초래하다, 야기하다　damage 피해, 손상　had A not prevented: A가 막지 않았더라면(= if A had not prevented)　prevent A from -ing: A가 ~하는 것을 막다, 방지하다　southward 남쪽으로　at that time 그 당시에　be made of ~로 만들어지다　be covered in ~로 덮여 있다　highly 대단히, 매우

flammable 가연성의, 불이 잘 붙는 pitch 수지 (식물에서 추출된 끈끈한 고형물질) additionally 게다가, 추가로 be tightly packed 빽빽하게 모여 있다 allow A to do: A가 ~할 수 있게 해 주다 blaze 불길, 화염 spread v. 확산하다 n. 확산 facilitate ~을 촉진시키다, 용이하게 하다 flame 불길 cinder 재 westward 서쪽으로

정답   (a)

12.

미국 작가 윌리엄 S. 버로스는 소설을 쓰는 혁신적인 방식을 대중화했다. (a) 그는 더 일반적인 소설 기법에 따라 전에 작성해둔 여러 원고를 가져왔다. (b) 그런 다음, 이 원고들을 여러 부분으로 나누고 콜라주를 만드는 것과 유사한 방식으로 재구성했다. **(c) 하지만, 그는 종종 많은 작품들의 내용으로 인해 외설이라는 비난을 받았다.** (d) 그는 이러한 서술 요소들의 무작위 병치 방식이 문학 작품의 새로운 깊이를 보여준다고 생각했다.

해설   도입부의 키워드는 어느 소설가가 사용한 글을 쓰는 method(방법)이다. (a)와 (b)는 그 방법의 구체적인 설명을, (d)는 그 방법의 효과를 나타내지만, (c)는 소설가에 대한 전반적인 평가를 나타내므로 전체 흐름에 어울리지 않는다. 그러므로 (c)가 정답이다.

어휘   author 작가 popularize ~을 널리 알리다, 대중화하다 innovative 혁신적인 method 방식 compose (글, 음악 등) ~을 쓰다, 짓다, 작곡하다 novel 소설 manuscript 원고 previously 이전에, 과거에 typical 전형적인 novelistic technique 소설 기법 then 그런 다음 slice A up into B: A를 B로 나누다 section 부분, 구획 reorganize ~을 재구성하다, 재편하다 manner 방식 similar to ~와 유사한 create ~을 만들어 내다 collage 콜라주 (종이나 사진 등의 조각들을 붙여 하나의 그림으로 만드는 기법) dog 계속 ~를 따라다니다 accusation 비난, 혐의 obscenity 외설 however 하지만 due to ~로 인해 content 내용 work 작품 random 무작위의 juxtaposition 병치, 병렬 narrative 서술체의, 이야기의 element 요소 reveal ~을 보여주다 depth 깊이 literature 문학

정답   (c)

Part III
13.

웨스트사이드 델리 고객 여러분,

한 해가 저물어 감에 따라, 저희는 고객 여러분과 공급업체, 그리고 이웃분들의 성원에 감사드립니다. 5년의 멋진 시간을 뒤로 하고, 저희는 슬픈 마음으로 웨스트사이드 델리가 문을 닫게 된다는 사실을 전해드립니다. 저희의 마지막 영업일은 4월 1일입니다. 저희가 가정에서 요리한 음식으로 이 지역사회에 봉사해온 것은 무한한 영광이었습니다. 저희가 곧 마지막 고별인사를 드릴 것입니다. 지켜봐 주십시오.

짐 해리스
소유주, 웨스트사이드 델리

Q: 웨스트사이드 델리와 관련해 주로 무엇이라고 공지되고 있는가?
(a) 문을 닫는다.
(b) 이전한다.
(c) 재개장한다.
(d) 파티를 연다.

해설   공지 주제를 묻는 질문이므로 공지의 전형적인 표현인 we're

saddened to say that 이하에 결정적 단서가 주어질 것이다. 여기서 going out of business를 closing으로 바꾸어 표현한 (a)가 정답이다.

어휘   come to an end 끝나다 customer 고객 supplier 공급업체 neighbor 이웃사람 support 성원, 후원, 지원 be saddened to do ~해서 슬프다 go out of business 문을 닫다, 폐업하다 It is a privilege to do ~해서 영광스럽다 serve (음식 등) ~을 제공하다, 봉사하다 community 지역사회 send-off 송별, 배웅 stay tuned 계속 지켜보다 relocate 이전하다, 이사하다

정답   (a)

Paraphrase going out of business → closing

14.

많은 사람들이 말하길, 일과 생활의 균형을 유지하기 위해 개인 시간과 일하는 시간을 분리하는 것이 중요합니다. 저에게 있어, 이러한 주장은 항상 이해하기 어려웠습니다. 제가 단지 사무실에 있다는 이유로 친구가 보낸 긴급한 문자 메시지를 무시해야 하는 걸까요? 아닙니다. 동시에, 저는 저녁에 조깅하면서 일에 필요한 최상의 아이디어를 자주 얻습니다. 이 두 세계는 완전히 분리될 수 없으며, 둘 사이를 떼어 놓는 것은 행복에 이르는 길이 아닙니다.

Q: 글쓴이는 주로 무엇을 말하고 있는가?
(a) 일과 사생활 사이에 더 나은 균형을 이루려 하고 있다.
(b) 그의 성공은 사생활의 희생으로 얻어진 것이다.
(c) 그의 일이 자주 사생활에 지장을 준다.
(d) 그의 일과 사생활이 겹치도록 허용하는 경향이 있다.

해설   글의 주제는 도입부와 마지막 결론부에 있으며, 이 서론과 결론은 대체로 일치한다. 그런데 첫 문장은 글쓴이가 아니라 사람들의 이야기이므로(Many people say that) 바로 마지막 결론으로 넘어가야 한다. 두 가지(일과 사생활)가 분리될 수 없다는 주장을 하고 있다. 그러므로 balance(균형)를 강조하는 (a), sacrifices(희생)를 언급하는 (b), 그리고 interferes(방해하다)가 언급되는 (c)는 모두 오답이다. 그러므로 남들의 입장인 separate(분리하다)와 반대 의미의 동사 overlap(겹치다)을 사용한 (d)가 정답이다.

어휘   separate (A from B): v. (A와 B를) 분리하다 a. 분리된 maintain ~을 유지하다 work-life balance 일과 사생활의 균형 claim 주장 hard to do ~하기 어려운 ignore ~을 무시하다 urgent 긴급한 at the office 근무 중 at the same time 동시에 often 종종 while ~하면서 jogging 조깅, 가벼운 달리기 world 측면, 분야, 특정 범주 keep A 형용사: A를 ~하게 유지하다 totally 완전히 apart 떨어져 있는 path to ~에 이르는 길, 방법 achieve ~을 이루다, 달성하다 due to ~로 인해 sacrifice 희생 frequently 자주, 빈번히 interfere with ~에 지장을 주다, ~을 방해하다 be inclined to do ~하는 경향이 있다 let A do: A가 ~하게 하다, 내버려두다 overlap 겹치다

정답   (d)

Paraphrase separate → overlap

15.

써머빌 인콰이어러   3월 30일

지역 소식

귀중한 미술품 발견

글: 찰리 모건

돈에 쪼들리는 써머빌 교육위원회 위원들은 이번 주에 학교 창고에서 19세기 그림 소장품이 발견되자 기쁨을 감추지 못했다. 발견된 미술품에는 태미 제임슨의 풍경화와 올리버 라이트의 초상화가 포함되어 있다. 이 유명 지역 미술가들의 그림들은 과거의 경매에서 거액으로 팔린 바 있다. 이 학교의 교장인 줄리아 파울즈 씨는 그림들을 판매하는 상황은 배제했지만, **이 소장품을 활용해 교육위원회에 필요한 수익을 창출할 다른 방법들을 모색하고 있다.** 이 방법들에는 미술품 전시를 비롯해 달력 및 포스터에 그림들을 복제하는 것이 포함된다.

Q: 써머빌 교육위원회와 관련해 주로 무엇이 보도되고 있는가?

(a) 미술품을 경매에 내놓음으로써 재정 문제를 해결했다.

(b) 새로 발견한 그림들을 시장에서 매매하지 않기로 결정했다.

(c) 소유하고 있는 그림들의 가치를 평가하려 시도하고 있다.

(d) 최근 발견한 미술품을 통해 수익을 얻을 방법을 생각하고 있다.

해설   첫 문장의 키워드 cash-strapped(돈에 쪼들리는)를 보고 이후에 그림을 처분해 돈을 마련할 것인가 아닌가에 대해 글이 전개될 것임을 예측할 수 있다. 또한 주장의 핵심은 역접 접속사를 동반한다는 것을 기억한다면, but she is looking at other ways of using the collection to generate income for the school board로 바로 이동할 수 있다. 바로 앞에 for sale이 언급되므로 other ways는 판매를 제외한 방법을 말한다. 따라서 판매하지 않고도 간접적으로 돈을 마련할 수 있는 두 가지 방법을 profiting from(~에서 이득을 얻음)으로 묘사한 (d)가 정답이다. 그런데 사실 (b)의 against marketing에 해당하는 단서를 but의 앞에서 찾을 수 있다. has ruled out putting ~ up for sale(판매하려고 내놓는 것을 배제했다)이 선택지 (b)에 has decided against marketing(시장에 내다 팔지 않기로 결정했다)으로 나와있는데, 사실관계가 틀리지 않는다. 하지만 여기서 주의할 점은 이 문제가 글의 주제를 묻는 문제이지 세부사항을 묻는 문제가 아니라는 것이다. 그러므로 주제 문제에서 이처럼 글의 내용과 어긋나지 않는 애매한 선택지가 포함되어 있다면, 더 포괄적인 내용의 선택지를 정답으로 골라야 한다.

어휘   treasure trove 귀중한 발견물 cash-strapped 돈에 쪼들리는 school board 교육위원회 delighted 기쁜 collection 소장(품), 수집(품) painting 그림 discover ~을 발견하다 storage 보관, 저장 include ~을 포함하다 landscape 풍경(화) portrait 초상(화) celebrated 유명한 local 지역의, 현지의 fetch + 가격: ~의 가격에 팔리다 sum 액수, 총액 auction n. 경매 v. ~을 경매에 내놓다 superintendent 교장 rule out ~을 배제하다, 제외하다 put A up for sale: 판매를 위해 A를 내놓다 look at ~을 고려하다 generate ~을 발생시키다 income 수입, 소득 include ~을 포함하다 display ~을 전시하다 reproduce ~을 복제하다 solve ~을 해결하다 financial 재정의, 재무의 decide against ~하지 않기로 결정하다 market v. ~을 시장에 내놓다, 매매하다 attempt to do ~하려 시도하다 assess ~을 평가하다 value 가치, 값어치 in one's possession ~가 소유하고 있는 consider ~을 고려하다 profit from ~로부터 수익을 얻다 recently 최근에

정답   (d)

Paraphrase   looking at other ways of using the collection to generate income

→ considering ways of profiting from recently found artworks

16.

2011년에 일본을 강타하여 비극적인 결과를 발생시켰던 지진해일은 이후 몇 년 동안 예기치 못한 영향을 미칠 수도 있었다. 이 해일의 거대한 파도가 완전히 파괴된 구조물에서 나온 잔해를 수천 킬로미터 떨어진 북미 대륙까지 밀어 보냈다. 이 구조물들의 상당수가 그 대륙에는 생소한 종인 연체동물 같은 해양 생물들로 뒤덮여 있었다. **적어도 몇몇 경우에 있어, 이러한 종들은 새로운 보금자리에서 터를 잡기 시작했으며, 이 과정은 현재로서는 그 최종 결과가 알려져 있지 않다.**

Q: 지문의 주제는 무엇인가?

(a) 지진해일이 환경 보존 노력에 미치는 영향

(b) 지진해일 이후 예기치 못하게 생존한 생물들

(c) 지진해일 피해를 입은 지역에 적응한 생물들

(d) 지진해일에 의해 새로운 환경으로 확산된 생물들

해설   글의 주제는 글 전체의 흐름이지만, 대부분 마지막 결론부에서 확인된다. 키워드로 글의 흐름을 정리해 보면, [일본 지진해일 → 구조물 잔해 → 북미 → 구조물에 붙은 외래종 → 북미 정착] 이런 흐름인데, 그 결론인 마지막 문장의 these species are starting to establish themselves in their new homes와 일치하는 선택지 (d)가 정답이다. (c)의 경우 adaptation이 그럴 듯해 보이지만 지역이 일본이므로 오답이다.

어휘   tsunami 쓰나미, 지진해일 strike ~을 강타하다 tragic 비극적인 consequence 결말, 결론 unexpected 예기치 못한 impact 영향, 충격 massive 거대한 wave 파도 carry ~을 옮기다, 실어 나르다 debris 잔해, 쓰레기 (단수와 복수 형태가 동일) ruined 완전히 파괴된 structure 구조(물), 건축물 be encrusted with ~로 뒤덮이다, 둘러싸이다 marine 해양의 species (동식물의) 종 such as 예를 들면 mollusk 연체동물 foreign to ~에게 생소한 continent 대륙 at least 적어도, 최소한 establish oneself in ~에 자리잡다 process 과정 outcome 결과 currently 현재 unknown 알려지지 않은 effect of A on B: A가 B에 미치는 영향 conservation 보존 effort 노력, (조직적인) 활동 survival 생존 adaptation 적응 A-damaged: A의 피해를 당한 spread 확산 environment 환경

정답   (d)

17.

요약보고: 엘링턴 지역 학자금 대출에 관한 보고

엘링턴 지역의 높은 고등 교육 비용으로 인해 학생들이 많은 금액의 부채를 떠안는 일이 발생하고 있다.

· 학부생들이 등록금의 약 절반을 부모로부터 받는 반면, 대학원생들은 부모의 지원을 거의 받지 못하고 있다.

· 대학원생들의 경우, 등록금의 약 15%가 보조금과 장학금을 통해, 25%가 개인 소득을 통해, 그리고 나머지는 대부분 대출로 충당되고 있다.

· 대학원생들은 학부생들에 비해 20,000 달러 높은 연 평균 임금을 기대할 수 있으며, 이는 연 평균 약 24,000 달러인 대학원 등록금과 비교하면 괜찮은 수준이다.

Q: 보고서에 따르면, 다음 중 어느 것이 옳은가?

(a) 학부생들이 대학원생들보다 부모의 지원을 더 많이 받는다.
(b) 부모들이 대학원생들을 위해 절반이 넘는 등록금을 낸다.
(c) 장학금 지원이 대학원생 등록금의 약 절반을 충당한다.
(d) 대학원 학위 소지자들이 연간 약 24,000 달러를 더 벌고 있다.

해설   사실확인 문제는 선택지의 키워드를 지문에서 찾아 확인하는 것
이 정확하고 빠르다. (a)의 parental support는 첫째 항목에서
almost no parental assistance로 나타나는데, 재학생은 half,
대학원생은 almost no이므로 재학생이 많이 받는다. 그러므로
(a)가 정답이다.

어휘   executive summary 요약보고, 개요 debt 부채, 빚 post-
secondary education 고등 교육 cause A to do: A가 ~하도
록 초래하다 take on ~을 떠안다 undergraduate 학부생, 대학
생 tuition costs 등록금 post-graduate 대학원생 parental 부
모의 assistance 지원, 도움 cover (비용 등) ~을 충당하다 grant
보조금 scholarship 장학금 quarter 4분의 1 earning 소득, 수
입 remainder 나머지, 남은 것 loan 대출 expect ~을 기대하
다 annual 연간의, 해마다의 increase 인상, 증가 compared
with ~에 비해 compare favorably with ~와 비교해 뒤지지 않다
financial 재정적인, 재무의 degree 학위 holder 소지자, 보유자
earn ~을 벌다, 얻다

정답   (a)

Paraphrase parental assistance → parental support

18.

과학자들이 그렐린 호르몬과 인지 기능 사이의 연관 가능성을 조사하고
있다. 위장이 몇 시간 동안 비어 있을 때마다, 위벽에 존재하는 특정 세포
가 그렐린을 분비해 공복 신호에 반응한다. 이 호르몬은 다양한 영향을 미
치는데, 한 가지 놀라운 영향은 이것이 새로운 뇌 세포 증가에 기여한다
는 점이다. 이러한 영향으로 인해, 그렐린이 기억력을 향상시키고 학습
능력을 증대시킨다고 여기는 사람들이 있다. 이러한 발견은 단식이 실제
로 전반적인 인지 기능을 향상시킬 수 있다는 추측으로 이어졌다.

Q: 그렐린과 관련해 다음 중 어느 것이 옳은가?
(a) 공복에 따른 반응으로 뇌에서 생성된다.
(b) 몇 시간 동안의 공복이 지나면 그 수준이 감소한다.
(c) 뇌 세포 발달과 연관되어 있다.
(d) 호르몬의 생성이 인지 기능을 억제한다.

해설   사실확인 유형이므로 선택지의 핵심 키워드를 지문에서 확인해 본
다. (a)의 produced는 지문에서 releasing ghrelin으로 제시되
는데, 그 위치는 brain이 아니라 stomach이므로 오답이다. (b)의
a few hours는 지문에서 Whenever the stomach is empty
for a few hours에 해당하는데, 문장 끝에서 releasing ghrelin이
라고 하므로 decrease라고 반대로 표현한 (b)도 오답이다. (c)의
brain cells를 지문에서 찾아보면, it contributes to the growth
of new brain cells라고 나온다. contributes to(기여한다)가 is
involved(관여한다), growth(증가)가 development(발전)로 바
뀌어 표현되었으므로 (c)가 정답이다.

어휘   investigate ~을 조사하다 connection 연관(성), 연결 between
A and B: A와 B 사이의 ghrelin 그렐린 (위장에서 분비되는 호르몬의
하나로 식욕을 촉진함) cognitive function 인지 기능 whenever
~할 때마다 stomach 위(장) empty 텅 빈 specific 특정한, 구체적
인 cell 세포 stomach lining 위벽 respond to ~에 반응하다, 대
응하다 hunger 공복, 배고픔 release ~을 분비하다, 방출하다
a variety of 다양한 effect 영향, 효과 contribute to ~에 기여하

다, ~의 원인이 되다 growth 증가, 성장 be believed to do ~하
는 것으로 여겨지다 improve ~을 향상시키다, 개선하다 boost ~을
증대시키다, 촉진시키다 learning capability 학습 능력 findings
(조사)결과, 발견 lead to ~로 이어지다 speculation 추측 fasting
단식, 금식 enhance ~을 향상시키다, 강화하다 overall 전반적
인 produce ~을 생산하다 decrease 감소하다 be involved in
~와 관련되다 development 발달, 발전 inhibit ~을 억제하다
production 생산, 생성

정답   (c)

Paraphrase it contributes to the growth of new brain cells
→ It is involved in the development of brain cells.

19.

고대 이집트의 왕 투탕카멘의 무덤은 1922년에 고고학자 하워드 카터
가 실시한 탐사 중에 발견되었다. 이 무덤은 이미 고대에 최소 두 차례
침입당한 적이 있었지만, 대체로 온전한 상태로 유지되어 있었다. 투탕카
멘의 석관-그의 유해가 들어 있는 석함-안에는 그 재료가 왕의 고귀한
신분을 증명하는 삼중으로 중첩된 관들이 있었는데, 가장 안쪽의 관은 순
금으로 만들어져 있었고, 바깥쪽 두 개의 관은 겉에 금이 입혀져 있었다.
미라 상태인 이 왕의 신체는 현재 발굴 장소인 룩소르에 안장되어 있는데,
2007년에 잠시 석관에서 꺼내 온도 조절 장치를 갖춘 유리관에 진열되었
다.

Q: 투탕카멘과 관련해 다음 중 어느 것이 옳은가?
(a) 무덤이 도굴꾼들에 의해 대부분 훼손되어 있었다.
(b) 무덤이 1922년의 발굴에 앞서 도굴당했다.
(c) 순금 석관에 의해 신분이 드러났다.
(d) 유해가 최초의 발견 장소에서 룩소르로 옮겨졌다.

해설   선택지 (a)의 키워드인 destroyed는 it remained largely
intact에서 오답임을 알 수 있다. 같은 문장에서 (b)의 robbed와
동의어인 raided on을 찾을 수 있으므로 발견 전에 도굴을 당했
다고 하는 (b)가 정답이다. 해당 문장의 in antiquity(먼 옛날에)
가 조금 어려운 표현이지만, antiq에서 과거 시점임을 유추할 수
있어야 한다.

어휘   tomb 무덤 ancient 고대의 discover ~을 발견하다 expedition
탐사, 탐험 conduct ~을 실시하다, 수행하다 archaeologist 고고
학자 raid on ~에 침입하다 at least 최소한, 적어도 occasion 경우,
사건, 때 in antiquity 고대에 remain + 형용사: ~한 상태로 유지
되다, 계속 ~한 상태이다 largely 대체로 intact 온전한 sarcophagus 석관 contain ~을 담고 있다 remains 유해
house v. ~을 담고 있다(= hold) nested 중첩된, 포개진 coffin 관
material 재료, 자재 attest to ~을 증명하다 exalted 고귀한, 고위
층의 status 신분, 상태 inner 안의, 내부의 be fashioned from
~로 만들어지다 solid gold 순금 outer 바깥의, 외부의 coated
겉에 입힌, 바른 mummified 미라 상태인 site 장소, 현장, 부지
temporarily 일시적으로, 임시로 remove A from B: A를 B에서
꺼내다, 제거하다 display ~을 진열하다, 전시하다 temperature-
regulating 온도가 조절되는 mostly 대부분 destroy ~을 훼손하
다, 파괴하다 robber 약탈자, 강도 rob ~을 약탈하다, 털다 prior to
~에 앞서, ~ 전에 reflect ~을 나타내다, 반영하다 transfer ~을 옮기
다 initial 최초의

정답   (b)

Paraphrase the tomb had been raided on
→ His tomb had been robbed

20.

파이낸셜 인사이더　　　　　　　　　　　3월 30일
비즈니스

스티브 배리의 귀환

곤욕을 치른 헤지펀드 매니저 스티브 배리가 업계로 복귀합니다. 배리는 내부자 거래에 대한 조사 결과, 타인의 돈을 관리하는 일을 1년간 금지당했습니다. **비록 직접적으로 연루된 것은 아니지만, 직원 관리 실패에 대해 문책을 당했으며, 그 직원들 중 몇몇은 징역형을 선고받았습니다.** 이 금지 조치가 풀리면서, 배리는 현재 인사이트 캐피털이라고 불리는 새로운 펀드에 대한 자본을 모으고 있습니다.

Q: 스티브 배리는 왜 자본 관리가 금지되었는가?
(a) 부하 직원의 범죄를 숨기려 했다.
(b) 범법 행위를 하는 직원을 제대로 감독하지 못했다.
(c) 자본을 모으는 불법적인 일에 가담했다.
(d) 내부자 거래에 관여하기 위해 직원과 공모했다.

해설　처벌을 받은 이유는 처벌을 받은 사실을 전달한 뒤에 주로 제시된다. 그러므로 Although절에서 처벌을 나타내는 표현 he was reprimanded를 찾을 수 있다. 여기서 이유를 나타내는 전치사 for 뒤의 failing to oversee employees와 내용이 일치하는 선택지를 찾아보면, oversee를 supervise로 바꾸어 표현한 (b)가 정답이다.

어휘　disgraced 곤욕을 치른, 망신을 당한 hedge fund 헤지펀드 (외환 시장에 투자해 단기 이익을 올리는 투자 유형) industry 업계 receive a ban from -ing ~의 금지 처분을 받다 in the wake of ~ 후에, ~의 결과로 insider trading 내부자 거래 probe 조사 implicate ~을 연루시키다 directly 직접적으로 reprimand A for B: B에 대해 A를 문책하다, 질책하다 fail to do ~하지 못하다 oversee ~을 감독하다, 관리하다 several 몇몇, 여럿 prison sentence 징역형 with A p.p.: A가 ~되면서, A가 ~된 채로 lift (제재 등) ~을 풀다, 해제하다 raise capital 자본을 모으다 called ~라고 불리는 attempt to do ~하려 시도하다 conceal ~을 숨기다 crime 범죄 properly 제대로, 적절히 supervise ~을 감독하다 law-breaking 범법의, 법률 위반의 participate in ~에 가담하다, 참가하다 illegal 불법적인 scheme 음모 conspire with ~와 공모하다, 음모를 꾸미다 engage in ~에 관여하다

정답　(b)

Paraphrase failing to oversee employees → failed to properly supervise law-breaking staff

21.

러시아의 '춤추는 숲'은 희귀한 나무들로 알려져 있는데, 그 몸통 부분이 기괴한 나선 모양으로 변형되어 있다. 정확히 무엇 때문에 이 나무들이 그렇게 비정상적인 형태로 되어 있는지는 여전히 논쟁의 대상이다. 많은 과학자들이 인간의 개입이나 강풍이 그 원인일 수 있다고 주장하는 반면, 다른 이들은 그 지역 모래흙의 불안정성이 그러한 불규칙성을 초래했다고 주장한다. 하지만, 지배적인 이론은 **어린 나무들이 나방 애벌레들의 침입으로 인해 손상되었다는 것이다.** 이 이론에 따르면, 이 생물에 의한 피해가 나무들이 이상한 각도로 자라게 되었지만, 나무들이 나중에 태양을 향해 위쪽으로 정상적인 성장을 다시 시작한 것이다.

Q: 나무가 변형을 일으킨 원인과 관련해 가장 널리 받아 들여지는 이론은 무엇인가?

(a) 모래흙의 불안정성
(b) 혹독한 날씨에 노출
(c) 햇빛에 대한 노출 부족
(d) 해충의 공격으로 인한 피해

해설　질문의 the most widely held theory에 해당하는 부분을 지문에서 찾아보면, 독해 정답의 만능 열쇠인 However 뒤에서 the prevailing theory를 찾을 수 있다. 동격의 that절에서 ravaged by an invasion of moth caterpillars라는 이론이 제시되는데, an invasion of moth caterpillars를 insect attacks라고 바꾸어 표현한 (d)가 정답이다.

어휘　be known for ~로 알려져 있다 unusual 흔치 않은, 드문 trunk 나무의 몸통 deform ~을 변형시키다, 기형으로 만들다 bizarre 기괴한 spiral 나선 exactly 정확히 abnormal 비정상적인 shape 모양 remain 여전히 ~이다, ~로 남아 있다 source 근원, 원천 debate 논쟁, 논란 argue that ~라고 주장하다 intervention 개입 extreme 극심한 A is to blame: A가 원인이다, A의 탓이다 maintain that ~라고 주장하다 instability 불안정성 soil 흙, 토양 result in ~을 초래하다, ~라는 결과를 낳다 irregularity 불규칙성 prevailing 지배적인, 우세한 theory 이론 be ravaged by ~에 의해 손상되다, 파괴되다 invasion 침입 moth 나방 caterpillar 애벌레 according to ~에 따르면 harm 피해 inflicted by ~에 의해 발생한 creature 생물체 cause A to do: A가 ~하도록 초래하다 angle 각도 though 비록 ~이지만 later 나중에 resume ~을 다시 시작하다 natural 자연적인, 정상적인 growth 성장 upwards 위로 toward ~을 향해 exposure to ~에 대한 노출 harsh 혹독한 weather 기상 lack 부족 sunlight 햇빛 damage 피해, 손상 due to ~로 인해 insect 해충, 곤충 attack 공격

정답　(d)

Paraphrase an invasion of moth caterpillars → insect attacks

22.

호주 원주민들은 부족 내 특정 구성원들 사이의 교류와 관련된 문화적 금기 사항이 있다. 예를 들어, 어릴 때는 형제자매들이 자유롭게 교류할 수 있지만, 특정 나이가 지나는 즉시 의무적으로 거리를 유지해야 한다. 더 심한 경우는 남성과 장모 사이의 관계에서 나타난다. **존경을 표하기 위해 사위는 장모와 이야기하거나 똑바로 쳐다보는 것을 피하는데,** 소통이 필요할 경우에는 중재자를 이용한다. 장모와 같은 방에 있게 되는 경우에는, 두 사람이 서로 다른 방향을 향한다.

Q: 호주 원주민 남성과 관련해 다음 중 어느 것이 옳은가?
(a) 어릴 때 여자 형제들과 교류할 수 없다.
(b) 예의를 표하기 위해 장모를 피한다.
(c) 대화 중에 반드시 장모를 마주보아야 한다.
(d) 장모와 같은 방에 있지 못한다.

해설　선택지의 키워드를 지문에서 확인해야 한다. as children이 나오는 앞에 brothers and sisters can interact freely라고 하므로 cannot interact라고 반대로 표현한 (a)는 오답이다. (b)의 show courtesy를 지문에서 찾아보면 중간에 To show respect가 보인다. 그 뒤에 나오는 a son-in-law will avoid speaking to his mother-in-law를 선택지와 대조해 보면 같은 동사 avoid를 확인할 수 있으므로 (b)가 정답이다.

어휘　aboriginal n. 원주민, 토착민 cultural 문화적인 taboo 금기 regarding ~와 관련된 interaction 교류, 소통 certain 특정한, 일정한 clan 부족 for example 예를 들면 interact 교류하다, 소통

하다 be obliged to do 의무적으로 ~하다 maintain ~을 유지하다 distance 거리 once ~하자마자, ~하는 대로 pass ~을 지나다, 넘기다 extreme 극심한 case 경우, 사례 involve ~와 관련되다 relation 관계 mother-in-law 장모, 시어머니 respect 존경(심) son-in-law 사위 avoid -ing ~하는 것을 피하다 look at ~를 쳐다보다 communication 소통, 대화 necessary 필요한, 필수의 intermediary 중재자, 중개인 face v. ~을 향하다 direction 방향 courtesy 예의, 공손함 occupy ~을 점유하다, 차지하다

정답   (b)

Paraphrase show respect → show courtesy

23.

어렸을 때, 저희 아버지께서는 항상 제게 수입이 좋은 직업을 추구하도록 몰아 부치셨습니다. 저는 아버지의 말씀을 따라 법대에 갔지만, 제가 음악에 대한 열정을 추구했다면 그 삶이 어떠했을지 항상 궁금했습니다. 하지만, 제 자신이 아빠가 된 후에, 모든 의구심은 사라졌습니다. 불현듯, **저는 제 자신에게 가장 중요한 것은 바로 가족을 부양하는 능력이었음을 깨달았습니다.**

Q: 글에서 글쓴이와 관련해 무엇을 유추할 수 있는가?
(a) 아버지의 조언을 감사하게 생각하고 있다.
(b) 직업을 바꿀 계획을 세우고 있다.
(c) 돈보다 음악을 더 소중하게 생각한다.
(d) 수입이 좋은 음악 관련 직업을 지니고 있다.

해설   유추 문제는 글의 요지를 먼저 파악해야 한다. a well-paid career를 강조하던 아버지 말에 따라 law school에 진학했다. 그런데 다음에 나오는 반전의 접속사 but(그러나) 뒤에서 그 결정에 불만족하는 내용이 나올 것을 예상할 수 있다. 다시 또 반전을 나타내는 부사 though(하지만)를 통해 이제는 아버지 말씀을 수긍한다는 내용을 예상할 수 있다. 그리고 Suddenly(갑자기)로 그 결과를 제시하고 있는데, ability to provide for my family가 가족을 부양한다는 의미임을 짐작할 수 있다. 즉, a well-paid career가 필요하다고 한 아버지의 말씀을 이해했다는 뜻이다. 그러므로 아버지 말씀을 advice로 바꾼 (a)가 정답이다. 최대한 덜 읽고 덜 해석하며 흐름을 파악하는 것이 바로 TEPS 고득점의 비결이다.

어휘   push A to do: A에게 ~하도록 다그치다, 강요하다시피 하다 pursue ~을 추구하다 well-paid 수입이 좋은, 보수가 좋은 career 직업, 직장 listen to ~의 말을 따르다 wonder ~을 궁금해하다 what A is like: A가 어떠한지 had I pursued: 만약 ~을 추구했더라면 (= if I had pursued) would have p.p. ~했을 것이다 passion 열정 though (문장 중간이나 끝에서) 하지만 doubt 의구심, 의문 vanish 사라지다 suddenly 불현듯, 갑자기 realize that ~임을 깨닫다, 알게 되다 matter to ~에게 중요하다 ability to do ~할 수 있는 능력 provide for ~을 부양하다 be grateful for ~에 대해 감사하게 생각하다 advice 충고 plan to do ~할 계획이다 value v. ~을 소중하게 생각하다 more than ~보다 더

정답   (a)

24.

뉴타운 디스패치

스탠포드, 킹스 팀을 떠맡다

글: 새라 스티븐스

은퇴한 농구 전설 피트 리는 웨스턴 킹즈의 신성 존 스탠포드가 팀 동료 알 왓슨이 팀을 떠난 후에 허둥댈 것이라는 추측을 믿지 않는다. 리는 과거 자신의 스타 동료였던 조니 웨버가 리의 선수 경력 중반에 은퇴한 기억을 떠올렸다. 더 유명한 동료가 떠난 후에, 리는 팀 공격의 중추라는 새로운 역할을 받아들였고, 자신의 경력에서 가장 생산적인 한 해를 보냈다. 다가오는 이번 시즌에, 리는 앞날이 창창한 스탠포드에서 그와 비슷한 운명을 보고 있다.

Q: 기사에서 무엇을 유추할 수 있는가?
(a) 스탠포드는 왓슨보다 덜 알려진 선수이다.
(b) 리는 웨버에게 은퇴하지 말라고 설득하려 했다.
(c) 스탠포드는 과거의 리보다 더 뛰어난 농구 선수이다.
(d) 왓슨의 농구 선수 경력이 부상으로 인해 끝났다.

해설   선택지가 모두 두 사람이 대비되는 구조이므로 사람 이름 중심으로 지문을 확인해야 한다. 일단 Stanford의 동료인 Watson의 경력을 확인할 수 없는데, Pete Lee가 둘의 관계를 자신과 Webber의 경우에 비유하면서 After his better-known teammate's departure라고 하므로, 후자가 더 유명한 선수였음을 알 수 있다. 그러므로 Stanford is a lesser-known player라고 한 (a)가 정답이다.

어휘   take charge of ~을 떠맡다 retired 은퇴한 legend 전설적 인물 buy into ~을 믿다 speculation 추측 rising 떠오르는 flounder (어쩔 줄 몰라) 허둥대다, 당황하다 departure 이탈, 떠남 recall ~에 대한 기억을 떠올리다, ~을 회상하다 retirement 은퇴 midway through ~의 중도에 embrace ~을 받아들이다, 수용하다 focus 중심, 초점 offense 공격 productive 생산적인 upcoming 다가오는, 곧 있을 similar 비슷한, 유사한 fate 운명 up-and-coming 전도 유망한 lesser-known 덜 알려진 attempt to do ~하려 시도하다 persuade A (not) to do: ~하도록(하지 않도록) A를 설득하다 end 끝나다 due to ~로 인해 injury 부상

정답   (a)

25.

프랑스의 화가 프랑수아 부셰는 18세기 로코코 미술 운동의 유명한 제안자였다. 그는 신화적인 장면의 감각적인 묘사에 부드러운 빛을 더하기 위해 구아슈 물감 사용법을 창시했다. 그의 그림은 **궁중 사람들, 특히 부셰의 주요 고객이자 루이 15세의 정부였던 퐁파두르 부인의 사랑을 받았다.** 실제로, 더 전통적인 서사 주제가 아니라 감각적인 장면을 선호한 부셰는 프랑스 혁명 이전 군주제의 특성과 사소한 일들에 대한 집착을 잘 보여주었다.

Q: 글에서 프랑수아 부셰와 관련해 무엇을 유추할 수 있는가?
(a) 궁중 사람들의 재정적인 후원을 누렸다.
(b) 국왕의 정부를 그린 초상화로 가장 잘 알려져 있다.
(c) 프랑스에서 서사 주제에 대한 묘사를 대중화시켰다.
(d) 구아슈 물감을 활용한 기법을 우연히 발견했다.

해설   선택지의 구성이 서로 다른 사실확인의 형식에 가까우므로 선택지

키워드를 지문에서 찾아 확인하는 방식을 사용해 본다. (a)의 the royal court가 His pictures were beloved by the royal court 라고 지문에서 제시되는데, 궁중에서 특정 화가의 그림을 사랑한다면, 곧 궁중이 화가의 고객(patron)이라고 유추할 수 있다. 그러므로 이것을 financial support라고 표현한 (a)가 정답이다.

어휘 **celebrated** 유명한 **proponent** 제안자, 지지자 **art movement** 미술 운동 **pioneer** ~을 창시하다, 개척하다 **gouache paint** 구아슈 물감 (수용성 고무를 섞은 불투명한 물감) **glow** 선명함, 밝음, 빛 **sensual** 감각적인 **depiction** 묘사 **mythological** 신화적인 **scene** 장면 **be beloved by** ~의 사랑을 받다 **royal court** 궁중 **especially** 특히 **chief** 주요한 **patron** 후원자 **mistress** 정부 **in fact** 사실 **choice** 선호 **over** (대상, 비교) ~보다, ~에 비해 **traditional** 전통적인 **epic subject** 서사 주제 **reflect** ~을 반영하다 **nature** 특성 **monarchy** 군주제 **prior to** ~에 앞서, ~ 전에 **French Revolution** 프랑스 혁명 **preoccupation with** ~에 대한 집착 **frivolous** 사소한, 시시한 **matter** 문제 **financial** 재정의, 재무의 **support** 후원, 지원 **be best known for** ~로 가장 잘 알려져 있다 **portrait** 초상(화) **popularize** ~을 대중화시키다, 널리 알리다 **technique** 기술, 기법 **by accident** 우연히

정답 (a)

Part IV
26-27.

레볼루션 뷰티 클럽

26 레볼루션 뷰티 제품에 대한 뛰어난 특가 서비스 및 판촉 행사를 만나 보실 수 있는 관문인 레볼루션 뷰티 클럽과 함께 여러분의 스타일을 혁신적으로 변화시켜 보세요.

27 가입은 무료이며, 회원 전용 혜택을 비롯해 언제든지 훌륭한 제품으로 교환할 수 있는 포인트도 받으시게 됩니다!

26 뷰티 클럽 회원 등급:

• **베이직 회원**
  ▸ 연간 필수 최소 구매액 없음
  ▸ 매장 내 모든 정가 제품에 대해 5% 할인

• **프레스티지 회원**
  ▸ 자격 유지를 위한 연간 필수 구매액 399 달러
  ▸ 매장 내 모든 제품에 대해 10% 할인, 모든 온라인 제품에 대해 5% 할인
  ▸ 모든 온라인 제품에 대해 무료 배송

• **엘리트 회원**
  ▸ 자격 유지를 위한 연간 필수 구매액 999 달러
  ▸ 매장 내 모든 제품에 대해 15% 할인, 모든 온라인 제품에 대해 10% 할인
  ▸ 모든 온라인 제품에 대해 무료 배송
  ▸ 개인 상담 전화 서비스, 회원 전용 행사 초대권 포함

모든 회원들은 무료 뷰티 강좌 및 연례 생일 선물 혜택을 누리게 됩니다.
그리고 무엇보다, 포인트가 절대 만료되지 않습니다!

추가 정보를 원하시는 분은 www.revolutionbeautyclub.com을 방문하시기 바랍니다.

어휘 **revolution** 혁명, 혁신 **beauty** 미용 **revolutionize** ~을 혁신적으로 변화시키다, ~에 대변혁을 일으키다 **look** n. 스타일, 모습 **gateway** 방법, 수단, 관문 **deal** 특가 서비스 **promotion** 판촉 행사

product 제품 **join** ~에 가입하다 **exclusive** 전용의, 독점적인 **benefit** 혜택, 이점 **earn** ~을 받다, 얻다 **redeem A for B:** (포인트, 상품권 등) A를 B로 교환하다 **at any time** 언제든지, 아무 때나 **fabulous** 훌륭한, 굉장한 **status** 지위, 신분, 상황 **annual** 연간의, 연례적인 **purchase** 구매(품) **required** 필수의, 필요한 **regular-priced** 정가의 **in-store** 매장 내의 **prestige** 고급의, 명문의 **maintain** ~을 유지하다 **shipping** 배송 **elite** 최상류층, 정예 **private** 개인의, 개별적인 **hotline** 상담 전화 서비스 **invitation** 초대(권) **gift** 선물 **expire** 만료되다

26. 주로 무엇이 공지되고 있는가?
(a) 레볼루션 뷰티 클럽 회원 등급의 변경
(b) 레볼루션 뷰티 클럽 포인트 사용 조건
(c) 레볼루션 뷰티 클럽 가입 요건
(d) 레볼루션 뷰티 클럽의 조건 및 혜택

해설 Beauty Club Status Levels: 제목 아래 세 가지 회원 유형이 소개되고 있다. 그리고 각 유형마다 각각 조건과 혜택사항으로 구성되므로 (d)가 정답이다.

어휘 **changes to** ~의 변경 **option** 조건, 선택대상 **requirement** 요건, 필요 조건 **join** ~에 가입하다, 합류하다 **condition** 조건 **benefit** 혜택

정답 (d)

27. 레볼루션 뷰티 클럽과 관련해 다음 중 어느 것이 옳은가?
(a) 고객들은 비용 없이 베이직 회원이 될 수 있다.
(b) 베이직 회원은 모든 온라인 구매 제품에 대해 무료 배송을 받는다.
(c) 프레스티지 회원은 모든 온라인 구매 제품에 대해 10% 할인을 받는다.
(d) 회원 전용 행사는 프레스티지 및 엘리트 등급 둘 모두를 대상으로 한다.

해설 사실확인 유형은 먼저 선택지의 키워드를 지문에서 확인한다. (a)의 no charge는 첫 단락에서 It's free to join에서 찾을 수 있다. 클럽 가입 자체가 무료이므로 (a)가 정답이다.

어휘 **customer** 고객 **for no charge** 무료로 **exclusive** 독점적인 **be open to** ~에게 개방되다 **both A and B:** A와 B 둘 모두

정답 (a)

Paraphrase It's free to join → become Basic Members for no charge

28-29.

모리스빌 시

패스트푸드 금지에 대한 대안

높은 패스트푸드 소비가 저소득층 지역의 건강 상태가 좋지 않은 원인이라는 가정에 따라, 모리스빌 시의회는 도시 내에서 추가적인 단독 패스트푸드 전문점의 개설을 금지하자고 제안한 바 있습니다.

하지만, 시민 대상 설문 조사 및 관련 문헌 분석을 통해 다음과 같은 사실이 밝혀졌습니다.
• 28 패스트푸드 소비는 중간 소득층에서 가장 만연해 있으며, 저소득층 또는 최저소득층에 비해 고소득층이 약간 빈도가 낮을 뿐입니다.

- 다른 여러 도시에서는 유사한 금지 조치 후에 실제로 비만율 증가가 뒤따랐습니다.

따라서, 우리는 이 제안이 공중 보건 향상이라는 의도한 결과를 가져오지 못할 가능성이 있다는 결론을 내리고 다음과 같은 대안을 제안합니다:
- [29] 패스트푸드 레스토랑들이 재료 및 영양적 가치와 관련해 투명성을 유지하도록 의무화해서, 소비자들이 건강에 더 좋은 선택을 하도록 장려합니다.
- 가격은 저렴하면서 건강에 좋은 식사를 판매하는 음식 가판대처럼 신선하고 건강에 좋은 재료를 사용하는 패스트푸드 레스토랑의 대안들에 대한 승인을 빠르게 처리합니다.

어휘 alternative to ~에 대한 대안 ban n. 금지 v. ~을 금지하다 based on ~에 따라, ~을 바탕으로 assumption 추정 consumption 소비 low-income 저소득층의 propose -ing ~하는 것을 제안하다 construction 건설 additional 추가적인 stand-alone 독립형의, 단독의 outlet 판매점 survey 설문 조사 resident 주민 analysis 분석 relevant 관련된 literature 문헌 prevalent 일반적인, 만연한, 지배적인 middle-income 중간 소득층의 earner 소득자 slightly 약간, 조금 frequent 빈번한, 잦은 high-income 고소득층의 similar 유사한 be followed by A: A가 뒤따르다 increase in ~의 증가 obesity 비만 rate 비율, 속도, 요금, 등급 therefore 그러므로 conclude that ~라고 결론 내리다 proposal 제안 be unlikely to do ~하지 못할 가능성이 있다 intended 의도된 outcome 결과 improve ~을 개선하다, 향상시키다 public health 공중 보건 following 다음의, 아래의 mandate that ~하도록 의무화하다, 명령하다 transparent 투명한 ingredient (음식) 재료 nutritional value 영양적 가치 encourage A to do: A에게 ~하도록 장려하다, 권하다 consumer 소비자 make a choice 결정을 내리다 expedite ~을 신속히 처리하다, 앞당기다 approval 승인 such as 예를 들면 food stand 음식 가판대 low-cost 저비용의, 싼 meal 식사

28. 보고에 따르면, 어느 그룹이 패스트푸드를 가장 많이 소비하는가?
(a) 고소득층 사람들
(b) 중간 소득층 사람들
(c) 저소득층 사람들
(d) 아주 저소득층에 속한 사람들

해설 세부사항을 묻는 문제는 질문의 키워드를 지문에서 바로 찾는다. 질문의 consumes fast food the most(가장 많이 소비하다)와 유사한 표현을 여러 계층이 모두 언급되는 둘째 단락에서 찾아보면 is most prevalent among(~에서 가장 일반적이다)으로 나와 있다. among 뒤에 middle-income earners라고 나와 있으므로 (b)가 정답이다.

어휘 consume ~을 소비하다, 먹다

정답 (b)

29. 다음 중 어느 것이 공중 보건 향상을 위해 권장되는가?
(a) 건강에 좋지 못한 거리 음식 판매점에 대한 승인을 취소하는 것
(b) 건강에 더 좋은 재료를 사용하도록 패스트푸드 레스토랑에 강요하는 것
(c) 새로운 단독 패스트푸드 매장 공사를 금지하는 것
(d) 패스트푸드 레스토랑에 영양 상세 정보를 제공하도록 요구하는 것

해설 세부사항 문제는 질문의 키워드를 가지고 지문을 확인한다. 질문의 improve public health를 지문에서 찾아보면, 셋째 단락에서 improving public health를 찾을 수 있다. 그 부근에서 질문의 키워드 recommended(권고되다)와 유사한 Mandate(의무화하다)를 발견할 수 있다. 그러므로 Mandate that 이하의 내용과 같은 (d)가 정답이다. 여기서 be transparent about은 동사 provide로, ingredients and nutritional values는 nutritional details로 바꾸어 표현되었다.

어휘 revoke ~을 취소하다, 철회하다 force A to do: ~하도록 A에게 강요하다, A에게 강제로 ~하게 하다 prohibit ~을 금지하다 require A to do: A에게 ~하도록 요구하다 provide ~을 제공하다 nutritional 영양상의 details 상세정보, 세부사항

정답 (d)

Paraphrase Mandate that fast food restaurants be transparent about ingredients and nutritional values → Require fast food restaurants to provide nutritional details

30-31.

아우슈비츠 잠입

비톨트 필레츠키는 제2차 세계대전 중에 아우슈비츠 강제 수용소에서 위장 근무를 했던 폴란드 정보 장교였다. 필레츠키는 정보를 수집하기 위해 이 수용소에 잠입하기로 했는데, 수용소 내부의 운영 실상에 대해 알려진 것이 거의 없었기 때문이었다.

일단 잠입하고나서, [30] 필레츠키는 외부로 정보를 전달하는 데 있어 큰 어려움에 직면했다. 이 문제를 해결하기 위해, 지하 저항단체인 ZOW를 만들었고, 이 단체는 결국 [31] 이미 수용소 내에서 활동 중이던 더 작은 규모의 지하 조직들과 통합되었다.

[30] ZOW는 구성원들이 바르샤바의 폴란드 지하 저항군에게 수용소와 관련해 보고할 수 있도록 외부 세계와의 연락망을 구축했다. 또한 ZOW는 수용소로 물품을 밀반입했는데, 그 덕분에 7개월이라는 기간에 걸쳐 무전 송신기를 조립할 수 있었다. 무전 송신기를 손에 쥔 필레츠키는 마침내 잉글랜드에 있던 폴란드 망명정부로 직접 정보를 보낼 수 있었다. 아우슈비츠의 잔학 행위에 대한 보고를 포함한 이 정보는 그 후 다른 연합국가들로 전달되었다.

어휘 infiltrate ~에 잠입하다, 침투하다 intelligence officer 정보 장교 go undercover 위장 근무를 하다 concentration camp 강제 수용소 choose to do ~하기로 결정하다, 선택하다 in an attempt to do ~하기 위한 시도로 gather ~을 모으다 information 정보 since ~이므로 little was known 알려진 게 거의 없다 inner 내부의 workings 운영, 작용 once inside 일단 잠입한 후 face ~에 직면하다 challenge 어려움, 힘든 일 authorities 관계자, 당국자 solve ~을 해결하다 create ~을 만들어 내다 underground 지하의 resistance organization 저항단체 eventually 결국, 마침내 (= finally) merge with ~와 통합되다, 합병되다 manage to do ~해내다 establish ~을 수립하다, 구축하다 link 접촉, 연결 so that (목적) ~할 수 있도록 forces 군(대) smuggle ~을 밀반입하다 goods 물품 enable A to do: A가 ~할 수 있게 해 주다 construct ~을 조립하다 radio transmitter 무전 송신기 directly 직접 in exile 망명 중인 include ~을 포함하다 atrocity 잔학 행위 forward ~을 전달하다, 전송하다 then 그다음에 Allied nations 연합국, 동맹국

30. 지문의 주제는 무엇인가?

(a) 아우슈비츠의 환경에 관한 필레츠키의 폭로

(b) 아우슈비츠 해방을 위해 당국에 호소한 필레츠키

(c) 아우슈비츠 외부로 정보를 전달하기 위한 필레츠키의 노력

(d) 아우슈비츠 수용자들과 비밀리에 소통한 필레츠키

해설 주제는 글 전체의 흐름이다. 그러므로 먼저 각 단락에서 핵심 키워드를 파악하여 키워드만으로 흐름을 파악해야 한다. 첫째 단락은 gather information(정보 수집), 둘째 단락은 getting information to authorities on the outside(외부 당국에 정보 전달), 셋째 단락은 establish links with the outside world(외부와 연락망 구축) 그리고 construct a radio transmitter(무전 송신기 조립) 등으로 요약되는데, 공통점은 외부로 정보를 전달하는 방법들이다. 그러므로 이것을 transmit information out이라고 표현한 (c)가 정답이다.

어휘 revelation 폭로 condition 환경, 조건, 상태 appeal to ~에 대한 호소 liberate ~을 해방시키다 effort to do ~하기 위한 노력 transmit ~을 전송하다 secret 비밀의 communication 소통 prisoner 수용자, 죄수

정답 (c)

31. 글에 따르면, 다음 중 어느 것이 옳은가?

(a) 필레츠키는 폴란드 정보국에 의해 아우슈비츠 내부에서 발탁되었다.

(b) 필레츠키의 단체는 아우슈비츠 내부에서 조직된 최초의 동종 단체가 아니었다.

(c) ZOW는 무전기 제작 후에야 수용소 외부와 접촉했다.

(d) ZOW는 무전기를 활용해 영국인에게 직접 정보를 보냈다.

해설 사실확인 문제이므로 선택지의 키워드를 지문과 빠르게 대조해야 한다. (a)의 recruited from within은 제목의 Infiltrating(잠입)과 충돌하므로 오답이다. (b)의 not the first of its kind는 그의 조직 이름이 나오는 둘째 단락에서 underground organizations already operating within the camp를 보고 사실임을 알 수 있다. 따라서 (b)가 정답이다.

어휘 recruit ~를 발탁하다, 채용하다 the first of one's kind 동종 최초의 것 have no contacts 접선자가 없다, 연락이 닿지 않다 creation 제작, 창조

정답 (b)

Paraphrase underground organizations already operating
→ was not the first of its kind

32-33.

더 데일리 뉴스

국내	지역	비즈니스	스포츠	예술	생활	광고

힙 로스터즈, 가격을 인상하다
독자 의견 | 처음으로 최신 글

33 롭 줄리어스 | 1시간 전
고급 커피 체인 힙 로스터즈와 관련된 귀사의 기사가 독자들로부터 흥미로운 반응을 이끌어 냈습니다. 대부분의 독자들은 이미 과도하게 높은 가격을 올리는 것에 대해 이 업체를 규탄하기로 결정했습니다. 이들은 "대체 어떻게 라떼 한 잔에 14 달러를 청구하는 것이 정당화될 수 있을까요?"라고 물었습니다. 하지만 이런 댓글 작성자들은 대체로 이 업체의 고가 음료에 주기적으로 큰 돈을 지불하는 극성 팬들을 간과했습니다.

제 생각에, 진짜 질문은 힙 로스터즈가 어떻게 가격 인상을 정당화할 수 있는지가 아니라, 누구든 음료 한 잔에 그렇게 많은 돈을 지불하는 일을 정당화할 수 있는가 하는 점입니다. 이 업체의 대표 매장이 제 사무실 맞은편에 있기 때문에 거의 매일 그 앞을 지나가는데, 최근의 가격 인상 후에도 사람들로 북적대는 것을 봅니다. 왜 그럴까요? 저는 힙 로스터즈 추종자들은 그야말로 가격은 상관하지 않는다고 생각합니다. 사실, **32** 그들 중 다수가 더 뛰어난 맛을 제공하는 대가로 가격 인상을 환영하고 있는 게 아닐까 생각합니다. 이런 마음가짐을 지닌 사람들이 존재하는데, 가격을 대폭 인상한다고 정말로 이 체인을 탓할 수 있을까요?

저로 말할 것 같으면, **33** 지역의 동네 커피점을 계속 다닐 겁니다. 저는 돈을 낭비하는 능력을 과시하고 싶은 생각이 한 번도 솟구친 적이 없습니다.

어휘 classified (항목별) 광고란 raise ~을 인상하다, 올리다 article 기사 draw ~을 이끌어 내다 response 반응 choose to do ~하기로 결정하다 denounce ~을 규탄하다 exorbitant 과도하게 비싼 How could A ever do? 도대체 어떻게 A가 ~할 수 있지? justify -ing ~하는 것을 정당화하다 charge ~을 청구하다, 부과하다 latte 라떼, 밀크커피 commenter 댓글 작성자 largely 대체로 overlook ~을 간과하다 diehard fan 극성 팬 regularly 주기적으로 shell out for ~에 큰 돈을 들이다 high-priced 고가의 to my mind 제 생각에 flagship 주력 상품, 대표 상품 cross from ~의 맞은편에 pass ~을 지나치다 notice that ~임을 알게 되다, ~임에 주목하다 bustling 사람들로 북적대는 recent 최근의 hike (큰 폭의) 인상, 급등 suppose ~라고 추측하다, 생각하다 devotee 추종자 care about ~에 대해 상관하다 suspect (that) (~라고) 의심하다 offer ~을 제공하다 cachet 특징, 위신, 봉인 blame ~을 탓하다 jack up ~을 대폭 인상하다 mindset 마음가짐, 태도 for one's part ~로서는 stick to ~을 계속하다, 고수하다 local 지역의, 현지의 mom-and-pop coffee shop 동네 커피점 get a rush (생각, 감정 등이 갑자기) 솟구치다 flaunt ~을 과시하다 ability to do ~할 수 있는 능력 throw A away: A를 낭비하다, 내다버리다

32. 힙 로스터즈와 관련된 글쓴이의 요점은 무엇인가?

(a) 고객들에게 몹시 과도한 비용이 청구되고 있다.

(b) 가격 인상이 그 업체 자체에 부정적으로 영향을 미칠 것이다.

(c) 단골 고객들의 허영심이 가격 인상을 가능하게 만든다.

(d) 그곳 커피의 품질이 대단히 높은 가격을 정당화시킨다.

해설 주제 문제이지만, 선택지가 특정 주제어들을 가지고 있으므로 선택지의 키워드를 지문에서 확인해 보는 것이 빠르다. (a)의 overcharged에 대해서는 첫 단락의 질문 뒤 they asked에서 글쓴이가 아닌 다른 독자들의 의견임을 알 수 있으므로 오답이다. (b)의 negatively affect(부정적 영향)에 대해서는 둘째 단락에서 가격 인상 후에도 가게가 bustling(북적대는) 상태인 것을 목격했다고 하므로 오답이다. (c)의 vanity(허영)에 대해서는, 둘째 단락 후반부에 나오는 In fact 다음에 I suspect many of them welcome the price hike(단골들의 다수가 가격 인상을 환영하는 게 아닐까 의심한다)라고 하는데, 여기서 welcome the price hike를 vanity로 표현한 (c)가 정답이다.

어휘 massively 엄청나게 overcharge ~에게 과도한 비용을 청구하다 negatively 부정적으로 affect ~에 영향을 미치다 vanity 허영(심), 자만(심) loyal customer 단골 고객 allow A to do: A가 ~하는 것을 가능하게 하다, ~할 수 있게 해 주다 quality 품질 extremely 대단히, 매우

정답 (c)

33. 독자 의견으로부터 무엇을 유추할 수 있는가?

(a) 힙 로스터즈가 많은 경쟁사들에 의해 모방되고 있다.
(b) 힙 로스터즈가 고급 원두로 바꾸고 있다.
(c) 롭 줄리어스는 힙 로스터즈에서 커피를 마시는 것이 불편하다고 생각한다.
(d) 롭 줄리어스는 가격 인상 전에도 힙 로스터즈를 가지 않았다.

해설　글쓴이의 의견을 추추하려면 먼저 의견을 적극적으로 나타내는 부분을 찾아야 한다. 그러므로 자신의 개인적인 의견을 제시할 때 사용하는 표현인 For my part(나로 말할 것 같으면) 뒤의 I'll stick to my local mom-and-pop coffee shop에 주목해 본다. stick to는 전과 마찬가지의 행동이나 생각을 고수한다는 뜻이므로 전에도 계속 local mom-and-pop coffee shop을 이용했다는 것을 유추할 수 있다. 그리고 이것을 뒤집어서 Hip Roasters와 같은 고급 카페를 이용한 적이 없다고 할 수 있다. 그러므로 (d)가 정답이다.

어휘　imitate ~을 모방하다 competitor 경쟁사, 경쟁자 switch to ~로 바꾸다, 전환하다 premium 고급의 find A 형용사: A를 ~하다고 생각하다 inconvenient 불편한 avoid ~을 피하다 even 심지어 (~도)

정답　(d)

34-35.

과학 사상

인류는 언제 북극에 도착했는가?

생존 시기가 45,000년 전까지 거슬러 올라가는 털북숭이 매머드의 유해 일부가 시베리아에서 발견되었을 때, 과학자들은 이 생물체의 뼈에서 독특한 흔적을 찾아 낸 것을 흥미로워했다. 이 흔적들은 인간의 사냥 도구에 의해 만들어진 것으로 알려진 흔적과 일치하는 것으로 드러났다. 어떤 과학자들은 사냥꾼들이 인간이 아니라 네안데르탈인이었을 가능성을 강력히 제기했다. [35] 하지만 다른 과학자들은 네안데르탈인이 산악 지대에서 생활했다는 점을 근거로 이러한 주장을 반박했다. 이들은 또한 [34] 네안데르탈인의 유해가 이 사냥 장소인 북위 70도에 한참 못 미치는 북위 48도 이북에서 한 번도 발굴된 적이 없었다는 점에도 주목했다.

만일 그 흔적이 실제로 인간 사냥꾼에 의해 만들어졌다면, 우리 조상들이 이전의 추정보다 더 이른 시기인 최소 10,000년 전에 북극 지방에 도착했음을 보여주는 것이다. 이는 우리 조상들이 이전에 생각했던 것보다 훨씬 더 일찍 아프리카에서 벗어나 모험을 시작했다는 것을 의미할 수 있는데, 더 추운 기온에 적응할 시간이 필요했을 것이기 때문이다. 또는 북극 지방이 현재보다 더 따뜻했다는 것을 의미할 수도 있다. 기록에 따르면, 지구는 45,000년 전에 온난화 시대를 거쳤으며, 그 덕분에 사냥꾼들이 아주 추운 환경에 적응하기 전에 북쪽으로 진출할 수 있게 되었을 것이다.

어휘　reach ~에 도착하다, 이르다 the Arctic 북극 partial 부분적인 remains 유해 woolly mammoth 털북숭이 매머드 date to (기원, 유래 등이) ~로 거슬러 올라 가다 be intrigued to do ~해서 흥미로워하다 distinctive 독특한 mark 흔적, 표시 creature 생물체 bone 뼈 prove + 형용사: ~한 것으로 드러나다, 판명되다 consistent with ~와 일치하는 known to do ~하는 것으로 알려진 hunting tool 사냥 도구 raise (문제 등) ~을 제기하다 possibility 가능성 not A but rather B: A가 아니라 B dispute ~에 반박하다, 이의를 제기하다 assertion 주장 on the grounds that ~라는 점을 근거로 mountainous terrain 산악 지형 note that ~임에 주목하다 unearth v. ~을 발굴하다 far short of ~에 한참 못 미치는

site 장소, 부지 indeed 실제로, 정말로 ancestor 조상 at least 최소한, 적어도 prior 이전의, 앞선 venture out of ~을 벗어나 모험을 하다 much (비교급 수식) 훨씬 than previously thought 이전에 여겨지던 것보다 would have p.p. ~했을 것이다 adapt to ~에 적응하다 cold 추운 temperature 기온 it could mean that ~을 뜻할 수도 있다 warm 따뜻한 record 기록 indicate that ~임을 나타내다, 가리키다 undergo ~을 거치다, 겪다 could have p.p. ~할 수 있었을 것이다 allow A to do: A가 ~할 수 있도록 하다 advance v. 진출하다 northward 북쪽으로 freezing 아주 추운 environment 환경

34. 글에 따르면 다음 중 어느 것이 옳은가?

(a) 네안데르탈인이 산악 지역을 피했던 것으로 알려져 있다.
(b) 네안데르탈인의 활동에 대한 증거가 최북단 지역에서 아직 발견되지 않았다.
(c) 털북숭이 매머드가 발견된 위치는 북위 48도였다.
(d) 북극이 45,000년 전에 점점 더 추워졌던 것으로 알려져 있다.

해설　사실확인 문제는 선택지의 키워드를 지문에서 확인한다. (a)의 mountainous areas는 첫째 단락 후반부의 Neanderthals lived in mountainous terrain에서 그 반대임이 확인되었으므로 오답이다. (b)의 Evidence of Neanderthal activity는 '유해'를 가리키므로 그런 단어를 찾으면 되는데, 다음 문장에서 Neanderthal remains have never been unearthed above 48 degrees north라고 나온다. 즉, 북위 48도 이북에서 발견되지 않으면 당연히 그보다 더 북쪽에서(= in the far north) 발견되는 것이 불가능하므로 (b)가 정답이다.

어휘　be known to do ~하는 것으로 알려지다 avoid ~을 피하다 evidence 증거 activity 활동 have yet to do 아직 ~하지 않다 the far north 최북단 지역 increasingly 점점 더

정답　(b)

Paraphrase Neanderthal remains have never been unearthed above 48 degrees north → Evidence of Neanderthal activity has yet to be found in the far north.

35. 글에서 무엇을 유추할 수 있는가?

(a) 털북숭이 매머드가 추운 날씨에 의해 북극 지방으로 떠밀려 갔다.
(b) 네안데르탈인과 초기 인류는 아주 다른 사냥 도구를 사용했다.
(c) 털북숭이 매머드의 뼈는 산악 환경에서 발견되지 않았다.
(d) 이 증거는 인간과 네안데르탈인 사이에 경쟁이 존재했음을 시사한다.

해설　유추이지만 선택지들이 특정 키워드를 가지고 있으므로 이 키워드들을 지문에서 확인해 본다. (a) driven into the Arctic은 둘째 단락에서 our ancestors reached Arctic areas라고 나오는데, 주어가 인류의 조상이므로 오답이다. 첫째 단락의 the hunters were not humans but rather Neanderthals에서 과학자들이 둘을 혼동하는 것은 같은 툴을 사용하기 때문이라고 유추할 수 있으므로 (b)의 different hunting tools도 잘못된 정보이다. (c)의 mountainous environment는 Neanderthals lived in mountainous terrain에서 찾을 수 있는데, 네안데르탈인이 산지에서 살았기 때문에 매머드 사냥꾼이 아니라는 주장이다. 여기서 매머드 뼈가 산지에서 발견된 게 아님을 유추할 수 있으므로 (c)가 정답이다.

어휘　be driven into ~로 떠밀려 가다 point to ~을 시사하다, 가리키다 competition 경쟁 between A and B: A와 B 사이에

정답　(c)